혁신과 유인

INNOVATION AND INCENTIVES

Suzanne Scotchmer 저 | 오 준 병 역

法 文 社

Innovation and Incentives

Suzanne Scotchmer

translated by Junbyoung Oh

2018
Bobmunsa
Pajubookcity, Korea

저자 서문

INNOVATION AND INCENTIVES

창조와 발견의 과정은 신비롭다. 그러나 그 과정에서 무엇이 더 요구되든, 경제학자들은 경제적 유인이 중요하다고 확신한다. 이 책에서 나는 우리 사회가 창출해낸 경제적 유인체계들과 기술적 또는 과학적 발전에 있어 경제적 유인체계들이 지니고 있는 잠재력에 대해서 이야기 하려고 한다.

이 책은 학부의 3~4학년과 이제 막 시작한 경제학과 대학원생들과 같이 전문적인 지식을 지니고 있지 않은 독자들을 위해서 쓰여 졌다. 비록 책의 대부분의 내용을 이해하는 데 있어서 필요는 없지만, 이 책은 독자들이 중급수준의 미시경제학 지식(intermediate-level microeconomics)을 지니고 있다는 가정을 바탕으로 하고 있다. 내 강의 교재와 유용한 정보들은 http://socrates.berkeley.edu/~scotch/innovation에서 찾을 수 있다. 만약 이 책이 대학원 교재로 사용된다면, 각 장의 끝부분에 있는 방대한 문헌을 통해 부가적인 읽을거리를 보충해야 할 것으로 판단된다. 이 책을 기반으로 하는 강의는 어떻게 '지식의 창조가 경쟁적이고, 자본주의적인 경제에 부합할지, 그리고 어떻게 제도가 연구개발을 촉진시키기 위한 경제적 유인을 창출할지'를 설명하는 것에 목적을 둘 수 있을 것이다. 이는 대체로 "그러한 제도들은 어떠하여야 하는가?" 하는 규범적인 질문에 초점을 맞춘다.

비록 나는 많은 수의 연구결과들을 인용했지만, 이 책은 기존의 경제학 문헌들을 검토하는 방식으로 구성되어 있지는 않다. 나는 다른 저자들이 이미 종합적으로 다룬 (각주와 참고문헌 참조) 주제들에 대해서는 간략한 설명만을 기술하였으며,

독자들이 좀 더 생각하고 고민했으면 하는 방향들을 강조하였다. 내가 강조하지 않은 분야는 특허경쟁에서 투자가 어떻게 영향을 미치는가, 시장구조가 기술혁신의 경제적 유인과 오픈소스 운동에 어떻게 영향을 미치는가, 그리고 특허법이 증가하는 부작용 속에서 어떻게 바뀌어야하는가 등에 관한 부분이다. 내가 이 책에서 강조하는 부분은 공공자금의 역할, 민간과 공공부문 보상체계의 혼합, 연구 아이디어의 희소성과 보상 체계의 연결, 연구의 누적적 성격, 그리고 세계화 등이다. 나는 마치 자원에 대한 투자가 망설여지는 이유처럼, 연구개발투자도 아이디어의 희소성이 혁신을 제약한다고 전제하고 연구를 진행하지는 않는다. 기술혁신은 아이디어와 아이디어에 투자할 경제적 유인 모두를 요구한다.

연구개발을 포함한 거의 대부분의 정부지원은 비효과적이고, 비용이 너무 많이 들고, 그리고 성과가 좋지 않다는 비판을 받을 수 있다. 그러나, 특허와 다른 지식재산체계들도 종종 똑같은 이유로 비판을 받는다. 이 책은 그동안 민간과 공공부문에 대해 쓰여 졌던 많은 비판(lamentations)들을 담지는 않았다. 그 대신, 다양한 유인체계들 사이에서 선택을 하여야 할 때, 무엇에 의존하여야 하는지에 대한 보다 체계적인 접근 방법을 제공하려고 노력하였다. 이 책에 소개된 분석은 풀어야 할 문제에 대한 정확한 인식으로부터 시작되며, 어떠한 경제적 유인 체계가 당면한 문제를 푸는데 가장 적합한지를 발견하는데 맞추어져 있다. 많은 창의적인 작업을 하는 분야에서, 지식재산은 그것이 어떤 형태이든 정부의 구매나 공공부문의 후원보다 더 열등한 제도일 수도 있다. 주요 질문 가운데 하나는 언제 그럴 가능성이 높으냐하는 것이다.

교육적인 목적을 위해 이 책은 경제학적 방법론을 사용하고 있다. 나는 유전적 염기서열에서의 특허(genetic sequences), 경영방법(business methods), 컴퓨터 소프트웨어, 디지털시대에서의 저작권 시행의 어려움, 기술적 보호체계의 역할, 그리고 네트워크 산업을 둘러싸고 있는 기술혁신 이슈와 반독점 문제 등과 같은, 현재 논란이 되고 있는 문제들을 소개하기 위해 경제학적 방법론을 사용하였다. 또한 현재의 법률 규칙, 특히 지난 10여 년 간 제정된 법률들에 대해서도 비교적 쉽게 이해할 수 있도록 개괄적인 설명을 제공하려 노력하였다.

이 책은 버클리와 그 밖의 다른 곳에서 행했던 논문과 강의의 집합적인 결과물이다. 이 책에 간접적으로 기여한, 함께 강의하거나, 협업을 하거나, 친구이거나, 또는 이전의 학생이었던 사람들 중에는 Pamela Samuelson, Mark Schankerman, Jerry Green, Nancy Gallini, Ted O'Donoghue, Deborah Mineheart, Richard Gilbert, Jacques Thisse, Peter Menell, Rob Merges, Mark Lemley, and Hal Varian 등이 있다. 나는 버클리에서 경제학과, 볼트 법학전문대학원, 골드만 공공정책대학원, 하스 경영대학원, 농경제학과 등의 대규모 학자 그룹으로부터 본 책을 저술하는데 많은 도움을 받았다. 나는 그들의 논문을 인용하는 것을 통해 그들이 가장 좋아하는 방식으로 감사를 표할 수 있기를 희망한다. 이 책의 일부는 Bronwyn Hall, John Covell, Mark Schankerman, Manuel Trajtenberg, Neil Gandal, Thomas Coupe, Joseph Farrell, and Jean Lanjouw 등에 의해 읽혔고, 개선되었다. 나의 가장 큰 빚은 이 책의 세 장의 공동저자이자 다른 장들을 읽고 개선한 Stephen Maurer에 있다. 독자들이 참고문헌들에서 볼 수 있는 것처럼, 나 역시 다른 분야의 동료들의 논문들을 폭 넓게 읽었다. 이것은 큰 즐거움이었다.

본 원고를 준비하는 동안 여러 기관이 나를 초청하였다. 연방순회법원(the Court of Appeals for the Federal Circuit), 오클랜드 대학교(University of Auckland), 코펜하겐 대학의 경제연구소, UCLA, Universita Autonoma di Barcelona, 그리고 당연히 여러 버전의 초고를 본 학생들이 있는 UC Berkeley도 여기에 해당된다. 이 일에 나를 도와준 학생들은 Yooki Park, Kevin Schubert, Taehee Woo, and Stylianos Tellis 이다.

역자 서문

INNOVATION AND INCENTIVES

Suzanne Scotchmer 교수님의 『Innovation and Incentives』를 드디어 국내 번역서로 출판하게 되었다. 많은 분들이 동의하는 것처럼, '혁신'이라는 주제는 매우 학제적인 성격을 지니고 있다. 혁신을 이루는 데에는 단순히 공학적 지식뿐만 아니라, 경제, 경영, 법학, 행정정책 등 매우 다양한 이슈들이 서로 얽혀있기 때문이다. 이 책은 이러한 다양한 분야의 핵심 이슈들을 균형 있게, 그리고 단단한 이론적 바탕 위에 소개하고 있다.

이 책을 처음 접했을 때 나는 한참 기술경제론에 관한 책을 집필하고 있었다. 이미 그 당시에도 '혁신'에 관한 많은 이슈들이 논문과 보고서의 형태로 작성되고 있었지만, 정작 국내 학부·대학원 학생들을 위한 교재는 매우 드물었기 때문이다. 그러나 이 책을 접하고 나는 『Innovation and Incentives』가 지닌 폭 넓고, 깊고, 풍부한 사례와 이론들에 깊이 매료되었고, 나의 책을 쓰는 것보다 이 책을 번역하여 소개하는 것이 좀 더 세상에 기여하는 일이라 생각하게 되었다. 꼭 대학이 아니더라도, '기술혁신' 또는 '지적재산권'과 관련된 일을 하는 많은 분들이 이 책을 읽고 폭 넓은 기초 지식과 분석 능력을 지닐 수 있게 된다면 번역한 사람으로서 큰 보람일 것이라 생각했다.

『Innovation and Incentives』는 UC Berkeley, MIT 등 미국의 주요 대학들에서 학부·대학원 학생들을 위한 강의교재로 꾸준히 사용되고 있고, 내가 근무하는 인하대학교에서도 기술경제론을 위한 참고도서로 소개되어왔다. 학생들과 이 책의 내용에 대해 토론하고 이야기를 나누는 것은 교수로서 그리고 학자로서 얻을 수 있는 큰 즐거움이었다. 그러나 학생들은 '혁신'이라는 주제에 대한 호기심과는 별

개로, 영어로 된 교재를 읽고 이해하는데 많은 시간과 노력을 들여야만 했다. 그 점이 항상 학생들에게 미안했고 마음의 빚으로 남아 있었다. 다소 늦었지만 이제 조만간 한국어 번역본을 학생들에게 소개할 수 있다고 생각하니 한결 마음이 가볍고 설레기도 한다.

이 책을 번역하는 데에는 많은 분들의 도움이 있었다. 그 중에서도 혼자만의 시간을 확보할 수 있도록 도와준 많은 소중한 분들께 항상 미안하고 고마운 마음을 갖고 있다. 이 기회를 빌려 든든한 버팀목이 되어주신 부모님과 가족들께 마음 깊은 존경과 감사를 드린다. 또한 이 책을 번역할 수 있도록 도움을 주시고 꼼꼼히 교정을 보아 주신 법문사의 권혁기 대리님, 예상현 과장님께도 깊은 감사를 드린다.

2018년 5월

오 준 병

* 이 저서는 대한민국 교육부와 한국연구재단의 지원을 받아 수행되었다(NRF-2016S1A3A2923769).

차 례

INNOVATION AND INCENTIVES

CHAPTER 11 세계 경제에서의 혁신

CHAPTER

01

제도: 역사를 통한 간단한 탐구
(Institutions: A Brief Excursion through History)

with Stephen M. Maurer

INNOVATION AND INCENTIVES

1.1 고대(the Ancients)

1.2 왕조, 길드, 그리고 대학들
(In Between: Monasteries, Guilds, and Universities)

1.3 초기 근대 유럽: 특허, 포상, 그리고 후원자들
(Early Modern Europe: Patents, Prizes, and Patrons)

1.4 특허의 융성(Patents Come into Their Own)

1.5 현대의 후원자들: 재단들(Modern Patrons: Foundations)

1.6 거대과학과 정부연구자금지원의 증가
(Big Science and the Growth of Government Funding)

1.7 현대의 하이브리드 기관들(Modern Hybrid Institutions)

1.8 결론(Conclusion)

01
제도: 역사를 통한 간단한 탐구

미국은 현재 국내총생산의 약 2.6%–2,640억 달러–를 연구개발에 사용하고 있다.[1] 이 중 연방정부가 1/4 이상을 지출하고 있는데, 이는 2차 세계 대전 이후 20세기 대부분의 기간중 가장 큰 규모이다. 연방정부에 의해 지원되는 연구 중 일부는 자체적인 연구개발(In–house, 27%)과 국립연구소(13%)에 의해 수행되는 것인 반면, 나머지 절반 이상은 산업계와 대학에 지원되고 있다. 다른 측면으로 보면 약 10%의 산업계 연구개발 활동과 약 60%의 대학 연구개발 활동이 연방정부에 의해 지원된다. 연구재단과 정부의 하위 조직들도 대학, 민간 기업, 그리고 개인들에게 연구자금을 지원함으로써 연구에 중요한 기여를 하고 있다.

그러나 이러한 숫자들은 어지럽게 나열되어 있는 자금지원체계와 인센티브 문제를 가린다. 민간 기업에 의해 수행되는 대부분의 연구개발 투자는 시장에서의 우위 확보를 목표로 한다. 시장에서의 우위는, 비록 항상 그런 것은 아니지만, 지적 재산권, 주로 특허와 저작권으로 주어진다. 기업들은 또한 정부 연구 과제 수행에 대한 계약을 맺기 위해 경쟁하고 연방 중소기업 혁신 연구 프로그램(Small Business Innovation Research Program, SBIR) 하에서 정부의 자금 지원을 받을 수도 있다. 기업들은 군사장비나 우주탐사를 위한 연구자금을 지원받기도 한다. 대학들

1) 따로 언급하지 않는다면, 본 장에서 인용한 자료는 국립과학재단(National Science Foundation)에 의해 집계된 2000년도 자료이다. 통계자료는 www.nsf.gov/sbe/stats.htm에서 확인할 수 있고, 보다 구체적으로는 Science and Engineering Indicators 2002를 보기 바란다.

은 종종 지적재산권을 포기하는 대가로 산업계와 정부로부터 직접적인 연구자금을 지원받는다. 인간게놈프로젝트와 같은 일부 정부연구자금은 연구결과를 (자유로운 접근이 가능하도록) 공공영역(Public domain)에 놓을 것을 의무화하고 있다. 다른 정부연구개발 지원의 결과물들은 특허를 획득할 수도 있다.

모든 형태의 연구자금 지원은 연구의 방향을 설정하고 사람들이 해당 프로젝트를 수행하도록 격려한다는 점에서 암묵적으로 경제적인 유인 체계를 내포하고 있다고 할 수 있다. 연구비(grants)와 같이 어떤 연구개발 자금은 미리(ex-ante) 받는 반면, 특허(patents) 또는 포상(prizes)과 같은 것은 사후(ex-post)에 받는다. 포상이라는 방식은 산업혁명 기간 동안에는 특허로 인해 줄어들기도 했지만, 여전히 경제적 유인체계의 하나로서 존재하고 있다. 예를 들면, 국방성의 무기개발을 담당하는 국방과학고등연구소(the Defense Advanced Research Projects Agency: DARPA)는 험난한 지형에서의 로봇형 차량의 성능과 관련하여 40배의 성능향상을 달성하는 팀에 백만불의 포상금을 내건 바 있다(Defense Advanced Research Projects Agency, 2003; Holden 2003).

예술과 마찬가지로, 연구는 항상 부유한 후원자에게 의존해왔다. 오늘날 이러한 사실은 Stanford, Ford, Rockefeller, Carnegie, Mellon 등과 같이 대학 또는 자금을 지원하는 재단과 연관된 이름들을 통해 선명하게 드러난다. 정부의 자금은 그것이 군사적 목적이든, 순수과학이든, 또는 선택된 사업 목표이든, 비록 연구자금을 지원하는 정부의 특성과 절차는 계속 변해왔지만, 일반적인 현상으로 존재해 왔다. 현대의 민주주의 체제에서 정부의 자금 지원은 고대의 그리스 또는 중세 왕조에 의해 사용되던 절차보다 훨씬 평등하고 포괄적인 정치적 과정에 의해 지원되고 있으며, 보다 광범위한 이점을 지닌 지식이나 기술을 창출하는 방향으로 지원되고 있다. 현재 이루어지고 있는 상당수의 정부 지원은 동료 학자들에 의해 검토되고 평가되는 절차(peer review)를 거친다. 정부의 연구개발 자금 중 일부는, 항상 더 좋은 전쟁무기를 개발하는 것과 같은, 지시된 임무(mission directed)를 수행하는 성격을 지니고 있었다. 아르키메데스도 그러한 목적으로 지원을 받았고, 2차 세계대전 맨하탄 프로젝트의 책임자였던 로버트 오펜하이머도 마찬가지였다.

지난 400여 년 동안 근본적으로 새롭다고 할 수 있는 인센티브 제도는 지적재산권(intellectual property rights)이 유일하다고 할 수 있다. 부유한 후원자와 정부가 기초과학과 호기심 중심의 연구에 집중할 수 있는 반면, 특허권에 의해 유도된 연구 주제들은 시장과 소비자의 볼모가 되기도 한다. 왕과 같은 권한을 가진 소비자는 자원(resources)을 가진 사람들이다.

이 장에서 논의되는 이야기는 유동적으로 변화하고 있는 제도 중의 하나에 관한 것이다. 연구개발(R&D)이 하나의 조직화된 행위로 발생하기 이전에 사회는 그것을 지원하는 능력과 동기부여가 필요했다. 연구자금의 조달능력은 자원에 대한 지배력을 필요로 한다. 기원전 8,000년경 메소포타미아(현재의 시리아와 이라크)에 농경시대가 도래한 이후, 세금부과 능력이 있는 정부와 경제력이 집중된 민간부문이 출현했다. 혁신은 또한 연구자금을 조달하기 위한 유인(incentives)을 필요로 한다. 만약 연구가 시민들에게 광범위한 혜택을 제공한다면, 정부에게는 합법적인 임무의 일환으로서 연구개발에 투자할 유인이 있을 수 있다. 부유한 개인은 자선, 호기심, 또는 명성을 얻고자 하는 욕망 등 다양한 이유로 연구개발(R&D)에 투자할 수 있다. 부유하지 않은 발명가는 다른 사람을 위해 창출한 이익을 소유할 수단이나 방법이 필요하다. 혁신은 항상 정부와 부유한 개인들에 의해 촉진되었지만, 그 이익을 전유(appropriate)할 수 있는 수단–지적재산–은 이보다 훨씬 뒤에 개발되었다. 현대에 들어 정부가 발명을 촉진시키기 위해 도입한 방법 중의 하나는 새로운 혁신기술이나 발명을 통해서만 충족시킬 수 있는 상품 표준(commodity standards)을 도입하는 것이다. 이는 종종 규제주도(regulatory push)라고 불리기도 한다.

전유성(appropriability) 여부는 지식에 내재하는 특성과 발견을 지원하는 제도 모두에 의해 영향을 받는다. 순수과학과 기술을 구분할 때, 우리는 종종 전유할 수 없는 지식(행성이 태양을 돈다는 지식 등)을 상업적 가치가 있는 지식(공학적 발견 등)으로부터 구분하기도 한다. 그러나 이러한 구분이 시장과 같은 제도와 선호에 의존하는 만큼, 근본적인 구분은 아니다.[2]

2) 그럼에도 불구하고, 많은 학자들은 이러한 부류의 구별을 해왔다. Schumpeter(1942)는 발명(invention)과 혁신(innovation)을 구분하였으며, Mokyr(2002)는 propositional knowledge와 technological knowledge를 구분하였다. 이러한 구분은 이 책에서의 핵심사항은 아니다. 지식에 관련된 관점은 경제모형에서 드러날 것이기 때문이다. 이 책은 기술(technology)과 공학(engineering)과 같은 용어들을 사용한다. 이러한 용어들은 특정한 종류의 지식을 나타내는 영어이기는 하지만, 어떤 특정한 정의에 의존하고 있지는 않기 때문이다.

1.1 | 고　대

이야기는 역사시대보다 훨씬 이전으로 거슬러 올라간다. 혁신이 없이는 기록을 하기가 어렵다.[3] 우리는 선사시대의 발명이 우연적이고 계획되지 않은 것이었다고 추측할 수 있다. 비록 선사시대의 사회가 부메랑과 에스키모 토글 조인트 작살과 같은 영리한 발명품들을 만들었지만, 고고학적인 증거들은 그들이 기술적으로 보수적이었음을 나타내고 있다. 부싯돌 도구와 화분 같은 인공 창작물들(artifacts)은 수세기 동안 본질적으로 변하지 않았다. 만약 발명의 비약적 발전이 더디게 이루어졌다면 이는 연구를 지원하는 사회 제도의 미비로부터 원인을 찾을 수 있을 것이다. 생활(subsistence)을 위한 기술 향상에 시간을 쏟은 사람들은 공동체 전체의 후생을 향상시킬 수는 있지만, 자신의 생존을 위험에 빠뜨릴 수 있다. 그 당시에는 아마도 지식재산과 같은 사회제도나 발명가들의 노력을 보상해 줄만한 연구자금 지원기관(funding agency)이 없었을 것이다.[4]

최초의 발명가는 '정부 공무원'으로 알려져 있다. 임호테프(Imhotep)은 기원전 2,650년 경에 이집트에 살았다. 그는 최초의 피라미드를 건설했고, 다빈치 같은 천재였으며, 제사장, 학자, 조각가, 목수, 시인 그리고 의사로도 활동했다. 그리스와 로마의 작가들은 기독교 시대에 비록 그를 과장된 마법사 같은 인물로 묘사했지만, 여전히 그를 존경했다. 임호테프(Imhotep)의 혁신은 이후의 피라미드 건설자들에 의해 지속적으로 잠식당했다. 그들은 모두 '정부 공무원'이었다. 수십 년 내에, 쿠푸(Khufu)(일명 'Cheops': BC 2,613 사망)를 위해 일하는 다른 공무원들은 50톤의 화강암 슬라브를 움직이는 방법을 알아냈으며, 그로부터 400년 뒤에는 람세스 2세(BC 1,212 사망)의 노동자들이 천 톤의 동상을 아무렇지도 않게 일상적으로 옮기게 되었다. 현대적 관점에서 볼 때 이러한 성과는 모두 정부의 R&D 조달로부터 직접적인 영향을 받았다고 할 수 있다.

---

3) 제1.1절의 선사시대와 고대의 기술에 관한 논의는 주로 De Camp(1980)와 Finley(1973)로부터 인용되었다. 여기에서는 후에 논의할 인센티브에 대한 서론으로서 이러한 기술이 개발되게 된 제도에 중점적으로 초점을 맞추고자 한다.

4) 거시경제학자들은 새로운 아이디어를 창출하는 인구가 적기 때문에 발명의 도약이 느린 것으로 추측한다(요약본을 위해서는 Romer, 1996 참조). 비록 이러한 가정에 대한 수학적 접근은 1990년대부터 시작되었지만, 이러한 통찰력은 40년 더 일찍 De Camp에 의해 예견되었던 것이다.(Finley, 1973,6 참조).

그리스의 도시 국가들은 기원전 600년에서 300년 사이에 과학과 기술의 황금시대를 열었다. 그리스인들은 체오프스(Cheops)의 정부직접구매(procurement) 모델에 새로운 연구 제도를 추가로 만들어 냈다. 첫째, 시간과 자원을 과학에 바친 부유한 사람들은 그리스 사회로부터 존경과 명성을 받았다. 이런 사람들로는 예를 들면 천문학자 아나사고라스(Anaxagoras, BC 5세기 사망)), 도르래에 대한 이론과 압축 공기에 의해 구동되는 완구를 제작한 아키테스(Archytes, BC 5세기 사망), 그리고 수학자이자 발명가인 아르키메데스(Archimedes, BC 212 사망) 등을 들 수 있다.

둘째, 그리스의 도시 국가들은 연구를 구매하기도 했다. 한 가지 유명한 예로, 시라큐스의 폭군인 디오니시우스(Dionysius)는 아르키메데스(Archimedes)를 고용하여 왕관이 실제로 순금으로 만들어졌는지를 알아보게 하였다. 이 과제는 아르키메데스의 이름을 딴 부력의 법칙을 도출해냈다. 디오니시우스는 또한 오늘날 대규모 연구팀이라고 볼 수 있는 조직을 활용하는 데 선구적이었다. 기원전 399년에 그는 징병제도, 높은 임금, 그리고 보너스 제도를 결합하여 지중해 전역의 숙련된 인력을 모집하고, 거대한 군함과 미사일 무기와 같은 군사 기술을 개발하는 데 성공했다. 이 초기 실험은 무엇보다도 투석기를 만들어 내는 결과를 낳았다.

셋째, 그리스인들은 새로운 형태의 자체적으로 연구자금을 조달하는 기관(self-funding research institution), 즉 학교를 만들었다. 학교는 한명 또는 그 이상의 훌륭한 교사들로 구성되었다. 현대의 대학과 마찬가지로 고대의 학교는 연구와 출판을 통해 학자들이 명성을 쌓을 수 있는 강력한 인센티브를 창출했다. 그러나 여전히 과학적·기술적 편익은 제한적으로 창출되었다. 소크라테스(BC 399 경 사망), 플라톤(BC 347 사망), 아리스토텔레스(BC 322 경 사망)는 모두 학교에 소속되어 있었지만 아리스토텔레스만이 과학자였다.

마지막으로, 그리스의 과학적 전통은 알렉산드리아의 도서관 설립으로 이어졌다. 알렉산더 대왕이 이집트에 그리스 문화를 이식했을 때, 그는 지적인 황무지로 보이는 곳에 자신이 서 있음을 깨달았다. 알렉산더의 후계자인 프톨레미 1세(Ptolemy I, BC 283 사망)와 프톨레미 2세(Ptolemy II, BC 246 사망)는 이 문제를 해결하기 위해 도서관을 건축했다. 전 세계로부터 사들인 750,000권의 파피루스는 도서관의 핵심 자산이었으며 책에 굶주린 세계의 유일한 자원이었다. 알렉산드리아 도서관은 프린스턴의 고등과학원(Princeton Institute for Advanced Study)과 같은 현대의 연구시설을 예고했다. 알렉산드리아 도서관은 주택 표본, 실험, 강의, 그리고 도서관 서적 보관 등을 위한 시설을 지니고 있었다. 도서관은 세계 곳곳에서 연구하고, 글쓰고, 그리고 가르치기 위하여 학자들을 모집했다.

기초과학과 공학은 유례없이 빠른 속도로 번창했다. 도서관에 거주하는 학자들은 전례없이 정확하게 별에 관한 차트를 작성하였으며(Hipparchus, BC 120 사망), 지구의 크기를 15%까지 측정하였고(Eratosthenes, BC 194 경 사망), 태양계의 태양 중심 이론을 발명하였으며(Aristarcus, BC 230 경 사망), 기하학 공식을 만들어 내기도 하였다(Euclid, BC 300 경 사망). 이 도서관은 또한 일급 공학 발명가 2명을 배출했다. 우선, 크테시비우스(Ctesibius, BC 270 경 사망)는 때때로 '고대의 에디슨'이라고 불린다. 그는 개량형 워터 펌프, 최초의 금속스프링, 최초의 공압 파이프 오르간, 최초의 키보드, 그리고 개량 물시계 등을 발명하였다. 비록 실패하기는 했어도 그는 압축공기투석기를 제작하기도 했다. 압축공기투석기가 실패한 이유는 아무도 적절한 부품을 기계로 만들 수 없기 때문이었다. 도서관에서 가장 주목할 만한 발명가는 알렉산드리아의 헤로(Hero, AD 62 사망)였다. 헤로는 수학과 물리학에 관한 저서를 출판한 것 외에도 개량 기어, 측량도구, 공기 구동 분수, 그리고 증기 분출로 유명한 엔진 등을 발명했다.

그리스의 헤게모니가 쇠퇴한 이후에, 로마인들은 유럽 전역에 걸쳐 제국을 건설했다. 비록 로마인들은 그리스인만큼 발명을 많이 하거나, 연구 및 학습 기관에 대한 기념비적인 인상을 남기지는 못했지만, 기술의 발전에는 공헌을 하였다. 오늘날의 대기업과 마찬가지로 로마의 거대한 행정 체계는 혁신과 관련된 긍정적인 외부 효과를 포착할 만큼 충분히 컸다. 국가가 지닌 야심은 수로 건설과 같은 공학적 업적을 이루는 데 강력한 유인으로 작용했다. 로마는 또한 성공적인 발명가가 황제에게 보상을 청원할 수 있도록 함으로써 혁신을 창출했다. 이를 통해 발명가는 자신의 연구가 사회에 기여한 혜택 중 일부를 획득할 수 있었다. 정부가 후원한 혁신가의 예로는 중앙난방(약 BC 75)을 발명한 건축업자인 세르기우스 오라타(Sergius Orata)와 포위 무기 및 투석기를 디자인 한 로마의 정치가이자 군 사령관인 아그리파(Marcus Vipsanius Agrippa, BC 12 사망)가 있다.

고대의 제도와 기관에 대한 평가를 하는 것은 쉬운 일이 아니다. 예를 들어, 우리는 어떤 R&D 비율이 최적이었는지, 또는 더 많은 자원을 투입하는 것이 기술 개발을 가속화했을지 여부를 알 수 없다. 고대인들이 인센티브를 조직화하는 방법에 대해 체계적으로 생각했다는 증거는 없다. 비트루비우스(Vitruvius, BC 25 사망)

와 같은 숙련된 엔지니어조차도 혁신을 우연한 발견과 천박한 프로젝트들의 결과물로 바라보았던 것 같다. 그의 저술들에는 보다 체계적인 탐구가 비용 절감을 유도하고, 이를 통해 경제 발전을 가속화 할 수 있다는 주장이 보이지 않는다. 이러한 애매모호함에도 불구하고, 대부분의 학자들은 고대 세계가 더 발전 할 수 있었다고 생각한다. 한 고전주의자의 말에 따르면 "알렉산드리아 박물관의 군사 기술과 독창적인 기계 장치들로부터 훌륭한 일들이 일어났다. 그러나 아무도, 심지어 직접적이고도 훌륭하게 편익을 얻었을 프톨레미 왕가 자신들조차도, 크테시비우스(Ctesibius)의 에너지와 발명성을 농업 또는 산업 분야의 기술로 전환시킬 생각은 하지 못했다. 이런 점이 불가피하게 잉글랜드 왕립 학회와 비교되는 점이다."(Finley 1973, 148).

지식재산과 같이 현대의 제도가 적어도 어느 정도는 문제해결에 도움을 줄 수 있었다는 증거들이 있다. 우리는 고대 세계가 중앙난방과 아치 같은 발명품을 발견하고 잊어버리는 일을 반복해왔다는 사실을 알고 있다. 이러한 실패는 어쩌면 인쇄술이 없어서 지식의 기록 및 보급이 어려웠기 때문일 수도 있다. 그러나 또한 발명가들은 자신들의 발견을 비밀로 유지하려는 경향이 있었으며, 때로는 발명이 발명가와 함께 사장되는 경우도 존재했다. 실제로 많은 증거들이 특히 조선업 분야에서 비밀주의가 성행했다는 것을 보여준다. 현대의 특허 시스템은 공개를 위한 경제적 보상을 제공함으로써 문제를 개선했을 것이다. 그러나 이것은 현대의 특허 제도가 있었더라면 고전적 혁신을 가속화했을 것이라고 말하려는 것은 아니다. 결국 모든 제도는 사회에 존재하는 다양한 요인들에 의해 제약을 받는다. 첫째, 고대사회는 기술을 신사(gentleman)의 체면에 어울리지 않는 주제로 경시한 경향이 있었다. 이것은 플라톤과 소크라테스, 심지어 플루타크에 따르면 아르키메데스(Archimedes)에게조차도 사실이었다. 둘째, 대부분의 고대 사회는 잠재적으로 매우 혁신적인 아이디어를 받아들이기보다는 그 당시 현존하는 사회질서를 유지하는 데 더 많은 관심을 보였다. 한 기계공학자가 무거운 기둥을 옮기는 더 좋은 방법을 발견하였을 때, 황제 베스파시아누스(Vespasian, AD 79 사망)는 그에게 보상을 주었지만, 그 기술을 채택하는 것은 거부했다. 황제는 "너는 내가 가난한 백성들을 먹여 살리도록 해야 한다."라고 말했다. 비슷하지만 이보다 더 안타까운 이야기는 플라스틱(일명 '깨지지 않는 유리')을 발명한 발명가를 만난 황제 티베리우스(Tiberious, AD 37 사망)의 이야기이다. 티베리우스는 그 발명가를 참수하면서 다음과 같이 이야기했다. "금의 가치는 진흙의 가치처럼 떨어질 것이다." (Finley, 1973, 149; 또한 De Camp 1980, 178 참조)

1.2 왕조, 길드, 그리고 대학들

로마의 멸망 이후, 대부분의 고대 문헌들은 사라졌고, 지금까지 우리가 알고 있는 것처럼, 기초 과학은 침체되어 있었다. 그럼에도 불구하고, 공학에 대한 관심은 소위 '암흑의 시대(Dark Ages)' 동안에도 미미하게나마 지속되었다.[5] 동방에서는 안티옥의 시민들이 최초의 인공 가로등(AD 350)과 개량된 물시계(AD 450)를 제작했다. 서양에서조차도 정부의 후원은 여전히 중요했다. 데오도릭(Goth Theodoric, 526 사망))이 로마를 정복하였을 때, 그는 철학자 보에티우스(Boethius)를 성직자로 임명하였다. 보에티우스는 보다 발전된 해시계와 물시계를 통치자에 대한 선물로 제작하였다.

유럽은 암흑의 시대로부터 새로운 중요한 기관들과 함께 부상했다. 비록 혁신을 촉진하는 것이 이들 기관의 의도적인 목적은 아니었지만 그럼에도 불구하고 그렇게 했다. 새로운 교회의 수도원들은 실용적인 경제 활동과 정교한 연구를 결합했다. AD 500년 이후, 수도원들은 수도사들이 읽는 법을 습득할 수 있도록 작은 도서관을 운영하기 시작했다. 그 이후 600년 동안 수도원과 성당의 학교들은 유럽의 주요 학습장으로 기능을 수행했다. 수도원은 또한 유럽에서 가장 기술적으로 발전된 방앗간과 공장, 그리고 농장들을 운영했다. 이 과정에서 이들은 기술에 대해 지니고 있던 전통적인 편견을 극복했다(Mokyr 1990, 203–204).

그 사이에, 속세에서는 장인(crafts people)들이 길드(guilds)를 편성했다. 길드는 외부인에게 자신들의 비밀을 공개하는 것을 엄격히 금지하도록 하는 법률을 통과시켰지만, 회원들 간에는 혁신의 결과물들을 공유하도록 독려했다. 잠재적으로 길드의 시장 지배력은 그들에게 혁신과 관련된 긍정적인 외부 효과를 포착할 수 있는 능력을 주었다. 그러나 이 같은 카르텔과 유사한 특성은 그들의 비행을 나타내기도 한다. 모키르(Mokyr, 1990, 178–179, 258–259)는 네덜란드의 길드가 어떻게

5) 제1.2절의 중세 기술에 관한 논의는 주로 Gimpel(1977)을 참조하였다.

조선술의 발전을 방해했는지, 스위스의 인쇄업자들이 어떻게 향상된 인쇄기의 사용을 금지하는 법률을 획득했는지, 그리고 프랑스의 제지 생산자들이 어떻게 펄프 생산을 가속화하는 기계를 막기 위하여 폭동과 방화를 사용하였는지를 보여주고 있다. 비록 길드가 초기에는 혁신의 동력으로 작용하였지만, 18세기에 대부분 사라질 무렵에는 혁신의 발목을 잡는 존재가 되었다.

제도적 측면에서 보면, 대학의 부상은 학자들이 연구를 수행하고 출판할 더 많은 유인을 창출하는 계기가 되었다. 1,100년 이전에는 배움의 기회가 수도원과 대성당의 학교로 제한되어 있었다. 12세기 초, 유럽인들은 수학과 고전을 재발견하였고, 이들을 의학, 자연과학과 함께 새로운 대학에서 가르쳤다. 중세의 교사들은 길드를 조직하여 누가 강의를 통해 학생 교습비를 받을 자격이 있는지를 결정했다. 이러한 현상은 최초의 공식적인 고등교육기관과 학위의 탄생을 이끌었다. 1450년까지 유럽은 80개의 대학을 설립했다. 새로운 시스템은 또한 R & D를 장려했다. 로저 베이컨(Roger Bacon, 1292 사망)은 화약에 대한 공식을 발견하였고, 시각기술에 대해 연구하였으며, 파리와 옥스포드에서 가르쳤다. 1348년 지오바니(Giovanni Di Dondi)는 파두아(Padua)에서 천문학 교수로 일하는 동안 최초의 기계식 시계 중 하나를 제작했다.

종합하자면, 새로운 기관들은 창의성에 대해 잠겨있던 중세의 문을 활짝 열었다. 13세기와 14세기의 작가들은 발명의 속도에 경이로워 했으며, 엔지니어들을 영웅시 했다. 더구나 엔지니어 자신들도 스스로 자신감을 갖게 되었다. 연구노트는 새로운 전원 소스 및 기계에 대한 아이디어들로 가득 찼다. 근대의 회계자료들은 시계제작자가 어떻게 필요한 개선에 동의를 하고 체계적인 방법으로 이들을 달성했는지를 보여주고 있다.

1.3 | 초기 근대 유럽: 특허, 포상, 그리고 후원자들

르네상스 시대(이탈리아의 14세기) 초기부터 산업 혁명(약 1750-1850년)에 이르기까지 과학은 폭발적으로 성장했다. 혁신이 번영으로 이어질 수 있다는 인식이 확산됨에 따라 유럽 정부는 혁신을 촉진시키기 위해 전례 없는 노력을 기울였다. 이 과정에서 이들은 최초의 지적재산권 제도를 개발하고 포상, 후원, 기타 보상 등을 기반으로 하는 기존 제도들을 활성화했다.

중세의 왕들은 오랫동안 발명자들에게 특허–특정의 재화나 서비스를 독점적으로 공급할 수 있는 합법적 독점–를 제공했다. 15세기에 이르러 통치자들은 또한 새로운 기술을 도입하기로 동의한 외국인들에게도 특허를 제공했다. 16세기에 프랑스의 지방 정부들도 국내 발명가들을 격려하기 위해 유사한 체계를 사용하고 있었다. 궁극적으로 특허는 혁신에 대한 보상이 되었다.

초기에는 특허권이 재판기관의 재량으로 주어졌다. 특허권은 권한을 가진, 그러나 무관심한 행정 기관에 의해 일관되지 않게 부여되었기 때문에 남용의 대상이 되었다. 사람들은 통치자가 특허 독점을 너무 가볍게 또는 너무 독단적으로, 또는 부패를 위해서 부여한다고 불만을 갖게 되었다. 특허 체계는 이러한 문제점을 해결하기 위해 공식적으로 제정되었다.[6] 최초의 공식적인 특허 법령은 1474년 베니스에서 있었고, 1623년에 영국 의회는 전매조례(the Statute of Monopoly)를 통과시켰다. 전매조례는 발명가에 대한 보상으로 특허법이 사용될 수 있는 적절한 요건을 구체적으로 명시했고, 무엇보다도 독점을 장려하기보다는 제한하기 위한 목적으로 제정되었다.

저작권(copyrights)의 기원은 독점을 배분하는 왕의 권리에서 찾을 수 있다.[7] 길드의 하나였던 영국의 출판회사는 인쇄에 대한 독점권을 부여 받고 있었다. 저작권제도는 길드에게 오늘날의 저작권이 그런 것처럼 경쟁을 제한할 수 있는 권한을 부여했다. 길드가 책을 인쇄할 경우 정부의 라이선스가 필요했기 때문에 저작권은 또한 일종의 검열로도 작용하였다. 그러나 궁극적으로 라이선스에 대한 승인 관계가 만료되고, 의회가 그것을 갱신하지 못하게 됨에 따라, 출판업자의 이해관계는 왕보다는 저자와 일치하게 되었다. 그들은 1710년에 최초의 저작권법인 앤 법령(the Statue of Anne)의 제정을 의회에 청원했다. 저작권법은 특허와 마찬가지로 제한된 기간 동안 제공되었다.

초기의 수익성이 높은 특허에는 진자시계(1667), 비틀림 진자시계(1675), 스팀동력 펌프(1698), 최초의 현대식('재생식')스팀 엔진(1767), 그리고 펀치 카드 제어식 직기(1802) 등이 있었다.

---

6) 보다 자세한 설명은 Ryan(1998) 제2장을 참조하라.

7) 이 내용에 대한 보다 자세한 내용은 Goldstein(1994)의 제2장을 참조하기 바란다. Ryan(1998) 역시 이보다 훨씬 이전에 베니스에서 있었던 저작권의 역사에 대해 유사한 이야기를 하고 있다.

포상(Prize)은 기초 과학과 기술 혁신을 자극하는 중요한 도구가 되었다. 문제를 해결하였을 경우 그에 따른 명성과 후원자를 얻을 수 있었기 때문에, 때로는 포상없이 도전해야 할 과제만 게시하기도 했다. 1697년에 뉴턴은 공을 가장 빨리 낙하시킬 수 있는, 수직을 제외한 다른 지점의 경로를 계산해냄으로써 그 시대의 가장 중요한 도전 과제를 해결했다. 이 해결책은 다변수 계산법(Multivariate calculus)의 장을 열었다. 이후에는 포상제도가 멕스웰(James Maxwell, 1879 사망)로 하여금 토성의 고리에 대한 수학 이론을 도출하도록 하고, 헤르츠(Heinrich Hertz, 1894 사망)의 전파 탐지를 이끌었다. 포상은 또한 기초과학보다는 기술적인 공헌을 위해 제공되었다. 이에 대해서는 제2장에서 언급될 것이다.

마지막으로, 정부는 후원(patronage)과 관련한 고대의 관행을 활성화시켰다. 중요한 예로는 브라헤(Tycho Brahe, 1601 사망)에 대한 덴마크 왕의 지원이다. 브라헤는 케플러(Johannes Kepler, 1630 사망)라는 조수와 함께 천문 관측을 통해 지구가 태양 주위를 돈다는 것을 밝혀냈다. 이는 뉴턴의 물리학을 위한 토대를 제공했다. 때로는 연구자가 자신의 가치를 보인 후에야 사후적으로(ex-post) 지원이 이루어지기도 하였는데, 이 경우 후원은 포상으로서의 역할을 하였다. 영국에서는 조지 3세가 허셜(William Herschel, 1822경 사망)에게, 그가 천왕성을 발견 한 후 일년에 £200의 봉급을 주었다. 허셜은 이 돈을 유럽에서 가장 큰 망원경을 만드는데 사용하였다. 마찬가지로 프레드릭 대왕(Frederici the Great, 1786 사망)은 유럽의 가장 위대한 수학자들은 유럽의 가장 위대한 왕의 궁정에 거주해야한다고 선언한 후 베를린으로 오일러(Leonhard Euler, 1783 사망)와 라그랑주(Joseph-Louis Lagrange, 1813 사망)를 초빙하였다. 프레드릭이 사망했을 때, 라그랑주(Lagrange)는 파리의 불운한 군주인 루이 16세에 합류하기 전에 나폴리와 스페인으로부터의 영입 제안을 고민하기도 했다.

상금과 후원자에 대한 광범위한 의존에는 몇 가지 단점이 존재한다. 첫 번째는 비밀주의이다. 많은 수학자들은 아직 알려지지 않은 도전 과제에서 승리하기 위해 자신들의 기술을 비밀로 유지했다. 페로(Scipione del Ferro)가 1526년에 세상을 떠났을 때, 그는 오직 한 학생에게만 입방 방정식의 특별한 경우를 푸는 비결을 전수했다. 이와는 대조적으로 현대의 기관이나 제도는 비밀주의에 대한 충동을 극복하기 위해 고안되었다. 오늘날 대학의 학자들은 승진 또는 찬사를 받기 위해 출판을 해야 하며, 특허는 그 특성상 본질적으로 공개된다.

Rosenberg and Birdzell(1986)이 강조했듯이, 두 번째 단점은 후원과 포상 제도가 너무 중앙 집중화되어 있다는 것이다. 지적 재산의 장점은 혁신에 대한 책임이 시민들에게 분산되어 있다는 점이다. 그러나 우리는 2장과 8장에서 상금과 보조금 제도가 특허권과 마찬가지로 동등하게 분권화 될 수 있으며 특허의 장점을 모방 할 수 있다고 주장할 것이다. 어쨌든 이러한 포상 시스템은 산업 혁명기간 동안 등장한 기관들에 의해 예고되었다. 18세기 후반과 19세기 초반 라이언스(Lyons)의 실크 직조 산업에서는, 자발적인 발명가가 사전에 위임된 혁신 관련 임무없이 중앙 포상 기관에 포상을 신청할 수 있었다(Foray and Hilaire-Perez, forthcoming, Foray 2004). 이러한 포상제도는 특허와 마찬가지로 분권화된 체계를 지니고 있다.

세 번째 단점은 포상 경쟁을 하기 위해 연구원은 스스로 자금을 대거나 후원자를 찾아야했다는 사실이다. 비록 이것이 수학 부문의 포상에서처럼, 생활을 위한 최소한의 생존을 위한 수준 정도라고 하더라도, 연구에 저해 요인으로 작용할 수 있다. 대학들은 학자들에게 후원자에 의해 선택된 연구 주제보다는 자기가 스스로 동기 부여된 연구를 수행하도록 시간, 자금, 그리고 유인을 제공함으로써 이 문제를 개선했다. 코페르니쿠스(1543 사망), 갈릴레오(1642 사망), 아이작 뉴턴(1727 사망), 존 달튼(1827 사망), 앙드레-마리 앙브르(1836 사망), 제임스 맥스웰(1879 사망)은 모두 대학 교수로서 경력의 일부를 보냈다. 뉴튼의 전임자는 석좌교수직(endowed chair)에서 사임하여 24세의 천재가 전임연구원으로서 자신의 연구에 전념 할 수 있게 해주었다. 대학의 직원들은 제임스 와트(1819 사망)와 마이클 패러데이(1867 사망)를 포함하여 더 많은 과학자를 지원했다. 오늘날 우리의 대학들은 많은 면에서 이와 유사하다.

1.4 | 특허의 융성

19세기 후반과 20세기 초반은 발명의 황금 시대였다.[8] 이 시대에 전등, 영화, 축음기, 라디오, 전화기, 비행기, 그리고 자동차가 등장했다. 발명가들은 그 이전

8) 1.4절의 현대 과학 및 기술사에 대한 논의는 주로 Strandh(1979), Newhouse(1988), 그리고 Jeans(1967)에서 인용되었다. 선도 과학자에 대한 자세한 설명은 Gillespie(1970)에서도 찾을 수 있다.

에도 그리고 그 이후에도 경험하지 못할 존경을 받았다. 이러한 변화의 핵심에 특허권의 유혹이 있었다.[9]

또한 이 기간은 오늘날에도 여전히 격렬한 논쟁을 불러일으키는 특허의 결점들을 보여주고 있다.[10] 불가피한 결점 중 하나는 특허권이 발명가들에 대한 사후적(ex-post) 보상이라는 점이다. 이는 발명가로 하여금 어떻게 연구자금을 조달할지의 문제를 초래한다. 수많은 동시대의 유명한 발명가들이 어느 정도 정착될 때까지 지하실과 차고에서 일함으로써 이 문제를 피해갔다. 토마스 에디슨(1931 사망), 고트 리브 다임러(1900 사망), 존 던롭(1921 사망), 알렉산더 그레이엄 벨(1922 사망), 조지 이스트먼(1932 사망), 구엘 엘모 마르코니(1937 사망) 등은 모두 그들의 첫 번째 특허를 여가 시간에 집 실험실에서 작업하는 동안 획득했다. 그러나 이러한 방법은 지속가능하지 않았다. 20세기 대부분의 주목할 만한 발명은 대규모 설계팀과 실험실을 필요로 했다.[11] 이러한 기술적 숙제는 혁신을 지하실에서 개발하는 범위를 훨씬 넘어서도록 만들었다.[12]

발명가들은 자금을 조달하기 위하여 다음의 세 가지 전략을 만들어 대응했다. 첫 번째 방법은–이는 주로 실리콘밸리에서 행해졌는데–기업가(entrepreneur)가 되는 것이었다. 시대를 앞서던 많은 발명가들은 초기단계에서 다음 단계로 도약을 하기 위해 그들의 명성을 이용했다. 이 과정에서 그들은 사모 펀드, 합작 투자, 분사 회사, 수익 배분 및 스톡옵션 등을 혼합하여 놀라울 정도로 정교한 벤처 캐피탈

9) 헨리 포드(Henry Ford)는 5,000개의 팬레터를 받았으며 미국 상원에서 경력을 마감했다. 언론인들은 "포드열광현상(The Ford Craze)"에 대해 이야기하고 더 나은 연설자가 대통령으로 선출 될 수도 있었다고 주장했다.

10) Machlup and Penrose(1950)은 19세기와 20 기초의 특허에 관한 논쟁을 묘사하고 있다. 이 논쟁은 오늘날 문헌에서의 논쟁과 놀랍도록 유사하다.

11) 1920년대에 당시의 첨단 기술 산업에 종사하는 기업(예: 항공기 또는 자이로 스코프 제조업체)은 일반적으로 약 12명의 엔지니어를 고용했다. 1920년대 중반에 이르러, V-2 미사일과 같은 제품에는 90,000개의 부품이 포함되었다. 이러한 무기를 설계하고 제작하려면 1,960명의 과학자, 엔지니어, 그리고 기술자들을 필요로 했다. 여기에는 보조 직원으로 봉사한 3,852명이 포함되지 않는다. 대형 설계팀은 항공기, 자동차, 컴퓨터, 마이크로 일렉트로닉스 및 대형 소프트웨어 개발과 같은 20세기 혁신에 필수불가결한 것으로 입증되었다.

12) 개중에는 고독한 천재들도 있었지만, 그들은 여전히 19세기에 머물고 있는 사람들처럼 보인다. Albert Einstein(1955 사망)은 스위스 특허청에서 홀로 일하면서 특수 상대성 이론을 발견했다. Edwin Land(1991 사망)는 밤마다 컬럼비아 대학 실험실에 침입하여 폴라로이드 필터에 관한 연구를 수행했다. David Williams(1975 사망)는 미국 North Carolina 교도소에서 근무하면서 미국 육군의 혁명적인 M-1 카빈총의 핵심 요소를 연구했다.

거래를 구성했다.[13] 일부 회사는 도약에 성공하여 투자자를 부자로 만들었으나, 일부는 주식사기와 허상(vaporware)으로 끝나기도 했다.[14]

두 번째 방법은 발명 활동을 그 자체로 사업으로 전환시키는 것이었다. 1870년대에 에디슨은 전적으로 연구개발(R&D)에 전념하는 '발명공장(invention factory)'을 설립했다. 공장은 외부와의 계약 연구 수행, 컨설팅 서비스, 특허 판매, 합작 투자에의 참여, 발견한 성과를 이용하여 에디슨의 계열 제조업체로 분사 하는 것 등 다양한 비즈니스 모델을 만들었다. 에디슨은 이러한 전략적 혼합이 위험 관리의 핵심이라고 믿었다. 그의 관점에서 외부와의 일상적인 계약 연구 수행은 전구와 같은 발명품만큼이나 중요했다.

세 번째 방법은 기존 회사가 자체적으로 혁신을 개발하는 것이었다.[15] 최초의 현대적인 산업관련 실험실은 독일의 화학 산업에서 나타났다(Mowery and Rosenberg, 1998). 1850년대에는 화학 관련 연구가 대학으로부터 Bayer, BASF, Hoechst, Casella, AGFA와 같은 회사에 조직된 산업연구소로 옮겨갔다. 1900년경 비슷한 산업연구소들이 미국에서 번성하기 시작했다. 초기의 사례로는 General Electric(1900), Dow(1901), DuPont(1902), AT&T(1908), Goodyear(1909), 그리고 Eastman Kodak(1912) 등이 있다. 새로운 실험실의 대부분은 전기 및 화학 산업에 집중적으로 분포되어 있었다. 1910년까지 300여 개의 실험실이 설립되었으며, 1940년까지 업계는 연간 총 2억 달러의 예산으로 13,500개의 실험실을 운영했다.

특허권에 존재하는 또 다른 중요한 문제는 특허를 어떻게 현금화하는가 하는

13) 엘머 스페리(Elmer Sperry, d. 1930년)의 경우가 대표적인 경우이다. 1882년 그와 전직 고용주는 아크 조명 및 발전기 제조를 위해 분사회사(spin-off company)를 설립했다. 1888년에 스페리(Sperry)는 그의 특허에 기반하여 노면전차와 전기자동차를 생산하는 두 번째 회사를 설립했다. 1890년에는 노면 전차 개발을 위해 연맹(Syndicate)을 조직했다. 기업의 주된 목적은 권리를 팔거나 회사를 시작하는 데 이용할 수 있는 특허를 확보하는 것이었다. 1903년에 스페리는 한 부유한 자본가를 설득하여 새로운 배터리와 전기 도금 방법을 개발하기 위한 합작회사(joint venture) 설립에 합류하도록 했다. 마침내 1910년 소수의 자본가 그룹을 설득하여 Sperry Gyroscope Company에 자금을 지원하도록 했으며, 스페리는 주식, 월급, 그리고 매출수익의 일정 비율을 받았다.

14) 1902 년에 한 투자자 그룹은 Lee deForest를 라디오 방송국 체인을 설립하는 데 주도적인 역할을 하도록 고용했다. 이 회사는 방송국과 소규모 R&D 예산조차도 없었다. 그러나 이 회사는 투자자들로 하여금 돈을 투자하도록 하는 데 대단히 능숙했다. Lewis(1991), p. 39–41 참조.

15) Schumpeter(1942)는 일찌감치 발명의 추세가 개개인 발명가에서 공식적인 기관으로 이동하는 것을 관찰하고 흥미로운 설명을 제공했다.

문제였다. 가장 간단한 방법은 발명가가 그들의 특허권을 판매하고 개발 및 제조를 다른 사람들에게 맡기는 것이었다. 에디슨이 지적한 것처럼(오늘날에도 이것은 여전히 사실이다) 문제는 발명가와 투자자 사이에 특정혁신의 가치에 대해 거의 동의가 이루어지지 않는다는 것이다.[16] 이러한 경우 발명가는 직접 제조업자가 되는 것 외에는 거의 선택의 여지가 없다. 홀(Charles Hall, 1914 사망)은 알루미늄을 정제하는 비용 효율적인 방법을 발견했지만, 기존의 제조업체는 그의 특허를 구매하는 것을 거절했다. 그는 Alcoa Aluminium이라는 회사를 차렸고, 회사의 주식을 사려는 벤처 자본가를 찾는 데 성공했다. 비슷한 이야기를 Ford Motor Company, RCA, Estman Kodak, 그리고 20세기의 거대 기업들로부터 찾을 수 있다.

이러한 문제는 특허 시스템이 완벽했다 하더라도 발생했을 것이다. 사실 19세기의 특허 시스템은 현재와 마찬가지로 별로 완벽하지 못했다. 첫째, 특허출원이 복잡했고 여러 승인 절차가 필요했다. 이것은 거래비용을 높게 유지하게 했다. 둘째로 특허권을 유지하는 비용이 종종 파괴적으로 높았다. 굿이어(Charles Goodyear, 1860 사망)는 그가 경화 처리한 고무의 특허를 통해 일생동안 번 것보다 훨씬 더 많은 변호사 비용을 그의 오랜 변호사인 웹스터(Daniel Webster)에게 지불했다. 셋째, 특허 소송은 불확실성을 초래했고 산업의 성장을 둔화시켰다. 당시의 사람들은 특허 소송이 발견을 촉진시키기 위한 본래의 의도보다는 오히려 전화, 영화, 자동차, 라디오, 텔레비전, 비행기의 개발을 저지하는 방향으로 이용되고 있다고 비판했다. 일부 학자들 역시 프랑스에 비하여 영국에서 초기 사진 인화의 발전 속도가 느리게 진행되는 것과 관련하여 과도한 특허 소송에 원인이 있다고 주장하고 있다. 마지막으로, 일부 발명가들은 경쟁사들이 자신의 기술을 침해하도록 유도하기 위해 특허를 사용했으며, 이러한 경향은 증기 기관의 경우에 계속 반복적으로 나타났다.[17]

---

16) 때로는 투자자와 발명가 간의 이견이 기술적인 문제에 존재했다. 1870년대에 전화가 발명되었을 때, 대부분의 사람들은 TV가 몇 달 내에 나올 것이라고 생각했지만, 사실상 60년이 걸렸다. 사람들은 또한 어떤 발명이 소비자에게 필요하거나 유용할지에 대해 의견이 달리했다. Hertz가 1889년에 전파의 존재를 시연한 후, 기본적인 무선 전신을 만드는 것은 기술적으로 간단했다. 그러나 사실, 소비자가 그런 것을 원할 수도 있다는 것을 Marconi가 깨닫기까지는 5년이라는 시간이 더 걸렸다.

17) 사베리(Thomas Savery, 1715 사망)는 뉴코멘(Thomas Newcomen, 1729 사망)이 1712년에 최초의 진정한 증기 엔진을 생산하는 것을 막기 위해 증기 구동식 광산 펌프에 대한 지나치게 광범위한(overbroad) 특허권을 행사했다. 이러한 문제점은 사베리가 세상을 떠나고, 그의 상속인이 라이

1.5 | 현대의 후원자들: 재단들

1900년 이전에는 대학의 과학 예산이 인문학의 예산보다 크지 않았다.[18] 20세기 거대과학(big science)의 부상은 거대한 지출을 요구했다.[19] 거대과학의 부상으로 인해 즉각적으로 나타난 결과 중 하나는 자금지원이 더 이상 개인 간의 임의적인 계약에 의해서 결정되지 않는다는 것이었다. 거대과학의 시대는 천문학으로 이어졌다. 최첨단 망원경은 개별 대학에게는 너무 비쌌고 단일 대학이 분석할 수 있는 것보다 더 많은 데이터를 생성했다. 1800년대에조차도 이러한 특성은 대규모의 반자치적인 관측소를 생겨나도록 했다.[20] 비슷한 연구기관이 종종 부유한 사람들의 자금 지원을 받아 표본수집과 기타 특수 목적을 지닌 시설 주위에 건설되었다. 20세기에 이러한 기관은 대부분 납세자 부담으로 자금을 지원받았다.

19세기 후반에 시작된 연금 시대(Gilded Age)는 전례가 없는 부를 민간부문에

선스에 동의하고서야 해결되었다. 18세기 후반 와트(James Watt, 1819 사망)는 위험하고 기술적으로 복잡한 고압 기술의 개선을 막기 위해 특허를 사용했다. 와트(Watt)가 경쟁사에게 라이선스를 주기를 거부한 것은 20년 동안 스팀 엔진 기술의 발전을 묶는 결과를 초래했다. 마지막으로 콜리스(George Corliss, 1888 사망)는 피스톤에 슬라이드 밸브를 추가하여 효율성을 혁신적으로 향상시켰다. 그러나 그 명백한 우월성에도 불구하고 경쟁사는 1876년에 콜리스(Corliss)의 특허가 만료될 때까지 이 아이디어를 확장시키려하지 않았다. 보다 흥미로운 논의를 위해서는 Scherer(1984)를 참조하라. 놀랍게도 일부 분쟁은 긍정적인 면을 초래하기도 했다. Watt는 이미 특허를 획득한 크랭크를 우회 디자인하기 위해 그의 기념비적인 '태양-행성'기어를 설계했다.

18) 1880년대에 마이클슨(Albert Michelson, 1931 사망)은 미국 국립 과학 아카데미(National Academy of Sciences)의 그다지 많지 않은 보조금만을 사용하여 빛의 속도를 측정했다. 얼마 지나지 않아 Heinrich Hertz(1894 사망)와 그의 조수가 라디오를 시연 할 수 있는 충분한 장비를 개발했다. 기존의 대학이 지니고 있는 자산은 이러한 필요를 충족시키기에 충분했다.

19) 거대과학은 단지 값비싼 것만이 아니었다. 거대과학은 정부의 관리자들로 하여금 수십 년이 걸릴 수 있는 실험을 위한 '제도적 기억'을 창안하도록 했다. 아마도 가장 극단적인 예가 NASA의 Gravity Probe B 프로젝트일 것인데, 이는 우주에서 일반 상대성 이론을 테스트하기 위한 실험이다(Reichhardt, 2003). 스탠포드의 물리학자들은 1960년에 처음으로 이 프로젝트를 제안했으나, 40년이 지나고 5억 달러가 넘는 예산이 투입된 후에 이 위성은 2004년에 발사되도록 계획되었다.

20) 캘리포니아의 릭 천문대(Rick Observatory)를 초기 사례라고 할 수 있다. 1870년대 동안 과학자들은 James Lick에게 원래 그가 샌프란시스코 다운타운에 건설하려던 피라미드보다 36인치 망원경이 그를 더 효과적으로 기념보존할 것이라고 설득했다. 이 시설은 1880년에 $700,000의 비용으로 완공되었다. Lick의 시신은 망원경을 받치고 있는 교각 안에 매장되었다.

안겼다.[21] 1900년부터 1930년 사이에 약 70여개 재단이 설립되었다. 최근의 연방정부와 마찬가지로 재단은 너무 부자가 되어 종종 그들이 국가 전체를 위한 연구개발(R&D)의 우선순위를 설정하기도 했다. 예를 들어, 초기의 카네기 및 록펠러 재단에는 각각 천만 달러의 기부금이 있었는데, 이는 국가 상위 15개 연구중심 대학교의 연간 운영 예산 총액과 같은 금액이며, 20세기 초의 총연방 연구예산에 상응하는 금액이었다. 재단의 자원은 대공황 때까지 계속 성장했다. 1930년대 후반에 재단은 연구지원금 4천만 달러를 포함하여 연간 약 8천만 달러를 지출했다. 당시 오직 미국의 6개 대학만이 연구개발(R&D)에 연간 200만 달러(교수 급여 포함) 이상을 지출했다.

재단들은 이러한 지원금들을 생산적으로 지출하기 위한 새로운 전략이 필요했다. 처음 30년 동안 그들은 스스로 결정을 내릴 수 있는 방법을 모색했다. 첫 번째 출발은 대학과 정부가 무시해오던 문제를 규정하고 해결하는 데 중점을 두었다. 1901에서 1902년 사이에 설립된 록펠러와 카네기 재단은 의학, 지구 물리학, 식물학 그리고 천문학에 많은 노력을 기울였다. 제1차 세계 대전까지, 이들 분야는 미국 과학계에서 가장 강한 분야가 되었다.

미국 과학 분야의 이러한 기회가 소진되었을 때, 재단들은 특정 분야의 병목 현상을 찾아내고 제거하기 시작했으며, 이는 일반적으로 장기적인 물적 자본(예: 대형 망원경, 대학 실험실 및 원자 흡착 장치)과 인간(예: 연구 인력)에 대한 투자를 수반했다. 이러한 전략은 미국 과학, 특히 물리학과 천문학을 유럽 수준으로 끌어 올리는 데 큰 기여를 했다.

1930년대 초반에는 이러한 기회마저도 소진되었다. 심지어 최대 규모의 재단에서도 연구자들이 재단에 평가할 수 있는 것보다 더 많은 프로젝트를 제안하고 있음을 알게 되었다. 이 시점에서 재단들은 자신들이 유일하게 할 수 있는 일-신뢰할 수 있는 연구자 또는 연구부서에 자금을 지원하고, 최선의 결과가 나오기만을 바라는 일-을 했다. 이러한 종류의 자선은 제1차 세계 대전 전에 시작되어 1930년대에 가속화되었다. 시간이 지남에 따라 재단은 이러한 조치를 공식적인 동료평가시스템(formal peer review system)으로 개선했다. 제2차 세계 대전 이후, 연방정부는 자율형 연구과제에 대한 연구계획들을 모집하고 그 중 가장 우수한 연구과제에 연구자금을 지원하기 위해 위의 재단들이 했던 방식과 유사한 지원방식을 도입

21) 우리의 논의는 Geiger(1993)을 따른다.

했다(8장 참조).

실용적인 목적을 위해 과학계는 비록 연구자금이 부유한 후원자부터 나오는 것임에도 불구하고 스스로를 규제했다. 이러한 부분이 이전의 시대와 크게 다른 점이다. 이전의 시대에는 후원자가 연구 의제를 직접 선택하거나 그 권한을 발명가에게 스스로 위임하기도 했지만 동료평가를 사용하지는 않았다. 물론 동료평가는 장점과 단점이 있다. 동료평가는 중복된 노력이나 별로 중요하지 않은 문제들을 배제할 수 있다. 그러나 한편으로는 개개인의 창의성을 저해하는 집단주의적 사고를 제도화하는 결과를 초래할 수도 있다.[22]

재단의 연구자금 지출은 경제 대공황 기간 동안 급속히 감소했다. 1950년에 새롭게 대규모 재단인 포드재단이 설립되었음에도 불구하고 재단들은 전쟁 전의 지배적이었던 연구분담 능력을 회복하지 못했다. 그러나 대학 인프라, 의학, 대형 망원경, 그리고 사회 과학 연구와 같은 다양한 분야에서 여전히 주요한 활동을 하고 있다.

1.6 | 거대과학과 정부연구자금지원의 증가

결국 지적 재산 시스템은 시장이 원하는 것을 공급한다. 반대로 후원자는 판단과 선택을 할 수 있다. 20세기에 '후원자'는 '정부'를 의미하게 되었다. 1930년대 이래 미국 연방 정부는 항공, 우주, 원자력 에너지, 전자 제품 및 보건의료 분야의 새로운 기술들을 개발하기 위한 노력들에 반복적이고도 주도적으로 착수하기 시작했다. 현재의 연구 기관은 오래 전의 이러한 선택들을 공공기관화한 것이다.

정부연구소(Government Laboratories) 20세기 초에 정부 공무원에 의해 수행된 대부분의 연구개발(R&D)은 군 관련 연구였다. 정부의 무기 개발 및 설계국은 특히 어뢰와 전함과 같은 해군 무기에 대해 놀랄 만큼 정교한 기술을 생산했다.[23] 1918년까지 전함은 최대 12 마일의 범위 내에서 1,400 파운드의 발사체를

22) 국제적인 수준에서의 집단주의적 사고(groupthink)의 예로는 1960년대의 민간초음속수송기 개발을 들 수 있다. 제 2장에서의 논의를 참조하라.

23) 연구자들은 민간 과학자와 엔지니어들로부터 귀중한 조언을 받았다. 자가추진어뢰(1866)와 군함의 증기터빈추진장치(1897)는 공식적인 지원이나 관심이 없는 채로 완성되었다. 그러나 일단

발사할 수 있게 되었다. 이러한 종류의 성능을 달성하려면 자이로스코프, 아날로그 컴퓨터, 전자적인 데이터 전송, 터빈 추진 및 대형 주조를 비롯한 입증되지 않은 여러 기술의 발달이 동시에 필요했다. 정부 기관은 20세기 내내 새로운 무기 체계를 구축하는 데 중요한 역할을 계속했다.

민간분야에서 가장 야심찬 19세기 프로젝트는 미국지질연구소와 농업성이 수행했다. 북미 지역을 탐사하고 지도를 만들려는 정부의 노력은 미국인들이 유럽과 경쟁할 수 있는 첫 번째 과학 중 하나인 지질학(geology)을 탄생시켰다. 남북 전쟁이 있은 후, 농업성은 토지를 교부한 주립대학과 상당한 규모의 연구계약을 체결하였다. 대부분의 다른 정부기관들은 별다른 노력을 하지 않았고, 광산에서의 안전성과 같은 실질적인 문제에 중점을 두었다. 결과적으로 정부의 연구 개발은 대학이나 산업에 상대적으로 적은 영향을 미쳤다. 1910년대에 정부기관의 관심사가 사회 문제에 대한 연구로부터 규제로 옮겨감에 따라 정부의 자체 연구 개발이 극적으로 증가했다. 1930년대 후반까지 총 연방 R&D 지출은 비록 오늘날의 기준으로는 작지만, 세기의 전환기에 비해 약 10배 증가했다. 정부 과학자들은 여전히 농업, 지질학, 기상학, 그리고 보존과 같은 실용적인 문제에 계속 중점을 두기도 했다.

우리는 이미 어떻게 20세기의 기술이 발명활동을 개인으로부터 대규모 연구기관으로 옮겼는지에 대해 설명했다. 연방 정부 내에서 거대과학에 대한 가장 초기의 사례는 국립항공위원회(the National Committee for Aeroautics: NACA)이다. NACA는 1차 세계 대전 중 전쟁 관련 프로젝트에 대한 산업-학계- 정부 간 협력을 촉진하기 위한 비상조치로 시작되었다. 1920년대 초까지, 위원회는 현재 요구되는 수준을 훨씬 뛰어 넘는 수준의 응용연구를 통해 군과 민간의 항공을 발전시킨다는 새롭고 보다 야심 찬 임무를 설정했다. NACA의 연구자들은 이 임무를 위해 기관 내에 풍동 터널(wind tunnels), 엔진 테스트 장비, 그리고 비행 테스트 시설을 설치했다. 상업적 그리고 군사적인 고객도 계약에 따라 NACA의 시설을 사용하는 것이 허락되었다.

1922년 NACA에는 100명의 직원이 있었다. 1938년에는 426명이 있었다. 공식적인 과제 외에도 직원들이 지나치게 비정상적이지 않다면 비승인 연구(unauthorized bootleg research)를 추구하는 것이 장려되었다. 그 결과, 'NACA 엔진덮개(1930년대)', 'NACA 날개(1940년대)', '초음속 항공기(1950년대)를 위한 단면

시연이 되자, 정부 설계국은 적극적으로 두 기술을 개발했다.

적 법칙(area rule)'을 포함한 일련의 근본적이고도 혁신적인 발전이 이루어졌다.[24] NACA의 경험은 제2차 세계 대전 연구, 전후 정부연구소, 그리고 NACA의 후계자라고 할 수 있는 국립항공우주연구소(National Aeronautics and Space Administration, NASA)의 강력한 모델이 되었다.

현대의 정부연구소는 제2차 세계 대전의 산물이다. 제1차 세계 대전 동안 미국은 수천 명의 과학자를 정부 연구소에 고용했다. 20년 후 미국의 학계는 정부가 다른 전략을 따르도록 설득했다. 그것은 군사 연구를 수행하기 위해 과학연구개발국(Office of Scientific Research and Development: OSRD)을 창설하는 것이었다. 이전의 정책와는 달리 OSRD는 연구를 세세하게 관리하려고 노력하지 않았다. 대신, 우선순위를 정하고 전쟁에 영향을 미칠 수 있는 시간 안에 해결할 수 있는 문제를 규정하는 것으로 역할을 제한했다. 선정 후 관료들은 관여하지 않았으며, 과제의 수행은 전국의 연구자들로 구성된, 자치적으로 운영되는 연구소에 위임되었다. 가장 큰 OSRD 연구소는 New Maxico의 Los Alamos(원자력 무기 연구)와 MIT(레이더 연구)에 있었다. 이들 연구소는 각각 약 1,200명의 민간인을 고용했다.[25]

OSRD의 전시(wartime) 연구소는 매우 성공적이어서 의회는 로스 알라모스(Los Alamos) 시설을 보존하고 뉴욕의 브룩 헤이븐(Brookhaven)과 일리노이 주의 아르곤(Argonne)에 원자력 시설을 추가로 건설했다. 이것이 현재 국립연구소의 네트워크에 대한 핵심으로 자리잡았다. 의회는 또한 국립 보건원(National Institutes of Health, NIH)을 설립함으로써 OSRD 모델을 생물학분야로 확장했다.[26] 국립 연구

---

24) NACA의 항공기는 음속장벽을 뛰어넘어 우주의 가장자리로 날아간 최초의 비행체였다. 이 이야기는 Wolfe(1979)에 의해 전해진다.

25) 육군의 원자 폭탄 프로젝트는 궁극적으로 20억 달러의 비용이 소요되었다. OSRD는 레이더에 15억 달러를 지출했다. 이 외에도 작은 그룹도 존재했는데, Johns Hopkins(advanced artillery fuses)의 응용물리연구실, Cal Tech의 로켓추진연구실(rockets), Harvard의 수중음향연구소(torpedoes), Penn State의 Moore School(the ENIAC computer), Columbia의 폭파연구소(operation research for bombing), Harvard의 수중음파탐지레이더 연구실 등이 있었다. 대학들은 대부분의 경우 손실도 없고 이익도 없는 수준에서 계약을 맺고 시설제공과 관리를 담당했다. 부가적인 작업은 연구 기관과 산업 연구소에서 이루어졌다. 적어도 한 가지 경우, 특별히 긴급한 문제 -, 즉 RDX 폭발물을 제조하기 위한 산업 규모의 공정을 찾는 것 -는 Michigan, Cornell, 그리고 Penn State 등과 같은 여러 경쟁적인 연구소에 보내졌다.

26) 이상하게도 의학 분야의 연구는 2차 세계 대전 당시의 OSRD와 국립 연구소와 같은 모델을 따르지 않았다. 그 대신, 대부분의 생명 과학자들은 자신들의 실험실에서 전쟁을 보냈으며, 자신의 실험실에서 페니실린과 혈장(blood plasma) 등을 포함한 중요한 발견을 이루어냈다.

소에 대한 두 번째 물결은 한국 전쟁 당시 몰려왔으며, 전자 기술과 원자력 기술의 발전을 가속화하기 위해 마련되었다. 이들 1950년대 초기의 기관에는 링컨연구소(Lincoln Laboratory), 로렌스 리버모어 국립 연구소(Lawrence Livermore National Laboratory), 그리고 응용전자연구소(Applied Electronics Laboratory)가 해당된다. OSRD 스타일 실험실의 마지막 물결은 1960년대에 있었으며, 이들 대부분의 기관들은 물리학(Stanford Linear Accelerator, Fermilab), 천문학(National Radio Astronomy Observatory, National Astronomy and Ionosphere Center, 국립 광학 천문학 관측소)과 같은 거대과학에 집중했다.

냉전의 종식(1989년)은 거대 물리학에 대한 연구를 정당화했던 위협요인들을 사라지게 했다. 국립연구소의 관리자들은 자신들의 존재를 정당화하기 위한 새로운 임무를 찾기 위해 미친 듯이 노력을 기울였다. 핵무기 시뮬레이션 기술('비축 관리'); 분자 생물학에 대한 원자현미경 기술의 적용; 고급 컴퓨팅 이니셔티브, 그리고 유전자 염기서열 등이 이러한 배경 하에서 나타난 성과였다. 10년 이상이 지난 후에도, 그들의 임무는 여전히 유동적이다.[27]

정부 지원금(Government Grants) 19세기의 정부는 지원금 요청을 종용하지도 않았고, 이용 가능한 기금을 조성하겠다고 약속하지도 않았으며, 가장 훌륭한 연구제안서를 선택하기 위한 특별한 노력도 기울이지 않았다. 만약 이용 가능한 기금이 만들어지면, 기금은 과학자들이 가장 지속적으로 로비 활동을 펼친 분야로 흘러갔다. 정부에 같은 편을 두는 것도 도움이 되었다. 영국에서는 1823년에 영국 정부가 배비지(Charles Babbage)의 유명한 차분기관(Difference Engine)-컴퓨터 전신인-에 자금을 지원했다(Newhouse, 1988). 이와 유사하게, 영국 해군은 프루드(William Froude)가 선체에 대한 선구적인-현대의 유체 역학을 이끌어낸-연구를 수행할 수 있도록 웨이브탱크(wave tank)에 대한 비용을 지불하였다(Porter, 1994). 미국에서는 의회가 모스(Samuel Morse)의 워싱턴 DC와 볼티모어 사이의 전신 실험에 자금을 지원했다. 모스(Samuel Morse)는 나중에 이 기술에 대한 특허를 취득했다. 미국과 영국 정부는 또한 금융업자인 필드(Cyrus W. Field)가 소유한 대서양

27) 로렌스 버클리 연구소(Lawrence Berkeley Laboratory)는 언제나 달성 가능한 짧은 목표 리스트를 바탕으로 스스로를 재창조하기 위해 가장 큰 노력을 기울였다. 2000년까지 연구실 기금의 17%가 민간으로부터 나왔다. 연구소는 또한 전통적으로 물리학에만 맞추던 연구의 방향을 생명과학(22%)과 컴퓨팅(17%)을 포함하는 방향으로 선회하였다.

횡단 전신 케이블에 보조금을 지급하기도 했다(Standage, 1998).

최초의 공식적인 정부 연구자금 지원은 독일에서 발생했다. 1884년에, 전기업계의 거물인 지멘스(William Siemens, 1883 사망)는 응용 물리학에 존재하는 문제들을 해결하기 위해 제국물리기술연구소(Imperial Physical and Technical Institute)를 설립하도록 독일 정부를 설득했다. 카이저 빌헬름 화학 연구소(Kaiser Wilhelm Institute for Chemistry)가 1910년에 그 뒤를 이어 설립되었다(제2차 세계 대전 이후 Max Planck Society로 재구성 됨).

대학에 대한 미국 정부의 지원은 1940년대까지 매우 적은 수준으로 유지되었다. 대공황이 끝나자 미국 경제의 나머지 다른 부분들과 마찬가지로 대학도 매우 축소되어 운영되었다. 그러나 2차 세계 대전이 그러한 상황을 바꾸었다. 1944년까지, 정부의 연구개발 계약은 전쟁 전에 대학이 수행한 R&D의 3배에 해당되었다. 전쟁 당시의 성공은 이러한 지형을 영구적으로 변화시켰다. 전후 몇 년 동안 대학은 특정한 무기 또는 기술 개발을 목적으로 하는 전시프로그램을 확장하거나 유지했다. 그러나 학자들은 이러한 프로그램들이 군사적으로만 유용성이 제한된 분야로 연구 분야를 왜곡하고 기밀작업을 촉진시킴으로써, 지식을 확산시킨다고 하는 과학과 대학의 가치를 제한할 것이며, 전쟁기간 동안의 성공을 통해 구축한 기초지식의 창고를 고갈시킴으로써 연구에 피해를 줄 것이라고 우려했다.[28] 의회가 이에 동의했다. 시간이 지남에 따라 국립 보건원(National Institute of Health, 1946), 국립 과학 재단(National Science Foundation, 1950), 그리고 심지어 해군연구청(Office of Naval Research, 1946)과 같은 새로운 기관들은 1930년대에 재단들이 개척했던 호기심 기반 연구(curiosity based research)에 연방정부의 지원을 되돌렸다. 비록 시작은 느렸지만, 새로운 기관들의 예산은 1950년 이후 가파르게 상승했으며, 1958년, NIH와 NSF는 연방 정부의 대학 연구개발 예산 2억 1900만 달러 중 40%를 차지하게 되었다.

1957년에 소련이 최초의 인공위성을 발사하여 서방세계에 충격을 준 이후, 기초 연구는 더욱 강화되었다. 다음 10년 동안 대학의 R&D는 GNP의 0.1에서 0.2%로 증가하였으며, 호기심 기반의 기초 연구로 옮겨졌다.[29] 1970년에는 대학의 총

28) 이 견해에 대한 가장 유명한 서술은 Vannevar Bush의 「Science: The Endless Frontier(1946)」에서 찾아 볼 수 있다. 초기 무관심에도 불구하고 보고서는 결국 전후 과학 정책의 초석이 되었다.

29) 1957년부터 1968년 사이에 NSF의 지출은 4,000만 달러에서 4억 8,000만 달러로 확대되었다.

R&D 예산이 23억 달러에 달했고 그 중 거의 4/5가 기초 연구에 투입되었다. 이 노력의 70%를 연방 정부가 지출했다. 그러나 이러한 연방연구개발 기금의 행복한 확장은 베트남 전쟁과 이어지는 경제적 침체로 인한 예산 압박에서 살아남을 수 없었다. 1968년부터 1974년 사이에 NSF와 국방부가 대학에 지출한 비용은 실질적인 면에서 50%나 감소했다. 예산은 1970년대의 나머지 기간 동안 빡빡하게 유지되었다. 비록 기금은 확장기 이전에 비해 여전히 높은 상태로 유지되었지만, 실질적인 증가는 거의 1~2%를 넘지 못했다.

1.7 현대의 하이브리드 기관들

미국의 연구 기관은 완전히 공공기관이거나, 완전히 순수 학문적이거나, 또는 순전히 산업적인 연구실이나 자금지원체계인 것조차도 거의 없다. 공적 자금과 지적 재산을 혼합한 하이브리드 기관은 20세기의 연구기금에 관한 '새로운 아이디어' 였다.

군산 복합체(The Milirary-Industrial Complex) 사회는 무기 조달에 엄청난 자원을 투입했다.[30] 제 2차 세계 대전 이후 연방 정부 R&D 지출의 최소한 절반은, 그리고 일반적으로 그 이상이 군사 장비에 투입되었다.[31] 20세기에 군사 관련 연구는 점차 정부 군대 및 군수국으로부터 국가 실험실과 민간 기업으로 옮겨갔다. 아이젠하워(Dwight Eisenhower) 대통령은 이러한 군사 목적과 사적 이익의 융합을 '군산복합체(Military–Industrial Complex)'라고 불렀다. 그것의 단점과 위험이 무엇이든 간에 이 시스템이 놀라운 기술적 도약을 가져왔음을 부인할 수는 없다. 성공적인 메가 프로젝트들에는 원자로(1942), 원자폭탄(1945), 수소폭탄(1952), 핵

NIH 지출도 이 기간 동안 8,500만 달러에서 7억 2,200만 달러로 증가했다.

30) 어떤 의미에서 대부분의 군사 연구 개발은 '혁신'으로서의 자질을 전혀 갖추지 못하다. 스핀 오프(spin offs)를 제외하고 펜타곤의 지출은 순수한 경제적 낭비라고 할 수 있다. 더구나, 무기 연구의 이점은 적대자들도 무기 연구를 하고 있다는 사실에 의해 거의 상쇄된다. 만약 적대자들이 연구 기금을 무기 개발에 낭비하지 않기로 동의할 수 있다면 훨씬 나아질 것이지만, 그들은 '죄수의 딜레마'라고 하는 고전적인 문제에 직면해 있다. 만약 그들이 무기 감축에 동의한다면, 양측에게는 서로를 속일 유인이 존재한다.

31) 보다 자세한 설명을 위해서는 Mowery and Rosenberg(1998) 제 2장을 참조하라.

잠수함(1954), 대륙간탄도미사일(ICBM, 1959), 미사일 발사 잠수함(1960) 등이 포함된다.

이 모든 것들을 종합해보면, 펜타곤은 다양한 인센티브 제도를 실험할 수 있는 충분한 기회를 가졌다. 가장 기본적인 연구에는 특정한 연구 목표를 수행하기 위한 지원금과 연구용역에 의해 연구자금이 지원된다. 1950년대 이후로 DARPA는 특히 혁신적이었다. DARPA의 가장 중요한 발명은 당시에는 거의 알려지지 않았던 인터넷(1969)이었다(10장 참조).

항공기의 정부구매는 매우 전형적인 예이다. 1960년대 동안, 단순히 이론적인 연구결과(paper studies)만을 바탕으로 항공기를 구매하려던 펜타곤의 시도는 비용의 초과와 실망스러운 성과를 초래했다. 그 이후로 펜타곤은 경쟁 기업들로 하여금 성능시험비행(fly-offs)을 위한 프로토타입을 제작하도록 하는 다양한 인센티브 제도를 실험해왔다. 특히 최근 몇 년 동안 정부는 기업의 개발 비용의 극히 적은 부분만을 지원해왔다. 그 대신에, 기업들은 일반적으로 자본 수익률보다 훨씬 더 높은 수익(4.4%)을 제공하는 계약을 놓고 경쟁했다. 개념적으로 매우 복잡한 이 시스템은 매칭자금(matching grants), 포상(prize), 그리고 경합(contest) 등에 존재하는 다양한 특성들을 결합한다. 이 모델들은 2장과 8장에서 더 자세히 논의될 것이다.

NASA는 이러한 펜타곤의 기본적인 모델에 대한 민간 파트너이다. NASA의 가장 큰 성공이라고 할 수 있는 것들은 아폴로 달 착륙(1969), 날씨 및 통신 위성(ca. 1964년), 그리고 금성, 화성과 태양계(1970년대) 바깥에 대한 무인탐사를 포함한다. 이 모든 프로그램들은 잘 정의된 목표와 돈이 많이 드는 군사적 목적의 연구개발을 수반했다. 우주 왕복선(1980년대), 허블 우주 망원경(1990년대), 우주 정거장(2001)과 같은 이후의 프로젝트들은 그다지 성공적이지 못했다. 1980년대 이후 NASA는 두 번에 걸친 우주 왕복선 사고와, 수십억 달러를 투자했지만 저비용 우주비행 기술개발에 실패하는 등 일련의 정부 구매 실패로 어려움을 겪었다. NASA가 어려움을 겪는 이유 중의 하나는 소규모 예산과 무분별한 목표들이 난무하는 때에 정부에 의해 지정된 연구를 수행하는 데 따른 것일 수도 있다. 그럼에도 불구하고 비평가들은 해당 기관의 인센티브 구조를 비판하고 포상제도(prizes)로의 전환을 포함한 근본적인 변화를 요구했다.

산업계에 의한 기초 연구(Basic Research by Industry) 20세기 초반에는, 산업계가 개발(development)을 전담하고 기초과학 연구는 학계에 맡겨졌었다. 주주들은 기초과학분야에서의 발견을 통해 상업적 가치를 소유할 수 있는 경우가 거의 없었기 때문에, 의심의 여지없이 이러한 역할 분담을 승인했다. 1920년대에는 산업계의 기업연구소가 과학적 발견을 제공해오던 대학들을 훨씬 뛰어넘어 성장했다. 기업연구소는 1930년에는 대학이 지출한 것보다 6배 많은 R&D 비용을 지출했으며, 1940년에는 10배나 많은 비용을 지출했다. 이러한 경향은 2차 세계 대전 이후에 가속화되었다. 1953년과 1999년 사이에 산업계의 실질 R&D 지출은 약 12배 증가한 반면, 실질 GDP는 5배보다 적은 수준으로 증가했다. 가장 빠른 연간 성장률은 1950년대에 발생했다(18%).[32]

기업연구소는 기초 연구에 대해 학계에 의존하기보다 사내에서 이를 직접 수행하였다. 1930년대에 Bell 연구소는 나중에 트랜지스터의 개발을 이끈 고체물리학 프로그램을 시작하여 노벨상을 받고 현대전자공학의 새로운 장을 열었다. 1930년대 후반 듀폰은 화학자인 캐러더스(Wallace Hume Carothers)에게 그가 수행하는 어떠한 나일론 관련 연구에라도 자금을 지원하겠다고 약속함으로써 그를 하버드에서 데려올 수 있었다. 캐러더스는 나일론을 발명했다.

전후 산업계는 트랜지스터(1948), 집적회로(1958), 레이저(1960), 고온 초전도(1986), 심지어 빅뱅(1965)으로부터의 잔류방사선과 같은 기초연구에서 획기적인 발전을 이루었다. 이러한 업적은 풍부하고도 아낌없는 R&D 지출을 요구했다. 그러나 1974년 AT&T가 해체되고 1980년대에 IBM이 컴퓨터 시장에서 독점력을 거의 상실한 이후, 이러한 지출은 지속될 수 없었다. 1980년대 중반, 두 연구실은 연구 규모를 축소하고 명시적으로 상업적인 프로젝트에 다시 집중하기 시작했다. 이러한 개발에 대한 평가는 불분명하다. 한편으로 벨연구소(Bell Labs)의 주주들은 그들의 회사가 빅뱅을 발견했을 때 거의 아무것도 얻지 못했다. 그러나 다른 한편으로 전후 벨연구소의 또 다른 큰 발견인 트랜지스터는 현재의 디지털 혁명을 가능하게 했다. 현재는 숫자가 많이 줄어든 벨 연구소의 후계자들은 비슷한 혁신적인 발견을 이룰 수 있을까?[33]

산학 복합체(the Academic-Industrial Complex) 특허는 1980년대에 학계

32) 이 성장의 대부분은 민간 기업에서 수행된 연구에 대한 연방정부의 지원 증가에 힘입었다. 1953년 산업계의 실험실 예산은 40%에서 1960년 57%로 증가하였다. 그 이후 연방 정부 지원의 중요성이 약해졌고, 세기말에는 연방 정부의 산업계 연구 지원은 10%에 그쳤다.

33) 이러한 시각들은 Schumpeter(1942)까지 거슬러 올라간다. Schumpeter(1942)는 연구개발(R&D)이 중소기업들보다 시장지배력을 지닌 대기업으로부터 나올 가능성이 훨씬 높다고 주장했다.

를 공습했는데, 이는 주로 콜럼비아 대학의 푸핀(Michael Pupin, 1935 사망)에 기인한 바가 크다. 그는 라디오, 전화, 그리고 X 레이의 개선에 대한 특허를 획득하여 경제적 부를 누렸다. 대부분의 과학자들은 그를 비난했다. 영국의 한 저널은 "그처럼 공적인 연구자금으로 일하고 학생들의 손과 마음을 부리면서, 교수가 그 결과물을 들고 특허청에 가는 행위는 매우 부정직한 것이다."라고 당시 널리 퍼져있는 정서를 요약했다.[34)]

이러한 윤리적 딜레마를 피하기 위한 자연스러운 방법 중 하나는 연구 프로그램 자체를 지원하기 위해 특허를 사용하는 것이었다. 1914년 Frederick G. Cottrell이라는 버클리대의 화학과 교수는 대학의 발견에 대한 특허를 위해 연구 중심 회사(Research Corporation)를 설립했다. 그는 회사의 특허가 여전히 많은 특허를 생산하고 있는 대학에 끊임없이 연구자금을 지원하는 순환고리를 창출하기를 바랐다. 이 회사는 그 준학문적인 사명(quasi-academic mission)에도 불구하고 다른 기업들과 마찬가지로 무자비하게 이익을 극대화했다. 특히 이 회사는(독점금지법을 자극하는 정도까지) 카르텔을 형성하기 위해 특허를 사용했고, 수익성에 따라 연구과제의 우선순위를 정하고, 교수에게 압력을 가하여 특허를 취득하거나 응용연구에 더 많은 시간을 할애하도록 하는 것을 주저하지 않았다. 1930년대 기간 동안, 이 회사는 의료용 동위원소 시장을 장악하려는 목적으로–비록 무위로 끝났지만–Berkeley와 다른 6개 기관의 입자가속기(atom smasher)에 자금을 지원하는 것에 대부분의 노력을 바쳤다.[35)]

이러한 과도함은 많은 학자들을 불안하게 만들었다. 위스콘신 동문 연구 기금(Wisconsin Alumni Research Fund; WARF)은 "합리적 로열티(reasonable royalties)"에 대한 균형 잡힌 확산과 사회적으로 책임 있는 투자를 통해 학업과 상업적 관습 사이의 간극을 해소하려고 노력했다. 성공여부는 측정하기 어려웠다. 그럼에도 불구하고 WARF는 카르텔과 기타 공격적인 전술들을 피할 수 있었다.

1930년대의 대공황 기간 동안 대학의 연구에 대한 재단의 지원이 줄어들자, 교수들은 산업계의 지원을 재평가하기 시작했다. 1936년에는 9개의 다른 대학들이

34) 이 논평은 1884년에 출판되었다. Heilbron and Seidel(1989) 참조.

35) 연구개발회사(research corporation)는 만약 2차 세계 대전이 방해를 하지 않았다면 성공했을지도 모른다. 미국의 원자폭탄 프로젝트를 위해 개발된 원자로는 의료용 동위원소를 생산하는 비용을 대폭 절감했다.

WARF의 모델을 모방했다. 20세기의 중반에는 특허에 대한 개별 과학자들의 태도가 바뀌고 있었다. 평균적인 과학자들은 여전히 특허에 대해 거부감을 지니고 있었지만, 이러한 분위기는 Robert Goddad(로켓), Enrico Fermi(의료용 동위 원소), Leo Szilard(원자력 에너지)가 그들의 연구결과에 대해 특허를 획득하는 것을 막지는 못했다. 반대로 다른 과학자들은 특허를 거부하거나, 또는 오직 다른 사람들이 특허를 획득하지 못하게 하려는 목적으로 특허를 출원했다. 오늘날 이 전략은 '카피레프팅(copylefting)'이라고 불릴 수 있을 것이다.[36]

2차 세계 대전 동안 풍부해진 연방정부의 지원으로 인해 산업계의 자금 지원에 대한 학계의 관심이 시들해졌다. 그럼에도 불구하고 몇몇 전후 대학들은 과학적 연구과 산업적 이익 모두를 누리기 위해 군사적 연구를 이용하였다. 주요 혁신자는 스탠포드 대학(Stanford University)이었다. 스탠포드 대학은 나중에 자기공명과 입자가속기 실험에 이용되는 기술을 개발하기 위해 군사용 전자공학 연구를 이용하였다. 이 작업은 여러 노벨상과 세계적인 수준의 물리학 프로그램을 창출했다. 스탠포드의 전자공학 프로그램 역시 대학에 기금을 후원하는 여러개의 벤처창업기업들을 낳았다.[37] 스탠포드의 지도자들은 대학, 산업계, 그리고 군사 분야의 삼각관계가 각각의 파트너들을 더 강하게 만든다고 주장했다.[38] 1970년 스탠포드 대학은 산업계에 기술을 전문적으로 판매하는 새로운 종류의 라이선스 사무실을 개설함으로써 WHARF 모델을 향상시켰다.

1980년의 베이-돌 법(Bayh-Dole Act)은 연방 정부가 자금을 지원한 혁신 결과물들에 대해 발명자의 특허출원을 허락했으며, 기업동맹으로의 회귀를 예고했다. 특허에 대한 대학의 관심은 곧이은 생명공학의 붐에 의해 더욱 가속화되었다. 레이건 행정부는 전자 및 기타 기술 분야에서 미국의 경쟁력을 향상시키기 위해 학

---

36) Heilbron and Seidel(1989) 참조. 이론적으로 출판은 이후 (다른 사람)의 어떤 특허출원도 제한하기 때문에 특허를 획득할 필요는 없다고 할 수 있지만, 이러한 생각에는 허점이 존재한다.

37) 스탠포드 대학은 또한 대학연구단지(university research park)의 개념을 만들어 냈다. 1950년대 초, Varian과 Hewlett-Packard와 같은 스탠포드의 스핀오프(Stanford spin-offs)가 스탠포드 대학의 공간을 임대하여 사용했다. 10개 대학이 1950년부터 1975년 사이에 연구단지를 만들었다. 돈을 버는 것 외에도 연구단지는 산업계와의 상호 작용을 더 긴밀하게 촉진시킬 것으로 예상되었다.

38) 스탠포드 연구소(Stanford research institute)는 이 주제에 대한 흥미로운 변화였다. 스탠포드 대학의 교수진이 관심없던 정부 용역연구를 위해 설립된 이 연구소는 1960년대에 어느 정도 자급자족하게 되었다.

계와 산업계의 긴밀한 협력을 촉진하기위한 조치들을 취했다.[39] 10 여년이 지난 후, 대부분의 대학은 스탠포드 모델과 같은 라이선스 사무실을 열었다.

대학 연구에 대한 투자는 산업계에게는 자연스러운 투자였다. 20세기 후반 미국 기업들은 학술 연구를 지원하기 위해 자신들의 연구개발예산의 2~3%를 사용했다. 결과적으로 이러한 접촉은 산업계가 새롭게 떠오르는 분야를 모니터링하고 자체 과학자들을 최신 상태로 유지하며, 사내 프로젝트가 차질을 빚을 때 유용한 조언을 받는 데 도움을 주었다. 대학들은 상업적인 연구 자금을 유치하기 위해 별도의 조직화 된 연구단위를 창설했으며, 종종 발견한 결과물들에 대한 지적 재산권을 약속하기도 했다. 이러한 경향은 생명공학, 마이크로일렉트로닉스, 제조, 재료과학, 그리고 인공지능과 같은 최신 신기술에서 특히 유행했다. 대학들은 또한 산업계와 엄청난 연구용역을 체결했다.[40] 이러한 대부분의 거래에서 산업계는 연방 정부에 의해 적어도 부분적으로 지원 받은 과제에 대해서도 지적재산권을 보장받는 혜택을 누렸다.

비평가들은 이러한 거래가 학술적 과학(특히 생물학)을 더욱 비밀스럽게 만들고 특허를 의식하게 만든다고 비판한다. 이상하게도 대학의 특허는 특히 이익을 창출하지 못했다. 1999년 University of California와 같은 성공적인 연구 기관조차도 라이선스 비용을 제외하고 순수하게 특허 라이선스로 1300만 달러를 벌어들이는 데 그쳤다. 이는 UC 연구자가 연방 정부로부터 받은 15억 달러의 1%도 되지 않는 금

39) 국립과학재단(National Science Foundation; NSF)은 1987년까지 14개의 공학연구센터를 창설했다. 산업계가 연구기금의 약 1/3을 부담하였으며, 나머지는 NSF에서 나왔다. 1980년대 말에 이들 공학연구센터들은 NSF 예산의 3%를 차지했다.

40) 생명 공학 분야의 경험은 특히 시사하는 바가 크다. 1974년 Monsanto는 특허권에 대한 대가로 2명의 하버드 과학자에게 2,300만 달러를 기부했다. 특허를 취득한 것 외에도 해당 계약은 Monsanto의 자체 실험실을 강화하고 구식이었던 화학 사업을 제약 및 농업 분야로 옮길 수 있도록 하였다. Hoechst는 1984년 Harvard Medical School과 7천만 달러의 유사한 계약을 체결했다. Hoechst는 이 거래를 자체의 생명 공학 역량을 강화하고 회사에 유리한 방향으로 하바드 대학의 연구 주제를 설정하는 데에 영향을 미치기 위해 사용하였다. 1990년대에 Novartis는 UC 버클리에 농업 분야의 연구에 대한 특허권을 갖는 조건으로 2,500만 달러를 지원했다.

1990년대 동안, 대형 제약 회사는 개별 대학과 협상하는 것을 넘어 학계 전체에 연구자금을 제공하기 시작했다. SNP 컨소시엄(The SNP Consortium)이라고 불리우는, 연구자금지원 프로그램 중 가장 큰 이 프로그램은 유전자 염기서열을 공개하는 조건으로 학계에 5천만 달러를 지원했다. 이 프로그램은 기본적인 지식을 증진하는 것 외에도 작은 생명 공학 회사가 해당정보에 대한 특허권을 얻지 못하도록 막았으며, 나중에 특정 염기서열이 가치있는 것으로 밝혀지는 경우 제약 회사들이 로열티 지불을 강요당할 가능성을 줄였다.

액이었다.

돌이켜 보면, 20세기 후반의 가장 현저한 유산은 산업계와 학계 간의 경계선을 흐리게 하는 것이었다. 1980년대에는 대학 혁신을 통해 창립된 Chiron과 Genentech와 같은 신생 창업 기업이 수백 곳에 달했다. 초기 세대와 달리 1980년대와 1990년대에 신생 창업 기업을 창립한 교수진은 대학을 거의 그만두지 않았다. 대학들은 새로운 회사의 지분을 확보함으로써 경계선을 더욱 흐리게 만들었다. 동시에, 새로운 회사는 전통적인 기업들이 했던 것보다 훨씬 더 많이 연구에 중점을 두었고, 대학 실험실이 지니고 있는 일부 특징들을 유지했다. 1980년대 후반에 대부분의 생명 공학 회사는 대학 캠퍼스와 같은 환경에서 과학자들이 특허 가능한 발견을 추구하는 작은 연구회사(research boutique)로 진화했다.

1.8 결 론

이러한 일련의 연대기에서 떠오르는 질문 중 하나는 제도나 기관의 역사적 발전이 어떤 의미에서든 불가피한 것이었는가 하는 것이다. North(1981)가 말하는 바와 같이, 기관은 기술적인 요구에 의해 이끌어지지만, 기술은 또한 기관에 의해 이끌어진다. 20세기에 우주 탐사에 대한 연방 정부의 큰 헌신이 없었다면 우리는 달의 반대쪽을 알 수 없었을 것이다. 이러한 유형의 순수과학은 분명한 상업적 가치가 없기 때문에 어떤 상업적 기업도 이런 일에 집중하지 않을 것이다.

지난 세기에 등장한 거대과학에 대한 재정적 요구는 민간 산업과 공공 기관 모두를 괴롭혔다. 이러한 환경에서, 발명가에게 사후적으로(ex-post) 되돌려주는 특허와 같은 자금 조달 메카니즘은 연구자금을 사전에 배분할 수 있는 제도나 기관 내에서 작동해야 한다. 그러나 또한 합리적인 의사 결정에 대한 의문도 존재한다. 기금을 마련하는 사람들은 연구의 방향에 큰 영향을 미친다. 특히 상업적 가치가 없는 과학의 경우 누구의 가치 기준이 자원의 지출을 통제해야 하는가? 이 문제와 관련하여, 성공의 전망에 대해 누구의 견해에 귀를 기울여야 하는가? 그리고 정치적 차원에서 미국이 하지 않았다면 독일이나 일본, 프랑스가 했을 우주탐사에 미국이 그렇게 많은 양의 자원을 투자하는 것이 합리적이었는가? 제11장에서 우리는 이러한 국제적인 이슈를 다루고자 한다.

참고문헌

Bush, V. 1945. Science: The Endless Frontier. Washington, DC: U.S. Government Printing Office.

Casson, L. 2002. Libraries in the Ancient World. New Haven, CT: Yale University Press.

Cohen, W. 1995. "Empirical Studies of Innovative Activity." In P. Stoneman, ed., Handbook of the Economics of Innovation and Technological Change, 182–264. Oxford: Basil Blackwell.

Cohen, W., and R. Levin. 1989. "Empirical Studies of Innovation and Market Structure." In R. Schmalensee and R. Willig, eds., Handbook of Industrial Organization, vol. 2, chap. 3, 1060–1107. New York: Elsevier Science Publishing Co. (North-Holland).

De Camp, L. S. 1980. The Ancient Engineers. New York: Ballantine Press.

Defense Advanced Research Projects Agency. 2003. "DARPA Grand Challenge." Available at www.darpa.mil/grandchallenge/.

Finley, M. I. 1973. The Ancient Economy. Berkeley, CA: University of California Press.

Flatow, I. 1992. They All Laughted…From Light Bulbs to Lasers: The Fascinating Stories Behind the Great Inventions that Have Changed Our Lives. New York: HarperCollins.

Foray, D. 2004. The Economics of Knowledge. Cambridge, MA: MIT Press.

Foray, D., and L. Hilaire-Perez. Forthcoming. "The Economics of Open Technology: Collective Organization and Individual Claims in the 'Fabrique Lyonnaise' during the Old Regime." Research Policy.

Geiger, R. L. 1986. To Advance Knowledge: The Growth of American Research Universities, 1900–1940. New York: Oxford University Press.

Geiger, R. L. 1993. Research and Relevant Knowledge: American Research Universities Since World War II. New York: Oxford University Press.

Gillespie, C. C., ed. 1970. Dictionary of Scientific Biography. New York: Scribner. Gimpel, J. 1977. The Medieval Machine: The Industrial Revolution of the Middle Ages. New York: Penguin.

Goldstein, P. 1994. Copyright's Highway: The Law and Lore of Copyright from Gutenberg to the Celestial Jukebox. New York: Hill and Wang.

Heilbron, J. L., and R. W. Seidel. 1989. Lawrence and His Lab: A History of the Lawrence Berkeley Laboratory. Berkeley, CA: University of California Press.

Jeans, J. 1967. The Growth of Physical Science. Greenwich, CT: Fawcett.
Lewis, T. 1991. Empire of the Air: The Men Who Invented Radio. New York: HarperCollins.
Machlup, F., and E. Penrose. 1950. "The Patent Controversy in the Nineteenth Century." *Journal of Economic History* 10:1 – 29.
Mokyr, J. 1990. The Lever of Riches: Technological Creativity and Economic Progress. Oxford: Oxford University Press.
Mokyr, J. 2002. The Gifts of Athena. Princeton, NJ: Princeton University Press.
Mowery, D., and N. Rosenberg. 1998. Paths of Innovation. New York: Cambridge University Press.
Nelson, R., ed. 1962. The Rate and Direction of Inventive Activity. Princeton, NJ: Princeton University Press for the National Bureau of Economic Research.
Newhouse, E. L., ed. 1988. Inventors and Discoverers: Changing Our World. Washington, DC: National Geographic Society.
North, D. 1981. Structure and Change in Economic History. New York: Norton.
Peebles, C. 1995. Dark Eagles: A History of Top Secret U.S. Aircraft Programs. New York: Ballantine.
Perret, G. 1991. There's a War to Be Won: The United States Army in World War II. New York: Random House.
Porter, R. 1994. The Biographical Dictionary of Scientists. New York: Oxford University Press.
Prager, F. D. 1944. "A History of Intellectual Property from 1545 to 1787." *Journal of the Patent Office Society* 26:711 – 760.
Reichhardt, T. 2003, November 23. "Unstoppable Force." Nature 426:380 – 381.
Romer, D. 1996. Advanced Macroeconomics. New York: McGraw–Hill.
Rosenberg, N. 1982. Inside the Black Box: Technology and Economics. New York: Cambridge University Press.
Rosenberg, N. 1994. Exploring the Black Box. Cambridge, UK: Cambridge University Press.
Rosenberg, N., and L. E. Birdzell Jr. 1986. How the West Grew Rich: The Economic Transformation of the Industrial World. New York: Basic Books.
Scherer, F. M. 1984. Innovation and Growth: Schumpeterian Perspectives. Cambridge, MA: MIT Press.
Schumpeter, J. A. 1942. Capitalism, Socialism, and Democracy. New York: Harper & Row.

Standage, T. 1998. The Victorian Internet. New York: Berkley Books.
Strandh, S. 1979. A History of the Machine. New York: A&W Publishers.
Wolfe, T. 1979. The Right Stuff. New York: Bantam Books.

CHAPTER

02

지식에 대한 투자

(Investing in Knowledge)

02
지식에 대한 투자

디지털 시대에 들어서 소위 '정보재(information goods)'라는 말이 유행하게 되었다. 우리는 대개 음악과 같이 디지털 형태로 저장된 컴퓨터 소프트웨어와 오락 상품을 '정보재'라 말한다. 정보재는 일반적인 사유재(private goods)와는 다른 특징을 지니고 있다. 경제학자들에 따르면 정보재는 기술적인 측면에서 공공재(public goods)이다. 즉, 한 사람의 사용이 다른 누군가의 사용을 배제시키지 않으며, 해당 재화를 배포하는 데 따른 약간의 비용을 제외하고는 추가적인 비용이 들지 않는다. 이러한 재화의 특징을 비경합성(nonrivalness)이라고 한다. 더구나, 일단 그러한 비경합적인 재화가 존재하는 한 사용할 권리가 없는 사람들이 해당 재화를 사용하는 것을 배제하는 것이 어렵다. 대개 저작권과 같은 지적재산권 체계가 사회에서 정보재와 관련한 시장이 작동될 수 있도록 하는 수단이다.

지식도 같은 특징을 갖는다. 일단 극초단파(microwaves)에 있는 정보를 효율적으로 부호화하는 방법이 알려졌거나 DNA가 이중나선구조라는 것이 알려졌다면, 또는 누가 페르마(Fermat)의 마지막 정리에 대한 증명을 출판했다면 모든 사람들은 발견을 위한 추가적인 비용없이 동시에 해당 지식을 사용할 수 있다. 지식과 정보재는 모두 비경합성(nonrivalness)이라는 특징을 지니고 있다.

물론 다른 측면에서 정보재와 지식은 상당히 다를 수 있다. 정보재는 창의성을 강조하지만, 지식은 자연에 존재하는 유용한 정보를 발견하는 것을 강조한다. 정보재는 일반적으로 저작권에 의해 보호되지만, 지식은—적어도 기술적으로 유용한 지식은-일반적으로 특허에 의해서 보호된다. 그러나 개략적으로 특허권과 저작권을 인정하는 이유는 동일하며, 이 장에서 우리는 정보재와 지식이 비경합적이라는 동일한 특성을 지니고 있다고 생각할 것이다.

지적재산권법은 시나 지식과 같은 무형의 것보다는 시계와 같은 유형자산을 보호하는 것처럼 보인다. 그러나 중요한 것은 시계 그 자체가 아니라 비경합적 특성을 지닌, '어떻게 시계를 만드는가'에 관한 지식이다.[1] 즉, 지적재산권이 보호하는 것은 하나의 객체로서의 시계가 아니라, 그것을 생산하는 데 사용되는 형판(template)이다. 정보재에 있어서 형판 또는 제작법은 정보 그 자체이다. 예를 들어, 음악에서는 악보를 작곡한 작곡가의 공헌(악보)이나 또는 작곡가와 연주자의 공헌(CD에 저장된 연주) 모두를 포함한다.

Dave Sobel(1995)은 사유재와 지식의 차이를 18세기에 발생한 논쟁을 통해 흥미롭게 설명하고 있다. 1714년, 영국 의회는 경도(longitude) 결정 문제를 해결하는 데에 2만 파운드의 상금을 내걸었다(당시의 2만 파운드는 지금으로 따지면 수백만 파운드에 달하는 금액이다.).

당시 해군이 직면한 문제는 그들이 동쪽 또는 서쪽으로 얼마나 멀리 항해했는지를 알 수 있는 방법이 없다는 점이었다. 이와 관련해 영국함대가 모래톱에 좌초된-항해사가 경도를 알기만 했어도 피할 수 있었던-유명한 해군사고가 있었다. 이 사건으로 영국은 네 척의 군함과 2천명의 선원을 잃었다. 또 다른 비극적인 사건이 있었다. 한 탐험대는 물과 괴혈병을 치료할 수 있는 식물이 있다고 알려진 섬을 찾기 위해 남아메리카를 일주하였다. 배는 그 섬의 위도를 향해 북쪽으로 항해하였지만, 그 섬을 찾기 위해 동쪽으로 가야 할지 서쪽으로 가야 할지를 알지 못했다. 그들은 처음에는 서쪽으로 항해했다. 며칠이 지나자 선장은 확신이 서지를 않아 뱃머리를 돌렸고, 황량하고 거친 남아메리카 해변에 다다랐다. 그들은 다시 섬을 찾기 위해 서쪽으로 항해했다. 그 당시 이 탐험으로 인해 수백 명의 선원들이 괴혈병으로 죽었다.

경도심의위원회(Board of Longitude)라고 불리는 보상위원회는 대부분 천문학자들로 구성되었으며, 선원들이 북극성을 이용해 위도를 찾는 방법과 유사한 천문학적인 방법을 찾고 있었다. 적어도 개념적으로는 그리 정교하지는 않았으나, 이

1) 사실 시계 그 자체도 만약 지역사회 전체에 의해 사용되어지도록 공공장소에 세워진다면 비경합적인 공공재가 될 수 있다.

들은 별을 참고하는 대신에 영국시간에 맞춰진 시계에서 최종적인 해답을 찾았다. 해로 판단하는 것처럼 항해사들은 배 위에서 해당지역의 시간과 특정 위치에 고정된 시간을 비교함으로써 자신들이 어느(본질적으로는 경도를 의미하는) '시간대(time zone)'에 위치해 있는지를 식별하는 방법을 알고 있었다. 청구권자인 John Harrison은 폭풍우, 기온의 변화, 소금기가 있는 공기를 견딜 수 있는 시계를 설계함으로써 이를 실현하는 데 기여했다.

경도심의위원회는 자신들이 제안한 문제에 대한 해결책으로서 시계를 이용하는 방법을 인정하려 하지 않았으며, 포상을 주는 것을 거부하였다.[2] 결국, 영국 의회는 George 3세 왕의 명령으로 이를 중재했는데, 위원회의 기존 결정과는 달리 포상을 수여했다. Sobel의 사례는 위원회의 망설임이 인간의 취약점에 근본적인 원인을 두고 있다는 인상을 준다. 심의위원회는 대부분 천문학자로 구성되어 있었고, 천문학적인 해결책을 찾고 있었지 그들이 받았던 기계적인 해결책을 찾고 있었던 것은 아니었다.

그러나 심정적으로 더욱 공감이 가는 이야기가 있다. 의회가 얻으려 했던 것은 지식이었다는 것이다. 그들이 얻은 것은 모두 다른 4개의 시계뿐이었다. 위원회가 원했던 천문학적인 알고리즘과 Harrison의 시계를 비교해보자. 사실 그들이 원했던 알고리즘은 실현되었다. 소위 달을 이용하는 방법은 경도를 측정하기 위해서 달과 별 사이의 거리에 대한 관찰값을 이용했다. 이 방법은 순수 공공재로서의 본질적인 특징을 지닌다: 즉 수없이 많은 계산을 통해 관찰치를 경도와 연관 짓는 표들은 무엇보다도 자료를 축적하는 데 많은 비용이 들지만, 한 번 이것이 행해지면 그 누구라도 표들을 소유하는 데 드는 추가적인 비용만으로 템플릿을 사용할 수 있었다. 즉, 지식은 비경합적이었다.

하지만 Harrison의 각기 다른 4개의 시계들은 생산하는 데에 너무 오랜 시간

2) 일부 학자들이 강조하는 교훈은 포상을 지급하는 당국을 신뢰할 수 없다는 것이다. 비록 여기에서의 강조점은 아니지만, 포상을 철회한 포상당국의 다른 사례가 있다. 1787년 니콜라스 르블랑(Nicholas Leblanc)은 프랑스 아카데미에서 제안한 10만 프랑의 상금에 부응하여 바다 소금에서 탄산음료를 추출하는 문제를 해결했다. 상은 거절되었고 르블랑(Leblanc)이 나중에 받은 특허는 무효화되었다(Mokyr 1990, 107). 1903년 알베르토 산토스-뒤몽(Alberto Santos-Dumont)은 30분 동안 에펠 탑 주변을 비행할 수 있는 비행선의 제작에 대해 파리의 개인 항공 클럽이 제공한 포상을 받을 자격이 있다고 생각했다. 그들은 계속 규칙을 바꾸었고, 그는 결코 상을 받지 못했다(Hoffman, 2003).

이 걸렸다(3번째 시계는 19년이 걸렸다). 순수 지식과는 달리, 각각의 시계를 생산하는 데는 비용이 들기 때문에, 그와 같은 시계를 무료로 이용하도록 하는 것은 별로 효율적이지 않을 것이다. 비용을 지불할 의사가 있는 사용자들에게만 접근을 허락해야 한다. 더구나 경도심의위원회는 그 시계들이 재생산될 수 있는지에 대해서도 확신이 서질 않았다.

경도심의위원회는 경합적이거나 비경합적이라는 표현, 혹은 사유재나 공공재라는 용어를 사용하지 않았다. 그럼에도 불구하고, 그들은 그들이 찾던 지식의 틀 또는 형판(knowledge template)을 얻지 못했다는 것을 알고 있었다. 지식의 틀을 갖게 된 것은 해답에 도달하기 위해 수십 년 동안 논쟁을 한 후에야 가능했다. 1765년에 위원회는 Harrison에게 다른 사람들이 그것을 복제할 수 있도록 시계와 제조방법이 적힌 설명서 모두를 대중들에게 헌정할 것을 요청했다. 즉 보상을 받기 위해서 Harrison은 위원회에 지식의 형판을 넘겨야만 했다. 위원회는 또한 그에게 그가 제작한 시계원본에 대한 접근없이, 오로지 그가 작성하고 출판한 설명서만을 사용하여, 4개의 시계 중 가장 발전된 시계에 대한 두 개의 복제품을 만들 것을 요청했다.

이러한 공개는 의도했던 효과를 나타냈다. 1737년에는 경도를 측정할 수 있는 시계가 단 하나 뿐이었지만, 1815년에는 다른 많은 시계 제조업자들에 의해 대략 5천여 개의 시계가 생산되었다(Sobel 1995, 163).

물론 이는 특허법이 작동하는 방법과 유사하다. 특허에 적용을 해보면, 특허출원자는 기술(지식의 틀 또는 형판(template))을 공개해야 한다. 특허의 경우에는 포상(prizes)이 없다. 그 대신에 경쟁으로부터 발명가를 보호함으로써 보상이 이루어진다. 발명가는 기술이 대중에게 공개된 후에 일정한 기간 동안 템플릿 사용에 대한 배타적인 권리를 갖는다.

일단 기술(템플릿)이 대중에게 공개되면, 소비자들이 그것을 사용하는 것을 배제하는 자연적인 장벽은 없다. 지적재산권은 발명가에게 보상을 주기 위해 고안된 법적인 장벽이며, 공공재를 제공하는 문제를 해결하기 위한 궁여지책이라고 할 수 있다. 이 장의 목표는 이에 대한 대안들을 살펴보고 이들을 비교하는 것이다. 우리는 왜 경쟁적인 시장은 지식에 대한 투자에 충분한 인센티브를 제공하지 못하는지에 관한 설명으로부터 시작하고자 한다.

2.1 지적재산권: 정보고속도로에서의 요금

경쟁적인 시장의 장점은 사유재의 효율적인 생산과 분배가 보장된다는 것이다. 경제학자들이 경쟁시장을 효율적이라고 말하는 경우, 이는 두 가지 의미를 담고 있다. 첫째, 일단 재화가 생산되면 해당 재화는 그것을 가장 가치있게 평가하는 소비자에게 돌아간다는 것이다. 적어도 시계의 시장가격을 지불할 용의가 있는 소비자들은 시계를 살 수 있다. 둘째는, 만약 시장이 완전경쟁적이라면, 재화의 가격은 그것을 생산하는 데 들어가는 (한계)자원의 기회비용이라는 점이다. 시계는 시계 제조업자들의 기회비용보다 소비자들이 생각하는 시계의 가치가 큰 경우에만 생산될 것이다.

이러한 점은 [그림 2-1]에 나타난 바와 같이, 가장 익숙한 수요-공급 곡선으로 나타낼 수 있다. 각각의 소비자가 재화 한 단위씩을 구매할 때, 수요 곡선은 [그림 2-1]에서 보이듯이 지불용의 곡선(willingness-to-pay curve)으로 표현될 수 있다. 소비자들은 시계에 대한 지불 용의금액의 역순으로 수평축에 놓이게 된다. 만

그림 2-1 시계시장

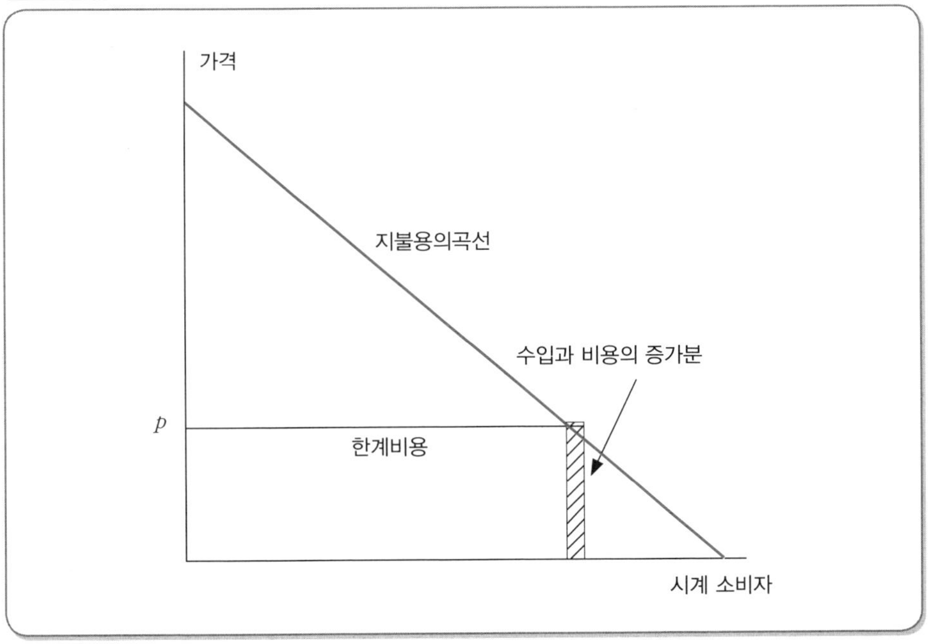

약 소비자들이 $n=1, 2, 3, \cdots,$ 으로 불려진다면, n번 째 시계에 대한 수요 곡선의 높이는 n번 째 사용자의 지불용의금액을 나타낸다. 만약 시계의 한계 생산 비용이 수평적인 선이고 시계가 경쟁적인 시장에서 공급된다면, 시장가격은 P일 것이다. 즉 P보다 높은 지불의사금액을 가진 소비자들은 모두 시계를 구매할 것이다. 한계에서 벗어나 배제된 소비자는 빗금 친 부분과 같은 추가적인 비용을 부담해야 하는데, 이 부분은 한계소비자가 지불하고자 하는 지불용의금액보다 높으며, 이것이 왜 해당소비자를 배제하는 것이 효율적인지를 나타낸다(만약 생산에 대한 고정비용이나 한계비용의 증가가 존재한다면 설명은 더 복잡하지만 전달하고자 하는 메시지는 같다).

달을 이용해 경도를 측정하는 컴퓨터 소프트웨어나 지식과 같은 정보재에 같은 논리를 적용해보자. 만약 어떤 사람의 접근을 제한하는 것이 재화를 더 가치 있게 평가하는 다른 사람들의 자유로운 사용을 허용하거나 혹은 더 가치 있는 자원을 절약할 수 있는 것이라면 특정인의 접근을 제한하는 것이 효율적이다. 하지만 여기에는 비경합성(nonrivalness)의 문제가 존재한다. 다른 사용자가 동시에 사용할 수 있기 때문에 사용자를 제한하는 것은 다른 사용자의 자유로운 사용을 확보하는 것이 아니며, 주어진 소프트웨어에 대한 투자는 오직 한번만 행해지기 때문에, 자원을 절약하거나 확보하는 것도 아니다. 사용자를 제한하는 것에는 효율성의 논리가 적용되지 않는다. 대신, 만약 소프트웨어가 다수의 공급자가 있는 경쟁 시장에 의해 공급된다면, 시장 경쟁 가격은 0일 것이다. 모든 사람들은 재화를 사용할 수 있고, 그에 대한 접근은 효율적일 것이다.

그러나 효율적이고 경쟁적인 가격인 0은 소프트웨어를 개발하는 데 들어간 비용을 충당하지 못하며, 결과적으로 시장은 생성되지 않을 것이다. 이것이 통상적인 경제학자들의 주장과 다른 점이며, 왜 비경합적인 공공재가 자유로운 접근을 담보할 수 있도록 공공부문의 비용으로 제공되어야만 하는가 하는 이유이다. 이는 또한 환경의 질, 등대, 법률 체계 등이 일반적인 납세자의 비용에 의해 제공되어야 하고 사용량에 따라 사용자에게 개별적으로 부과되어서는 안 된다는 주장과 같은 논리적 맥락을 지니고 있다. 또한 왜 대학과 같은 공공기관이 지식을 생산하고 모든 사용자들이 자유롭게 지식을 활용하도록 하는지와도 같은 이유를 지니고 있다.

이와 비슷한 논의를 시계에도 적용할 수 있다. 만약 시계를 생산하는 판형을 개발하는 데 드는 비용이 [그림 2-1]에 보이는 한계비용 수준이라면 시계에 대한 경쟁적인 시장구조는 소프트웨어에 대한 경쟁적인 시장구조와 동일한 문제를 지닐 것이다. 시장에서의 경쟁은 판형의 발명자에게 경제적인 보상을 허락하지 않는다.

지적재산의 보호는 소프트웨어나 시계 판형의 개발 비용을 충당하는 문제를 해결해준다. 지적재산권은 소유주에게 독점권을 부여한다.

하지만 독점가격은 사회적 사중손실(social deadweight loss)의 문제를 지니고 있다. 사중손질은 소비자들의 재화에 대한 지불용의 금액이 한계비용보다 높음에도 불구하고, 재화의 사용으로부터 배제될 경우에 발생한다. [그림 2-2]에서 수요곡선의 아래 부분을 v라고 하자. 이는 재화가 경쟁가격 0의 수준으로 공급되었을 때의 소비자잉여(consume surplus), 즉 모든 소비자들의 지불용의금액을 합한 것이다. 만약 발명품이 경쟁적으로 공급된다면, 제품 수명 기간 동안의 혁신에 대한 사회적 가치는 v/r이다. 변수 m, π, l은 이 중 일부를 나타내는 분수이며, $m+\pi+l=1$이다. 독점 가격 하에서의 기간 당 이윤은 πv이며, 특허보장기간의 할인된 수명 T을 고려한 특허의 가치는 πvT이다(시간의 할인(discounted time)과 관련된 설명은 부록 2.8.1을 참고하라). [그림 2-2]에서 사중손실이라고 불리는 부분 lv는 소비자잉여 중 특허보장기간 동안 독점가격으로 인해 배제된 사용자들로부터 발생한 기간당 손실을 나타낸다. mv영역은 독점 가격임에도 불구하고 여전히 소비자들에게 남아있는 소비자잉여이다. 이때의 소비자들은 소프트웨어가 독점가격에 의해

그림 2-2 소프트웨어 시장

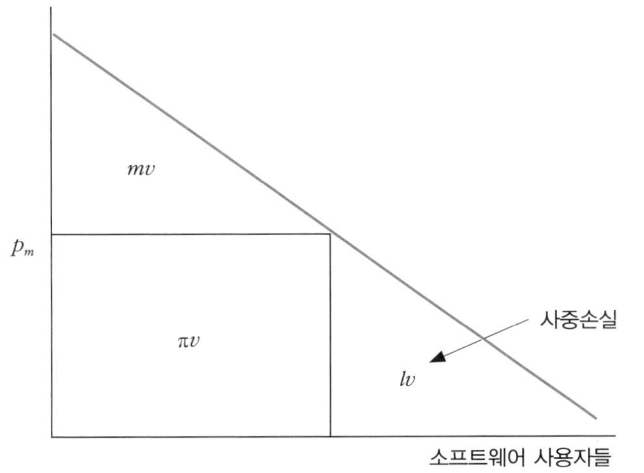

공급되므로 소비자잉여(mv)는 경쟁적인 가격 0에 의해 공급될 때보다 더 적다.

사중손실은 경제적 유인으로서의 지적재산에 존재하는 주요한 결점이다. 그러나 이 논의에서는 가격 차별화(price discrimination)라고 하는 중요한 주의할 점(caveat)이 존재한다. 만약 독점 기업들이 가격을 차별화할 수 있다면, 독점 기업에 의해 부과된 사중손실은 완화되거나 제거될 수 있다. [그림 2-3]은 각기 다른 사용자의 지불용의금액을 보여준다. 이 중 한 사람은 독점판매 가격에 의해 배제되었다. 확실히 독점판매자는 각 사용자들의 지불용의금액에 판매함으로써(이는 여전히 한계비용보다 높다), 그리고 단일 가격하에서도 배제되지 않은 소비자에게 더 높은 가격으로 판매함으로써(그렇지 않으면 소비자가 소비자잉여를 획득할 것이다.) 더 많은 이익을 얻을 수 있다. 가격을 차별할 수 있는 독점판매자는 소비자들에게 각각 자신들의 지불용의금액만큼을 내도록 함으로써 시장 전체를 장악할 유인을 갖는다. 완전한 가격 차별화에서는, 낮은 가격을 지불할 용의가 있는 사용자들에게 서비스를 제공하는 것이 높은 지불용의 금액을 지니고 있는 소비자들로부터 이윤을 창출하고자 하는 독점판매자에게 해를 끼치지 않는다.

가격 차별화는 사중손실의 비효율성을 줄일 수 있지만, 이것을 이행하는 것은 쉽지 않다. 가장 큰 어려움은 높은 가격을 지불할 의사가 있는 소비자들이 낮은 가

그림 2-3 가격차별

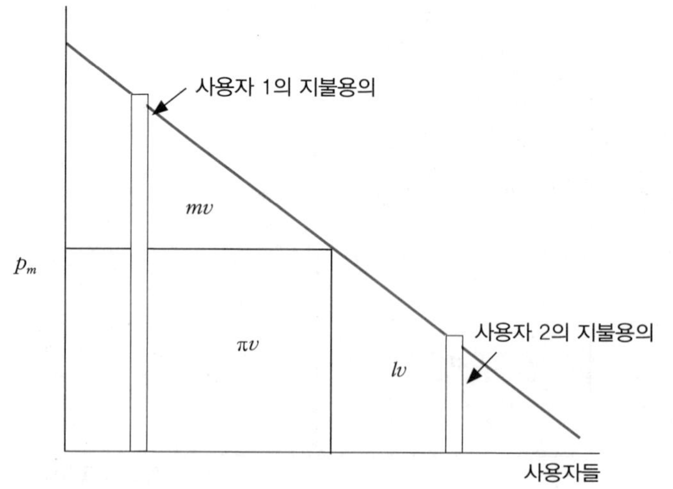

격을 지불할 의사가 있는 소비자들을 위해 책정된 가격 하에서 제품을 이용하는 것을 막는 데에 있다. 또한 차익거래(arbitrage)를 금지하는 것도 필요하다. 차익거래는 낮은 가격의 거래에 접근할 수 있는 소비자가 재화를 사고, 이를 더 높은 가격으로 거래되는 시장에서 되파는 것을 의미한다.

우리가 이제까지 다루었던 논의들은 발명된 재화의 효율적인 분배와 관련이 있다는 점에서 사후적(ex-post)인 논의들이다. 사후적인 관점은 사중손실로 인해 지적재산의 보호에 그리 우호적이지만은 않다. 만일 사중 손실의 방지가 지적재산권과 공공부문에 의한 후원(public sponsorship) 중 하나를 선택하는 데 있어 유일한 기준이라면, 공공부문의 지출은 현재 서구에서 행해지는 것보다 더 큰 비중을 차지하게 될 것이다. 공공부문의 지출은 현재 전체 R&D 지출의 1/4에서 1/2 정도의 범위에 있다.

지적재산권의 사후적인 특성에 따른 결함에도 불구하고, 지적재산권 보호에 대한 정당성은 오히려 사전적 관점(ex-ante perspective)으로부터 도출된다. 지적재산권 보호는 발명자에게 새로운 지식에 투자할 수 있는 인센티브를 제공하는 것이다. 그러나 지적재산권 보호만이 인센티브를 제공하는 유일한 방법은 아니다. 이 장의 나머지에서는 독점가격으로 인한 사중손실을 줄일 수 있는 대안들에 대하여 다루고자 한다. 그러나 이 문제를 다루기 전에 우리는 사중손실의 결점을 상쇄시키는 지적재산권의 두 가지 장점에 대해 먼저 살펴보고자 한다.

지적재산권의 첫 번째 장점은 '분권(discentralization)'이다. 지적재산권이 지니는 유인(인센티브)은 발명자가 발명당국과 협상을 하지 않아도 작동한다. 아마도 공공지원 정책의 효과적인 수행에 가장 중요한 장애물은 기업과 개발자들 사이에 넓게 퍼져있는 발명에 대한 아이디어의 도용(tapping)이라고 할 수 있을 것이다. 지적재산권 보호의 매력은 보호가 자동적으로 행해진다는 것이다. 이는 발명에 대해 좋은 아이디어를 생각해내는 사람이 공공 후원자가 아닌 개인 발명가라면 특히 중요하다. 다음 절에서는 창의적 과정에 대한 모형을 제시하고, 어떻게 공공부문의 후원자가 광범위하게 흩어져 있는 창의적인 천재들을 활용할 수 있는지에 대해 보다 체계적으로 살펴보고자 한다.

지적재산권의 두 번째 장점은 지적재산권이 발명의 비용을 일반적인 납세자가 아닌 이용자(user)에게 부과한다는 것이다. 각각의 발명은 독점 가격을 통해 자발적으로 대가를 지불받는다. 발명이 세금으로부터 자금을 지원받을 때, 개인 납세자가 수령한 이익이 납세자의 부담을 초과한다는 보장은 없다. 지적재산권 보호에 우호적인 이와 같은 주장은 컴퓨터 게임이나 그 밖의 기발한 분야와 같은 좁은 범위의 고객을 가진 발명에 대해서는 설득력을 지니지만, 광범위하게 퍼지는 이익을 창출하는 혁신에는 설득력이 약하다. 모든 납세자들은 보다 나은 항해를 위한 위성영상 사진이나 일기예보를 위한 기상관측소, 그리고 백신 개발에 의해 제공되는 서비스들로부터 혜택을 받는다. 이러한 재화들을 위해서는 무료 접근을 허용하는 공공지원 정책이 더 나은 선택일 수 있을 것이다. 이것이 애매모호하게 되는 경우는 서로 다른 조직들이 각기 다른 R&D 프로젝트의 우월성을 주장하면서 공공 연구기금에 대한 경쟁을 하는 영역에서 발생한다.

다음 절에서는 어떠한 유인체계(incentive system)가 더 나은지 혹은 어떤 상황에서 더 나은지를 이해하기 위해, 공공부문에 의한 후원(public sponsorship)과 지적재산권에 의한 보호를 비교하고자 한다.

2.2 | 아이디어와 혁신

연구개발의 유인(인센티브)에 대한 많은 논의들은 지적재산권이 인센티브 문제에 대한 해결책이라는 전제로부터 시작된다. 이러한 논의의 목표는 지적재산권이라고 하는 인센티브의 설계를 평가하거나 수정해야할 부분을 제안하는 것이다. 우리는 이 책에서 해결책에 대한 논의로부터 시작하기보다는, 연구개발에 대한 더 나은 다른 인센티브 체계가 존재하는지에 대한 문제제기로부터 논의를 시작하고자 한다. 지적재산권에 대해 회의적이게 되는 데에는 사중손실의 문제와 같은 명확한 이유가 있다.

만약 우리가 해결책이 아닌 문제제기로부터 시작하고자 한다면, 우선 문제점을 명확하게 말할 수 있어야 한다. 즉, 인센티브 시스템이 작동하는 창의적인 환경에 대한 모형이 필요하다. 여기 나오는 모형은 Green and Scotchmer(1995)와 O'Donoghue, Scotchmer and Thisse(OST, 1998)를 따르고 있으며, 혁신에 대한 아이디어가 발생하는 외생적인 과정과 혁신에 투자해야 할지 말아야 할지에 대한 결정을 명확하게 구분하고 있다. 혁신은 아이디어(idea)와 그에 대한 투자(investment) 모두를 필요로 한다. 연구개발에 있어 '효율적 투자(efficient investment)'라고 하는 개념은 해당 투자가 대체할 수 있는 것들과 분명하게 연계되어 있어야 한다. 효율적인 투자가 무엇을 의미하는 것인지에 관해서 제2.6절에서는 이 모형을 경제학자들이 추천한 몇몇 다른 모형들과 비교하고 있다.

어느 한 아이디어를 한 쌍의 (v, c)로 나타내도록 하자. 변수 v는 [그림 2-2]와 [그림 2-3]에서처럼 경쟁적인 공급 하에서의 기간 당(per-period) 소비자 잉여를 나타내며, c는 아이디어를 혁신으로 발전시키는 데 발생하는 비용을 나타낸다. 만약 혁신의 사회적 가치가 영원히 지속되고 경쟁적인 시장구조 하에서의 공급이 이루어진다면, 할인된 사회적 가치는 v/r일 것이다(부록 2.8.1을 참고하라). 만약 이 혁신이 소유권을 가진 기업에 의해 판매된다고 가정한다면, 기간 당 이윤은 πv이다. 이때 π는 1보다 작다고 가정한다. 이때 할인된 기간 T 동안 보장되는 특허권 하에서의 독점이윤은 πvT이다. 이 경우, 기간 당 사중손실은 ℓv이며, 할인된 기간 동안의 사중 손실은 ℓvT이다.

특허와 비교하여 포상(prizes)이 지니고 있는 장점은 포상제도가 독점가격으로 인한 사중손실을 피할 수 있다는 점이다. 특히 포상의 규모가 특허의 가치인 πvT와 같게 설정되었다고 가정해보자. 이 경우 포상제도는 공공부문에 무료로 발명기술을 공개한다는 가정 하에 지적재산권이 제공하는 것과 같은 수준의 인센티브를 제공하지만, 더 적은 사중손실을 창출한다. 언제 이러한 대안의 적용이 가능할까?

포상이 특허권의 가치와 동일하게 설정되기 위해서 포상을 수여하는 사람은 v의 가치를 측정해야만 한다. 이것은 아마도 불가능할 것이다. 그러나 심지어 포상을 수여하는 사람이 발명의 가치인 v를 측정할 수 있다 하더라도, 연구자는 포상수여자가 포상을 철회하거나 그가 받아 마땅한 수준보다 적은 포상을 할 가능성을 염려할 수 있다. 포상제도는 발명의 가치 v가 법원에 의하여 증명될 수 있어서, 포상 수여자가 발명자를 속이려는 시도에 대해 소송을 제기할 수 있을 때에 가장 잘 작동될 수 있다.

그러나, 발명의 가치인 v에 대해 측정가능성(observability)과 증명가능성(verifiability)이라고 하는 두 가지 조건이 충족된다 하더라도, 특허의 가치와 동일한 수준의 포상은 최선의 선택이 아닐 수도 있다. 사실, 포상을 발명의 가치인 v 대신에, 연구개발비 c에 근거하여 책정하는 것이 더 당연할 수 있다. 왜냐하면 이 경우 포상수여자는 포상을 위해 준비해야 하는 자금의 양을 최소화할 수 있기 때문이다. 그러나 실제로 연구개발비 c에 근거하여 포상을 지급하는 방법은 잘 작동하지 않을 것이다. 비용이 어떻게 측정될 수 있겠는가? 우선, 후원자는 연구자의 회계자료를 살펴본다 하더라도 비용을 측정할 수 없다. 비용에 대한 경제학적 정의는 결과를 얻기 위해 요구되는 최소한의 비용이다. 만약 후원자가 단순히 회계학적 비용만을 되돌려준다면, 해당 연구자는 예를 들면 컨퍼런스(research conference)에 참가한다는 명목으로 해변에 놀러갈 유인이 존재할 수도 있다. 둘째, 대부분의 연구 활동에서 연구실과 연구원의 시간은 많은 연구 프로젝트에 분산되어 사용되고 있다. 간접비(overhead costs)는 프로젝트 간에 배분되어야 한다. 연구원을 제외한 어느 누구도, 심지어 연구원 자신조차도, 어떻게 간접비를 배분하여야 하는지를 알지 못한다.

무엇보다 중요한 것은, 일부 연구 노력들이 확실한 성과를 거두지 못하고 있는 경우 비용은 애매모호한 의미를 지닌다는 것이다. 제약회사의 무역기구인 PhRMA는 5건의 신약개발 노력 중 1건 미만만이 신약개발에 성공한다고 추정하고 있다. 실패 여부가 미리 확인될 수 있다면 제약회사가 피하고자 할 것이기 때문에, 미리 식별할 수 없다. 만약 오로지 성공한 신약만이 이윤을 창출할 수 있는 지적재산권이나 포상을 가져온다면 지적재산권이나 포상에 의해 충당되는 비용에는 성공뿐만 아니라 실패에 따른 비용도 포함되어야 한다. 위의 예에서 만약 오직 성공적인 신약개발에만 보상이 이루어진다면, 그 보상은 신약개발 노력에 들어가는 평균적인 비용보다 적어도 다섯 배 이상 커야만 하는 것이다.

경우에 따라서는 포상을 수여하는 사람이 발명의 가치인 v에 대해 뭔가를 관찰할 수 있으므로 포상이 v에 의존할 수 있다. 포상의 크기를 $r(v)$라고 하자. 비록 포상을 주는 사람이 포상을 직접 비용과 연관되도록 할 수는 없다하더라도, 최적으로 선택된 포상은 비용의 분포에 관한 주관적인 생각이 반영되어야 한다. 가치 v를 갖는 아이디어에 대한 비용이 특정한 유형의 혁신에서는 평균적으로 낮다면, 포상 $r(v)$도 또한 낮아야 한다. 다른 유형의 혁신의 경우에는 예상되는 비용이 평균보다 높을 수 있으며 이 경우 상금은 더 높아야 한다. 그러나 이러한 판단을 내릴 때 후원자는 비용 c를 관찰할 수 없기 때문에, 사회적 가치 v/r보다 작은 포상 $r(v)$은 비용을 충당하지 못할 수 있으며 비용보다 큰 포상은 너무 많은 경쟁자들을 유치할 수 있다. 낮은 수준의 포상을 주는 것에 따른 편익은 일부 혁신을 저해할 가능성과 비교하여 균형을 이루어야만 한다.

이 장에서 다루는 인센티브 메커니즘의 예는 두 가지 유형의 창조적인 환경–

알려진 수요를 충족하기 위해 지식을 창출하는 경우와, 누군가 생각하기 전에 아직 필요성이 확인되지 않았거나 적어도 후원자에 의해 분명히 밝혀지지 않은 경우—을 다룬다. 새로운 아이디어가 경제적인 수요를 규정하고 창출한다는 점에서 후자를 희소 아이디어(scarce idea)라고 부른다.

잘 알려진 수요(needs)를 반영하는 아이디어와 희소한 아이디어 사이의 구별은 어떤 유형의 메커니즘이 사용될 수 있는지를 내포하고 있다. 만약 수요가 미리 알려져 있으면 후원자는 사전적으로 해결책을 구하기 위해 포상을 내거는 것이 합리적일 것이다. 포상 수준은 전형적으로 수요에 의해 규정된 성능의 기준에 따라 달라질 수 있다. 이와는 대조적으로, 희소한 아이디어에 대한 보상은 적어도 성능의 기준을 미리 확립하는 것이 쉽지 않다. 보상에 대한 조건은 사후적(ex-post)으로 확정되어야한다.

물론 잘 알려진 수요와 희소한 아이디어에 대한 구분은 애매모호하다고 할 수 있다. 수요는 예를 들면 "맥스웰의 방정식이 맞다는 것"에서부터 "수자원 사용에 대한 효율성을 향상시키는 것"에 이르기까지 다양한 정도의 구체성(specificity)을 지닐 수 있다.

2.3 | 포 상

우리는 두 가지 종류의 포상; 이미 잘 알려진 수요를 충족시키는 경우에 관한 포상과 발명자로부터 생겨난 희소한 아이디어에 관한 포상에 대하여 살펴보고자 한다. 목표포상(targeted prizes)은 사전(ex-ante)에 공시된다. 포상은 발명자가 후원자의 필요(needs)에 대한 해결책을 제시할 경우 수여되며, 후원자들의 필요는 포상을 획득하기 위해 충족되어야 하는 성능기준으로 정형화된다. 발명가의 아이디어는 후원자의 필요에 대한 해결책이라고 할 수 있다. 이런 종류의 포상은 사람들 사이에 널리 퍼져있는 모든 창의성을 이용하지는 않는다. 만일 누군가가 보상이 제시되지 않은 위대한 생각을 해낸다면 어떻게 될까? 제1장에서 보았듯이, 잠재적인 혁신가들은 사전적으로든 또는 사후적으로든 솔깃한 말로 연구자금을 모으기 위해 입법부를 자주 찾아가곤 했다. 사후적으로 보상을 받을 가능성은 종종 '블루스카이 포상(blue-sky prizes)'으로서 제도화된다. 이런 것들은 사전에 미리 규정되지 않은 발명들을 위해 제공되는 포상들이다. 대신에 심사자들은 "심사자들이 발명을 보았을 때 그 가치를 인지하는 것"이 허락된다. (블루스카이 포상에는 "제한이 없다.") 블루스카이 포상은 발명의 사후적 가치에 맞춰져야만 한다. 혁신의 특성이 사전적으로 기술되지 않은 까닭에 미리 지정된 성능기준도 없다. 이 또한 경쟁을 수반하며 문제를 발생시킨다. 즉, 블루스카이 포상에서 발명가는 적절한 포상이 주어질 것이라는 사실을 믿어야 한다.

우리는 포상이 발명의 가치인 v를 확실히 반영하도록 하는 데 사용된 두 가지 방법, 즉 포상을 증명 가능한 성능기준에 연동하는 것, 그리고 발명가에게 포상 대신에 지적재산권을 선택할 수 있는 옵션을 주는 것에 대해 설명하고 있다. 성능에 대한 기준은 목표로 설정된 포상을 위하여 사전적으로 규정될 수 있다. 그러나 블루스카이 포상의 경우에는 성능에 대한 기준이 사후적으로 규정되어야만 한다. 만약 발명가에게 포상 대신에 지적재산권을 선택할 수 있는 옵션이 주어진다면 포상은 효과적으로 특허를 매입하는 것이 된다. 발명가는 포상이 적어도 특허의 가치인 πvT만큼 크지 않다면 포상을 받는 것에 동의하지 않을 것이다. 포상을 받아들임으로써, 발명가는 특허권을 포기하고 혁신의 결과를 공유 저작물로 등록하게 된다. 그러나 발명가는 포상의 규모가 적어도 특허의 가치만큼 클 때만 그렇게 할 것이며, 이러한 점에서 포상은 발명의 가치를 반영하는 데에 한계가 있다.

1839년에 프랑스의 사진 발명가인 다게르(Louis Daguerre)와 그와 공동으로 발명한 발명가의 상속자인 닙스(Isidore Niépce)가 사후 협상을 통해 자신들의 권리를 처분한 사례는 어떻게 구매 행위(buyouts)가 이루어지는지를 보여주고 있다. 이 발명가들은 프랑스 예술 아카데미(Art and Science Academies of Art and Academies of Art)의 연석회의에서 사진인화 공정에 대한 비밀을 공개하는 댓가로 매년 총 1만 프랑의 연금을 받았다. 그 이후 사진인화 공정은 사회의 공유재산(public domain)으로 등록되었다(Newhouse 1988). 우리는 프랑스의 발명가가 만약 포상금이 특허의 가치보다 적었다면 이를 수령하지 않았을 것이기 때문에, 그들이 발명품의 가치에 상응하는 보상을 받았을 것이라고 추정할 수 있을 뿐이다.[3]

반면에 19세기에 셀룰로이드(celluloid)를 발명한 하얏트(John Hyatt)는 포상 대신에 특허권 보호를 선택했다(Porter 1994). 하얏트(Hyatt)는 원래 상아를 대체하는

3) 현대의 비판가들은 이러한 절차들을 특허소송제도에 의해 더 잘 운영된 영국의 제도와 비교하기도 한다(Newhouse 1988).

당구공을 생산하고자 하는 제조업자가 내건 포상을 획득하고자 셀룰로이드를 발명했다. 그러나 하얏트는 그의 발명품이 널리 응용될 수 있음을 깨닫고, 포상보다 훨씬 더 큰 가치가 있다고 판단함으로써 포상 대신 특허에 의한 보호를 선택했다.

Michael Kremer(1998)는 온전한 사회적 가치를 반영하는 가격으로 특허를 매입하는 방법을 제시하고 있다. 발명의 가치는 발명이 이루어진 후에 경쟁 기업들에 의해 측정될 것이기 때문에, 특허당국은 특허를 다음과 같은 방법을 통해 포상(prizes)으로 전환할 수 있다. 특허당국은 특허를 소유하고, 그것을 경쟁 기업들에게 경매에 부친다. 정부는 특허를 가장 높은 입찰자에게 낙찰 가격에 대한 대가로 전달하고, 만약 그렇게 되지 않는다면 공유 재산으로 해당 혁신을 등록한다. 경쟁자들은 높은 가격 입찰자가 가능성 1의 확률로 특허를 받을 수 있는 것처럼 가격을 입찰할 것이고 결국 자신들의 가치평가를 드러낼 것이다. 낙찰 가격은 사적인 가치인 πvT에 가까울 것이다. 정부(후원자)는 가치 v에 대한 추정치를 얻기 위해 낙찰 가격을 πT로 나눌 수 있다. Kremer는 정부가 개발자에게 총수입으로부터 추정된 사회적 가치인 v/r와 동등한 포상을 지급할 것을 제안하고 있다. 이러한 포상체계는 만약 파라미터 πT가 미리 규정되어 있다면 시행이 가능하고, 따라서 법원도 이를 시행할 수 있다.

특허매입을 통해 정부는 혁신자에게 손해를 끼치지 않으면서 의약품과 같이 공적인 영향이 큰 발명을 취득할 수 있다. 무엇보다도 Kremer의 방법은 개발자에 대한 보상인 v/r가 특허의 가치인 πvT보다 더 크기 때문에 투자의 유인(인센티브)을 증가시킨다. 그러나 이러한 높은 포상은 만약 경쟁에서 경쟁 기업들이 중복적인 투자를 하도록 자극한다면, 사회적 낭비를 초래한다(제4장을 참고). 이러한 상황 하에서는 이전 절에서 다루었듯이 사회적 가치보다 낮은 포상인 $\rho(v)$를 선택하는 것이 더 나을 수 있다.

포상을 증명이 가능한 성능 기준과 연계하도록 하는 것과 관련해서는 Lyonnaise 직조 산업의 경우를 예로 들 수 있다. Fabrique Lyonnaise의 회원들은 그들 스스로 주도하여 직조 방법을 향상시킬 수 있었고, 이 결과를 바탕으로 포상위원회에 포상금을 청원하였다. 이러한 개선의 대부분은 대체적으로 특허를 받을 수 있었는지는 분명하지 않지만, 사후 보상에 대한 조건은 특허성 여부에 의존하지는 않았었다. 종종 포상위원회는 보상의 조건을 '혁신을 채택했던 직공의 수'와 같이 성능 기준에 기반하여 설정했다(Foray 2004; Foray and Perez, forthcoming). 이와 같은 조건은 포상이 가치에 기반하여 주어진다는 사실을 보장하는 효과가 있었다.

목표 포상(targeted prizes)들은 블루스카이 포상(blue-sky prizes)과 함께 프랑스에서는 일상적으로 행해지는 것들이었다. 1795년, 나폴레옹은 육군과 해군에 공급하는 방대한 양의 음식을 보존하는 방법에 대해 포상을 걸었다. 1810년 (보존) 기술에 대해 출판하고 그것을 공유 저작물로 지정한다는 조건 하에 아페르(Nicolas Appert)에게 포상이 수여되었다(Porter 1994, 16). 병에 담긴 음식물을 열로 살균처리를 하는 그의 기술은 여전히 사용 중이다(만약 이 해결책이 누구나 생각할 수 있는 분명한(obvious) 것처럼 보인다면, 그 당시 우리는 음식 부패의 원인들을 모르고 있었다는 것을 기억할 필요가 있다). 다른 목표 포상들은 증기 기관의 향상(Porter 1994)과 최초의 수력터빈을 이끈 수력발전의 개선도 이끌었다(Strandh 1979).

목표 포상 중 가장 유명한 것은 이전에 논의한 경도(longitude)에 대한 포상이다. 영국의 포상이 게시된 1714년까지, 비슷한 포상을 내걸은 다른 나라에서도 포상의 주인은 나타나지 않았다. 경도 측정에 대한 실패는 증가하는 대규모의 군사적 상업적 재해의 주요한 원인이었다. 누구도 해결책이 지니는 높은 가치에 대하여 이의를 달지 않았으나, 선원들은 해결책을 찾는 데 절망적이었다.

우리 시대에도 포상의 부흥시대가 있는 것 같다. 예를 들어, 1996년에 설립된 X 포상 재단(X Prize foundation)은 2주 내에 2회 3명의 승객들을 대기권 밖 100Km까지 운반하는 민간 기업에게 1천만 달러의 포상을 내걸었다.[4] 보고에 따르면 오늘날까지 7개의 국가를 대표하는 23개의 팀이 참가했으며(X Prize Foundation, 2003), 최소한 3개의 팀이 실질적인 하드웨어를 생산하는 것처럼 보인다. 한 팀은 노력에 5~7백만 달러를 지출할 계획이라고 보고했고, 일부 전문가들은 몇몇 팀이 기간이 만료되기 이전에 포상을 청구할 수 있을 것이라고 믿고 있다 (Hoffman 2003).

---

4) 장거리 비행은 전통적으로 포상에 의해 지원되었다. 유명한 예로는 1909년 최초의 영국해협 횡단비행($5,000), 1919년 최초의 북대서양 횡단비행(£10,000), 그리고 1927년 최초의 뉴욕-파리 직항(nonstop) 비행($50,000) 등을 들 수 있다. Lindbergh의 비행을 이끌어낸 1927년 대회는 특히 흥미롭다. 포상금은 1924년 이전에 달성한 최초의 비행자에게 수여하기로 이미 1919년에 게시되었다. 이 인센티브는 당시의 기술로는 충분하지 않았을 수 있었고, 결국 수상자가 없었다. 그 후 포상 수여 기간은 추가적인 5년으로 연장되었으며, 비록 이 중 한 팀은 적절한 자금조달에 실패했지만, 총 9개의 팀이 경쟁에 참여했다. 나머지 8개 팀은 총 40만 달러를 지출했다. 이들 중 7대의 항공기가 이륙시 추락했거나 사라졌다. Lindbergh의 성공적인 노력에 대한 포상은 2만 5천 달러였다(X Prize Foundation, 2003; Jablonski 1972).

현대의 또 다른 목표 포상(targeted prize)은 새로운 '초효율적인 냉장고'의 개발을 위해 1992년에 내건 3천만 달러의 포상금이다(Penn 1993; Zuckerman 2003). 경쟁의 승자가 포상을 받기 위해서는 1997년까지 새로 개발된 냉장고 25만대를 팔아야 했다. 비록 Whirlpool이 경합에서 우승했지만, 그들은 단지 20만개의 냉장고를 파는 데 그쳤기 때문에 성과의 기준을 충족시키지 못했고 보상은 지불되지 않았다.

마지막으로 우리는 비록 상업적인 가치는 없지만 후원자나 사회에 대한 엄청난 가치를 가진 발명을 위해 제기된, 성능표준을 지닌, 두 개의 목표 포상을 이야기하고자 한다. 첫 번째는 전자자기장(electromagnetism)에 대한 맥스웰의 방정식이 맞다는 증명에 대한 독일의 포상이다. 포상은 Berlin Academy에 의해 1879년에 제공되었고, 비록 포상 기간이 만료된지 오랜 시간이 지난 후였지만 헤르츠에 의해 달성되었다(Bryant 1988).

현대에 비슷한 성격을 지닌 포상으로는 2,048비트짜리 특정 정수를 인수분해한 최초의 팀에게 25만 달러를 지급하는 RSA 인수분해 응모전(RSA Factoring Challenge)을 들 수 있다. 더 작게 지정된 숫자에 대한 인수분해의 포상은 1만 달러부터 시작한다(RSA Security, 2003). RSA는 큰 숫자들에 대한 인수분해의 계산적 어려움을 이용하여 개발한 암호화 장치를 상업적으로 판매한다. 만일 포상이 청구되지 않는다면, RSA는 자신의 시스템에 대한 안전성에 더욱 자신감을 가질 것이다. 이는 후원자가 원하는 것을 얻지 못했을 때, 후원자가 더 나아지는 사례라고 할 수 있다. 성공적인 청구권자는 포상을 획득하는 것 이외에는 다른 어떤 방법으로도 발견으로부터 이익을 얻을 수 없다.

이러한 예시들은 (1) 지적재산권 보호가 가능한 법적인 환경 내에서 포상을 관리하고, (2) 성능기준 달성에 조건부로 지급하는 포상제도를 제정함으로써 포상이 혁신의 가치에 연동될 수 있음을 보여준다. 이러한 방법들은 목표 포상이나 블루스카이 포상 모두에 적용할 수 있다. 비록 특허보호가 블루스카이 포상에 대해 정부의 사후적인 볼모(hold-up)를 피하기 위한 한 방편으로써 더 중요한 지원책(backup)일 수 있지만 말이다.

지금까지의 논의들은 전적으로 혁신의 가치와 포상의 연동 가능성에 관한 것이었다. 이러한 논의들은 우리에게 최적 보상의 크기(optimal size of prize)에 대한 정보를 제공해 주지 않는다. 만약 비용이 가치보다 훨씬 적은 것으로 예상된다면, 비록 사회적 가치가 측정될 수 있다 할지라도, 포상의 크기는 사회적 가치보다 훨씬 작게 설정되는 것이 합리적이다. 포상의 크기는 또한 후원자가 유인하고자 하는 참가자들의 숫자에 따라 조정되어야 한다.

지금까지 살펴본 단순 아이디어 모형에서 비용의 중복성 문제는 고려하지 않는 것이 바람직하다. 아이디어가 희소성을 지니고 있을 때 이는 문제가 되지 않는다. 희소성은 오직 한명의 발명가만이 그의 아이디어에 의해 정의된 시장 수요를 충족시킬 수 있음을 의미한다. 이러한 경우에, 포상의 크기는 혁신자에게 과도한 보상이 주어질 때의 사회적 비용과, (포상이 비용보다 적은 경우) 혁신을 포기할 가능성 사이에서 균형을 잡아야 한다. 이와 같은 균형은 주어진 발명의 사회적 가치 하에서 비용의 주관적 분포를 고려하여 이루어져야 한다.

목표포상 하에서 아이디어는 일반적으로 희소성을 지니고 있지 않다. 통상적으로 목표가 된 수요를 달성할 수 있는 몇몇의 아이디어들이 존재한다. 이러한 환경에서 포상은 비록 포상이 가치에 의존하더라도, 지적 재산권이 지니고 있는 문제점을 동일하게 지니고 있다. 그 누구도 정보를 수집하여 효율적인 선택을 하지 않기 때문에, 최선의 아이디어를 가진 사람만이 투자를 하거나, 오직 한 사람만 투자하도록 할 수 있는 방법이 없다. 이러한 문제는 다음 장에서 우리가 논의할 경쟁(contests)에 관한 논의를 통해 부분적으로 제기될 수 있다.

2.4 I 아이디어 사이에서의 선택

두 기업이 서로 대체가 가능한, 그리고 후원자의 요구사항을 충족시키는 아이디어 (v_i, c_i), $i=1,2$를 갖고 있다고 가정하자. 만약

$$\frac{1}{r}v_1-c_1 \geq \frac{1}{r}v_2-c_2$$

이라면 기업 1의 아이디어가 더 나은 것이고, 그렇지 않다면 후원자는 기업 2의 아이디어를 더 선호할 것이다. 더 나은 아이디어를 선정하기 위하여 (v_1, c_1)과 (v_2, c_2)에 대한 정보가 수집되고 비교되어야 할 것이다. 정보를 수집하지 않고는, 누구도 어떤 아이디어가 더 나은지 알 수 없다. 기업 1은 기업 2 아이디어의 여

러 추정치에 대한 계수값(parameters)들을 알지 못하기 때문에 자신과 기업 2 중 누구의 아이디어가 더 나은지 알 수 없고, 이는 기업 2도 마찬가지이다. 후원자 역시 누구의 아이디어가 더 나은지 알지 못한다.

이 상황에서 특허라는 경제적 유인(incentives)은 어떻게 작동하는가?

특허 제도는 일반적으로 정보를 수집하지 않고, 반드시 최선의 생각에 대한 투자로만 투자를 한정하지도 않을 것이다. 가령 각 기업의 아이디어들이 아이디어들 중 단 하나만 특허를 받을 수 있을 정도로 서로 충분히 비슷하다고 가정해보자 – 그렇지 않다면 특허침해(infringement)가 발생할 것이다. 특허가 보장되는 기간 T 동안, 각 기업에 예상되는 특허 보상은 $\pi v_1 T$와 $\pi v_2 T$이다. 이러한 상황에서는 모두가 효율적이지 않은 두 가지 결과가 발생할 수 있다. 만약 특허의 가치가 충분히 높으면, 즉 만약 $c_1 \leq (1/2)\pi v_1 T$ 이고 $c_2 \leq (1/2)\pi v_2 T$ 이면, 두 기업은 모두 특허경쟁에 뛰어들 것이다. 이 경우 각 기업이 특허경쟁에서 이길 확률은 (1/2)이며, 비용은 중복적으로 따라서 비효율적으로 발생한다. 만약 특허의 가치가 상대적으로 낮으면, 즉 $c_2 > (1/2)\pi v_2 T$ 이고, $c_1 > (1/2)\pi v_1 T$ 이면, 이 경우에는 오직 하나의 기업만이 특허경쟁에 뛰어들 것이다. 그러나 그 기업이 적합한 기업이라는 보장은 없다. 실제로 기업은 상대 기업의 아이디어를 모르기 때문에, 자신의 혁신이 경쟁자의 혁신보다 더 많은 잉여(surplus)를 제공할 것인지를 판단할 수 없다.

따라서 정보 수집의 관점에서 볼 때 특허는 매우 불완전한 인센티브 제도이다. 그렇다면 후원자 정책이 더 나을까?

2.5 경 쟁

어느 정도까지는 후원자가 경쟁(contest)을 활용하여 목표 달성을 위한 최선의 생각을 찾을 수 있다. 이러한 경쟁의 효과는 보수에 대한 지급계약(contract payments)이 무엇에 의존하는지(특히 검증 가능성이 중요한 분야에서)에 달려있으며, 일반적으로 최선의 결과(first best)를 도출하지는 못한다. 즉, 후원자는 최선의 아이디어가 선택되었는지, 혹은 목표과제가 최소한의 비용으로 수행되었는지에 대해 확신할 수 없다.

간단한 지불 확약(A Simple Commitment to Pay) 첫 번째 확약 장치는 매

우 단순하고 일반적인 것이다. 후원자는 보상을 걸고 그것을 지급할 것을 확약한다. 후원자는 어떤 특정한 성능에 대해 조건부 지급을 약속하는 방법을 채택하는 대신에, 목표를 공시한다. 사후적으로 후원자는 목표에 가장 근접한 경쟁참가자를 선정한다. 포상금이 실제로 누군가에게 지급된다는 사실 외에는 집행기관은 전혀 관여하지 않는다. 후원자는 상금 지불에 대한 책임을 회피할 수 없고, 설정된 목표에 가장 가까운 참가자 외의 다른 참가자에게 상금을 줄 수도 없다.

이 단순한 메카니즘이 지니고 있는 문제점은 특허에서 발생하는 문제점과 동일하다. 가장 최선의 아이디어를 가진 기업들만이 참여했는지를 확신할 수 없고, 더구나 보상액이 클 경우 비효율인 중복투자가 발생할 수 있다. 이러한 방법은 특허에 존재하는 사중손실을 피한다는 점에서 특허보다는 낫지만, 그래도 가장 좋은 방법은 아니다.

이제부터 우리는 상금을 수여하기로 하는 단순한 확약보다 더 복잡한, 경쟁과 유사한(contest-like) 두 개의 메카니즘에 대해 논의하고자 한다. 이를 위해 두 기업이 어떻게 후원자의 요구를 충족시킬 것인가에 대해 서로 대체가 가능한 아이디어 (v_i, c_i), $i=1,2$를 지니고 있다고 가정한다. 만약 후원자가 이들 아이디어의 가치를 측정할 수 있다면 가장 매력적인 아이디어는 가장 큰 사회후생(social surplus)을 제공하는 아이디어라고 가정한다. 만약 $(1/r)v_1-c_1 \geq (1/r)v_2-c_2$이면, 후원자는 기업 1의 아이디어를 채택하고 c_1을 지불할 것이며, 그렇지 않다면 기업 2의 아이디어를 채택할 것이다. 문제는 후원자가 (v_1, c_1)과 (v_2, c_2)를 관찰할 수 없다는 점이다. 기업들은 만일 그들이 거짓말을 하는 것이 이익인 정부계약을 체결할 수 있다면, 거짓말을 할 유인을 지닌다. 이 문제를 해결하는 데에는 사회적 낭비(waste)를 수반하게 된다.

비크리 경매(A Vickrey Auction) 비크리 경매는 어느 정도는 효율적인 투자를 유도할 수 있다. 그러나 오직 사후적으로 그 가치가 검증 가능할 경우에만 제대로 작동한다.[5] 이제까지 저자가 알고 있는 한 이 방법은 실제로 사용되고 있지

5) 비크리 경매는 경제학자 William S. Vickrey의 이름을 따서 지었다. 그는 그의 1961년 논문에서 비크리 옥션의 주목할 만한 특징을 최초로 공개했다. 가장 간단한 예로는 경매인(auctioneer)이 가장 높은 가치평가를 하는 입찰자에게 경매물품을 낙찰하고자 하지만, 입찰자의 평가가치를 관찰할 수 없는 경우를 들 수 있다. 경매인은 각각의 입찰자에게 자신들의 평가가치를 적으라고 요청한다. 그리고 가장 높은 평가가치를 적은 입찰자에게 경매 물품을 넘기지만, 두 번째로 높

는 않다. 제2가격 입찰제(the second-price (Vickrey) auction)에서, 후원자는 각각의 기업 $i=1$, 2에게 그들이 제공할 수 있는 사회적잉여(social surplus) $s_i=(1/r)v_i-c_i$를 보고할 것을 요청한다. 각 기업은 s_1, s_2를 보고한다. 물론 후원자는 각 기업이 s_i를 솔직하게 보고했는지를 확인할 수는 없다. 하지만 이는 지급하기로 약속한 보수(promised payments)가 기업에게 정직하게 보고할 유인을 제공하기 때문에 문제가 되지 않는다.

후원자는 가장 높은 순잉여(net surplus)를 보고한 기업을 선택한다. 그러한 기업이 기업 1이라고 가정해보자. 후원자는 채택된 기업 1에게 $(1/r)v_1-s_2$를 지불할 것을 약속한다. 지불금액은 낙찰된 기업 1의 입찰가 s_1이 아니라 기업 2의 입찰가 s_2에 따라 정해진다는 점에 주목할 필요가 있다. 그리고 그 다음, 후원자는 기업 1에게 투자할 것을 요청한다. 기업 1은 자신의 비용 c_1을 사용한 다음, 궁극적으로 $[(1/r)v_1-s_2-c_1]=s_1-s_2$를 지급받는다.

제2가격입찰제(the second-price auction)는 다음의 특징들을 지닌다: 기업들이 각각 그들의 잉여를 정직하게 보고한다는 가정 하에, (1) 낙찰자에게 지불되는 지급액(여기서는 기업 1)은 만약 s_1이 s_2에 가깝다면 (더 적지는 않지만) 비용 c_1에 가까울 것이고, (2) 낙찰 기업은 명시된 지불에 대한 대가로서 혁신의 결과물을 전달함으로써 음(−)이 아닌 이윤(non-negative profit)을 얻을 것이다.

이제 우리는 이 전제(premise)가 타당한지 여부를 살펴보고자 한다 : 두 기업은 그들의 순잉여를 후원자에게 거짓으로 이야기할 유인이 존재하는가? $s_1<s_2$인 경우에 기업 1은 s_1을 과장하여 이야기할 유인이 존재하는가? 기업 1의 거짓말이 기업 1로 하여금 입찰에서 이기도록 하지 않는다면, 기업 1에 대한 지불액은 그 자신의 입찰액 s_1에 의존하지 않기 때문에 거짓말은 효과가 없다. 그러나 만일 거짓이 결과를 바꿀 만큼 파급력이 크다면, 기업 1의 이윤은 음의 값인 s_1-s_2이다. 이 경우 기업 1은 차라리 입찰에서 패하고, 0의 이윤을 얻는 것이 더 나을 것이다.

그렇다면 $s_1>s_2$인 경우에, 기업 1은 잉여 s_1을 축소해서 이야기 할 유인이 존재하는가? 만일 이 거짓말이 기업 1로 하여금 입찰에서 지도록 하지 않는다면 그 거

은 평가가치를 적어낸 입찰자의 평가금액만큼을 가격으로 받는다. 이 경우에는 아무것도 사후적으로 관찰할 필요가 없다. 우리가 논의하는 상황에서는 각각의 입찰자들은 비용과 가치라는 두 개의 알려지지 않은 변수를 지니고 있다. 이 중 발명의 가치(value)는 사후적으로 관찰되지만, 비용(cost)은 그렇지 않다.

짓말은 역시 효과가 없을 것이다. 만일 해당 거짓말이 결과를 바꿀 만큼 효과가 충분히 크다면, 기업 1은 s_1-s_2인 양(+)의 이윤을 얻는 대신에 입찰에서 패함으로써 0의 이윤을 얻을 것이다. 따라서 기업 1은 s_1에 대해 거짓말을 할 유인이 존재하지 않는다. 이와 동일한 논리가 기업 2에도 적용된다.

따라서 제2가격 입찰제의 가장 중요한 특징은 각 기업이 자신들이 창출할 수 있는 순잉여(net surplus)에 대해 충실히 보고할 유인이 존재하고, 후원자는 가장 높은 잉여를 보고한 기업을 안전하게 선택할 수 있게 된다는 것이다.

제2가격입찰제는 두 명의 경쟁자로부터 도출할 수 있는 사회적 잉여의 크기가 비슷할 것으로 예상되는 경우에 특히 매력적이다. 이 경우에 입찰에서 이긴 기업에 대한 지불금액은 해당 기업의 비용에 근접할 것이고, 그리고 만일 $s_1=s_2$라면 해당 기업의 비용과 같을 것이다. 하지만 일반적으로 후원자는 낙찰자(winning bidder)에게 지불되는 금액의 크기를 고려하지 않을 수 없다. 사회 전체의 수익을 위해 자금을 조성하는 비용은 단일 시장에 세금을 부과하는 사회적 비용보다는 작겠지만, 여전히 0보다는 크다. 제2가격입찰제는 높은 잉여를 가진 기업이 투자 요청을 받는다는 점에서 효율적인 결과를 산출하고, 중복투자 비용을 발생시키지 않는다.

제2가격입찰제는 사후에 지불하는 금액(ex-post payment)이 창출된 가치에 달려있다고 가정한다. 하지만 이 점은 매우 복잡하여 여기에서는 논외로 하고자 한다. 우리는 Che and Gale(forthcoming)에 따라 지금부터 확약된 포상(commitment prize)과 비크리 경매(Vickrey Auction)의 혼합된 형태를 논의하고자 한다.

시제품 경쟁(A Prototype Contest) 후원자가 직면하는 사전적인 문제는 포상의 특성 상 포상금이 창출된 혁신의 가치에 조건부로 지급될 수 없는 상태에서 최선의 아이디어에 대한 투자를 이끌어내야 한다는 것이다. 다른 가능한 방법은 기업들로 하여금 프로토타입(시제품)을 개발하게 함으로써 그들의 아이디어를 보이도록 한 다음, 그들 중에서 사후적으로(ex-post) 하나를 선택하는 것이다. 이것은 분명히 비용은 많이 들지만, 납품된 발명의 가치를 법정에서 증명하는 것이 불가능한 경우에 가장 좋은 선택일 수 있다.

그러나 투자를 이끌어내기 위해서 후원자는 여전히 일단 시제품이 납품되면 가격인하를 위한 협상을 시도하지 않으며 사후적인 지급을 하겠다는 확약을 할 필요가 있다. 만약 후원자가 개발비 보다 높은 가격을 약속하지 못하면 발명 기업들은 투자를 하지 않을 것이기 때문이다.

시제품에 대한 경쟁의 도입은 투자가 이루어지기 전에 기업과 후원자가 조건부 계약을 맺을 수 있게 함으로써 후원자가 직면한 사전적인 문제(ex-ante problem)를 해결하도록 한다. 이 계약은 만약 후원자가 해당 기업의 발명을 구입한다면 얼마의 가격을 지불할 것인지를 명시해 준다. 후원자의 품질에 대한 판단은 구입 결정 여부에만 반영된다. 실행상의 유일한 문제는, 발명가가 선택된 경우 해당 발명가가 투자하기 전에 계약서에 서면으로 명시된 대로 가격이 책정되는지를 확인하는 것뿐이다. 개별 기업들은 자신의 발명품이 선택되면 높은 가격을 원할 것이다. 하지만 높은 가격은 사후적으로 해당 기업의 발명품이 선택되지 못할 확률을 높인다. 이는 사전적으로 진행되는 계약 협상에서 기업 측이 요구하고자 하는 가격에 제약요인(constrain)으로 작용한다. 다른 한편 조건부계약은 비용이 매몰비용이 되기 이전에 협상이 이루어지기 때문에, 기업들이 비용을 메우지 못할 만큼의 낮은 가격은 제안하지 않을 것이다.

이 메카니즘을 보다 명확하게 이해하기 위해서, 두 잠재적인 발명 기업이 아이디어 (v_1, c_1)과 (v_2, c_2)를 갖고 있다고 가정해보자.[6] 보다 구체적으로 $v_1 > v_2$라고 가정한다. 만약 v_1이 v_2에 가깝다면, 사후적인 경매(ex post auction)에서, 낙찰가는 0에 가까울 것이고 어느 입찰기업도 자신들의 예상 비용을 충당할 수 없을 것이다. 이러한 문제점은 경쟁에서 기업들로 하여금 자신들의 비용이 매몰비용이 되기 전에 사전적으로 응찰하도록 함으로써, 아래에서 소개되는 경쟁을 통해 해결될 수 있다. 비록 법원에서 증명할 수는 없다 하더라도, 편의상 품질 v_1과 v_2는 모든 당사자들에게 알려져 있다고 가정하자. 따라서 모든 당사자들은 사후에 어느 정도 혁신이 이루어진 제품이 납품될지를 알고 있다. 기업들은 사전에 그들의 혁신에 대해 받고 싶은 가격(p_1, p_2)을 미리 공표한다. 만약 후원자에 의해 사후적으로 채택되면 채택된 기업은 자신들이 공표한 가격을 받을 것이다.

이제 우리의 목적은 기업들이 제시하는 균형입찰가의 특성을 살펴보는 것이다. 여기서 균형 입찰가는 다른 기업의 입찰 가격은 고정되어 있다는 전제 하에, 어느

---

6) 여기서의 논의는 모형을 아이디어 모형에 맞춘다. Che and Gale은 투자노력에 따라 품질이 결정된다고 하는, 함수의 형태가 이미 행위자에게 알려져 있는 보다 표준적인 모델을 사용한다. 기업은 자신들의 품질을 미리 공시하고, 가격은 임의분포(random distribution)를 따른다.

기업도 자신의 입찰 가격을 변경할 유인이 없는 가격을 의미한다. 이 균형의 특이한 점은 조건부 입찰 가격들이 확정적(deterministic)일 수 없다는 점이다. 즉, 어느 입찰자도 하나의 가격으로 입찰하지 않을 것이다. 만일 그들이 단일 가격으로 입찰하도록 제약을 받는다면, 그러한 방식은 작동되지 못할 것이다. 이것은 문제를 해결하는 것이 얼마나 어려운지를 나타낸다.

가격이 확정적일 수 없다는 것을 보기 위해, $v_1 = v_2$ 그리고 $c_1 = c_2 = c$라고 가정하고 기업들이 어떤 가격을 요구할지를 살펴보도록 하자. 먼저 우리가 자연스럽게 할 수 있는 예상은 $(p_1, p_2) = (2c, 2c)$이다. 기업들이 동일한 경우 기업들 사이에서 동등하게 무작위로 선택한다고 가정(tie breaking rule)하면, 이 가격은 기업들이 자신들의 예상비용을 충당하면서 요구할 수 있는 최소 가격이다. 각 기업은 (1/2)의 확률로 입찰에서 이길 것이기 때문에, 수익은 $(1/2)p_1 = (1/2)p_2 = c$일 것이다.

하지만 이 가격은 균형가격이 아니다. 왜냐하면 만일 기업 2가 선택된 경우 $2c$의 가격을 요구하면, 기업 1은 그들의 가격을 $p_1 = 2c - \varepsilon$으로(여기서 ε는 작은 양수임) 낮춤으로써 이윤을 향상시킬 수 있기 때문이다. 가격이 $(p_1, p_2) = (2c - \varepsilon, 2c)$일 때, 후원자는 기업 1을 선택할 것이고, 기업 1은 0 대신 $p_1 - c = c - \varepsilon$의 이윤을 얻는다. 이는 0의 이윤을 창출하는 가격 $(p_1, p_2) = (2c, 2c)$이 균형이 아님을 나타낸다. 물론 최소한 한 기업이 예상 비용을 메우지 못할 것이기 때문에, 이보다 더 낮은 균형 가격은 존재하지 않는다.

이 문제의 해결책은 흔히 말하는 혼합전략(mixed strategies)이다. 확정적인 가격을 선택하는 대신에, 각 기업이 가격에 대한 확률 분포를 선택하고, 후원자에게 실제 제안된 가격은 그 분포로부터 무작위로 도출된 가격이다.

균형은 기업들이 가격에서뿐만 아니라 발명의 성공여부도 무작위화(randomize)한다는 특징을 지닐 것이다. 일정한 확률로 각각의 기업은 혁신에 실패하고 0의 가격을 요구할 것이다. 만약 두 기업 모두 실패하여 포기한다면, 후원자는 발명품을 구매하지 못하게 된다.

가격에 대한 누적분포(cumulative distribution)는 다음과 같이 표시된다.

$$F_1, F_2 \colon [0, \frac{v}{r}] \to [0, 1]$$

각 $p \in [0, (v/r)]$에 대해, 각 기업 $i = 1, 2$가 p보다 높지 않은 가격을 선택할 확

률은 $F_i(p)$이다. 후원자는 발명의 가치보다 더 많이 지불하지는 않을 것이기 때문에, 기업은 절대로 (v/r)보다 높은 가격을 책정하지 않을 것이다. 가격 $p=0$은 기업이 개발하지 않는 것을 나타내고, 가격이 0보다 크다는 것은 기업이 발명을 수행한다는 것을 나타낸다. 따라서 $F_1(0)$, $F_2(0)$는 두 기업이 발명을 수행하지 않을 확률을 나타낸다.

기업들이 발명할 것인지 그리고 어떤 가격을 요구할 것인지에 대한 결정은 다른 기업의 선택을 관찰하지 않고 서로 독립적으로 이루어진다. 각 기업의 선택은 다른 기업의 가격이 더 낮은 것으로 밝혀진다 하더라도 사후에 계약을 바꾸지 못한다는 점에서 일종의 확약(commitment)과 같은 성격을 지닌다.

대칭적인 아이디어 $(v_1, c_1)=(v_2, c_2)=(v, c)$의 경우, 기업들이 $F_1(0)=F_2(0)=c/(v/r)$의 확률로 발명(혁신)을 포기하는 균형이 존재하며, 가격에 대한 $F_1=F_2=F$인 누적분포(cumulative distribution)는 다음과 같이 정의된다:

$$F(p)=\begin{cases} \dfrac{c}{(v/r)} & \text{if } 0\le p<c \\ 1-\dfrac{c}{p}+\dfrac{c}{(v/r)} & \text{if } c\le p\le \dfrac{v}{r} \end{cases}$$

이는 $F(0)=c/(v/r)$임을 나타낸다. $c/(v/r)$의 확률로 기업은 경쟁을 포기할 것이고, $p=0$의 가격을 요구할 것이다. 기업은 0과 c 사이의 어떤 가격도 선택하지 않는다. c와 v/r 사이의 가격에서, 확률분포(probability distribution)는 $F'(p)=c/p^2$의 밀도함수(density function)를 갖는다. 즉, 발명을 한다는 조건하에서 기업은 가격에 대한 대부분의 확률 가중치를 비용 c 근처에 둔다. 이때 확률 가중치(probability weight)는 최대 (v/r)까지 감소한다.

이는 각각의 가격이 다른 가격, 즉 가격$=0$인 경우와 동일한 기대 이윤을 창출하고, 다른 어떤 가격도 더 큰 이윤을 창출하지 않으므로 균형(equilibrium) 상태라고 할 수 있다. 만일 기업 1이 경쟁을 포기하고 물러나면($p=0$ 가격을 선택함) 해당 기업의 이윤은 0이다. 만일 기업 1이 발명을 수행하고, $[c, (v/r)]$ 간격 사이의 가격 p를 요구하면, 기업 1의 기대 이윤(expected profit)은 $p[F_2(0)+1-F_2(p)]-c=p[c/p]-c=0$이다. $[F_2(0)+1-F_2(p)]$는 기업 1이 사후적으로 입찰에서 이길 확률을 나타낸다. $F_2(0)$의 확률로 기업 2는 경쟁에서 물러날 것이고, $1-F_2(p)$의 확률로 발명을 하지만 기업1 보다 높은 가격을 요구한다.

이러한 전략은 2개의 기업이 발명을 요청받은 경우, 기업들이 투자를 하도록 유도하기 위해 필요한 가장 낮은 기대 이익을 유지해준다. 그러나 임의 가격(random prices)이 지니는 특이함은 별도로 하더라도 이러한 투자 결정은 비효율적이라는 것을 주목할 필요가 있다. 어느 일정 정도의 확률로 후원자는 발명을 얻지 못하며, 심지어 후원자가 발명의 결과물을 얻는다 하더라도 발명에 대한 비용이 중복될 가능성이 매우 높기 때문이다. 정부 구매 가격을 낮추기 위해 후원자가 경쟁을 유도하는 방법은 중복을 허용하는 결과를 내포한다.

독자는 만약 기업들의 아이디어 (v_1, c_1), (v_2, c_2)가 서로 다를 경우 이 메카니즘이 어떻게 수정되어야 하는지를 알 수 있을 것이다. 두 기업이 발명에 뛰어 들었다는 조건 하에, 임의가격 p는 후원자가 항상 최고 가치의 발명을 선택하지는 않는 결과를 초래할 수도 있다. 대신 발명기업은 가장 높은 잉여를 생성하는 발명을 선택한다. 만약 발명기업이 매우 낮은 가격을 요구할 경우, 이는 더 낮은 가치의 발명일 것이다.

시제품 경쟁의 주요한 사례는 군수품정부구매(military procurement)에서 찾을 수 있다.

1979년 이전, 미국 공군은 최고의 제안서를 고르기 위해 종종 경쟁 이후에 단일의 판매자에게 시제품(프로토타입)을 제출할 것을 요구했으며, 그 후에 판매자의 제품을 구입할지 말지를 결정하곤 했다. 이러한 절차는 1960년대에 비용 초과로 많은 비판을 받았다. 1970년대 공군은 두 개의 경쟁 기업과 각각 시제품을 제작하는 계약을 한 다음, 성능을 입증하기 위해 비행 경기를 하는 시스템으로 전환하였다. 이러한 절차 하에서 F-16과 F-18 전투기가 탄생했다(Sweetman 1991).

비록 이러한 계약은 우리가 언급한 메카니즘을 정확하게 반영하지는 않지만, 후원자가 적어도 상대적으로 높은 품질과 낮은 비용을 유지하기 위해 시제품 경쟁을 사용할 수 있음을 보여준다. Rogerson(1994)은 시제품 대회 우승에 대한 보상이 수익성 높은 생산 계약임을 지적하고 있다. Rogerson에 따르면 이러한 정부구매는 다음과 같은 3단계 과정, (1) 여러 기업이 디자인 경쟁을 벌이는 '디자인 단계', (2) 제한된 수의 기업들이 시제품 또는 최종 디자인, 또는 이들 모두를 생산하기 위해 경쟁하는 '선택 단계', 그리고 (3) 일반적으로 단일 기업에 의해 생산되는 '생산단계'로 이루어진다. 그는 생산 단계가 국방부로 하여금 "적어도 개략적으로는 더 중요한 발명에 더 큰 상을 수여하는 것"을 허용할 뿐만 아니라, 초기 도입 후 제품 개선에 대한 지속적인 인센티브를 제공한다고 주장하고 있다. '생산 단계'에 도달한 기업들은 일반적으로 4.4%에 달하는 경제적 이익(정상적인 자본 수입 보다 높은 이익)을 얻는다. 평균을 훨씬 초월하는 이러한 수익률은 포상(prize)으로 간주될 수 있다.

시제품 메카니즘을 통해 발명의 가치를 관찰하거나 증명하지 못하는 데 대해서는 높은 사회적 대가를 지불해야 함을 주목할 필요가 있다. 시제품 경쟁은 중복적인 비용을 초래할 수 있으며, 더 나쁜 제품이 선택될 가능성도 있다. 실제로 시제품이 실현되지 않게 하기 위해 두 기업이 둘 다 시제품 생산에서 물러날 수도 있다. 시제품이 선택된 경우 가격은 매우 높을 것이다. 이러한 현상들은 실제로 우리가 모두 현실에서 관찰하는 것들이다.

2.6 | 지식에 대한 효율적인 투자

인센티브 제도를 규범적인 관점으로부터 구별하기 위해서는 효율적 투자(efficient investment) 계획에 대한 몇 가지 개념을 가지고 있어야 한다. 어떤 아이디어에 R&D 투자가 이루어져야 하는가? 기술적 기회의 발생을 설명하는 모형과 이들에 대한 투자의 효율성을 판단하는 기준이 없다면 어떠한 인센티브 메카니즘의 효율성도 이해할 수 없을 것이다.

그동안 매우 활발하게 논의되었던 퍼즐은 왜 20세기에 기술 진보가 그토록 빨랐던가 하는 문제였다. 20세기에 미국에서는 1인당 실질생산(real output per capita)이 매년 약 1.75%로 증가했는데, 이는 이전보다 훨씬 더 높은 비율이었다. 성장의 원인을 찾으려는 노력을 통해 경제학자들은 성장의 대부분이 기술의 진전에 기인한 것이라고 결론을 내렸다(제9장 참조). 이 책에서 전제하고 있는 것은 R&D 지출과 성장 사이에는 인과관계가 있다는 것이다. 하지만 "인간이 기술 진보에 좀 더 일찍 투자를 하여 산업 혁명과 20세기에 발생한 것과 같은 경제성장을 가속화했더라면, 인류는 좀 더 나았을 것이다. 그러면 소비자들은 훨씬 더 일찍 현대 기술을 이용하게 되었을 것이다." 와 같은 유형의 주장에 대해 우리는 어떻게 평가해야 할까?

어떤 기준 하에서 이와 같은 주장은 참 또는 거짓이 될 수 있을까? 우리는 이러한 주장이 규범적(normative)인 요소와 사실적(positive)인 요소 모두를 가지고 있다는 것을 주목할 필요가 있다. 위와 같은 진술은 그러한 가속화가 가능했었을 것이라고, 더욱이 그러한 가속은 경제 도약을 일으켰을 것이라고 주장하고 있다. 이러한 주장의 타당성을 평가하기 위해서는 기술적인 성장이 어느 정도로 외생적(exogeneous)인지, 그리고 이것이 어느 정도로 인센티브와 R&D 지출 비중에 의해 영향을 받을 수 있는지를 이해해야 한다. 이 장에서 사용된 아이디어 모형은 아이디어의 발생을 외생적인 것으로, 그들에 투자할 유인(인센티브)을 내생적(endogeneous)인 것으로 다루고 있다. 기술의 진보는 인간의 상상력 정도와 비례하여 제한되고, 어떤 역사적인 기간 또는 지리적 위치 내에서는, 자원을 통제할 수 없는 무능함에 의해 제한된다.

모든 기술발전에 관한 경제적 모형들이 투자의 효율성을 평가하거나 인센티브 메카니즘들을 비교하기 위해 구축된 것은 아니다. 예를 들면 Nelson and Winter(1982)(Mokyr 1990, 11장 참조)의 진화모형(evolutionary model)은 기술변화에 대한 규범적인 모형이라기보다는 사실적인 모형(positive model)이다. 이 모형에서 기업들은 인센티브 메카니즘과 상관없이 이윤이 일정 수준 이하로 떨어지면 R&D에 투자하는 것으로 가정된다. 투자결정을 이끄는 합리성(rationality)의 개념이 없다.

Hicks(1932)로부터 시작된 요소가격유도 기술변화모형(the model of factor-price induced technical change)(요약과 응용을 위해서는 Ruttan 2001 참조)은 요소가격의 변화가 기술적 진보를 유도한다. 발명가들은 이런 일들이 일어날 때 발생하는 이윤의 기회들을 포착한다. 요소가격들이 왜 변하는지, 그리고 어떤 기술적인 기회가 변화를 위한 환경이 조성되기를 기다리는지에 대한 설명이 없다. 만약 기술을 향상시키기 위해 주어진 기회를 이용하는 것이 가능하다면, 왜 더 좋은 기회는 이용할 수 없는 것인가?

경제학자들은 또한 우리가 R&D 투자의 '생산함수' 모형이라고 부르는 모형을 기반으로 주로 특허경주(patent race)와 관련된 많은 연구를 발전시켰다. 생산함수 모형에서는 주어진 확률이나 주어진 예상시간에 발명을 달성하는 데 드는 비용을 규정하는, 일반적으로 잘 알려진 함수가 존재한다. 발견의 시간에 대해 포아송 과정(Poisson process)을 사용하는 특허경쟁 모델(Reinganum 1982를 복습하라)은 발견확률모형(the probability-of-discovery model)과 마찬가지로 이 범주에 속한다

(Wright 1983; Tandon 1982, 1983; Shavell ad can Ypserle 2001). 그러나 이 모델들은 투자 기회가 처음에 어떻게 발생하는지에 대한 설명이 없다. 암묵적인 전제는, 충분한 자원을 투자하는 경우 모든 기술적 진보가 내일이라도 일어날 수 있다는 것이다. 인간의 상상에는 제한이 없다. Hicks의 유도 변화 모형과 마찬가지로 생산함수 모형은 기술 변화에 대한 불완전한 모형이다.

내생적 성장에 관한 문헌(endogeneous-growth literature)(Romer 1996의 요약을 보라)의 상당부분 역시 지식에 대한 생산함수에 의존하고 있으며, 생산함수 모형의 한계점들을 동일하게 내포하고 있다. 그러나 생산함수는 '총(aggregate)' 지식에 관한 생산함수이다. 지식의 총합을 다루는 것은 아이디어에 대한 투자 과정을 의식적으로 가리는 것일 수도 있다. 그러나 아이디어의 출현과 혁신의 창출에 대한 명시적인 구별이 없기 때문에 개별투자의 효율성은 평가되지 못한다.

이 책에서 제안하고 있는 아이디어 모형은 인간의 상상력에 대한 제약과 자원을 통제하기 위한 인센티브 문제 사이에서 균형을 유지한다. 여기서 효율성의 개념은 일반적으로 사용되는 전형적인 개념이다. 즉, 만약 적어도 비용을 뺀(할인된) 소비자잉여가 양(+)일 것이 예상되는 경우 아이디어에 대한 투자는 효율적이다. 이는 지식에 대한 투자에 어떻게 자금이 지원되는지를 고려한 정의(definition)이다. 만약 지적재산권 보호라는 메카니즘 하에서 자금 지원이 이루어진다면, 이 경우의 투자는 공공후원과 공유재산에 등록하는 방법을 통해 자금 지원이 이루어지는 경우보다 적은 소비자 잉여(보다 많은 사중 손실)를 창출한다.

그러나 효율성에 대한 개념은 세 가지 고려되어야 할 미묘한 차이들을 가지고 있다.

첫 번째, 사후적인 후회(ex-post regret)를 한다고 해서, 그것이 꼭 투자가 사전적으로 비효율적(ex-ante inefficient)이었다는 것을 의미하지는 않는다. 1960년대와 1970년대에 전 세계는 초음속 민간 여객기의 개발을 위해 경쟁을 하고 있었다. 이에 대한 노력은 매우 비용이 많이 들었고 궁극적으로 실패한 것으로 나타났다. 영국과 프랑스는 콩코드(초음속 여객기)를 공동으로 개발했으며, 러시아는 서방언론에 의해 이름 붙여진 'Concordski'라는 새로운 버전을 발전시켰다. 그리고 미국 또한 'SST(초음속여객기)' 경쟁에 참가하고 싶어 했다. 의회는 초음속 비행기 설계를 위한 보조금을 제공하였으며, 최종적으로 경쟁은 보잉(Boeing)과 록히드(Lockheed) 사이에서 이루어졌다. 보잉은 회전날개(swing wing)라고 불리는 조절

가능한 날개를 사용하여 공기저항(drag)을 줄이는 것을 제안했다. 이에 대해 록히드는 이 방법이 작동하지 않을 것이라고 주장했으며, 보잉은 상당한 논쟁 후에 해당 방법을 폐기했다. 초음파 소음과 다른 영향 등으로 인해 환경운동가들의 점증하는 반대에 직면하자, 의회는 해당 프로젝트를 중단했다. 10억 달러 이상이 설계 노력에 투자 된 이후의 일이었다(Hansen 1995). 초음속 여객기는 별 성과 없이 끝을 맞이했다. 콩코드는 비행하는 내내 적자였고, 2003년 은퇴했다. 초음속여객기는 대규모 투자 후 완전히 발전되기도 전에 포기되었고, Concordski는 추락했다.

그렇다면 우리는 초음속 여객기에 대한 투자가 잘못된 투자였다고 결론지어야 하는가? 이러한 결론의 문제점은 R&D 프로젝트의 결과가 거의 항상 불확실하다는 데에 있다. 실패는 불가피하다. 사후적인 실패가 반드시 해당 투자를 하지 말았어야 함을 의미하는 것은 아니다. 좋은 투자 역시 나쁜 결과를 가져올 수 있다. 어느 경우든 사후의 성공여부로 투자의 효율성을 판단하는 것은 유용하지 않다. 왜냐하면 투자 결정은 분명히 성공과 실패가 알려지기 전에 결정되기 때문이다. 우리가 할 수 있는 최선은 실패할 수 있다는 가능성을 인지하고 좋은 의사결정을 이끌 수 있는 의사결정 메카니즘 또는 인센티브 메카니즘을 이용하는 것이다.

두 번째 미묘한 차이점은 경쟁을 하는 전문가들의 문제와 관련되어 있다. 이것은 근본적인 문제이며, 효율성 개념 전체에 대한 의문을 제기한다. 경제학자들은 동일한 정보에 직면했을 때 전문가들이 의견이 일치하지 않는 경우, 서로 다른 효율성에 대한 정의를 지니고 있다(부록 2.8.3을 참조하라). R&D 분야에도 이러한 의견 불일치가 발생할 가능성이 있다.

서로 다른 정보로 인해 두 명의 전문가의 성공의 전망에 대한 의견이 일치하지 않은 경우, 그들이 소유하고 있는 모든 정보를 서로 공유한다면 의견이 일치할 수도 있다. 의견 일치가 지니고 있는 편리한 점은 무엇이 효율적인지에 대한 기준을 제공한다는 것이다. 만약 모든 정보를 이용하는 모든 대리인들이 투자가 효율적이라는 데 동의한다면, 아마도 그 투자는 효율적일 것이다. 그들이 모두 잘못 판단한다고 생각할 이유가 없다. 그러나 실제로 어려운 경우는 전문가들이 그들의 정보를 공유한 후에도 의견의 일치를 이루지 못하는 경우이다. SST 사례의 Boeing과 Lockheed가 이 경우에 해당된다. 비록 이들의 의견이 자신들의 이해관계 때문에 순수하지는 않았지만 말이다.

의견일치 또는 동의에 깔려있는 가정은 모든 대리인들이 투자의 진정한 효율성에 대해 사전적으로 공통의 믿음을 지니고 있으며, 초기에 발생하는 의견의 불일치는 오직 비대칭적인 정보(asymmetric information) 때문이라는 것이다. 이것이 왜 그들이 정보를 공유함으로써 그들의 의견 불일치를 해결할 수 있는가 하는 이유이다. 공통의 사전적 믿음(common priors)에 대한 가정은 비대칭적인 정보에 대한 광범위한 경제학 문헌의 바탕을 이루고 있으며, 부록 2.8.2에서 예시와 함께 보다 자세히 다룰 것이다.

세 번째 미묘한 차이는 발전경로의 내생성(endogeneity) (소위 경로의존성이라 불리기도 한다)과 관련이 있다. 경로의존성(path dependency)이 무엇을 의미하는지 그리고 그것이 어떻게 발생하는지에 대해서는 서로 다른 개념들이 존재한다(예를 들면, David 2000를 참조하라). 여기서 지적하고자 하는 것은 투자결정이 내려지는 시점에 반드시 발명에 대한 모든 아이디어가 알려져 있는 것은 아니며, 따라서 후회가 있을 수도 있다는 것이다. 어떠한 투자도 관련된 일련의 투자들을 유발함으로써 기술의 변화를 저해할 잠재적인 가능성을 지니고 있다. 제5장의 누적적 혁신 모형(the model of cumulative innovation)을 보라. 효율성을 제대로 이해하기 위해서는 미래의 예상되는 개발에 대한 선택(option) 여부들을 고려해야 한다. 미래의 발전 경로는 확률적인 요소를 지니고 있기 때문에, 의사결정자는 어느 정도의 확률로 무슨 일이 일어날지에 대한 주관적인 전망을 가지고 있어야 하며, 경제적 후생에 대한 기대값을 산출해야 한다. 만약 이것이 너무 힘들다면, 무엇과 비교할 것인지 비교할 수 있는 대안(alternative)을 정형화하려고 노력해야 한다.

기술경로의 경우, 사후적인 후회의 문제는 오히려 더 심각하다. 만약 다른 아이디어들이 나타날 것 같으며, 효율성의 관점에서는 다른 기술 경로를 선택할 수 있는 옵션을 유지하기 위해 투자에 신중하거나 심지어 투자를 늦추는 것이 더 나을 수도 있다.

예를 들어, 왕복 동식 피스톤 내부 연소 엔진을 생각해보자. 왕복 동식 움직임의 폭발성은 열에너지를 감소시키고 다른 여러 이유들로 인해 엔진에 무리를 가한다. 그동안 많은 대안들이 제시되어 왔는데, 이 중 하나가 실행 가능할 뿐만 아니라 몇몇의 전문가에 의해 우수한 것으로 평가된 방켈회전엔진(Wankel rotary engine)이다(전체 역사를 위해서는, Norbye(1971)를 보라). 방켈회전엔진은 보다 직접적으로 드라이브 손잡이와 연결되어 있으며, 피스톤의 수직운동을 전환시킬 때 발생하는 많은 비효율을 발생시키지 않는다. 회전기계는 보다 단순하다. 동일한 동력을 창출하는 데도 절반의 공간만을 차지하고, 움직이는 부분도 대략 절반밖에 되지 않는다. 전형적인 미국형 V8 피스톤 엔진으로서 마력 당 절반의 비용밖에 들지 않는다.

이러한 매력에도 불구하고, 회전 엔진은 수십 년 동안 왕복 동식 피스톤 엔진에 뒤처져있었으며, 자동차의 피스톤 엔진을 대체하지 못했다. 만약 내부의 연소 엔진이 처음 개발되었을 때 왕복 동식 피스톤 엔진과 회전 엔진이 나란히 준비 중이었다면, 회전 엔진이 함께(또는 독점적으로) 개발되는 것이 가능했을 것이다. 피스톤 엔진이 이미 개발된 것은 순전히 역사의 우연처럼 보인다. 회전식 엔진의 개발은 이미 피스톤 엔진의 설계에 대한 대규모의 누적된 투자가 이루어진 후인 1930년대에 시작되었다. 그 시점에서 추격을 시도하는 것은 이미 실패할 운명이었다. 그럼에도 불구하고, 회전식 엔진은 1970년대에 General Motors사가 비배타적으로(nonexclusive) 전 세계에 적용할 수 있는 라이선스를 사기 위해 5,000만달러(1970년 달러)를 지급할 정도로 충분히 유망한 기술이었다. 회전식 엔진은 미국, 일본 그리고 유럽의 제조사에게 의해 판매됐지만 항상 상대적으로 더 비쌌으며, 왕복 동식 피스톤의 상업적 우세에 어떤 식으로든 별로 위협을 가하지 못했다. 회전식 엔진은 1990년대에 이르러 자동차에 거의 사용되지 않았다.

피스톤 엔진은 개발되고 정교하게 다듬어진 반면 회전식 엔진은 그렇지 못했기 때문에, 우리는 피스톤 엔진의 경로를 일찍 시작한 것이 더 좋았었는지 아닌지를 알 수 없다. 처음부터 회전식 엔진이 왕복 동식 피스톤과 경쟁할 만큼 또는 보다 우월하게 발전할 수 있었다고 가정해보자. 그렇다면, 왕복 동식 피스톤의 증가가 반드시 비효율적이라고 할 수 있을까? 비록 모든 사람이 회전식 엔진과 같은 더 나은 아이디어가 결국 실현될 것이라는 데 동의하더라도, 기술도입의 지연(delay)은 비용을 수반한다. 만약 지연이 오래 지속될 것으로 예상된다면, 그때는 더 좋은 아이디어를 기다릴 가치가 없다. 그리고 물론 지연을 확실히 예측할 수 있는 방법은 없다. 만약 아직 경쟁적인 아이디어가 존재하지 않는다면, 그러한 아이디어가 있을 가능성이 높다고 확신하기 어렵다. 다른 기술이 이미 너무 개발되어 더 좋은 아이디어를 채택하기에 너무 늦었다면, 후회는 불가피하다. 방켈 엔진의 경우가 그렇다.

그러나 다시 반복하지만, 후회는 초기 기술에 대한 투자가 비효율적이라는 것을 의미하지는 않는다. 초기 기술의 투자에 대한 효율성은 경쟁적인 아이디어가 발생할 확률과 해당 기술이 더 나은 기술일 확률에 대한 기대치를 참고하여 평가

될 수 있다. 이런 점들은 전문가들이 자주 의견불일치를 보이는 사항들이며, 논의를 이전으로 되돌린다. 전문가들이 비대칭적인 정보가 아닌 다른 이유로 의견이 다른 경우, 경제학자들은 효율성에 대한 만족스러운 정의를 내릴 수 없다.

2.7 | 요 약

이 단원에서 우리는 경쟁적인 시장(competitive market)이 지식에 대한 투자에 충분한 인센티브를 제공하지 못할 수도 있다는 것을 살펴보고, 이 문제에 대해 불완전하기는 하지만 몇 가지 해결책이 있음을 주장했다. 지적 재산권은 제한된 시장지배력을 보상으로 수여하는 하나의 인센티브 메카니즘에 불과하다.

인센티브 메카니즘으로써, 지적 재산권은 다음과 같은 장점을 지니고 있다.

1. 보상은 발명에 대한 사회적 가치와 연관되어 있다. 따라서 기업들은 발명에 대한 투자를 결정할 때 어느 정도는 사회적 가치와 사회적 비용을 비교할 것이다.
2. 지적 재산의 사용자는 자발적으로 비용을 지불한다. 따라서 아무도 개발에 대해 반대하지 않는다.

지적 재산권 보호의 단점은 다른 잘 고안된 인센티브 메카니즘의 장점들을 나열함으로써 쉽게 살펴볼 수 있다.

1. 만약 연구의 결과가 공유재산으로 등록된다면 해당 메카니즘은 지적재산권보다 적은 사중 손실을 초래한다.
2. 잘 고안된 인센티브 메카니즘은 기업에 대한 사적 정보를 보다 잘 취합할 수 있으며, 이로 인해 더 나은 투자 결정과 더 효율적인 연구 노력을 수행하게 할 수 있다.
3. 잘 고안된 인센티브 메카니즘에서 보상은 예상된 비용에 맞게 조정될 수 있다.

이 책은 지적 재산권을 통한 인센티브가 공공부문에 의한 후원(public sponsorship)보다 항상 더 좋거나 더 나쁘다고 주장하는 것이 아니다. 그 둘 사이의 선택은 연구 환경에 따라 달라져야 한다. 연구 아이디어가 '희소(scarce)'한 경우에는 만약 포상(prize)이 발명의 가치에 따라 주어질 수 있다면 포상제도가 특허 제도를 압도할 수 있다. 지적재산권에서의 보상은 자동적으로 발명의 사회적 가치에 의존하여 주어진다. 따라서 만약 포상이 발명의 가치에 의존할 수 없다면 지적재산권 제도가 더 우월한 메카니즘일 수 있다.

후원자가 잠재적인 개발자 간의 경쟁을 설정할 수 있는 경우, 지적재산권은 덜 매력적인 것 같다. 심지어 납품된 발명의 가치를 사후에 증명할 수 없는 경우에도, 후원자는 발명 기업들에게 지불되는 보수를 그들의 비용과 같도록 묶어 두면서 최선의 제안을 선택할 수 있다. 이 메카니즘은 중복 비용의 문제를 수반하지만 이는 지적재산권 제도 역시 마찬가지이다.

2.8 | 부 록

2.8.1 할인된 시간

특허의 현재가치(present value)를 표현한 πvT에서, 변수 T는 현재부터 특허권의 종료를 나타내는 특정 시점 τ 까지의 할인된 시간을 나타낸다.

$$T = \int_0^{\tau} e^{-rt}\, dt \cong \sum_{t=1}^{\tau} \frac{1}{(1+r)^t}$$

여기에서 r은 할인율이다. 일반적인 시간(ordinary time)은 $\tau=0$에서 $\tau=\infty$까지 계속되고, 할인된 시간(discounted time)은 $T=0$부터 $T=1/r$까지 계속된다. $\tau=\infty$에 해당 되는 $1/r$이 앞선 방정식에서 최대 T이기 때문이다. 만약 시간이 연속적이라면, 우리는 할인하는 데 e^{-rt}를 사용한다. 그리고 시간이 연도 또는 다른 정수 단위로 계산되면, 우리는 $1/(1+r)^t$를 사용한다. 이들이 서로 근사값을 갖는다는 것을 보기 위해서는 테일러 방정식(Taylor expansion)을 이용한다.

2.8.2 전문가의 논쟁과 사전적인 공통의 믿음

만약 두 개의 기업이 연구프로그램의 가치에 대해 서로 다른 사적 정보(private information)를 가지고 있다면, 그러나 사전적으로 공통의 믿음(Common Priors)을 가지고 있다면, 사적인 정보를 공유하는 것은 이들로 하여금 성공의 전망에 대해 합의할 수 있도록 할 것이다. 그러나 만약 이들이 처음부터 사전적으로 다른 믿음에서 시작한다면 두 기업 간의 의견 차이는 지속될 것이다.

프로젝트가 실제 v의 가치를 지니고 있고, 전문가들은 프로젝트의 가치에 대해 각각 사적인 신호 v_1, v_2를 갖고 있다고 가정하자. 논의를 간단하게 하기 위해서, 실제 가치 v가 두 개의 가치 $v=0$, $v=100$을 가진다고 가정하자. v에 조건부적인 신호 v_1의 분포는 $Q(\cdot|v)$에 의해 주어진 것으로 가정하자. Q는 v_2의 조건부확률 분포이다.

베이즈룰(Bayes' rule)을 이용하여 우리는 사전적인 믿음에 의해 $v=100$일 사전확률(prior probability)이 주어진 경우, $v=100$일 각 회사의 사후확률(posterior probability)을 계산할 수 있다. 만약 사전적인 믿음이 $\hat{p}$ 이라면, 사후확률 분포를 $\hat{Q}$라고 하자. 기업 1이 오직 자신의 신호 v_1만을 알고 있는 상태에서 $v=100$ 일 사후확률은

$$\hat{Q}(100|v_1)=\frac{Q(v_1|100)\hat{p}(100)}{Q(v_1|100)\hat{p}(100)+Q(v_1|0)\hat{p}(0)}$$

이다. 여기에서 분모는 기업 1이 사적인 정보 v_1을 관찰할 확률이다. 이와 유사하게 만약 기업 1이 두 사적인 정보 모두를 알고 있다면 $v=100$일 사후확률은

$$\hat{Q}(100|v_1,\ v_2)=\frac{Q(v_1|100)Q(v_2|100)\hat{p}(100)}{Q(v_1|100)Q(v_2|100)\hat{p}(100)+Q(v_1|0)Q(v_2|0)\hat{p}(0)}$$

이다. 여기에서 분모는 기업 1과 기업 2가 $(v_1,\ v_2)$를 관찰할 확률이다.

이제 기업 2가 기업 1과는 다른 사전확률(prior probability)을 가지고 있다고 가정해보자. 기업 2의 사전확률은 $\tilde{p}$ 이고, $\tilde{p}(100)>\hat{p}(100)$이다. 이 경우 두 사적정보 $(v_1,\ v_2)$ 를 관찰한 후 기업 2의 $v=100$일 사후확률은

$$\tilde{Q}(100|v_1,\ v_2)=\frac{Q(v_1|100)Q(v_2|100)\tilde{p}(100)}{Q(v_1|100)Q(v_2|100)\tilde{p}(100)+Q(v_1|0)Q(v_2|0)\tilde{p}(0)}$$

이다.

명확하게 $\tilde{Q}(100|v_1,\ v_2)>\hat{Q}(100|v_1,\ v_2)$이다. 비록 기업 1과 2가 정보를 공유했음에도 불구하고, 기업 2는 기업 1보다 낙관적이다. 이러한 낙관론은 사전적인

믿음에 기인한 것이지, 그들의 서로 다른 정보 때문이 아니다. 만약 그들이 이전의 사전적인 믿음($\hat{p}=\tilde{p}$)을 공유했다면, 그들의 정보 v_1, v_2를 공유하는 것은 그들에게 $v=100$일 확률에 대하여 의견의 일치를 보도록 할 것이다.

2.8.3 주관적 확률과 비용편익 분석: 역설

대리인(agents)들이 성공에 대한 주관적인 확률을 가지고 있을 때, 투자를 위한 비용-편익의 기준은 개인적인 믿음을 기반으로 한 파레토 개선(Pareto improvement) 개념과 충돌할 수 있다. 위험에 대하여 중립적인(risk neutral) 두 대리인 $i=1$, 2가 있다고 가정하자. 이들은 각각 프로젝트에 대한 성공가능성을 $q_1=0.4$, $q_2=0.6$으로 둔다. 대리인들은 프로젝트가 성공할 경우 각각 w_1, w_2를 지불할 용의가 있으며, 자산(endowments) $e_1=e_2=10$씩을 가지고 있다. 연구프로젝트의 비용은 $c=1$이다. 만약 $q_1w_1+q_2w_2 \geq c$ 이면 해당 프로젝트는 비용-효과 분석을 통과한다고 할 수 있다. 그러나 만약 투자가 가치가 없어서 $w_1=w_2=0$이라면 비용-효과 분석은 실패한다. 그럼에도 불구하고, 투자는 사전적인 관점에서 대리인을 보다 낫게 할 수 있다. 왜냐하면 그들은 투자에 의해 생성된 공간{성공, 실패}에 대한 자신들의 개인적인 믿음을 사용하여 서로에 대항하는 투자결정을 할 수 있기 때문이다. 투자를 한다는 조건하에서, 최적의 할당은 대리인 2가 성공한 경우에 모든 나머지 19개의 사유재(private goods)를 소비하게 하는 것이다. 그렇지 않으면 대리인 1이 모든 19개의 사유재를 소비하게 한다. 이 경우, 대리인 1의 기대효용은 $(1-q_1)\times 19=11.4>e_1=10$이고, 대리인 2의 기대효용은 $q_2\times 19=11.4>e_1=10$이다. 이것은 비록 연구결과가 내재적인 가치를 지니고 있지 않고 투자에 높은 비용이 따르더라도, 대리인들의 사전적인 기대 효용(ex-ante expected utility)은 투자를 하지 않았을 때 보다 투자를 하였을 때 더 크다는 것을 보여준다.

참고문헌

Anton, J. J., and D. A. Yao. 2002. "The Sale of Ideas: Strategic Disclosure, Property Rights and Contracting." Review of Economic Studies 69:513–531.

Arrow, K. 1962. "Economic Welfare and the Allocation of Resources for Invention." In R. Nelson, ed., The Rate and Direction of Economic Activities: Economic and Social Factors, 609–626. National Bureau of Economic Research Conference Series. Princeton NJ: Princeton University Press.

Barton, J. H. 1997. "Patents and Antitrust: A Rethinking in Light of Patent Breadth and Sequential Innovation." Antitrust Law Journal 65:446–449.

Bryant, J. H. 1988. Henrich Hertz: The Beginning of Microwaves. Piscataway, NJ: Institute of Electrical and Electronics Engineers, Inc.

Che, Y.-K., and I. Gale. Forthcoming. "Optimal Design of Research Contests." American Economic Review.

David, P. 2000. "Path Dependence, Its Critics and the Quest for 'Historical Economics.'" In P. Garrouste and S. Ionnides, eds., Evolution and Path Dependence in Economic Ideas: Past and Present. Cheltenham, UK: Elgar Publishing.

Davis, L., and J. Davis. 2004. "How Effective are Prizes as Incentives to Innovation? Evidence from Three Twentieth-Century Contests." Paper presented at the conference "What Motivates Inventors to Invent." Pisa: The Network on European Policy for Intellectual Property at Scuola Superiore Sant-Anna.

De Laat, E. A. 1996. "Patents or Prizes: Monopolistic R&D and Asymmetric Information." International Journal of Industrial Organization 15:369–390.

61 Investing in Knowledge

Eisenstein, E. L. 1983. The Printing Revolution in Early Modern Europe. Cambridge, UK: Cambridge University Press. Foray, D. 2004. The Economics of Knowledge. Cambridge, MA: MIT Press.

Foray, D., and L. Hilaire-Perez. Forthcoming. "The Economics of Open Technology: Collective Organization and Individual Claims in the 'Fabrique Lyonnaise' during the Old Regime." Research Policy.

Gallini, N., and S. Scotchmer. 2001. "Intellectual Property: When Is It the Best Incentive Mechanism?" Innovation Policy and the Economy 2:51–78.

Green, J., and S. Scotchmer. 1995. "On the Division of Profit in Sequential Innovation." RAND Journal of Economics 26:20–33.

Hansen, J. R. 1995. "What Went Wrong: Some New Insights into the Cancellation of the American SST Program." In W. M. Leary, ed., From Airships to Airbus, vol. 1, 168 – 189. Washington, DC: Smithsonian Institution Press.

Hicks, J. R. 1932. The Theory of Wages. London: P. Smith.

Hoffman, P. 2003. Wings of Madness: Alberto Santos–Dumont and the Invention of Flight. New York: Hyperion Books.

Jablonski, E. 1972. Atlantic Fever. New York: Macmillan.

King, G. J. 1978. "Army Flying Machine." Case 9–578–711. Boston: Intercollegiate Case Clearing House.

Kremer, M. 1998. "Patent Buyouts: A Mechanism for Encouraging Innovation." Quarterly Journal of Economics 113:1137 – 1168.

Laffont, J.–J., and J. Tirole. 1986. "Using Cost Observation to Regulate Firms." Journal of Political Economy 94:614 – 641.

Laffont, J.–J., and J. Tirole. 1987. "Auctioning Incentive Contracts." Journal of Political Economy 95:921 – 937.

Maskin, E., and J. Riley. 1980. "Auction Design with Correlated Reservation Values." Mimeograph. Princeton, NJ: Department of Economics, Princeton University.

Maurer, S., and S. Scotchmer. 2004. "Procuring Knowledge." In G. Libecap, ed., Advances in the Study of Entrepreneurship, Innovation and Growth, 1 – 31. Amsterdam: JAI Press.

Mokyr, J. 1990. The Lever of Riches: Technological Creativity and Economic Progress. Oxford: Oxford University Press.

Nelson, R. 1959. "The Simple Economics of Basic Scientific Research." Journal of Political Economy 67:304.

Nelson, R., and S. Winter. 1982. An Evolutionary Theory of Economic Change. Cambridge, MA: Harvard University Press.

Newhouse, E. L., ed. 1988. Inventors and Discoverers: Changing Our World. Washington, DC: National Geographic Society.

Norbye, J. P. 1971. The Wankel Engine: Design, Development, Applications. Philadelphia: Chilton Book Co.

O'Donoghue, T., S. Scotchmer, and J.–F. Thisse. 1998. "Patent Breadth, Patent Life and the Pace of Technological Progress." Journal of Economics and Management Strategy 7:1 – 32.

Penn, C., 1993. "Super Efficient Refrigerator Finalists." Home Energy Magazine. Available at hem.dis.anl.gov/eehem/93/930305.html.

Porter, R. 1994. The Biographical Dictionary of Scientists. New York: Oxford University Press.

Reinganum, J. 1989. "The Timing of Innovation: Research, Development and Diffusion." In R. Schmalensee and R. D. Willig, eds., Handbook of Industrial Organization, 849 - 908. Amsterdam: Elsevier.

Rogerson, W. P. 1994. "Economic Incentives and the Defense Procurement Process." Journal of Economic Perspectives 8:65 - 90.

Romer, D. 1996. Advanced Macroeconomics. New York: McGraw–Hill.

RSA Security. 2003. "Cryptographic Challenges." Available at www.rsasecurity.com/rsalabs/challenges/index.html.

Ruttan, V. W. 2001. Technology, Growth and Development: An Induced Innovation Perspective. Oxford: Oxford University Press.

Sappington, D. 1982. "Optimal Regulation of Research and Development under Imperfect Information." Bell Journal of Economics 13:354 - 368.

Shavell, S., and T. van Ypserele. 2001. "Rewards versus Intellectual Property Rights." Journal of Law and Economics 44:525 - 547.

Sobel, D. 1995. Longitude: The True Story of a Lone Genius Who Solved the Greatest Scientific Problem of His Time. New York: Walker.

Strandh, S. 1979. A History of the Machine. New York: A&W Publishers.

Sweetman, W. 1991. YF–22 and YF–23 Advanced Tactical Fighters: Stealth, Speed and Agility for Air Superiority. Osceoloa, WI: Motorbooks.

Tandon, P. 1982. "Optimal Patents with Compulsory Licensing." Journal of Political Economy 90:470 - 486.

Tandon, P. 1983. "Rivalry and the Excessive Allocation of Resources to Research." Bell Journal of Economics 14:152 - 165.

Vickrey, W. 1961. "Counterspeculation, Auctions, and Competitive Sealed Tenders." Journal of Finance 16:8 - 37.

Wright, B. 1983. "The Economics of Invention Incentives: Patents, Prizes and Research Contracts." American Economic Review 73:691 - 707.

X Prize Foundation. 2003. Available at www.xprize.org/.

Zuckerman, S. 2003. "New Wave of Energy Efficient Refrigerators." Available at www.ecomall.com/greenshopping/icebox2.htm.

CHAPTER

03

비법률가들을 위한 지적재산권 기초지식

(A Primer for Nonlawyers on Intellectual Property)

with Stephen M. Maurer

INNOVATION AND INCENTIVES

03

비법률가들을 위한 지적재산권 기초지식

지적재산권법(Intellectual Property Law)에는 하나의 주제만 있는 것이 아니다. 지적재산권법은 특허(patent), 저작권(copyright), 영업비밀(trade secrets)뿐만 아니라, 유럽의 1996년 데이터베이스 지침(Database Directive of 1996)과 같은 특별법, 식물에 대한 특별법 등 6가지 보호체제를 포괄한다. 비록 특허권과 저작권이 모두 적용되는 컴퓨터 소프트웨어의 경우에는 예외이지만, 공식적인 보호장치들은 서로 다른 유형의 혁신 대부분을 보호한다. 영업비밀(trade secrecy)은 비밀을 유지할 수 있는 모든 대상에 적용된다.

법학자는 지적재산권 법률의 각 분야를 명확히 구분하고 있지만, 경제학자들은 특정한 법률에 분석을 제한하지 않고, 각 법률이 공통적으로 지니고 있는 지적재산권의 기간, 범위, 요구되는 진보성(inventive step) 정도, 면제(exemption) 등 정책적인 수단에 초점을 맞추는 경향이 있다. 법적인 접근방식은 더 세세하고 복잡하다.

이 장에서는 법률가들의 시각에서 지적재산권을 살펴보고, 이 책의 뒷부분에 소개되는 전형적인 경제모형에 대한 동기부여를 제공하고자 한다. 특별히 언급된 경우를 제외하고는 미국의 법률(American Law)에 초점을 맞추고자 한다. 대부분의 국가들은, 특히 1994년에 전 세계적으로 포괄적인 TRIPS협정이 채결된 후에, 대체로 유사한 규칙을 따르고 있다. TRIPS는 11장에서 설명할 것이다.

법률들은 미국 의회에 의해 법이 제정된 후에 주제별로 정리된 일련의 책인 미국법전(the United States Code)을 구성하게 된다. 미국 특허법은 제35권에 속해 있으며, 35 USC로 인용된다. 저작권은 제17권에 있다. 때때로 우리는 특정한 법률에 대해 원래의 법률제정 이름(예: '반도체 칩 보호법')으로, 때로는 코드 섹션(예: '17 USC §901')으로 부르고자 한다.

특허법과 저작권법은 의회에 의해 수년에 걸쳐 많은 부분이 수정되고 보완되었다. 이들 둘 다 법원의 결정에 따라 좀 더 그 내용이 명확해지고, 바뀌기도 하였다. 자세한 내용을 원하는 독자를 위해 각주에 중요한 법원의 의견을 언급하고자 한다. 법적 연구를 원하는 독자는 제3.8절을 참조할 것을 권한다.

대부분의 지적 재산권 법규와 재판은 연방 수준에서 이루어진다. 미국 헌법은 의회(congress)에 특허와 저작권을 제정할 수 있는 권한을 부여하고 있고, 각 주(state)는 이와 상충되는 권리를 제정할 수 없도록 하고 있다. 예를 들어, 각 주는 자신들의 독자적인 지적재산권법을 제정함으로써, 의회의 결정에서 벗어나 특정 지식이 보호되지 않도록 할 수 없다. 각 주는 또한 의회에서 제공하는 수준 이상으로 보호수준을 증가시킬 수 없다.[1)]

행정적인 측면에서 특허권은 권리가 부여되기 전에 정부 기관이 선별하는 유일한 지적재산 유형이다. 미국특허청(The U.S. Patent & Trademark Office)은 출원인이 특허에 요구되는 법적 사실적 기준을 충족하는지 여부를 결정한다.

3.1 | 특허권

특허는 만약 누군가 특허를 발급한 국가에서 발명품을 무단으로 제작, 사용, 판매, 또는 수입을 제공하려고 시도할 경우 특허권 소유자에게 침해(infringement)

1) 1. Sears, Roebuck & Co. v. Stiffel Co., 376 U.S. 225(1964); Compco Corp. v. Day-Brite Lighting, Inc., 376 U.S. 234(1964); Bonito Boats, Inc. v. Thunder Craft Boats, Inc., 489 U.S. 141(1989). 주법(State law)에 의해 제정된 영업비밀(trade secrets)은 명백한 예외에 속한다. 그러나 이러한 목적을 위한 영업 비밀은 지적 재산권 보호의 형태는 아니다. 연방 정부의 정책은 그들이 원하는 경우 발명자가 자신의 작업의 비밀을 유지할 수 있도록 하고 있다(Kewanee Oil Co. v. Bicron Corp., 416 U.S. 470(1974)).

에 대한 소송을 제기할 권리를 부여한다(35 USC §154). 이는 법적으로 독점권(monopoly)을 부여하는 것이다. 침해 이외에, 기여침해(contributory infringement)라는 개념도 존재한다. '기여침해'를 통해 특허 보유자는 특허를 획득한 조합 또는 공정에 사용되는 '특히 적합'한 부품들을 제3자(third party)가 고의적으로 판매하는 것을 중단하도록 소송을 제기할 수 있다.(§271 (c))

특허는 지적 재산권 보호의 황금률(gold standard)이라고 할 수 있다. 다른 형태의 보호 하에서는 만약 제3자가 보호된 발명을 독립적으로 복제를 한다면, 제3자는 이를 사용할 수 있다. 바로 이러한 제3자의 독립 발명(independent-invention)이라는 방어가 불가능한 점이 특허법을 강력한 보호수단으로 만든다.

보호대상(covered subject matter) 특허를 획득하기 위해서는 발명이 특허대상(patentable subject matter)이어야 하고 유용성(utility)과 신규성(novelty) 그리고 비자명성(non-obviousness)이라고 하는 네 가지 기본 요건을 충족해야 한다. 처음 두 요건은 기술적인 측면에 초점을 맞추고 있다. 만약 어떤 발명이 (1) 기계(a machine), (2) 제조물(a manufactured product), (3) 둘 이상의 물질로 이루어진 조성물이거나, 또는 (4) 물건의 제조를 위한 공정(process)에 해당되면, 이는 특허 대상(patentable subject matter)의 요건을 충족시킨다. 실제로 특허청과 법원은 새로운 기술을 포함시키기 위해 거의 항상 이 범위를 확장시키곤 해왔다. 예를 들면, 1980년 미국 대법원은 오일슬릭을 먹는 유전공학 박테리아의 특허를 좁게나마 인정하였고, 그 결과 생명의 형태(life forms)를 지닌 것도 특허를 받을 수 있는 대상으로 판결했다.[2] 이 결정은 다른 생명체의 영역까지 확장되었다. 암 연구에 사용된 재생 가능한 셀라인(cell line), 무어라인(the Moore line) 그리고 유전적으로 조작된 하버드 의과대학의 실험 생쥐(oncomouse)는 나중에 특허에 포함된 유명한 생물 의약품들이다. 셀라인은 그것의 특허성(patentability) 때문이 아니라, 셀라인을 소유하고 있는 사람 때문에 논란이 되었다. 이름의 시초가 된 환자 존 무어는 셀라인의 근원이 자신의 몸이므로, 자신이 셀라인의 특허를 소유해야 한다고 주장했다.[3] 포

2) Diamond v. Chakrabarty, 447 U.S. 303(1980).

3) Moore v. Regents of the University of California, 793 P.2d 479, 271 Cal. Rptr. 146(1990). 셀라인은 UCLA의 연구자에 의해 개발되었고 캘리포니아 대학에 할당되었다. 법원은 자신의 의도를 공개해야 한다는 의사의 의무를 인정하면서도, Moore가 셀라인을 소유해야 한다는 주장은 기각했다.

유동물인 유전자 조작 실험 생쥐(oncomouse)는 특히 매력적인 생명체여서, 생명의 형태 또는 생명체가 특허 가능해야 하는지 여부에 대한 도덕적 논쟁을 불러 일으켰다.[4] 유전자 조작 실험 생쥐(oncomouse)는 유럽, 일본, 호주에서 특허를 획득했지만 캐나다에서는 특허를 획득하지 못했다.

이와 같은 '대상'에 관한 문제는 주로 철학적인 이유로 인해 논란이 된다. 그러나 이 책은 경제학 책이기 때문에, 도덕적, 철학적 문제는 논외로 하고, 인센티브(incentives) 문제에 집중하고자 한다. 만약 연구자가 셀라인에 대한 독점권을 갖는 대신에, John Moore가 셀라인에 대한 독점권을 갖는다면 무어라인(Moore line)을 이용하고 개발할 유인(incentive)에 차이가 있을까? 박테리아나 생쥐는 컴퓨터소프트웨어와는 근본적으로 다른 무엇이 있는가? 만약 이들이 서로 다르다면, 특허법은 이들의 차이와 정도를 반영하도록 제정되어 있는가? 이러한 것들이 이 책의 나머지 부분에서 다룰 이슈들이다.

1998년 연방순회항소법원(the Court of Appeals for the Federal Circuit)이 비즈니스 방식 특허(business-method patents)의 지위를 규정할 때 특허대상에 관한 문제가 다시 제기되었다. 연방순회항소법원은 뮤츄얼펀드의 순가치를 계산하고 관리하는 방법이 비록 특정한 장치에 의존하지는 않는다 하더라도, 해당 방법이 유용하고, 구체적이며, 손에 잡히는 결과를 생산하는, 매우 확실한 언어를 사용한다는 점에서 특허성을 인정했다.[5]

비즈니스 방식 특허는 사소하거나 이미 잘 알려진 방법에 대해 특허를 발행한다는 이유로 특히 비판을 받아왔다. 예를 들면, 미국 특허 5794207은 네덜란드식 경매(Dutch (descending-bid) auction)를 실시하는 방법에 대해 기술하고 있는데, 이 판매방식은 수백 년 동안 사용되어 오던 것이었다. 그렇다면 네덜란드식 경매는 이미 잘 알려져 있는데 왜 특허를 받을만한 가치가 있는 것일까? 아마도 법률적인 대답은 네덜란드식 경매방법의 사용이나 적용이 특허법의 요구 사항을 충족하기 때문이라는 것일 것이다. 그러나 우리는 경제학적으로 특허법의 요구사항이 타당한지에 대해 의문을 갖을 수 있다. 네덜란드식 경매의 실행을 유도하기 위해 특허권이 필요한가? 만약 그렇지 않다면, 이미 잘 알려진 방법에 대해 특허권을 부여하는 것이 소비자들에게 도움이 되기보다는 오히려 상식에 반하고 소비자들에게

---

4) www.hms.harvard.edu/news/images/onco_mouse.jpg.

5) State St. Bank & Trust Co. v. Signature Fin. Group, Inc. 149 F.3d 1368(Fed. Cir. 1998).

해가되는 것은 아닐까? 잘못된 특허를 부여하는 실수를 방지하기 위해서 신규성(novelty)과 비자명성(non-obviousness)은 어떻게 해석되어야 할까? 우리는 이하에서 비즈니스 방식을 살펴보고, 제4장과 5장에서 이에 대해 보다 일반적인 문제들을 살펴보고자 한다.

특허성을 충족하기 위한 두 번째 요건은 유용성(utility)이다. 즉, 발명은 사회에 긍정적인 혜택을 제공해야 한다(§ 101). 역사적으로 이 요건은 일반적으로 작동하지 않거나(예를 들어, 영구적으로 움직이는 기계), 공공정책에 반하는(예를 들어, 도박장치) 장치들에 적용되었다. 오늘날 이 원칙은 주로 안전성과 효과성을 증명하지 않은 의약품이나, 오로지 연구와 실험에만 사용되어져야 하는 화학 물질의 특허를 거절하는 데 적용된다. 또한 유전자염기서열(gene sequences) 분야에서 유용성은 DNA 조각의 기능을 알고 있어야한다는 것을 의미하며, 이를 통해 유전자염기서열의 특허를 통제하기 위해 사용된다.[6] 이와 관련된 특허성 요건(§112)은 발명이 '가능(enable)' 하여야 하고, 대법원에 따르면, 실행(reduced to practice)할 수 있어야 한다는 것이다.[7]

나머지 두 요건은 발명이 이미 존재하는 기존의 지식과 유사하거나 아주 작은 발전을 이룬 경우 특허를 획득하는 것을 제약한다. 신규성(Novelty)은 특허의 지식이 이전에 사용됐거나 단일의 출판물에 의해 설명되었는지의 여부를 판단하며(§ 101), 비자명성(non-obviousness)은 발명이 해당 분야에서 일반적인 기술을 가지고 있는 사람들이 보기에 선행기술(prior art)과 명백히 다른지를 판단한다. 1940년대 기간 동안 미국 대법원은 '창조적인 천재성'이 입증된 경우에 한해서만 특허를 획득할 수 있다고 선언함으로써, 발명의 특허성 여부에 매우 엄격한 기준을 적용했다.[8] 그러나 의회는 1952년의 법령을 통해 이 해석을 뒤집었고, 오늘날에는 사소한 발명들도 특허의 자격을 부여받는다. 그러나 심지어 현재의 기준들도 발명에 드는 비용은 무시하고 있다.[9]

지속 기간(Duration) 모든 법적인 지적재산권은 결국 만료된다. 특허의 최

---

6) Ex Parte Deuel 27 USPQ2d 1360(Bd. Pat. App. & Inf. 1993).

7) 대법원은 Reed v. Cutter 1 Story 590(1841)에 대한 판결에서, "불완전하고 미완성된 발명은… 실제로 기계, 장치, 제조, 또는 물질구성 등의 분야에 적용되거나 실행될 수 없으므로, 우리의 특허법 하에서는 특허를 획득할 수 없다."라고 판시하였다.

8) Cuno Engineering Corp. v. Automatic Devices Corp., 314 U.S. 1(1941).

9) Graham v. John Deere Co., 383 U.S. 1(1966).

장 수명은 유지료(유럽에서는 갱신료라고 함)를 지불하지 못하면 단축될 수 있지만, 신청한 날(the date of filing)로부터 20년이다.[10] 20년 동안 지속되는 권리가 보호하는 것은 발명지식이 만들어낸 보호대상자체가 아니라 보호대상을 만들고 사용하는데 필요한 발명지식이다. 또한 특허권자의 발명을 구현시킨 개개 대상을 통제할 수 있는 권리는 발명가가 그 대상을 판매한 즉시 소멸된다. 이 독트린을 최초판매원칙(the first-sale principle)이라고 한다.

범위(Breadth) 형식상 법적으로 특허침해는 특허문서 내의 여러 '청구범위들(claims)' 중 하나에 관하여 침해가 성립할 때 발생한다. 특허청구범위는 특허출원인과 특허심사관에 의해 발명의 보호를 위한 보호요소들의 최소 조합으로 이루어지며, 어떤 누락된 요소가 있으면 특허침해를 했다고 문제를 제기한 제품은 특허침해로부터 구제된다. 즉, 특허침해가 발생하기 위해서는 침해대상제품(the accused product)이 적어도 어느 한 특허청구범위의 모든 구성요소를 포함하고 있어야 한다.

만약 특허범위가 원래의 발명에 정확히 한정되어 있다면 특허독점(patent monopoly)은 의미가 없다. 이 경우 경쟁자는 아주 작은 변경을 통해 로열티를 지불하지 않고도 특허에 존재하는 통찰력을 이용할 수 있을 것이기 때문이다. 비록 범위(breath)라는 것이 기술에 대한 법률적인 용어는 아니지만, 특허법은 '균등론(doctrine of equivalents)'[11] 하에서 암묵적으로 범위에 대한 개념을 내포하고 있다. 균등론에 따라 특허청구범위는 "실질적으로 동일한 결과를 얻기 위해 실질적으로 동일한 방식으로 동일한 작업을 하는 어떤 제품에도 적용" 될 수 있다. 제4장에서 볼 수 있듯이, 경제학자들의 '범위'에 관한 정의는 법적 개념과 법원의 결정을 항상 반영하지는 못해 왔다.

면제 및 방어(Exemptions and Defenses) 만약 특허권자가 앞서 설명한 특허성 요건을 충족시키지 못한 권리를 주장하는 경우, 이에 대한 방어책은 특허

10) 35 USC I54(c). 1994년 이전까지 최대 특허 기간은 발행일 이후 17년이었다. 의회는 11장에서 논의된 TRIPS 협정에 따라 이 규정을 변경하였다.

11) Graver Tank @ MFG Co. v. Linde Air Products Co. 339 U.S. 605, 70 S. Ct. 854, 94 I..Ed. 1097(1950). Autogiro Co. of America v. United Sates, 181 Ct. Cl. 55, 384 F.2d 391(Ct. Cl. 1967).

를 무효화하는 것이다. 이 외에도 특허침해 주장에 대한 방어에는 다섯 가지 기본 방법이 있다.

첫 번째 방법은 적시에 완전하게 발명기술을 공개(disclosure) 한 발명자에게만 특허독점을 부여하도록 하는 것이다. 예를 들면, 독창성 요건(originality requirement) (§116)은 출원인이 자기 아닌 다른 사람의 발명에 대해 특허를 받을 수 없다고 규정하고 있다. 이와 유사하게 제§102에 있는 포기(abandonment), 판매금지(on-sale bar), 최초사용원칙(first use rules) 등은 발명자가 발명을 이용하기 시작한 때로부터 1년 이내에 특허를 출원하도록 규정하고 있다. 마지막으로 시행요건(enablement requirement)은 출원특허가 해당 기술에 대해 통상적인 기술을 지니고 있는 사람이 과도한 실험없이 해당 지식을 이용하고 제작할 수 있을 정도로 충분히 명확하게 기술하도록 규정하고 있다.[12] 이러한 요건에도 불구하고 대부분의 특허는 애매모호하고 이해하기가 어렵다. 실증연구에 따르면 기업들은 새로 발행된 특허에 거의 신경을 쓰지 않으며, 배우는 것도 거의 없는 것으로 나타나고 있다.

두 번째 방법은 특허 보유자가 특허를 '남용(misuse)'할 때 사용된다. 남용금지조치(misuse defense)는 종종 독점금지 위반 혐의와 연관 지어 사용되기도 한다. 그러나 법원은 의회가 규정한 "독점과 (실시권자의) 자유로운 사용 사이의 균형" 이상으로 특허권자가 권리를 확대하려는 행위에 대해 남용의 개념을 적용하기도 한다.[13] 이 문구를 해석하는 것은 변호사와 경제학자들에게는 매우 어려운 일이지만, 특허를 받지 않은 제품에 대해 로열티를 지불하도록 하는 라이선스, 특허가 만료 된 후에도 로열티 지불을 요구하는 라이선스, 라이선스를 이용하여 개선한 제품에 대해 지적재산권을 획득하였을 경우 이를 원래의 특허권자에게 돌려주도록 요구하는 라이선스 등이 남용의 예에 해당된다.[14] 적어도 이론적으로 남용금지조

12) 본 발명을 실시하는 데 필요한 부족한 투입량(예를 들어, 미생물)이 공적으로 이루어져야 한다(In re Wands, 858 F.2d 731(Fed. Cir. 1988)). 특허미생물이 저장되어있는 여러 저장소가 있다.

13) Brulotte v. Thys, 379 U.S. 29(1964).

14) 예를 들면, Zenith Radio Corp. v, Hazeltine Rsch., Inc. 395 U.S. 100 (1969) (특허가 실제로 사용되었는지에 관계없이 총매출액을 기준으로 로열티를 지불하도록 하는 라이선스 계약은 '남용'에 해당한다.) Brulotte v. Thys, 379 U.S. 29(1964) (특허 만료 후에도 로열티를 지불하도록 하는 라이선스는 '남용'에 해당한다.) Morton Salt Co. v. G.S. Suppiger Co., 314 U.S. 488 (1942) (특허 받은 기계에 사용하기 위해 특허를 받지 않은 소금 정제물을 구입하도록 하는 라이선스는 '남용'에 해당한다.) Transparent–Wrap Mach. Corp. v, Stokes @ Smith, 329 U.S. 637(1947) (license–back 조항은

치는 영구적인 것은 아니다. 그러나 특허 보유자는 자신들의 행동을 바꾸고 남용 금지조치의 효과가 소멸되기를 기다려야 한다.

세 번째 방법은 특허침해 행위가 사회적으로 유익한 경우 재판관에 의해 침해를 면제(judge-made exemptions)해주는 것이다. '수리면제(repair exemption)'는 소비자가 특허를 받은 기계에 대하여 이를 유지·관리 할 수 있도록 하는 것을 말한다.[15] 과거에는 연구원들로 하여금 특허를 받은 발명을 비상업적인 연구 또는 실험에 사용할 수 있도록 하는 '연구면제(research exemption)'가 제한적으로 존재했었다. 심지어 상업적인 연구에서도 발명가들이 자신들의 공헌으로 구축한 발명에 대해 어느 정도로 통제해야 하는가는 심도 있는 정책적 논의가 필요한 사항이다(제5장 참조). 연구방법(research tools)의 경우에도 로열티를 징수할 수 있도록 하는 것은 분명히 필요하다. 그렇지 않으면 연구방법을 발명할 경제적 유인이 존재하지 않기 때문이다(Eisenberg 1989). 19세기의 판례에 따르면, 연구목적을 위한 면제는 "오락, 단순한 호기심, 또는 엄격한 철학적 탐구"를 위해서만 허용되었다. 이러한 면제(exemption)의 주요 사용자는 주로 대학이었다. 대학의 연구에 대한 상업화(commercialization)가 증가하는 분위기에서 상업과 철학적 탐구의 경계는 모호해졌고(제1장과 8장 참조), 연구목적을 위한 면제(research exemption)는 대부분 폐지되었다.[16]

네 번째 방법은, 특허 소유자가 연방법원 또는 특허청을 책임감 있는 태도로 대하도록 하는 것이다. 예를 들면, 권리 행사의 태만과 금반언(laches and estoppel)의 원칙은 특허권자가 권리의 행사를 늦추거나 특허침해자에게 더 많은 손해를 볼 수 있는 잘못된 확신을 주는 것을 금지하고 있다. 이와 유사하게 공소시효(the statute of limitation, §286)는 특허권자로 하여금 6년 이내에 특허침해에 대한 소송을 제기

본질적으로는 불법이 아니지만, 상황에 따라 허용할 수 없을 정도로 반경쟁적일 수 있다). 라이선스는 만약 특허와 영업비밀 정보 모두를 포함한다면 영구적인 로열티 지급을 합의할 수 있다. 이는 영업비밀의 보호가 이론적으로 영원히 지속될 수 있기 때문이다(Aronson v. Quick Point Pencil, 440 U.S. 257(1979)).

15) FMC Corp. v. Up-Rights, Inc., 21 F.3d 1073(Fed. Cir. 1994).

16) 2002년, 연방순회항소법원은 '연구목적의 면제'는, 특허침해자의 행위가 침해자의 합법적인 사업을 촉진시키고 있는 한, 특정기관(침해자)이 상업적 이익을 얻기 위해 노력했는지 하지 않았는지 여부에 의존하지 않는다고 판결했다(Madey v. Duke, 307 F.3d 1351(Fed. Cir. 2002)). 이 사건을 통해 법원은 듀크(Duke)의 합법적인 사업은 교육과 연구이며, 따라서 대학이 연구로부터 수익을 얻을 권리를 지니고 있는지 없는지를 따질 필요가 없다고 판시했다.

하도록 규정하고 있다. 특허 출원자 또한 특허청(PTO)을 대할 때 최소한의 정직성 기준을 충족해야 한다. 예를 들면 특허심사과정에 있어서의 금반언 원칙(file-wrapper estoppel)은 특허보유자가 이전에 특허청에 진술한 발언과 상충되는 진술을 하는 방식으로 모호한 특허를 재해석하는 것을 금지하고 있다. 이와 유사하게 정직의 의무(the duty of candor)는 자신의 특허를 무효화할 수 있는 사실들(예: 선행기술)에 대해 자발적으로 정보를 제공할 것을 요구하고 있다. 실제 특허심사관을 호도(mislead)하는 출원인은 사기죄의 대상이 된다. 많은 학자들은 마지막 두 방어가 특허출원자들이 불편한 사실들을 드러내야 하는 연구들을 회피하도록 조장하기 때문에 역효과를 초래한다고 비판한다. 이론적으로 특허청은 발명자들로 하여금 특허를 출원하기 전에 적절한 검색을 하도록 함으로써 이 문제를 해결할 수 있다.

마지막으로, 때로는 두 발명자가 동일한 발명에 대해 각각 특허 신청을 하기도 하고, 특허를 받기도 한다. 전화가 발명되었을 때, 독립적으로 발명을 한 발명가 그레이(Elisha Gray)는 1876년 2월 14일에 벨(Alexander Graham Bell)이 특허를 출원한 지 불과 2시간 후에 특허를 출원했다. Flatow(1992)가 언급한 것처럼, 만약 그레이가 자신이 만든 장치의 상업적 가치를 믿었더라면, 그는 특허출원을 더 일찍 할 수 있었고, 특허를 벨보다 먼저 획득할 수 있었다. 그러나 그레이가 특허출원에서 뒤진 이후에도 상업적 가치는 명확하지 않았고, 그레이의 변호사는 우선권 분쟁(priority dispute)을 하지 말 것을 조언했다. 그러나 만약 그가 특허권에 대한 분쟁을 했더라면, 우선권 분쟁은 어떻게 결론이 났을까? 이 부분이 미국의 특허법이 다른 세계 여러 나라들과 다른 부분이다. 미국에서는 첫 번째 발명자(the first inventor)에게 특허출원에 대한 우선권이 주어진다.[17]

대부분의 특허법 하에서 정부는 필요한 기간 동안 특허권을 일시적으로 중단시킬 수 있다. 1차 세계 대전 동안 미국군은 비행기 회사들에게 서로 교차라이선스(cross-licensing)를 체결할 것을 요구하였으며, 모든 무선통신에 관한 특허들(radio patents)을 중지시켰다. 미국은 또한 아스피린을 포함한 5,000개의 독일 화학 특허

17) 이미 언급한 바와 같이, 이는 독립적인 발명자에 반하여 작동하는 유일한 특허법이며, 독립적인 발명자에 불리한 이러한 규칙이 최적인지는 분명하지 않다; Maurer and Scotchmer(2002)를 참조하라. 선출원주의(first-to-file)와 선발명주의(first-to-invent)의 차이는 누적적인 발명(cumulative invention)의 경우 특히 중요하다; Scotchmer and Green(1990)를 참조하라. 선출원주의는 발명자로 하여금 영업비밀에 비해 특허를 더 선호하도록 할 수 있다.

를 압수하고, 미국의 제조업체들에게 라이선스를 수여하였다.[18] 공공의 이익을 위해서 특허권을 무효화하거나 변경할 권리는 TRIPS 합의에서도 유지되었으며, 제11장에서 논의된다.

구제(Relief) 지적재산권에 의해 부여된 권리는 지적재산권의 독점적 또는 배타적 사용(exclusive use)을 강제할 수 있는 경우에만 가치가 있다. 법원이 침해행위를 처벌하기 위해 사용하는 주요 도구로는, 특허침해자가 특허권자에게 지불하는 금전적 손해배상(money damage)과 더 이상의 침해를 금지하는 법원의 금지명령(injunction)이 있다.

법원은 손해배상을 산정하는 데 두 가지 방법을 사용하여 왔으며, 이에 대해서는 제7장에 자세히 나와 있다. 현재 선호되고 있는 방법은 복원(restoration)에 방점이 찍혀 있는 '일실이익(lost profit)'에 의한 산정방법이다.[19] 발명이 광범위하게 라이선스 계약을 체결한 경우, 복원은 표준적인 로열티율을 지불하는 것을 의미한다. 만약 특허권자가 라이선스를 줄 의사가 없거나, 비록 줄 의사가 있다하더라도 라이선스 계약 체결 건이 하나도 없다면, 계산은 더 어려워진다. 후자의 경우에, 법원은 로열티를 지불할 의사가 있는 사람이 가상의 협상을 통하여 지불하기로 합의했었을 것으로 예상되는 '합리적 로열티(reasonable royalty)'를 산출해야 한다.[20] 이론적으로 법원은 특허침해자가 고의적이거나 악의적으로 침해한 경우 손해배상액을 실제 손해의 3배까지 증가시킬 수 있다.[21] 실제로 잠재적인 침해자는 발명 지식이나 제품을 사용하기 전에 법률적인 자문을 구함으로써 이 문제(고의성, 악의성의 문제)를 피해갈 수 있다.[22]

---

18) 전쟁이 끝난 후, 독일의 특허는 과학 및 산업 발전을 위해 화학재단을 설립하는 데 사용되었다. 1932년, 재단은 로열티로 약 900만 달러를 벌어들였다.

19) 35 USC 284; see also SmithKline Diagnostics, Inc. v. Helena Labs. Corp., 926 F.2d 1161, 1163(Fed. Cir.1991).

20) Georgia-Pacific Corp. v. United States Plywood Corp., 318 F.Supp. 1116(S.D.N.Y. 1970) 참조. 조지아-태평양은 법원이 손해액을 추정하기 전에 고려해야할 10가지 요소(예를 들면, 특허 잔여 수명; 경쟁 기술과 비교한 본 발명의 장점)'들을 추천함으로써, 분석의 예측력을 높이기 위해 노력했다. 그럼에도 불구하고, 합리적 로열티의 분석은 경우에 따라 각기 다르며 일관성이 없는 경우가 존재한다.

21) 35 USC 284; see also Roberts v. Sears, Roebuck @ Co., 723 F.2d 1324(7th Cir. 1983).

22) SRI International, Inc, v. Advanced Technology Labs., Inc., 127 F.3d 1462(Fed. Cir. 1997);

특허권 소유자는 또한 소송 이전이나 이후에 침해를 금지하는 법원의 명령을 받을 수 있다(§283). 법원은 (1) 발명의 이점에 대하여 성공할 확률이 높은 경우, (2) 금지명령이 부여되지 않았을 때 "돌이킬 수 없는 손상"의 가능성이 있는 경우, 예비금지명령(preliminary injunction)을 부과한다.[23] 이론적으로 피고가 "불평등하게 심한 어려움"을 겪을 가능성이 있는 경우 법원은 예비금지명령을 부여하지 않는다.[24] 예비 금지명령이 반도체와 같은 높은 고정비용을 지닌 산업에 부과될 경우, 자칫 예비금지명령은 이들 기업의 파산을 초래할 수도 있다. 비판자들은 예비금지명령을 획득한 원고(plaintiff)들이 종종 그들이 입은 손해보다 더 큰 합의금을 받아낸다고 주장한다. 금지명령에 대한 공포는 기업들로 하여금 단지 서로의 경쟁자들을 뒤처지게 하기 위한 목적으로 거대한 특허포트폴리오를 구축하도록 하는, 소위 사회적으로 낭비적인 군비경쟁을 하게 만들었다(Hall and Ziedonis, 2001).[25]

재판에서 승소한 특허권 소유자들은 영구 금지명령(permanent injunction)을 얻을 수 있다.[26] 법원은 금지명령이 라이선스 협상을 장려하고, 손실에 대한 추정을 하지 않아도 되게 하기 때문에 일반적으로 이러한 구제수단을 적극적으로 부여하려는 경향이 있다. 그럼에도 불구하고, 법원은 종종 광범위한 공공의 이익이 걸려 있는 경우, 금지명령 발동을 기각하기도 한다.[27]

특허의 질(Quality of Patents) 미국에 특허제도가 처음 도입될 때, 토머스 제퍼슨은 국무장관으로서의 역할에 따라 출원 특허들을 심사했다. 그러나 외교 정

Kalman v. Berlyn Corp., 914 F.2d 1473(Fed. Cir. 1990).

23) GenDerm Corp. v. Ferndale Labs., Inc., 32 USPQ 1567(E.D. Mich. 1994). 대부분의 피해가 충분한 현금으로 보상될 수 있기 때문에 "돌이킬 수없는 손상(irreparable injury)"의 개념은 많은 경제학자에 유용하지 않은 것 같다. 법원은 통상 특허보유자가 폐업하려고 하거나, 손해가 늦게 발생하거나, 불확실하거나, 증명하기 어려운 경우에 금지명령을 발동한다.

24) PPG Indus., Inc. v. Guardian Indus, Corp., 75 F.3d 1558(Fed. Cir. 1996) (원고가 상당한 수익을 잃지 않고 피고의 사업이 중단될 가능성이 있는 경우, 예비금지명령은 보류된다.)

25) 만약 한쪽(보통 '특허괴물(TROLL)'이라고 불리는)이 실질적인 비즈니스를 하고 있지 않다면, 억지력은 무너질 수 있다. 특허괴물은 그들이 금지명령을 받든 안 받든 개의치 않는다.

26) kearns v. chrysler corp., 32 F.3d 1541(Fed. Cir. 1994).

27) Datascope Corp. v. kontron, Inc., 786 F.2d 398 (Fed. Cir.1986)(특허침해 제품의 사용을 선호하는 의사들의 의료기기 장치에 대한 영구금지명령(permanent injunction)의 거절 사례; 또한 Jenn Air v. Modern Maid Co., 499 F.Supp. 320(D. Del. 1980) 참조 (법원은 헬스케어, 환경, 또는 다른 공익과 관련이 있는 특허 침해 제품에 대해 예비적 금지명령(preliminary injunction)을 하지 않을 수도 있다.)

책에 관한 그의 직무가 점점 더 힘들어지면서 특허심사제도는 등록제로 변질되었다. 특허는 35달러를 지불할 수 있는 누구에게나 발행되었다(Ryan 1998, 32). 비판가들은 등록제가 공유 저작물을 침해하고, 근거없는 소송을 부추기고, 투자자들을 기만하는 질 낮은 특허(low quality patent)를 생산해낸다는 비판을 쏟아냈다. 1830년대에 의회는 특허를 발행하기 전에 이들을 심사하기 위한 특허청(PTO)을 설립했다. 오늘날 특허의 질은 전문적인 심사관에 의해 통제된다. 심사관은 항상 과학자나 기술자들로 구성되며, 또한 변호사들도 있다. 심사관들의 주된 임무는 무엇보다도 발명품이 진짜 새로운 것인지를 확인하기 위해서 문헌을 검색하고, 특허성에 대한 법률적 요건을 충족하는지 확인하기 위해 출원서를 검토하며, 출원인에게 심사관의 질문에 답하거나 지나치게 넓은 범위를 주장하는 청구항을 수정하도록 요구하는 것이다.

많은 학자들은 심사관들이 특허출원을 승인(approve)한 양에 비례하여 보상을 받는 것과, 심사관들의 선행기술에 대한 검토 실적이 미흡하다는 것, 그리고 심사가 산업계에 포획(captured)되어 있다는 의심을 바탕으로 현행 심사제도를 비판해왔다. 그러나 다른 한편으로는 여전히 얼마나 많은 심사량이 사회적으로 최적인지에 관한 물음이 존재한다(예를 들면, Merges 1999 와 Lemley 2001 참조).

1990년대에 특허청(PTO)과 법원은 특허를 받을 수 있는 대상에 소프트웨어를[28] 포함시켰고, 이는 주로 '질 낮은 특허'들로 인해 논란을 불러일으켰다(Barton2000; Lemley 2001; Hall 2003). 특허의 '낮은 품질(low quality)'은 특히 선행기술(prior art)에 관하여 특허요건을 충족시키지 못하는 출원들을 특허청이 걸러내는 것에 실패했다는 것을 의미한다. 컴퓨터 소프트웨어에 관한 특허권이 급작스럽게 등장한 이후로(소프트웨어는 이전에 저작권의 보호를 받았다), 대부분의 선행기술은 특허심사관이 참고로하는 주요 데이터베이스에 저장되어 있지 않았다. 그 대신 선행기술들은 실제 산업에서, 존재하는 컴퓨터프로그램에서, 그리고 어느 정도는 학술간행물들에서 발견되었다. 이 모든 것들은 선행 특허보다 더 탐색하기가 힘들다.

원칙적으로 특허청(PTO)이 결함이 있는 특허권을 발행하려 한다고 생각되면

28) 1970년대 미국 대법원은 컴퓨터 소프트웨어는 '수학적 알고리즘'이며, 이에 대해서는 특허를 얻을 수 없다고 했다(Gottschalk v. Benson, 409 U.S. 63(1972)). 그러나 하위 법원의 결정은 컴퓨터를 통해 구현되는 소프트웨어가 물리적 기계를 닮았음을 지적하였다. 오늘날에는 대부분의 소프트웨어가 "유형의, 유용한 결과(tangible, useful result)"를 생산해내는 경우에는 특허를 취득할 수 있다(In re Alappat, 33 F.3d 1526(Fed. Cir 1994)).

경쟁하고 있는 발명자나 제 3자는 이의서를 제출할 수 있다. 특허청의 심사절차들은 공개되지 않는 경향이 있기 때문에 이러한 경우는 거의 발생하지 않는다. 특허가 발행된 이후에는 특허권이 존속하는 기간 중에는 언제든지 누구나 재심사(reexamination)를 청구할 수 있다. 이 부분이 미국과 유럽이 다른 부분이다. 유럽에서의 유사한 소송절차로는 특허에 대한 "이의신청(opposition)"이 있는데 특허의 발행 후 9개월 이내에 유럽 특허청(제11장에서 논의된 통합된 특허청)에 제출되어야 한다. 이의신청은 미국의 재심사보다 더 적대적인 소송절차이다. 미국에서는 재심사의 절반에 가까운 건들이 특허권을 받으려고 하는 특허권자 자신들에 의해 제기되는 반면에, 유럽에서는 이런 일이 거의 발생하지 않는다(Graham et al. 2003). 유럽에서의 이의신청은 더 자주 일어나고 더 자주 특허를 수정 또는 취소하는 결과를 초래한다.[29]

3.2 저작권

저작권(copyright)은 저작권의 소유자에게 복사, 복제, 배포, 개작, 수행, 또는 자신의 작품을 전시할 수 있는 등의 독점적인 권리를 부여한다. 저작권은 단지 표현(expression)을 보호하기 때문에 특허권보다 범위가 훨씬 좁다.[30] 예를 들어, "바람과 함께 사라지다"라는 작품을 복사할 수는 없지만, 짓궂은 것을 좋아하는 남부의 미인과 불타버린 애틀랜타에 대해 책을 쓰는 것은 가능하다. 보다 정확하게 말하자면 저작권은 아이디어(idea), 절차(procedures), 발견(discoveries), 또는 작업수단(methods of operation)을 보호하지는 않는다(17 USC§102 (b)).

보호대상(Covered Subject Matter) 저작권법은 "어떤 유형의 표현물에 고

29) Merges(1999)는 1995년 데이터를 이용하여 유럽 특허의 약 7%가 이의신청(opposition)을 제기하지만, 미국 특허는 0.3%만 재심사(reexamination)를 제기하는 것으로 추정하고 있다. Graham et al.(2002)은 8%와 0.2%로 약간 더 큰 차이를 보이고 있다. 또한 이의신청울과 재심사율이 반도체, 소프트웨어, 컴퓨터산업분야에서는 평균에 비하여 현저히 낮은 반면, 생의학(biomedicine) 분야에서는 평균보다 높음을 보이고 있다. 위의 두 연구는 특허가 재심사 절차(약 10%)보다는 이의신청 절차에 의해 취소될 가능성(35%~50%)이 더 높음을 보이고 있다.

30) Whelan Assocs., Inc. v. Jaslow Dental Lab., Inc., 799 F.2d 1222(3rd Cir. 1986).

착된 저자의 원저작물"을 보호한다(§102 (a)). 예를 들면 문학, 음악, 드라마, 무용, 판토마임, 그래픽, 조각품, 영화, 음반 및 음향, 건축이 이에 해당된다. 저작권은 또한 문집뿐만 아니라 기타 편집물에까지 확장된다(§103 (a)). 특허법과는 달리, 저작권에 의해 보호받는 저작물은 소위 신규성(novelty)의 기준을 충족할 필요는 없다.[31] 그러나 저작물은 최소한의 창의성을 보여주어야 한다. 이는 미국 법률하에서 단순한 데이터베이스(예를 들어 전화번호부)는 저작권을 수여받을 수 없다는 것을 의미한다.[32]

범위와 지속기간(Breadth and Duration) 일반적으로 저작권의 범위는 '포괄적 유사성(comprehensive nonliteral similarity)'의 원칙에 의해 설정된다. 이러한 원칙은 침해자가 단지 등장인물에 대한 이름의 변경 등을 통해 단편소설을 기계적으로 바꾸거나, 변수의 이름변경 또는 코드의 순서변경 등을 통해 소프트웨어 코드를 마음대로 변환함으로써 법적책임을 피하려 하는 것을 방지하도록 한다.[33] 의회는 또한 저작권의 범위를 기존의 출판물을 이용하는 이른바 파생저작물에까지 확대했다. 파생저작물의 범위에는 속편(inter alia)이나 번역물(translations)도 포함된다(§103 (a)).

저작권은 예외적으로 매우 긴 지속기간을 보장함으로써 좁은 보호범위의 단점을 보완한다. 저작권 보호는 작품이 출판되었을 때부터 시작되어 저자가 죽은 후 70년까지 계속된다.(§302) 저작권자는 특허권자와 마찬가지로 첫 판매 후에 특정 물리적 사본에 대한 권리를 주장할 수 없다. 비록 저작권 역시 최근 판매업체가 사본을 판매하기보다는 사본을 사용할 수 있도록 라이선스를 발급하는 방식으로 변하고 있기는 하지만 말이다(제6장 참조).

면제와 방어(Exemptions and Defenses) 1840년대 이후부터 법원은 저작권 침해에 대한 혐의를 방어하는 일환으로 '공정사용(fair-use)'을 인정해오고 있으며, 이는 1976년 저작권법에 성문화되었다. 이 원칙은 논평(comment), 비판(criticism),

31) E. Mischan & Sons, Inc. v. Maycana, Inc., 662 F.Supp. 1339, 1340-43 (S.D.N.Y. 1987).

32) Feist Publications, Inc. v. Rural Telephone Service Co., Inc., 499 U.S. 340(1991).

33) 예를 들어, Castle Rock Enter. v. Carol Pub. Group, Inc., 150 F.3d 132, 140(2d Cir. 1998)를 참조.

뉴스보도(news reporting), 학문(scholarship), 연구(research), 패러디(parody), 도서관 복사(library photocopying), 역분해(Reverse engineering)까지 확장된다. 공정사용의 주장은 저작권 침해에 대한 일반적인 방어 방법이다. 그의 한 예로 1990년대에 누군가가 '바람과 함께 사라지다(Gone with the Wind)'에서 착안한 캐릭터를 이용하여 노예의 관점으로 'The Wind Done Gone'라고 하는 모방작을 작성했다. '바람과 함께 사라지다' 저자의 상속인은 이에 대해 저작권 침해 소송을 제기했다. 피고의 방어논리는 '공정사용' 이었고, 다양한 법적논쟁 끝에 사건은 해결이 되었다.

의회는 이러한 사용이 공정한 것인지 또는 침해한 것인지를 결정하는 데 4가지 요인을 살펴볼 것을 판사에게 권고하였다: (1) 피고의 사용 목적과 특성 (2) 저작권을 받은 저작물의 특성 (3) 복제된 자료의 양과 중요성 (4) 복제가 원고의 잠재적인 시장에 미치는 영향(§107). (의회는 판사에게 목표를 제시하지는 않고, 단지 무엇을 고려해야 하는지만 말하고 있다.)

공정사용의 정의에 추가하여, 의회는 또한 사회적으로 유용한 특정 유형의 면제(exemption) 규정을 만들었다. 전형적인 예로는 도서관 이용자의 제한된 복사권, 컴퓨터 사용자의 소프트웨어보관 권리, 그리고 케이블 TV 제공업자가 상업방송을 재전송할 수 있는 권리 등이 여기에 해당된다(§111 (f)). 재방송권은 케이블 TV 제공업자가 강제적 라이선스(compulsory license)하에서 로열티를 지불하는 것에 동의한 경우에만 가능하다.

만약 저작권자가 일정한 규정들을 충족하지 못했다면 피고는 자신을 방어(defense)할 수 있다. 이러한 규정에는 저작물에 저작권이 있음을 인쇄된 형태로 고지하고, 미국 의회 도서관에 사본을 보관하는 작업이 포함된다. 대부분의 규정은 미국이 1989년 베른협약에 가입한 후 폐지되었다(제11장 참조). 그러나 저작권자는 저작권 침해 소송을 제기하기 전에 정부에 자신의 작품을 등록해야한다.(§412)

마지막으로 저작권은 특허법과 다양한 방어수단을 공유한다. 그 예로는 포기(abandonment)[34], 오용(misuse)[35] 그리고 더러운 손(unclean hands)[36] 등이 있다.

---

34) Pacific & S. Co. v. Duncan, 572 F.Supp. 1186(N.D. Ga. 1983).

35) Lasercomb America, Inc. v. Reynolds, 911 F.2d970(4th Cir. 1990) (구매자가 경쟁제품을 만드는 것을 금지한 소프트웨어 계약은 용인될 수 없는 거래제약이다.)

36) 예를 들면, Rosemont Enters., Inc. v. Random House, Inc., 366 F.2d 303(2d Cir. 1966)을 참조하라. 새로운 자서전(biography)의 판매를 억제하기 위해 저작권을 침해한 책에 대한 권리를 구입한 소송당사자는 '더러운 손(unclean hands)'에 해당하여 유죄판결을 받았다.

구제(Relief) 저작권 소유자는 자신의 일실이익(lost profits) 혹은 침해자의 수익 중 높은 금액에 근거하여 실제 손해 배상을 청구할 수 있다.(§504). 또는 대안으로 저작권 소유자는 각 침해에 대해 최고 $30,000까지 법정 손해 배상을 청구할 수 있고, 침해가 고의적이라고 판단되는 경우에는 $150,000까지 청구할 수 있다. 법정 손해배상은 손해액이 작거나 증명하기 어려운 경우에 저작권 소유자로하여금 저작권을 집행할 수 있게 한다. 법원은 또한 미래의 복제를 방지하고자 예비 및 영구 금지 명령(preliminary and permanent injunctions)을 발동할 수 있다. (The Wind Done Gone의 출판사는 당초에 관할 법원에 의해 복사본을 배포하는 것이 금지되었다. 그러나 예비적 금지명령은 사건이 해결되기 전에 연방순회법원에 의해 번복되었다.)

마지막으로 저작권 침해자는 형사처벌의 대상이 된다. 초범자에게는 최대 벌금 $25,000과 징역 1년이 부과된다. 상당히 최근까지 이러한 벌금은 "상업적인 이득 혹은 사적인 경제적 이득"을 위해 행해진 침해에 한정되어 있었다. 의회는 해커들이 인터넷에서 훔친 소프트웨어를 무료로 배포하기 시작한 것을 계기로 1996년에 이러한 규칙을 바꾸었다.[37] 오늘날 형사처벌은 연속 180일의 기간 동안 저작물의 $1,000의 가치 이상을 재생산하거나 배포하는 사람에 대해 적용한다(§102 (a)). 또한 저작권 소유자는 법원에 침해 품목을 압수하거나 파괴하도록 요청할 수 있다.

변형(Variations) 저작권은 적용에 있어 특허보다 덜 일률적인 특징(one-size-fits-all character)을 지닌다. 의회는 정기적으로 일종의 범위(breadth), 지속기간(duration), 방어(defenses)의 특성을 갖는 산업별 법령을 만들었다. 이러한 접근법의 예로는 아날로그 사운드 녹음, 반도체 칩 및 보트 선체를 보호하는 법령을 들 수 있다. 통상적인 저작권과는 다르게 마지막 두 법령 하에서 저작권 보호는 10년 후에 만료된다.[38] 반도체칩 보호법에는 원래의 칩 복제를 위해서가 아닌 개선된 칩을 개발할 목적으로 수행되는 역분해(reverse engineering)를 허용하는 특별한 공정사용형 면제(fair-use-type exemption)가 있다. 보트 선체 보호법(the Boat Hull Protection Act)에는 '교육'을 위한 유사한 면제 조항이 있다.

---

37) U.S. v. LaMacchia, 871 F.Supp. 535(D. Mass. 1994).

38) 17 USC §904(b) (Semiconductor Chip Protection Act); 17 USC §1305(a) (Boat Hull Protection Act).

의회는 또한 로열티율을 책정하고 기업들에게 무단복제에 대한 기술적 안전장치를 채택하도록 하는 법안을 실험했다. 예를 들면, 오디오 홈 레코딩법(the Audio Home Recording Act, 1992)은 디지털 레코더를 제조, 유통, 또는 수입하는 모든 회사가 각 장치에 대해 2%의 로열티를 지불할 것을 요구하고 있다(테이프 제조업체에게는 3%의 로열티). 업계의 회원들은 자발적인 협의를 통해 수익을 나누고, 만약 동의하지 않을 경우 의회 도서관 사서의 결정을 따라야 한다. (§1007) (의회 도서관 사서는 다양한 저작권법에 따라 이와 유사한 역할을 수행한다.) 오디오 홈 레코딩법은 또한 제조업자로 하여금 배송된 각 제품에 일련의 복사관리시스템(a Serial Copy Management System; SCMS)을 설치할 것을 요구함으로써 기술적 보호를 지원한다. SCMS는 음악의 각 부분을 확인하여 저작권 공지가 포함됐는지를 검사하며, 다른 SCMS 기계에 더 이상의 사본을 만들지 말라는 디지털 경고를 첨부한다. 이를 통해 소비자들이 복사본의 복사본을 만드는 것을 방지한다.[39]

마지막으로 디지털 밀레니엄 저작권법(the Digital Millennium Copyright Act, 1998) 하에서 저작권 소유자는 로열티를 지불하지 않거나 우회기술(circumvention technology)을 판매한 제조업체로부터 손해배상을 받을 수 있다.(§1002(c)) 이는 제7장에서 논의되고 있다.

3.3 | 영업비밀

영업비밀보호법(trade secret law)은 “부정한 수단에 의한 영업비밀의 횡령”으로부터 개인과 기업을 보호한다. 전통적인 계약과 위법 행위에 대한 원칙의 연장으로서 영업비밀보호법을 제정한 것은 의회나 연방 법원이 아닌 주 법원(state court)이었다. 각 주 법원의 독자적 제정에 따른 불일치를 합리화하기 위해, 34개 주의 입법부는 판례법을 요약한 – 어떤 경우에는 변경되기도 한 – 단일영업비밀보호법(the Uniform Trade Secrets Act, UTSA)을 통과시켰다. 일반적으로 우리의 논의는 이 UTSA를 따른다.

---

39) 17 USC §1002(a) (2). 법률은 복잡한 SCMS 시스템을 설명하려 하지 않는다. 자세한 내용은 Recording Indus. Assn. of America, Inc. v. Diamond Multimedia Systems, Inc. 29 F.Supp. 2d 624(C.D. Cal. 1998)에서 찾을 수 있다.

적용 기술(Covered Technologies) 영업비밀에는 (1) 이미 다른 사람에 의해 쉽게 확인될 수 없거나 잘 알려지지 않은 것으로부터 경제적 가치를 도출해내고, (2) 해당 지식의 소유자가 비밀을 유지하기 위해 합리적인 조치를 취한, (3) 공개적으로 이용가능하지 않은, 어떤 정보든지 포함될 수 있다. 특허와는 달리, 영업비밀은 새롭거나(novel), 심지어 특정 기술과 관련이 있을 필요도 없다.[40] 재무자료와 고객명단을 포함하여 거의 대부분의 어떤 정보든지 영업비밀이 될 수 있다.

지속기간과 범위(Duration and Breadth) 원칙적으로 한 회사는 잠재적으로 영원히 비밀을 유지할 수 있다. 코카콜라를 만드는 방법처럼 어떤 비밀들은 아직 무한하지는 않더라도 놀라울 정도의 지속성을 보여주고 있다. 실제로 대부분의 비밀들은 몇 년 뒤 유출되곤 한다. 이는 제품이 일단 전시되거나, 광고되거나, 또는 소비자에게 판매되면 분명하게 드러나는 제품 디자인(product design) 분야에서 특히 그렇다.

방어와 면제(Defenses and exemptions) 영업비밀법은 영업비밀 남용에 대한 혐의를 방어하는 데 있어 3가지의 광범위한 방어체계를 인정한다. 먼저, 피고는 그들이 획득한 정보가 영업비밀이 아니고(거나), 영업비밀 소유자가 그것을 보호하기 위한 합리적인 조치를 취하지 않았다고 주장할 수 있다. 실제로 이것은 소유자가 비공개협약, 물리적 보안, 컴퓨터패스워드와 같은 보통의 예방책을 취하지 않았음을 증명하는 것을 의미한다.

두 번째로, 피고는 자신이 부적절하지 않은 방법으로 그 비밀을 취득했다는 것을 주장할 수 있다. 예를 들면, 만약 Claude라는 사람이 Blair로부터 영업비밀을 취득했지만 그것이 Alan에게서 훔친 것임을 알지 못했다면, Claude는 책임을 지지 않으며, 그 비밀을 사용하는 것도 금지할 수 없다. 부적절한 방법으로 비밀을 취득하는 것에는 범죄행위(예: 절도, 뇌물수수, 간첩행위, 사기 또는 전자감시), 불법행위(torts), 그리고 계약위반, 기밀관계의 훼손, 또는 다른 사람의 설득과 같은 비범죄행위가 해당된다.

---

40) Sinclair v. Aquarius Electronics, Inc. 42 Cal.App.3d 216, 184 USPQ 682(1974) (영업비밀은 특허성을 지닐 필요는 없다.); Choisser Rsch. Corp. v. Electronic Vision Corp., 173 USQPQ 234 (Cal. Super. 1972) (영업 비밀에는 '약간의 발전'도 포함된다).

마지막으로, 법원은 때때로 공공정책에 근거하여 영업비밀에 대한 주장을 거절한다. 예를 들어 경쟁사들은 제품이 어떻게 작동하는지 이해하기 위해 제품을 역분해(reverse engineering)해볼 수 있다.[41] 비록 계약에 따라 이러한 권리를 포기할 수는 있지만 말이다.[42] 법원은 또한 회사가 이전 직원들에게 영업비밀의 준수를 강제하는 것을 제한하기 위해 공공정책을 인용한다. 이것은 일반적으로 비밀 보호에 대한 합의가 직원의 생활비를 벌기 위한 권리를 지나치게 제한할 수 없다는 것을 의미한다. 제한사항은 시간과 지리적 공간에 한정되어야 한다.

구제(Relief)　　영업비밀의 소유자에게는 과거의 피해에 대한 손해배상을 청구할 권리가 주어진다. 이는 대개 소유자의 일실이익(lost profits)과 피고의 부당이용으로 인해 발생한 수익 중 더 높은 금액을 기준으로 한다.[43] 징벌적 손해배상(punitive damages) 또한 가능하다.[44]

영업비밀의 소유자는 향후 비밀의 사용에 대해 예비적, 영구적인 금지명령을 요청할 수 있다. 일반적으로 이러한 금지명령은 비밀이 공적인 지식이 되는 즉시 종료되어야 한다. 그러나 만약 영업비밀을 훔치는 것이 피고에게 해당 기술을 사용하는데 있어 가장 앞서 가도록 한다거나 유리하도록 한다면 법원은 때때로 "제한적이고 합리적인 기간" 동안 계속해서 금지명령을 내릴 수 있다.[45]

상업적 효과(Effects on Commerce)　　모든 다른 종류의 지적재산권 형태와는 달리 영업비밀법은 소유자가 지식을 숨기는 것을 허용한다. 그럼에도 불구하고, 이 법은 비밀의 공유와 판매를 장려한다. 예를 들어 소유자는 비밀유지의 합의하에서 잠재적인 구매자와 비밀을 공유할 수 있다.

---

41) Acuson Corp. v. Aloka Co., 209 Cal.App.3d 425, 10 USPQ2d 1814(1989); Futurecraft v. Clary Corp., 205 Cal.App.2d 279(1962).

42) 제조업체도 기술적 수단을 사용하여 리버스 엔지니어링을 방지할 수 있다. 일반적인 예로는 에폭시의 중요 전자 부품 포장, 인간이 읽을 수 있는 '소스 코드'가 없는 배송 소프트웨어, 임대 장비에 대한 물리적인 제어 유지 등이 있다.

43) 예를 들어, Morlife, Inc. v. Perry, 56 Cal.App.4th 1514(1997).

44) 예를 들어, Robert L. Cloud & Associates Inc. V, Mikesell 69 Cal.App.4th1141(1999). UTSA는 실제 손해배상에 대해 징벌적 배상을 2회로 제한한다.

45) 예를 들어, USM Corp. V. Mason Fastener Corp., 467 N.E.2d1271(1984).

3.4 | 여러 가지 종류의 권리들

디자인특허(Design Patents)　전통적인 특허는 유용성(utility)을 보여주어야 한다. 즉, 물질적인 세계에서 확실히 손에 잡히는 결과를 산출해야 한다. 1842년에 의회는 순전히 장식적인 제품을 보호하기 위한 두 번째 법령을 제정하였다. 이 디자인 특허법의 보호대상에는 새롭고, 독창적이며, 비자명적인, 그리고 장식적인 어떠한 제품도 포함된다.(35 USC§171) 디자인 특허는 14년 후에 만료된다.(§173)

불공정 경쟁(Unfair Competition)　연방법원은 때때로 복제품의 생산이 최초로 특정 제품을 생산하려는 경제적 유인을 저해하는 것을 막기 위해 불공정경쟁의 원리를 적용한다.[46] 이러한 접근 방법의 주요한 강점은-대부분의 지적재산 형태와는 달리-재판관으로 하여금 경제적인 논리를 적용할 수 있도록 해준다는 것이다.

식물 보호 법령(Plant-Protection Statutes)　식물 특허법(the Plant Patent Act, 1930, 35 USC §163)은 새로운 유형의 식물을 발견하고 재생산(암,수 구분없이)하는 누구에게나 특허보호를 확대 적용한다. 마찬가지로 식물 품종 보호법(the Plant Variety Protection, 1970, §2321 et seq.)은 품종을 재배하는 사람(breeder)에게 20년의 기간 동안 판매, 거래, 유성번식식물의 제공에 대한 독점적 권리를 부여한다. 이 법 역시 사적이고 비상업적인 사용을 위한 광범위한 면제(exemption) 조항을 포함하고 있다(§2541).

데이터베이스권(Database Rights)　데이터베이스는 특히 인터넷 시대에 과학 및 상업 분야에서 점점 더 중심으로 자리 잡고 있다. 거의 대부분의 인터넷 웹사이트 검색(query)은 데이터베이스로부터 이루어진다. 미국 저작권법은 데이터베이스를 창의적인 것으로 여기지 않기 때문에 저작권으로 보호하지 않는다.[47] 그러나 유럽 연합(EU)은 데이터베이스에 대한 독특한 저작권법을 도입하고 미국이 이

46) International News Service v. Associated Press, 248 U.S. 215(1918); National Basketball Assn. v. Motorola, Inc., 105 F.3d 841(2d Cir. 1997).

47) Feist Publications, Inc. v. Rural Telephone Service Co., Inc., 499 U.S. 340(1991).

를 따르도록 압력을 행사했다. 비록 잠시 동안은 의회가 몇 가지 유형에 관한 데이터베이스[48] 법률을 통과시킬 것처럼 보였지만, 그에 대한 논쟁은 이 글이 작성되는 시점에서 잠잠해졌다. 정책적인 이슈 중의 하나는 보호(protection)가 창의성(creativity)을 요구해야만 하는지 여부이다. 데이터베이스를 조립하는 비용은 데이터베이스의 창조적인 내용물에 의존하지는 않기 때문이다. 반면 데이터베이스를 보호하기 위한 많은 비공식적인 방법이 있다. 예를 들어, 사용자가 얼마나 많은 정보를 다운로드 받을 수 있는지를 제한하거나, 정기적으로 데이터베이스를 업데이트하는 것 등이다. 실제로 보호 부족이 새로운 데이터베이스의 생성을 저해했다는 증거는 거의 없거나 전혀 없다.

3.5 I 특허 공개의 문제

제2장에서 우리는 지식의 공공재적 특성을 강조했다. 새로운 지식으로부터 최대의 편익을 얻기 위해서는, 지식이 이용되어져야만 한다. 지식은 크게 두 가지 용도로 사용되는데, 하나는 최종 사용자에게 주로 새로운 제품을 통해서, 그리고 다른 하나는 미래의 발견을 위한 토대로서 사용된다. 즉, 지식은 소비(consumption) 또는 연구(research)를 위해 사용될 수 있다.

독립적인 발명이 특허 침해를 방어하지 못하는 특허의 경우, 어떤 기술이나 지식이 보호되는지를 경쟁자나 법원이 알 수 있도록 하기 위해서는 특허를 획득한 기술을 공개하여야만 한다. 공개(disclosure)는 또한 특허가 만료된 지식이 누구나 사용할 수 있는 공유재산(public domain)이 되도록 한다. 따라서 법조인들은 제공된 지식을 특허의 '가르침'으로 간주한다. 특허권이 유효한 동안 특허 보유자는 그들이 만들어낸 지식의 사용을 통제할 수 있는 거의 절대적 권리를 가진다. 반면, 전통적으로 저작권이 있는 작품들은 사용된 표현 자체가 스스로를 공개하는 것이기 때문에, 공개요건(disclosure requirement)은 필요가 없다.

특허보유자가 그들이 공개한 새로운 지식에 대한 통제를 하고 이에 대한 특허

48) Council Directive No. 96/9/EC, O.J.L 77/20(1996). 여기에서의 이슈에 대한 논의는 Maurer and Scotchmer(1999)를 참조하기 바란다.

권을 실효성 있게 하는 것은 매우 어렵다. 라이트 형제에 의해 설계되고 특허를 받은(US특허 제821,393호) 저력비행기(the underpowered airplane)는 프로펠러가 새들의 날개와 같은 날개밑 원리(airfoil principle)에 의해 작동된다는 것을 이해했기 때문에 가능했다. 라이트 형제는 바람에 관한 터널실험(wind-tunnel experiment)으로부터 도출한 데이터를 사용하여, 프로펠러의 위치와 형태를 최적화할 수 있었다(Wainfan 2003). 만약 라이트 형제가 특허에 있는 그들의 모든 지식의 사용에 대해 독점적 권리를 청구했다면, 그리고 특허청이 그 청구를 받아 들였다면, 라이트 형제는 다른 특허보유자와 비행기 설계자들에 대해 자신들의 특허권을 더 쉽게 행사할 수 있었을 것이다. 그러나 만약 그렇게 특허권이 청구되었다 하더라도, 프로펠러가 날개밑 원리로 작동한다는 물리적 원리를 특허로서 보호하는 것은 어려웠을 것이다. 날개밑 원리는 모든 프로펠러에서 작동하며, 비록 프로펠러를 작동하게 하는 이 물리적 원리가 잘 이해 되지 않았다 하더라도 프로펠러는 오랫동안 사용되어 왔다.

또한 "비행기에 장착하는 프로펠러의 위치를 어떻게 할 것인가"와 같은 설계발명(design invention)은 영업 비밀(trade secret)로서 보호하는 것이 쉽지 않다. 그럼에도 불구하고, 발명자는 특허에 공개된 모든 지식을 보호하는 것이 어렵기 때문에, 보통은 공개를 피하는 것을 더 선호한다. 따라서 발명자가 영업 비밀이 절대로 새나가지 않을 것이고 기술이 다른 사람에 의해 독자적으로 재발견되지 않을 것이라고 생각한다면 영업 비밀은 매우 매력적인 보호수단이다. 그러나 영업 비밀을 선택하는 것은 정교하게 고안된 특허시스템의 목적을 훼손시키는 일이다. 왜냐하면, 발명은 특허법이 의도한 '적절한 시기'에 공개되지 않을 것이고, 지식은 그동안 경쟁자의 연구에 더 이상 사용되지 않을 것이기 때문이다.

거의 모든 발명은 영업비밀 또는 특허, 둘 중 하나에 의해 선택적인 보호가 가능하다. 그러나, 컴퓨터 소프트웨어는 영업 비밀, 특허권, 그리고 지적재산권이라고 하는 세 가지 유형에 의한 보호가 가능하다는 특징이 있다. 이러한 시스템은 세 가지 보호유형이 서로 다른 내용을 공개하도록 한다는 점에서 일관성이 없는 것 같다. 이들 중 가장 변칙적인 것은 저작권이다. 프로그래머가 자신의 코드를 저작권협회에 등록했을 때, 프로그래머는 코드의 상당 부분을 압축할 수 있다. 이는 저작권이 공개보다는 영업비밀보호를 가능하도록 해준다는 것을 의미한다. 이와는 반대로, 특허는 비록 코드 자체는 아니더라도 공개를 요건으로 한다. 공개는 보통 프로그램의 구조적인 측면을 의미하는데, 이 부분에 있어서도 비판가들은 공개가 충분하지 않다고 비판을 한다. 물론 프로그래머들이 압축하거나 편집한 형태로 프로그램을 배포하는 등의 영업 비밀에 의존한다면 아무것도 노출되지 않을 것이다. 그러나 이러한 형태의 압축된 프로그램(compiled program)은 비록 복잡한 프로그램에서는 해결에 비용이 많이 수반되고 신뢰하기 어렵겠지만, 역분해(reverse engineering)에 취약할 가능성이 높다.[49]

의회는 종종 지식의 공유가 명백한 정책목표이어야 한다는 것을 인지해왔다. 1984년 컴퓨터 칩의 보호를 위한, 특별법의 형태로 제정된 반도체 보호법(Semiconductor Chip Protection Act of 1984)은 칩에 구현된 회로를 다른 경쟁사들이 역분해할 권리를 부여했지만, 단순 복제를 위해 해당 지식을 사용하는 것은 금지하였다. 지식은 좀 더 향상된 반도체 칩을 만드는 데 사용될 수 있고, '향상'에 대한 해석은 법원에 맡겨진다. 제5장에서 볼 수 있는 것처럼 이러한 해석들은 경제학자들의 범위(breadth)에 대한 해석과 매우 유사하다.

3.6 | 특허권의 범위와 진보성 요건

경제적 유인에 관한 이슈와 모형들이 제4장과 5장에서 다루어지겠지만, 우리는 '진보성(inventive step)'과 '권리범위(the breadth of right)'라고 하는 지적재산법에서 특히 중요한 두 가지 정책 수단에 주목하고자 한다. '진보성'은 어느 혁신이 보호받을 만한지, 그리고 '권리범위'는 제품들이 특허침해를 피하기 위해서는 서로 얼마나 달라야 하는지와 관련이 있다. 제5장에서 우리는 각각 이들의 경제학적 역할에 대해 논의할 것이다. 특허 인센티브에 관한 많은 논의들은 진보성(inventive step)을 지니고 있는 혁신은 자동적으로 특허침해를 피할 수 있고, 특허침해를 피한 발명은 특허를 획득할 수 있을 정도로 충분한 진보성을 이루었다는 가정 하에 이들 두 정책 수단을 하나로 취급한다. 이러한 논의는 적어도 특허의 경우에 법률적 관점

---

49) 어떻게 컴퓨터 소프트웨어가 보호받는지 일반적이고 종합적인 논의를 원하는 독자는 Samuelson(1994)과 Menell(2002)을 참고하길 바란다. 역분해(reverse engineering)의 역할에 대해서는 Samuelson & Scotchmer(2002)를 참조하기 바란다.

에서 부정확하고, 경제적인 의미를 지닌다.[50)]

특허법에서 진보성 요건과 권리범위는 신규성(novelty)과 비자명성(nonobviousness)으로부터 도출된다. 진보성 요건을 갖추기 위해서는 해당 기술 분야에서 지식을 갖춘 사람에 의해 자명하게 도출될 수 있는 것이 아니어야 한다. 권리범위는 균등론(the doctrine of equivalents)의 적용을 받는다.

저작권법에서 특히 문학작품, 회화, 기타 예술의 전통적인 주제와 관련된 거의 모든 저작물은 보호받을 수가 있다. 즉, 진보성 요건은 엄격하지 않다. 그러나 재산권의 범위 또한 좁다. 저작권은 기계적인 변경으로부터 저작물을 보호하고 있다는 것을 별도로 하면, 복제(copying)에 대하여 저작물을 보호할 뿐, 표현 이상의 권리범위를 보호하는 균등론의 개념은 존재하지 않는다.

저작권과 특허법을 비교하면(이 둘은 서로 다른 보호대상을 보호하기 때문에 비교가 가능한 정도까지만 비교한다면), 특허법이 좀 더 엄격한 진보성 요건을 부과하고 있으며, 더 넓은 권리범위를 인정하고, 저작권에 비해 더 짧은 기간을 보호하고 있다.

[그림 3-1]은 각각 제품공간(product space)의 가운데에 위치한 두 개의 제품 A와 B에 대한 서로 다른 특허를 나타낸다. 주변 영역은 다른 대체 생산품들을 나타낸다. 제품 A 주위를 둘러싼 안쪽 원은 '균등론(equivalence)'에 따라 특허를 침해한 대체상품(substitute product)을 포함하고 있다. 즉, 특허권의 권리보호 범위(patent's breadth)를 나타낸다. 바깥 쪽 원(회색부분)은 A 제품과의 유사성으로 인해 선행기술(prior art)이 된, 그리고 특허를 획득하기 위해 필요한 진보성(inventive step)은 갖추지 못한 대체상품을 나타낸다. 도넛모양 부분은 특허침해를 하지는 않았지만, 특허를 획득할 수 없는, 경쟁적인 기업들에 의해 공급되는, 그리고 제품 A의 이윤을 제약하는 제품들을 나타낸다.

제품 B의 경우는 원의 모양이 반대로 되어있다. 안쪽의 원은 선행기술에 의해 특허성이 금지된 대체상품들을 나타내며, 바깥쪽의 원은 특허를 침해한 제품들을

50) Scotchmer and Green(1990)은 처음 이들 주제에 대해 연구할 때,'비침해(noninfringement)'와 '특허성(patentability) 자격'-이 두 가지 기준이 일치한다고 가정하였다. Green and Scotchmer(1995), 특히 Scotchmer(1996)와 Denicolo(2002)와 같은 후속 연구들은 이 두 정책도구 사이에는 분명한 차이가 존재함을 밝혔다. Scotchmer(1996)는 [그림 3-1 B]의 새로운 생산품이 특허를 침해하고 있는 도넛에서 만약 새로운 제품이 특허를 받을만하지 못하다면 이는 라이선스 교섭에서 B의 협상력을 증가시키기 때문에 B에게 더 나은 경우라고 주장한다. 어떻게 특허권과 저작권이 방해 가능성에 대해 다른가에 대한 토의를 보려면 Lemley(1997)를 보기 바란다.

그림 3-1

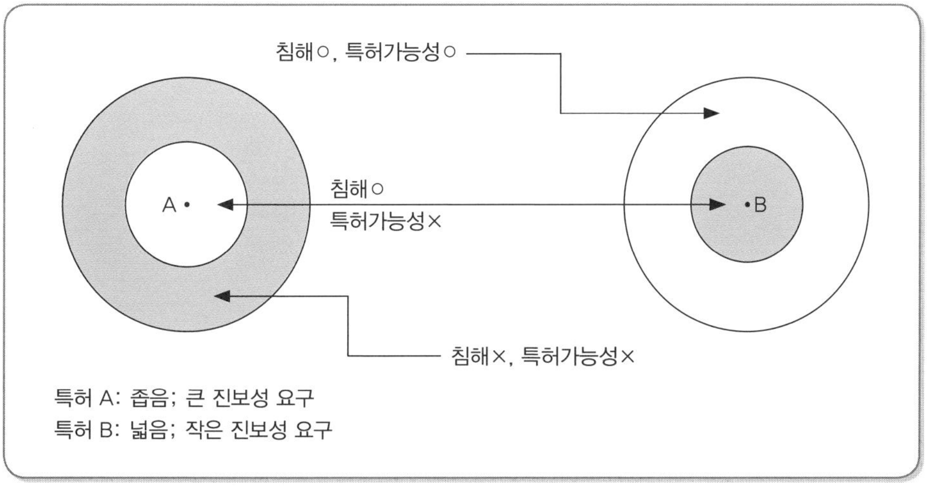

나타낸다. B의 경우에는 소위 차단특허(blocking patent)가 발생할 가능성이 있는, 특허획득이 가능하지만 특허침해가 발생하는 제품들일 것이다. 해당 제품은 B의 특허를 침해하기 때문에, 다른 발명가에 의해 만들어진 특허는 B의 소유자로 인해 차단(blocked)될 것이다. 이를 시장에서 판매하려면 B로부터의 라이선스(license)가 필요하다.

이를 설명하기 위해 레이저(laser)의 사례를 예로 들어보자. 발명가 타운스(charles townes, 1999)의 예에서 알 수 있듯이 메이저(maser)와 레이저(laser)라고 하는 두 개의 서로 연관된 기술이 있다. 이들 기술은 결이 같은 일관된 전자기파를 생성하기 위해 동일한 원리를 이용한다. 메이저의 경우에는 마이크로파를, 레이저의 경우에는 광파(빛의 파동)를 사용한다. 결맞음(coherence)이라는 것은 모든 광자가 동일한 방향과 주파수를 가지며, 에너지를 집중시키는 속성을 지닌 것을 의미한다. 레이저 기술은 메이저 기술로부터 발전했지만, 다른 기술적인 어려움을 보여주기도 했다.

메이저에 관한 특허는 빛의 파동을 포함한, 결이 같은 전자기파를 발생시키는 모든 비슷한 수단을 포함하게끔 의도적으로 충분히 넓게 작성되었다. 타운스는 Columbia 대학에서 메이저 기술을 이끄는 일을 했고 제1장에서 서술했듯이 Research Corporation에 특허를 할당하였다. 추가적인 작업 후에, 그는 레이저에 관한 특허를 획득했고, 해당 특허를 Bell Labs에 할당하였다. 이후에 Research

Corporation은 Bell Labs가 메이저에 대한 라이선스 없이 레이저를 이용했다는 이유로 특허침해 소송을 제기했다. 그 소송은 궁극적으로는 Bell Labs가 Research Corporation에 로열티를 지급하는 것으로 합의에 이르렀다. 이 합의는 근본적으로 Research Corporation과 Bell Labs가 레이저에 관한 차단특허(blocking patent)를 가지고 있다는 가정에 기반한다. 레이저는 메이저에 관한 특허를 침해했지만, 그 자체로도 특허를 획득한 발명이다. 왜냐하면 레이저는 메이저 특허에서는 해결되지 않은 기술적 어려움을 해결했기 때문이다. [그림 3-1]에서 특허를 획득한 기술 B가 메이저에 해당되고, 레이저가 도넛 모양의 영역에 해당된다.

[그림 3-1]의 2개의 특허 중에서 어느 쪽이 더 나은 경제적 유인(incentives)을 제공하는 제도라고 할 수 있을까? 우리는 아직 그 질문에 대한 답을 할 준비가 되어있지 않다. 왜냐하면 아직 기술혁신의 비용이나 소비자의 후생, 또는 발명자의 후속 발견 가능성 정도 등에 대해 아무것도 논의되지 않았기 때문이다(제5장 참조). 그러나 이런 매우 단순한 모형에서도 특허의 '강도(strength)'나 '보호성(protectivness)'이 의미하는 바를 고민해보는 것은 가능하다.

특허보유자는 주로 경쟁자들이 유사한 대체품(close substitutes)을 판매하는 것을 금지함으로써 보호를 받는다. 경쟁자들이 유사한 대체품을 판매할 권리는 권리보호범위(breadth)에 의해 통제를 받는다. 그러나, 요구되는 진보성(inventive step) 또한 중요한 문제이다. 대체품들이 특허를 침해한 경우, 만약 대체품들이 특허를 획득할 수 없다면, 일반적으로 특허보유자에게는 더 좋을 것이다. 특허보유자는 특허를 침해한 대체재의 가격을 통제하고 차단특허(blocking patent)를 갖고 있는 다른 특허보유자와 협상을 할 필요가 없기 때문이다. 특허를 침해하지 않은 대체재의 경우, 특허보유자로서는 대체재가 경쟁자에 의해 공급되는 것보다는 다른 특허보유자에 의해 공급되는 것이 더 나을 것이다. 왜냐하면 일반적으로 가격은 두 과점기업(oligopolist)에 의해 통제되는 경우 더 높기 때문이다. 따라서 특허보유자에게 가장 좋은 설정은 유사 대체품이 특허침해로 간주될 정도로 매우 넓은 권리보호범위를 인정받는 것과 이에 정확하게 상응하는 진보성(inventive step)을 요구하는 경우이다. 특허보유자의 최선의 상황은 자신의 특허권을 침해하는 모든 대체생산품이 특허를 받을 수 없는 상태에 있고, 자신의 특허권을 침해하지 않는 모든 대체재들은 특허를 받을 수 있는 상태에 있는 경우이다.

그렇다면 이러한 것들이 비즈니스 방법에 관한 특허(business-method patent)에는 어떻게 적용되는가? 이러한 질문은 특허보유자가 아닌 사회적 관점에서 제기되어야 하고, 우리는 아직 그 질문을 전체적으로 검토할 준비가 되어 있지 않다. 앞서 기술한 네덜란드식 경매에 대한 특허의 경우에, 비판가들은 특허를 부여함으로써 특허권자가 이미 잘 알려진 아이디어를 다른 사람이 사용하지 못하도록 통제할 수 있게 하는 것은 부당한 일이라고 지적했다. 출원인이 발명하지도 않은 기술에 대한 특허권을 주는 것은 특허권이 추구하는 아무런 인센티브 목적도 달성하지 못하기 때문에 잘못된 일이라고 할 수 있다. 한편, 특허권이 좁다면 어떻게 될까? 좁은 특허(narrow patent)는 진보성 요건에 관계없이 별로 경쟁을 저해하지 않는다. 심지어 모든 경쟁자의 기술이 특허를 획득한다 하더라도, 네덜란드식 경매를 이용하는 시장은 특허권이 매우 좁다면 경쟁이 심할 것이라 짐작할 수 있다.[51]

이는 특허성에 대한 낮은 요건(낮은 진보성)이 항상 더 낫다고 주장하려는 것은 아니다. 네델란드식 경매에서 특허를 획득한 제품은 대체생산품이 될 수도 있는 것이다. 다른 유명한 예로는 특허를 획득한 기술들이 전형적으로 보완적인 성격을 띠는 반도체 칩의 경우를 들 수 있다. 모든 반도체 산업에서의 발명가는 수백 명의 이전 특허보유자로부터 라이선스들을 얻어야 한다. 단순히 거래비용(transaction costs)의 문제로만 따지고 봐도, 이 모든 부분에 있어 라이선스가 필요하다는 사실은 발명을 지연시킬 것이다. 거래는 비용이 많이 들 뿐만 아니라 시간도 많이 들며 불확실성을 만들어낸다. 이런 특허를 획득한 많은 보완재에 관한 문제는 '특허 덤불(patent thickets)'과 '반공유지(anticommons)' 등 다양한 이름으로 다루어진다.[52] 이에 대해서는 제 5장과 제 6장에서 더 깊이 논의할 것이다.

---

51) 다른 예는 사용자들의 손가락이 화상 입는 것을 방지하기 위해 종이컵에 끼우는 단열 슬리브(insulating sleeve)에 관한 것이다. Barton(2003)은 슬리브에 움푹 들어가게 찍은 사소한 변경이 어떻게 특허권을 얻었는지 설명하고 있다. 실제로 위와 같은 단열 슬리브가 특허를 받을 수 있다는 사실은 상식에 반하는 일일 수 있다. 그러나, 종이컵 슬리브가 서로 특허를 침해하지 않는 한 경쟁을 저해한다는 사실을 찾기가 어렵다. 마찬가지로 20세기 내내 종이 클립(paper clips)에 관한 특허가 급속히 증가하여 현재까지 계속되고 있다(Petroski, 1996). 그러나 종이 클립의 비싼 가격에 과도하게 부담을 느끼는 사람이 있는가? 경쟁은 그들이 비침해적(noninfringing)이라는 사실에 의해 유지되는 것이다.

52) 반공유지(anticommon)라는 용어는 주로 1학년 경제학과 학생들에게 가르치는 '공유지의 비극(the trgedy of commons)'이라는 용어에 빗대어 나온 말이다. '공유지의 비극'에서 사적 소유권의 부재는 목초지를 보존할 유인을 제거하기 때문에, 근대 초기 영국의 소작농들은 공유된 목초지('공유지')에 지나치게 많이 방목을 하는 일이 발생했다. '반공유지(anticommon)' 가설은 재산권 또한 마찰(friction)과 교착(deadlock)을 촉진함으로써 자산을 파괴할 수도 있음을 보여준다.

3.7 | 지적재산과 독점금지

현실적으로 미국의 독점금지법은 셔먼법(Sherman Act)의 제1조와 제2조에서 찾아볼 수 있다. 제1조는 둘 혹은 그 이상의 경쟁자들이 거래를 제한하는 계약, 결합 그리고 공모를 하는 것을 금지한다(15 USC §1). 1911년부터 법원은 '합리성의 원칙(the rule of reason)'에 따라 제1조를 해석하고 있다. 제2조는 공모가 아닌 단독적인 행동에 적용되며 기업들이 부적절한 수단으로 독점을 얻거나 유지하는 것을 금지한다.

제1조의 주요한 함축적 의미는 비즈니스 계약이 기술적인 효율성의 창출로 인해 경쟁이 제한되는 것 이상으로 경쟁을 촉진시켜야 한다는 것이다.[53] 이것이 '합리성의 원칙(the rule of reason)'에 의한 분석이다. 그러나 법원은 특정 관행들이 명백히 파괴적이며 제1조에 따라 항상 불법적인 것으로 간주되어야 한다는 입장을 고수해왔다. 이러한 '본질적' 위반(per se violation)에는 수평적 가격고정 합의(horizontal price-fixing agreements), 최저가격 설정을 위한 수직적 합의(vertical agreements to set minimum prices), 그리고 시장의 지리적 할당(geographic allocation of markets) 등이 포함된다.

제2조는 독점을 불법적인 것으로 규정하지는 않지만 독점을 유지하기 위한 '부당행위(wrongful act)'를 금지한다.[54] 목표에 이르지 못해서 미수에 그친 독점화 행위(attempted monopolization)는 제2조의 위반에 해당된다. 지적 재산권으로부터 창출된 독점은 그 자체로는 불법이 아니다. 그러나 특허는 부당행위에 관여할 유혹을 제공할 수 있다.

법원은 지적재산권에 의해 창출된 독점의 합법성과 셔먼법이 지니고 있는 카르텔에 대한 적대감을 조화시키는 데 힘든 시간을 보내왔다. 그럼에도 불구하고 기업들은 지적재산권을 그들이 원하는 대로 사용할 수 없다. 한 판사가 언급한 것처럼 이는 "야구 방망이와 같은 개인재산의 사용은 법적 책임을 유발하지 않는다."는 주장만큼 옳지 않다.[55] 기본 요점은 제1조와 제2조 모두 '부당행위'를 요건으로 하고 있다는 것이다. 법원은 1920년대 이후로 지적재산권을 사용함에 있어 정상적인

53) Standard oil co. v. United States, 221 U.S. 1, 31 S.Ct. 502(1911)

54) United States v. Aluminum Co. of America, 148 F.2d 416(2d Cir. 1945)

55) United States v. Microsoft Corp., 253 F.3d 34, 63(D.C. Cir. 2001)

사용과 부당한 사용의 차이를 정의하려고 노력해왔다.

제 6장에서 좀 더 자세하게 논의할 것이지만, 라이선스는 일반적으로 더 경쟁을 촉진(pro-competitive)시키는 것으로 간주된다. 첫째, 라이선스는 특허소유자들이 자신의 지적재산을 다른 사람들과 공유하도록 한다. 둘째, 라이선스는 종종 몇몇 특허권 소유자가 특정한 상품이나 기술이 사용되는 것을 막는-소위 차단특허(blocking patents)-를 해결하기 위해 필요하다. 그러나 라이선스는 제1조에 위배되는 부당행위를 할 가능성을 초래한다. 지적재산권은 합법적인 독점을 창출하도록 설계되어 있기 때문에 일부 제한들은 합법적이라고 할 수 있다. 예를 들어 법원은 계속해서 반복적으로 지적재산권 소유자가 다른 이들에게 라이선스를 허락하는 것을 거부할 수 있다고 판결해왔다.[56] 마찬가지로 지적재산권 소유자는 라이선스를 사용하는 실시권자(licensee)에게 특정한 가격을 청구하거나 제품을 제한할 수 있고, 특정한 지리적 영역이나 특정 분야에 제한적으로 라이선스를 사용하도록 제한을 가할 수 있다.[57] 법원은 또한 일반적으로는 라이선스를 사용하고자 하는 여러 명의 실시권자에게 동시에 라이선스를 부여하는 비독점적 라이선스(nonexclusive licensing: 통상실시권)를, 그리고 보통 경쟁관계가 아닌 회사들 사이에서는 독점적 라이선스(exclusive licensing: 전용(독점) 실시권)을 부여하는 것을 인정한다.(제6장 참조)

경쟁 업체 사이에 독점적 라이선스를 수여하는 경우에는 분석이 더 어렵다. 합리성의 원칙(the rule of reason)에 따르면 만약 그런 합의가 실시권자의 기술에 대한

---

56) Image Technical Services, Inc. v. Eastman Kodak, 125 F.3d 1195(9th Cir. 1997); accord, U.S. Department of Justice and Federal Trade Commission, Antitrust Guidelines for the Licensing of Intellectual Property(1995년 4월 6일)(반독점법은 IP 소유자들에게 자신의 기술에 대해서 경쟁을 독자 기술로 경쟁을 설정하도록 요구하지는 않는다.) 이미지 기술 서비스(Image Technical Services)는 제 2조가 독점기업으로 하여금 새로 진입하려고 하는 자가 라이선스가 없으면 경쟁하지 못하는 영역에서 비배타적 실시권(nonexclusive licenses, 통상실시권)을 제공할 것을 요구할 가능성을 열어두고 있다.

57) United States v. General Elec. Co., 272 U.S. 476(1926) (가격 제한 인정; General Talking Pictures Corp. v. E.I. Dupont de Nemour Co., 188 F.Supp. 41(D. Del. 1953) (산출 제한 인정); Miller v. Institutform, Inc. v. Institutform of North America, Inc., 605 F.Supp. 1125(M.D. Tenn. 1978) (지리적 영역 제한 인정). 미국 법무부는 전통적으로 특허권자가 라이선스 실시권자에 의해 책정되는 가격에 제한을 가하는 것을 허용하지 않아야 한다고 주장한다. 미국 대법원은 United State vs. Huck Mfg. Co., 382 U.S. 197(1965)의 판례를 통해 찬반에 대한 균등하게 분할된 숫자로 규칙을 바꾸는 것을 기각했다.

투자를 촉진시키거나, 규모의 경제를 달성하거나, 특허보유자와 특허실시권자가 보완적인 R&D, 생산, 또는 마케팅 노력을 협력할 수 있게 함으로써 경쟁을 촉진시킨다면 유익할 수 있다. 그러나 다른 한편으로, 독점적 라이선스가 시장에서의 경쟁을 크게 감소시키는 경우에는 이러한 요인이 충분하지 않을 수 있다.

마지막으로 일부 라이선스는 반경쟁적인 것으로 의심을 받는다. 예를 들면, 라이선스 실시권자(licensee)가 다른 기술을 사용하거나 개발하는 것을 막는 규정, 경쟁기업간의 가격을 고정시키는 라이선스, 라이선스 실시권자의 제품 가격을 고정하는 라이선스 등이 여기에 해당된다.[58]

라이선스를 부여하는 것 이외에도, 당사자들은 종종 지적재산권을 교차라이선스(cross license)과 특허풀(patent pools)을 이용해 거래한다. 일반적으로 법원은 특허풀의 '지배 목적(dominant purpose)'과 '경쟁 효과' 간에 균형을 잡으려고 노력한다.[59] 법원은 기업이 시장에 기술을 도입할 수 있도록 하기 위해 '차단특허'를 제거하는 계약들을 승인한다. 그러나 이와는 반대로 법원은 참가자들의 R&D 지출을 감소시키거나 다른 기술 간의 경쟁을 제한하는 특허풀들에 대해서는 회의적인 시각을 지니고 있다. 일반적으로 풀(pool) 구성원들이 경쟁자들을 풀 구성에서 제외하는 것은 자유다. 그러나 법원은 가끔씩 풀 구성원들이 상당한 시장지배력을 지니게 되고, 비구성원들이 효과적으로 경쟁할 수 없는 경우에는 예외적으로 특허풀 구성의 자유를 제한한다.

소위 허위 라이선스(sham licenses)는 순환위험(recurring danger)을 나타낸다. A, B, C가 동일한 시장에서 경쟁한다고 가정하자. 제1조에 의하면, 기업들은 담합을 통해 가격을 고정하거나, 지리적 영역에 따라 시장을 분할하는 것을 합의할 수 없다. 그럼에도 불구하고 만약 그들이 D와 맺는 일련의 라이선스로 거래를 위장한다면 어떻겠는가? A, B, C는 각각 최소한의 가격을 유지하도록 요구하거나, 아니면 지리적 시장을 나누거나, 그게 아니면 그들의 행동을 조율하는 제약들에 합의를 할 수 있다. 그와 같은 합의는 담합이 될 가능성이 있고, 불법이다.[60]

---

58) United States v. Univis Lens Co., 316 U.S. 241(1942); Ethyl Gasoline Corp. v. United States, 309 U.S. 436(1940).

59) Standard Oil Co. v. United States, 283 U.S. 163(1931)

60) United States v. U.S. Gypsum Co., 333 U.S. 364, 400(1948). 가짜 합의(sham agreements)는 또한 지적재산권 소송에 대한 문제이다. 법원은 주로 상호교차라이선스를 통해 그들의 차이를 해소하도록 독려한다. 그와 같은 합의는 만약 합의가 경쟁자들을 배제하기 위한 광범위한 계획

마지막으로 지적재산권 소유자는 라이선스나 합의가 전혀 없이도 제2조 하의 독점금지법에 저촉될 수 있다. 법원은 단순히 지적재산권을 출원하거나 권리를 행사하는 것은 절대로 그 자체로 불법이 아니라는 데 동의하고 있다. 연방법이 명확하게 그런 행동들을 허락하고 있기 때문이다. 그러나, 만약 한 기업이 독점을 취득하거나 유지할 '위험한 가능성'을 가지고 있는 행동들을 할 경우, 제 2조가 발동될 수 있다. 그러한 사례를 찾아내는 것은 까다롭다. 왜냐하면 특허 그 자체가 시장지배력을 부여하기 때문이다. 불법적인 것으로 의심받아온 사례에는 경쟁자를 특정한 기술로부터 배제시키기 위해 특허 포트폴리오를 구입하는 것,[61] 특허 제품을 획득하기 위해서 구매자에게 특허가 없는 제품이나 서비스를 구매하도록 요구하는 것,[62] 잠재적 실시권자(would-be licensees)들에게 패키지로 여러 개의 특허를 구매하도록 하는 것,[63] 또는 당사자들에게 그들의 모든 비즈니스를 특허소유자와 함께 하도록 요구하는 것[64] 등이 포함된다. 제2조는 또한 기업이 사기(fraud)에 의해 지적재산권–그리고 그것이 제공하는 시장지배력–을 획득하는 것을 금지한다. 예를 들어, 특허청에 대해 특허권자의 자격(eligibility)에 대해 오인을 하도록 하는 것, 특허가 무효인 것을 안 이후에도 특허권을 행사하려 하는 것, 그리고 경쟁자에 대해 허위(sham) 소송을 제기하는 것 등이 포함된다.[65]

지적재산권이 기술의 발전과 함께 진화되었으며, 또 효과적이기 위해서는 기술의 발전과 함께 진화되어야 한다는 것은 이 장에서 소개되는 역사적 힌트를 통해서도 명백하게 드러난다. 사실 지적재산권의 중요성은 산업의 특성에 따라 광범위하게 다르다. 독점에 반대하는 판사들은 지적재산권 법에 대해 최소한의 지지만을

의 일부인 경우 불법이 될 수도 있다. 예를 들어, United States v. Singer Manuf. Co., 374 U.S. 174(1963)를 참조하라.

61) SCM Corp. v. Xerox Corp., 463 F.Supp. 983, 1007(D.Conn. 1978); 그러나 Image Technical Services, inc. v. Eastman Kodak Co., 125 F.3d 1195(9th Cir. 1997) 참조.

62) Morton Salt Co. v. G.S. Suppiger Co., 314 U.S. 488(1942)

63) Zenith Radio Corp. v. Hazeltine Rsch., Inc., 395 U.S. 100(1969) 그러나 당사자들은 상호 편의성을 위해 "자발적"으로 IP 권리를 묶을 수 있다. '자발적으로'와 '의무적으로'의 구분은 모든 계약을 자발적으로 보는 경제학자들을 혼란스럽게 한다.

64) Tampa Elec. Co. v. Nashville Coal Co., 365 U.S. 320 (1961).

65) 예를 들면, Walker Process Equip. v. Food Machinery Chem. Corp., 382 U.S. 172(1965) (사기에 의해 구매한 특허); Handgards, Inc. v. Ethicon, 601 F.2d 986(9th Cir. 1979) (특허 소유자가 특허가 무효라는 것을 발견한 이후의 근거 없는 소송); Argus Chemical Corp. v. Fibre Glass–Evercoat, Inc., 812 F.2d 1381(Fed. Cir. 1987) (특허청에 대한 사기).

해왔다. 예를 들어 1880년대 미국 대법원은 의회가 "모든 사소한 장치에 대한 독점을 부여하려 한다."고 비판했다. 마찬가지로 뉴딜(New Deal) 법무관들은 1930년대와 1940년대 동안에 특허를 제한하려 하였다. 하지만 이후 상황은 다시 변하였고, 1952년 의회는 몇 몇 뉴딜 판결을 뒤집는 새로운 특허법을 통과시켰다. 최근에는 특허청이 반도체, 컴퓨터 소프트웨어, 비즈니스 방법에 대한 것들까지 특허의 대상을 확대하고 있다. 많은 평론가들은 지적재산권이 1990년대에 훨씬 강화되었다고 생각한다.

3.8 | 부록: 법률적 연구

이 장은 이 책과 전문적인 경제학 문헌을 이해하기 위해 필요한 법률적 사례와 배경지식을 제공하고 있다. 몇몇 독자들은 특정한 이슈에 대해서 더 많이 알기를 원할지도 모른다. 다행히 거의 모든 연구중심 대학들(research universities)은 매우 크고 방대한 자료를 지닌 법학 도서관을 지니고 있다. 더구나 출판사들은 도서관에서 연구하는 어떤 종류의 것보다도 더 쉽게 법률을 찾는 간소화된 도구들을 생산하고 있다. 이 절은 이에 대한 주요 자료원의 목록을 소개한다.

1차 자료(primary sources) 만약 독자가 35 USC §163 같은 공식적인 인용을 이미 가지고 있다면 법령을 찾는 일은 쉬울 것이다. 예를 들어 연방 법률들은 미국 연방 법전(United States Code)이라 불리는 일련의 책으로 모아져 있다. 그렇지 않은 경우, 대부분의 법령집들은 또한 주제별(예: 저작권)로 그리고 대중적인 이름(예: 디지털 밀레니엄 저작권법)으로 색인되어 있다. 법원의 견해들은 보고서(Reporters)라 불리는 합본에 실려 있다. 미국 연방 법원들 중에서도 주요 사례 보고서에는 대법원보고서(The Supreme Court Reporters), 연방보고서(Federal Reporters: 미국 상소법원 판결), 그리고 연방보고서 부록(Federal Reporter Supplement: 미국 지방법원 판결)이 있다. 일부 지적재산권 판례의 경우 또한 미국계간특허(United States Patent Quarterly)에서 찾아질 수 있으며, 여기에는 특허권, 상표권, 저작권이나 다른 기타 지적재산권 사례에 대한 광범위한 지표들이 포함되어 있다. 추가적인 사례 보고서는 각 주마다 존재한다. 사례 보고서들은 거의 항상 연대순으로 출판되며 명확한 구조를 가지고 있지는 않다. 만약에 인용(citations)이 이미 알려져 있다면 이들을 사용하기는 쉽다. 만약 오직 당사자의 이름만 알고 있다면 다이제스트를 참고하거나 온라인 서비스를 이용하여 검색하는 것이 필요할 것이다.

2차 자료(Secondary Sources)   경제학자들은 일반적으로 판례법과 법령 자체를 읽는 것보다는 주로 법학자들이 쓴 논문에 의존한다. 중요한 주제의 경우, 축적된 양이 많은 논문들이 최적의 시작점이라 할 수 있다. 예를 들면, Milgrim의 영업 비밀, Chisum의 특허권, Nimmer의 저작권, 그리고 Areeda의 독점 금지에 관한 논문들을 들 수 있다. 비록 이들이 직접적으로 정답을 제공해 주지는 않지만, 좋은 논문들은 보통 추후 연구를 위한 많은 도움들을 준다. 이슈들은 또한 법률 학술지에서 논의되었을 수도 있다. 이들은 온라인 인덱스 또는 LEXIS와 같은 문헌 서비스를 이용해 검색될 수 있다. 좋은 법률 논문은 해당 문제가 안고 있는 가능한 모든 사례와 법률을 참고할 것이다.

많은 상업적 출판사들은 특허권법 혹은 저작권법과 같은 제목으로 출판된, 각 사례들의 주요 요점을 모으고 정리한 요약본(digests)을 제공한다. 가장 크고 오래된 요약본은 West Publishing Company에 의해 생산되고 있다. 이 요약본들은 위에서 언급된 사례보고서 모두에 대해 어느 정도 완벽한 가이드를 제공한다. 특정한 법규를 언급한 사례들 또한 위에서 언급한 다른 법전(codes)들에 요약되어 있다.

전자적 서비스(Electronic Services)   앞에서 언급된 거의 모든 1차 또는 2차 자료는 온라인 서비스 LEXIS/NEXIS[66]나 WESTLAW를 이용해 검색할 수 있다. 두 서비스는 판례, 법령, 법학술지 및 논문에 관한 전체 텍스트 검색을 제공한다. 더구나 WESTLAW는 독자로 하여금 '요지'에 따라 정리된 인덱스(copyrighted keynote index)를 검색할 수 있도록 하고 있다. 이에 대한 저작권은 WESTLAW에 있다. LEXIS/NEXIS와 WESTLAW를 제공하는 것 이외에도 일부 전자서비스업체

66) LEXIS/NEXIS는 보통 로스쿨의 관련자, 혹은 경우에 따라 다른 대학교의 후원자에게 이용가능하다. LEXIS/NEXIS는 최근의 연방 사건을 포함하여 선택된 온라인 파일(www.lexisone.com)을 무료로 제공하고 있다.

들은 작지만 여전히 유용한 컬렉션을 CD-ROM으로 제공한다. 부울(Boolean) 검색은 저작권이나 배상과 같은 일반적인 개념에 대해 배우는 데에는 적합하지 않은 방법이 될 수 있다. 다이제스트나 논문 같은 전통적인 자료들은 여전히 최고의 선택옵션이다. Boolean 검색은 특정한 희귀 상황이 포함된 경우를 찾는 데에 이상적이다. 예를 들면, 법령의 특정 단어에 대한 해석, 특정 기술 또는 브랜드 이름에 대한 언급, 또는 특정 회사, 법원, 판사, 또는 법률회사를 담고 있는 모든 특허 사례들을 검색하는 경우가 이에 해당된다.

마지막으로 특허청은 대부분의 특허를 담고 있는 검색가능한 온라인 데이터베이스를 운영하고 있다. 독자들은 www.uspto.gov에 방문해 데이터베이스에 접근할 수 있다. 저작권(copyright)은 등록이 필요 없으므로 이와 비슷한 서비스가 없다.

참고문헌

Allison, J. R., and M. A. Lemley. 2002. "The Growing Complexity of the United States Patent System." Boston University Law Review 82:77 - 145.

Anton, J. J., and D. A. Yao. 1994. "Expropriation and Inventions: Appropriable Rents in the Absence of Property Rights." American Economic Review 84:190 - 209.

Areeda, P. E., and H. Hovenkamp. 1985. Economics and Federal Antitrust Law. St. Paul, MN: West.

Barton, J. 2000. "Intellectual Property Rights: Reforming the Patent System." Science 287:1933 - 1934.

Barton, J. 2003. "Nonobviousness." IDEA: The Journal of Law and Technology 43:475 - 508.

Chisum, D. S. 2001. Chisum on Patents: A Treatise on the Law of Patentability, Validity, and Infringement. San Francisco: Bancroft—Whitney.

Cowan, R., and P. A. David. 1999. "The Explicit Economics of Knowledge Codification and Tacitness." Working Paper 99—027. Stanford, CA: Department of Economics, Stanford University.

Denicolò, V. 2002. Two—Stage Patent Races and Patent Policy." RAND Journal of Economics 31:488 - 501.

Eisenberg, R. 1989. "Patents and the Progress of Science: Exclusive Rights and Experimental Use." University of Chicago Law Review 56:1017 - 1055.

Flatow, I. 1992. They All Laughted … From Light Bulbs to Lasers: The Fascinating Stories Behind the Great Inventions that Have Changed Our Lives. New York: HarperCollins.

Graham, S., B. H. Hall, D. Harhoff, and D. Mowery. 2003. "Patent Quality Control: A Comparison of U.S. Patent Reexaminations and European Patent Oppositions." In W. Cohen, ed., Intellectual Property in the Knowledge—Based Economy. Washington, DC: National Academies Press.

Green, J., and S. Scotchmer. 1995. "On the Division of Profit in Sequential Innovation." RAND Journal of Economics 26:20 - 33.

Hall, B. H. 2003. "Business Method Patents, Innovation and Policy." Working Paper 9717. Cambridge, MA: National Bureau of Economic Research.

Hall, B. H., and R. H. Ziedonis. 2001. "The Patent Paradox Revisited: An Empirical Study of Patenting in the U.S. Semiconductor Industry, 1979 - 1995." The RAND Journal of Economics 32:101 - 128.

Lemley, M. A. 1997. "The Economics of Improvement in Intellectual Property Law." Texas Law Review 75:989 - 1083.

Lemley, M. A. 2001. "Rational Ignorance at the Patent Office." Northwestern University Law Review 95:1495 - 1532.

Maurer, S. M. 2003. "New Institutions for Doing Science: From Databases to Open Source Biology." Paper presented at the conference "European Policy for Intellectual Property." Maastricht, the Netherlands: Maastricht Economic Research Institute on Information and Technology. Available at www.merit. unimaas.nl/epip/papers/maurer_paper.pdf.

Maurer, S. M., and S. Scotchmer. 1999, May 14. "Database Protection: Is It Broken and Should We Fix It?" Science 284:1129 - 1130.

Maurer, S. M., and S. Scotchmer. 2002. "The Independent Invention Defense in Intellectual Property." Economica 69:535 - 547.

Menell, P. 1989. "An Analysis of the Scope of Copyright Protection for Application Programs." Stanford Law Review 41:1045 - 1104.

Menell, P. 2002. "Can Our Current Conception of Copyright Law Survive the Internet Age? Envisioning Copyright Law's Digital Future." New York Law School Law Review 46:63 - 199.

Merges, R. 1994. "Intellectual Property Rights and Bargaining Breakdown: The Case of Blocking Patents." Tennessee Law Review 62:75 - 106.

Merges, R. 1997. Patent Law and Policy. Charlottesville, VA: Michie.

Merges, R. 1999. "As Many as Six Impossible Patents Before Breakfast: Property Rights for Business Concepts and Patent System Reform." Berkeley High Technology Law Journal 14:577 - 615.

Merges, R., P. Menell, M. A. Lemley, and T. Jorde. 1997. Intellectual Property in the New Technological Age. New York: Aspen.

Milgrim, R. M. 2001. Milgrim on Trade Secrets. San Francisco: Bancroft-Whitney.

Miller, A. R., and M. H. Davis. 1990. Intellectual Property: Patents, Trademarks, and Copyright. St. Paul, MN: West.

Nimmer, M. B., and D. Nimmer. 2001. Nimmer on Copyright. San Francisco: Matthew Bender.

Petroski, H. 1996. Invention by Design: How Engineers Get from Thought to Thing. Cambridge, MA: Harvard University Press.

Poyago-Theotoky, J., J. Beath, and D. S. Siegell. 2002. "Universities and Fundamental Research: Reflections on the Growth of University-Industry Partnerships." Oxford Review of Economic Policy 18:10 - 12.

Ryan, M. P. 1998. Knowledge Diplomacy. Washington, DC: Brookings Institution Press.

Samuelson, P., R. David, M. Kapor, and J. H. Reichman. 1994. "A Manifesto Concerning the Legal Protection of Computer Programs." Columbia Law Review 94:2308 - 2431.

Samuelson, P., and S. Scotchmer. 2002. "The Law and Economics of Reverse Engineering." Yale Law Journal 111:1575 - 1663.

Scotchmer, S. 1996. "Protecting Early Innovators: Should Second-Generation Products Be Patentable?" RAND Journal of Economics 27:322 - 331.

Scotchmer, S., and J. Green. 1990. "Novelty and Disclosure in Patent Law." The RAND Journal of Economics 21:131 - 146.

Townes, C. H. 1999. How the Laser Happened: Adventures of a Scientist. Oxford: Oxford University Press.

Wainfan, B. 2003, December. "Wright Flyer Aerodynamics." Flight Journal 8:58 - 61.

Walsh, J. P., A. Arora, and W. M. Cohen. 2003. "Research Tool Patenting and Licensing and Biomedical Innovation." Paper presented at the conference "European Policy for Intellectual Property." Maastricht, the Netherlands: Maastricht Economic Research Institute on Information and Technology. Available at www.merit.unimaas.nl/epip/papers/walsh_paper.pdf.

CHAPTER

04

지적재산권의 최적 설계

(On the Optimal Design of Intellectual Property)

04 지적재산권의 최적 설계

경제적 유인체계(Incentive mechanism)로써 지적재산권이 갖는 장점은 의사결정을 분권화한다는 것에 있다. 좋은 아이디어를 가진 사람이면 누구나 발명당국과의 협상없이 수익성이 있는 아이디어에 투자할 수 있다. 기술혁신에 대한 독점적인 통제로부터 얻는 이윤은 해당 혁신의 사회적 가치와 관련이 있기 때문에, 지적재산은 발명자들로 하여금 그들의 아이디어를 비용 대비 사회적 기대가치와 비교하게 함으로써 스스로 수익성이 없는 아이디어를 걸러내도록 한다. 만약 발명가들이 실수를 한다면, 피해를 보는 것은 주로 발명가들이거나 또는 발명가들을 후원해주는 기업일 것이다. 만약 예상을 제대로 했다면, 발명가와 그 후원자들이 주된 수혜자들이다. 새로운 지식의 결과물에 대해 자발적으로 구매하지 않는 한 댓가를 지불하지 않기 때문에 아무도 이들의 성공과 실패에 대해 불평불만을 제기할 필요가 없다.

제2장에서 강조된 것처럼, 이는 지적재산권에 대한 매우 강력한 지지이유가 될 수 있다. 비록 다른 메카니즘이 일부 같은 장점을 지니고 있고 사회적 사중손실(deadweight loss)과 같은 일부 단점을 피할 수 있다하더라도 말이다. 지적재산권은 또한 중요한 경제적 유인체계(incentive mechanism)이기도 하다. 법률가와 경제학자들은 모두 지적재산권이 어떻게 설계되어야 하는지에 대해 많은 노력을 기울여왔다. 이것이 제4장에서 다룰 내용이다.

지적재산권의 모든 분야들은, 제3장에서 논의된 것처럼, 규정된 기간(a

stipulated duration), 범위의 개념(a notion of 'breadth')[주로 법령보다는 판례법에 의해 정해지는], 최소한의 보호 가능한 진보성의 개념(a notion of the minimum protectable inventive step), 일부 공정사용면제('fair-use' exemptions) 등과 같은 일정한 공통적인 특징을 지닌다

이러한 정책수단(Policy lever)들은 서로 다른 창조적 환경을 필요로 하는 모형들에서 서로 다른 중요성을 지니며, 서로 다르게 작동한다. 이번 장(chapter)에서 논의되는 특허경주(patent race)와 관련 있는 많은 논쟁들은 저작권(copyrights)이나 창작작품(creative works)들보다는 특허(patents)와 특허대상에 더 적합하다고 할 수 있다. 특허경주는 어떠한 목표로 하는 아이디어가 여러 경쟁자들에게 알려져 있고 지적재산권이 오로지 승자에게만 주어질 때 한하여 발생한다. 보통은 적어도 창작작품에서 저작권경주(copyright race)가 일어날 것이라 보기 힘들다. 소설작가들은 오로지 작가들 중 한 사람에게만 돌아가는 상을 획득하기 위해 경주를 하지는 않을 것이며, 작가들이 생산한 소설은 통상 완전한 대체재(perfect substitutes)라 볼 수 없기 때문이다. 실제로 두 작가의 소설 내용과 스타일이 비슷하다 하더라도 독자들은 일반적으로 2개를 사거나 아예 안사는 경우는 있어도 하나만 사는 경우는 없다. 이는 음악분야에서도 마찬가지이다.

저작권이 인정되는 작품을 창작하는 사람들에게 가장 중요한 결정은 가령 목수와 같이 이미 주어진 '아이디어'를 추구하는 것이 아니라, 작가가 되느냐 마느냐 하는 것이다. 인센티브 제도를 작동함으로써 얻고자 하는 것은 어떤 특정한 소설이나 교향곡에 투자를 유도하는 것보다는 창의적 삶을 위한 잠재적 창조자들(creators)에게 동기를 유발시키는 데 있다. 지적재산권의 공정한 사용과 함께 그것의 길이(length)와 범위(breadth)는 창작물들이 얼마나 이윤성(profitable)이 있는지를 결정하며, 얼마나 많은 사람들이 저작물의 창조자가 되는지에 영향을 준다.[1]

그러나 산업 발명(industrial invention)에 대해서는 경제적 유인체계(incentive system)가 삶의 방식의 선택이라는 관점보다는 혁신을 위한 아이디어라는 관점에서 더 많이 작동한다. 이러한 것들이 이번 장에서 다룰 주요 논점들이다.

---

1) 창작자들이 좋은 아이디어를 갖고 있는 비율과 이러한 아이디어를 수행하는 데 대한 보상에 따라 어떤 경제 주체가 스스로 창작자가 되는 모형에 관해서는 제8.5절을 참조하라. 이 모형은 보조금 보상(grant rewards)을 설명하기 위해 사용되지만, 작가에 대한 저작권 보상에 대해서도 잘 설명한다.

4.1 | 지적재산권은 얼마나 이윤을 획득할 수 있도록 하여야 하는가?

만약 지적재산권의 강화가 더 많은 혁신을 이끌어 낸다면 지적재산권을 강화하는 것은 항상 좋은 생각이라고 생각할 수 있다. 이러한 생각은 적어도 두 가지 이유에서 근시안적이다. 강한 지적재산권(strong intellectual property rights)은, 심지어 약한 지적재산권조차도, 앞으로 발생할 혁신에 있어서의 사중손실(deadweight loss)을 증가시킬 뿐 아니라, 기업들이 지적재산권 획득을 위한 경쟁에 기업들의 R&D비용에 대한 비효율적인 중복투자를 초래할 수 있다.

[그림 4-1]은 제2장에서 설명한 아이디어 공간을 나타낸다. 각 아이디어 (v, c)는 공간 내에서 점으로 표시될 수 있다. 제2장에서 처럼, 변수 v는 혁신에 의해 소비자에게 제공된 잠재적 가치를 나타낸다. 특히 v는 제2장의 [그림 2-2]에서 수요곡선의 아랫부분으로 묘사된 것처럼, 경쟁적인 공급(competitive supply) 하에서의 소비자의 기간 당 소비자잉여(per-period consumer's surplus)를 나타낸다. 여기서 정책수단은 오로지(할인된) 보호기간 T에 대한 결정뿐이라고 가정하자(할인된 시간은 제 2장 끝부분의 부록 2.8.1에 설명되어 있다). 이 경우 지적재산권보호는 πvT의 이윤을 제공한다.

이윤은 명백하게 시장의 크기인 v에 의존한다. [그림 4-1]은 특허수명 T와 $\tilde{T}$

그림 4-1 아이디어, 혁신, 그리고 권리보호의 길이

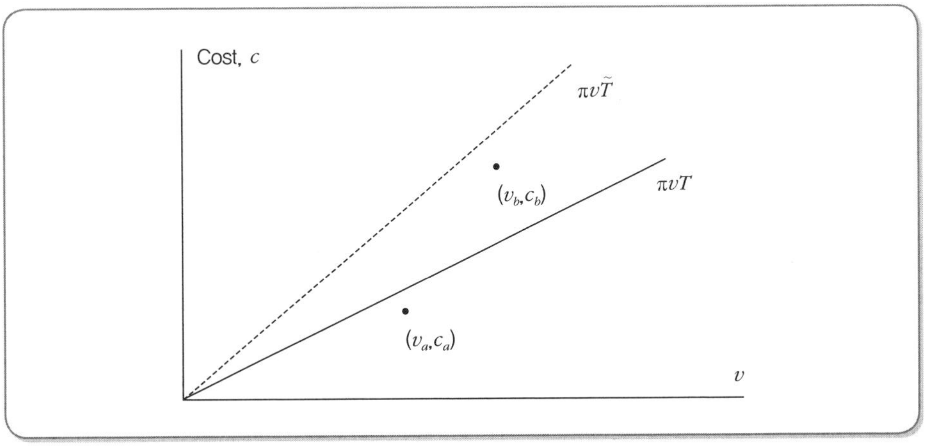

$(T<\tilde{T})$를 지닌 서로 다른 특허권에서 v에 의한 이윤을 보여준다. 특허기간이 더 긴 특허권 $\tilde{T}$은 각각의 아이디어에 더 많은 이윤을 제공한다. 이러한 재산권 보호의 강화는 더 많은 혁신을 이끈다. 예를 들어, (v_b, c_b)로 표시되는 아이디어는

$$\pi v T < c_b < \pi v \tilde{T}$$

이기 때문에 지적재산권의 장기적인 보호 하에서는 양(+)의 이윤을 창출하여 투자할 만한 가치가 있지만, 단기적인 보호 하에서는 그렇지 않음을 알 수 있다. Nordhaus(1969)가 지적한 것처럼, 보호 기간의 증가가 사회적 관점에서는 사중손실로 인해 바람직하지 않을 수도 있다. 지적재산권의 단기적인 보호 하에서도 생산될 법한 아이디어인 (v_a, c_a)의 투자에 대해서는 보호 기간이 길어질수록 사회적 사중손실은 증가하고 혁신의 사회적 가치가 감소한다. 만약 사회적 사중손실이 기간 당 ℓv $(\ell<1)$이고, 특허권이 T기간 동안 지속된다면 아이디어 (v_a, c_a)에 대한 투자의 사회적 가치는

$$(v_a/r) - \ell v_a T$$

이다. 여기서 r은 할인율이다. 따라서 혁신이 이루어졌다는 조건 하에 사회적 가치는 장기적인 보호보다 단기적인 보호에서 더 크다. 어떤 지점에서는 재산권 보호 기간의 연장이 사회적 사중손실의 측면에서 대가가 더 크기 때문에 혁신이 사회적 가치를 지니지 못한다.

강한 보호로부터 초래되는 두 번째 사회적 손실은 중복비용(duplicated costs)이다. 어떤 연구목적을 달성하는데 있어서 많은 기업들이 아이디어를 가지고 있다고 가정하자. 즉, 아이디어는 희귀(scarce)한 것이 아니다. 흔히 알려져 있고, 상대적으로 비용이 적게 들어가는 아이디어 (v_a, c_a)에 대해서는 여러 기업들이 투자함으로써 비효율적인 중복투자비용이 발생한다.

그러나, 이 아이디어 모형(ideas model)은 지금까지 연구과제가 불확실한 성과를 가진다는 사실을 반영하지 못하고 있다. 중복의 개념은 만약 연구결과가 불확실하다면, 특히 다른 기업들의 성공 또는 실패가 서로 독립적이라면, 정확한 개념이 아니다. 만약 여러 연구자들이 한 과제만 시도한다면, 사후(ex-post)에 모두 실패하거나 몇몇 연구자만 성공하는 것으로 드러날 것이다. 그러나 우리는 사전적

(ex–ante)인 관점에서 이러한 결과 중 어느 것으로부터도 연구계획이 불충분하거나 중복되는 것이라고 추론할 수 없다.

특히 Tandon(1983)이 가정한 것처럼, 목표로 설정한 대상에 대한 아이디어는 각각 그 자체의 고유한 위험이 존재한다. 아이디어의 개념을 변형하여 세 개의 변수 (v, c, p)로 나타내보자. 여기에서 v는 특정한 목표의 달성에 따라 얻게 되는 가치를 나타내고, c는 연구 접근방법의 비용을 나타내며, p는 연구 접근방법의 실패 확률을 나타낸다. 논의를 단순화하기 위해, 기업들은 비용과 가치는 같되, 접근방법이 다른 아이디어들을 갖고 있다고 가정하자. 따라서 서로 다른 접근방법의 실패와 성공은 서로 독립적(independent)이다. 만약 n개의 접근방법이 실행된다면, 모든 접근방법이 실패할 확률은 p^n이므로, 적어도 하나의 접근방법이 성공할 확률은 $1-p^n$이다. 우리는 이를 $P(n)$으로 나타낸다.

$$P(n) = (1-p^n)$$

이러한 환경 하에서, 효율성을 위해서는 얼마나 많은 접근방식이 채택되고, 어떤 것이 채택될 것인가가 문제가 된다. 연구주제에 대한 접근방식이 다 다르고, 각 접근 방식의 성공과 실패가 독립적이기 때문에, 이들은 전적으로 중복적이지는 않다. 한 기업은 성공하고, 다른 기업은 실패할 수 있다. 특허를 통한 경제적 보상이 추구하는 여러 목적 중의 하나는 연구를 시도하는 연구자의 수(the number of attempts)를 통제하는 것이다.

S는 특정한 연구의 사회적 가치를 나타내고, Π는 지적재산권을 획득할 경우, 이로부터 얻을 수 있는 이윤을 나타낸다고 가정하자. 지적재산권의 수익성은 시장의 크기와 특허권의 보호기간에 의존한다. 앞선 표기법에 의하면 $\Pi = \pi v T$이다. 그러나 이 장의 나머지 부분에서 볼 수 있는 것처럼, 특허의 가치는 또한 지적재산권의 다른 측면에 의해서도 영향을 받는다. 따라서 중요한 문제는(특히 특허의 수명이 아니라) 이윤의 수준이며, 이를 위해 우리는 좀 더 일반화된 Π를 사용하고자 한다.

발명가가 혁신의 사회적 가치보다 더 많은 가치를 획득하는 것은 어렵기 때문에, 일반적으로 $S \geq \Pi$라고 할 수 있다. 제2.2절의 단순 모형에 따르면, 발명이 보호되는 기간 동안의 기간 당 사회적 가치는 $(\pi+m)v = (1-\ell)v$ 이다. 여기에서 $\ell = 1-\pi+m$이며, 이는 기간당 이윤 πv보다는 크다. 할인된 사회적 가치는

$$S=\left(\frac{1}{r}-T\right)v+(1-\ell)vT=\frac{1}{r}v-\ell vT$$

인데, 이것은 잠재적인 소비자잉여의 최고치(the maximum potential consumers' surplus)에서 사회적 사중손실(deadweight loss)을 뺀 것이다.

우리의 목적은 균형 상태에서의 경주에 참여하는 기업 수(equilibrium number)와 사회적 최적 수준의 참가기업 수(optimal number)를 비교하는 것이다. 이는 또한 어떻게 최상의 특허권 가치(the best patent value) Π를 선택할 지에 대한 가이드를 제공한다. 우리는 n^*로 표시되는 최적의 참여자 수(the optimal number of entrants), n^e로 표시되는 균형상태 하에서의 참여자 수(the equilibrium number of entrants)를 살펴보고, 이들이 어떻게 S와 Π에 의존하는지를 살펴보기 위해 [그림 4-2]를 이용할 것이다. 우리는 잠시 보호기간 T와 같이 Π에 영향을 미치는 정책 수단들이 사회적 가치인 S에도 영향을 미친다는 사실을 무시하고자 한다.

각각의 n에 대해, 예상되는 기업 당 기대이윤은 $(1/n)\Pi P(n)$이다. 전체 기업 n에 대해 기업 당 이윤은 기업 당 비용 c보다 크며, 함수 $\Pi P(n)$은 총비용곡선의 위에 놓인다. 기업들은 추가적인 기업(the additional firm)이 이윤을 얻을 수 없는 수준까지 진입 할 것이고, n^e는 $\frac{1}{n^e}\Pi P(n^e)=c$를 만족한다.

따라서 균형상태 하에서 참여자들의 기대이윤은 0이다. 이는 특허경주에 참여

그림 4-2 균형 또는 최적 참가자 수

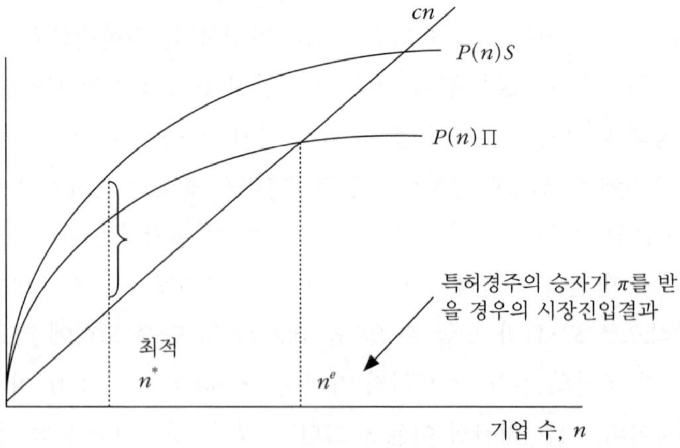

하는 기업의 숫자를 결정한다.

그러나 균형상태 하에서의 기업의 수는 최적이 아니다. n번째 참여자에 의해 제공되는 사회적 가치는

$$S[P(n)-P(n-1)]-c$$

이다. 최적의 참가자 수 n^*에서는 추가적인 참가자(marginal entrant)에 의해 창출되는 사회적 가치의 증가분과 사회적 비용 c가 같지만, n^* 이후에 들어오는 참가자는 그렇지 못한 지점의 숫자라고 할 수 있다.

$$S[P(n^*)-P(n^*-1)] \geq c \geq S[P(n^*+1)-P(n^*)]$$

최적의 참여자 수 n^*는 [그림 4-2]에서 $P(n)S$와 cn의 차이가 극대화 되는 곳이라는 것을 알 수 있다. 이것은 괄호{}로 표시되어 있다.

최적 참여자수인 n^*는 특허의 가치(Π)에 따라 균형상태의 n^e보다 클 수도 있고 작을 수도 있다. 만약 지적재산권의 사적 가치(Π)가 상대적으로 높으면, 그림에서 보인 것과 같이, 균형참가자 수 n^e가 너무 많을 수 있다. 만약 Π가 상대적으로 작다면(그림에는 나타나지 않음), 총이윤곡선은 모든 점에서 아래로 이동할 것이고, 균형참여자수는 너무 적을 것이다. 이 경우 교차점인 n^e가 n^*의 왼쪽에 놓일 것이다.

예를 들어, 승자가 사회 전체의 가치인 $\Pi=S$만큼의 이윤을 얻는다고 가정하자. 그러면 $P(\cdot)S$과 $P(\cdot)\Pi$의 곡선은 일치하고, 너무 많은 진입이 발생할 것이다($n^e>n^*$). 그 이유는 직관적으로 최적의 참여자수를 결정하는 것은 한계이윤(marginal profit)이지만, 한계 진입자(marginal entrant)는 한계이윤이 아니라 평균이윤(average profit)을 얻기 때문이다.[2]

---

2) 이 문제는 '공유지의 비극(the problem of common)'으로 잘 알려져 있다. 공유 방목지에서 한계동물(marginal animal)은 다른 동물들이 먹을 수 있는 풀을 먹으며 이를 통해 자신의 가치를 키움으로써 다른 동물의 가치를 떨어뜨린다. 공유지의 소유자는 무료입장으로 풀을 뜯는 것보다 더 적은 동물을 방목하고, 무료입장으로 발생하는 공동이익(joint profit)보다 더 많은 이익을 얻는다. 이 아이디어를 특허경주에 적용한 사례를 위해서는 Reinganum(1989)을 보라. Reinganum은 Loury(1979)와 Lee and Wilde(1980)로까지 거슬러 올라가 모형들을 살펴보고 있다. 이 모델들은 모든 기업들이 실패한 경우 경주는 누군가 승리할 때까지 다시 새로운 라운드의 시도로 이어진다고 가정함으로써, 발견의 확률을 발견의 시간으로 전환하고 있다. 이 두 경우가 동등하다는 것은 기술적 노트(technical note) 4.7.1에 나와 있다. 여기에 사용된 버전은 Wright(1983)가

$P(\cdot)$곡선의 오목성(concavity) 때문에, 평균이윤은 한계이윤보다 크다. 각 진입자는 이전의 진입자에게 그들이 고려하지 않았던 비용을 부과한다. 경주에 참가함으로써, 진입자는 다른 기업이 이길 확률을 감소시킨다. 이 확률의 감소는 진입자에게 사회적 가치가 아닌 사적 가치(private value)를 제공한다. 확률의 감소는 기업들 간에 이전되는 것이다. 비록 진입의 사회적 가치가 음(−)일지라도 진입의 사적 가치는 양(+)일 수 있다.

만약 특허권의 가치를 나타내는 Π가 각 시장에서 따로 분리되어 선택될 수 있다면, 특허의 가치(Π)는 $P(n^*)\Pi = cn^*$을 만족하는 수준에서 선택되어야 한다. 여기서 n^*은 사회적으로 최적인 연구자들 수이다. [그림 4-2]에서 n^*수준에서 총비용곡선과 P(·)Π 곡선이 교차하기 위해서는 Π의 가치가 줄어들어야 한다 (만약 Π에 영향을 미치는 정책수단이 S에도 영향을 준다면, n^* 또한 Π가 감소함에 따라 이동한다.)

제2장의 내용을 반복하면, 이윤 Π는 포상(prize)으로서 해석될 수 있다. 그러나 포상과 지적재산권 간에는 포상의 최적가치가 특허의 최적가치보다 더 크다는 중요한 차이가 존재한다. 포상 크기의 증가는 더 적은 사회적 사중손실을 낳는다. 만약에 정말로 포상금을 올리는 데에 전혀 사회적 사중손실이 없다면, 혁신의 사회적 가치인 S는 $v/r - \ell vT$ 대신 v/r과 같다.

특허권과 마찬가지로 특정한 목표를 위한 매우 큰 포상은 경주(race)를 촉진시킬 것이다. 진입자의 수를 통제하기 위해, 포상금의 크기는 $P(n^*)\Pi = cn^*$을 만족시키는 수준에서 선택되어야 한다. 여기서 최적의 n^*는 더 큰 사회적 가치로 인해 더 클 것이다($P(n)S$로 정의된 곡선은 S가 더 크면 더 높게 위치한다). 최적 참가자 수는 만약 보상이 특허(patent)로 주어진다면 포상(prize)으로 주어진 경우보다 더 적으며, 특허의 사적인 가치도 포상으로 주어지는 경우보다 더 작다.

제 4.4절에서는 위에서 소개한 성공확률의 예시를 한 기간의 실패에 대해 적어도 여러 접근법 중 하나가 성공할 때까지 계속 다음 기(period)에 새로운 노력을 하는 것으로 수정하여 살펴보도록 한다.

포상(prize)과 특허(patent) 시스템을 비교하는 데도 사용되었다.

4.2 | 정책도구로서의 특허범위

비록 특허 보호기간의 길이가 지적재산권의 수익성을 통제하기 위한 가장 명백한 정책도구라 할지라도, 이는 특허분쟁(patent disputes)에 등장하는 정책도구는 아니다. 특허분쟁은 거의 항상 처음에는 특허의 유효성 문제나, 또는 특허를 침해하지 않기 위해서는 다른 제품이 얼마나 달라야 하는지에 대한 미묘한 문제를 중심으로 진행된다. 후자의 개념은 지적재산권의 '범위(breadth)'라 알려져 있다. 만약 지적재산권 소유자가 시장에서 대체상품을 배제할 수 있다면 재산권의 수익성은 더 높아질 것이다.

만약 우리가 또 다른 정책도구로서 '범위'를 인정한다면, 우리가 지금까지 가정해온 것과는 다르게 혁신은 더 이상 고정된 수요곡선을 결정하지 못한다. 만약 밀접한 대체재(close substitutes)들이 시장에 존재한다면 수요곡선은 보다 탄력적(elastic)이고, 일반적으로 더 낮은(lower) 수준에 있을 것이다.

예를 들어, 제3장의 각주 51에서 언급했던 종이컵 슬리브(sleeve)를 생각해보자. 좀 더 자세히 살펴보면, 이 사소한 편의용품들에는 특허번호가 있는 것을 알 수 있는데, 이는 최초 특허권의 범위가 좁았다는 것을 나타낸다. 만약 특허권의 범위가 넓다면, 최초 특허권자는 시장으로부터의 여러 다양한 종류의 슬리브들을 특허권의 범위에 포함시킴으로써 이윤을 늘릴 수 있다. 특허권의 범위가 좁다면, 높은 가격은 소비자들이 다른 판매자로 이동할 유인을 주기 때문에, 특허권자는 높은 가격을 부과하지 못한다. 비록 종이컵 슬리브가 약간 다를지라도, 특허권자의 특정 버전 종이컵 슬리브에 대한 수요곡선과 경쟁자의 수요곡선은 매우 탄력적일 것이다. 따라서 경쟁은 가격을 낮춘다.

넓은 특허(broad patent)의 예로는 제3장에서 언급한 미국 특허 4,736,866(1988)의 하버드 실험용 생쥐(the Harvard oncomouse)를 들 수 있다. 이 유전자 변형 생물은 두 명의 연구자가 암과 관련된 유전자 물질을 생쥐의 수정란에 주입함으로써 만들어 졌다. 그 결과로 생쥐와 그 자손들 역시 암에 걸리기 쉽게 됨으로써 암 연구에 좋은 연구 동물이 됐다. 그러나 해당 특허는 수정된 난자, 또는 특정 생쥐 라인 자체를 변형시키는 과정만이 아닌, 그들이 개발한 방법을 이용하여 만든 모든 '비인간 유전자 변형 포유동물'에 대해 특허권을 주장했다(Merges and Nelson 1990). 이와 같은 넓은 특허 하에서는 후속 연구자들이 비록 유전자 변형 바다코끼리를 만들기 위해 뛰어난 전문성과 고비용을 투자하는 노력을 들이고, 바다코끼리가 암보다는 비만 연구에 사용된다 하더라도, 특허권 위반으로부터 안전하지 못하다.

제3장에서 언급한 것과 같이, 특허권 범위에 대한 법적 개념은 특허의 청구항(claims)과 균등론(the doctrine of equivalents)으로부터 나온다. 법원은 이들을 통해 문자 그대로의 '청구범위'를 넘어서는 더 넓은 배타적 권리를 부여할 수 있다. 그러나 이러한 분류들은 경제학적인 사고와 잘 연결되지 않기 때문에, 경제학자들은 특허권 외의 지적재산권에 적용할 수 있는 경제학자들 자신들의 범위(breadth) 개념을 제안해왔다. 경제학자들은 두 가지 방법으로 '범위'를 모형화했다: 하나는 특허를 침해하기 위해서는 제품이 얼마나 '유사'하여야 하는지로 정의되는 '제품공간(Product space)'이고, 다른 하나는 특허가 보호되는 시장에서 특허권을 침해하지 않는 대체재를 찾는 데 얼마나 많은 비용이 드는지로 정의되는 '기술공간(technology space)'이다. 더 나아가, 경제학자들은 두 종류의 혁신 환경에서 '범위'를 연구해왔다: 하나는 수평적 경쟁(horizontal competition)에 의해 위협받는 혁신과, 다른 하나는 향상된 혁신에 의해 대체되는 혁신이다. 향상(improvement)에 대한 논의는 제5장의 누적 혁신(cumulative innovation)에서 다룰 것이다.

범위에 대한 첫 번째 개념으로서, 특허상품의 시장 크기는 특허권을 침해하지 않는 대체상품의 유사성에 따라 정해진다. [그림 4-3(a)]에서는 대체상품의 가격이 변할 때 특허상품의 수요가 어떻게 이동하는지 보여준다(논의를 간단히 하기 위해 [그림 4-3]에서 두 상품의 생산에 대한 한계비용을 0이라 가정하자). 낮은 수요함수 $x_1(\cdot, \tilde{p}_2)$는 특허권의 범위가 좁기 때문에 대체상품이 경쟁가격(competitive price) $\tilde{p}_2=0$에 이용 가능한 경우의 특허상품에 대한 수요를 나타낸다. 높은 수요곡선 $x_1(\cdot, \hat{p}_2)$는 특허권의 범위가 넓기 때문에, 대체상품이 특허소유자나 라이선스 실시권자(licensee)에 의해 독점적 가격(proprietary price)에 의해 공급되는 경우를 나타낸다.

따라서 좁은 범위의 특허권은 넓은 범위의 특허권보다 훨씬 적은 이윤을 창출한다. 좁은 범위의 특허권에서 특허 소유자는 오직 기간 당 $\tilde{\pi}_1$의 이윤을 얻는다. 넓은 범위의 특허권에서 특허 소유자는, 두 시장(특허상품과 대체상품) 모두에서 권리를 갖기 때문에, 기간 당 $\hat{\pi}_1+\hat{\pi}_2$의 이윤을 얻는다. 만약 대체상품이 전혀 공급이 안 된다면, 넓은 범위 특허권을 가진 특허상품의 수요곡선은 더 높아진다. 그러나 특허권 소유자는 양쪽 시장에 모두 공급함으로써 일반적으로 더 많은 이윤을 얻을

그림 4-3 독점적 상품과 특허 침해 가능성이 있는 상품

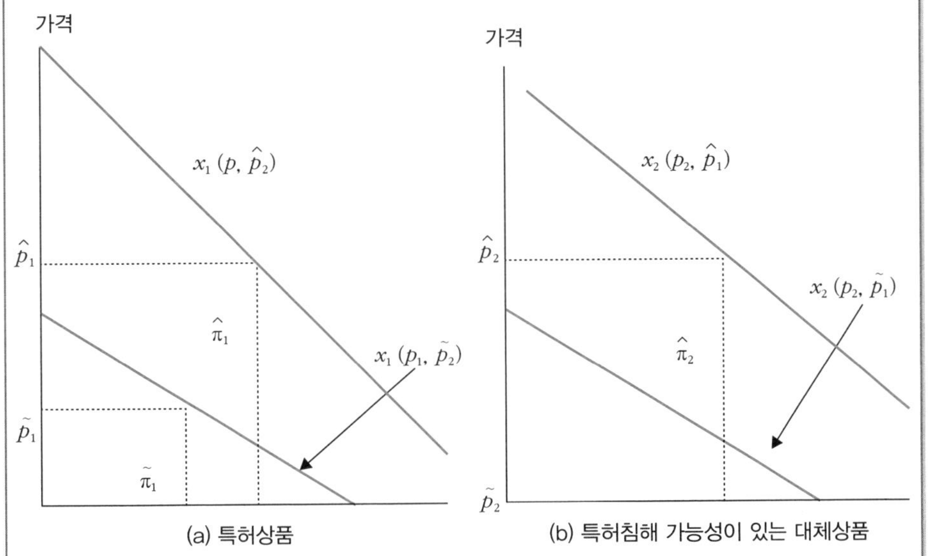

것이기 때문에, 대체상품시장 역시 공급될 것이다.

범위에 대한 두 번째 해석(Gallini 1992)에 따르면, 범위는 해당 특허 주변의 유사한 발명에 대한 비용(the cost of inventing around the patent)을 통제하며, 따라서 특허권 보호를 받는 시장에 합법적으로 진입하는 데 드는 비용을 통제한다. 각 시장진입자에 의해 판매되는 상품은 특허 상품과 완벽한 대체재(perfect substitute)이지만, 시장진입 비용이 존재하기 때문에, 제한된 수의 시장진입자만 존재하고, 시장은 완전경쟁적이지 않을 것이다. 시장진입은 특허소유자의 가격을 독점가격보다 낮추는 데 기여할 것이고, 그 정도는 시장진입비용의 크기에 달려있다.

이를 살펴보기 위해, 독점시장에서의 가격이 함수 $P(\cdot)$에 의해 통제된다고 가정하자. 여기서 $P(n)$은 n명의 공급자가 있을 때의 가격이다. $P(\cdot)$의 가격은 n이 증가함에 따라 하락한다. 이는 시장에 더 많은 공급자가 있을 경우, 더 치열한 경쟁이 있을 것이란 점을 반영한 것이다. [그림 4-4]에서 $P(1)$은 독점가격(monopoly price)이고 $P(\infty)=0$은 경쟁가격(competitive price)이다.(단순하게 하기 위해 해당 제품의 생산에 대한 한계비용은 0이라고 가정하자. 따라서 경쟁가격은 0이다.) 공급자수가 $1<n<\infty$ 사이에 있는 경우, 가격은 독점가격과 경쟁가격 사이에서 결정 될 것이

그림 4-4 시장진입자의 숫자에 따른 가격

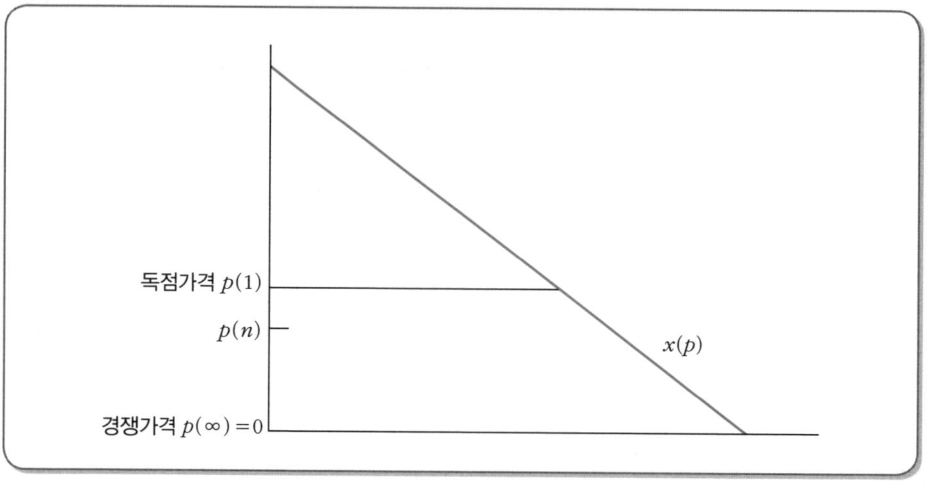

다. 이 경우, n명의 공급자가 있는 시장의 총이윤은 $P(n)x(P(n))$일 것이고, 각 공급자는 총이윤의 $1/n$만큼을 받는다.

중복에 따른 시장진입비용은 K라고 가정하자. 시장진입자의 수는 아래의 식 (4.1)에 의해 결정되며, 이 시장참여자 수 n에서 진입이 멈출 것이다.

$$\frac{1}{n+1}[TP(n+1)x(P(n+1))]<K\leq\frac{1}{n}[TP(n)x(P(n))] \tag{4.1}$$

위 부등식은 최종 진입자가 음이 아닌 이윤(nonnegative profit)을 얻지만, 그 이후의 추가적인 진입자는 음의 이윤(negative profit)을 얻는다는 것을 의미한다. 따라서 권리보유자는 식 (4.1)에 의해 통제되는 것처럼, 대략 K와 비슷한 이윤을 얻는다.

사실, 특허소유자는 중복비용을 통한 진입을 용인하는 대신에, 시장진입자에게 라이선스를 부여함으로써 K보다 많은 이윤을 얻을 수 있다. 시장진입비용인 K는 순전히 사회적 낭비이고, 기업들은 이 비용을 피함으로써 이윤을 얻을 수 있다. 라이선스를 부여하는 것이 명백한 해결책이다. 가장 간단한 라이선스 옵션은 진입을 원하는 모든 기업에게 라이선스 요금 K를 부과하고 특허보유자의 기술을 이용하여 시장에 진입하도록 하는 것이다. 이 경우 시장진입자는 라이선스가 없을 때와 동일한 이윤을 창출할 수 있다. 라이선스는 동일한 숫자의 시장 진입자가 있을 때와 동일한 시장 가격을 도출하지만, n명의 진입자가 있을 때 특허보유자에게 Kn

에 해당하는 이익을 얻을 수 있도록 해준다. 일반적으로 특허소유자는 로열티와 함께 라이선스를 부여함으로써 더 나아질 수 있다. 라이선스가 있든 없든, 특허소유자의 이윤과 특허상품의 가격은 시장진입비용 K에 의해 결정될 것이다. 낮은 시장진입비용 K는 특허권이 보호되는 시장의 가격을 낮출 것이고, 비록 K보다 낮지는 않더라도, 특허상품으로 인한 이윤을 낮출 것이다.[3]

따라서, 법으로 명시된 모든 지적재산권들의 보호기간은 비록 혁신의 특성을 고려하지 않고 정해져 있지만, 특허권의 범위를 통해 혁신가들의 이윤을 세부적으로 조정할 수 있는 여지가 존재한다. 그러나 우리는 법원이나 특허청이 일반적으로 이윤조정을 위해 특허를 부여하거나 청구항을 해석하지 않는다는 것에 주의할 필요가 있다. 이러한 논쟁은 오히려 보호상품의 역분해(reverse engineering)에 드는 비용만으로도 항상 시장진입이 가능한 영업비밀보호(trade-secret protection) 분야와 더 밀접한 관련이 있다. 만약 역분해에 드는 비용이 발명에 드는 비용에 비례한다면, 라이선싱 가격은 독점가격보다 낮게 될 것이며, 발명가의 이윤은 비용에 비례하게 될 것이다.

4.3 이윤의 구조화: 길이와 범위

제4.1절에서는 특허권이 일반적으로 사회적 사중손실을 유발한다는 사실과, 경우에 따라 너무 심하거나 너무 약한 특허경주를 유발할 수 있다는 것을 고려할 때 특허권이 얼마나 보장되어야 하는지에 대해 살펴보았다. 제4.2절에서는 특허범위가 특허권 보장의 길이와 마찬가지로 특허의 가치를 조정할 수 있는 정책적 도구임을 보였다. 이번 절에서는 정확한 특허권의 가치(Π)가 결정되었다고 가정하고, 정책적인 문제로서 어떻게 그 가치가 구조화되어야 하는지를 살펴본다. Π만큼의 이윤을 제공하기 위해서는 특허가 넓고 짧아야(broad and short) 하는가, 아니면 좁고 길어야(narrow and long) 하는가? 지적재산권의 이러한 구조는 사회적 사중손실에 영향을 줄 것이다.

---

3) 이는 Maurer and Scotchmer(2002)의 주장이다. 진입자의 수에 따라 가격이 점차 하락한다는 주장은 시장에서의 경쟁의 특성에 달려있다. 가격이 어떻게 n에 의존하는지에 대한 가설은 쿠르노 경쟁(Cournot competition)과 맥락을 같이한다.

제4.2절에서 논의했던 범위의 두 가지 개념에 대해서 다시 생각해보자. 첫째로, 범위는 특허소유주의 시장에 진입하는 비용 K를 결정한다고 가정하자. 특허소유자가 Π만큼의 이윤을 얻도록 하기 위해서는 비용 K가 Π와 비슷한 수준이어야 한다. 이미 이전에 주장했던 바와 같이, 특허소유자의 이윤은 새로운 진입을 수용하든 또는 진입을 막기 위해 라이선스를 주든, K에 의해 결정된다. 라이선스를 주는 경우, 이윤은 K보다 다소 클 수는 있지만 여전히 K에 의해 결정된다. 우리는 K가 특허소유자의 비용을 충당할 정도로 충분히 크다고 가정한다.

그러나 시장진입에 요구되는 진입비용 K하에서, 특허의 수명은 짧거나 또는 길게 구성될 수 있다. T^*는 하나의 진입자도 발생하지 않을 정도로 짧은 동시에 특허소유자가 독점가격을 부과하고, Π보다 작지 않은 할인이윤 $p^*x(p^*)T^*$을 얻음으로써 비용을 충당할 수 있을 정도로 충분히 긴 기간이라고 하자. 이는 K에 대한 선택으로 인해 가능하다(이것은 K의 값에 따라 결정 된다).

다른 한편, 특허권은 $\tilde{T} > T^*$와 같이 오랫동안 지속되는 것으로 설계될 수도 있다. 이 경우, 제4.2절에서 논의된 것처럼, 시장진입의 위협이 존재할 것이고, P^*보다 낮은 시장가격을 초래할 것이다. 이 낮은 시장가격을 $\tilde{P}$ 라고 하면, 가격 $\tilde{P}$는 시장 진입자 수와 특허실시권자(licensee)의 수를 결정하는 시장진입비용 K에 의해 결정된다. 이 경우 역시 특허권 소유자의 이윤은 K에 의해 결정된다.

우리의 목적은 소비자의 관점에서 정책 (T^*, K), $(\tilde{T}, K)$를 비교하는 것이다. 혁신가의 관점에서 보면 두 정책은 모방에 따른 비용 K에 의해 결정되는 거의 비슷한 이윤을 가져다 주기 때문에 별반 큰 차이가 없을 것이다. 짧은 특허권 T^*하에서 혁신가는 상대적으로 짧은 기간 동안 독점가격을 부과함으로써 이윤을 얻고, 긴 특허권 $\tilde{T}$하에서는 낮은 가격을 오랜 기간 동안 부과하고(가능한 경우) 라이선스 요금을 얻음으로써 이윤을 얻는다.

정책 (T^*, K), $(\tilde{T}, K)$의 상대적 장점은 모방 또는 라이선싱을 통해 가격을 하락시키는 시장진입이 일어나는지에 달려있다. 이미 설명한 것처럼, K의 비용으로 특허와 유사한 제품을 발명하는 것은 기업이 라이선스를 부여하든 부여하지 않든 가격을 낮추도록 할 것이다. 그러나 라이선스는 이러한 사회적 계산법에 변화를 준다. 만약 기업들이 실제로 특허와 유사한 발명을 하기 위해 자원을 중복적으로 사용한다면, 그러한 낭비를 피하기 위해 특허법을 설계하는 것이 최선일 것이다. 즉 더 좋은 정책은 넓고 짧은 특허를 부여하는 것(T^*, K)이다(Gallini 1992).

다른 한편으로, 특허소유자로서는 진입을 용인할 때보다 라이선스를 주는 경우가 이윤이 더 크다.[4] 만약 특허권소유자가 경쟁자의 유사한 발명(invent around the patent)을 막기 위해 라이선스를 준다면 자원을 낭비하지 않고도 시장가격이 하락될 수 있다. 이 경우에는 길이와 넓이의 최적 조합은 매우 긴(무한한) 특허권이 될 것이다. 라이선스를 얻고자 하는 사람들은 많을 것이고, 가격은 경쟁가격에 근접할 것이다. 그러나 이 때의 가격은 특허보장 기간에 대해 할인된 이윤의 가치가 혁신비용을 충당할 수 있을 정도로 충분히 높다.

이러한 주장은 [그림 4-5]를 살펴봄으로써 좀 더 잘 이해할 수 있다. 부록(technical note) 4.7.1에는 좀 더 정형화된 설명을 제공하고 있다. 이 주장은 비율검증(ratio test)으로 설명될 수 있다.[5] 만약 기간 당 사중손실(deadweight loss)에 대한 기간 당 이윤의 비율이 독점 가격 P^*일 때 낮은 가격이 $\tilde{P}$인 경우보다 작다면, 이는 $(\tilde{T}, K)$가 더 나은 정책임을 의미한다. 사중손실(Deadweight loss)은 특허 제품 가격에 대한 소비자의 비용이다. 따라서 위 비율이 낮다는 것은 주어진 이윤을 창출하기 위해 소비자가 지불해야 하는 비용이 더 높다는 것을 의미한다. 높은 소비자 손실은 낮은 소비자 잉여를 의미한다. [그림 4-5]에서 보듯이, 직선인 수요곡선 하에서의 비율검증은 낮은 가격과 좁고 긴 특허권 보장이 더 나은 정책임을 말해주고 있다.

두 번째, [그림 4-3(b)]에 의해 묘사된 상품(특허침해 가능성이 있는 대체상품)이 [그림 4-3(a)]에서 묘사된 상품(특허상품)의 특허권을 침해했는지에 따라 정의된 특허범위를 다시 살펴보도록 하자. 이 경우에는 어떻게 특허를 보호해야 하는지를 단정적으로 말할 수 없다.

$\hat{T}$와 $\tilde{T}$는 각각 넓은 특허와 좁은 특허에 따른 보호 기간(length)이고, 특허제품

---

4) 실제로 경쟁자들이 특허 주변의 유사한 제품을 설계하는지에 대해서는 Aeppel(2004)를 참조하라. 어떤 경우에는 경쟁자들이 그렇게 행동했지만, 적어도 하나 이상의 경우에는 특허소유자들이 여기에서 제시한 것처럼, 경쟁자들의 유사제품 제작을 피하기 위해 가격을 낮추었다.

5) 부록 4.7.1에서 개발된 비율 테스트는 Tandon(1982)과 Kaplow(1984)에서 시작되었으며, Gilbert and Shapiro(1990)에 의해 사용되었다. Gilbert and Shapiro(1990)은 더 긴 보호를 위해 더 낮은 가격으로 전환하는 것이 사회적으로 더 유익하다고 주장한다. Maurer와 Scotchmer(2002)는 그러한 결과를 얻기 위해 폭(breadth)이 어떻게 사용될 수 있는지 설명한다. Klemperer(1990)도 다른 모델에서 유사한 비율 테스트를 적용한다. Ayres and Klemperer(1999) 역시 각 기간에서의 독점력이 제한되어야 한다는 비슷한 주장을 하고 있으며, Denicolo(1996)는 위의 이러한 모든 주장의 견고성을 조사하고 있다.

그림 4-5 비율검정

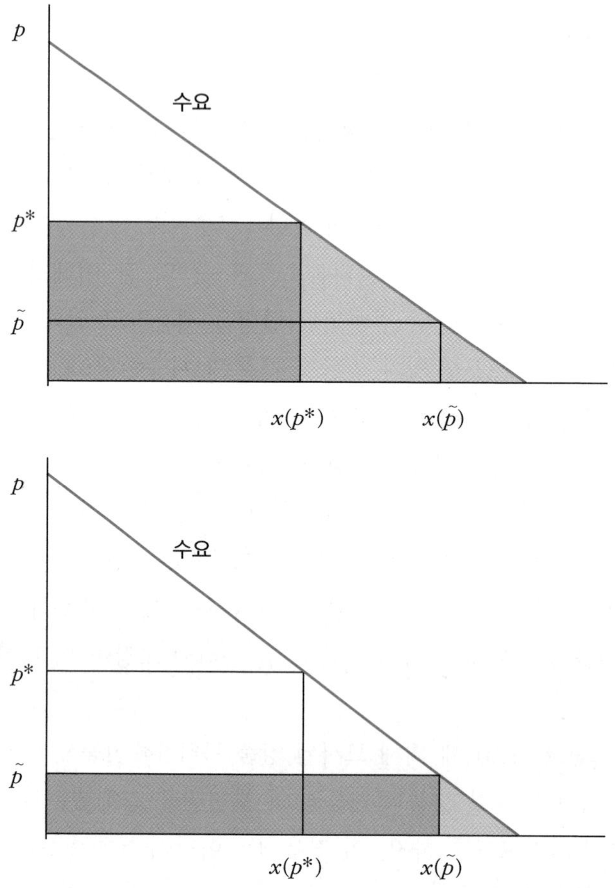

에 대해 같은 이윤을 창출한다고 하자. 즉,

$$\hat{T}(\hat{\pi}_1 + \hat{\pi}_2) = \tilde{T}\,\tilde{\pi}_1 \tag{4.2}$$

이다. 좁은 특허 보호의 만기 $\tilde{T}$는 넓은 특허 보호의 만기인 $\hat{T}$보다 상당히 더 길고, 특히 두 제품이 밀접한 대체재(close substitutes)라면 더욱 그렇다. [그림 4-3]을 보면, 어떤 정책이 더 나은 것인지 판단하는 것이 불가능하다. 그러나, 적어도 어느 정책이 최선인지를 명확히 할 수 있는 경우가 두 가지는 존재한다.

최선의 정책 여부는 [그림 4-3(a)]의 특허제품과 [그림 4-3(b)]의 유사제품 사이의 대체탄력성(the elasticities of substitution)과, 두 제품과 모든 다른 제품 사이의 대체탄력성에 달려 있다.[6] 좁은 특허보호 하에서, 수요는 [그림 4-3(a)]의 특허제품으로부터 [그림 4-3(b)]의 유사제품으로뿐만 아니라 다른 상품으로도 대체 된다. 넓은 특허 보호 하에서는, [그림 4-3(a)]와 [그림 4-3(b)]에 나타난 두 시장에서의 수요 대체가 더 적고 다른 상품으로의 대체가 더 많을 것이다. 왜냐하면 넓은 범위의 보호 하에서 [그림 4-3(a)]와 [그림 4-3(b)]의 두 제품은 특허제품의 독점적 가격(proprietary price)들을 지닐 것이기 때문이다.

어느 정책이 최선의 정책인지 명확한 경우의 첫 번째 예는 특허제품과 대체 제품 그룹의 수요가 매우 비탄력적(inelastic)인 경우이다. 예를 들어, 특허제품이 문서편집 프로그램이고, 대체재도 이와 유사한 문서편집 프로그램이라고 가정하자. 만약 대체재가 특허침해를 하고 있다면, 두 상품 모두 특허제품의 (독점적) 가격에 팔릴 것이다. 만약 가격이 비슷하다면, 소비자는 둘 중에 개인의 취향에 따라 선택할 것이다. 만약 대체 문서 편집 프로그램이 경쟁적으로 공급된다면, 일부 소비자들은 비록 비슷한 가격 하에서는 특허제품을 선호하더라도, 대체재를 구매 할 것이다. 만약 문서 편집프로그램에 대한 전체 수요가 비탄력적이라면 - 모두가 하나의 문서편집프로그램만 선택하거나, 아니면 모두가 다른 문서편집프로그램을 선택하는 경우 - 짧고 넓은 범위의 특허권을 가지는 것이 합리적이다. 왜냐하면 독점가격은 문서편집프로그램에 대한 정액세(lump-sum tax)와 비슷해지고, 정액세는 왜곡을 피하기 때문이다.

두 번째 예는 두 상품이 전혀 대체 관계에 있지는 않지만, 같은 기술을 다른 용도로 사용하여 전혀 다른 사용자들에게 서비스를 제공함으로써 잠재적인 특허침해가 일어나는 경우이다. 예를 들어, 특허는 특정한 목적을 위해 사용된 화학물질에 대한 것이지만, 동일한 화학물질을 2차적으로 사용하는 2차 시장이 존재할 수 있다. 이 경우 [그림 4-3(a)]의 두 수요 곡선은 일치하고, $\hat{\pi}_1=\tilde{\pi}_1$가 된다. 만약 각각의 사용에 따른 이윤 대비 사중손실의 비율이 같다면, 두 정책은 같은 사중손실을

6) 이와 특별히 관련이 있는 논문은 Paul Klemperer의 1990년 논문이다. 이 논문은 특허제품과 경쟁 제품 간의 수요대체성에 대해 논의의 초점을 두고 보다 구조적인 모형을 이용하여 권리범위(breadth)를 연구하고 있다. Klemperer(1990)는 대부분 특허를 침해하는 대체재는 공급되지 않을 것으로 가정하고 있지만, 이 책에서는 특허소유자가 통상 독점적 가격에 특허를 침해하는 대체재를 공급하는 것이 이익인 것을 알 수 있으므로 그와는 다른 가정이 적용되었다.

유발한다.

여기에 다시 비율검정(ratio test)을 이용하고자 한다. 만약 양쪽 사용에 있어 사중손실 대비 이윤의 비율이 같다면 두 정책 모두 같은 사중손실을 갖는다. 만약 이윤 대비 사중손실의 비율이 [그림 4-3(b)]에서 더 작다면 짧고 넓은 범위의 특허권이 더 낫다. 왜냐하면 이러한 특허권이 총 사중손실을 줄이기 때문이다.

이러한 논거는 우리에게 지적재산권이 시장에 조세를 부과한다는 사실을 일깨워준다. 이러한 조세형성은 일반적으로 적정 물품세 선택의 문제와 관련이 있다. 왜곡을 최소화하면서 수익을 증가시키기 위해 어떠한 물품에 조세를 부과 되어야 하는가? 그 대답은, 해당 수요가 비탄력적(inelastic)인 분야이어야 한다는 것이다. 물론, 지적재산권의 맥락에서 조세는 발명과 관련지어져야만 한다. 만약 수익이 발명으로부터 발생하지 않는다면, 지적재산권의 경제적 유인체계로서의 목적은 실패할 것이다.

4.4 | 특허경주의 장점과 단점

특허경주는 두 기업 이상이 동일하게 지정된 어떤 목표를 추구하고, 오직 한 기업만이 지적재산권을 획득 할 수 있을 때 발생한다. 제6장에서 더 자세히 논의되겠지만, 특허경주의 장점은 경쟁정책(competition policy)과 특별한 관련이 있다. 우리는 이미 제4.1절에서 특허경주의 장점 중 하나는 발명가들이 지정된 문제를 해결하기 위해 서로 다른 아이디어를 가지고 있는 경우, 혁신의 성공 가능성을 증가시키는 것이라고 언급했다.[7]

충분한 시도가 이루어지는 경우, 종종 어떠한 접근방법도 성공으로 이어질 수

7) 지적재산권을 놓고 경쟁하는 기업 간의 전략적 상호 작용에 대한 많은 문헌이 존재한다. 특허경주는 너무 적은 인센티브나 너무 많은 인센티브로, 너무 많은 제품의 확산이나 너무 적은 제품의 확산으로 이어질 수 있다. 관심 있는 독자는 예를 들어, Loury 1979; Lee와 Wilde 1980; Reinganum 1981, 1982, 1989; Wright 1983; Judd 1985; Harris and Vickers 1985a, 1985b; Dasgupta and Stiglitz 1980a, 1980b; Fudenberg et al. 1983; Dasgupta and Maskin 1987 같은 논문을 보라. 이러한 논문의 대부분은 지식을 위한 '생산 함수'"가 있는 연구개발의 경우를 연구한다. 아이디어는 희귀한(scarce) 대신 일반적인(common) 지식이며, 충분한 자원을 투입하면 모든 진전이 즉각 발생할 수 있다.

있다. 이 경우 특허경주의 두 번째 장점이 나타난다. 즉, 특허경주는 발전을 가속화시킬 수 있다. 이 절에서는 특허경주가 어떻게 발전을 가속화시키는지 보이고, 다른 한편으로 특허경주가 경제체제 내에서 효율적으로 정보를 취합하지 못하고 반드시 효율적인 투자 결정을 이끄는 것은 아니라는 것을 보임으로써, 경제적 유인체계로서의 특허경주가 지닌 단점을 설명하고자 한다.

제4.1절에서처럼, $P(n)$은 n개의 기업이 참여했을 경우, 매 기간 당 적어도 한 개의 기업이 성공할 확률을 나타낸다고 하자. 또한 한 개의 기업이 성공할 때까지 기업들의 특허경주는 지속될 것이며, 각 기간 당 비용은 같다고 가정하자. 이 경우, n개의 기업이 참여하고 있을 때, 각 기간 당 성공 확률은 $P(n)$이며, 발견에 대한 기대시간(expected time of discovery)은 $1/P(n)$이다. 이러한 계산법에 대한 내용은 부록 4.7.2에 나와 있지만, 만약 기간 당 발견가능성이 더 크면 발견시간은 좀 더 짧아질 것이라는 것은 직관적으로 명확히 알 수 있다.

개인적인 관점이냐 사회적인 관점이냐에 따라 발견의 가치는 그 발견된 시점부터 할인(discount) 되어야 한다. 할인이 없으면 언제 발견되었는지와 상관없이 개인의 가치는 Π이고, 사회적 가치는 S일 것이다. 그러나 부록 4.7.2에 나타나듯이 총이윤의 할인된 기대가치는 $\Pi P(n)/(P(n)+r)$이고, 총 사회적 잉여의 할인된 기대가치는 $S(n)/(P(n)+r)$이다. 이 또한 직관적으로 설명될 수 있다. 만약 각 기간 당 발견 확률인 $P(n)$이 크거나, 혹은 할인율 r이 0에 가깝다면 할인된 기대가치 Π는 그 자체인 Π의 값과 비슷할 것이다.

발견이 성공할 때까지 각 기업들의 기간 당 비용은 누적된다. 할인 없는 n기업의 기대비용은 $nc/P(n)$(기간 당 비용×예상되는 특허경주의 기간)이지만, 할인 된 기대비용은 $nc/(P(n)+r)$이다. 이것도 부록 4.7.2에 있다.

따라서 기업 당 기대이윤은

$$\frac{1}{n}\ \frac{\Pi P(n)-cn}{P(n)+r}=\frac{\frac{1}{n}\Pi P(n)-c}{P(n)+r}$$

이다. 기업들이 경쟁으로 인해 모든 이윤을 잃는다고 가정하면, 단일 기간 경쟁(one-period race)의 경우처럼, 기업들은 $\Pi P(n^e)-n^e c=0$이 될 때까지 시장에 진입할 것이다.

$P(n^e) > P(1)$이기 때문에 발견시간은 $1/P(n^e) < 1/P(1)$을 만족한다. 따라서 특허경쟁은 혁신을 가속화 시킨다.

이 단순 모형에서 각 기업은 기간 당 c(기간 당 고정비용)만큼을 고정적으로 투자한다. 그러나 만약 기업들이 R&D 투자의 비율을 증가시킬 수 있다고 해도 결과는 같다. 만약 두 기업이 특허권 경쟁을 한다면 한 기업이 투자했을 때보다 단위시간 당 더 많은 투자를 할 것이다. 부록 6.7.2를 참조하라.

제6장의 논의를 미리 살펴보면, 미국의 경쟁정책은 특허경주의 긍정적 효과를 많이 창출하고 촉진하는 것으로 평가되고 있다. 우리는 이런 낙관적인 평가에 대한 비판적인 견해로서, 경주에서 발생할 수 있는 비효율성에 대해서도 지적하고자 한다. 제2장에서 이미 우리는 특허경주(그리고 단순한 포상 시스템)가 기업들의 개인정보를 종합하지 못하고 효율적으로 그들의 정보를 사용하지 못한다는 사실을 언급했다. 비록 특허권이 부여하는 인센티브가 별로 가치없는 아이디어를 지녔거나 과도한 비용을 사용하는 기업들을 선별해주지만, 특허경주가 반드시 가장 좋은 아이디어를 가진 기업들의 투자를 촉진시키는 것은 아니다. 그럼에도 불구하고, 가장 좋은 아이디어를 가진 기업을 찾는 것이 가능하다면, 그렇게 하는 것이 나으며, 특허경주보다는 제2장에서 논의한 경합(contests)이 더 좋은 결과를 초래할 것이다.

서로 다른 정보로부터 발생하는 특허경주의 또 다른 단점은 다음과 같다. 어느 한 기업의 사적인 정보는 다른 기업의 성공 전망에 대한 주관적 평가를 변화 시킬 수 있다는 점에서, 기업들은 다른 기업과 직접적으로 관련이 있는 사적정보(private information)를 가지고 있다고 할 수 있다. 예를 들면, 치료법이나 백신을 만들어내는 두 개의 제약회사는 경쟁기업이 비슷한 연구과제에 대해 다른 경험과 정보를 가지고 있다는 것을 알 수 있다. 따라서 각 기업은 경쟁자가 연구개발의 성공 여부에 대해 얼마나 낙관적인지를 알고 싶어 한다. 각 기업들은 상대방의 투자를 면밀히 관찰할 것이다. 만약 경쟁자가 같은 연구과제에 투자를 한다면, 경쟁자가 이길 가능성이 있다는 점에서는 좋지 않은 뉴스일 수 있지만, 다른 한편으로 경쟁자 또한 투자가치가 있다고 생각한다는 점에서는 좋은 뉴스일 수도 있다. 만약 경쟁기업이 투자하고 있다면, 해당 기업은 연구를 계속하는 이유도 존재하지만, 또한 포기할 이유도 존재한다. 물론, 이것은 정반대로도 작동한다. 해당기업은 경쟁기업에 의해 관찰되고 경쟁기업의 투자전략이 자신의 투자 전략에 따라 달라질 수 있다는 것을 안다. 이에 대한 예시는 부록 4.7.3에서 계속해서 보여주는데, 어떻게 해당기업이 단지 다른 기업이 투자한다는 이유만으로 투자를 결정하는 균형 상태에 갇히게(locked in) 되는지, 또는 단지 다른 기업들이 특허경주에 참여하지 않는다는 이유만으로 모든 기업이 투자를 하지 않는 균형 상태에 갇히게 되는지를 보여준다. 오직 하나의 균형만 효율적인데, 이 균형은 특허경주가 정보를 종합하고 효율적으로 사용할 필요가 없다는 것을 보여준다.

4.5 | 면제의 역할

지적재산권은 권리 보유자에게 다른 사람이 보호받는 발명을 사용하거나 제작하는 것을 금지하도록 할 수 있는 권리를 부여한다. 그러나 독점적 권리는 여러 가지 방법으로 제한되는데, 그 중 가장 중요한 것은 아마도 지적재산권이 길이와 범위에 있어서 제한된다는 것일 것이다.

이 외에도 다른 제한 사항에는

- 공정 사용(Fair use of copyrighted works)
- 독립 발명 또는 역분해(independent invention or revere engineering)
- 연구 면제(Research exemptions)

등이 있다.각각의 면제 조항에는 각각의 서로 다른 논리적 근거가 있다. 비판가들은 면제 조항이 종종 혁신가나 저자가 갖고 있는 자신의 작품에 대한 사용을 통제할 수 있는 권리를 침범하기 때문에 불공평하다고 주장한다. 이러한 주장은 이 책에서 사용되는 경제적 인센티브에 근거한 논리(the incentive-based arguments)라기보다는 '도덕적 권리'에 근거한 논리에 더 가깝다. 의회가 발명의 인센티브를 제공할 목적으로 지적재산권을 수여할 권한을 갖는다면 분명히 지적재산권에 대한 제한도 만들 수 있다.

어떠한 면제조항들은 전혀 인센티브와 상관이 없다. 저작물의 공정사용(fair

use)에는 패러디, 다시보기, 발췌를 할 수 있는 권리 등이 포함된다. 이러한 권리들은 언론 자유에 대한 미국 수정 헌법 제1조의 권리를 지지한다는 점에서 명백한 공공정책적 근거를 지닌다. 수정헌법 제1조의 가치를 단순히 '경제적'으로 논의하는 것은 어려운 일이다. 그러나 여기에는 순수한 경제적 고려사항도 있다. 간헐적인 사용(incidental use)을 위한 저작물의 라이선싱에 있어 거래비용을 유발하는 것은 금지되며, 권리의 침해를 초래한다(Gordon 1982).

저작권에 있어 가장 큰 '면제 조항'은 저작권이 아이디어나 기능을 보호하는 것이 아닌 오직 표현(expression)을 보호하는 것이라는 사실로부터 발생한다. 이는 컴퓨터 소프트웨어 분야에 특히 중요한 의미를 지닌다. 하드웨어나 소프트웨어(혹은 작동 시스템과 소프트웨어) 사이의 사용자 인터페이스는 기능적이기 때문에 인터페이스에 대해 역분해(reverse engineering)를 인정하느냐 안하느냐에 대한 법적인 논쟁이 있다. 호환성(interoperability)의 경제성에 대해서는 제10장을 참조하기 바란다.

'독립적 발명'에 대한 옹호 여부는 특허법과 다른 유형의 보호법과의 주된 차이점 중 하나이다. 특허법에서 보호는 특허침해로 의심받는 사람이 어떻게 특허권을 침해하는 상품을 만들었는지에 의존하지 않는다. 즉 특허침해는 오로지 특허침해 제품이 법원이 인정하는 특허권 보호 범위에 들어가는지 여부에만 의존한다. 그러나 영업비밀법에서는 만약 사람들이 보호되는 지식을 독립적으로 찾았거나 역분해했다면 특허침해 용의자는 법적책임으로부터 면제된다. 이와 유사하게 저작권에서도 컴퓨터 프로그램의 구조는 보호되지 않는다. 만약 경쟁자인 프로그래머가 독립적으로 같은 구조를 중복하여 만들어 냈다면(그리고 특허를 받지 않았다면), 그 프로그래머는 법적책임으로부터 면제된다.[8]

이러한 법적 차이점은 경제학에 기반을 둔 것으로 보이지는 않는다. 여기에서 우리의 목적은 이러한 차이점들에 대해 법적 원칙이 아닌 경제적인 효과에 대해 설명하는 것이다.

실제로, 우리는 특허 범위에 대한 위의 논의에서 독립적 발명에 대한 방어를 분석하는 데 이미 많은 시간을 할애해 왔다. 시장진입의 경제적 영향은 원래의 발명

---

8) 역분해(reverse engineering)에 대한 법적, 경제적 분석은 Samuelson and Scotchmer(2002)를 참조하라. 컴퓨터 소프트웨어의 보호가 어떻게 발전했는지에 대한 논의는 Menell(2002)를 참조하라.

가와 각 진입자의 상대적 비용에 의해 결정된다. 이러한 비용이 특허권을 피해가거나, 제품을 독립적으로 재발명하거나, 역분해(reverse engineer)하는 과정에서 발생했다는 것 등은 문제가 되지 않는다. 각각의 경우, 진입은 진입비용 *K*에 의존하는 정도만큼, 혁신가의 이윤을 감소시킨다. 만약 혁신의 비용보다 진입의 비용이 상대적으로 낮다면 경쟁자의 진입 위협은 혁신을 줄일 것이다. 그렇지만 일반적으로 독립적인 발명의 위협은 비용과 비례하는 보상을 주는 긍정적인 효과를 지닐 수 있다(Maurer and Scotchmer 2002: Ottodz and Cugno 2004).

그러나, 비용의 핵심적인 부분이 '마른 우물(dry hole)'을 찾는 것과 같이 실패를 많이 할 수 있는 경우에는 독립적인 발명에 대한 옹호가 혁신에 해가 될 수 있다. 예를 들면 신약개발 노력의 5분의 1만이 성공할 수 있다고 가정해보자. 이 경우 각각의 제약에 대한 성공 비용은 제약 산업을 유지하고 새로운 약의 발견을 위한 시도에 대해 경제적 보상을 5배로 책정해야 한다. 사실 미국 제약회사의 거래조직인 PhRMA는 (시장에 출시된) 새로운 약의 30% 정도 이하만 R&D 비용을 넘어선 이익을 창출하고, 각각의 새로운 약을 시장에 출시하는 비용은 약 800만 달러라고 추정하고 있다.[9]

역분해나 독립 발명은 성공적인 제품의 시장전망에 부정적인 영향을 끼치고 그 결과 제약개발의 유인을 억누를 수 있다. 그러나 제2장의 주장을 바탕으로 우리는 제약 산업에 반드시 공공의 후원보다는 IP 인센티브에 바탕을 두고 자금을 조달해야하는 것은 아니라는 점을 강조하고자 한다. 백신이나 항생제 같이 명백히 '필요'한 약들은 공공 후원의 필요성에 대한 강력한 사례들이 존재한다.

마지막으로, 연구를 위한 면제조항(research exemption)을 살펴본다. 제3장에서 언급 했던 것과 같이, 이 조항은 주로 특허권 분야에 적용되었지만, 다른 유형의 지적재산권에도 적용될 수 있다. 1984년의 반도체 보호법(Semiconductor Chip Protection Act) 하에서 경쟁 반도체 회사는 비록 복제품을 가지고 시장에 진입하는 것은 금지되어 있었지만, 역분해(reverse engineering)하는 것과 반도체 칩의 개선을 위해 해당 반도체를 이용하여 실험을 하는 것은 허용되었다. 시장 진입을 위해서는 역분해가 반드시 반도체 칩의 개선을 위한 것이어야만 한다. 비슷한 예로, 교

9) PhRMA, 2003. 이 숫자는 확실히 매우 큰 숫자이다. 그 이유는 부분적으로 '마른 우물'을 찾는 비용이 포함되어 있고, 약의 발견과 임상실험을 위해 장기간에 걸쳐 묶이는 연구기금의 기회비용도 반영되었기 때문이다.

배 종자 보호에 관한 식물다양성보호법(the Plant Variety Protection Act for protection hybrid seeds)은 곡물종자를 구매한 사람들에게 종자의 저장뿐 아니라 종자를 이용하여 새로운 이종교배 종자의 생성을 위한 실험을 하는 것도 하용하고 있다.(Moschini 2003). 이러한 조항은 혁신자 보호와 후속 혁신의 촉진 사이의 균형을 유지하도록 고안되었다. 이러한 균형에 대해서는 다음 장에서 더 논의될 것이다.

4.6 | 일률적인 정책의 문제

저작권 또는 특허권과 같은 범용 지적재산권 정책은 정책을 해당기술 분류 내에서 '일률적으로 적용(one size fits all)'되게 함으로써 중요한 두 가지 문제점을 발생시킨다. 첫째는, 권리가 실제로 필요한 보호 정도에 따라 조정되지 못한다는 사실이다. 보호 길이는 법령에 의해 정해지고, 특허권의 범위는 경제학적 근거에 바탕을 둘 의무가 없는 특허청이나 법원의 통제 아래 결정된다. 이로 인해 어떤 발명은 불가피하게 발명 비용에 비하여 상대적으로 과도한 보상을 받거나 또는 과도하게 적은 보상을 받는 일이 발생한다.

두 번째 결점은 보상구조가 혁신자들이 활동하는 시장구조(market structure)에 따라 조정될 수 없다는 것이다.

일률적인 시스템(one-size-fits-all system)의 위험성은 amazon.com에게 발급한 매우 적극적인 비즈니스 특허인 미국 5,960,411 특허에서 찾을 수 있다. 이 특허는 가상의 상점에서 원 클릭 계산 방식으로 체크아웃을 할 수 있는 방식에 대한 특허이다. 클릭을 하면 소비자의 지불 및 배송에 대한 정보가 전달되므로 소비자들은 이를 다시 입력할 필요가 없다. 많은 비즈니스방식 특허와 마찬가지로, 이 기술은 많은 사람에게 이전의 방식으로부터 유추할 수 있는 자명한(obvious) 발명인 것으로 보인다. 비록 거기에 약간의 발명이 있었다 하더라도, 특허를 부여하는 것은 지나친 보상으로 보인다. 이러한 우려가 특허법의 일률적인 패러다임 안에서 해소될 수 있는가?

첫째로, 원클릭 기술이 특허에서 요구하는 최소한의 진보성(minimum inventive step)을 충족하는가? 무엇이 발명 되었는가? 기업이 이전의 구매로부터 모아진 정보를 이용하는 아이디어는 적어도 해당분야의 기술을 알고 있는 판매자(a vendor skilled in the art of being a vendor)에게는 새로운 것이 아니다. 또한 수요자의 측면에서 해당 정보를 효율적으로 주는 방법 또한 새로운 것은 아니거나, 적어도 소비자로서 해당분야의 지식을 갖고 있는 사람에게는 충분히 유추하여 생각할 수 있는 명백한(obvious) 것이라 할 수 있다. 설사 원클릭 기술의 일부가 정말로 새로운 것이라 할지라도 어떤 사람은 특허성 또는 최소한의 진보성 기준에 따르면 해당 발명이 특허의 자격요건을 갖추고 있지 못하다고 주장할 것이다. 그럼에도 불구하고 혁신가가 너무 과도한 보상을 받거나 전혀 보상을 받지 못하는 등의 접근법은 너무 이분법적이기 때문에 별로 만족스러운 접근 방법은 아니다.

그러면 특허의 범위(breadth)는 어떠한가? 아마도 원클릭 특허권의 범위는 너무 넓을 수 있다. 특허권의 범위는 법원에 의하여 해석된 것처럼, 수여된 청구항(claims)에 의해 결정 된다. 발명된 것을 넘어서는 청구항은 발명가에게 과도한 보상을 줄 수 있는데, 이는 원 클릭 특허가 지니는 문제점이기도 하다. 한편, 어떤 사람은 청구항에는 사용자의 컴퓨터나 판매자의 서버에 정보를 보존하는 일반적인 아이디어가 포함되어서는 안 되며, 명령 형식에 따라 데이터를 전송하는 다른 어떤 수단(예: 클릭하지 않고 아이콘을 드래그하는 방법 등)도 특허에서 제외되어야 한다고 주장할 수 있다. 만약 청구항이 이러한 방식으로 해석된다면, 아이디어가 보호되지 않기 때문에, 보호는 특허권 보호보다는 저작권 보호 방식과 매우 유사할 것이다. 이와 같은 형태의 좁은 청구항은 제3장에서 논의되었던 네델란드식 경매의 적용 방식에 대한 좁은 범위의 특허 보호법과 동일한 장점을 지닌다. 특허권의 좁은 보호범위가 시장의 경쟁을 유지시켜 줄 것이기 때문에, 특허의 증가는 큰 문제가 되지 않는다.

마지막으로 시장구조(market structure)의 문제를 생각해보자. Joseph Schumpeter(1942)는 그의 유명한 책에서 크고 독점적인 기업이 작고 경쟁적인 기업보다 더 혁신적이라는 가설을 세웠다. 이 가설은 그것이 사실인지 아닌지에 대해 매우 큰, 그러나 아직 결론을 내지 못한 실증적·이론적 연구들을 이끌어냈다. 이 질문은 대부분 경쟁정책으로 이어졌고, 특히 기업의 합병이 혁신을 이끈다는 이유로 용인되어야 하는지에 관한 논쟁으로 이어졌다.

시장 구조가 혁신의 유인을 변화시킬 수 있다는 것은 Arrow(1962)에 의해 이론적으로 보여졌다.[10] 해당 혁신이 비용을 절감하는 혁신(cost-reducing innovation)

10) 이에 대해서는 그래프를 통해 보이고 확장된 설명을 하고 있는 Blair and Kaserman(1985)의 제

이고, 비록 이전에 경쟁적이었다 하더라도 비용 절감이 워낙 커서 혁신 기업이 독점기업이 된다고 가정하자. 다음의 두 상황을 비교해보자. 기술혁신 이전에 기업은 이미 독점기업이거나, 아니면 완전경쟁적인 시장에 있었다. 그러면 Schumpeter의 가설과는 반대로 혁신에 의해 기업에게 얻어지는 이익(incremental profit)은 독점시장에서(독점기업으로) 시작한 경우보다, 완전경쟁시장에서 시작한 경우에 더 크다. 이는 독점시장인 경우 기업은 독점기업으로서 혁신 이전에도 얼마간의 이익을 얻고 있었기 때문이다.

다른 한편으로, 소비자 잉여의 증가는 혁신가가 독점자로서 시작하는 경우에 더 크다. 왜냐하면 소비자는 이미 높은 가격을 지불하고 있었기 때문이다. 따라서 혁신 기업이 경쟁이 아닌 독점으로 시작한 경우에, 혁신은 상대적으로 적은 이윤과 높은 소비자 잉여를 창출한다. 결론적으로, 독점으로 시작한 경우에 더 큰 이윤을 인센티브로 제공하는 것−예를 들면, 특허 기간을 통해−이 최적일 수 있다. 그러나 지적재산권은 시장구조에 따라 조정될 수 없기 때문에, 이를 실현할 방법은 존재하지 않는다.

4.7 | 부 록

4.7.1 비율검정: 이윤 대 사중손실

두 정책 (T^*, K^*), $(\tilde{T}, K)$ 의 결과로 나타난 보호기간과 가격은 (T^*, p^*), $(\tilde{T}, \tilde{p})$이라고 하자. 여기서 $T^* < \tilde{T}$ 이고, $p^* > \tilde{p}$ 이다. 만약 두 정책이 혁신기업에게 같은 이윤을 발생시키고, 비율(4.4)도 유지된다면, $(\tilde{T}, \tilde{p})$ (긴 보호기간과 낮은 가격)은 더 많은 소비자잉여를 낳는다. 만약

$$p^* x(p^*) T^* = \tilde{p} x(\tilde{p}) \tilde{T} \tag{4.3}$$

이라면 두 정책 모두 똑같은 이윤을 창출할 수 있다. 여기서 $x(p)$는 가격 p하에서의 수요량이다.

2장을 참조하라.

각각의 가격 p에 대해 $s(p)$는 소비자잉여를 나타내고, 이는 가격의 윗부분과 수요곡선 아래 부분의 영역을 나타낸다고 하자. 만약

$$\tilde{T}s(\tilde{p})+\left(\frac{1}{r}-\tilde{T}\right)s(0)>T^{*}s(p^{*})+\left(\frac{1}{r}-T^{*}\right)s(0)$$

이면, 소비자에게는 정책$(T^{*},\ p^{*})$보다 $(\tilde{T},\ \tilde{p})$이 더 낫다. 여기서 $s(0)$은 경쟁가격 $p=0$에서의 소비자잉여를 나타낸다. 부등식에서 첫 번째 항은 특허보호기간 동안의 소비자 잉여이며, 두 번째 항은 특허보호기간 이후의 소비자 잉여를 나타낸다. 부등식은

$$\tilde{T}[s(0)-s(\tilde{p})]<T^{*}[s(0)-s(p^{*})]$$

로 나타낼 수 있다. 경쟁가격보다 더 높은 가격을 부과함으로써 발생하는 소비자 잉여의 손실은 $\tilde{p}x(\tilde{p})$와 사중손실 $d(\tilde{p})$의 합으로 표현될 수 있다([그림4-5]의 옅은 색 부분을 말한다.):

$$s(0)-s(\tilde{p})=\tilde{p}x(\tilde{p})+d(\tilde{p})$$

그러므로 만약

$$\tilde{T}[\tilde{p}x(\tilde{p})+d(\tilde{p})]<T^{*}[p^{*}x(p^{*})+d(p^{*})]$$

라면, 소비자에게는 정책$(\tilde{T},\ \tilde{p})$가 $(T^{*},\ p^{*})$보다 더 낫다. $\tilde{T}\tilde{p}x(\tilde{p})=T^{*}p^{*}x(p^{*})$를 사용하면 위의 부등식은

$$\frac{\tilde{p}x(\tilde{p})}{d(\tilde{p})}>\frac{p^{*}x(p^{*})}{d(p^{*})} \tag{4.4}$$

인 경우, 여전히 성립한다.

이것이 제4.3절에 암묵적으로 설명된 비율검증(ratio test)이다. 즉, 더 나은 정책은 매 보호기간마다, 사중손실 대비 이윤의 비율이 더 큰 정책이다. 만약 [그림 4.5]에 나타난 것처럼 수요곡선이 직선이라면 위 부등식은 성립하며, 따라서 낮은 가격과 긴 보호기간을 지닌 정책 $(\tilde{T},\ \tilde{p})$이 높은 가격과 짧은 보호기간을 가진 정책

(T^*, p^*)보다 더 낫다.

4.7.2 특허경주: 성공 확률과 완성 시간

우리는 위에서 설명한 간단한 특허경주 모형– 즉 각 기업이 '아이디어' (v, c, p)를 가지고, 모든 기업이 주어진 기간 동안에 실패할 경우 다음 기에 동일한 비용으로 다시 새로운 노력을 시도한다는 가정을 지닌 모형을 다시 살펴보고자 한다. 이는 Loury(1979), Lee and Wilde(1980) 그리고 Reinganum(1989)에 의해 논의된 것처럼 '포아송' 발견과정(Poisson process of discovery)을 기반으로 한 모델로써 동일한 동태성(dynamics)을 유도한다. 이 모형의 이전 버전은 Tandon(1982, 1983) 그리고 Wright(1983)에 나타나 있다.

$P(n)$을 n개의 기업이 참여했을 때 적어도 한 기업이 성공할 확률이라고 하자. 발견에 걸리는 시간은 $i=1,2,3, \cdots, \infty$ 중 어느 하나이다. 기간 i에 첫 번째 성공을 할 확률은 기간 i에 성공을 하고 그 이전 기간에는 아무도 성공하지 못 했을 확률을 나타낸다. 즉, $P(n)(1-P(n))^{i-1}$ 이다. 따라서 성공할 때 까지 걸리는 예상기간(expected number of periods)은 다음과 같이 계산될 수 있다.

$$\sum_{i=1}^{\infty} iP(n)(1-P(n))^{i-1} = P(n)\sum_{i=1}^{\infty} i(1-P(n))^{i-1} = -P(n)\sum_{i=1}^{\infty}\frac{d}{dP(n)}(1-P(n))^{i}$$
$$= -P(n)\frac{d}{dP(n)}\sum_{i=1}^{\infty}(1-P(n))^{i} = -P(n)\frac{d}{dP(n)}\left[\frac{1}{P(n)}-1\right]$$
$$= \frac{1}{P(n)}$$

해당 연구프로그램이 성공할 때까지 각 기업은 매 기간 비용이 발생하지만 비용은 기간 당 할인(discount)이 되며 결국 $c/P(n)$ 보다 작다. 기간 i까지 발생한 n개 기업의 할인된 비용은 $\sum_{t=1}^{i} nc/(1+r)^t$ 이다. 따라서, 어느 한 기업이 성공할 때까지 n개 기업이 경쟁에 남아있는 경우 예상되는 비용(expected cost)은

$$nc\sum_{i=1}^{\infty}\left[\sum_{t=1}^{i}\left(\frac{1}{(1+r)}\right)^{t}\right]P(n)(1-P(n))^{i-1} = nc\sum_{i=1}^{\infty}\frac{1}{r}\left[1-\left(\frac{1}{(1+r)}\right)^{i}\right]P(n)(1-P(n))^{i-1}$$
$$= \frac{nc}{r}\left[1-\frac{P(n)}{r+P(n)}\right] = \frac{nc}{r+P(n)}$$

이다.

지적재산권의 가치 또한 성공이 달성된 때로부터 할인되어야 한다. $P(n)(1-P(n))^{i-1}$의 확률로 지적재산권의 가치는 i 기간으로 할인되어야 한다. 따라서 Π의 할인된 기대가치는

$$\Pi\sum_{i=1}^{\infty}\left(\frac{1}{1+r}\right)^{i}P(n)(1-P(n))^{i-1}=\Pi\frac{P(n)}{1+r}\sum_{i=1}^{\infty}\left(\frac{1-P(n)}{1+r}\right)^{i-1}=\Pi\frac{P(n)}{P(n)+r}$$

이다. 따라서 기업들의 총 기대이윤은

$$\frac{\Pi P(n)-nc}{P(n)+r}$$

이다.

각 기업은 이 총 기대이윤의 $1/n$만큼씩 받는다. 따라서, 단일기간 경쟁에서처럼, 시장 진입은 $\Pi P(n^e)-n^e c=0$ 일 때까지 발생할 것이다.

4.7.3 특허경주: 상관 정보의 집적

기업들은 알려지지 않은 가치에 대한 혁신을 추구하고 있지만, 궁극적인 가치에 대해 각자의 사적인 "신호(signal)"를 가지고 있다고 가정하자. 이 경우 특허경주가 다른 기업이 잘못 판단하도록 서로 영향을 미치고, 각자는 다른 기업이 하는 것과 똑같은 비효율적인 투자전략을 수행하는 균형상태에 도달함을 보이고자 한다.[11)]

기업 1과 2의 신호(signals)를 각각 v_1, v_2 라고 하자. 본래의 특성상 목표 대상은 공통의 가치(common value)를 지니고 있고, 신호는 해당 목표의 가치와 관련이 있다(따라서 각 기업의 신호들은 서로 상관성이 있다). 예를 들어 연구의 목적이 의약품(drug)을 찾기 위해 유전학적 표적(genetic target)을 이용하는 것이라고 하자. 이 경우, 표적과 결합할 화학물질이 화학라이브러리에 존재할 수도 있고, 아닐 수도 있다. 기업들은 다른 의약품 연구에 대한 경험을 바탕으로 서로 다른 낙관주의 혹은

11) 이 논의는 Minehart and Scotchmer(1999)의 논의를 따랐다. 그러나 이들은 순수한 정보노출(information revelation)의 문제만을 다루고 있고, 특허경주에서 경쟁(rivalry)으로 인해 추가적으로 발생하는 복잡한 문제는 고려하지 않고 있다.

비관주의를 가질 수 있다. 높은 신호 v_1은 연구자 1이 낙관적인 전망을 갖고 있다는 것을 의미한다. 만약 연구자 1이 다른 기업 역시 높은 신호를 가졌다는 것을 알면 이는 기업 1의 낙관주의를 강화시킬 것이며, 만약 다른 기업이 낮은 신호를 가졌다면 기업 1의 낙관주의를 약화시킬 것이다. 따라서 각각의 기업은 다른 기업이 가지고 있는 신호(information)를 알고 싶어 한다. 비록 이러한 신호들이 완전히 불확실성을 해결하지는 못해도, 기업의 믿음을 변화시킬 수 있다는 점에서 정보를 포함하고 있다. 예를 들어, 만약 두 기업이 낮은 신호를 가지고 있으면, 관찰자는 그 프로젝트의 가치가 낮거나 성공의 확률이 낮다고 생각할 가능성이 더 높으며, 해당 프로젝트를 폐기할 가능성도 있다.

이러한 상황이 정보를 모으는 후원제도(sponsored attempt)는 합리적으로 잘 수행될 수 있는 반면에, 특허제도는 좋은 성과를 내기가 어려운 상황이다.

구체적으로, 혁신의 확실한 가치는 임의의 변수(random variable) v이고, 각 기업 $i=1,2$는 혁신의 가치에 대한 사적인 신호 $v_1 \in \{L, H\}$(Low or High)를 가지고 있고, 비용 c는 같다고 하자. 만약 기업 1이 자신의 신호를 알고 있다면, 혁신에 대한 기업 1의 기대가치는 $E(v|v_1)$이다. 여기서 기대가치는 v_1을 알고 있는 상태에서 v의 사후확률 분포를 따른다. 예를 들어 기업 1이 $v_1=H$라는 신호를 갖고 있으면, v의 사후확률 분포는 v의 사전분포와 비교하여 더 높은 가치 쪽으로 이동한다. 만약 (v_1, v_2)인 두 개의 신호가 알려져 있을 때는 혁신의 기대가치는 $E(v|v_1, v_2)$로 표현될 수 있다. 이때의 기대가치는 만약 두 신호가 $(v_1, v_2)=(H, H)$이면, 두 신호가 (L, H), (H, L), 또는 (L, L)의 경우일 때보다 더 크다. 만약 $E(v|v_1, v_2) \geq c$ 인 경우라면 하나의 기업만 투자하려고 할 것이며, $1/2\ E(v|v_1, v_2) \geq c$ 이라면 경쟁자도 경쟁에 참여 할 것이라고 가정하자.

신호 H를 가지고 있는 기업은 비록 다른 기업들이 신호 L을 가지고 있다는 것을 알지라도 그리고 특허 경쟁에서 이길 확률이 1/2이더라도 항상 투자할 의사가 있는 확률분포(distribution)를 가정하자. 신호 L을 가지고 있는 기업 역시, 비록 경쟁자가 있다하더라도, 신호가 (L, L)인 경우를 제외하고는, 투자할 의사가 있다고 가정하자. 신호 (L, L)은 매우 좋지 않은 뉴스이어서, 하나의 기업도 투자하지 않는다고 가정한다. 이 경우 우리는 각 기업의 균형전략(equilibrium strategy)이 각 기업은 H 신호를 갖고 있거나 또는 다른 기업이 투자하는 것이 관찰되는 경우 투자하는 것임을 알 수 있다. 만약 위의 어느 조건도 충족되지 않으면, 투자를 하지 않을 것이다.

문제는 신호가 (L, L)일 때 발생한다. 이 경우에는 두 개의 균형(equilibrium)이 존재한다. 두 개의 균형 중 하나는 두 개의 기업 모두 투자하는 것이다. 이 경우 각 기업은 다른 기업이 투자하고 있기 때문에 투자한다. 또 다른 결과는 아무 기업도 투자를 하지 않는 것이다. 이 경우 각 기업은 다른 기업들이 투자를 하지 않기 때문에 투자를 하지 않는다. 두 기업이 모두 투자를 하는 경우, 각 기업은 다른 기업이 지니고 있는 신호가 H이거나 L이라고 생각한다. 그러나 반대로 아무도 투자를 하지 않았을 경우, 각 기업은 상대 기업들이 L의 신호를 가지고 있고, 이 때문에 상대 기업이 투자를 하지 않는 것이라고 생각한다. 이와 같이 서로의 투자 결정을 강화하는 균형은 효율적인 상태가 아니다. 만약 기업들이 상대방의 신호에 대해 추론하는 대신에 서로의 신호를 안다면, 투자를 하지 않을 것이다.

이러한 경우가 특허 시스템이 기업의 혁신 가치에 대한 사적인 정보를 잘 도출하지 못하는 경우이다. 그러나 이러한 문제점은 영리한 메카니즘 설계자에 의해 쉽게 극복될 수 있다. 일반적으로 비록 기업들이 정보를 잘못 제시하려는 유인이 존재한다고 하더라도, 상관관계가 있는 정보 역시 비용없이 추출될 수 있다고 알려져 있다(Maskin and Riley 1980; Cremer and McLean 1988). 정부(invention authority)가 각 기업에게 혁신의 가치에 대해 자신들이 가지고 있는 신호를 제출하도록 하고, 실제와 비슷한 가치를 보고한 기업에게는 보상을, 그렇지 않은 기업에게는 벌금을 부과한다고 가정하자. 정부는 기업들이 동일한 의견을 제출한 경우 보상을 하고, 서로 다른 의견을 제시한 경우 벌금을 부과한다. 비록 기업들이 자신의 사적 정보를 서로 공유하지 않는다 하더라도, 정부에 사실을 이야기하는 것은 이들의 사정정보가 서로 양(+)의 상관성을 지니고 있기 때문에 합의에 이를 가능성을 높인다. 따라서 정부는 기업들이 자신의 사적인 정보를 드러내도록 할 수 있으며, 최소의 비용으로 혁신을 달성하기 위해 제2가격경매(the second-price auction)와 유사한 정부조달 메카니즘(procurement mechanism)을 도입할 수 있다. 이러한 틀은 Wright(1983)에 의해 제기된 비대칭 정보(asymmetric information)의 문제를 해결할 것이다. Wright(1983)의 연구에서는 정부가 아닌 기업이 혁신의 가치 v를 관찰한다.

참고문헌

Aoki, R., and S. Nagaoka. 2002. "The Utility Standard the Patentability of Basic Research." Report CIRJE–F–160. Tokyo: Center for International Research on the Japanese Economy, University of Tokyo.

Aeppel, T. 2004, April 19. "Brothers of Inventions 'Design–Arounds' Surge as More Companies Imitate Rivals' Patented Products." Wall Street Journal B1.

Arrow, K. 1962. "Economic Welfare and the Allocation of Resources for Invention." In R. Nelson, ed., The Rate and Direction of Economic Activities: Economic and Social Factors, 609 – 626. National Bureau of Economic Research Conference Series. Princeton, NJ: Princeton University Press.

Ayres, I., and P. Klemperer. 1999. "Limiting patentees' Market Power without Reducing Innovation Incentives: The Perverse Benefits of Uncertainty and Noninjunctive Remedies." Michigan Law Review 97:985 – 1033.

Blair, R. D., and D. L. Kaserman. 1985. Antitrust Economics. Homewood, IL: Irwin.

Choi, J. 1991. "Dynamic R&D Competition under 'Hazard Rate' Uncertainty." RAND Journal of Economics 22:596 – 610.

Cornelli, F., and M. Schankerman. 1999. "Patent Renewals and R&D Incentives." RAND Journal of Economics 30:197 – 213.

Cremer, J., and R. P. McLean. 1988. "Full Extraction of the Surplus in Bayesian and Dominant Strategy Auctions." Econometrica 56:1247 – 1257.

Dasgupta, P., and E. Maskin. 1987. "The Simple Economics of Research Portfolios." Economic Journal 97:581 – 595.

Dasgupta, P., and J. Stiglitz. 1980a. "Industrial Structure and the Nature of Innovative Activity." Economic Journal 90:266 – 293.

Dasgupta, P., and J. Stiglitz. 1980b. "Uncertainty, Market Structure and the Speed of Research." Bell Journal of Economics 11:1 – 28.

Denicolò, V. 1996. "Patent Races and Optimal Patent Breadth and Length." Journal of Industrial Economics 44:249 – 265.

Eisenberg, R. S. 1989. "Patents and the Progress of Science: Exclusive Rights and Experimental Use." University of Chicago Law Review 56:1017 – 1086.

Fudenberg, D., R. Gilbert, J. Stiglitz, and J. Tirole. 1983. "Preemption, Leapfrogging and Competition in Patent Races." European Economic Review 22:3 – 31.

Fullerton, R., and P. McAfee. 1999. "Auctioning Entry into Tournaments." Journal of Political Economy 107:573 – 605.

Gallini, N. T. 1992. "Patent Length and Breadth with Costly Imitation," RAND Journal of Economics 44:52-63.
Gilbert, R., and C. Shapiro. 1990. "Optimal Patent Length and Breadth," RAND Journal of Economics 21:106-112.
Gordon, W. 1982. "Fair Use as Market Failure: A Structural and Economic Analysis of the Betamax Case and its Predecessors." Columbia Law Review 82:1600-1655.
Harris, C., and J. Vickers. 1985a. "Patent Races and the Persistence of Monopoly." Journal of Industrial Economics 33:461-481.
Harris, C., and J. Vickers. 1985b. "Perfect Equilibrium in a Model of a Race." Review of Economic Studies 52:193-209.
Harris, C., and J. Vickers. 1987. "Racing with Uncertainty." Review of Economic Studies 54:1-21.
Judd, K. L. 1985. "On the Performance of Patents." Econometrica 53:567-586.
Kamien, M. I., and N. L. Schwartz. 1974. "Patent Life and R&D Rivalry." American Economic Review. 64:183-187.
Kalow, L. 1984. "The Patent–Antitrust Intersection: A Reappraisal." Harvard Law Review 97:1813-1892.
Klemperer, P. 1990. "How Broad Should the Scope of Patent Protection Be?" RAND Journal of Economics 21:113-130.
Kremer, M. 1998. "Patent Buyouts: A Mechanism for Encouraging Innovation." Quarterly Journal of Economics 113:1137-1167.
Lanjouw, J. O. 1998. "The Introduction of Pharmaceutical Product Patents in India: 'Heartless Exploitation of the Poor and Suffering?'" Working Paper 6366. Cambridge, MA: National Bureau of Economic Research.
Lee, T., and L. Wilde. 1980. "Market Structure and Innovation: A Reformulation." Quarterly Journal of Economics 94:429-436.
Llobet, G., H. Hopenhayn, and M. Mitchell 2000. "Rewarding Sequential Innovators: Prizes, Patents and Buyouts." Staff Report 273. Minneapolis, MN: Federal Reserve Bank of Minneapolis.
Loury, G. 1979. "Market Structure and Innovation." The Quarterly Journal of Economics 93:395-410.
Maskin, E., and J. Riley. 1980. "Auction Design with Correlated Reservation Values." Mimeograph. Princeton, NJ: Department of Economics, Princeton University.
Maurer, S., and S. Scotchmer. 2002. "The Independent Invention Defense in Intellectual Property." Economica 69:535-547.
Menell, P. 2002. "Can Our Current Conception of Copyright Law Survive in the

Internet Age? Envisioning Copyright Law's Digital Future." New York Law Review 46:63–193.

Merges, R. P., and R. Nelson. 1990. "On the Complex Economics of Patent Scope." Columbia Law Review 90:839–916.

Minehart, D., and S. Scotchmer. 1999. "Ex Post Regret and the Decentralized Sharing of Information." Games and Economic Behavior 27:114–131.

Moschini, G. 2003. "Intellectual Property Rights and the World Trade Organization: Retrospect and Prospects." Staff General Research Paper 10442. Ames: Department Agricultural Economics, Iowa State University.

Nordhaus, W. 1969. Invention, Growth, and Welfare. Cambridge, MA: MIT Press.

Ottoz, E., and F. Cugno. 2004. "The Independent Invention Defence in a Cournot–Duopoly Model." Economics Bulletin 12:1–7.

PhRMA. 2003. "Industry Profile." Available at www.phrma.org/publications/publications/profile02/index.cfm. Reinganum, J. 1981. "Dynamic Games of Innovation." Journal of Economic Theory 25:21–41.

Reinganum, J. 1982. "A Dynamic Game of R&D: Patent Protection and Competitive Behaviour." Econometrica 50:671–688.

Reinganum, J. 1989. "The Timing of Innovation: Research, Development and Diffusion." In R. Schmalensee and R. D. Willig, eds., Handbook of Industrial Organization, 849–908. Amsterdam: Elsevier.

Samuelson, P., and S. Scotchmer. 2002. "The Law and Economics of Reverse Engineering." Yale Law Journal 111:1575–1663.

Schankerman, M. 1998. "How Valuable Is Patent Protection? Estimates by Technology Field." RAND Journal of Economics 29:77–107.

Schumpeter, J. A. 1942. Capitalism, Socialism and Democracy. New York: Harper & Row. Scotchmer, S. 1999. "On the Optimality of the Patent System." RAND Journal of Economics 30:181–196.

Sobel, D. 1995. Longitude: The True Story of a Lone Genius Who Solved the Greatest Scientific Problem of His Time. New York: Walker.

Strandh, S. 1970. A History of the Machine. New York: A&W Publishers. Tandon, P. 1982. "Optimal Patents with Compulsory Licensing." Journal of Political Economy 90:470–486.

Tandon, P. 1983. "Rivalry and the Excessive Allocation of Resources to Research." Bell Journal of Economics 14:152–165.

Taylor, C. 1995. "Digging for Golden Carrots: An Analysis of Research Tournaments." American Economic Review 85:872–889.

Von Hippel, E. 1988. The Sources of Innovation. Oxford: Oxford University Press.
Wright, B. 1983. "The Economics of Invention Incentives: Patents, Prizes and Research Contracts." American Economic Review 73:691–707.

CHAPTER

05

거인의 어깨에 서다: 누적적인 혁신에서의 발명자들에 대한 보호

(Standing on the Shoulders of Giants: Protecting Cumulative Innovators)

05

거인의 어깨에 서다: 누적적인 혁신에서의 발명자들에 대한 보호

이전 장에서의 지적 재산에 관한 논의는 혁신이 미래의 혁신과 관련이 없는 독립된 발견이라는 것을 가정하고 있었다. 이러한 관점은 특히 생명공학, 컴퓨터 소프트웨어 그리고 컴퓨터 하드웨어와 같은 분야에 잘 적용될 수 없다는 한계점이 존재한다. 이와 같은 기술들은 각각의 혁신들이 이전의 발견과 개발을 기초로 하고 있다는 점에서 높은 정도의 '누적성(cumulativeness)'을 지니고 있기 때문이다.

혁신이 누적적일 때 가장 중요한 이점은 아마도 그것이 차후 혁신가들에게 줄 '도움(boost)'일지도 모른다. 이 도움은 최소한 3가지 형태를 취할 수 있다. 만약 그 다음의 혁신이 처음의 혁신 없이 발명될 수 없다면, 첫 번째 혁신의 사회적 가치는 최소한 두 번째 혁신에 의해 제공되는 증가된 사회적 가치의 일부분을 포함한다. 만약 첫 번째 혁신이 단순히 두 번째의 혁신을 달성하는 비용을 감소시킨다면, 비용 감소는 첫 번째 혁신에 의해 제공되는 사회적 가치의 일부분이다. 또한 만약 첫 번째 혁신이 두 번째 혁신을 가속화시킨다면, 그 사회적 가치는 두 번째 혁신을 더 빨리 달성하는 것으로 인한 가치를 포함한다. 인센티브 메커니즘과 관련된 문제는, 어떻게 하면 초기의 혁신가에게 그들의 기여에 대해 보상을 받을 수 있도록 하면서, 동시에 그 이후의 투자자들에게도 투자할 인센티브를 제공할 수 있을지에 관한 것이다.

이러한 인센티브 메커니즘의 문제는 20세기의 가장 중요한 발견 중 하나이자 1950년 타운스(Charles Townes)와 그의 동료에 의해 발명된 '레이저(laser)'에 의해 잘 설명될 수 있다(제3장의 논의도 참고하라.). 타운스가 1999년의 회고록에서 이야기 한 것처럼, 발명가들은 아인슈타인에 의해 40년 일찍 앞당겨진 과학적인 이론뿐만 아니라 세계 2차 대전 동안 수행되었던 레이더(radar) 연구로부터 영감을 받았다. 그들은 '활성화'된 원자(excited atom)와 광자(photons)를 부딪침으로써 코히어런트 전자기파(coherent electromag netic)를 만드는 것이 가능하다고 생각했다. 이 경우 해당 원자는 입사된 광자와 같은 방향과 같은 파장을 지닌 추가적인 광자를 방출한다. 이 두 특징을 코히어런트(coherent)라고 부른다. 활성화된 원자(excited atom)가 충분히 주어진 상태에서, 작은 수의 광자의 충돌은 높은 에너지로 증폭될 수 있다.

이러한 아이디어를 이용한 첫 번째 개발은 빛(light) 대신에 메이저(분자 증폭기, maser)라고 불리는 극초단파(microwave)에 관한 것이었다. 메이저는 레이저의 개발에 영감을 주었다. 특히 레이저는 원자를 활성화시키는 데 다른 매개체가 요구되었기 때문에, 메이저보다 더 기술적인 어려움을 지니고 있었다. 레이저로의 개선과 구현을 위해서는 다른 물질, 일부 가스나 루비 결정체들이 사용되었다.

레이저와 레이저 이전의 메이저는 최초로 실용적인 이용을 추구한 발명이었다. 비록 발명가들은 나중에 실현될 구체적인 용도를 예상하지 못했지만, 광범위하게 이용될 수 있을 것이라는 확신이 있었다. 새로운 사용 방법들은 아직도 계속 확산되고 있는 중이다. 약 40년 후인 2002년까지 최소한 224개의 레이저 관련 특허들이 특허청에 등록되었다.[1] 많은 특허들이 산업용으로, 자르고 용접하는 목적으로 레이저를 이용하고 있으며, 그 외에도 수술과 같은 의학용 목적으로도 이용되고 있다. 마지막으로 많은 활용이 컴퓨터와 연관되어 있다. 레이저를 이용하여 CD를 읽고 굽는 것은 이미 1965년에 특허를 획득했다.(Dyson, 2001)

대부분의 중요하고 수익성 있는 발명들이 그랬던 것처럼 레이저도 갈등을 겪었다.[2] 우리는 이미 Research Corporation(Townes가 1957년 메이저 특허를 할당한)과 Bell Labs(1960년 Towns-Schawlow 레이저 특허가 할당된) 사이의 초창기 갈등을 설

1) www.patentweb.de/laser/patents.htm는 레이저 특허를 찾기 위해 만들어진 웹사이트이다.

2) 대략 1000개의 특허를 가지고 있는 에디슨은 특허는 단순히 소송에 대한 초대라고 언급해 온 것으로 유명하다고 한다(Friedel 1996,25).

명한 적이 있다. 이 분쟁은 결국 원만히 해결되었다. 1960년 Hughes Corporation의 Theodore Maiman은 루비 결정체를 이용한 최초의 레이저로 특허를 획득했다. 또 다른 레이저 특허인 Towns 특허는, 1959년에 Townes가 초기단계의 작업과 아이디어에 관해 대화를 나눴던 이전 졸업생인 Gordon Gould에게 피소되었고, 장기간 소송으로 이어졌다. 초기에 Gould 특허는 Towns-Schawlow의 출원 특허공개(disclosure)와 충돌을 일으켰기 때문에 거절당했지만, 수년간의 법적 논쟁 끝에 그 결과가 뒤집어졌다. 법원은 결국 Towns-Schawlow 특허는 1959 Gould 의 출원 특허에서 묘사된 고출력의 레이저 기술을 다루지 않았다고 판단했으며, 첫 번째 Gould 특허는 20여년의 시간과 수십만 달러의 변호사 비용을 치룬 뒤 1977년에 등록되었다. 그때까지 레이저의 새로운 이용은 폭발적으로 성장하였고, 그 시간 상의 지연은 라이선싱 수입 면에서 뜻밖의 수입을 만들었다. Gould 특허는 Townes 특허가 별로 대단치 않은 금액을 번 것과는 반대로 거액의 수입을 거두어들였다. 최초의 아이디어 제공자인 아인슈타인은 아무것도 벌지 못했다.

이 복잡한 이야기로부터 우리는 무엇을 알 수 있을까? 첫째, 가장 중요한 것은, 혁신가들이 그들의 전임자(predecessors)들로부터 배운다는 것이다. 레이저 발달의 각 단계는 이전의 발명가에 의해 제공된 지식을 사용하였고, 아마도 그것들이 없이는 가능하지 않았을지도 모른다. 둘째, 기초 기술의 개발자에게 보상을 주는 것은 쉬운 일이 아니다. 상업적인 가치는 일반적으로 후에 개발되는 상품에 존재한다. 만약 설립자들이 약간의 이익을 얻는다면, 그것은 단지 나중의 개발자에게 라이선싱 사용료를 요구할 수 있기 때문이다. 하지만 이는 차후의 상품들이 그들의 특허를 침해할 때에만 가능하다. 아인슈타인에 의해 만들어진 지식과 같이 기초과학적인 지식은 그 혜택을 전유(appropriate)하기 어려우며, 일반적으로 특허를 받을 수 없다.

이번 단원에서 논의되는 것처럼 연속적인 발명가들 사이에서 어떻게 이윤이 배분되는지를 결정하는 주요 특징은 지적재산에 대한 보호범위(breadth)와 이에 요구되는 진보성(required inventive step) 정도이다. 만약 2세대 상품이 이전의 특허를 침해하고 자신의 특허를 받는다면, 첫 번째 발명자는 두 번째 상품에 대해 차단할 권리(blocking right)를 갖게 된다. 그들 모두는 해당 발명의 가치에 대해 청구할 권리가 있다. 예를 들면, 법원과 특허청은 Gould 버전의 레이저가 Towns-Schawlow의 특허를 침해했고, 이와 동시에 특허를 받을 수 있다고 판단할 수 있었다. 어쩌면 이

것이 더 공정한 해결책이었을지도 모른다. 이런 특허차단의 문제는 Gould가 특허를 받은 해에 Towns-Schawlow의 특허가 만료되었기 때문에 발생하지 않았다.

컴퓨터 시스템은 연구의 누적적인 특성이 시장의 변화뿐만 아니라 혁신가들 사이의 마찰을 일으켜온 또 다른 20세기의 기술이다. 레이저 전쟁에서의 Gould와 같이 Microsoft는 제2의 참가자였지만 결국 가장 유명한 데스크탑 소프트웨어에서 시장지배적인 위치(비록 우리는 아직 역사가 끝나지 않았다는 사실에 주의를 기울여야 하지만)를 차지하게 되었다. 1970년대부터 1997년까지의 데스크탑 컴퓨터 소프트웨어 역사는 Evans, Nichols and Reddy(1999)에서 찾아볼 수 있다. 〈표 5-1〉은 세 소프트웨어 시장에서 어떻게 시장 지배력이 이동되었는지를 보여준다. 지배적인 위치를 차지한 최초의 문서 편집 프로그램은 Word Star였다. 이는 7년 후 Corel의

표 5-1 1997년까지 마이크로컴퓨터 소프트웨어 선도자들에 관한 요약

	도입 시기	선도 시작 시기	선도하기까지 걸린 기간 (년수)	선도자로서의 기간 (년수)	(추정)시장 점유율[a] (%)		
					첫 번째	두 번째	세 번째
Word processors 1979-1997							
Word Star	1979	1980	1	5			
Word Perfect[b]	1980	1987	7	6	41	21	10
MS Word	1983	1993	10	5^{+}	62	26	9
spreadsheets 1979-1997							
VisiCalc	1979	1979	0	5			
Lotus1-2-3	1983	1984	1	9	51	20	12
MS Excel[c]	1985	1993	8	5^{+}	69	26	5
operating systems 1977-1997							
CP/M[d]	1974	1977		7			
(MS or PC)-DOS	1981	1984	3	9			
Windows (16-bit)	1985	1993	8	3			
Windows 95	1995	1996	1	2^{+}			

자료: 국제 데이터 협회 [International Data Corporation]

표의 유래: Evans, Nichols, and Reddy (1999).

a: 선도자 기간 동안 1,2,3등 경쟁자들의 시장점유율 중위값(median)

b: WordPerfect는 1980년에 Data General에 처음 공개되었고, 1982년 말에 DOS(디스크 운영체제)에 공개되었다.

c: Excel은 1985년 Macintosh에 , 1987년 Windows에 공개되었다.

d: CP/M은 대략 1974년 개발되었으나, 첫 번째 주요 OEM 계약은 1977년에 이루어졌다.

Word Perfect에 의해 대체되었는데, 6년 후에 (현재에도 여전히) 시장 선도기업인 Microsoft Word에 의하여 다시 대체되었다.

스프레드시트 시장(the spreadsheet market)도, 이후의 스프레드시트들이 기능을 추가하였지만 분명히 이전의 스프레드시트에 구현되었던 아이디어에 기반을 두었다는 점에서, 시장지배력의 변화에 대해 유사한 역사를 지니고 있다. 1990년도 초기에, 그 당시의 지배적 기업인 Lotus 1-2-3과 라이벌인 Borland Quattro 사이에서 격렬한 저작권 논쟁이 벌어졌는데, 그 논쟁은 새로이 시장에 진입한 Borland가 현재 시장에 있는 것과 어느 정도로 호환이 되는 상품을 만들 수 있는지에 대한 것이었다. 그들은 서로 자신이 우세할 것이라 생각하면서 대법원으로 가는 내내 격렬하게 싸웠다. 사실은, 둘 모두 곧 우수한 그래프 기능이 추가된 Microsoft Excel에게 시장을 빼앗겨버렸다.

물론 데스크탑 운영체제 그 자체만의 시장도 있는데, 시장지배력은 CP/M에서 MS-DOS/PC-DOS로 이동하였고, 다시 Window로 옮겨졌다. Window는 호환이 가능하고 향상된 업데이트를 도입한 Microsoft의 자체 후속모델이다. 오픈소스 운영체제인 Linux는 시장지배력이 있는 경쟁자가 되기에는 아직 사용자 친화적이지 않고, 충분한 응용 소프트웨어를 갖고 있지 못하다.

소프트웨어 시장은 누적적 연구로 인해 발생하는 어려운 문제들을 나타내고, 저작권과 특허 사이의 중요한 차이에 대해 주목하도록 한다. 1990년대 중반까지 컴퓨터 프로그램은 저작권을 가졌지만 특허를 받진 못했다. 일반적으로 '저작권 차단(blocking copyrights)(Lemley 1997)'과 같은 것들은 없다. 따라서 누적적인 혁신에서 후속 혁신가들이 개선에 따른 경제적 이익을 이전의 혁신가들과 공유하게 하기 위해 특허법이 사용하는 장치들은 일반적으로 저작권법 하에서는 사용할 수 없다. 저작권법 하에서 새로운 상품이 시장으로 들어갈 때 이전 상품들은 새로운 제품에 대해 아무런 권리가 없다.

이번 장에서 다루는 문제는 어떻게 지적 재산이 순차적인 혁신가들 사이에 이익을 분배해야 하는지에 대한 것이다. 인센티브를 정확하게 얻기 위해서는, 혁신가들이 전체적으로 공동의 비용을 충당할 만큼 충분한 이익을 얻도록 해야 할 뿐만 아니라, 이익이 또한 각각의 혁신의 단계에서 올바른 인센티브를 창출하도록 배분되어야 한다. 가장 중요한 것은, 각각의 혁신가가 자신의 비용을 충당할 수 있어야 한다는 것이다. 우리가 보게 되는 것처럼 지적재산은 이 미묘한 문제에 대해 그리 효과적이지 못한 도구이다.

이번 장에서 다루는 누적적 혁신에 대한 분석은 대략적으로 2장에서 논의했던 아이디어 모형(ideas model)과 특히 그 아이디어들이 희귀하다는 개념에 바탕을 두고 있다. 따라서 연속적인 혁신들은 각기 다른 혁신가들에 의해 만들어진다. 투자가 이루어 질때, 비록 투자자는 그 미래의 가치에 대해 주관적인 생각을 가지고 있어야 할지라도, 어떠한 아이디어가 미래의 발전(future progress)을 가져올지를 알지 못한다. 만약 누적적인 발전에 대한 모든 아이디어들이 이미 시장에 존재하는 기존 기업(incumbent)을 포함한 모든 회사에게 알려져 있다면, 잇따른 혁신자들 사이에 발생하는 이익 분배의 문제는 덜 극심할지도 모른다. 앞으로 살펴보게 될 것과 같이, 창의적인 환경에 대한 여러 다른 모델들은 다른 인센티브 문제들을 제시한다.

제8장에서 우리는 공적 자금을 지원받는 연구(publicly funded research), 특히 대학에서의 연구가 기초 연구(basic research)에만 편향되어 있다는 것을 지적할 것이다. 그러나 이를 합리화하는 한 가지 근거는 기초 연구의 이점이 민간 부문에 의해 전유되기 어렵다는 것에 기인한다. 이번 장은 공적 자금을 지원 받는 기초 연구에 대해 이러한 관점뿐만 아니라, 다른 근거들도 평가하고 판단할 수 있도록 도와줄 것이다.

5.1 | 3가지 형태의 누적성

[그림 5-1]~[그림 5-3]은 누적성의 세 가지 유형을 설명하고 있다. [그림 5-1]은 레이저(laser)와 같은 하나의 혁신이 수술 응용 프로그램, 분광학 등과 같은 많은 2세대 혁신으로 이어지는 경우를 보여주고 있다. 또는 유전자 표적(gene target)과 같은 1세대 도구가 신약과 같은 단일의 2세대 혁신으로 이어질 수도 있다.

[그림 5-2]는 2세대 상품이 종종 연구방법(research tool)이라고 불리는 많은 다른 1세대 상품들의 투입을 필요로 하는 경우를 보여준다. 어떤 연구방법들은 2세대 상품 안에 구현되고, 어떤 것들은 그렇지 못할 가능성이 있다. 예를 들면, 생체공학적 기술로 만들어진 농작물의 씨앗은 당도(sweetness)나 내구성(durability)과

그림 5-1 기초연구와 응용제품들

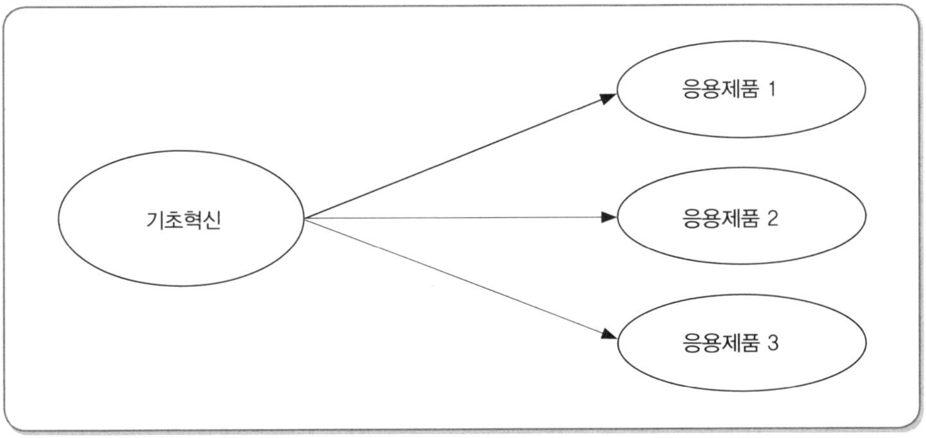

그림 5-2 다수의 연구요소에 라이선싱의 문제

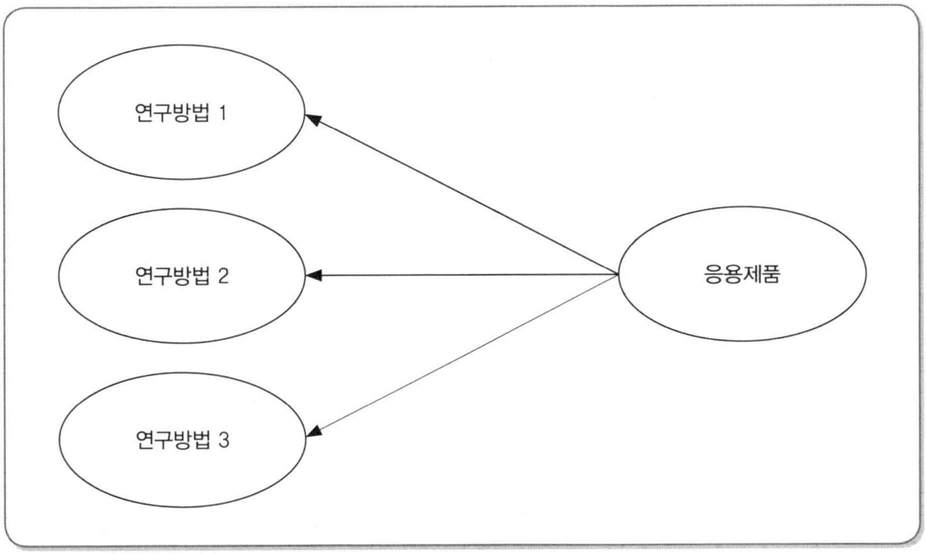

같은 형질을 코딩하는 유전자, Bt와 같이 해충저항성을 코딩하는 유전자, 삽입된 유전자를 발현시키는 유전자, 그리고 유전자의 생식질 삽입을 용이하게 하는 연구방법들을 필요로 할 수 있다. 이러한 특성과 이를 발현시키는 유전자들은 결국 수정된 생식질 안에 장착(embodied)되지만, 연구방법은 그렇지 못하다. 이러한 차이점에도 불구하고, 연구방법을 포함한 선행 발명들 모두는 씨앗을 발명하기 위한 필수적인 것들일 수 있다.

그림 5-3 품질 사다리: 후속 혁신가들 사이의 경쟁

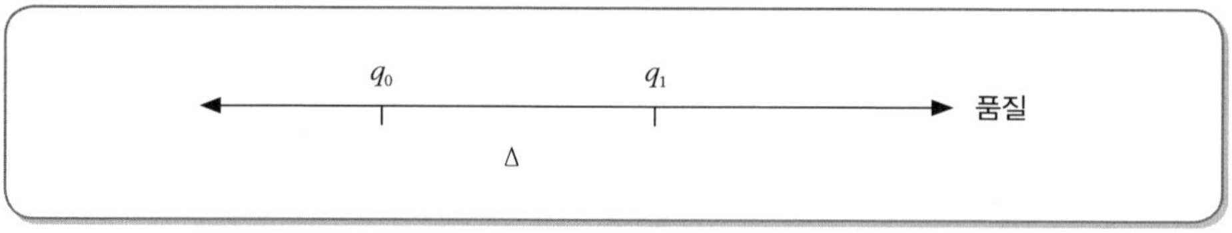

[그림 5-3]은 회사들이 연이어 이전의 것을 개선시켜 더 나은 상품들을 만드는 품질 사다리(quality ladder)를 나타낸다. 여기서 주목할 점은 어떤 혁신가도 자신의 혁신(또는 발명)이 지속될 것이라고 안심할 수 없는, 연속적인 개선(successive improvement)이 존재한다는 것이다. 문제는 연속적인 혁신가들 사이의 경쟁이 너무 치열해서 회사들이 가장 수익성이 좋은 개선방향임에도 불구하고 착수하기를 꺼려할지 모른다는 것이다. 예를 들어 q_0는 제품라인에서 가장 최신인 제품의 품질이라고 가정해보자. 만약 제품의 새로운 개선된 버전 q_1이 [그림 5-3]의 이전의 것과 너무 유사하다면, 시장에는 품질의 차이가 △인 두 제품이 존재할 것이다. 두 제품 사이의 경쟁의 치열한 정도는 두 제품의 품질 차이에 달려있다. 만약 그 품질 차이가 적다면, 비록 가장 최근의 혁신이라 하더라도 매우 높은 금액을 책정할 수는 없다.

[그림 5-1]과 [그림 5-2]는 그들이 필요로 하는 라이선싱 관계에서 중요한 차이점이 존재한다. [그림 5-2]의 상황에서는 2세대 발명가가 각각의 관련된 연구방법이나 다른 투입요소에 대해 라이선스를 받는 것을 필요로 한다. 생체의학 연구자들은 많은 숫자의 라이선스를 받아야 하는 일이 너무 번거로워서 이것이 오히려 연구를 촉진시키기보다 억누를 수도 있다는 우려를 표현해왔다. 거래비용(transaction costs)의 관점에서 보면 그러한 의견이 타당할 수도 있지만, 모든 관련단체들은 일단 연구방법들이 존재하면 의약품과 다른 2세대 상품들이 제조되는 것을 확실히 하기 위해 재산권 갈등을 해결하고자 한다는 것도 알 필요가 있다. 연구방법에 있어 유일한 이익의 원천은 그것으로 인해 생산이 가능해지는 2세대 상품들이다. 그러한 상품들의 생산을 막는 것은 경제적 자살행위가 될 것이기 때문이다.

연구의 누적성은 지적 재산권을 설계하는 데에서 두 가지 새로운 고민거리들을 야기한다. 두 단계의 혁신을 지니고 있는 시장에서의 주요 걱정은 최초의 혁신가가 후속 혁신가들을 위해 쌓은 토대에 대해 어떻게 보상해야 하는가의 문제이다. 우리가 앞으로 살펴볼 것처럼 일반적으로 최초의 혁신가는 2세대 상품으로부터의 모든 이익을 획득할 수 없으며, 더군다나 모든 사회적 가치를 획득할 수 없다. 만약 예상된 수익이 비용을 충당하기에 부족한 듯하면, 최초의 혁신가는 해당 연구 과제에 투자하지 않을 것이고 모든 연구라인은 진전이 없을 것이다. 두 번째 걱정은 후속 혁신가들 사이의 이윤이 그들 사이의 경쟁에 의해 침식될 것이라는 점이다. 제품의 각 세대의 가격은 이전 혁신가와의 경쟁 때문에 혁신가가 비용을 충당할 수 없을 정도로 낮을 수 있다. 이것은 4장에서 거론된 좁은 범위의 특허 하에서의 문제와 유사하다. 특허권의 범위가 좁으면 유사한 대체품들 사이의 경쟁 때문에 수익성이 별로 높지 않다.

품질 사다리 모형(the quality ladder model)을 뚜렷하게 보여주는 예를 생각하기는 어렵지만 좀 더 비유적으로 바라본다면, 이 모형은 레이저와 데스크톱 소프트웨어를 포함한 거의 모든 중요한 기술을 설명하는 데에 적합하다. 컴퓨터의 초기 역사는 알려진 발명품에 기초하여 순차적인 개선을 이룬 개선가(improvers)들에 관한 이야기이다(McCartney1999). 파스칼(Pascal)은 17세기 초, 그가 덧셈을 반복하는 장치를 만들었을 때 이 노력을 시작했다. 회전하는 드럼에 표시한 눈금(notches)은 숫자를 나타내고, 10에 도달하면 그 다음 소수 자리를 나타내는 다른 드럼으로 이동했다. 파스칼의 업적을 연구한 몇 년 뒤에는, 라이프니츠(Leibniz)가 덧셈을 반복하게 함으로써 이 시스템을 확장하여 곱셈을 가능하게 하였다. 라이프니츠(Leibniz)의 설계는 19세기에 기계식 탁상계산기의 기초가 되었다.

그 시기에 Babbage는 기계식 계산기에 대해 거의 완성된 차분기관(Difference Engine)과 완성도가 떨어지는 해석기관(Analytical Engine)이라는 두 가지의 개선된 제품을 만들었다. 배비지(Babbage)의 두 번째 기계는 개념적으로 세 가지 획기적인 혁신을 이룸으로써 현대의 모든 컴퓨터를 위한 토대를 쌓았다. 그것은 이론적으로 산술연산(arithmetic operations)을 연결하고 서브루틴(subroutines)을 사용할 수 있었으며, 나중에 사용하기 위해 숫자를 저장하는 개념과 분기논리(branching logic)를 위한 "if/ then/ else"의 개념을 지니고 있었다. 이 아이디어는 마침내 20세기에 진공관 컴퓨터(vacuum-tube computer)와 전자식 계산(electronic calculation)의 개발로 결실을 맺었다. 최종적인 획기적 발전은 트랜지스터(transistor) 와 집적회로(integrated circuit)였다.

다른 전자공학의 분야에서의 기술은 더 빨리 발달해왔다. Dyson(2001)이 설명하는 것처럼, 전류를 이용해 백열등을 만드는 아이디어는 1801년 영국인 화학자인 데이비(Humphry Davy)에 의해 처음 제시되었다. 비록 백열 필라멘트는 공기 중에 불탔고 실용적으로 사용될 만큼 충분히 오래 지속되지는 못했지만, 그 실험은 또 다른 영국인 화학자 스완(Joseph Swan)에게 영감을 주고 이 문제를 더욱 깊이 파고들게 했다. 1860년에 그는 현대의 텅스텐 필라멘트 백열전구의 이전 모델에 해당하는 진공 튜브로 감싸진 탄소 필라멘트에 대한 특허를 출원했다. 개발은 스완에 의해 그리고 전기 백열전구를 가정용품으로 만들겠다고 맹세한 위대한 미국인 발명가 에디슨에 의해 계속되었다. 스완과 에디슨 모두 1870년쯤에 작동 가능한 백열전구를 만들었고 마침내 특허권 분쟁을 초래했다. 특허권 분쟁은 제5.4절의 모형 스타일과 매우 흡사하게 합병되어 해결되었으며, 두 명의 발명가가 각각 대양의 반대편에서 전구의 판매를 촉진하도록 했다.

이 예시가 지니는 중요한 특징은 초기의 혁신이 나중의 혁신을 위한 기초를 쌓는다는 것이다. 컴퓨터의 초기 발전은 여유롭고 느리게 이루어졌지만, 데스크탑 컴퓨터 응용프로그램과 같은 20세기 기술의 품질 향상은 신속하게 이루어졌다. 이러한 환경에서, 혁신가들은 시장에서 탈락할 가능성이 존재한다. 어떻게 하면 신속한 발전을 저해하지 않으면서도 각 혁신가들에 대한 혁신의 인센티브를 유지할 수 있을까? 이것이 바로 다음 절의 주제이다.

5.2 | 기초연구와 응용연구

우선 [그림 5-1]에 나타난 기초연구와 응용연구에 관해 살펴보도록 하자. 우리의 목적은 혁신을 위한 인센티브를 제공함에 있어서 지적재산권이 갖는 효용성을 이해하는 것이다. 누적혁신에 있어 혁신가들은 전체적으로뿐만 아니라 개인적으로도 혁신의 비용을 충당할 수 있어야 한다. 만약 대부분의 이익이 기초적인 연구가 아닌 응용에 의한 것이라면, 이윤의 상당 부분은 최초의 혁신가에게 돌아가야 한다. 이를 위한 방법으로는 라이선싱이 있다. 우리의 과제는 라이선스의 조건이 무엇에 의존하는지를 이해하는 것이고, 특히 두 혁신가에 대한 이윤의 분배가 각각의 혁신에 대한 비용을 반영하고 있는지 여부를 이해하는 것이다. 만일 이윤의 분배가 비용의 분배와 동떨어져 이루어진다면 인센티브 제도는 제대로 작동하지 않을 것이다.

라이선스에 관한 전략적인 환경은 Green and Scotchmer(1995)에 의해 적용된

그림 5-4 라이선스의 위협점과 균형 조건

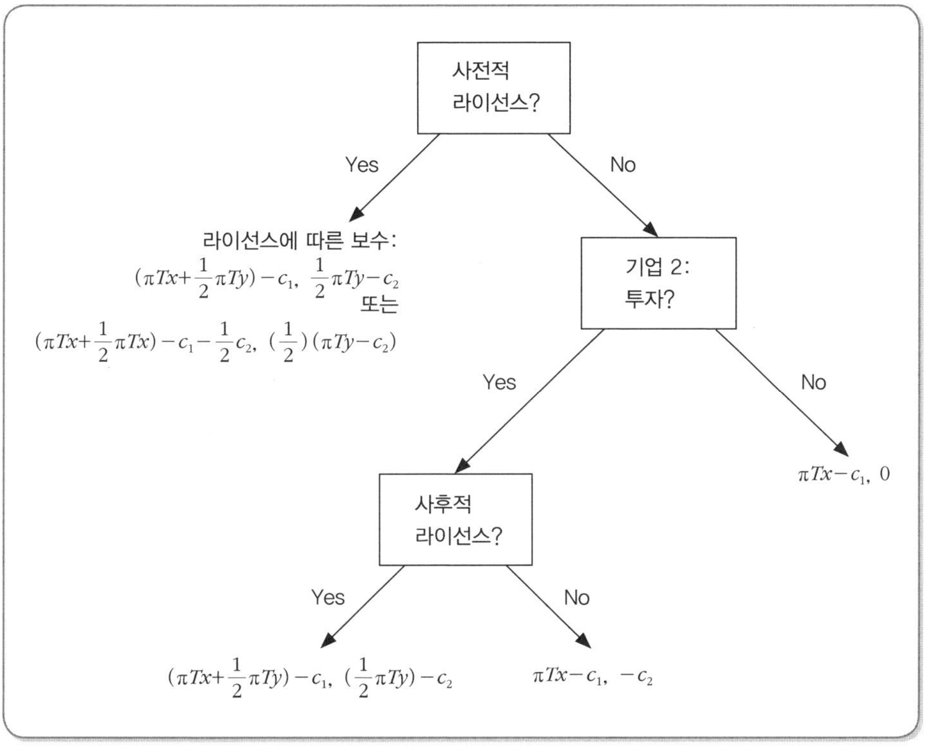

[그림 5-4]에 나타나있다. 첫 번째 발명의 비용을 c_1이라고 가정하고, x는 (후속 혁신가의 가치에 대비되는 것으로서) 최종 소비자의 기간 당 가치(per–period value)를 측정한 값이라고 가정한다. 만약 혁신에 대한 특허가 (할인된) T기간 동안 보장된다면, 그 사회적 가치는 $x((1/r)-lT)$이다. 여기서 r은 할인율이고 ℓ 은 특허보호 기간 동안에 사중손실(deadweight loss)로써 잃어버린 일부 가치를 나타낸다. 특허 소유자의 이윤은 $x\pi T$이다. 여기서 π는 일부분(fraction)을 나타낸다. 만일 첫 번째 혁신이 순수과학이라는 점에서 기초적인 연구이거나, 또는 표적 의약품과 같이 응용 프로그램의 개발을 가능하게 하는 연구 방법(research tool)이라면 라이선스을 제외하고는 상업적인 가치를 얻지 못할 것이고, 결과적으로 x(최종 사용자의 가치)의 값은 0이 될 것이다.

두 번째 회사가 두 번째 세대 상품을 만들기 위한 아이디어 (y, c_2)를 갖고 있다고 가정해보자. 여기서 y는 시장가치의 기간 당 증가량이며, c_2는 해당 상품의 개발 비용이다. 논의를 단순하게 하기 위해, 아이디어는 첫 번째 혁신에 의해 영감을 받아 시간적인 지연없이 일어난다고 가정하자. 만약 두 번째 상품이 첫 번째 상품과-예를 들어, 이전 혁신가에게 라이선스를 부여하여-통합된다면 총이윤은 $(x+y)\pi T$이고, 사회적 가치는 $(x+y)((1/r)-lT)$가 된다.

2세대 혁신이 1세대에 의해서 촉진되기 때문에, 첫 번째 혁신의 사회적 가치는 두 번째 혁신에 대한 옵션(선택권)을 반영해야 한다. 즉, 첫 번째 혁신의 사회적인 가치는 그로 인해 창출된 두 번째 세대 상품의 옵션으로 인해 얻는 사회적 가치를 더한 값이며, 다음과 같다.

$$x((1/r)-lT)-c_1+max[0,\ y((1/r)-lT)-c_2]$$

이 모형을 통해서 우리는 우리가 특허 시스템에 기대하는 목표를 재정립할 수 있다. 그것은 다음의 두 가지 목표를 가져야 한다: (1) $y((1/r)-lT)\geq c_2$인 경우일 때마다 2세대 상품에 대한 투자가 확실히 일어나도록 하는 것, 그리고 (2) $y((1/r)-lT)\geq c_2$인 경우, 첫 번째 혁신가의 투자가 보장될 정도로 충분한 잉여를 첫 번째 혁신가에게 이전하도록 하는 것이다.

(2)에서는 첫 번째 혁신이 그 자체로서는 독립된 재화로써의 가치가 없는 $x=0$인 경우를 설명하고 있다. 2세대 상품으로부터 이익을 얻지 못한다면 어느 누구도 첫 번째 혁신을 하려고 하지 않을 것이다. 비록 $x=0$인 상황일지라도 2세대 상품의 가치인 y값이 높기 때문에 기초적인 혁신에 대한 투자는 사회적으로 효율적일 수 있다.

[그림 5-4]는 두 회사가 두 번째 혁신에 대한 차단특허(blocking patent)를 갖는다고 가정할 때, 두 회사의 라이선싱 옵션(선택)들을 보여 주고 있다. 차단특허란 두 번째 혁신이 특허를 받을 수는 있지만 첫 번째 특허를 침해하는 것을 의미한다. 이런 상황 하에서, 두 혁신가들은 어느 누구든 두 번째 혁신이 시장에 나오는 것을 막을 수 있다.

[그림 5-4]에서 두 특허보유자들은 라이선싱을 통해 차단특허를 해결할 것이라는 것을 가정하고 있다. 그러나 어떤 조건으로 해결해야 할까? 라이선스의 조건은 두 구성요소에 따른 협상의 결과물일 것이다. 이 두 구성요소는 많은 협상 상황에서 이용되는데, 첫 번째는 위협점(threat points)이다. 각 회사의 위협점은 만약 각 회사가 협상 테이블을 떠난다 하더라도 각자 보장받을 수 있는 기대수익이다.

두 번째는 협상의 이익(bargaining surplus)이다. 이는 두 회사가 협상을 타결할 경우, 두 회사가 총합의 측면에서 부유해지는 양을 나타낸다. 각 회사는 최소한 스스로 위협점만큼의 이윤을 보장할 수 있다(이것이 위협점이라고 불리는 이유이다). 그러나 협상의 이익을 어떻게 나눠야 할지에 대한 문제가 있다. 비록 결론은 좀 더 일반적인 경우에도 적용되지만, 우리는 그들이 협상의 이익을 동등하게 나눌 것이라고 가정하도록 한다.

두 기업은 두 번째 혁신가가 c_2에 투자하기 전에 (하지만 첫 혁신이 이루어진 뒤에) 사전적(ex-ante)으로 라이선스에 합의할 수도 있으며, 또는 두 번째 혁신가가 c_2에 투자한 후에 사후적(ex-post)으로 라이선스에 합의할 수도 있다. 사전적 라이선스(ex-ante license) 하에서 어떠한 조건이 발생하는지를 이해하기 위해서는 어느 한쪽이 사전적인 합의를 거부하고 사후적인 협상을 하도록 하는 경우 어떤 일이 벌어지는지를 이해해야 한다. 이것이 사전적 합의에 대한 위협점(threat points)을 설정하는 것이다. 물론 사후에 만들어질 합의는 그 자체의 위협점을 지닌다. 게다가 연구 면제(research exemption, 제3장 참조) 조항이 존재하지 않기 때문에, 비록 상품을 시장에 내놓지 않더라도, 첫 번째 라이선스 보유자의 허락없이 두 번째 혁신을 개발하는 것은 특허 침해에 해당할 수 있다는 데 주목할 필요가 있다. 그런 경우에 사전적 라이선스는 유일한 옵션이다. 이러한 제약이 지니는 의미에 대해서는 뒤에 다시 논의하기로 한다.

만약 두 회사가 사후적으로 라이선스를 체결한다면, 이들의 위협점은 각각 $x\pi T-c_1$과 $-c_2$이다. 라이선스가 없이는 첫 번째 혁신의 특허에 의해 막혀있기 때문에 두 번째 상품은 시장에 나오지 못한다. 반면, 두 번째 재화가 시장에 나오도록 라이선스 계약을 체결한다면, 그들은 그들의 공동이익(joint profit)에 $y\pi T$를 더할 수 있다. 이것이 바로 협상의 이익(bargaining surplus)이다. 만일 두 회사가 이 증가분을 동등하게 나눈다면, 그들의 이익은 $(x\pi T+(1/2)y\pi T)-c_1$과 $(1/2)y\pi T-c_2$가 될 것이다. 이들의 보수(payoff)는 [그림 5-4]의 아래 부분에 나타나 있다.

만일 $(1/2)y\pi T-c_2>0$이면, 사전적인 라이선스 합의에 따른 보수 또한 $(x\pi T+(1/2)y\pi T)-c_1$과 $(1/2)y\pi T-c_2$일 것이며, 이는 사전적인 협상(ex-ante bargaining)에 의해 더 이상 얻을 것이 없다는 것을 나타낸다. 이들 보수는 [그림 5-4]의 좌 상단 부분의 첫 번째 수식으로 나타나 있다.

반면에, 두 번째 기업의 비용인 c_2가 너무 높아 $(1/2)y\pi T-c_2<0$일 수 있다. 기

업 2는 사후 라이선스의 경우 비용을 충당할 수 없을 정도로 높은 라이선스 비용 때문에 곤란한 상황에 처할 수 있다는 것을 예상할 것이다. 이 경우, 사전 합의(ex-ante agreement)를 통하여 달성할 수 있는 협상의 이익(bargaining surplus)이 존재한다. 라이선스를 주는 특허소유자는 후속 혁신가의 비용이 이미 투자되어 매몰 비용(sunk cost)이 되었을 때, 스스로 사후적으로 요구하는 라이선스 요금보다 낮은 요금을 책정하도록 스스로를 구속함으로써, 후속 투자가 이루어지도록 할 수 있다. 기업들의 위협점은 이제 $x\pi T-c_1$과 0이고 사전 합의에 의한 라이선스 조건은 [그림 5-4] 좌 상단의 두 번째 수식으로 나타나 있다.

위의 모형으로부터 세 가지 중요한 결론을 도출할 수 있다. 첫째, 차단특허를 해결하기 위해 사후적으로 제약을 가하는 것은 2세대의 상품을 위험에 빠뜨리게 할 수 있다. 두 번째 혁신가는 높은 라이선스 요금으로 인해 곤란에 처할 수 있다는 것을 알고 있고, 만약 혁신의 가치와 비용 사이의 차이가 상대적으로 크지 않다면 투자를 하지 않을 것이다. 그러나 $y\pi T-c_2\geq0$이면 언제든지 사전적으로 차단특허를 해결하는 것은 두 번째 상품이 개발될 가능성을 높일 수 있다.

둘째, 두 혁신가의 비용이 모두 충당되는 것을 확실하게 하기 위해서 같은 혁신가가 두 세대의 제품 모두를 개발한 경우보다 다른 두 혁신가가 존재하는 경우 더 긴 특허 수명을 제공해야 할 것이다. 만약 두 혁신이 하나의 기업에 의해서 개발된다면 $(x+y)\pi T-c_1-c_2\geq0$이고 $y\pi T-c_2\geq0$일 때 두 혁신이 진행될 것이다.[3] 그러나 아이디어 모형에서 다른 회사들은 일반적으로 후속 혁신에 관한 아이디어를 지니고 있다. 이러한 경우, 두 회사는 모두 일정부분 양(+)의 협상이익을 나누어 갖게 되고, 두 번째 혁신가는 일반적으로 양(+)의 이윤을 얻는다. 만일 결합이윤 $(x+y)\pi T-c_1-c_2$이 0에 가깝다면, 이것은 첫 번째 혁신가가 음(-)의 이윤을 얻게 되는 것을 나타낸다. 즉, 첫 번째 혁신가는 비용을 충당할 수 없을 것이고, 그러한 결과가 예상될 경우 투자를 하지 않을 것이다. 이러한 문제를 해결하기 위해서는 확보 가능한 총이윤이 더 커야 하며, 이는 특허보호 기간인 T를 늘림으로써 달성될 수 있다.

3) 만일 단지 한명의 혁신가만이 연관되어 있다면, 이익의 배분에 관한 문제는 사라진다. 그러나, Charles Townes가 레이저의 모든 응용과 사용을 생각하고 개발했을 수도 있다고 생각하는 것은 불합리하다. 만약 아이디어가 희귀하다면, 아이디어를 생각해낼 수 있는 많은 경쟁자들이 있기 때문에 첫 특허보유자보다 라이벌들이 후속 상품을 생각해낼 가능성이 더 높다.

셋째, 위의 예에서 사회적 관심은 첫 번째 혁신가의 이익과 일치할 수도 있다. 사전적 라이선스가 이루어질 수 있고 $y\pi T - c_2 \geq 0$ 이라면 두 번째 혁신은 결코 위험에 빠지지 않을 것이기 때문에, 더 어려운 문제는 첫 번째 혁신가가 혁신의 비용을 충당할 수 있는지를 확실하게 보장하는 것이다. 이러한 문제에 관해서 사회 전체적으로 최상의 결과는 첫 번째 혁신가가 양자택일의 제안(take-it-or-leave-it offer)을 할 수 있고, 두 번째 혁신에서 발생하는 모든 순이윤(net profit)을 획득하는 것이라 할 수 있다. 첫 번째 혁신이 없이는 두 번째 혁신이 불가능하기 때문에, 첫 번째 혁신이 두 번째 혁신보다 더 중요하다. 그러나 두 회사가 대등한 협상 위치(symmetric bargaining position)에 있기 때문에 양자택일의 제안은 불합리하다.

직관에는 어긋날지 몰라도, 첫 번째 혁신에 대한 연구면제(research exemption)는 특허 소유자들에게 이익으로 작용한다.[4] [그림 5-4]에 나타난 보수(payoffs)는 두 번째 혁신가가 라이선스 없이 두 번째 상품을 개발할 수는 있지만 상업화는 할 수 없다는 가정을 반영하고 있다. 이는 연구면제가 허용되는 것으로 해석될 수 있다. 연구면제는 협상이 사후에 일어나도록 하기 때문에 첫 번째 혁신가의 협상 지위를 향상시킨다. 연구 면제가 없는 경우 첫 번째 혁신가는 항상 두 번째 혁신가의 비용이 매몰비용이 되기 전인 사전적 협상(ex-ante bargaining)을 해야 할 것이고 이는 협상의 지위를 약화시킨다.

마지막으로, 이익의 배분은 혁신가들의 상대적인 비용에 민감하지는 않다. 만약 c_2가 충분히 크다면, 첫 특허 보유자는 좀 더 관대한 라이선스 조건을 제공해야 하지만, 그 자신의 비용이 높다고 해서 더 많은 이익을 얻어야 할 이유는 없다. 라이선스가 발생하기 전에 비용은 이미 매몰비용이 되기 때문에, 이익의 배분은 첫 번째 혁신가의 비용에 달려있지 않다. 특허 보호 기간의 연장은 두 회사가 더 많은 수입을 벌어들일 것이기 때문에 이러한 문제를 완화 시키는데 도움을 줄 것이다. 그러나 물론 특허 수명의 연장은 부가적인 사중손실을 유발한다.

첫 번째 혁신가의 이익 몫을 향상시키는 시장 상황은 잠재적인 두 번째 혁신가

4) 제3장에서 우리가 지적한 것처럼, 특허법은 연구면제(research exemption)에 관한 어느 것도 인정하지 않는다. 두 번째 상품에 대한 개발은 비록 그것을 상업화하지 않더라도 특허침해가 될 수 있다. 이러한 차별이 중요성을 갖느냐마느냐는 처벌에 달려있다. 여기서 우리는 두 번째 상품을 판매하는 것에 대한 구제책으로서 판매금지명령(injunction)을 가정한다. 이 구제책이 두 번째 특허를 무효화하는 것이라면 – 연구면제가 없는 상황에서 발생할 수 있는 것처럼 – 라이선스 없이 시장진입이 이루어지는 일은 없을 것이다.

들 사이에 경쟁이 벌어지는 경우이다. 그러나 경쟁상황 하에서도 첫 번째 혁신가는 모든 순이익을 얻지는 못한다.

예를 들어, 어느 한 유전체학 회사(genomics firm)가 의약품 표적(drug target)에 대한 특허를 보유하고 있지만 약을 개발하고 이를 시장에 내놓을 능력이 없다고 가정하자. 아마도 여러 제약회사들이 투자하기를 원할 수 있고, 표적의 소유자는 독점적 라이선스(exclusive license)를 경매로 파는 것에 대해 고민할 수 있다. 그러나, 놀랍게도 경매는 일반적으로 모든 이익을 취하는 것을 보장하지는 않는다. 이는 낙찰을 받지 못한 자가 낙찰을 받지 못했음에도 불구하고 사후적인 라이선싱에 대한 희망을 품고 수익성이 높은 의약 특허를 위해 경쟁을 할 수 있기 때문이다. 만일 그렇게 된다면, 입찰자들의 위협점들(threat points)은 0으로까지 감소되지 않는다. 우리는 경매에서 균형입찰가격을 계산하고, 그것이 두 번째 혁신의 가격보다 적다는 것을 보임으로써 확인할 수 있다.

경매에 있어서 균형입찰가격은 입찰자의 수익에 있어 낙찰을 받은 자와 받지 못한 자 사이의 차이이다. 만일 입찰자가 이 차이 이상을 지불해야 한다면, 입찰자는 낙찰을 받지 않는 것이 낫다. 이 균형입찰가격을 이해하기 위해서 우리는 낙찰을 받은 경우와 그렇지 못한 경우 입찰자의 전망을 파악해야 한다.

만일 낙찰을 받지 못한 자가 제약 분야에 투자를 한다면 그는 입찰을 받은 자와 경쟁을 하게 되지만 그럼에도 불구하고 성공할 수도 있다. 이 경우 실패한 입찰자와 첫 번째 특허보유자(또는 라이선스를 얻은 자)는 제약 분야에 있어 서로 차단특허를 가질 것이다. 그 둘의 이익을 위해, 그들은 위에서와 같이 협상을 함으로써 충돌을 해결해야 한다. 사후(ex-post)에 그들은 협상의 이익을 나눌 것이고, 각각은 $(1/2)y\pi T$를 얻을 것이다. 만일 두 번째 상품을 위해 두 회사가 경쟁을 하고 있다면, 성공한 입찰자와 실패한 입찰자 각각은 절반의 확률로 승리한다. 따라서 실패한 입찰자의 기대 이윤은

$$\left(\frac{1}{2}\right)\left(\frac{1}{2}\right)y\pi T-c_2 \tag{5.1}$$

이다.

성공한 입찰자의 기대 이윤은 다음과 같이 계산된다. 절반의 확률로 그는 경쟁에서 이길 수 있고 $y\pi T$를 얻는다. 혹은 절반의 확률로 그는 경쟁에서 질 수 있고

다른 회사와 특허의 가치를 나누게 되어 $(1/2)y\pi T$를 얻는다. 따라서 만약 각 회사가 절반의 확률로 이긴다면, 성공한 입찰자의 기대 이윤(expected profit)은

$$\frac{1}{2}y\pi T+\left(\frac{1}{2}\right)\left(\frac{1}{2}\right)y\pi T-c_2$$

이다.

따라서 낙찰을 받는 자와 받지 못한 자 사이에서 이윤의 차이는 $(1/2)y\pi T$이다. 이는 독점적 라이선스의 균형입찰가격이고, 첫 번째 특허보유자의 이윤이다. 만일 식(5.1)이 양(+)의 값을 갖는다면 (그래서 실패한 입찰자가 투자할 인센티브를 갖는다면), 낙찰가인 $(1/2)y\pi T$는 두 번째 재화의 증가된 가치인 $y\pi T-c_2$보다 작다. 이 경우에, 첫 번째 특허보유자는 독점적 라이선스를 경매함으로써 모든 이윤을 다 가져갈 수는 없다.[5)]

우리의 본래의 질문은, 양쪽 세대의 두 혁신가들 모두가 그들의 기여에 대해 각각 보상받는 것을 확실하게 하기 위해서는 무엇이 요구되는가? 하는 것이었다. 첫째, 이익 배분의 문제 때문에 그리고 이익의 분배가 대개 혁신가들의 상대적인 비용에 대해 무감각할 것이기 때문에, 지적재산권은 같은 혁신자가 기초 연구와 이에 대한 응용연구 모두를 수행할 때보다 더 길게 지속되어야 한다. 둘째, 라이선스에 있어서 유연성이 크면 클수록, 인센티브는 더 잘 작동할 것이다. 예를 들면, 만약 사전에 라이선스가 체결될 수 없다면, 특허보호기간은 더 길게 지속되어야만 한다. 특허보호 기간은 $(1/2)y\pi T-c_2>0$이 될 정도로 충분히 길어야 한다. 그렇지 않다면, 두 번째 세대의 혁신은 두 번째 혁신가가 충당할 수 없는 높은 라이선스 비용에 대한 두려움으로 좌절될 지도 모른다.

앞서의 논의는 누적적인 혁신에서 어떻게 인센티브 시스템이 작용하는지에 대해 라이선스가 절대적으로 중심에 있다는 것을 보여준다. 따라서 라이선스가 관한 장애요인들을 생각해볼 필요가 있다. 아마도 가장 중요한 장애요인은 혁신의

---

5) 경매는 계약에 관해 생각하는 논리적인 방식이지만 가장 큰 이윤을 얻는 계약 방식은 아닐 수 있다. 특허보유자(licensor)는 '죄수의 딜레마'를 설정함으로서 입찰자들이 '명백한' 유보 보수(reservation payoffs)보다 덜 갖도록 할 수도 있다. 이는 기업들이 계약을 재협상하지 않는다는 것을 확약(commit)할 수 있는지 여부와, 한 명의 라이선스실시권자(licensee)와의 계약 조건이 라이선스를 얻지 못한 자(nonlicensee)의 유보 보수에 영향을 미칠 수 있는지 여부에 달려있다. Scotchmer(1996) 참조.

가치에 관한 비대칭적인 정보(asymmetric information)일 것이다.[6] 두 번째 혁신가는 사전적인 라이선스 없이는 투자하지 않을 것이라는 것을 첫 번째 특허보유자에게 납득시키기 위해 자신의 비용을 과장할 유인이 존재한다. 물론 첫 번째 특허보유자는 이런 이야기를 반드시 믿지는 않을 것이다. 그러나 역시 특허보유자가 상대적으로 정보가 없고 정확한 정보를 얻는 데 있어 두 번째 회사에 의존할 수 없다는 사실은 사전적인 라이선싱을 억제할 가능성이 높다. 두 번째 혁신의 가치는 특허보유자에게도 역시 사전적으로 입증되지 않을 수도 있지만, 이런 문제는 로열티 라이선싱(royalty licensing)을 함으로써 완화될 수 있다. 로열티 지급액은 혁신의 실제 가치에 자동으로 연동된다.

마지막으로 제4장에서 언급한 것처럼, 이 단순 모형은 특허경주가 발전을 촉진시킬 수 있다는 사실을 반영하지 못한다. 아이디어 모형에서의 특허경주는 지식에 대한 생산함수를 갖는 모형에서의 특허경주보다 발전에 초점을 덜 맞추고 있다. 각 단계에서 특허경주가 일어나는 상황에서의 누적성에 대한 논의는 Denicolo(2000)를 보라.

5.3 | 연구방법

[그림 5-2]는 각각의 2세대 제품이 연구방법과 같은 이전의 여러 발견들에 의존하는 경우를 설명하고 있다. 많은 연구방법들은 위에서와 같이 협상을 하기보다는, 라이선스를 주거나 아니면 단일가격에 익명으로 판매된다. 생의학 분야의 중요한 예로는 PCR(폴리머레이스 연쇄반응)과 생명공학의 기본 기술에 관한 (특허권이 만료될 때까지의) 코헨-보이어(Cohen-Boyer) 특허권을 들 수 있다. 세포주(cell line)와 같은 물질들은 종종 이러한 방식으로 라이선스를 받는다.

연구 투입요소들이 일정한 시장가격으로 많은 사용자들에게 익명으로 판매될 때, 인센티브는 4장에서 논의된 것과 같이 이해될 수 있다. 각각의 도구들을 위한 독점가격 정도는 대체재들의 유사성과 가격들에 달려있을 것이다. 물론 4장에서 언급된 문제들은 여전히 존재한다. 비록 넓은 특허가 연구방법의 개발비용을 충당하

6) 비대칭적인 정보가 존재할 때의 라이선스에 대한 논의는 Gallini and Wright(1990)을 참조.

는데 필요한 것은 아니라 하더라도. 어떤 방법에 대한 특허는 너무 넓을 수 있으며 대체재로까지 확장될 수도 있다. 일반 소비재와 마찬가지로, 연구방법에 대한 높은 가격은 사용을 억제시킬 것이다. 이러한 연구방법은 다른 제품을 개발하는 데 사용될 수도 있기 때문에, 사회적 손실은 가중되어(compounded) 나타날 수 있다.

[그림 5-2]에 나타난 바와 같이, 연구방법들에 나타나는 특별한 특징은 이들이 일반적으로 서로의 위에 겹쳐져 존재한다는 점이다. 시장에서 익명으로 판매되었을 때, 이들의 결합된 가격이 너무 높아서 2세대 사용자들이 배제될 수 있다. 따라서 마지막 절에서 제시한 낙관적인 관점은 수정되어야 한다. 마지막 절에서 우리는, 초기의 혁신가는 그의 특허에 대한 라이선스를 후속 혁신가에게 줌으로써 항상 이익을 얻을 수 있기 때문에 이익에 대한 증가분이 비용보다 크면 언제나 2세대 상품에 대한 투자가 있을 것이라고 주장했다. 이는 연구방법들이 익명으로 협상불가한 가격으로 라이선싱 될 때에는 사실이 아니다. 라이선스가 협상될 때 상황은 더욱더 악화될 수도 있다. 만약 여러 특허 보유자들이 2세대 제품의 가치를 위해 경쟁한다면, 그리고 모든 기술들이 그것의 개발에 필수적(essential)이라면 어떻게 2세대 제품의 이익이 배분되어야 하는지를 수립할 자연적인 기준이 없다. 비록 2세대 제품의 상업적 가치가 그것의 비용보다 더 크다 할지라도 협상은 실패할 것이다. 이러한 문제점들은 Heller and Eisenberg(1998)에 의해 '반공유지(anticommons)'로 명명되어 왔다.[7)]

---

7) 하지만 반공유지(anticommon)를 위한 가장 최고의 이론적 근거는 거래비용(transaction costs)이다. Walsh, Arora and Cohen(2003)은 반공유지(anticommon)가 존재하지 않는다는 증거를 제시하고 있다. 분명히, 이윤에 대한 동기부여가 협상의 문제를 극복할 수 있는 강력한 근거를 제공한다. 1950년대 동안 메모리-기술 특허에 관한 IBM의 경험은 복합적인 증거를 제공한다. Bashe et al.(1986)은 1955년 8월 IBM의 핵심 엔지니어링과의 회의를 기록하고 있는데, 그 회의에서 IBM의 사장인 Thomas J.Watson은 "Wang의 특허 때문에 상업화된 제품에서 페라이트 코어(ferrite cores)를 사용하는 것을 주저하는 그들을 비난했다. 그는 그의 아버지를 인용하면서 '그것은 내가 이제까지 들었던 새로운 영역으로 이동하지 않는 가장 터무니없는 이유이다. 왜냐하면 어떤 식으로든 우리는 Wang과 협상할 수 있기 때문이다.'라고 이야기했다." Watson은 IBM이 라이선스를 얻었을 때 그 정당성이 입증되었다. 그러나 그가 Research Corporation으로부터 두 번째 메모리 특허 라이선스를 얻으려고 시도한 10년 후, Watson에 대한 "신뢰도는 심각하게 흔들렸다." 이 회사는 bit당 2센트의 로열티를 요구했다. IBM은 이 기술을 사용하기 위해 12건의 특허가 필요했기 때문에 특허별로 bit당 2센트를 부과하는 것은 총비용을 시장보다 10배에서 20배 이상 증가시킬 것이라고 주장했다. Research Corporation은 협상 대신 특허침해에 대해 소송을 걸었다. Bashe et al.은 '트라우마는…엄청났다.(the trauma...is legend)'고 언급하고 있다(pp.267~271).

반공유지(anticommon)에 대한 한 가지 해결책은 연구방법의 공동소유(joint ownership)이다. 1980년대와 1990년대 생명공학의 혁신적인 발전 기간 동안, 농작물 종자의 개발을 위한 전통적인 교배 방식은 주로 생명공학에 의해 대체되었다. 생식질(germplasms)을 개량하길 원하는 종자 회사들은 다수의 라이선스를 구매할 필요가 있었다. 시장의 반응은 통합(consolidation)이었다. 종자 회사들은 연구방법에 관한 특허들을 소유한 기업들을 매입하거나 또는 이들 기업에게 매각되었다.

또 다른 유형의 통합은 원스톱 쇼핑(one-stop shopping)을 촉진하기 위해 연구방법들 자체를 위한 지주회사(holding company)를 만드는 것이다. 즉, 연구방법들은 특허풀(patent pool)에 속해지고 개별적이 아닌 결합된 가격(joint price)이 책정될 수 있다. 이와 같은 통합은 표면적으로는 담합(collusion)과 유사해 보이기 때문에 종종 반독점(antitrust) 문제를 야기한다. 그러나 연구방법들이 그런 것처럼, 만약 구성 기술들이 보완적(complements)이라면 이러한 우려는 사라진다.

만약 "전체가 부분의 합보다 더 많다면" 두 재화는 보완재(complements)이다. 보완성(complementarity)은 각각의 상품에 대한 소비자의 지불 의사가 다른 것을 사용할 때보다 더 높은 것을 의미한다. 또는 좀 더 전통적으로, 만약 다른 상품의 가격이 감소한다면 각각의 상품에 대한 수요는 증가한다. (대체제의 경우, 이는 반대이다.) 만약 모든 방법들이 연구를 위해 필요하다면, 연구방법들은 보완재이다. 극단적인 경우, 만약 사용자가 보완적인 방법을 획득할 수 없다면, 해당 방법은 사용자에게 전혀 가치가 없게 된다.

상호보완적인 방법들을 라이선스하는 것(또는 상호보완적인 제품을 파는 것)에 대한 놀라운 결론은, 만약 이들 방법들이 특허풀(patent pool)에서처럼 단일 소유자에 의해 하나의 단위로써 판매된다면 다른 소유자들에 의해 개별적으로 판매될 때보다 결합가격이 더 낮을 것이라는 점이다.[8] 상호보완적인 도구들의 판매자들 사이에서 '담합'은 그들의 이익을 증가시킬 뿐만 아니라, 가격을 낮춤으로써 사용자들에게 해를 끼치기보다는 오히려 그들에게 이익을 준다. 이는 직관에 어긋나는 일일 수도 있기 때문에, 그리고 특허풀(patent pool)이 6장에서 더 깊게 다루어 질 것이기 때문에, 좀 더 자세히 살펴보고자 한다.

---

8) 이 아이디어는 Cournot([1838] 1897)에 의해 비롯되었고, 다른 이들에 의해 많은 경제적인 분야에서 논의되었다. 예를 들면, 특허풀과 관련하여 Litchman(2000), 그리고 Lerner and Tirole(2002)이 있다.

그림 5-5 보완적 연구방법들: 가격인상의 유인

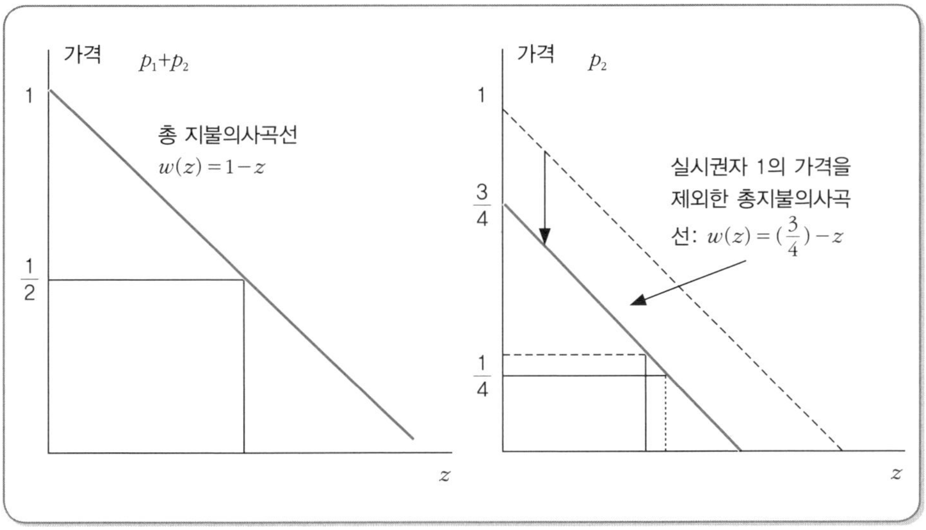

[그림 5-5]는 혁신제품을 개발하기 위해 2가지의 보완적인 요소(two complementary pieces)가 함께 필요한 기술에 대한 지불의사곡선의 총합(aggregate willingness-to-pay curve; demand curve)을 나타낸다. 사용자들은 z로 표시되고 $W(z)$는 두 요소 모두에 대한 사용자 z의 지불의사를 나타낸다. (설명을 위해 두 가지 라이선스가 각각의 사용을 위해 모두 필요하다고 가정한다. 하지만 보다 일반적인 경우에도 분석은 유효하다.) [그림 5-5]에서 지불용의곡선 W(·)는 $W(z)=1-z$로 정의되고 두 가지 기술을 함께 사용하기 위해 결합된 독점가격은 1/2이다.

독점가격은 두 요소의 소유주들 사이에서 똑같이 배분된다고 가정한다. 이 경우 각자는 절반씩을 받게 되고, $p_1=p_2=1/4$이다. [그림 5-5]는 이들 중 누구라도 가격을 올리는 것이 허용되는 한 이는 균형이 아님을 나타내고 있다. [그림 5-5]의 오른쪽 그래프는 특허보유자 2(licensor 2)(라이센서 1의 경우도 똑같다.)가 라이선스 요금을 인상할 유인이 존재한다는 것을 보여준다. 특허보유자 2에 관한 수요곡선은 원래의 지불의사곡선으로부터 특허보유자 1의 가격 $p_1=1/4$를 뺌으로써 도출된다. 도출된 수요곡선은 특허보유자 1의 가격이 $p_1=1/4$에 고정되어 있다고 가정했을 때, 특허보유자 2에 의해 부과된 가격에 따라 얼마나 많은 소비자들이 두 회사로부터 구매할 것인지를 보여준다. [그림 5-5]에 나타나듯이 특허보유자 2는

$p_2=1/4$보다 더 높은 가격을 책정함으로써 이윤을 증가시킬 수 있다.[9] 즉 각각 익명의 가격(anonymous price)을 부과하는 독립된 특허보유자들은 그들이 담합할 수 있었던 경우에 비해 자신의 기술에 대해 상대적으로 비싼 가격을 부과할 것이다.

이는 직관적으로 다음과 같이 설명될 수 있다. 만약 특허보유자 2가 가격을 올리면, 이는 특허 보유자 1에게 음(−)의 외부효과(negative externality)를 준다. 전체로써의 시장에서 고객들을 잃고, 두 특허보유자 모두 이익이 감소한다. 특허보유자 2는 이러한 손실을 더 높은 가격을 책정함으로써 증가된 수입을 통해 보완한다. 특허보유자 2는 더 높은 가격의 유일한 수혜자이다. 그러나 다른 특허보유자는 고객들을 잃게 된다. 특허보유자 2가 다른 특허 보유자에 대한 음의 외부효과를 고려하지 않기 때문에 라이선스 가격을 인상하는 것은 그들의 공동의 이익을 극대화할 수 있는 가격에 비하여 지나치게 높다.

[그림 5–6]은 두 명의 도구기술 소유자들이 각각 가격을 매길 때 실제 균형 가격이 $p_1=p_2=1/3$이며, 총가격 p_1+p_2는 이윤 극대화 가격 1/2보다 더 높다는 것을 그래프로 보여주고 있다. [그림 5–6]의 왼쪽의 그래프는 기술 2에 대해 $p_2=1/3$을 지불해야만 하는 조건 하에서, 기술 1 구입에 대한 구매자들의 잔여지불의사(residual willingness to pay)를 보여주고 있다. 이를 통해 알 수 있는 바와 같이, 기술 1의 소유주는 가격을 올리거나 또는 내림으로써 이익을 증가시킬 수 없으며, 이는 기술 2의 소유주도 마찬가지이다.[10]

9) 최적의 사용자 수는 $z^*=1/2$이고, $z^*w(z^*)=1/4$의 이익을 제공한다. 만약 특허보유자 1이 이 가격의 반인 $p_1=1/4$을 부과한다면 특허보유자 2의 지불용의곡선은 $(1-z)-p_1=3/4-z$이다. 그러나 기술 독점자 2는 소비자 수 z를 줄일 가격을 부과하길 원한다. 예를 들어 기술소유자 2가 $p_2=1/4$ 대신에 $p_2=3/8$을 부과한다면, 고객의 수는 $z^*=1-(1/4+1/4)=1/2$ 대신, $z=1-(p_1+p_2)=1-(1/4+3/8)$이다. 이 경우 특허보유자 2는 (3/8)(3/8)을 벌게 되고, 이는 (1/4)(1/2)보다 더 큼을 알 수 있다.

10) 기술 1 소유주의 잔여수요는 $w(z)=2/3-z$이다. 이윤 $zw(z)$는 $\hat{z}=1/3$에서 극대화되고, $p_1=w(\hat{z})=1/3$이다. 이는 기술 2의 소유주도 동일하기 때문에 균형은 $p_1=p_2=1/3$이고 기술소유주의 전체이익은 각각 1/4씩 가격을 책정함으로써 독점가격인 1/2로 담합했을 때보다 더 작다.

그림 5-6 보완적 도구들: 균형 가격들

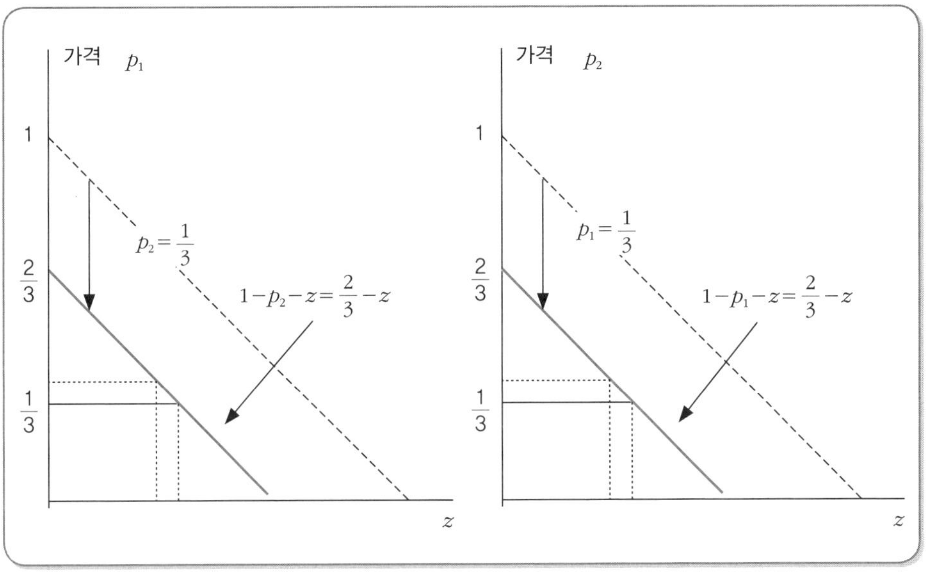

5.4 | 품질 사다리

품질 사다리에서는 '기초' 혁신가 또는 특허보유자(basic innovators; licensor)와 '응용' 혁신가 또는 실시권자(applications; licensee) 사이에 더 이상 구별이 존재하지 않는다. 오직 더 개선되고 있는 순차적인 제품들만이 존재한다. 모든 개선된 제품들은 처음에는 시장에서 기존기업(incumbent)의 위치에 있을 것이지만, 차후에는 다른 제품들에 의해 대체될 것이다. 문제는 시장에서의 급격한 지위 변화와 발전을 저해하지 않으면서도, 비용을 보상하기 위한 충분한 이익을 보장하는 것이다.

품질 사다리는 [그림 5-3]과 [그림 5-7]에 묘사되어있다. 창조적 과정에 관한 '아이디어(ideas)'모형에서는, 기존 기업보다도 경쟁자가 이후의 개선을 생각해낼 가능성이 더 높다. 왜냐하면 시장에는 많은 경쟁자들과 오로지 한 명의 기존 기업이 존재하기 때문이다. 따라서 만약 아이디어가 희귀하다면, 현재 상태의 지식을 공개하는 것은 매우 중요하다. 아이디어가 현재 상태의 지식에 기반을 두기 때문에, 지식의 공개는 일반적으로 매 기간 경쟁자에 의해 더 발전된 아이디어가 나타나게 할 확률을 증가시킨다.

이러한 환경에서 무엇이 회사로 하여금 제품의 개선 또는 향상에 투자하도록 인센티브를 제공할까? 개선이 빠르게 이루어질수록 각 혁신자가 시장에서 기존 기업(incumbent)으로 머무는 기간은 그만큼 더 짧아진다. 각 혁신자들은 대체 제품이 나타나자마자 시장 지배력을 잃을 것이다. 즉, 실질적인 특허 기간(the effective patent life)은 법에서 정한 보호기간 보다 훨씬 더 짧을 수 있다. 혁신은 살아남을 수 있다. 그러나 이는 오로지 그 후발주자(successor)와의 경쟁에서 성립된 가격으로 제품을 판매함으로써만 가능할 것이다. 그러한 가능성은 투자를 저해할 수 있다. 빠른 발전을 촉진하는 급격한 지위 변화(turnover)와 각각의 혁신자에게 비용을 충당할 수 있을 정도로 충분히 긴 기존기업으로서의 지위보장(incumbency) 사이에는 불가피한 상충관계(tradeoff)가 존재하는 것으로 보인다.

우리는 O'Donoghue, Scotchmer, and Thisse(1998)의 모형을 이용하여, 이러한 급격한 지위변화의 환경 속에서 왜 혁신의 이점을 전유(appropriate)하는 것이 어려운지 살펴보고자 한다. [그림 5-3]과 [그림 5-7]을 참고하여, 개선이 매년 Δ 비율로 발생한다고 가정하자. 각 지점에서 이윤 흐름(profit flow)은 품질의 차이를 나타내는 Δ와 관련이 있다. 논의를 단순하게 하기 위해, 고품질 상품의 가격이 $p=\Delta$이고, 오직 고품질의 상품만이 판매된다고 가정한다. 예를 들면 이러한 가정은, 만약 제품에 대한 한계생산비용이 0이고 (연구개발비용과는 구별되는 비용이다.) q가 품질이라고 했을 때 소비자에게 가장 높은 잉여(surplus)인 $q-p$를 제공하는 제품을 소비자가 산다면, 정당화된다. 만약 가격이 Δ보다 높다면 이전의 기존기업 또한 시장에 진입하여 양(+)의 이윤을 얻을 것이다. 기존 기업은 제품을 $p-\Delta$보다 약간 낮게 판매함으로써 사실상 시장 전체를 장악할 수 있고, 이는 현재 기존기업의 가격을 $p=\Delta$에 유지시킬 것이다. 비록 기존기업의 가격이 그 이전의 제품에 대한 품질 상의 이점에 의해 결정된다 하더라도, 가격은 해당제품의 품질 수준 그 자체에 달려있지는 않다.

Δ 수준만큼의 제품 개선이 지니는 사회적 가치는 무엇이고, 개선을 이룬 기업은 이 중에서 얼마만큼을 전유(appropriate)하여야 하는가? 각각의 후속 현신은 이전의 혁신에 기반을 두고 이루어지기 때문에, 각 단계의 점증적인 혁신의 가치는 영원히 지속된다고 할 수 있다. 따라서 품질 수준의 증가분 Δ는 Δ/r만큼의 사회적 가치를 지니고 있다. 여기서 r은 할인율(discount rate)을 나타낸다. 그러나 제품 개선을 이룬 기업은 오직 한 기간 동안만 시장에서 가격 $p=\Delta$에 제품을 판매하고,

기존기업의 지위로 존재한다. 따라서 기존기업은 사회적 가치 Δ/r보다 상당히 적은 오직 Δ만큼을 얻는다. 이러한 격차는 특히 r이 작을 때 더욱 심해진다. 따라서 투자를 하는 것이 효율적일 수 있는 많은 아이디어들—즉, $\Delta/r>c$인 경우— 의 비용을 충당하기에는 충분하지 않을 수 있다($c>\Delta$).

여기에서의 암묵적인 가정은 증가한 개선 Δ에 대해 특허를 받을 수 있다는 것이다. 그렇지 않으면 모방자들이 시장에 진입하고, 개선 기업의 이익을 빼앗을 것이기 때문이다. 모든 개선들이 특허를 받을 수 있다는 가정 하에, 특허의 보호 범위(patent breadth)는 혁신의 비율인 기간 당 Δ를 고정되게 유지시키고 기업의 이윤을 증가시키기 위해 사용될 수 있다.

예를 들어, 품질 개선의 크기가 Δ(혹은 그 이상)인 새로운 제품이 이전의 특허를 위반했다고 가정해보자. 그러면 시장에 진입하기 위하여, 혁신자는 이전의 특허소유자로부터 라이선스를 받아야만 한다. 이 두 그룹은 경쟁을 피하기 위해 독점적 라이선스(exclusive license)를 선호할 것이다. 시장에서 제품을 팔고 있는 혁신가는 시장에 내놓아질 수 있는 다음 최상의 제품에 대해 결국 2Δ만큼의 품질에 관한 이점(quality advantage)을 얻게 된다. 그러면 이윤은 각 기간 당 2Δ만큼이고, 이는 특허소유자(licnesor)와 라이선스실시권자(licensee) 사이에서 분배될 것이다. [그림 5-7]은 시장에서 발생하는 일련의 경쟁적인 상황을 보여주고 있다.

혁신가의 제품 그 자체가 대체될 때, 혁신가는 특허소유자(licensor)가 된다. 만일 라이선스 조건이 각 세대에 동일하다면, 각 혁신가는 결국 특허소유자(licensor)와 라이선스실시권자(licensee)의 양쪽 지위를 모두 지닐 것이기 때문에, 우리는 이윤이 특허소유자와 라이선스실시권자 사이에 어떻게 분배되는지 알 필요 없이 각 혁신자의 이윤에 미치는 영향을 평가할 수 있다. 각 혁신자는 발생한 총이익을 동등하게 배분하게 된다. 이윤 흐름이 두 배가 되었기 때문에, 각 혁신자들의 이윤

그림 5-7 기술선도의 폭과 지적재산권의 통합

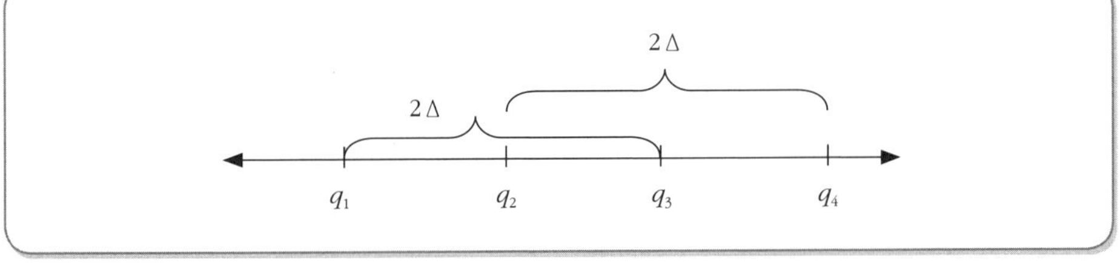

또한 두 배가 된다. 각 혁신자들은 Δ가 아닌 2Δ를 얻게 된다.

좀 더 일반적으로 말하면, 특허 보호범위(breadth)는 단일 회사가 시장판매 권한을 갖는 상태에서 순차적 개선들 k를 통합하고, 이익의 흐름이 $k\Delta$가 되도록 한다. 각 혁신자는 $k\Delta$만큼을 얻게 된다. 반면, 향상된 품질 Δ를 얻는 데 드는 비용은 c만큼 발생한다. 만약 k가 충분히 크다면, $k\Delta \geq c$가 성립된다. 이와 같은 상황하에서 지적재산권은 비용을 충당할 수 있을 만큼 충분히 개선에 따른 통합 이익을 획득할 수 있도록 설계되어야 한다. 그러나 이보다 더 큰 통합은 불필요하게 높은 가격을 이끌 것이다.

연속적인 품질개선에 대한 소유권 통합을 위해서는 지적재산권을 조직하는 두 가지 방법이 존재한다 (O'Donoghue, Scotchmer, and Thisse 1998). 두 가지 방법 모두 품질개선에 대한 차단권리(blocking rights)를 만들고, 이를 통해 기업이 반독점법을 위반하지 않고도 라이선스를 통해 자신의 이익을 통합하도록 유도함으로써 작동한다. 이 두 가지 방법 모두에서 오로지 제한된 숫자의 개선단계(a limited sequance of improvements)만이 통합될 것이다. 첫 번째 방법은 제한된 수의 특허침해를 만듦으로써 작동되고, 그 결과 어떤 개선자가 제한된 단계를 초과하여 개선을 이루었을 때, 실질적인 특허의 수명은 끝이 나게 된다. 또 다른 한 방법은 모든 미래의 개선이 이전의 모든 특허를 침해하도록 만드는 것이다. 그러나 이는 단지 제한된 특허 기간 동안만 적용되도록 한다. 여기에 제시된 간단한 모형에서는 두 방법이 적절한 파라미터를 선택하는 데 있어 같은 결과를 초래하지만, 일반적으로는 그렇지 않다.

[그림 5-7]에서, '기술선도의 폭(leading breadth)'은 단일 발전의 증가분인 Δ를 나타낸다. 예를 들어, 품질 q_2인 제품은 품질 q_1인 제품의 특허를 침해하고, 품질 q_3인 제품은 q_2인 제품의 특허를 침해하지만 q_1의 특허를 침해하지는 않는다. 만약 기술선도의 폭이 $k-1$만큼 증가한다면, 각 혁신자는 $k-1$ 만큼의 라이선스를 얻어야 하며 k 단계가 Δk의 이윤흐름을 창출하면서 통합되어질 것이다. 이와 같은 통합은 특허수명을 오직 k년으로 한정하고 모든 개선이 이전의 모든 특허를 침해한다고 규정함으로써 달성될 수 있다. 이는 또한 시장에서 k 단계의 통합을 생성하고 $k\Delta$의 이윤흐름을 창출할 것이다.

5.5 | 품질 사다리 하에서의 특허보호범위와 진보성

품질 사다리에서 각각의 발전이 특허를 받을 수 있다고 생각하는 것은 해당 품질의 제품이 이전에는 존재하지 않았기 때문에 당연하다고 할 수 있다. 이전 절에서는 모든 진전 단계가 특허를 받을 수 있다고 가정하고, 어느 것이 특허침해를 받는지를 살펴보았다. 그러나 특허보호 범위에 존재하는 논리는 특허성에 관한 논리보다 덜 설득력을 지닌다. 이전의 논의는 '기술선도의 폭(leading breadth)'이라는 개념을 고려했다, 이는 침해를 피하기 위해서는 개선이 선행 발명의 품질을 특정 거리만큼 초과해야 한다는 것을 의미한다.

기술선도의 폭(leading breadth)이 지니는 한 가지 논리적 문제점은 발명자가 특허를 침해하고 있다고 여겨질 만큼 더 높은 품질의 제품들을 발명하지 않았다는 것이다. 따라서 특허침해의 법적근거가 불확실하다. 이 책에서 우리의 목적은 법적 원칙을 밝히는 것보다는 경제적 인센티브를 설계하는 최선의 방법을 살펴보는 것이기 때문에, 이것이 절대적으로 중요한 사항은 아니다. 그러나 이러한 문제점은 혹 우리의 목적이 특허보호범위(breadth)보다는 진보성(inventive step)을 통해 달성될 수 있는지 질문을 던진다. 대답은 '아니다(No)'이다.

[그림 5-7]에서처럼, 시장에서 2Δ의 이윤흐름을 보장하는 것이 목표라고 가정해보자. 이는 차단특허(blocking patent)에 대한 앞의 논의를 통해 알 수 있다. 특허보호범위는 각 혁신이 선행특허를 침해하도록 선택된다. 그대신, 특허를 획득할 수 있는 최소한의 진보성이 두 단계이지만, 개선된 제품은 특허권을 침해하지 않는다고 가정해보자. 개선자는 개선에 대한 아이디어가 있을 때 두 가지의 선택권을 갖게 된다. 첫 번째 선택권은 이것이 특허를 받을 수 없다는 것을 알고도 투자하고 제품을 판매하기 위해 노력하는 것이다. 두 번째는 동일한 혁신자가 두 번째 개선을 이루고 특허자격을 얻을 때까지 개선 사항을 은닉하는 것이다. 시장 진입자는 상품을 모방하고 개선자의 이익을 잠식할 수 있기 때문에, 특허를 받을 수 없는 개선을 마케팅 하는 것은 분명히 합리적이지 않다. 두 번째 단계가 이루어질 때까지 첫 단계를 숨기는 것은 혁신자가 비용을 충당할 수 있게 해주지만, 사회적 관점에서는 바람직하지 못하다. 비밀유지(Secrecy)는 경쟁자가 지식을 이용할 수 없

게 함으로써 발전을 지연시킬 것이다.[11] 반면에, 차단특허(blocking patent)로 문제를 해결하는 것은 공개(disclosure)를 장려하고 모든 단계에 있는 경쟁자들이 현재의 지식 상태에 기반을 둔 개발을 할 수 있게 해준다.[12]

아무리 강조해도 지나치지 않는 것은 인센티브에 대한 최적 선택이 창조적인 환경에 달려있다는 것이다. 아이디어 모형에서, 진보성은 특허권 보호범위보다 덜 중요한 정책 수단이다. 그러나 지식의 생산함수를 설정한 R&D모형에서, 진보성에 대한 최소요구 수준은 회사로 하여금 최소 요구 수준이 없을 때보다 더 야심차도록 장려한다는 장점이 있다(O'Donoghue, 1998).

생산함수는 R&D 지출과 지식산출물들과의 관계를 나타낸다. 비록 생산함수 모형이 이 책에서 강조되지는 않지만, 정책 수단으로서 요구되는 진보성 수준을 보이기 때문에 여기서 간단히 언급하고자 한다.[13]

지금까지 우리는 다음과 같은 매우 간단한 질문에 답을 해왔다: 혁신자들이 Δ의 비율로 개선을 이룰 기회가 있고 각 혁신당 c의 비용이 든다고 가정한다면, 지적재산권은 모든 혁신자들이 자신의 비용을 충당하는 것을 보장하기 위해 어떻게 구성되어야 하는가? O'Donoghue, Scotchmer, and Thisse(1998)의 보다 정교한 아이디어 모형에서, 아이디어들은 외생적인 비율로 발생하고 각 개선 단계의 크기인 Δ는 무작위(random)로 주어진다. 그러나 O'Donoghue(1998)의 생산함수 모형에서, 어떤 수준이든지 원하는 개선 Δ는 생산함수에 의해 정해진 R&D 비용 투입에 의해 달성될 수 있다. 이 때 혁신자는 아이디어를 기다릴 필요가 없다.

생산함수 모형에서는, 혁신자가 추구해야하는 발전율(the rate of progress)이 무엇인지를 생각해 볼 수 있다. 생산비용 c가 가치 $c(\Delta)$의 함수라고 가정해보자; 만

11) 이 해결책은 Scotchmer and Green(1990)에 의해 연구되었으며, 특허권 획득에 필요한 진보성(inventive step)의 단계가 하나인 상황과 두 개인 상황을 비교하였다.

12) 아이디어 모델에서 공개가 발전을 가속화한다는 것을 증명하기 위해, 제8장의 끝부분에 있는 부록을 참조하라. 각각 발전을 위해 노력하는 두 명의 발명자를 통해, 우리는 만약 둘 중 한명에게서 나온 첫 번째 아이디어가 그들 모두에게 공개된다면, 첫 번째 아이디어가 공개되지 않았을 경우에 비해 두 단계를 완성하는 예상시간이 더 짧아진다는 것을 보여주고 있다.

13) 생산함수 모형은 발전에 있어 외생적 제약조건이 없다는 가정을 하고 있기 때문에, 이 책에서는 거의 사용되지 않는다. 생산함수 모형에서 만약 사회가 충분한 자원들을 쏟는다면 모든 발전은 즉시 이루어질 수 있다. 반대로, 아이디어 모형에서 발전의 속도(the rate of progress)는 아이디어가 발생하는 외생적 속도(pace)에 의해 제한을 받으며, 아이디어의 발생은 현재 상태의 지식에 접근할 수 있는 경쟁자의 수에 달려있다. 아이디어 모형에서는 '상상력'과 같은 것이 있다.

약 충분한 자원이 제공된다면, 어떠한 발전도 어느 때에나 가능하다. 이 경우 각 발전의 단계 Δ는 또다시 영원히 지속되는 이윤을 부여하고, 미래의 혁신자들을 위한 토대를 쌓으며, 사회적 가치 Δ/r를 갖게 된다. 각 기간에 점진적인 발전이 일어날 것이기 때문에, 모든 발전의 할인된 가치는 $(\Delta/r)/r$이다. 이런 이유로, 지적재산권에서 발생하는 사중손실을 고려하지 않은 상태에서, Δ 크기의 연간 발전률의 사회적 가치(the social value of an annual rate of progress of size Δ)는 $(1/r)[(\Delta/r)-c(\Delta)]$ 이고, (c가 볼록(convex)한 형태를 지닌다고 가정하면; 즉 점증한다고 가정하면) 이 가치를 극대화해주는 최적의 진행률 Δ^*가 존재한다. (최적화에 있어 자본 비용뿐만 아니라 사중손실이 있다면 그 값은 약간 더 작다.)

만약 c가 1차 선형 함수라면, 발전의 증가분 당 비용이 $1/r$보다 높은 경우 최적의 발전률 Δ^*는 제로이거나, 발전의 증가분 당 비용이 $1/r$보다 낮은 경우 최적의 진행률 Δ^*는 무한대이다. 그러나 일반적으로 발전의 증가분 당 한계비용은 증가할 것이고 ($c'(\Delta)>0$이고 $c''(\Delta)>0$), 그리고 최선의 정책은 어떤 유한한 발전률 Δ^*를 고르는 것일 것이다.

지적재산은 두 가지 목적을 위해서 고안되어야 한다 : 혁신자들이 최적의 발전률 Δ^*를 이룰 수 있도록 보장하는 것과, 이들이 자신의 비용을 충당할 수 있도록 하는 것이다. 이 경우 또한 너무 많은 이윤잉여(profit surplus)를 주지는 말아야 한다. (이윤 잉여는 일반적으로 가격이 필요 이상으로 높고 사중손실을 발생시킨다는 것을 의미한다.) 이러한 두 가지 목표는 기술선도 폭(leading breadth)과 진보성 요건(required inventive step)이라고 하는 두 수단에 의해 달성될 수 있다. 특히 Δ^*보다 적은 수준의 개선은 보호되지 않도록 해서 기업들이 투자를 하지 않도록 진보성(inventive step) 수준을 선택하라. 그 다음 비용이 충당될 수 있을 정도의 큰 기술선도 폭(leading breadth)을 선택하라. 만약 침해되는 선행 특허보유자의 수를 k라 하면, 그리고 혁신자는 오직 한 기간 동안만 기존기업(encumbent)으로 존재한다면, 기술선도 폭(leading breadth) k는 $k\Delta^*=c(\Delta^*)$를 만족할 것이다.

경제학 문헌은 순차적인 혁신자(sequential innovator)들을 보호하는 문제에 대해 많은 다른 흥미로운 접근들을 시도했다. Bessen and Maskin(2000)은 품질 사다리에서와 같이 한 세대에서 다음 세대로의 학습(learning)이 존재하지만, 한 세대와 다음 세대 간에는 경쟁이 없는 경우의 혁신자 보호 문제를 다루고 있다. Hunt(곧 출판예정)는 모든 순차적 혁신자들이 특허를 받을 수 있고 특허침해가 발생하지 않는 경우(patentable and noninfringing) 또는 특허를 받을 수 없고 특허침해가 발생하는 경우(unpatentable and infringing) 무엇이 행해질 수 있는지를 다루고 있다.

5.6 | 탐 색

만약 혁신자가 자신이 할 수 있는 혁신에 대해 차단권리(blocking rights)를 가지고 있다면, 혁신가는 혁신의 이익을 나누어 가질 수 있다. 이미 강조한 것처럼, 이것이 차단권리를 주는 중요한 이유이다. 많은 기초적인 혁신의 경우, 이것이 후원이라는 형태에 의존하지 않고 보상을 할 수 있는 유일한 방법이다.

Kitch(1977)는 '탐색 또는 발굴(prospecting)'을 유도하기 위해 기초 혁신가(basic innovators) 또는 소위 '선구자들(pioneers)'에게 강력한 권리를 부여해야 하는 또 다른 이유를 제시하고 있다. 탐색(prospecting)은 선구자들이 후속 제품들을 효율적으로 개발하기 위해 시장을 조직화하는 것을 의미한다. (이는 광산업자들은 광산의 가치에 대한 권한이 불분명하다면 부존 광물을 찾는 데 그들의 자원을 투자하지 않을 것이기 때문에 광산업자들에게 재산권을 주는 것에 비유될 수 있다.) 이미 앞에서 본 바와 같이, 탐색의 관점에서는 기초 혁신자들이, 특히 그들이 사전적 계약(ex-ante contract)을 할 수 있다면, 두 번째 혁신자로부터 이윤을 얻을 수 있다고 인지한다. 그러나, 탐색의 관점에서 바라보는 것이 효율적이라고 단언하기에는 너무 낙관적인 측면이 존재한다. 혁신자에게 효율적인 것이 반드시 사회 전체에도 효율적인 것은 아니기 때문이다. 이 절의 목표는 사적인 인센티브가 언제 공공의 이익을 위해 작동하고, 언제 그렇지 않은지를 살펴보는 것이다.

탐사자(prospector)의 이익이 전체적으로 사회의 이익과 부합되는 중요한 영역은 최선의 후속 아이디어를 선택하고, 가장 효율적인 기업을 찾는 데에 있다. 그러나 이러한 탐사자와 사회전체로서의 이익은 회사의 수를 선택하거나(이는 성공의 확률과 제품의 완성 시점에 영향을 미친다.), 혁신의 후속 이용자들 사이의 경쟁을 보장하는데 있어서 서로 부합되지 않을 수 있다.

우선 회사의 수를 살펴보면, [그림 5-8]은 [그림 4-2]와 비슷하지만 (1/2) $P(n)\Pi$로 정의되는 곡선도 지니고 있다. 우리는 가로축에 나타난 세 숫자, n^l, n^e, 그리고 n^p에 주목할 필요가 있다.

그림 5-8 후속 연구의 조직

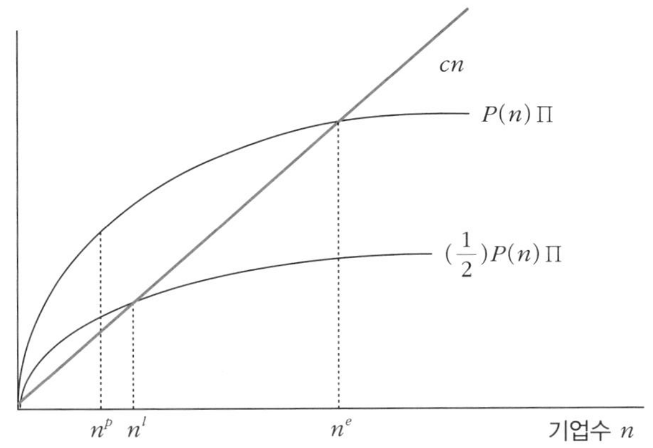

숫자 n^l는 혁신에 성공한 기업이 사후적(ex-post)으로 라이선스 협상을 해야 하는 경우, 경쟁에 뛰어드는 기업의 숫자이다. 앞에서와 같이 차단특허(blocking patent)를 가진 두 기업이 협상의 이익(bargaining surplus)을 똑같이 나눌 것 이라고 가정하므로, 결국 각 기업은 $(1/2)\Pi$를 갖게 될 것이다. 기업들은 기대이윤이 소멸될 때까지 시장에 진입할 것이다: $(1/2)P(n^l)\Pi = cn^l$. 선구자(pioneer)는 사후 라이선스를 통해 $(1/2)P(n^l)\Pi$를 벌게 될 것이라고 예상한다. 숫자 n^l은 만약 기초혁신이 공공의 것이고 라이선스의 의무가 없을 경우에 시장에 진입할 회사의 수이며, n^e보다 작다.

숫자 n^p는 n^l보다 클 수도 작을 수도 있으며, 총순이익을 극대화한다. 이는 $P(n)\Pi$와 cn 사이의 거리가 가장 커지는 곳이다. 숫자 n^p는 경쟁자가 라이선스 없이 진입하는 위협이 존재하지 않는 경우, 특허소유자가 얼마나 많은 라이선스들을 사전적으로 제공할지를 나타낸다. 특허소유자는 라이선스들을 경매하여 실시권 사용료(license fee)를 통해 (최대의)이익 $P(n^p)\Pi - cn^p$를 거두어들일 것이다. 그러나, 5.2절에서 설명했듯이, 만약 라이선스를 획득하지 못한 시장 진입자들이 그럼에도 불구하고 투자할 것이라는 것을 잠재적인 실시권자(licensees)들이 알아차리면, 이 경우에 특허소유자는 $P(n^p)\Pi - cn^p$인 최대순이익을 모으는 데 성공하지 못할 수 있다.

특허소유자가 라이선스를 사전적으로 부여하든 또는 사후적으로 부여하든, 회사의 수 n^p나 n^l은 라이선스을 획득해야 할 의무가 없는 상태에서 진입하는 회사의 수 n^e에 비해 작을 것이다. 기초연구를 공공의 영역에 놓은 경우와 비교할 때, 탐색(prospecting)은 발전을 지연시킨다.

직관적으로 이는 이윤 중 일부가 첫 특허소유자에 의해 거둬지고, 사전적이든 사후적이든 라이선스가 진입에 대한 매력을 줄이기 때문이다. 예를 들어, Merges and Nelson(1990)은 1895년 셀던(George Selden)에게 발행된 광범위한 선구자 특허(pioneer patent)로 인해 가스 구동 자동차의 발명이 가속화되기보다는 좌절되었다고 주장한다(제6장에 있는 Selden 특허에 대한 추가적인 논의 참조). 이들은 또한 이 장의 앞부분에서 언급했던 스완과 에디슨 간의 합의 후 생긴 강한 차단권(blocking right)에 의해 백열전구의 개발이 지연되었다고 주장하고 있다. 이러한 후속 제품들에 대한 연구노력의 감소는 경쟁정책의 문제로 볼 수 있다.

R&D에 있어서 투자 감소의 문제와 더불어, 경쟁정책에 대해 잠재적으로 존재하는 두 번째 문제는 특허소유자가 후속 사용자들 간의 경쟁을 제한하는 것이 이익이 된다는 것을 알아차리는 것이다. 예를 들어, 선구적특허의 소유자가 특허침해가 발생하지 않을 만큼 충분히 다른 다양한 의약들을 개발하는 데 사용될 수 있는 표적 유전자 염기서열(target gene sequence)을 소유하고 있다고 가정해보자. 만약 모든 의약 개발자들이 유전자 염기서열의 소유자에게 로열티를 지불해야 한다면, 제약 시장은 카르텔화 될 것이다. 이는 마치 제약 회사들이 합병하는 것과 유사한 효과를 낸다(제6.1절과 부록 6.7.1의 논의를 참조).

이 가능성을 나타내는 예는 1984년 노벨상을 수상한 영국 캠브리지의 George Koehler와 Cesar Milstein의 단일클론성 항체(monoclonal antibody) 생산을 위한 기술 발견에서 찾을 수 있다. 비록 그들이 이 선구자 혁신에 대한 특허권을 주장하지는 않았지만(제8장의 논의를 참고), 기술이 상업화되는 과정에 있어서의 후속 개발들은 어떻게 그러한 권리들이 경쟁에 영향을 미치는지를 말해주고 있다. 이 경우 성공적인 응용프로그램을 만든 첫 번째 회사는 단일 클론성(monoclonal) 항체를 이용한 진단 테스트에서 광범위한 특허를 받은 Hybritech였다. 두 번째 기업은 약간 다른 방법으로 선구자 기술을 적용한 Monoclonal Antibodies이었으나, Hybritech에 의해 특허 침해로 소송을 당하였다. 하급법원은 두 회사 모두 공공의 기술을 사용했기 때문에 특허침해가 없었다고 판결했다. 법원의 판결은 Merges and Nelson(1994)을 포함한 많은 이들에 의해 옳은 결정이라고 여겨졌고, 만약 이 판결이 그대로 유지되었다면 시장에서 진단기구(diagnostic kits) 공급에 상당한 경쟁을 불러 일으켰을 것이다. 그러나 불행히도 법원의 판결은 항소심에서 역전되었다. 그 결과, Hybritech는 발명자 자신들과 그들의 후원자들이 포기하였던 광범위하고 선구자적인 권리를 획득하게 되었다. 선구적인 기술에 대한 특허권이 없는 경우와 비교할 때, 이는 오직 시장에서의 경쟁 약화를 초래할 수 있을 뿐이다.

1990년대 초반의 중요한 탐색으로는 발현유전자꼬리표(express sequence tags: ESTs)라고 불리는 DNA 염기서열 조각의 특허에 관한 것이었다. 몇 가지 기능이 확인되는 응용 프로그램에서 몇몇 탐색 특허가 발행되었다(Holman and Munzer, 2000). 이러한 특허 출원은 무엇이 발명되었는지에 대해 명확하지 않았기 때문에 논쟁의 여지가 있었다. 그러나 탐색이론(prospecting theory)에 따르면, EST 특허들은 우리를 방해하는 것이 아니라, 염기서열 특허의 소유자로 하여금 더 탐색하고 사용을 발견하도록 격려하는 장점을 지니고 있다. Holman and Munzer(2000)는 이와는 반대의 의견을 지니고 있다. 염기서열에 대한 지식의 사용은 이전 특허들 전체에 의해서 차단될 수 있기 때문에, 이러한 특허의 확산은 사용을 장려하기 보다는 사용을 저해할 수 있다는 것이다. 따라서 그들은 ESTs가 미리 명시된 수수료로 등록되어 무료로 제공되어야 한다고 제안한다. 그러면 탐색은 필요가 없다.

따라서 선구자 특허(pioneer patent)에 의해 창출된 라이선싱은 두 가지 유형의 경쟁–'혁신 시장(innovation market)'에서의 경쟁(제6장 참조)과 '특허지식의 사용자(users of the patented knowledge)'들 사이의 경쟁–을 해칠 수 있다. 이렇게 경쟁을 해치는 특허들은 특허권을 수여하지 않는 것이 더 나을 수도 있다. 하나의 대안은 공공 자금(public funding)을 지원하는 것이고, 또 다른 대안은 선구자 혁신이 필요한 후속 혁신자가 재개발(redevelopment) 하도록 하는 것이다. 이는 중복비용을 유발한다. 그러나 연구방법에 해당하는 기술이 비싸지 않다면 그러한 중복은 오히려 엄격한 조인트 벤처(joint venture)를 통해 후속 제품의 개발을 지연시키거나 담합을 촉진함으로써 가격을 인상하는 것보다는 덜 나쁠 수 있다.

여기서의 논의는 제6장에서의 경쟁정책에 대한 논의를 미리 보여주고 있다. 기초 혁신자에게 차단권리(blocking rights)를 주는 것은 기초혁신자로 하여금 제2세대 '혁신시장'을 조정(coordinate)할 권한을 부여하는 것이다. 만약 차단권이 없는데도 2세대 혁신시장에서 서로 협력하고 조정한다면 경쟁당국의 조사를 받을 것이다. 물론 때로는 이해관계의 상충이 없을 수도 있다. 시장을 조정(coordinating)하는 것은 때때로 제6장에서 논의된 '합리성의 원칙(rule of reason)' 하에서 경쟁당국의 검열을 통과하는 효율성을 창출하는 것을 의미한다. 그러나 우리가 본 것처럼, 특허보유자는 발전을 지연시키거나 사용자들 간의 경쟁을 회피하게 하고 특허 보유자의 이익을 증가시키는 방식으로 시장을 조정할 수 있다. 이는 검열을 통과할 수 없다. 만약 제2세대 혁신가가 차단특허가 존재하지 않는 상태에서 시장진입을 억제하기 위해 스스로 조직화한다면－예를 들면, 연구합작회사(research joint venture)를 만듦으로써－그러한 시도는 허락되지 않을 것이다. 또는 만약 특허침해를 하지 않는 후속 상품의 개발자들이 합병하기를 원한다면, 그들은 중지해야 한다. 이런 의미에서 첫 세대 특허보유자의 차단권리는 두 번째 세대의 혁신에 관하여 경쟁정책을 선점(preempting)하는 효과를 갖는다.

5.7 | 요 약

혁신이 누적적인 것일 때, 고려되어야 할 중요한 인센티브의 문제는 각각의 혁신자들이 미래의 혁신자들에게 수여되는 이익들을 고려하여 충분히 보상을 받을 수 있도록 하는 것이다. 사실, 미래의 혁신자들은 원래 혁신자의 경쟁자가 될 가능성이 높다. 모든 혁신자들에게 보상해줄 충분한 총이윤의 존재를 보장하는 것 이외에도, 이를 배분하는 문제가 있다. 각각의 혁신자는 비용을 충당할 만큼 충분한 총이윤을 받아야 한다. 이 이윤의 일부는 독점 가격에 제품을 판매함으로써 획득되지만, 그러나 종종 이윤은 혁신을 이용하는 미래의 혁신자들에 의하여 지불된 라이선싱 요금으로부터 나온다.

지적재산법은 이윤을 제공하고, 그것을 분배하는 것 모두에 있어 매우 풍부한 정책수단들을 지니고 있다. 후속제품들은 특허획득과 특허비침해(patentable and noninfringing), 특허획득과 특허침해(patentable and infringing), 특허비획득과 특허비침해(unpatenable and noninfringing), 그리고 특허비획득과 특허침해(unpatentable and infringing) 중 하나의 카테고리에 속할 수 있다. 선행 혁신을 위한 인센티브를 강화(또는 만들기)하기 위해서는 후속 혁신이 특허를 침해하는 것이어야 한다. 이러한 제도는 선행 혁신자로 하여금 라이선싱을 통해 이윤을 나누도록 하고, 아마도 경쟁을 피할 수 있도록 해줄 것이다. 만약 후속 상품이 이전의 선행 특허를 침해했다면, 후속제품을 개발하기 위한 인센티브는 비록 후속 상품이 그 자체로 특허를 받을 수는 없다 하더라도 선행 특허에 대한 독점적 라이선스(exclusive license)를 통해 보호될 수 있다. 그러나, 이러한 전략은 만약 발명 간의 시간 간격이 너무 길거나, 비용이 이미 지출되어 매몰비용이 되기 전에 사전적으로 라이선스가 이루어질 수 없는 경우에는 작동하지 않을 것이다.

지적재산의 정책수단들은 단일의 혁신(stand-alone innovations)에서보다는 누적적인 혁신(cumulative innovations)에서 다르게 작동한다. 몇몇 중요한 특징들은 다음과 같다:

- 특허보호범위(breadth)는 권리의 수명 또는 적어도 실질적인 수명의 중요한 결정요인일 수 있다.
- 특허보호범위와 특허성(patentability)은 차단권리(blocking rights)를 만들 수 있으며, 이는 순차적인 혁신자들 간의 이윤을 나누기 위한 수단을 제공한다.
- 공개(disclosure)는 특히 경쟁자들에 대한 격려를 통해 발전을 가속화하는 중요한 역할을 수행한다.
- 만약 지식생산함수(production function for knowledge)가 존재한다면, 진보성(inventive step)은 혁신자들이 더 야망을 가질 수 있도록 장려하는 역할을 수행할 수 있다.

기초연구가 개인 투자자들이 아닌 공공의 후원자들에 의해 지원되어야만 하는 한 가지 이유는 혁신으로 인한 이익을 전유(appropriate)하기가 어렵기 때문이다. 비록 이후의 사용자들이 라이선스를 획득해야 한다고 하더라도, 연구자는 일반적으로 그의 비용이 매몰되기 전에 라이선스를 협상할 수 없으며, 이것이 그의 협상에서의 지위를 약화시킨다.

품질 사다리는 기초연구와 응용연구의 문제와는 다른 인센티브 문제를 제시한다. 품질 사다리에서는 첫 번째 세대의 혁신자들과 두 번째 세대의 혁신자들 간의 명백한 구분이 존재하지 않는다. 결국 모든 혁신자들은 양쪽 모두의 위치에 있게 될 것이다. 핵심 질문은 순차적인 개선자들 간의 경쟁이 이익을 잠식하는 상황에서 어떻게 전체적으로 충분한 총이익을 보장할 것인가 하는 것이다. 특허침해(범위)는 경쟁을 줄이고 이익의 흐름을 증가시키기 위해 제한된 수의 순차적 혁신들을 통합하도록 하는 압력으로 작용할 수 있다.

참고문헌

Bashe, C. J., L. R. Johnson, J. H. Palmer, and E. W. Pugh. 1986. IBM's Early Computers. Cambridge, MA: MIT Press.

Bessen, J., and E. Maskin. 2000. "Sequential Innovation, Patents and Imitation." Working Paper 00-01. Cambridge, MA: Department of Economics, MIT.

Cournot, A. [1838] 1897. Researches into the Mathematical Principles of the Theory of Wealth. Trans. N. Bacon. Oxford: Oxford University Press.

Denicolò, V. 1996. "Patent Races and Optimal Patent Breadth and Length." Journal of Industrial Economics 44:249-265. Denicolò, V. 2000. "Two-Stage Patent Races and Patent Policy." RAND Journal of Economics 31:488-501.

Denicolò, V., and P. Zanchettin. 2002. "How Should Forward Patent Protection Be Provided?" International Journal of Industrial Organization 20:801-827.

Dyson, J. 2001. A History of Great Inventions. New York: Carroll & Graf.

Evans, D., A. Nichols, and B. Reddy. 1999. "The Rise and Fall of Leaders in Personal Computer Software." Cambridge, MA: National Economic Research Associates. Available at www.nera.com.

Evans. D., and R. Schmalensee. 2001. "Some Economic Aspects of Antitrust Analysis in Dynamically Competitive Industries." Innovation Policy and the Economy 2:1-49.

Feist Publications, Inc. v. Rural Telephone Service Co., Inc., 499 U.S. 340 (1991).

Friedel, R. 1996. Zipper: An Exploration in Novelty. New York: Norton.

Gilbert, R., and C. Shapiro. 1990. "Optimal Patent Length and Breadth." RAND Journal of Economics 21:106-112.

Gallini, N., and B. Wright. 1990. "Technology Transfer under Asymmetric Information." RAND Journal of Economics 21:147-160.

Gandal, N., and S. Scotchmer. 1993. "Coordinating Research through Research Joint Ventures." Journal of Public Economics 51:173-193.

Green, J., and S. Scotchmer. 1995. "On the Division of Profit in Sequential Innovation." RAND Journal of Economics 26:20-33.

Heller, M. A., and R. S. Eisenberg. 1998. "Can Patents Deter Innovation? The Anticommons in Biomedical Research." Science 280:698-701.

Holman, M. A., and S. R. Munzer. 2000. "Intellectual Property Rights in Genes and Gene Fragments: A Registration Solution for Express Sequence Tags." Iowa Law Review 85:735-748.

Hopenhayn, H., and M. Mitchell. 2001. "Innovation Variety and Patent Design."

RAND Journal of Economics 32:152 – 166.
Hunt, R. Forthcoming. "Patentability, Industry Structure, and Innovation." Journal of Industrial Economics.
Kitch, E. W. 1977. "The Nature and Function of the Patent System." Journal of Law and Economics 20:265 – 290.
Lemley, M. 1997. "The Economics of Improvement in Intellectual Property Law." Texas Law Review 75:989 – 1083.
Lerner, J. 1995. "Patenting in the Shadow of Competitors." Journal of Law and Economics 38:463 – 495.
Lerner, J., and J. Tirole. 2002. "Efficient Patent Pools." Working Paper 9175. Cambridge, MA: National Bureau of Economic Research.
Lichtman, D. 2000. "Property Rights in Emerging Platform Technologies." Journal of Legal Studies 29:615 – 648.
Liebowitz, S. J., and S. E. Margolis. 1999. Winners, Losers & Microsoft. Oakland, CA: Independent Institute.
Loury, G. C. 1979. "Market Structure and Innovation." Quarterly Journal of Economics 93:395 – 410.
McCartney, S. 1999. ENIAC: The Triumphs and Tragedies of the World's First Computer. New York: Walker and Company.
Merges, R. P., and R. Nelson. 1994. "On Limiting or Encouraging Rivalry in Technical Progress: The Effect of Patent Scope Decisions." Journal of Economic Behavior and Organization 25:1 – 24.
Merges, R. P., and R. Nelson. 1990. "On the Complex Economics of Patent Scope." Columbia Law Review 90:839 – 916.
O'Donoghue, T. 1998. "A Patentability Requirement for Sequential Innovation." RAND Journal of Economics 29:654 – 679.
O'Donoghue, T., S. Scotchmer, and J.–F. Thisse. 1998. "Patent Breadth, Patent Life and the Pace of Technological Progress." Journal of Economics and Management Strategy 7:1 – 32.
Regibeau, P., and K. Rockett. 1996. "Optimal Patent Design and the Diffusion of Innovations." RAND Journal of Economics 27:60 – 83.
Reichman, J. H., and P. Samuelson. 1997. "Intellectual Property Rights in Data?" Vanderbilt Law Review 50:51 – 163.
Scotchmer, S. 1991. "Standing on the Shoulders of Giants: Cumulative Research and the Patent Law." Journal of Economic Perspectives 5:29 – 41.
Scotchmer, S. 1996. "Protecting Early Innovators: Should Second–Generation

Products be Patentable?" RAND Journal of Economics 27:322 – 331.
Scotchmer, S., and J. Green. 1990. "Novelty and Disclosure in Patent Law." RAND Journal of Economics 21:131 – 146.
Standage, T. 1998. The Victorian Internet. New York: Berkley Books.
Townes, C. H. 1999. How the Laser Happened: Adventures of a Scientist. Oxford: Oxford University Press.
U.S. Department of Justice and Federal Trade Commission. 1995. Antitrust Guidelines for Licensing of Intellectual Property. Washington, DC: U.S. Government Printing Office.
Walsh, J. P., A. Arora, and W. M. Cohen. 2003. "Research Tool Patenting and Licensing and Biomedical Innovation." Paper presented at the conference "European Policy for Intellectual Property." Maastricht, the Netherlands: Maastricht Economic Research Institute on Information and Technology. Available at www.merit.unimaas.nl/epip/papers/walsh_paper.pdf.
Wright, B., 1983. "The Economics of Invention Incentives: Patents, Prizes and Research Contracts." American Economic Review 73:691 – 707.
Wright, B., and B. Koo. 1997. "Alternative Intellectual Property Protection Systems for Trade in International Agricultural Genetic Resources." Paper presented at a conference of the National Bureau of Economic Research, Cambridge, MA.
Wright, B. 2003. "International Crop Breeding in a World of Proprietary Technology." In V. Santaniello, R. E. Evenson, D. Zilberman and G. A. Carlson, eds., Agriculture and Intellectual Property Rights. Economic, Institutional and Implementation Issues in Agricultural Biotechnology, 127 – 138. Wallingford, UK: CABI Publishing.

CHAPTER

06

라이선싱, 합작 투자사업, 그리고 경쟁정책

Licensing, Joint Ventures, and Competition Policy

INNOVATION AND INCENTIVES

06
라이선싱, 합작 투자사업, 그리고 경쟁정책

라이선스란 합의를 통해 지적재산권의 주인이 타인에게 자신의 지적재산권을 사용할 권한을 부여하는 것을 일컫는다. 라이선스는 매우 흔하다. 지적재산권자협회(Intellectual Property Owners Associateion)의 서베이에 근거하여, Cockburn and Henderson(2003)은 응답자들의 특허 포트폴리오 중 17.6%는 라이선스를 준 적이 있다고 보고하고 있다. 응답자들의 1/8은 물건 판매보다 순전히 라이선싱을 통해 수익이 실현될 것이라는 기대 속에서 기술 개발을 시작한다고 대답했다. 사실상 저작권, 영업 비밀 등을 포함한 어떠한 종류의 지적재산권도 라이선스 계약을 체결할 수 있다. 실제로 응답자들의 라이선싱 합의 중 1/4은 특허와는 관련이 없는 것으로 나타났다.

라이선싱은 지식의 사용을 늘리기 때문에 일반적으로 사용자와 혁신가 모두에게 좋다. 이와 동시에 라이선싱은 생산과 가격결정에 영향을 미치는 기업들 간의 연합(alliances)을 창출한다. 관련 시장에서의 경쟁이 이미 지적재산권에 의해 약화되기 때문에, 라이선싱이 반독점(antitrust) 문제에 대한 논란을 일으키는 것은 당연한 일이다. 이 장에서는 라이선싱의 특성, 라이선싱의 친경쟁적(pro-competitive)인 사용, 그리고 라이선싱에 제기되는 몇몇 경쟁 정책적 이슈들을 다루고자 한다.

경쟁 정책과 지적재산권 정책은 종종 서로 긴장상태에 있는 것처럼 보인다. 지적재산권법은 시장지배력을 부여하며, 경쟁법은 이 시장지배력을 통제하는 역할을 한다. 이것은 장기적인 긴장이라기보다는 단기적인 긴장에 가깝다. 왜냐하면 장기적으로 지적재산권법은 소비자들의 후생을 증가시키는 혁신을 이끌기 때문이다. 여기서 소비자 후생은 바로 경쟁법의 관심사이기 때문에 (장기적으로는 긴장상태가 아니라는 것에는) 모순이 존재하지는 않는다. 그러나 이것은 혁신을 촉진시키는 것과 소비자들을 높은 가격으로부터 보호하는 것, 둘 사이에서의 올바른 균형(balance)을 어떻게 달성하느냐에 대한 실용적인 문제해결에는 별로 도움이 되지 않는 고상한 견해일 뿐이다. 이 장에서 우리는 이러한 균형뿐만 아니라, 혁신을 장려하는 시장구조를 보호하는 데 있어 경쟁법이 할 수 있는 역할에 대해서도 논의를 하고자 한다. 사후적으로는, 경쟁 정책의 관심사는 의회가 의도했던 것 이상으로 권리보유자가 많은 시장 지배력을 행사하지 못하도록 하는 것이다. 사전적으로는, 무엇보다도 경쟁 정책이 지적재산을 창조하기 위한 인센티브를 훼손시키지 않는 것이 주요 관심사라 할 수 있다.

6.1 | 생산적 효율성을 위한 라이선싱

제4장에서는 혁신가들에게 얼마만큼의 이윤이 허락되어야 하는지를 다루었고, 그 다음으로는 인정 기간, 범위, 면제와 같은 지적재산권의 다양한 정책 수단을 이용해 이윤을 구성하는 방법을 다루었다. 라이선싱은 혁신에 대한 보상을 창출하는 또 다른 수단이다. 라이선스 계약을 체결하는 사후적인 이유들은 다음과 같다.

- 특허권을 소유한 제품(proprietary products)들을 효율적으로 생산하기 위해
- 다른 사람들이 혁신을 할 수 있도록 지적재산권을 투입물로 사용하게 하기 위해(연구방법, research tools)
- 차단권리(blocking rights)를 해소하거나 보완적인 발명(complementary inventions)을 가능하게 하기 위해

라이선싱에 관한 이러한 이유들은 친경쟁적(procompetitive)인 것으로 간주된다. 왜냐하면 라이선싱이 가능하지 않은 상황에서는 특허소유자가 사용자들을 배제할 수 있기 때문이다. 따라서 라이선싱은 지적재산권의 효율적 사용을 유도하

며, 권리 소유자를 부유하게 할 뿐만 아니라 소비자의 후생도 증가시킨다.

생산에서 지적재산권 사용에 대한 라이선스는 보통 고정된 지불액(fixed payments)과 로열티(royalties)를 포함하고 있다. 로열티는 판매된 독점 상품의 개수나 사용을 측정하는 다른 수단에 바탕을 두고 정해지며, 고정요금은 판매량과 연관 짓기보다는 단위 시간당 지불하는 방식으로 부과된다. 이러한 두 수단을 (ρ, F)로 표현하도록 한다. 보이는 것처럼, 로열티는 특허소유자(licnesor)가 시장 가격을 통제하도록 도와준다. 왜냐하면 고정요금은 이윤을 분배하는데 있어 유연성을 제공하지만, 로열티는 실시권자(licensee)의 한계생산비용(marginal cost of production)에 더해지기 때문이다. 로열티는 당사자들로 하여금 위험을 분담하는 것도 가능하게 한다. 만약 실시권자(licensee)들이 판매 실적이 전혀 없다면 돈을 지불할 의무도 존재하지 않는다. 로열티가 '경쟁을 저해'하는지 아닌지는 무엇을 기준으로 삼느냐에 달려있다. 로열티가 없는 라이선싱과 비교했을 때 로열티는 로열티가 없는 경우보다 시장에서 더 높은 가격을 형성하도록 하지만, 그러나 로열티가 있는 라이선싱도 지적재산권을 적절하게 사용하는 것으로 간주된다.

위에서 나열된 라이선스에 대한 세 가지 친경쟁적인 이유 중에서, 마지막 2개는 5장에서 이미 다루었다. 여기에서는 라이선싱이 생산의 효율성을 높일 수 있다는 첫 번째 이유를 다루고자 한다. 먼저 새로운 상품의 생산과 도입, 그리고 그 다음 비용절감혁신(cost-reducing innovation)에 대해서 살펴보도록 할 것이다. 우리는 특허소유주들이 선택하는 라이선스 조건, 이들이 라이선스로부터 얻는 이윤의 양, 그리고 지나친 보상을 받는지 아니면 너무 적은 보상을 받는지 여부 등을 살펴보고자 한다. 그러나 이것이 부정확한 질문임을 주의해야 한다. 특히 보상이 무엇과 비교하여 너무 지나치거나 너무 적은지에 대한 것이 부정확하다.

새로운 상품을 출시하는 기업이 생산하는 데 있어 항상 가장 효율적인 기업인 것은 아니다. 사실, 만약 생산기술이 증가하는 한계비용곡선을 지니고 있다면, 공급의 평균비용은 여러 기업이 나누어 생산함으로써 낮아질 수 있다. 라이선싱은 이를 가능하게 한다. 이는 또한 라이선싱을 하지 않고 여러 개의 공장을 지음으로써 가능하다. 여기서 우리의 질문은 이 두 경우가 과연 동등한가 하는 것이다. 특허소유자는 라이선싱을 통해 공장을 여러 개 건설하여 얻을 수 있는 이윤만큼을 받을 수 있을까? 만약 얻을 수 없다면, 혁신에 대한 보상은 새로운 상품의 생산을 어떻게 조직화하는지에 달려있다.

그림 6-1 두 기업일 때의 이윤 극대화 생산

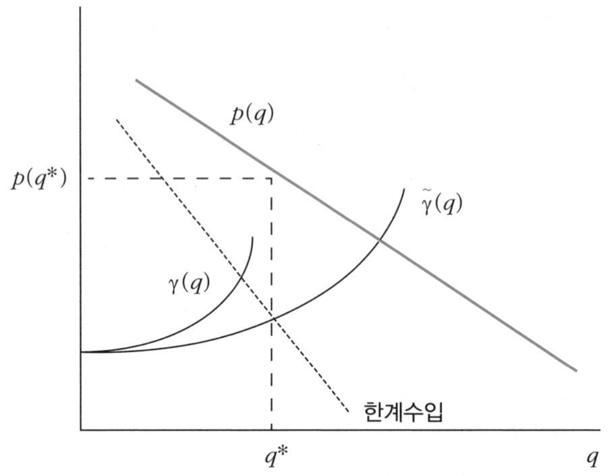

[그림 6-1]은 특허소유 상품에 대한 시장 수요를 나타낸다. 한 개의 생산 공장에서 제품을 생산하는 경우의 한계비용은 함수 $\gamma(\cdot)$로 표시되며, 이는 한계비용의 증가(increasing marginal cost)를 나타낸다. 만약 같은 생산 기술을 사용하는 기업이 두 개 존재한다면, 두 기업의 합한 한계비용 곡선은 $\tilde{\gamma}(\cdot)$으로 나타나며 상대적으로 $\gamma(\cdot)$보다 평평해진 기울기를 갖는다. 시장에 공급을 하는 두 개의 기업으로 인해 각각의 한계비용에 대해서 두 배 많은 생산량이 생산될 수 있으며, 따라서 q번째 제품의 한계비용은 $\tilde{\gamma}(q)=\gamma(q/2)$이다. 두 기업이 생산하는 경우, 이윤극대화 수량과 가격은 각각 q^*와 $P(q^*)$이다. 이 때, 그래프에서 보이는 바와 같이, $P(q^*)$는 한 개의 생산시설에서 생산될 때의 독점 가격보다 낮다.

만약 더 많은 생산 시설이 있다면, 총 한계비용곡선은 더 낮아지기 때문에, 이윤극대화 가격은 더 낮을 것이다. 공급자의 수가 많아지면 많아질수록, 총공급곡선은 더욱 평평해져서 각 단위의 한계비용이 단일 공장 공급곡선 $\gamma(\cdot)$에서 생산된 첫 번째 제품의 한계비용과 같아지게 된다. 그런데 만약 라이선스를 받는 기업들에게 한계생산 비용만 있는 것이 아니라 설치를 위한 고정 비용도 존재한다면, 총 한계비용 곡선이 평평해지도록 많은 기업들에게 라이선스를 주는 것이 효율적이지는 않다. 이 경우 더 높은 한계비용을 수용함으로써 생산 시설의 초기 고정비용을 피할 수 있다.

어느 정도의 생산 시설이 효율적인지는 설치비용에 따라 달라진다. [그림 6-1]에서 효율적인 공장의 수는 두 개라고 가정하고 있다. 이 경우, 두 기업이나 또는 적어도 두 개의 생산시설(공장)에 생산량을 동일하게 분배하는 것이 효율적일 것이다. 지식재산의 소유자는 로열티와 고정요금에서 이윤을 거둬들이며 $P(q^*)$ 가격을 유지하길 원할 것이다.

높은 가격을 유지하고 이윤을 얻기 위해 특허소유자(licensor)는 로열티를 부과할 수 있다. 우리는 먼저 특허소유자가 두 개의 기업에 라이선스를 주는 상황을 가정하고, 그 다음 이러한 상황을 지적재산권 소유자 스스로 생산하고 다른 한 기업 기업에 라이선스를 주어 생산하는 상황과 이윤을 비교하고자 한다. 최선의 로열티는 아마도 원하는 가격인 $P(q^*)$와 개별 기업의 한계비용 $\gamma(q^*/2)$의 차이인 $\rho=P(q^*)-\gamma(q^*/2)$일 것이다. 그러나 이는 이윤을 극대화하는 가격과 수량을 유지하는 효과를 지니지 못한다. 왜냐하면 각각의 기업은 $q^*/2$보다 더 적은 양을 생산하려 할 것이기 때문이다. 기업들은 가격이 효율적인 한계비용($\gamma(q)+\rho$)과 같아지는 점인 q수량까지 생산하는 게 최적이 아니라고 생각할 것이다. 만일 기업의 공급 q가 $P=\gamma(q)+\rho$를 만족하면, 공급 수량을 줄이려고 할 것이다. 라이선스를 받는 기업들 입장에서 q번째 단위를 생산하는 것은 0의 이윤을 창출한다. 마지막 q번째 수량을 줄임으로써 기업들은 이윤을 잃지 않는다. 대신 단위당 시장가격은 증가하며 기업의 전체적인 이윤을 증가시킬 것이다.[1)]

단위 라이선스 당 공급 $q/2$와 이윤극대화 가격인 $P(q^*)$를 뒷받침하는 $P(q^*)-\gamma(q^*/2)$보다 낮은 로열티 비율이 존재한다. 이는 부록 6.7.1에서 볼 수 있지만 직관적으로도 이해될 수 있다. 실시권자(licensee)에 의해 공급되는 q 번째 단위의 실질적인 한계비용(effective marginal cost)은 한계자원비용(marginal resource cost)과 로열티의 합인 $\gamma(q)+\rho$이다. 한계자원비용이 높아진다면 기업이 공급을 줄이는 것처럼, 실시권자(licensee)들도 로열티가 높아진다면 공급을 줄일 것이다. 따라서 특허소유주들(라이센서들)이 적절히 선택된 로열티를 가지고 시장에서 이윤극대화 가격인 $P(q^*)$를 취하는 것은 놀라운 일이 아니다. 그러나 로열티는 $P(q^*)-\gamma(q^*/2)$

1) 부록 6.7.1에서 보다 명확히 알 수 있는 것처럼, 이러한 주장은 기업들이 수량에 관한 경쟁을 한다고 암묵적으로 가정한다. 이는 균형 상태에서 각각의 기업이 다른 기업이 얼마나 공급하는지에 따라서 가장 이윤이 극대화되는 공급 상황을 선택 한다는 것을 의미한다. 이는 가격경쟁과는 다른 형태의 경쟁이다. 수량경쟁에서 생산량을 줄이는 기업은 다른 기업이 고정된 생산량 대신에 고정된 가격을 유지한다고 가정한다.

보다는 낮을 것이다.

합리적인 정책목표로써 특허소유자(licensor)는 자신이 직접 두 개의 생산시설에서 생산함으로써 얻는 이윤과 동일한 이윤을 라이선싱을 통해 얻을 수 있어야 한다. 특허소유자가 생산 공장을 지을 기금을 모을 수 없거나, 그 자신이 비교우위(comparative advantage)가 없다는 이유로 혁신을 위한 인센티브를 침해할 이유는 전혀 없다. 라이선스에 포함된 계약 조건은 얼마나 상품이 체계화 되었는지에 영향을 받지 않을 만큼(profit neutrality) 충분한 이윤을 보장할 수 있어야 한다. 이 경우 특허보유자는 이윤극대화 가격을 유지하는 로열티로부터 모든 이윤을 얻을 수 없기 때문에, 고정요금(fixed fee)을 부과하여야 할 것이다. 로열티의 역할은 시장가격을 통제하는 데에 있고, 고정요금의 역할은 남은 이윤을 배분하는 데에 있다.

그러나 로열티와 고정요금은 효율적인 생산체계화, 최상의 이윤가격 유지, 그리고 모든 이윤의 특허소유자 이전이라고 하는 세 가지 정책 목표를 달성하는 데 항상 충분한 것은 아니다.

특허소유자가 한명의 실시권자에게 자신의 기술에 대한 라이선스를 주고 일부는 자신이 직접 생산을 하여 시장에 판매를 한다고 가정해보자. 라이선스를 준 이후에 이들은 시장에서 서로 경쟁을 하게 된다. 그러나 q 번째 제품에 대한 실시권자(licensee)의 실질적인 한계비용(effective marginal cost)은 자원비용(resource cost)과 로열티(royalty)의 합인 $\gamma(q)+\rho$ 이고, 특허소유자의 실질적인 한계비용은 $\gamma(q)$ 이다. 결과적으로 특허소유자와 실시권자는 균형상태에서 동등한 양의 제품을 공급하지 않을 것이며, 생산은 비효율적으로 이루어질 것이다(이 주장에 대한 보다 자세한 내용을 위해서는 부록 6.7.1을 참조). 특허소유자의 생산을 최대 $q^*/2$로 제한하는 것과 같은 다른 라이선스 계약조건이 이러한 비효율을 개선할 수 있다. 비록 로열티와 고정요금을 책정하는 것이 일반적으로 라이선스 합의에서 논쟁이 되지는 않는다 하더라도 공급을 고정하는 조항은 반독점조사(antitrust inquiry)를 불러일으킬 수 있다. 그럼에도 불구하고 혁신자가 그러한 조항을 쓸 수 없다면, 혁신자는 자신이 두 생산시설을 이용하여 직접 시장 전체에 공급하거나 또는 두 개의 기업에게 라이선스를 주고 시장 밖에 머무르는 경우와 비교할 때, 이윤과 효율성의 관점에서 불이익을 받을 것이다. 소비자들 또한 이러한 비효율성이 높은 가격으로 이어진다면 불이익을 당할 수 있다.

[그림 6-1]에서 묘사되는 혁신의 유형은 새로운 생산품에 관한 것이다. 이 제

그림 6-2 비용 절감 혁신

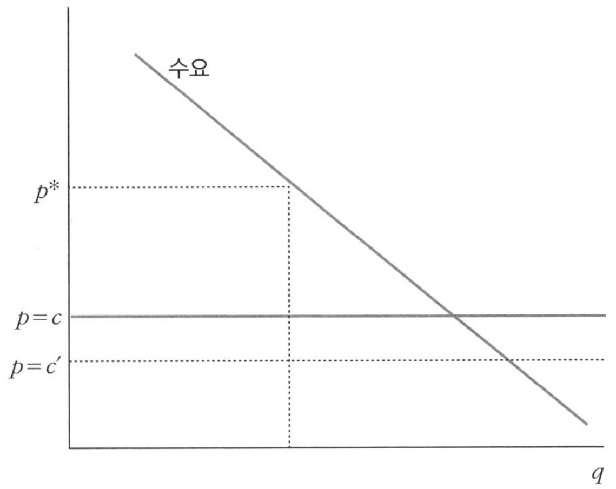

품은 비용절감기술에 관한 다른 발명의 라이선스가 필요하다. [그림 6-2]는 기업들이 초기에 일정한 한계비용은 c를 지니고 있고, 시장가격은 $P=c$인 경쟁시장(competitive market)을 나타낸다. 이제 어느 한 기업이 한계비용을 c에서 c'으로 낮추는 독점적인 비용절감 혁신을 이루었다고 가정해보자. 만약 비용 c' 이 c보다 훨씬 낮다면, 이 경우 혁신 기업은 시장진입에 대한 위협없이 독점기업으로서 행동할 것이며, 비용 c' 하에서의 독점가격 또한 c보다 낮을 것이다, 그러한 경우에 혁신기업은 진입의 어떠한 위협도 없이 독점기업으로써 행동할 것이다. 이 경우, 라이선싱은 필요 없다.

그러나 [그림 6-2]에서 보이는 바와 같이 만약 비용절감 정도가 상대적으로 작다면 비록 신상품이고, 한계비용이 c'보다 낮다 하더라도, 이윤극대화 가격 P^*는 c보다 높다. 그러나 혁신기업은 예전 한계비용 c보다 높은 가격을 유지할 수 없다. 왜냐하면 이 경우 기존기술을 사용하는(한계비용이 c인) 시장진입자들이 c의 가격으로 경쟁할 것이기 때문이다.

물론 오래된 기술을 사용하는 기업의 시장진입을 허용하는 것은 비효율적이다. 만약 경쟁기업들이 시장의 일부분을 공급하고 있다면, 좀 더 효율적인 방법은 새로운 기술을 $\rho=c-c'$의 로열티를 받고 라이선스를 주는 것이다. 이 로열티는 경쟁기업들이 지불하고자 하는 가장 높은 수준의 로열티이다. 실제로 혁신기업은 이렇게 하는 것이 수익성이 있다고 판단할 것이다. 비용절감 수준보다 작은 로열티는 c보다 낮은 시장가격으로 이어진다. 혁신기업은 c보다 높은 가격을 선호하겠지만, 그렇게 책정할 수 없다. 왜냐하면 그렇게 되면 경쟁기업들은 $\rho=c-c'$보다 높은 로열티를 지불하느니 차라리 오래된 기술을 사용하려 할 것이기 때문이다. 만약 로열티가 $\rho=c-c'$라면 모든 이윤은 혁신기업에게 이전된다.[2]

$\rho=c-c'$의 로열티로 시장은 의미있는 인센티브를 창출한다. 만약 혁신기업이 독점 가격을 유지할 수 있다면, 보상은 혁신의 가치보다 좀 더 유리한 원천, 즉 시장을 카르텔화하는 것으로부터 온다. 혁신의 사회적 가치는 시장에서의 독점이윤에 의해 측정되지 않고, 오히려 현재의 시장에서 발생 가능한 비용절감에 의해 측정된다(Maurer and Scotchmer, 2004).

생산 효율성을 위한 라이선싱은 라이선싱이 지적재산의 효율적 사용과 공유(sharing)를 허용하기 때문에 일반적으로 친경쟁적(pro-competitive)인 것으로 여겨진다. 게다가 이러한 라이선싱은 지적재산에 내재된 권리를 넘어서까지 경쟁을 제한하는 것처럼 보이진 않는다. 그러나 만약 애초에 라이선싱에 대한 제약이 지적재산권 설계의 한 부분으로서 고려된다면, 이런 유형의 진술은 순환논리에 빠진다는 점을 주의할 필요가 있다.

지금까지의 논의에 따르면 라이선싱은 경쟁에 위협을 가하지 않는다고 결론지을 수 있다. 그러나 이는 우리가 친경쟁적인 결과에 가장 유리한 환경만을 고려했기 때문이다. 이 절의 나머지 부분에서는 라이선싱이 얼마나 반경쟁적(anti-competitive)일 수 있는지에 대해 논의하고자 한다. 이 경우 우리의 질문은 어떤 환경에서 어떠한 제약이 라이선싱에 가해져야 하는가 하는 것이다.

혁신이 발생하기 이전에 시장에는 한계효용이 c 수준에 있는 기존의 기술을 사용하는 두 개의 기업이 있다고 가정해 보자. 논의를 단순하게 하기 위해, 기업들은 가격에 대한 경쟁을 한다고 가정한다. 각각의 기업은 다른 기업의 가격을 고려한

---

2) 비용절감혁신(cost-reducing innovations)에 대한 라이선스를 부여하는 최선의 방법에 대한 경제학 문헌을 종합적으로 살펴보기 위해서는 Cournot 경쟁모형을 이용하여 이 점을 설명하고 있는 Kamien(1992)을 참조하라. 예를 들면, Kamien은 특허소유자가 라이선스를 경매를 통해 부여하는지, 아니면 단순히 계약조건을 말하고 누구든 원하는 모든 사람을 받아들이는지에 대해 서로 다른 가정에 기초한 광범위한 문헌들을 소개하고 있다. Kamien and Tauman(1984, 1986); Katz and Shapiro(1985); Kamien, Tauman, and Zang(1988); Kamien, Oren, and Tauman(1988) 참조.

상태에서 이윤을 극대화하기 위한 가격을 책정한다.[3] 가격경쟁 하에서 낮은 비용을 지닌 기업은 (두 기업의 한계비용 중 더 높은 한계비용과 일치하는 가격으로) 시장 전체를 공급할 것이다. 이보다 더 높은 가격은 균형이 될 수 없다. 왜냐하면 다른 한 기업이 이보다 가격을 낮추고 시장 전체를 장악할 유인이 존재하기 때문이다. 다른 한편, 상대적으로 더 낮은 비용곡선을 지닌 기업은 경쟁 기업의 (높은)비용보다 현저히 낮은 가격을 책정할 이유가 없다. 왜냐하면 경쟁 기업에 비해 아주 약간만 낮은 가격으로도 시장 전체를 장악할 수 있기 때문이다.

만약 기업 1이 혁신기업이고 기업 2가 라이선스가 없는 경쟁기업이라면 두 기업의 한계비용은 각각 c'과 c이다. 시장가격은 $p=c$이다. 기업 1이 전체시장에 공급하고 각각 판매된 제품 단위당 이윤 $c-c'$를 얻는다. 만약 대신 기업 1이 기업 2에게 로열티 $\rho=c-c'$를 받고 라이선스를 준다면 기업 2의 실질적인 한계비용은 자원비용과 로열티의 합인 $c'+\rho=c$ 이고, 이는 같은 시장가격을 초래한다. 사실 이는 잠재적 진입기업이 무한정 존재할 때와 같은 시장가격을 초래한다.

그러나 만약 시장에 하나의 잠재적 실시권자(licensee)만 존재한다면, 로열티 $\rho=c-c'$는 혁신기업이 가질 수 있는 최적의 로열티일까? P^*는 낮은 비용을 초래하는 기술을 사용할 때의 이윤극대화 가격이고, 기업 2는 로열티 $\rho=P^*-c'$인 라이선스를 획득한다고 가정하자. (우리의 가정 하에서, 기업 2는 이 라이선스를 획득하든 안 하든 0의 이윤을 갖는다.) 이 경우 시장가격은 독점가격 P^*이고, 혁신기업이 모든 이윤을 취한다. 물론 이것은 기존의 기술을 가진 추가적 기업들이 들어올 수 없을 때만 적용된다. 그러한 기업들은 가격 인하 경쟁을 할 것이다. 그리고 이것은 오직 실시권자(licensee)가 어떠한 기술이 사용되든 이에 상관없이 로열티를 지불하는데 동의한 경우에만 적용된다. 그렇지 않으면 라이선스를 체결한 후에 실시권자는 라이선스를 체결했음에도 불구하고 기존의 기술로 되돌아갈 것이다, 왜냐하면 한계비용 c를 지닌 기존기술을 사용하는 것이 한계비용 c 보다 더 큰 실질적인 한계비용 $\rho+c'$을 지닌 새로운 기술을 사용하는 것 보다 낫기 때문이다.

---

3) 1992년 Kamien에 의해 요약된 것과 같이, 효율적 라이선싱(efficient licensing)에 대한 대부분의 문헌은 기업들은 양적 경쟁(competition on quantity)을 가정한다, 즉 각 기업의 공급량은 다른 기업들의 공급량이 주어진 상태에서 최적 수준으로 결정된다. 이런 경우, 논의는 더 복잡하고 약간의 차이를 지니고 있지만, 라이선싱의 반경쟁적인 사용에 관한 직관은 비슷하다. 제품혁신(product innovation)에 관한 우리의 논의는 기업들의 생산량 경쟁(competition on quantity)을 가정한다.

이러한 상황에서 독점가격을 유지하기 위해 기업들이 어떻게 합의서를 작성할 수 있는지는 명백하다. 그러나 이에 대응하는 방법 또한 명확하다. 실시권자(licensee)는 기존의 기술로 되돌아감으로써 로열티를 회피할 수 있는 것이 반드시 허용되어야 한다. 물론 좀 더 확실한 해결책은 경쟁이다. 만약 실시권자 이외의 다른 기업들이 기존의 기술로 시장에 들어올 수 있다면, 제한적 라이선스는 무의미할 것이다. 사실 이것은 일반적인 원칙이라고 할 수 있다. 공유재산인 무료기술(public-domain technology)을 사용하는, 라이선스가 없는 기업들의 진입은 제한적인 라이선싱(restrictive licensing practice)으로부터 발생하는 피해들을 완화시킨다. 이것이 이 분야 대부분의 판례법들이 모든 잠재적 참여자들이 제한적 라이선스의 대상이 되는 과점시장(oligopoly)에 주목하는 이유이다.

라이선싱에 관한 원칙은 20세기에 담합을 위해 라이선싱을 사용하는 새로운 방법을 찾아내려는 기업들과 그러한 행동을 저지하기 위해 규칙으로 대응하는 법원들 사이에서 서로 상호작용을 통해 진화하여왔다. 그러나 이것은 쉬운 일이 아니다. 법원은 의회로부터 지적재산권과 라이선싱에 대한 명확한 경계를 받지 않은 채, 정책을 수립하고 있다. 예를 들면, 앞에서 설명되었던 것처럼 담합이 허락되지만 동시에 재산권이 오직 짧은 기간 동안만 유지되는 대안적인 지적재산권의 설계를 상상해볼 수 있다. 이러한 정책을 결정하는 것은 의회이어야 하는가 아니면 법원이어야 하는가?

6.2 | 혁신과 경쟁정책

셔먼법(the Sherman Act)과 클레이튼법(Clayton Act)에 언급된 것처럼, 경쟁정책은 특히 제7절의 합병에 관한 내용과 같이 수평적 경쟁(horizontal competition)과 관련이 있다. 셔먼법제 1조는 거래를 제한하는 결합(combinations in restraint of trade)을 금지하고, 제2조는 독점을 금지하고 있다. 셔먼법은 지적재산을 공유하는 것이 허락되지 않는 상황에서 그리고 기업이 시장지배력을 가진 상황에서 기업들 간의 담합적인 라이선싱을 막기 위한 근거를 제공한다.

반독점 정책의 집행자는 궁극적으로 법원이다. 재판은 경쟁정책을 관장하는 두 연방정부기관인 법무부 반독점분과(the Department of Justice Antitrust Division)와 연방무역위원회(Federal Trade Commission) 중 한 곳에 의해 제기된다. 기업들에게 어떠한 행동들이 연방기관의 조사를 초래하는지를 알리기 위해서, 연방정부기관들은 1992년 출간된 합병지침서(*Merger Guidelines*)와 1995년의 지적재산권 라이선싱에 관한 반독점 지침서(*Antitrust Guidelines for Licensing Intellectual Property*)에서 무엇이 허락되고 무엇이 금지되었는지를 해석한 책자를 출판하였다. 이 중 후자의 지침서가 우리의 논의와 관련이 있다.

정부뿐만 아니라 민간단체들도 반독점 행동(antitrust action)을 취할 수 있다. 그러나 반독점 활동을 민간 기업에 의존하는 것은 충분하지 않을 수 있다. 왜냐하면 주된 고통이 종종 기업보다는 소비자에게 있기 때문이다. 사실 경쟁기업들은 담합의 수혜자가 될 수 있다. 만약 기업들이 시장에서 높은 가격을 유지하기 위한 담합을 하였을 때, 높은 가격은 다른 기업과의 경쟁을 약화시킨다. 두 연방정부기관은 반독점 과정에서 소비자의 입장을 대변한다.

앞서 논의된 것처럼, 만약 경쟁정책의 유일한 목표가 낮은 가격을 유지하는 것이라면, 경쟁정책과 지적재산권은 서로 긴장상태에 있을 것이다. 그러나 1995년 지침서는 경쟁은 소비자들에게 단지 낮은 가격으로써뿐만 아니라, 소비자들에게 새로운 상품과 값싼 생산기술을 제공하는 데 건전한 경쟁을 보장함으로써 소비자들에게 이익을 준다고 보고 있다. 이 지침서는 아래와 같이 말하며 시작된다.

- 독점금지 분석이라는 목적을 위해, 연방정부기관은 지적재산권을 다른 어떤 형태의 재산과도 본질적으로 비교 가능한 것으로 간주한다;
- 연방정부기관은 지적재산권이 반독점의 관점에서 시장지배력을 창출한다고 예단(presume)하지 않는다; 그리고
- 연방정부기관은 지적재산권의 라이선싱이 기업들로 하여금 생산의 보완적 요소(complementary factors)들을 결합하도록 하고, 일반적으로 친경쟁적(procompetitive)이라는 것을 인식하고 있다.(1995 Guidelines, § 2.0)

이러한 원칙들은 경제 개념만큼이나 법적 개념들을 암묵적으로 포함하고 있다. 첫 번째는 지적재산권은 물적재산권이 행할 수 있는 것 이상으로 불법행위나 범죄행위를 정당화하기 위해 사용될 수 없으며, 지적재산권에는 부동산의 소유주가 침

입자를 배제할 수 있는 정도만큼만 배제할 권리가 부여된다는 것을 명확히 하고 있다. 두 번째는 지적재산권이 시장에서 배타적 권리를 부여한다는 사실과 모순되는 것처럼 보인다. 그러나 '시장지배력(market power)'이란 단어는 여기서 경제적 용어보다는 법적용어로 쓰인 것이다. '반독점'과 관련하여 이 원리는 지적재산권에 의해 주어진 시장지배력은 합법적이고 그 자체로 경쟁정책의 다른 원리와 모순되지는 않는다고 해석된다. 세 번째 원리는 이 장과 제5장에서 논의된 라이선스가 친경쟁적(pro-competitive)인 이유에 대해 명시적으로 인식하고 있다.

그 자체로 이미 독점금지 위반이어서 조사할 필요가 없는 몇몇 경우들을 제외하고는 법원은 일반적으로 기업이 잘 정의된 시장에서 시장지배력을 갖고 있는 경우가 아니라면 경쟁에 해가 된다는 사실을 잘 찾아내지 못한다. 대부분의 반독점 논쟁은 시장의 규모에 관한 것이다. 만약 시장이 넓게 정의된다면, 기업은 작은 시장 점유율과 적은 시장 지배력을 가지고 있다고 여겨질 것이다. 이는 기업의 라이선싱 전략이 반독점 조사에서 면제될 가능성을 높이거나, 또는 법원이 반독점 명령을 내릴 가능성을 낮출 것이다.

1995년의 지침서(*the 1995 Guidelines*)는 시장의 개념을 제품의 생산과 판매를 넘어 기술시장과 혁신시장으로까지 확장시켰다. 제6.1절, 6.4절, 6.5절에서 논의된 것처럼 기술시장은 지적재산권에 대한 라이선싱 시장이다. 혁신시장은 "특정한 새로운 또는 개선된 제품과 공정을 개발하기 위한 연구와 개발…그리고 이와 밀접한 대체재"로 이루어져 있다(1995 Guideline, §3.2.3). 혁신시장의 개념을 정의함으로써 연방정부기관들은 혁신을 위한 경쟁이 소비자후생을 증가시킬 수 있다는 개념을 정립했다. 이들은 기업들에게 정부가 새로운 기술을 개발하는 데 있어 경쟁을 감소시키는 합병과 다른 형태의 연합들을 반대할 수 있음을 알도록 한 것이다.

1995년 지침서의 일반적 원리들은 특정한 라이선싱 행위를 감독했던, 그리고 1970년대에 연방정부기관에 의해 공표되었던 이전의 지침서들을 대체했다. 이 원리들은 라이선싱에 대한 9가지 금지조항(the nine no-no's of licensing)으로 알려져 있다. 이러한 행위들은 더 이상 반독점 조사에 대한 자동적인 조사요건으로서 작용하지는 않는다. 그러나 이 원리들은 우리로 하여금 라이선싱이 기술시장에서 경쟁을 제한할 수 있는 중요한 사항들을 알려주고 있으며, 따라서 그 목록을 나열할 가치가 있다고 할 수 있다.

1. 특허를 획득한 상품의 판매와 합리적으로 관련되어 있지 않은 로열티

2. 특허의 범위를 넘어서는 실시권자(licensee)의 상업적 활동에 대한 제약(i.e: tie-outs)
3. 실시권자에게 특허를 받지 않은 물품을 특허소유자로부터 구입하도록 요구하는 것(i.e: tie-ins, 끼워팔기)
4. 강제적인 일괄(패키징) 라이선싱
5. 라이선싱계약이 실행된 이후에 실시권자에게 부여된 특허권을 특허권자에게 할당하도록 요구하는 것(i.e., exclusive grantbacks 독점 그랜트백)
6. 특허권자의 추가적인 다른 라이선스 계약에 대한 실시권자의 거부권(veto power)
7. 특허를 획득한 생산 공정으로 만든, 그러나 특허를 받지 않은 제품의 판매에 관한 제약
8. 재판매에 대한 사후적 판매 제한(특허제품의 재판매에 대한 제한)
9. 특허를 획득한 제품의 재판매에 대한 최소 재판매 가격 설정

위의 9가지 행위에 대하여 이들의 경제적 결과들이 친경쟁적이거나 반경쟁적일 수 있다는 사실을 반영하는 많은 판례법들이 존재한다. 9가지의 금지조항(nine no-no's)에 관한 훌륭한 사후변론은 반독점에 관한 전임 차관보좌관인 Richard Gilbert 와 Carl Shapiro(1997)에 의해 작성되었다. 이들은 관행들을 4개의 그룹으로 분류했다. 첫 번째 세 건은 지적재산권에 구체화된 권리를 넘어 거래를 제한하는 시도이다. 네 번째 관행은 그들이 대체품을 가지고 있음에도 불구하고 일부 구성 특허의 가치를 높이기 위한 시도이다. 다섯 번째 관행, 즉 Grantbacks에 있어 우려되는 것은 만약 실시권자가 자신들에 의해 창출되는 후속 혁신에 대한 배타적 권리를 특허소유자에게 주기로 약속했다면 그는 암묵적으로 그러한 후속 혁신에 투자하지 않을 것을 약속했을 수도 있다는 것이다. 이는 특허소유자를 유일한 잠재적인 혁신자로 만들고 혁신시장에서의 경쟁을 없앨 수 있다. 이는 현재 혁신시장을 보호하는 데에 있어서 핵심사항과 같은 고민이다. 여섯 번째 관행-이전의 라이선스 사용자에게 추가적인 라이선스를 부여하는 것에 대한 거부권-은 독점적인 라이선스(exclusive license)를 부여하는 것과 유사하다. 독점적인 라이선스는 일반적으로 지적재산권의 합법적인 실시로 여겨져 왔다. 겉으로는 반경쟁적인 것처럼 보이는 마지막 두 개의 관행은 실시권자로 하여금 가격보다는 질과 서비스 면

에서 경쟁하게 하는 등의 효율성을 달성할 수 있다.

일반적으로 반독점 기관과 법원은 독점적 라이선스에 반대하지 않는다. 독점성은 특허소유자에게 주어진 권리이고, 만약 독점성이 실시권자에게 이전 되었을 때 왜 경제적 결과가 다른지를 이해하는 것은 어려운 일이다. 일반적으로 덜 유익한 것으로 간주되는 다른 유형의 독점성은 독점적 거래(exclusive dealing)이다. 독점적 거래는 특허소유자가 실시권자가 다른 공급자와 거래하는 것을 제약하는 경우 발생한다. 이에 대한 흥미로운 사례로는 (FTC에 의한 선행 조사에 이어서) 마이크로소프트와 컴퓨터제조업체 사이의 라이선싱 계약에 이의를 신청했던 1994년 마이크로소프트에 대한 법무부의 소송을 들 수 있다. 이 경우 라이선스 계약은 처리장치가 마이크로소프트 운영체제를 탑재했든 안했든, 판매된 모든 처리장치에 대해 로열티를 요구했다. 그러한 계약은 설비업체들에게 그 당시에 IBM의 OS/2와 같은 경쟁 운영체제 대신에 마이크로소프트 운영체제를 사용할 강력한 유인을 제공하였으며, 시장에서 마이크로소프트에 비해 다른 운영체제에 불이익을 주었다.

6.3 | 사전적 합병과 연구개발 합작 투자

기업들이 자산을 합병하여 새로운 회사를 만들거나, 합작투자(joint venture)의 형태로 공동 연구를 하고자 한다면 반독점기관은 이를 반대할 것이다. 일반적인 재화와 서비스 시장에서 반독점 기관의 관심은 시장이 경쟁적인지 그리고 합병이 경쟁을 줄이고 가격을 인상시키지는 않는지 여부 등일 것이다. 만약 그렇다면 기업들은 합병에 대한 타당한 이유를 가지고 있어야 한다. 예를 들어 기업들은 전형적으로 합병이 마케팅에 있어서 비용효율성(cost efficiencies)을 이끈다고 주장할 것이다. 법원은 이러한 효율성과 관련된 주장을 평가하고 경쟁에 해를 끼치지는 않는지를 판단할 것이다. 이를 합리성의 원칙(the rule of reason)이라고 부른다.

우리가 여기서 다루는 합병과 다른 종류의 연합(alliances)은 혁신 시장에서 경쟁에 해를 끼치는 것들이다. 1995년의 지침서(*1995 Guidelines*)는 암묵적으로 혁신 기업들 사이의 연구합작투자, 합병, 그리고 다른 연합형태에서 나타날 수 있는 경쟁을 해치는 두 가지 유형을 규정하고 있다.

연합은 혁신을 위한 경쟁을 줄이고 발전을 더디게 할 수 있다.

연합은 대체 혁신의 수를 감소시키고 제품시장에서의 사후적인 경쟁을 감소시킬 수 있다.

첫 번째 유형은 경쟁이 서로 협력하는 경우보다 더 많은 연구개발(R&D)을 이끈다는 경제학적 가설 하에 발생한다. 이 논리에 대한 한 가지 정당성은 제4.4절과 5.6절에서 다룬 것처럼, 혁신 시장에 대한 경쟁적인 진입이 비록 이윤을 낮추기는 하지만, 성공의 확률을 높이거나 완성의 시간을 줄일 수 있다는 점이다. 부록 6.7.2의 예 1도 참조하길 바란다. 소비자들은 좀 더 일찍 또는 높은 확률로 혁신을 얻을 수 있기 때문에 경쟁으로부터 혜택을 얻는다. 만약 기업이 연구합작회사(research joint venture)의 형태로 서로 협력한다면 이들은 이윤의 감소를 피하기 위해 연구개발 지출을 줄일 수도 있다. 그러나 이러한 지출의 감소는 경쟁의 혜택으로부터 역행할 수 있다. 연구개발 지출의 감소는 성공의 확률을 낮추거나 발전을 지연시킬 수 있기 때문이다.

1995년 지침서(*the 1995 Guidelines*)의 계기가 된 가설은 혁신 시장에서 경쟁으로 인해 발생한 소비자의 혜택은 기업들에게 발생하는 어떠한 손실도 상쇄하고도 남는다는 것이다. 그러나 이 주장은 논란의 여지가 있다. 경쟁이 시장 지배력이 집중된 시장에서보다 혁신을 더 촉진하는지는 혁신이 발생하는 과정과 환경의 특성에 달려있다. 사실 이 논란은 시장 지배력이 집중된 시장이 오히려 혁신을 촉진한다는 Schumpeter의 1942년 책에서 비롯되었다. 그러나, 지침서(*Guidelines*)는 이와는 완전히 상반되는 주장을 하고 있다. 이러한 주장은 1962년 Arrow에 의해 처음 주장되었으며(제4.6절을 참조) 제4.1절, 제5.6절, 그리고 제6.7.2에서 다루었던 모형들에 반영이 되어있다. 최근의 다른 연구들은 혼합된 메시지를 전하고 있다. Gilbert와 Sunshine(1995b)은 *Guidelines*의 기본 골격을 만들었으나, 양측의 주장 모두를 반영하고 있다.

현재의 미국 정책에서 대부분의 반독점 분석은 합리성의 원칙(the rule of reason)에 의존한다. 합리성의 원칙은 합병이나 다른 연합으로부터 발생하는 비용 효율성과 소비자에게 발생하는 피해 사이의 균형을 고려한다. 혁신이라는 맥락에서 보면, 비용 효율성은 합병을 통해 중복투자를 방지하는 것(부록 6.7.2의 예시 2를 참조), 좀 더 효율적인 기업에게 노력을 위임하는 것(Gandal and Scotchmer, 1993), 경쟁상황에서는 감추었을 법한 기술적인 정보들을 서로 공유하는 것(Bhattacharya, Glazer, and Sappington, 1990; Brocas, 2004), 창출된 지식의 파급을 공유하는 것

(Katz and Shapiro, 1987; d'Aspremont and Jacquemin, 1988; Kamien, Muller, and Zang, 1992; Suzumura, 1992; Aoki and Tauman, 2001) 등을 포함할 것이다. 이러한 비용절감 효과는 기업과 소비자 둘 다에게 편익을 주긴 하지만 경쟁 감소로 인해 발생할 수 있는 위험과도 균형을 이루어야 한다. Hoerner(1995)의 부록에 있는 초기 사례집과 Gilbert and Sunshine (1995a, 1995b)을 참조하라. 이들은 다양한 논쟁들이 지니고 있는 상대적인 장점에 대한 법원과 반독점기관들의 판단과, 정부 기관이 주장하는 논리에 대해 권위 있는 설명을 제공하고 있다.

두 번째 유형에 관하여 논의하자면, 기업들이 합병을 하여 단일 상품을 개발하는 경우 합병이나 다른 연합의 형태는 사후적으로 상품시장에서의 경쟁을 낮출 가능성이 있다. 합병이 없었다면 이들은 경쟁 상품들을 생산할 것이기 때문이다. 예를 들어, 기업들이 신약개발 사업을 하고 있다고 가정해보자. 만약 두 기업의 약들이 서로 특허를 침해하지 않는다면, 두 기업 간의 사전적인 합병(ex-ante merge)을 허락해주는 것은 잘못된 것이라 할 수 있다. 이는 시장에 단일 상품만을 출시하게 하는 결과를 낳으며 대체재와 낮은 가격으로 이루어진 시장을 사라지게 할 것이기 때문이다.

이러한 상황은 법원으로 하여금 합병을 하려는 기업들이 합병이 없다면 어떠한 유형의 지적재산을 개발할지 예측해야만 하는 애매한 입장에 놓이도록 한다. 합병하려는 기업들은 아마도 자기들은 합병을 하지 않을 때 서로 특허를 침해하지 않는 제품을 생산할 것이라고는 말하지 않을 것이다. 대신 경쟁이 낭비적이고 중복적이며, 궁극적으로 오직 한 기업만이 온전한 제품을 생산할 것이라고 주장할 것이다. 기업들이 이렇게 속일 가능성이 존재하는 상황 하에서, 반독점 기관과 법원은 당연히 이에 대해 의심을 품을 만하다. 이러한 상황 속에서 현명한 판단을 내리는 일은 쉽지 않은 일이다.

제5.6절에서 다루었듯이, 만약 서로 특허를 침해하지 않는 후속 제품들이 공통적으로 적용된 선행 특허를 침해했을 경우, 법원과 반독점 당국은 연구 노력에서의 협동을 중재할 능력을 상실하게 되며, 심지어 후속 제품에 대한 시장에서 사후적인 경쟁을 회복시키는 것조차도 할 수 없게 된다. 만약 특허 소유자가 해당 특허에 대하여 사전적으로 라이선스를 준다면, 특허소유자는 한명의 개발자에게 단독으로 독점적 라이선스를 줄 것이다. 만약 라이선스가 사후적으로 주어진다면, 특허소유자는 두 명의 개발자에게 라이선스를 주겠지만, 높은 로열티를 통해 독점

가격을 유지할 것이다. 이는 제6.1절에서 논의된 바 있다. 두 전략 모두 독점 가격을 도출한다. 비록 해당 특허가 없었다면 시장은 서로 특허를 침해하지 않는 대체재들에 의해 공급되었을 것이지만 말이다. 반독점법의 어느 조항도 이러한 전략을 불법적인 것으로 다루지 못하며, 해당 특허가 없었더라면 피할 수 있었던 시장지배력을 창출하는 결과를 낳는다.[4)]

따라서 후속 제품 개발자들의 경쟁을 촉진시키기 위해서는 기본 또는 선구자 특허를 부여하지 말아야 한다. 특히 기초 혁신의 개발 비용이 상대적으로 낮다면, 후속 연구에서도 경쟁을 유지하기 위해 각 혁신자들로 하여금 개별적으로 개발하도록 하는 것이 바람직하다. 다른 한편으로 이는 왜 기초 연구가 공공부문의 후원을 받고 이를 공개하여 무료로 이용하도록 해야 하는지에 대한 또 다른 근거가 되기도 한다.

제6.1절에서 지적한 바와 같이, 특허소유자가 모든 잠재적인 시장진입자에게 라이선스를 줄 수 없도록 하는 것은 담합적인 라이선싱(collusive licensing)으로부터 발생하는 잠재적인 피해를 완화시키는 데 상당한 기여를 한다. 이는 혁신 시장에서의 합병과 관련해서도 똑같이 적용된다. 만약 합작회사(joint venture)에 모든 잠재적인 진입 기업들이 포함되지 못한다면 이윤을 잠식하는 경쟁을 피할 수 없을 것이다. 반독점지침서(*Antitrust Guidelines*)는 시장을 규율하는데 있어 잠재적 경쟁이 실제 경쟁만큼 효과가 있을 수 있다는 것을 인정하고 있다. 물론 시장 진입의 위력은 양날의 검과 같다. 시장진입은 경쟁이 줄어듦으로써 발생하는 피해로부터 소비자들을 보호할 수 있지만, 연합을 함으로써 해결할 수 있는 비효율성 –예를 들면 노력의 비효율적인 중복, 또는 덜 효율적인 기업들에 의한 투자–등을 다시 부활시킬 가능성도 있다. 연구 연합(research alliance)의 효과가 유익하든 해롭든 시장진입은 이를 무력화할 수 있다.[5)]

4) 관련된 논의를 위해서는 Denicolo(2002)를 참조하라.

5) 이 장의 뒤에 있는 참고문헌 중 많은 논문들은 시장진입이 제한적인 상황을 다루고 있다. 예를 들면, Gallini(1984), Gallini and Winter(1985), Katz and Shapiro(1987)에서 다룬 혁신에 대한 지연(deterrence)이 이에 해당된다. 그러나 Kamien(1992)는 시장진입에 대한 위협(threat)이 주된 초점인 라이선싱 모형을 다루고 있다. Maurer and Scotchmer(2002)도 참조하길 바란다.

6.4 | 사후 합병과 특허풀

이 절에서 우리는 사전적(ex-ante)으로 혁신 시장이 어떻게 구성되는지를 다루기보다 지적재산권이 사후적(ex-post)으로 어떻게 사용되는지를 다루고자 한다. 제6.1절에선 특허소유권자가 오직 주어진 제품이나 기술에 대한 지적재산권만을 소유하고 있다는 가정 하에 한 명의 지적재산권 소유자가 라이선싱을 허가하는 경우를 다루었다. 그러나 실제로는 어느 한 제품이나 생산 공정에 있어 서로 다른 여러 방면에 특허권을 지닌 여러 명의 특허권 소유자들이 존재하는 경우가 있을 수 있다. 이러한 제품과 생산 공정을 시장에 내놓으려면 여러 라이선스들을 같이 다루는 일종의 결합 라이선싱 협약(joint licensing arrangement)이 요구된다.

특허풀(patent pool)은 각 소유주들에 의해 소유되고 있는 여러 독점 기술들을 한 데 묶어서 라이선스를 주도록 하는 합의(agreement)라고 할 수 있다. 이 합의에는 특허풀의 구성원들이 어떻게 이윤을 분배할 지에 대한 단일의 원칙이 존재하는 것은 아니며, 특허들이 개별적으로 라이선스 계약을 체결할 수 있는지, 특허풀의 구성원이 아니더라도 라이선스를 받을 수 있는지, 그리고 라이선스 계약조건은 어떠한지 등의 부차적인 원칙들에 대해 상당한 다양성이 존재한다(Merges 1996, 1999; Gilbert, 2002; Lerner and Tirole, 2002).

20세기 초기의 크고 유명한 두 개의 특허풀로는 '항공기 특허풀'(1914년에 형성된 Manufacturer's Aircraft Assciation)과 '라디오방송 특허풀'(1920년에 RCA에 의해 착수되었음)을 들 수 있다. 당시 두 산업은 차단특허(blocking patents)들에 의해 어려움을 겪고 있었다. 항공기 특허풀은, 1차 세계대전 당시 항공기를 생산하기 위해 차단특허를 극복할 필요가 생겼을 때 해군 장관에 의해 촉진되었다. 이 특허풀의 주요 구성 요소들은 커티스(Glen Curtis)와 라이트(Wright) 형제가 소유하고 있던 두 종류의 특허들이었다. 특허소송에서 커티스의 개선된 항공기 디자인은 라이트 형제의 특허를 침해한 것으로 판결되었으나, 라이트 형제는 커티스에게 라이선스를 주려고 하지 않았다. 1차 세계대전이 끝날 무렵에는 다른 많은 부수적인 특허들도 존재했다. 특허풀의 구성에 기여한 구성원들은 로열티 없이 특허를 이용하는 것이 허락된 반면, 특허풀의 구성원이 아닌 다른 사용자들은 라이선스 요금을 지불해야 했다. 특허풀은 본질적으로 특허소송을 피하기 위한 교차라이선스협약(cross licensing arrangement)이었다. 비록 계약상으로는 다른 특허소유자들이 중재 기구에 로열티 수준에 대해 청원을 요청할 수 있다고 명시되어 있으나, 실제로 대부분의 로열티를 가져가는 사람은 커티스와 라이트 형제였으며 다른 구성원들은 단순히 소송의 위험 없이, 그리고 로열티를 지불하지 않고 항공기 제조에 대한 권한을 받는 것뿐이었다.[6]

RCA(Radio Corporation of America)는 1920년대에 라디오 기술에 대한 광범위한 차단특허(blocking patent)를 통합하기 위하여 형성되었다. 특히 이들 특허에는 마르코니(Guglielmo Marconi)의 2극 진공관에 대한 특허를 포함한 Marconi Wireless와 Telegraph Company의 라디오 특허, AT&T(AT&T는 드포레스트(deForest)의 3극 진공관에 대한 특허소유자인데, 마르코니의 2극진공관에 대한 특허를 침해했다), 그리고 General Electric과 Westinghouse를 포함한 다양한 회사들이 소유한 다른 라디오 기술들이 포함되었다. 항공기 특허풀처럼 RCA도 라디오 생산이 필요했던 미 해군의 승인 하에 차단특허들을 통합하였다. 잠재적인 제조사들은 소송에 대한 두려움으로 생산을 주저하였다. RCA의 라디오 기술들에 대한 독점적인 지위는 초기의 특허들이 이미 만료된지 오랜 후인 1958년에서야 반독점법에 근거하여 도전을 받게 되었다.

특허풀을 통해 결합라이선스(joint license)를 주는 것은 특허권 소유자들과 실시권자들 모두에게 많은 혜택을 준다. 만약 독점 기술들이 서로 보완적(complements)이라면 한 기술의 실질적인 이용은 동시에 다른 기술의 이용을 필요로 한다는 것을 의미한다. 또는 한 기술의 사용에 대한 가치가 다른 기술을 함께 사용함으로써 증가한다면, 라이선싱을 받는 사용자들은 보완적인 모든 기술들을 같이 쓰고 싶어 할 것이다. 특허풀을 이용한 라이선싱이 거래비용(transaction costs)을 감소시켜준다는 장점도 있지만, 가장 큰 이점은 보완적인 지적재산에 대해 통합적인 하나의 가격을 매길 수 있다는 점일 것이다(Shapiro, 2001; Gilbert, 2002). 제5장에서 보완재에 대한 결합가격(joint price)이 어떻게 개별 라이선싱 하에서의 가격보다 더 낮은 가격을 매길 수 있는지 논의했던 것을 기억해볼 필요가 있다.

반면, 만약 특허풀이 보완적인 것이 아닌 서로 겹치지 않는 대체재(noninfringing substitutes)들을 포함한다면 위험이 존재한다. 이 경우 특허풀은 기술시장에서 특허풀이 없었을 경우 특허소유자들이 직면했을 경쟁을 피할 수 있게 되며 카르텔을 형성하게 된다. 사용자들은 궁극적으로 지적재산권들에 대해 각각 라

6) 이에 대해 더 깊은 논의를 위해서는 Bittlingmayer(1988) 참조.

이선스를 획득할 때보다 더 높은 요금을 지불하게 된다.

상호보완적인 기술들을 가진 특허풀 구성에 관한 최근의 사례로는 MPEG-2 비디오 압축 기술을 들 수 있다. 이 기술은 8개의 주요 전자 기업과 한 대학교의 특허들, 그리고 표준 DVD(DVD비디오와 DVD-ROM)를 위한 기술을 구성하는 두 가지 특허풀로 이루어져 있다 (Merges, 1999; Shapiro, 2001). 후자는 전자회사와 Time Warner와 같은 콘텐츠 제공자들 양쪽의 특허를 통합하고 있다. DVD 특허를 사용하는 사람들은 반드시 두 특허풀로부터 라이선스를 받아야 하기 때문에, 보완성의 문제는 완전히 해결되지는 않는다. 위의 3가지 특허풀을 승인하는데 있어, 미국의 법무부는 독립적인 전문가를 통해 특허풀이 오직 '필수특허(essential patent)'만을 포함하고 있으며, 특허풀의 다른 특허들을 대체(substitutes)할 수 있는 특허는 없다는 것을 보장하도록 요구했다.

특허풀이 차단특허(blocking patent)의 문제를 해소하는 것이 아니라 오히려 카르텔의 목적을 달성하기 위한 것이라고 판결을 받은 예는 1998년의 레이저 눈 수술에 관한 특허풀을 들수 있다. 이는 Summit Technologies Inc.와 VisX Inc.에 의해 시도되었다. 정부 기관은 이 특허풀에 속한 특허들이 실제로는 대체적인 기술들(substitutes technologies)이라고 주장했다. 그러나 두 기업은 특허들이 서로 차단을 하고 있어서 특허풀을 구성하는 것이 반경쟁적이기보다는 친경쟁적인 역할을 수행한다고 주장하였다. 이 사건은 궁극적으로 특허풀이 해체되면서 해결되었다. 그러나 이 사건에 대해서 Shapiro(2001, 139)는 다음과 같이 지적하고 있다.

Summit과 VisX 사건은 특허풀과 결합라이선스(joint license) 제도에 대해 흥미로우면서도 미묘한 많은 이슈들을 제기하고 있다. 첫째, 만약 Summit과 VisX가 특허풀을 만들 당시에 서로의 특허를 차단하고 있다고 믿고 있다면 이는 과연 특허풀의 형성을 정당화하기에 충분한가? 서로에게 필요한 파트너십을 형성하기 전에 기업들에게 서로의 차단특허에 대한 유효성을 살펴보도록 요구하는 것이 너무 가혹한 것은 아닌가? 둘째, 만약 이들이 각각 상당한 비용과 발명의 지연과 위험을 안고 서로의 특허와 유사한 발명(invent around patent)을 할 수 있다면, 소비자들은 직접적인 경쟁으로부터 혜택을 받으므로(차단특허의 문제가 이후에도 해결되지 않는 경우 비록 제품의 출시는 늦어지거나 아예 등장하지 않을 수도 있지만), 두 기업에게 특허풀을 형성하는 것을 금지하고 오히려 서로의 특허와 유사한 발명을 하도록 해야 하는가? 셋째, 각 기업이 차단특허를 효과적으로 통제하고 어떤 특정한 형태의 특허풀은 친경쟁적이라면, 일부 잠재적인 경쟁 특허들을 특허풀로 모으는 것이 경쟁에 해로운 측면은 없는가? 넷째, 특허풀은 보다 덜 제한적인 대안, 즉 교차라이선스(cross-license)가 동일한 합법적인 목적을 달성하고 부가적인 경쟁을 창출할 수 있다는 주장을 근거로 반독점에 관한 공격을 받을 수 있는가? 만약 그렇다면 우리는 Summit과 VisX가 구성한 특허풀이 제3자에게 라이선스를 부여하기로 합의한 것을 이러한 특허풀에 대한 심사에서 중요하게 다루어야 하는가? (교차라이선스에서는 예외적인 sublicensing 권한이 포함되어 있지 않은 한 제3자에게 라이선스를 부여하는 것이 허락되지 않는다.) 대부분의 경우 이러한 질문들은 아직 답을 얻지 못하고 있다.

지금까지 우리는 사후적(ex-post) 관점에서 라이선스 시장에서의 가격책정 문제와 경쟁에 관한 이슈들에 초점을 맞추어 특허풀을 논의했다. 그러나 특허풀에는 혁신을 위한 인센티브로서의 문제도 함축적으로 담겨있다. 인센티브는 특허풀이 어떻게 이윤을 배분하는지, 특허풀 구성원이 아니어도 특허를 사용할 수 있는지, 할 수 있다면 어떠한 조건하에서 사용할 수 있는지, 그리고 새로운 기술이 어떻게 특허풀에 받아들여질 수 있는지 등에 의해 결정된다. 유망한 발명가들의 경우, 특허풀에 참여할 때 개별적으로 라이선스를 주는 경우와는 다른 보상을 받게 된다. Barton(2002)은 교차라이선스가 혁신에 대한 유인을 억누른다고 지적하고 있다. 만약 특허풀이 로열티를 특허풀 구성원이 아닌 다른 이용자들에게만 부과하고 구성원들에게는 로열티없이 교차라이선스를 제공한다면, 모든 특허풀 구성원들은 구성원의 혁신으로부터 발생하는 혜택을 동등하게 누릴 수 있을 것이다. 이 경우 특허풀의 구성원들은 자신의 혁신 비용을 투자해 혁신을 이룰 동기가 줄어들 가능성이 있다. 항공기 특허풀의 경우에는 구성원들이 위원회에 보상에 대한 청원을 할 수 있는 권리를 통해 부분적으로 이러한 동기감소를 약화시킬 수 있었다. 그러나 청원할 수 있는 권리는 거의 행사되지 않았다.

특허풀의 비회원들에게는 특허풀이 진입장벽(barrier to entry)으로 작용할 수도 있다. 심지어 특허풀이 친경쟁적이라 할 수 있는 보완재의 경우에도, 특허풀에 존재하는 기술의 개선을 이룬 새로운 기술을 지닌 비구성원은 이전의 기술 대신 새로운 기술을 사용하는 구조적 변화를 초래하기 때문에 특허풀의 회원 자격을 획득하는데 어려움을 겪는다. 만약 특허풀의 회원이 대체된다면 이전의 구성원은 특허풀로부터 보상을 받아야 하는가? 만약 보상을 받을 수 있다면 그와 같은 보상은 다른 구성원들이 새로운 기술을 수용할 유인을 줄일 것이고 따라서 비회원이 투자하는 유인을 줄일 것이다. Graham(1986, 41)은 RCA 구성 이후 라디오 방송 산업에서 이러한 동태적인 결과가 나타나고 있다고 주장한다. "아마도 이 보상 정책으로 인해 나타난 가장 중요한 지속적인 결과는 RCA 구성원들이 자신들의 투자를 회수할 수 없기 때문에 대부분의 다른 회사들이 라디오 관련된 연구를 하지 않는 비경제적인 결과를 낳았다는 것이다." 그러나 순효과는 단정 짓기 어렵다. Graham의 설명의 대부분은 "상업적인 라디오 개척자였던 David Sarnoff의 경영 하에서 RCA의 주요 업무는 단지 그들의 기술을 향상시키는 것이이었다."는 견해를 지지하는 결과를 보이고 있기 때문이다.

특허풀 내의 로열티 배분문제에 관해서, 특허권 소유자가 요구할 수 있는 이윤의 크기는 그가 특허풀을 나갈 경우 특허권자의 선택(option)에 달려있다. 보완적인 특허를 가지고 있을 경우, 특허풀을 떠나는 특허권 소유자는 자신의 가격을 올림으로써 특허풀에 의해 책정된 낮은 가격의 잇점을 누릴(exploit) 수 있다. 이러한 유혹을 극복하기 위해서는 자신이 나감으로써 특허풀의 나머지 부분이 훼손되고, 나머지 모두를 개별라이선스(autarky)의 상태로 되돌린다고 믿어야 한다. 만약 개별적으로 판매하거나 라이선스를 부여하는 것이 특허풀 회원들의 차선책이라면, 개별 특허권 소유자는 흔히 개별적으로 책정될 경우 받는 높은 가격 하에서 받는 이윤만큼은 특허풀에서 받아야 한다(이 때 책정된 높은 가격은 개별 특허권자의 이윤을 감소시킨다.). 그러나 이는 이윤이 특허풀에서 어떻게 분배되어야할 지에 대한 자세한 지침을 제공해주지는 못한다.

우리는 특허 소송과 특허 침해에 대한 해결 수단으로서 특허풀을 언급하며 이 절을 마무리하고자 한다. 특허풀이나 또는 지적재산권의 또 다른 사후적 통합체는 특허의 침해와 유효성에 관한 분쟁을 해결하기 위한 일반적인 방법 중의 하나이다. 특허 A가 특허 B를 침해하였는지, 그리고 특허 B가 더 먼저 특허를 받았어야 했는지에 대해 법정에서 싸우는 대신에, 특허 A와 특허 B의 소유주들은 그들의 이해관계를 하나의 합병된 회사로 통합하고 공동으로 기술을 이용하도록 결정할 수 있다. 특허가 서로를 차단(blocking)하는 것이 이미 굳어져 있다면, 이러한 분쟁해결이 경쟁을 저해하지는 않는다. 문제는 특허풀이 특허침해나 유효성(validity) 문제가 일어나기 전에 형성될 때 발생한다. 이 경우 기업들은 의회가 기업들이 경쟁할 것이라고 기대했던 시장에서 경쟁을 줄이는 결과를 초래할 수 있다. (더 완벽하고 자세한 논의를 위해서, Hovenkamp, Janism, and Lemley, 2003; Shapiro, 2003를 참조하라.)

불안한 특허(shaky patent)에 기반을 둔 특허풀의 잘 알려진 예로는 1903년에 Selden 특허의 타당성을 인정하기 위해 통합된 자동차 제조업체 그룹인 ALAM(the Association of Licensed Automobile Manufacturers)협회를 들 수 있다. 셀던 특허는 1895년에 George B. Selden에게 발급된 "석유제품에 의해 동력을 얻는 자동차 제조에 필요한 기본 요소"(Flink 1970, 17)에 대한 광범위한 특허이다. 많은 비평가들은 독일과 벨기에에서 행해진, 가솔린을 동력으로 하는 차량에 대한 10년간의 실험 덕분에 발명의 대부분이 이미 알려져 있었기 때문에 광범위한 특허가 잘못되었다고 생각했다. 1899년에 셀던은 특허를 Electric Vehicle Company에 할당했다. 그 당시에 전기차는 시장에서 경쟁자였다. 역사학자 Flink는 Electric Vehicle Company의 의도는 두 가지 기술(전기차, 석유차) 중 자신의 선택에 대한 위험을 분산시키기 위한 것이라고 추측했다. (사실, 증기차까지 존재하여 3가지 기술이 존재했으나 지금은 사라졌다.)

셀던 특허는 1900년에 소송을 당했으나 특허침해 혐의자가 특허의 유효성을 인정하여 소송이 해결될 수 있었다. 이 시점에서 특허를 하나의 위협으로만 보았던 다른 가솔린 자동차 제조업체들은 점차 특허가 산업에서 경쟁을 규제하고 파괴적인 행위들을 방지할 수 있는 수단으로 작용할 수 있다는 것을 깨닫기 시작했다. (Flink 1970, 317) ALAM은 특허풀 회원들에게 로열티를 부과하고, 업계의 모든 제조업체들이 그 안에 포함되기를 원했다. 그러나 업계의 주요한 제조업자들은 여전히 특허가 유효하지 않다고 믿었으며, 카르텔을 형성하기를 거부했다. Greenleaf(1961)는 뒤이은 특허논쟁을 설명하고 있다. 포드(Henry Ford)는 1909년에 특허침해 혐의로 피소되었고 지방법원에서 패소하였다. ALAM의 승소는 이전에는 소송을 완강히 반대했던 많은 제조업체들을 끌어들이는 데 한 몫을 하였다. 하지만, 포드는 참여하지 못했다. 비록 포드는 1911년 항소를 통해 특허를 침해하지 않았다는 판결을 얻음으로써 승소하였고, 셀던 특허의 범위도 현저히 축소되었지만, 이는 특허만료가 겨우 1년밖에 남지 않은 때였다.

셀던 특허로부터 우리는 적어도 3가지의 교훈들을 얻을 수 있다. 첫째, 불안한 특허를 발행하는 것은 경쟁을 저해할 수 있다는 점이다. 특허는 로열티를 받고 라이선싱을 부여하는 것이나, 시장에서의 여타의 연합을 정당화한다. 이들은 일반적으로 시장가격을 높이는 효과를 지니고 있다. 둘째, 특허 침해 소송의 해결은 반경쟁적(anticompetitive)일 수 있다. ALAM은 비록 포드의 끈기에 의해 결국 무너졌지만, 한 특허 침해 혐의자가 특허의 유효성을 인정하게 된 사건에 힘입어 탄생하게 되었다. 포드는 사실 셀던 특허의 적법성을 인정하고 부정하게 얻은 이윤의 일부를 받는 등 그들 사이의 경쟁을 완화시키는 조건에 대해 ALAM과 타협함으로써 스스로의 시장입지를 더 탄탄하게 다질 수 있었을 지도 모른다. 셋째, 진입의 가능성은 카르텔의 형성을 약화시킨다. ALAM에 합류하지 않으려는 독립적인 제조업체들은 항상 많이 있어왔다. 당시의 제조 기술 하에서 진입은 상대적으로 쉬웠다. 비록 포드가 합류했다 하더라도 ALAM의 시장 지배력은 다른 독립 제조업체들에 의해 약화될 수 있었다. 진입이 쉬웠기 때문에 ALAM은 시장 지배력을 지키기에는 그다지 성공적이지는 못했다.

6.5 | 집합적 권리 관리 단체와 강제적인 라이선싱

집합적 권리 관리 단체(collective rights management organization)는 비록 일반적으로 특허권보다는 저작권과 관련된 것이기는 하지만 특허풀의 한 유형이라고 할 수 있다. 예를 들어, BMI(Broadcast Music Inc. 음악 저작권을 보호하기 위한 단체)와 ASCAP(Authors and Publishers; 미국의 음악 권리 보호를 목적으로 한 비영리 단체)는 그들 단체의 회원(pooled members)들을 대표하여 라디오, TV무대, 바, 레스토랑, 그리고 다른 음악의 대중이용자들에게 공연권(performance right)을 허가하는 단체들이다. 어떤 의미에서 이런 조직체(pools)의 작품들은 보완재이면서 대체재의 성격을 지니고 있다. 청취자들은 확실히 여러 명의 아티스트들이 연주하는 라디오 방송을 단 한 명의 아티스트가 있는 라디오 방송보다 더 높게 평가하며, 이런 점에서 라이선스를 받은 패키지의 구성요소들은 보완재의 성격을 지닌다. 반면에, 아티스트들은 서로 청취자들을 확보하기 위해 경쟁한다.

[그림 6-3]은 매우 단순화된 집합적 권리 단체 모형을 보여주며, 왜 결합 라이선스가 경쟁에 영향을 주는지를 나타낸다(Besen, Kirby, and Salop, 1992). 가로축에서 변수 n은 아티스트들의 수를 나타낸다. 함수w(·)는 이런 아티스트들의 작품을 방송하는 라이선스에 대한 단위시간당 방송인의 지불의사금액을 나타낸다. 방송인의 지불의사금액은 오목(concave)하게 그려지는데, 그 이유는 적은 수의 곡들만

그림 6-3 결합 라이선싱

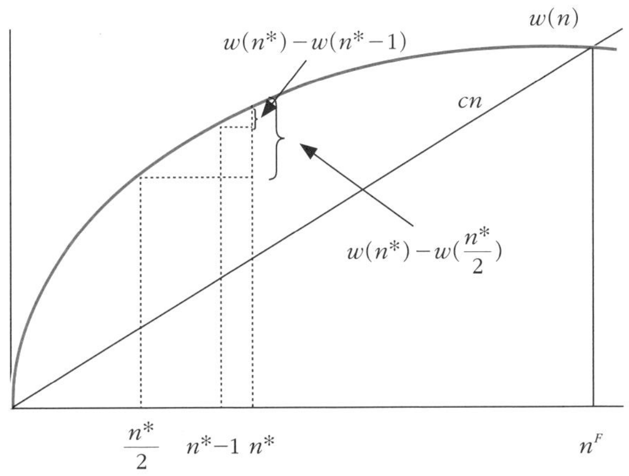

이용가능하다면, 각각의 곡들은 높은 한계 가치를 가지게 되지만, 많은 곡들이 이용가능하다면 추가적으로 늘어나는 곡들의 한계가치는 크지 않기 때문이다. [그림 6-3]으로부터 우리는 아티스트가 될 유인(incentive)이 라이선스 계약에 달려 있다는 것을 알 수 있다. 그리고 만약 라이선싱이 집합적으로 조직화 되어있다면, 아티스트가 될 유인은 누가 집단에서 회원권을 통제하는지에 달려있다.

c는 각 아티스트들이 아티스트가 되는 것에 대한 기회비용이라고 가정하자. 만약, 아티스트들의 숫자가 연속적이라고 가정하면, 총잉여를 극대화하는 멤버십 n^*는 $w(n^*)-w(n^*-1)>c\geq w(n^*+1)-w(n^*)$ 또는 $w'(n^*)=c$를 만족시킨다. 최적 아티스트 수에서, 만약 각 아티스트가 따로 방송인들에게 라이선스를 준다면 각 아티스트가 라이선스에 책정할 수 있는 최대 금액은 기여에 따른 한계가치인 $w(n^*)-w(n^*-1)$이다. 만약 $n>n^*$이면 $w(n)-w(n-1)<c$인데, 이는 개별적인 라이선싱 하에서 최적 아티스트의 숫자보다 더 많은 아티스트가 존재하지 않을 것임을 의미한다.

설명을 위해 만약 n명의 회원이 있다면 집합적인 권리 단체가 모든 사회적 가치 $w(n)$을 모을 수 있다고 가정하자. 각 아티스트는 $w(n)/n$을 받고, 비용 c를 지불하기 때문에 $w(n)/n-c>0$인 한 더 많은 아티스트들이 작품을 창조하고 참여하길 원할 것이다. [그림 6-3]에서 진입은 $w(n^F)/n^F-c=0$인 n^F에서 멈출 것이다.

따라서 개방적인 회원제 정책(open membership policy)은 사회적으로 최적인 수준보다 더 많은 창조를 독려 할 수도 있다. 물론, 방송인들이 협상력을 행사한다든지 저작권의 권리가 영원히 지속되지는 않는다는 점 등 집합적인 권리 단체가 모든 $w(n^F)$를 모을 수는 없는 많은 이유들이 존재한다.

하지만 이전의 구성원들이 회원권을 제한할 수 있다고 가정해보자. 이 경우 비록 해당 단체가 모든 사회적 가치를 수집할 수 있다하더라도, 해당 단체는 회원권을 n^F 아래로, 심지어 n^* 아래로 줄일 유인을 가지고 있다. 모든 n에 대해서, $w(n)/n-c$는 n을 따라 줄어들고 있다. 회원의 수가 얼마이든지간에, 회원수가 줄어들면 각 회원의 이익은 증가된다.[7] 그러나 만약 회원수가 너무 많이 줄어든다면, 비슷한 다른 단체가 등장할 유인이 존재한다. 이러한 분열은 다시 그들의 이익을 줄일 것이다. 예를 들어, 만약 각각 최적 회원수의 반을 가진 두 단체가 있다면, (다른 단체가 현존한다는 가정 하에) 각각의 반이 모을 수 있는 최고는 $w(n^*)-w(n^*/2)$이다. 각 아티스트들은 $w(w^*)/n^*$ 대신에 더 적은 양인 $\{w(n^*)-w(n^*/2)\}/(n^*/2)$을 얻게 된다.

따라서, 집합적 권리 단체가 얼마나 많은 사회적 가치를 모을 수 있는지와, 누가 회원권을 통제하는지에 따라, 창의적인 작품에 대한 투자에는 너무 많은 인센티브를 제공하고 실시권자(licensee)에게는 더 적은 잉여(surplus)를 남겨줄 수도 있다. 레스토랑이나 주점(bar)과 같은 매우 경쟁적인 라이선스 하에서, 더 높은 라이선스 요금은 소비자들에게 더 높은 가격과 더 적은 편익을 부여할 것이다. 반면 레스토랑이나 바와는 달리, 라디오나 TV 방송은 고정된 스펙트럼의 공급으로 인해 일반적으로 시장진입에 별로 영향을 받지 않으며, 더 높은 요금은 단순히 주주로부터 아티스트들에게 이전될 가능성이 높다.

우리는 이제 어떻게 집합적 권리 단체가 음악을 발달시켜왔는지에 대해 간단히 그 역사를 살펴보고, 현대의 발달로 넘어가도록 하고자 한다.

집합적 권리 단체가 방송인들로부터 금전적인 수익을 모으기 시작하기 전에,

---

7) 이는 $w(\cdot)$이 표시된 것 처럼 오목하다는 것을 가정한다. 그러나, 낮은 n에서 w의 모양은 실제로 보여지는 것과 같지는 않을 것이다. $w(\cdot)$ 함수는 더 'S 형태'에 가까워서, 낮은 n 하에서 $w(n)$은 0에 가까우며 (즉, 방송인들은 그들의 연주 목록에서 아티스트들의 수가 어느 정도 충분히 커질 때까지는 많은 이익을 얻지 못한다.), n이 커지면서 오르기 시작하고 오목(concave)해 진다. 이런 경우, 각 회원들의 잉여를 극대화하는 멤버쉽은 0보다는 크지만, 여전히 총잉여를 극대화하는 멤버십보다는 작을 것이다.

공연권(the public-performance right)이 먼저 창조되어야만 했다. 비록 프랑스는 1829년부터 대규모의 드라마 공연과 1851년 이후 소규모 공연을 위한 집합적 권리 단체를 보유하고 있었지만, 미국에는 20세기 이전까지 집합적 권리 단체가 존재하지 않았다(Basen and Kirby 1989). 공연권은 미국에서 1909년의 저작권법 아래 보호되었다. 1909년의 저작권법은 교육적인 또는 종교적인 목적의 사용에 대해 많은 예외를 인정했지만, 공연권은 1976년의 저작권법에서 다시 강화되었다. ASCAP는 1914년에 비영리조직으로 설립됐다. 이보다 훨씬 작은 SESAC(원래 Society of European Stage Authors and Composers(유럽 무대 작가 및 작곡가 협회)를 나타낸다)이라는 협동조합은 주로 미국에서 유럽 저작권 소유자를 대변하기 위해 1931년에 설립되었으며, 2차 세계대전 동안 이는 주로 미국의 두 특징적인 음악장르인 gospel(복음)과 country(컨츄리 음악)를 대변하는 단체로 변형되었다.

음악은 미국과 세계의 여러 다른 곳에서 두 종류의 저작권을 바탕으로 상업적으로 배포되었다. 작곡가/작가는 악보(composition)에 대해 보통 출판인에게 부여되는 저작권을 가지며, 연주자/음반회사는 음반에 대해 보통 음반회사가 소유하는 저작권을 가진다. 음반회사는 음반 판매로부터 수익을 얻고, 작곡가/출판인은 음반회사로부터 그리고 공연을 위한 집합적 권리 단체를 통해 로열티를 획득한다. 궁극적으로 총수입은 음반 판매로부터 생겨나고 로열티는 집단적 권리 조직을 통해 지불된다. 수입은 작곡가, 출판자, 공연자, 녹음실 사이의 계약에 따라 분배된다(Craft 2001). 최근까지도 라디오 방송인과 공연을 하는 다른 사람들이 음반회사에게 로열티를 지불해야 한다는 의무는 없었다. 로열티는 그 대신 작곡가와 그들의 출판자들에게 지불된다. 왜냐하면 집합적 권리 단체의 구성원은 바로 작곡가와 출판자들이기 때문이다.

로열티는 집합적 권리 단체마다 다르게 수집되고 분배된다. ASCAP는 표본추출을 통해 나타난 결과에 따라 수입을 배분한다. 이 표본절차는 음악의 인기도에 따라 아티스트들에게 보상하고 방송사와 다른 공연자들에게 청중들에 대한 비용을 부과하도록 디자인되어 있다. ASCAP는 합법성에 대한 높은 요구조건 없이 모든 아티스트들을 받아들인다. 반면 SESAC은 차별화된 보상을 위한 샘플링 비용을 감당하기에는 규모가 너무 작기 때문에 보상제도가 이보다 명확하며 회원자격은 선택적으로 주어진다. BMI는 1939년에 그들의 라이선스 요금을 올렸었던 ASCAP에 대항하여 설립되었다. BMI는 아티스트들보다는 방송인들이 소유하고 있지만, 똑같은 목적, 즉 아티스트들과 방송인들 사이의 라이선싱에 관한 거래비용(transaction costs)을 회피하기 위해 설립되었다. BMI의 아티스트들은 '회원(members)'이라기보다는 '관계회사(affiliates)'로 불린다.

공연권 단체(performing right organization)를 통한 집합라이선스는 특허풀에서 제기되는 것과 똑같은 경쟁정책(competition policy) 이슈를 제기한다. [그림 6-3]의 핵심적인 메시지는 집합적인 권리 단체 하에서 각 아티스트 당 라이선스 요금(per-artist license fees)은 각 아티스트가 개별적으로 부과하는 라이선스 요금보다 더 높을지도 모른다는 것이다. 1941년에, 법무부는 NAB[National Association of Broadcasters(미국 방송사업자들의 자율기구)]가 자신들에게 부과되는 요금에 대한 불만을 받아들여 ASCAP와 BMI를 상대로 소송을 제기하였다. 결국 두 소송은 ASCAP와 BMI가 요금 정책을 수정하고 최소한의 기여를 보일 경우 그들의 회원권을 개방하는 것에 동의하는 동의법령(consent decree)으로 해결되었다.

이러한 양자 간의 합의를 인정하는 동의법령은 연방 지방 법원에게 최초가격 형태와 그 이후의 변경에 대한 규제 감독권을 부여한다. 예를 들면, 법원은 해당단체와 라이선스 실시권자(licensee)가 서로 동의하지 않을 때에는 언제든지 가격을 책정할 수 있다. 이 옵션은 1988년까지 적용되지 않았다. 그럼에도 불구하고 이러한 사법적 중재의 가능성(the threat of judicial intervention)은 가격에 어느 정도 영향을 미쳐왔다.[8] 라이선싱의 편성은 복잡하지만, ASCAP는 $150,000 이하의 수입을 벌어들이는 방송인에 대해 총수입(gross revenue)의 1.615%를 청구하고, 더 높은 수입을 얻는 방송인들에게는 1%를 청구한다. BMI는 총수입의 1.75%를 청구한다. ASCAP는 자신들 수입의 84%를 회원들(members)에게 돌려주며, BMI는 계열사들(affiliates)에게 82%를 돌려준다고 주장한다.

작곡가들과 음악가들에 대한 금전적 보상(remuneration)은 1995년 음향녹음법의 디지털연주권(Digital Performance Right in Sound Recordings Act)에 의해 변화되었고, 1998년의 디지털 밀레니엄 저작권법(Digital Millenium Copyright Act)에 의해 확장되었다. 이 두 법은 웹 캐스팅처럼 디지털 형태로 배포되고 전송되는 공연에 적용된다. 이 법들은 음향녹음의 저작권에 대한 강제적 라이선스(compulsory licensing)를 규정하고 있다는 점에서 위에서 기술한 제도적 장치와 구별된다. 집합적 권리 단체는 이미 방송인으로부터 곡의 저작권에 대한 로얄티를 징수하고 있

8) 합법적인 논쟁에 관한 더 많은 논의에 대해서는, Besen and Kirby, 1989를 보아라.

지만, 이전에는 방송인들이 음반회사에게 지불할 의무가 있지는 않았기 때문이다. 웹 캐스팅에의 가입(전통적인 라디오 방송과는 대조적으로)과 같은 음악 전달에 관한 새로운 디지털 방식의 도입으로 음반업계에는 누가 대중공연(public performance)에 대한 대가를 받아야하는가에 대한 질문이 다시 제기되고 있다. 청구되는 로열티는 CARP(저작권 로열티에 관해 결정하는 미국 의회)에 의해 결정되어지며, CARP는 요금을 정하는 데 있어 모든 관련된 당사자로부터 증언을 듣고 결정한다.

이 새로운 강제적인 라이선싱 법의 경제적인 효과는 여전히 불명확하다. 근본적으로 경제학적 관점에서 방송인들과 웹 방송인들에 의한 지불이 작곡가들, 음반회사들, 또는 공연자들에게 향하는지 아닌지는 별로 중요하지 않다. 왜냐하면 (작곡가, 음반회사, 공연자에 의한) 삼두정치는 서로 그들의 계약을 재수정함으로써 돈을 재분배할 수 있기 때문이다. 만약 라이선스 요금이 웹 방송인들에 의해 직접 음반회사에게 지불된다면, 음반 산업은 훨씬 더 수익성이 좋게 될 것이다. 만약 음반 산업이 매우 경쟁적이라면(많은 논평가들에 의해 의심받는 가설이기는 하지만), 음반회사들이 자신들의 서비스를 입찰함으로써 금전적 보상의 일부가 작곡가들과 공연가들에게 가도록 하는 방법을 찾을 수 있을 것이다. 이 시나리오에서 가장 중요한 질문은 얼마나 많은 총액이 방송인들과 웹 방송인들로부터 음악산업의 세 주체에게 전달되는가 하는 것이다. 왜냐하면 작곡가들, 출판사들, 공연가들, 그리고 녹음실 사이에서 자금의 분배는 재협상될 수 있기 때문이다.

궁극적으로 강제적인 라이선싱이라고 하는 새로운 의무는 음악 산업에 돈의 흐름을 증가시키고, 결국 더 많은 음악과들과 공연가들을 유치하면서 활력을 불러일으킬 것이다.

이 새로운 법에서 고려되지 않은 것은 공연 또는 웹캐스팅의 범주에 포함되지 않는 peer-to-peer 방식의 파일 공유이다. 이는 peer-to-peer 파일 공유를 위한 유사한 강제적인 라이선스 시스템이 있을 수 있는지에 대한 질문을 제기한다. 문제는 방송 또는 웹방송이 아닌 peer-to-peer 방식의 공유로 얼마나 많은 음악이 이용되고 있는지를 조사하는 것이 매우 어렵기 때문에 이러한 사용을 금전적 보상과 연결시키는 것이 매우 어렵다는 점이다. 또 다른 문제점은 요금을 징수하는 데 있다. 기업의 일종인 웹 방송인들이나 방송인들과는 달리, 대부분의 파일공유는 개인적인 컴퓨터를 사용하는 개인에 의해 행해지기 때문이다.

6.6 라이선싱과 보호된 작품의 판매

디지털 상품은 점점 더 판매보다는 라이선스를 통해서 배포되고 있다. 이러한 현상은 비록 CD와 같은 형태로 배포된다하더라도 주로 사용자에게 라이선스가 부여되는 컴퓨터 소프트웨어에서 두드러진다. 영화, 음악, 책과 같은 제품들을 라이선스의 형태로 배포하지 못할 이유는 없다. 저작물의 라이선싱은 복사본을 판매함으로써 저작물을 배포하는 것과 확연히 구분된다. CD나 책과 같은 작품의 복사본이 판매될 때는 저작권법에 따라 판매된 복사본에 특정한 권리가 내재된다. 법적으로 저작권자는 해당 아이템이 판매되면 저작권자의 권리를 소진하게 되고, 구매자는 복사본을 이용하여 재판매나 대여 등 그가 원하는 것을 할 수 있다. 얼마나 많은 시간 동안 그가 책을 읽고 CD를 듣는지 또는 그로부터 해당 아이템을 산 사람이 얼마나 많은 시간 동안 읽거나 쓸 수 있는지에 대한 제한이 없다. 공정사용의 조건(fair-use provision)하에서 그는 그 자신의 혁신적인 활동을 위해 작품을 인용하거나 패러디 할 수 있으며 배운 지식을 활용할 수 있다. 만약 해당 아이템의 이용이 구매자에게 해를 끼친 경우 구매자는 주 법원에 손해배상 소송을 제기할 수도 있다. 그가 할 수 없는 유일한 것은 해당 아이템을 복사하는 것이다.

사용자가 인터넷에서 구입한 소프트웨어를 다운로드 하는 데 있어 "동의함(I agree)"을 클릭할 때, 사용자는 종종 합법적으로 획득된 복사본의 활용을 금지하는 라이선스 계약에 동의를 하고 있는 경우가 있다. 만약 사용자가 라이선스를 얻는 대신 복사본을 구매하였다면 복사본의 활용은 합법적인 것이다(Radin, 2003). 라이선스 계약 중에서 우려를 낳는 조항들은 사용자들이 전문 출판물(trade publication)에서 제품에 대한 평가를 하지 못하게 하거나, 손해가 발생한 경우 소송을 제기할 수 있는 지역을 제한하거나, 손해에 대한 제한-예를 들면, 소프트웨어에 지불되어야 하는 가격에 대한 제한-등을 두는 조항들이다. 만약 라이선스 하는 대신 복사물을 구매했다면 저작권법 하에서 사용자들은 이와 같은 계약조건에 아무 생각 없이 동의를 함으로써 자동적으로 활용에 대한 권리를 포기하는 것이다. 라이선스 계약은 심지어 라이선스 된 작품이 영감을 준 창작물에 대해 특허권을 반환하는 그랜트백 조항(grantback provisions)과 같은 이전권한(pass-through rights)을 부여할 수도 있다. 물론 이러한 조항들은 구매자의 일정한 부주의를 필요로 하기 때문에 첨부되지 않을 수도 있다. 이러한 라이선스 조항에 대항하는 법적인 근거는 그

것이 진정한 협상이 아니라는 것이다. 구매자들은 실제로 그 의미를 충분히 고려하지 않고 "동의함(I agree)"을 클릭한다. 이 부분은 여전히 진화하고 있는 법의 영역이다.

미국에서 상업적인 거래를 관할하는 주법(state laws)은 대부분 미국의 통일상법(the Uniform Commercial Code(U.C.C.))에 부합한다. 통일 상법은(U.C.C)은 통일주법(Uniform State Laws)에 관한 국가전문회의라고 불리는 국가위원회의 학자들과 정책당국자들에 의해 제안된 법이다. 각 주는 각각 따로 이들의 권고사항을 채택하거나 거부해야만 한다. 1990년 후반에 이 위원회는 처음에는 Article 2B로 나중에는 UCITA(uniform Computer Information Transaction Act)라고 알려진, U.C.C.에 대한 수정안을 제안했다. 이 수정안은 클릭랩 라이선스(click-wrap license, 소프트웨어 프로그램이나 온라인 서비스 설치 중에 약관 동의 버튼을 클릭함으로써 체결되는 계약이나 라이선스) 또는 슈링크랩 라이선스(shrink-wrap license, 사용자에게 일정한 범위 내에서 소프트웨어 사용권을 인정하는 라이선스. CD 등 소프트웨어를 구입하면 봉투 겉면에 계약조건이 인쇄되어있는데, 비닐(wrap)의 개봉으로 계약이 승낙되는 라이선스 계약)에 대한 합법성을 인정하는 것이었다. 이 제안은 매우 논란의 여지가 있는 것으로 드러났고, 오직 두 주에서만 채택이 되었다. 이 이슈에 대해서는 Samuelson(1999)과 논문에 인용된 기사를 살펴보기 바란다.

6.7 부 록

6.7.1. 로열티와 이윤

우리는 이제 특허권 소유자가 두 명의 라이선스 실시권자(licensee)를 가지고 있고 스스로는 생산하지 않는 경우, 고정요금(fixed fees)과 공급된 단위(양)에 비례하는 로열티(royalties)가 이윤극대화를 이루는 데 충분하다는 것을 살펴볼 것이다. 이는 특허권 소유자가 동일한 기술을 사용하는 한명의 라이선스 실시권자와 경쟁하는 상황에는 맞지 않을 수 있다. 이 경우 이윤극대화를 이루려면 추가적인 라이선스 조건들이 필요하다.

q가 모든 기업들의 총공급일 때, 역 수요함수(수량 q에서 한계소비자의 지불의사)

가 $p(q)=1-q$로 정의된다고 가정해보자. 두 기업이 각각 q_1과 q_2만큼 공급할 때, 시장가격은 $p(q_1+q_2)=1-(q_1+q_2)$일 것이다. 각 기업들이 쿠르노 경쟁(Cournot competition)을 한다고 가정하자. 각 기업들은 다른 기업들의 공급이 주어진 것으로 여기고 최적의 공급량을 선택한다. $(\hat{q}_1,\hat{q}_2)$의 균형 상태 하에서 각 기업들은 각자의 공급량을 변화시킬 유인이 없다. 우리는 로열티율(royalty rate)

$$\rho=\frac{1}{2}q^* \tag{6.1}$$

가 이윤극대화 가격과 부합함을 알 수 있다. 여기에서 q^*는 전체이윤 Π를 극대화할 때의 총생산량이다. Π는

$$\Pi(q)=p(q)q-2\int_0^{q/2}\gamma(\hat{q})\,d\hat{q}-C_1-C_2$$

로 정의되며, C_1, C_2는 고정비용이다. 이윤 Π는 라이선싱에 대한 합의에 따라 특허권소유자인 라이센서(licensor)와 라이선스실시권자(licensee)에게 배분된다. 총이윤을 극대화하는 수량 q^*는 한계수입과 한계비용이 같은 (6.2)를 만족시키고,

$$1-2q^*=\gamma\left(\frac{q^*}{2}\right) \tag{6.2}$$

이윤 극대화 가격은 다음과 같다.

$$p(q^*)=1-q^*=\frac{1}{2}\left(1+\gamma\left(\frac{q^*}{2}\right)\right)$$

라이선스 실시권자가 지불해야하는 로열티 ρ에 따라 이윤함수를 $\pi^1(q_1,q_2)$와 $\pi^2(q_1,q_2)$라 하자. 두 수량은 시장에서의 가격이 두 라이선스 실시권자의 공급에 달려 있기 때문에 각각의 이윤함수에 동시에 나타난다.

라이선스 실시권자 1(licensee 1)의 이윤함수는

$$\pi^1(q_1,q_2)=(p(q_1+q_2)-\rho)q_1-\int_0^{q_1}\gamma(\hat{q})\,d\hat{q}-C_1$$

이다. 로열티율과 라이선스 실시권자 2의 공급이 주어진 조건 하에서 라이선스 실시권자 1의 최적선택은

$$\frac{\partial \pi^1(q_1,q_2)}{\partial q_1}=0=1-q_2-2q_1-\gamma(q_1)-\rho$$

을 만족하며 이는 라이선스 실시권자 2의 경우에도 같다. 만약 이 조건들이 $(\hat{q}_1,\hat{q}_2)$에서 충족된다면 $(\hat{q}_1,\hat{q}_2)$는 균형공급량이라 할 수 있다.

만약 라이선스 실시권자 2가 $q_2=q^*/2$를 선택하고, (6.1)이 유지된다면, 라이선스 실시권자 1은 $q_1=q^*/2$를 선택하는 것이 최적이다.

$$\frac{\partial \pi^1(q_1,q_2)}{\partial q_1}\bigg|_{q_1=q_2=\frac{q^*}{2}}=[1-2q_1-q_2-\gamma(q_1)-\rho]\bigg|_{q_1=q_2=\frac{q^*}{2}}$$

$$=1-\frac{3}{2}q^*-\gamma\left(\frac{q^*}{2}\right)-\frac{1}{2}q^*=0$$

라이선스 실시권자 1의 이윤함수가 강오목(strictly concave)하기 때문에, 위의 선택이 최적이며, 이는 라이선스 실시권자 2에게도 똑같이 적용된다. 따라서 두 라이선스 실시권자들은 각각 이윤극대화 수량의 절반을 공급하는 상태에서 균형을 이룬다.

이 결과에서, 라이선스 실시권자들은 단위 한계비용에 지급된 로열티를 더한 것보다 더 높은 단위당 가격을 획득한다. 그럼에도 불구하고, 고정비용이 너무 높아서 라이선스 실시권자들이 음(−)의 이윤을 얻을 수 있는 가능성도 존재한다. 이 경우에는 특허권 소유자가 고정된 금액의 리베이트(fixed rebates)를 주지 않는 한 이윤극대화를 유지할 수 없다. 그러나 라이선스 실시권자들이 잉여이윤을 갖고 있다면, 특허소유권자(licensor)는 양(+)의 고정요금을 부과함으로써 초과분을 징수할 수 있다. 이 방법을 통해 특허권소유자는 가장 이윤이 극대화된 결과를 유지할 수 있고, 모든 이윤을 징수할 수 있다.

그러나 특허권소유자는 한 명의 라이선스 실시권자가 있고 자기 스스로도 생산하는 경우에는 최적의 상태를 유지할 수 없다. 왜냐하면, 어떠한 수준이든 일정한 양(+)의 로열티율(any positive, constant royalty rate) 하에서는 특허소유자가 라이선스 실시권자보다 더 많이 생산할 유인이 존재하고, 이는 비효율적인 생산을 유도하기 때문이다.

한 명의 라이선스 실시권자가 존재하고 로열티 ρ를 걷는 경우, 특허권 소유자

(기업 1)와 라이선스 실시권자(기업 2)의 이윤함수는

$$\pi^1(q_1, q_2) = p(q_1+q_2)q_1+\rho q_2 - \int_0^{q_1} \gamma(\hat{q})\,d\hat{q} - C_1 \tag{6.3}$$
$$\pi^2(q_1, q_2) = (p(q_1+q_2)-\rho)q_2 - \int_0^{q_2} \gamma(\hat{q})\,d\hat{q} - C_2$$

이다.

상대방의 공급조건 하에서 기업 1과 기업 2 각각의 최적선택은

$$\frac{\partial\pi^1(q_1, q_2)}{\partial q_1} = 0 = 1 - q_2 - 2q_1 - \gamma(q_1) \tag{6.4}$$

$$\frac{\partial\pi^2(q_1, q_2)}{\partial q_2} = 0 = 1 - q_1 - 2q_2 - \gamma(q_2) - \rho \tag{6.5}$$

를 만족한다.

따라서 균형에서,

$$q_1 + \gamma(q_1) = q_2 + \rho + \gamma(q_2) \tag{6.6}$$

이다.

이는 특허권 소유자인 라이센서가 로열티를 부과한다면 라이선스 실시권자는 특허권소유자보다 더 적게 생산할 것이고, 생산이 비효율적이라는 것을 나타낸다. 다른 한편으로 로열티가 없는 경우, 기업들은 이윤극대화 가격에서 가격을 책정하지 않을 것이다. Maurer and Scotchmer (2004)는 이 문제에 대한 몇 가지 해결책 – 예를 들어, 라이센서가 $q^*/2$보다 더 높게 생산할 수 없게 제한한다. –을 제시하고 있다. 또 다른 해결책은 로열티를 라이선스 실시권자의 생산량 증가에 따라 감소하는 함수의 형태로 부과하는 것이다. 그러면 특허권소유자는 $q^*/2$보다 높게 생산할 때 로열티를 잃음으로써 손해를 보게 될 것이다.

6.7.2 혁신 시장에서의 합병: 2가지 모형

다음의 예시 1은 혁신시장에서 기업들 간의 경쟁이 각각의 기업들로 하여금 더 투자하게 함으로써 두 기업이 결합이윤(joint profit)을 극대화하려는 경우보다 소비

자잉여를 더 증가시킬 수 있다는 것을 보여준다. 이 예시는 제4.4절의 분석을 변형시킨 것이다. 제4.4절에서는 진입이 비록 혁신의 성공 확률을 증가시키기도 하지만, 이윤을 감소시킨다는 것을 보여준 바 있다. 제5.6절에서 보인 바와 같이, 이윤극대화를 위한 투자협력은 참여기업의 수를 줄이며 전반적으로 혁신의 성공확률을 낮출 것이다.

예시 2는 특허경주(patent race)가 중복투자를 유발할 수 있다는 것을 반복하여 보여준다. 만약 혁신의 노력이 높은 고정 비용을 지니고 있다면, 특허 경쟁은 혁신을 촉진하지는 못하고 사회적 비용을 증가시키는 악영향을 가져올 수 있다. 이 예시에서 어떻게 특허경주가 소비자잉여를 증가시킬 수 있는지를 보기란 쉽지 않다. 특허경주는 편익이 없이 비용만을 초래한다.

예시 1　기업 1과 기업 2가 각각 x_1, x_2의 비율로 투자하고, 그들이 얼마나 많이 투자했는가에 따라 각각의 성공확률은 $p(x_1)$, $p(x_2)$라고 가정하자. 만약 두 기업이 모두 성공하고, 각 기업이 1/2 의 확률로 특허를 획득한다면, 기업 1이 특허를 받을 확률은

$$p(x_1)\left[1-p(x_2)+\frac{1}{2}p(x_2)\right]$$

이다. 만약 지적재산권의 가치가 1이라고 하면, 기업 1의 기대이윤(expected profit)은 $p(x_1)[1-p(x_2)+(1/2)p(x_2)]-x_1$이고, 기업 2의 경우에도 이와 같다. 특허 경주에서 기업 1과 기업 2는 아래의 (6.7)을 만족시키는 x_1^R, x_2^R만큼 투자할 것이다.

$$p'(x_1^R)\left[1-\frac{1}{2}p(x_2^R)\right]=1 \tag{6.7}$$

$$p'(x_2^R)\left[1-\frac{1}{2}p(x_1^R)\right]=1$$

만약 두 기업이 그들의 노력수준과 투자율을 공동으로 결정한다면, 즉 각각 x_1^J, x_2^J 만큼 투자한다고 하면, 그들은 그들의 결합이윤(joint profit)

$$1-[1-p(x_1)][1-p(x_2)]-x_1-x_2$$

을 극대화하려 할 것이다. 최적의 공동투자율은

$$p'(x_1^J)[1-p(x_2^J)]=1 \qquad (6.8)$$
$$p'(x_2^J)[1-p(x_1^J)]=1$$

을 만족한다.

$x_1^J=x_2^J=x^J$와 $x_1^R=x_2^R=x^R$인 대칭적인 상황을 가정해보자. $p'(x^J)[1-(1/2)p(x^J)]>p'(x^J)[1-p(x^J)]=1$이기 때문에, 공동이윤을 극대화하는 투자는 특허경주에서의 균형이 아니다. 각 기업은 투자를 증가시킴으로써 기대이윤을 증가시킬 수 있다.

일반적으로 특허경주에서의 투자율은 기업들의 결합이윤을 극대화하는 투자율보다 더 높으며, 심지어는 사회적 최적의 투자율보다도 높을 수 있다. 어느 한 기업(가령 기업 1)이 투자를 증가시킬 때에 기업이 얻을 수 있는 사적 가치는 구축효과(crowding out effect)−기업 1이 경쟁에서 이길 확률이 높아지면, 기업 2가 경쟁에서 이길 확률이 낮아지는 것−를 포함한다. 구축효과는 기업 1에게는 편익을, 기업 2에게는 손실을 가져온다. 즉, 전반적인 성공확률의 증가라는 사회적 편익이 있지만, 그 사회적인 편익은 기업 2에 대한 부정적인 외부성에 의해 감소한다. 구축효과로 인해 결합이윤을 극대화하는 경우보다 그리고 아마도 사회적 후생을 극대화하는 경우보다도 더 많은 투자가 이루어질 가능성이 있다.

예시 2 특허경주에 참여하기 위해 각 기업들은 실험실 건설과 실험준비 비용으로 K를 지출해야만 한다고 가정해보자. 그 이후 연구개발에 대한 가변비용은 무시해도 될 정도로 작고, n개의 기업이 참여했을 때, 기업들은 $1/n$의 확률로 다른 기업보다 더 먼저 성공을 이루어낼 수 있다고 가정하자. 실험결과에 따른 지적재산권의 가치가 5K만큼의 가치를 지닌다고 가정해보자. 이 경우 5개의 기업이 특허경쟁에 참여하려 할 것이고, 개별기업의 기대이윤은 0이다. 혁신을 이루어내기 위한 총 사회적 비용은 5K이다. 반면, 만약 다섯 개의 기업이 합병(merger) 승인을 얻는다면, 그들은 단지 K만큼의 투자만 하면 되고, 노력도 분담할 수 있을 것이다. 그러므로 각각의 기업들은 4K/5만큼의 가치를 만들어낼 수 있다. 비록 기업은 비용을 절감하지만, 소비자들은 기업들이 합병을 하든 말든 똑같은 제품을 얻는다. 이 경우, 합병은 합리성의 원칙에 따른 검정(the rule of reason test)을 통과할 것이다. 왜냐하면 기업들이 얻을 수 있는 효율성은 경쟁법의 어떠한 목적도 위반하지 않기 때문이다.

예시 2는 연구 개발 노력이 높은 고정 비용을 가지고 있는 경우, 연구개발 비용은 합병(merger)이나 합작투자(joint venture)에 의해 절감될 수 있음을 보이고 있다. 중복된 비용은 혁신을 촉진하거나 성공확률을 높이는 등의 중복비용을 상쇄할 만한 사회적 가치를 지니고 있지 않다. 반면, 예시 1에서 보듯이 경쟁자들의 승리에 대한 욕구는 성공확률을 높일 수 있다. 합병은 기업들의 공동비용을 줄일 수 있고, 기대공동이윤을 증가시킬 수 있다는 점에서 기업들에게 효율적이다. 그러나 합작 투자가 성공의 총 가능성을 줄인다는 (또는 발견을 늦춘다는) 점에서 소비자들에게는 비효율적이다.

참고문헌

Aghion, P., and P. Bolton. 1987. "Contracts as a Barrier to Entry." *American Economic Review* 77:388 – 401.

Aitken, H. G. H. 1985. *The Continuous Wave: Technology and American Radio, 1900 – 1932*. Princeton, NJ: Princeton University Press.

Anderson, R., and N. Gallini, eds. 1998. *Competition Policy and Intellectual Property Rights in the Knowledge-Based Economy*. Industry Canada Series. Calgary, Alberta: University of Calgary Press.

Anton, J. J., and D. A. Yao. 1994. "Expropriation and Inventions: Appropriable Rents in the Absence of Property Rights." *American Economic Review* 84: 190 – 209.

Aoki, R., and J.-L. Hu. 1999. "Licensing vs. Litigation: Effect of the Legal System on Incentives to Innovate." *Journal of Economics and Management Strategy* 8:133 – 160.

Aoki, R., and T. J. Prusa. 1993. "International Standards for Intellectual Property Rights and R&D Incentives." *Journal of International Economics* 35:251 – 273.

Aoki, R., and R. Tauman. 2001. "Patent Licensing with Spillovers." *Economics Letters* 73:125 – 130.

Areeda, P. 1974. *Antitrust Analysis: Problems, Text, Cases*. Boston: Little, Brown.

Arrow, K. 1962. "Economic Welfare and the Allocation of Resources for Invention." In R. Nelson, ed., *The Rate and Direction of Inventive Activity*. Princeton, NJ: Princeton University Press (for the National Bureau of Economic Research).

Barton, J. 2002. "Antitrust Treatment of Oligopolies with Mutually Blocking Patent Portfolios." *Antitrust Law Journal* 69:851 – 882.

Besen, S. M., and S. N. Kirby. 1989. *Compensating Creators of Intellectual Property*. Report R-3751-MF. Santa Monica, CA: RAND Corporation.

Besen, S. M., S. N. Kirby, and S. C. Salop. 1992. "An Economic Analysis of Copyright Collectives." *Virginia Law Review* 78:383 – 411.

Bhattacharya, S., C. d'Aspremont, and J.-L. Gerard-Varet. 2000. "Bargaining and Sharing Innovative Knowledge." *Review of Economic Studies* 67:255 – 271.

Bhattacharya, S., J. Glazer, and D. E. M. Sappington. 1990. "Sharing Productive Knowledge in Internally Financed R&D Contests." *Journal of Industrial Economics* 39:187 – 208.

Bhattacharya, S., J. Glazer, and D. E. M. Sappington. 1992. "Licensing and the Sharing of Knowledge in Research Joint Ventures." *Journal of Economic Theory*

56:43 - 69.

Bhattacharya, S., and D. Mookherjee. 1986. "Portfolio Choice in Research and Development." *RAND Journal of Economics* 17:594 - 605.

Bittlingmayer, G. 1988. "Property Rights, Progress, and the Aircraft Patent Agreement." *Journal of Law and Economics* 227:31 - 54.

Brocas, I. 2003. "Vertical Integration and Incentives to Innovate." *International Journal of Industrial Organization* 21:457 - 488. Brocas, I. 2004. "Optimal Regulation of Cooperative R&D under Incomplete Information." *Journal of Industrial Organization* 52:81 - 120.

Cockburn, I., and R. Henderson. 2003. "Survey Results from the 2003 Intellectual Property Owners Association Survey on Strategic Management of Intellectual Property." Mimeograph. Boston: School of Management, Boston University, and Cambridge, MA: Sloan School of Management, Massachusetts Institute of Technology.

Craft, K. 2001. "The Webcasting Music Revolution Is Ready to Begin, as Soon as We Figure out the Copyright Law." *Hastings Communications and Entertainment Law Journal* 24:1 - 42.

d'Aspremont, C., and A. Jacquemin. 1988. "Cooperative and Noncooperative R&D in Duopoly with Spillovers." *American Economic Review* 5:1133 - 1137.

Denicol, V. 2002. "Sequential Innovation and the Patent-Antitrust Conflict." *Oxford Economic Papers* 54:649 - 668.

Flink, J. J. 1970. *America Adopts the Automobile*: 1895 - 1910. Cambridge, MA: MIT Press.

Gallini, N. 1984. "Deterrence by Market Sharing: A Strategic Incentive for Licensing." *American Economic Review* 74:931 - 941.

Gallini, N., and R. Winter. 1985. "Licensing in the Theory of Innovation." *RAND Journal of Economics* 16:237 - 252.

Gallini, N., and B. Wright. 1990. "Technology Transfer under Asymmetric Information." *RAND Journal of Economics* 21:147 - 160.

Gandal, N., and S. Scotchmer. 1993. "Coordinating Research through Research Joint Ventures." *Journal of Public Economics* 51:173 - 193.

Gilbert, R. 2002. "Patent Pools: 100 Years of Law and Economic Solitude."Paper presented at the conference "Competing Monopolies: Challenges at the Intersection of Competition and Intellectual Property Laws." Toronto, ON: Center for Innovation Law and Policy, University of Toronto. Available at www.innovationlaw.org/pages/patent_pools.doc.

Gilbert, R., and C. Shapiro. 1997. "Antitrust Issues in the Licensing of Intellectual Property: The Nine No-No's Meet the Nineties." In C. Winston, ed., *Brookings Papers on Microeconomic Activity*, 283-349. Washington, DC: The Brookings Institution.

Gilbert, R., and G. C. Sunshine. 1995a. "Incorporating Dynamic Efficiency Concerns in Merger Analysis: The Use of Innovation Markets." *Antitrust Law Journal* 63:569-602.

Gilbert, R., and G. C. Sunshine. 1995b. "The Use of Innovation Markets: A Reply to Hay, Rapp and Hoerner." *Antitrust Law Journal* 64:75-82.

Gilbert, R., and W. K. Tom. 2001. "Is Innovation King at the Antitrust agencies?: The Intellectual Property Guidelines Five Years Later." *Antitrust Law Journal* 69:43-86.

Graham, M. 1986. *RCA and the VideoDisc: The Business of Research*. New York: Cambridge University Press.

Greenleaf, W. 1961. *Monopoly on Wheels: Henry Ford and the Selden Patent Suit*. Detroit: Wayne State University Press.

Hoerner, R. J. 1995. "Innovation Markets: New Wine in Old Bottles?" *Antitrust Law Journal* 64:49-73.

Hovenkamp, H. 1985. *Economics and Federal Antitrust Law*. St. Paul, MN: West.

Hovenkamp, H., M. Janis, and M. A. Lemley. 2003. "Anticompetitive Settlement of Intellectual Property Disputes." *Minnesota Law Review* 87:1719-1766.

Jorde, T., and D. Teece. 1989. "Innovation, Cooperation and Antitrust." *High Technology Law Journal* 4:1-113.

Jorde, T., and D. Teece. 1990. "Innovation and Cooperation: Implications for Competition and Antitrust." *Journal of Economic Perspectives* 4:75-96.

Kamien, M. I. 1992. "Patent Licensing." In R. Aumann and S. Hart, eds., *Handbook of Game* Theory, 331-354. Amsterdam: North-Holland/Elsevier Science.

Kamien, M. I., E. Muller, and I. Zang. 1992. "Research Joint Ventures and R&D Cartels." *American Economic Review* 82:1293-1306.

Kamien, M. I., S. Oren, and Y. Tauman. 1988. "Optimal Licensing of Cost Reducing Innovation." *Journal of Mathematical Economics* 21:483-508.

Kamien, M. I., and Y. Tauman. 1984. "The Private Value of a Patent: A Game Theoretic Analysis." *Journal of Economics* (*Supplement*) 4:93-118.

Kamien, M. I., and Y. Tauman. 1986. "Fees versus Royalties and the Private Value of a Patent." *Quarterly Journal of Economics* 101:471-491.

Kamien, M. I., Y. Tauman, and I. Zang. 1988. "Optimal Licensing Fees for a New

Product." *Mathematical Social Sciences* 16:77 - 106.

Kaplow, L. 1984. "The Patent–Antitrust Intersection: A Reappraisal." *Harvard Law Review* 97:1813 - 1892.

Katz, M. 1986. "An Analysis of Cooperative Research and Development." *RAND Journal of Economics* 17:527 - 543.

Katz, M., and J. Ordover. 1989. "R&D Co–operation and Competition." In M. N. Bailey and C. Winston, eds., *Brookings Papers on Economic Activity*. Washington, DC: Brookings Institution.

Katz, M., and C. Shapiro. 1985. "On the Licensing of Innovations." *RAND Journal of Economics*. 16:504 - 520.

Katz, M., and C. Shapiro. 1986. "How to License Intangible Property." *Quarterly Journal of Economics* 101:567 - 590.

Katz, M., and C. Shapiro. 1987. "R&D Rivalry with Licensing or Imitation." *American Economic Review* 77:402 - 420.

Lerner, J., and J. Tirole. 2002. "Efficient Patent Pools." Working Paper 9175. Cambridge, MA: National Bureau of Economic Research.

Mathewson, F. G., and R. A. Winter. 1987. "The Competitive Effects of Vertical Agreements: Comment." *American Economic Review* 77:1057 - 1062.

Maurer, S. M., and S. Scotchmer. 2002. "The Independent Invention Defence inIntellectual Property." *Economica* 69:535 - 547.

Maurer, S. M., and S. Scotchmer. 2004. "Profit Neutrality in Licensing: The Boundary between Antitrust Law and Patent Law." Working Paper CPC04–43. Berkeley, CA: Department of Economics, University of California.

Merges, R. P. 1992. "Patent Law and Policy: Cases and Materials." Charlottesville, VA: Michie.

Merges, R. P. 1996. "Contracting into Liability Rules: Intellectual Property Rights and Collective Rights Organizations." *California Law Review* 84: 1293 - 1349.

Merges, R. P. 1999. "Institutions for Intellectual Property Transactions: The Case of Patent Pools." In R. Dreyfuss, ed., Intellectual Products: *Novel Claims to Protection and their Boundaries*. Oxford: Oxford University Press.

O'Hare, M. 1985. "Copyright: When is Monopoly Efficient?" *Journal of Policy Analysis and Management* 4:407 - 418.

Ordover, J. A., and R. D. Willig. 1985. "Antitrust for High–Technology Industries: Assessing Research Joint Ventures and Mergers." *Journal of Law and Economics* 28:312 - 333.

Radin, M. J. 2003. "Regulation by Contract, Regulation by Machine." Mimeograph.

Stanford, CA: Law School, Stanford University. Available at siepr.stanford.edu/programs/SST_Seminars/Reg_K,_Reg_Mach.pdf.

Rasmusen, E. B., J. M. Ramseyer, and J. S. Wiley, Jr. 1991. "Naked Exclusion." *American Economic Review* 81:1137 - 1145.

Rockett, K. E. 1990. "Choosing the Competition and Patent Licensing." RAND *Journal of Economics* 21:161 - 171.

Samuelson, P. 1999. "Intellectual Property and Contract Law for the Digital Age: Forward to a Symposium." *Stanford Law Review* 87:1 - 16.

Schumpeter, J. A. 1942. *Capitalism, Socialism and Democracy*. New York: Harper & Row.

Scotchmer, S. 1998. "R&D Joint Ventures and Other Cooperative Arrangements." In R. Anderson and N. Gallini, eds., *Competition Policy and Intellectual Property Rights in the Knowledge-Based Economy*, 203 - 222. Industry Canada Series. Calgary, Alberta: University of Calgary Press.

Shapiro, C. 1985. "Patent Licensing and R&D Rivalry." *American Economic Review* 75:25 - 30.

Shapiro, C. 2001. "Navigating the Patent Thicket: Cross Licenses, Patent Pools, and Standard-Setting." *Innovation Policy and the Economy* 1:119 - 150.

Shapiro, C. 2003. "Antitrust Limits to Patent Settlements." *RAND Journal of Economics* 34:391 - 411.

Spier, K. E., and M. C. Whinston. 1995. "On the Efficiency of Private Stipulated Damages for Breach of Contract: Entry Barriers, Reliance, and Renegotiation." *RAND Journal of Economics* 26:180 - 202.

Suzumura, K. 1992. "Cooperative and Noncooperative R&D in an Oligopoly with Spillovers." *American Economic Review* 5:1307 - 1320.

U.S. Department of Justice and Federal Trade Commission. 1995. *Antitrust Guidelines for the Licensing of Intellectual Property*. Washington, DC: Department of Justice and Federal Trade Commission. *U.S. v. Microsoft Corp.* Civ. No. 94-1564LO (D.D.C. 1994).

Whinston, M. D. 1990. "Tying, Foreclosure, and Exclusion." *American Economic Review* 80:837 - 859.

CHAPTER

07

특허소송과 집행

Litigation and Enforcement

07
특허소송과 집행

제2장의 주된 메세지는 지식이나 정보에 독점적인 권리를 부여함으로써 지적재산이 효력을 갖는다는 것이었다. 여기에는 집행(enforcement)의 문제가 매우 중요한 요소로 자리 잡고 있다. 만일 발명가가 기술을 영업비밀(trade secrecy)로 남겨두는 대신 지적재산권을 획득하기로 선택하면, 일반적으로 기술의 세부사항들은 대중에게 공개된다. 이는 특허를 획득하기 위해 법적으로 요구되는 사항이다. 저작권이 있는 저작물의 경우, 일반적으로 눈에 보이기 때문에 복제되기 쉽다. 특히 영화, 음악, 소프트웨어 혹은 책과 같이 디지털 형태로 배급되는 것들은 기술적인 보호를 받더라도 모방되기 쉽다.

만약 저작물이 저작권자의 허가 없이 사용되면, 권리소유자는 권리 침해에 대한 법적 구제를 받을 수 있다. 그러기 위해서는 우선 첫 번째로 권리소유자의 권리가 실제로 침해당했다는 것을 증명해야 한다. 법률적인 용어로 원고는 '법적 책임(liability)'을 증명해야 한다. 보호되는 대상이 여러 개의 청구항(claims)으로 나뉘어 있는 특허의 경우, 적어도 하나의 청구항에 있는 모든 요소가 특허를 침해한 제품에 구현되어 있어야 한다. 비록 이러한 조건이 엄격한 것처럼 보이지만, 청구항들이 특허출원자에 의해 선택된 것이고 특허심사관에 의해 발명을 구성하는 최소한의 조합 요소로서 승인 받았다는 것을 명심해야 한다. 그럼에도 불구하고, 실제로 어느 한 청구항을 침해했다는 것을 주장하는 데 있어서 정확한 조건이 무엇인지에 관해서는 수많은 법적 논쟁이 있다.

지적재산권에 대한 논쟁은 대부분 권리 침해를 주장하는 것에서부터 시작한다. 특허권의 경우, 특허를 침해했다고 고소당한 사람들, 즉 침해혐의자(피고)들은-최선의 방어는 공격이라는 격언처럼-종종 특허무효를 주장하는 맞소송을 제기한다. 예를 들어 침해혐의자들은 해당 발명이 관련 분야의 기술을 지닌 사람에게는 이를 유추하는 것이 너무나도 자명(obvious)해서 특허권을 수여하기에는 충분한 진보성(inventive step)이 구현되어 있지 않다고 주장할 수 있다.

1994년에 캘리포니아 대학은 대학의 연구자들에 의해 개발된 웹사이트와 상호작용을 할 수 있는 기능을 갖춘 웹 브라우징 관련 기술을 특허 출원하였다. 이 기술은 소위 플러그인(plug-ins), 애플릿(applets), 스크립트렛(Scriptlets)과 같은 작은 상호작용 프로그램들을 웹 문서 내부에 장착할 수 있도록 하는 기술이었다. 1998년에 캘리포니아 대학은 미국의 5,838,906 특허를 획득했다. 캘리포니아 대학이 특허권을 신청하고 승인을 기다리는 기간에, 대학은 이 기술의 발명자가 설립한 Eolas라는 신생기업에게 기술에 대한 라이선스를 부여했다. 마이크로소프트사는 이전에 이 기술을 사용할 수 있는 라이선스를 받으려고 했으나 실패했었으며, 출원 특허가 심사 중인 동안 윈도우 실행 시스템으로 통합된 웹 브라우저인 인터넷 익스플로어에 이 기술을 라이선스없이 사용했다. 캘리포니아 대학은 이에 대해 마이크로소프트사가 특허권을 침해했다고 소송을 제기했다. 마이크로소프트사는 이 기술은 대학이 발명하기 전에 이미 다른 사람이 발명했으며, 따라서 캘리포니아 대학의 이 기술에 대한 특허권은 무효가 되어야 한다고 주장했다. 하지만 법원은 캘리포니아 대학의 특허권에 대한 타당성을 인정했고, 마이크로소프트사는 5억 2,060만 달러의 손해배상액을 캘리포니아 대학에 지급해야 한다고 판결했다. 마이크로소프트사는 이 판결에 대해 항소할 것이라고 공표했다. 이 과정에서, World Wide Web Consortium의 책임자인 Tim Berners-Lee는 이 기술이 선행 기술로부터 예측가능하다고 주장하며 소송에 개입하였고, 법원시스템을 우회하여 특허청에 직접 특허를 재심사(reexamination)할 것을 요구했다. 그리고 그 결과, 미국 특허청은 그 기술에 대한 특허를 취소했다(Stevenson, 2004).

대부분의 지적 재산권에 대한 분쟁들은 사실 위에 언급된 정도의 배상 규모를 수반하지 않고, 특허에 대한 재심사라는 결과를 초래하지도 않는다. 그러나 특허권이 침해되었다고 고소되었을 때 피고가 특허 무효를 주장하며 맞고소를 하는 것은 매우 전형적인 대응 방식이다.

저작권에 대해서는 침해혐의자(피고)가 종종 저작권의 무효 대신에 공정사용(fair use)을 주장하기도 한다. 저자가 다른 사람의 창작물을 복사하지 않는 한, 저작권의 유효성(validity)이 전제된다. 이론적으로는 저작권이 침해되었다고 의심됐을 때 원본과 '실질적으로 유사성'이 있는지 점검하는 절차는 매우 간단하다. 그러나 피고는 분명 원본을 본 적이 없으며, 설령 두 작품이 비슷하더라도 자신이 독립적으로 만든 작품이기 때문에 저작권 침해가 아니라고 주장할 것이다. 상황에 따라 이러한 주장들은 어느 정도 신빙성이 있다. 3장과 4장에서 언급되었듯이 만약 피고가 공정사용을 주장한다면 법원은 저작권 침해가 의심되는 작품이 공정사용인지 아닌지 법적으로 판결해야 한다.

1990년대에 텔레비전에서 제일 인기 있는 시트콤은 'Jerry Seinfeld와 불만이 있는 그의 세 친구들'이었다. 캐롤 출판사 그룹은 "사인필드 적성검사(Seinfield Aptitude Test(SAT)"라는 일반 상식 책을 출간하였다. 이 책은 독자들이 "매일 이 쇼의 캐릭터들을 통해 마주하는 사소함, 하찮음, 짜증남에 대해 그들의 지식을 시험해볼 수 있는" 책이었다.[1] 그러나 캐롤 출판사는 사인필드 캐릭터들을 사용하거나 혹은 사인필드 에피소드의 인용문을 사용하는 것에 대해 라이선스를 갖고 있지 않았었다. Seinfeld 출판사는 캐롤 출판사를 상대로 소송을 제기했다. 캐롤 출판사는 자신들이 사인필드 에피소드의 극히 작은 부분을 발췌한 것이며, 설령 이것이 작은 부분이 아니더라도 이러한 사용은 공정사용에 해당한다고 주장했다. 그러나 법원은 캐롤 출판사의 두 가지 주장을 모두 기각했다. 법원은 비록 캐롤 출판사가 사인필드 원본을 그대로 복사한 것이 아니더라도 SAT가 사인필드의 원본과 상당히 유사하다고 판단했고, 인용문이 약간의 변형조차 없었기 때문에 공정사용이라고 주장할 수 없다고 판결을 내렸다. 법원은 캐롤 출판사가 사인필드 출판사에게 403,000 달러의 손해배상액을 지급해야 한다고 판결했다.

저작권을 침해했다고 피소된 사람(즉 피고)이 법원에서 승소하는지 여부와 상관없이, 피고가 자신의 작품에 확신을 가지고 공정사용 혹은 특허 무효화를 주장한다는 사실은 적어도 피고가 고의적으로 저작권을 침해했다는 결론을 피해갈 수 있다. 침해의 고의성(willfulness)은 법적인 처벌과 관련이 있다. 비록 형사처벌은

1) 저자인 Beth Golub의 항소법원 인용문. 항소법원에 의해 인용된 SAT의 예는 누가 "나는 환불불가 거래를 할 수 없어... 나는 여자에게 약속할 수 없어… 나는 항공사에 약속할 수 없어…"을 말했는가? 객관식 답: (a) Jerry, (b) George, (c.) Kramer이다.

흔하지는 않지만, 만약 복제가 고의적이고 상업적인 목적을 지니고 있다면 저작권 법상 형사처벌(징역형)까지 받을 수도 있다. 특허법은 고의적인 특허 침해에 관해서는 3배의 손해배상을 부과한다.

원고(plaintiff) 역시 기회주의적일 수 있으며, 고의적인 저작권 침해자처럼 법원의 인내심을 시험할 수 있다. 다음 절에서 볼 수 있는 것처럼, 상당수의 특허들이 소송에 걸리고 있으며 이들 중 대부분은 어느 정도 상당한 이익을 낼 수 있는 높은 가치의 지적 재산권으로 잠정적인 소송의 목표물이 된다.

롤링(J. K. Rowling)이 아동서적인 '해리 포터'로 1990년대에 큰 성공을 거둔 후 펜실베니아의 스타우퍼(N. K. Stouffer)라는 작가가 자신의 작품에 등장하는 래리 포터라는 인물을 롤링이 해리 포터라는 이름뿐만 아니라 마르고 안경 쓴 사춘기 소년이라는 설정까지 똑같이 이용하였다며 소송을 제기했다(Kirkpatrick, 2001). 해리 포터처럼 래리 포터는 '머글(muggles)'이라고 불리는 등장인물들과 지냈다는 유사점이 있다고 주장했다. 등장인물들은 따라했다고 주장할 만한 충분한 유사점이 있긴 했지만 또한 엄연히 다른 캐릭터였다. 해리는 마술을 부릴 수 있지만 래리는 그렇지 못하며, 롤링 작품에 나오는 머글(muggle)은 일반적인 사람을 일컫지만, 스타우퍼 작품의 머글은 키가 작고 털이 없는 반인간 돌연변이를 가리켰다.

롤링측은 스타우퍼의 작품을 본 적이 없으므로 모방했다는 것은 있을 수 없는 일이라고 주장했다. 그러나 이러한 유사성들은 어느 정도 특이한 사실들이었다. 이 사건에 대해 궁극적으로 법원은 스타우퍼가 거짓 주장을 했으며 조작된 증거를 사용했다고 판결했다. 이로 인해 사건은 스타우퍼가 롤링의 법적 비용 일부를 부담하는 것으로 일단락되었다(Italie, 2002).

다른 법적 분쟁들처럼 지적재산권에 대한 분쟁 역시 종종 법정 밖에서 해결되기도 한다.[2] 합의(settlement) 과정에서 소송 당사자들은 일정 금액을 지불 받고(받거나) 지적재산권에 대해 라이선스를 발급하는 댓가로 소송을 취하하기로 합의한다. 소송이 진행되고 난 후에 법원이 특허권의 유효성을 확인하고 저작권의 침해를 입증하는 경우, 종종 원고와 피고 사이에서 특허에 대한 라이선스나 합작투자를 하는 식의 합의가 이루어지기도 한다. 예를 들면 피고(침해혐의자)가 특허 무효화에 대한 주장을 포기하고, 자신이 소유하고 있는 특허권을 특허 소유자에게 특

2) 특허소송의 해결에 관한 더 많은 정보를 위해서는 Shapiro(2003), Hovenkamp, Janis, and Lemley(2003)을 참조.

허에 대한 사용료로 지불할 수도 있다. 혹은 특허 소유자가 특허침해에 대한 주장을 포기하고 합리적인 계약조건 하에서 라이선스를 주기도 한다. 어떤 경우에는 원고와 피고 두 기업이 서로 합병을 하거나 한 기업이 다른 한 기업이 가지고 있는 권리(특허)를 직접 사기도 한다.

원고와 피고가 모두 동의할만한 사실은 합의(settlement)가 이 둘의 결합이윤(joint profit)을 극대화해야 한다는 점이다. 예를 들면 높은 저작권 사용료를 부과하는 방식은 원고와 피고 양 측의 결합이윤을 극대화할 수 있다. 합의는 이 두 경쟁자들에게 자신들의 결합이윤을 위한 계약서를 작성할 기회를 제공한다. 제6장에서 살펴본 것처럼, 로열티를 받는 라이선싱은 가격을 높게 유지시킬 수 있다. 그럼 이윤은 고정요금과 같은 라이선스의 다른 형태로 분배될 수 있다. 이는 경쟁정책에 있어 문제를 발생시킨다. 만약 법원이 특허 무효화 요소나 저작권 침해 요소를 발견하고, 분쟁 당사자들이 경쟁자라면, 두 경쟁자 사이에서의 합의는 반경쟁적인 것이다. 이러한 이유로 소송에서의 합의는 일반적인 라이선스 계약처럼 반독점을 위한 정밀조사의 대상이 될 수 있다. 때로는 소송당사자가 법원에 자신들의 합의조건을 담고 있는 "동의법령(consent decree)"을 발행하도록 요청하기도 한다. 이러한 방식은 양자 사이의 합의가 보다 수월하게 시행되도록 도우며 양쪽 모두에게 유익하기도 하지만, 법원이 양자 간에 이루어진 합의의 적정성을 감독할 기회를 제공하기도 한다.[3]

소송 당사자들의 소송결과에 대한 미래 전망이 일치하지 않고 분쟁이 합법적일지라도 두 기업 사이에는 합의를 할 충분한 유인이 존재한다. 소송은 비용이 매우 많이 든다. 특허소송은 각 소송당사자에게 소송 당 1백만 달러에서 3백만 달러(Graham et al. 2003; American Intellectual Property Law Association 1999), 또는 특허청구항 당 약 50만 달러(Barton, 2000)의 비용이 든다. 그러나 우리가 제9장에서 살펴볼 것이지만 실제로 대부분 특허권들의 가치는 상대적으로 소송에 드는 비용보다 적다. 유럽에서 국가적으로 이루어지는 소송은 5만 유로에서 50만 유로(Graham et al., 2002)로 비용이 적지만, 다른 나라에서도 소송이 반복적으로 이루어져야만

---

3) 법원은 미국 정부가 원고(plaintiff)일 때조차도 당사자가 제안한 동의 법령을 항상 발행하지는 않는다. 예를 들어, 법원은 1994년 미 법무부에서 Microsoft의 반독점법 위반 혐의에 대한 첫 번째 동의법령 요청을 공공의 이익이 아니라는 이유로 거부했다. 참고문헌으로 Hoerner(1995)의 부록을 살펴보기 바란다.

한다. 특허들 중 거의 2%가 소송을 당하고 있다. 저작권에 관해서는 이러한 통계치를 계산하기가 힘들다. 저작권을 등록하는 데 있어서 특정한 요구조건이 정해져 있기 않아 저작권 문제로 소송을 발생시키는 모수(population)를 정확히 판별하기가 힘들기 때문이다.

다음 절은 소송과 관련된 증거들을 다룰 것이다. 계속해서 침해에 대한 구제와 이들이 어떻게 균형 상태하에서의 이윤에 영향을 미칠지에 대해 살펴본다. 또한 이를 시행하는 데 있어서 나타나는 문제점들에 대한 해결책으로써 기술적인 보호수단을 다루고, 마지막으로 저작권이 있는 저작물을 무단으로 사용하는 것으로부터 발생하는 위협을 평가하도록 한다.

7.1 | 소송에 대한 증거

경제학자들이 설명하는 데 어려움을 겪는 것들 중 하나는 "왜 분쟁이 법원까지 가는가?"하는 문제이다. 기업들은 합의를 함으로써 소송비용을 지불하지 않을 수 있다. 소송에서 가장 비용이 많이 드는 부분 중 하나는 소송 당사자들이 서로의 입장에 대해 알아내는 '발견(Discovery)'의 과정이다. 예를 들어 관련된 당사자들이 자신의 입장에 대해 직접 증언하거나, 기술적 문제에 대해 재판에서 증언할 전문가들의 의견을 교환하는 절차가 여기에 해당된다. 발견(Discovery) 과정을 통해 기업들은 소송의 결과에 대한 자신들의 생각을 다듬는다. 실제로 이 과정에서 종종 합의가 이루어진다. 그러나 소송당사자들이 합의를 할 유인이 존재하는 것은 소송 결과에 대한 확신 때문이 아니라 소송결과에 대해 비슷한 생각을 갖고 있기 때문이다. 만약 소송당사자들이 결과가 어떻게 나타날지에 대해 서로 의견의 일치를 보면 차이를 반반씩 나누고 소송비용을 절약하는 조건으로 합의해야 한다.

또 다른 질문은 균형 상태에서 지적재산권의 침해는 왜 발생하는가 하는 점이다. 만약 특허침해가 침해자가 부담해야 할 법적 책임이 약하거나 책임을 지지 않을 가능성이 있기 때문에 발생한다면, 이는 양측 당사자에게 알려져야만 한다. 당사자들은 침해를 피하기 위해 라이선스 계약을 체결함으로써 비용과 수고를 덜 수 있다. 그럼에도 불구하고 특허침해가 발생한다면, 당사자들은 법정에서 소송을 하는 대신 합의를 통해 이 문제를 더 잘 해결할 수 있다. 사실, 합의는 다른 종류의 분쟁보다 침해 분쟁에서 더 매력적이다. 왜냐하면 기업들의 합의가 기업의 공동이익을 증가시키는 방법으로 라이선스를 허락하기 때문이다.

그럼에도 불구하고, 비록 희박하기는 하지만 소송에 관한 증거들은 적어도 일부 유형의 특허에 대해서는 소송이 널리 퍼지고 있음을 나타내고 있다. 본 저자는 개인적으로 저작권 소송의 유행과 비용에 대한 체계적인 증거는 없는 것으로 알고 있다.

소송에서의 자원 낭비는 마치 침해자가 이익을 잃게 하는 것과 같이 지적재산을 덜 효과적인 인센티브 메커니즘(incentive mechanism)으로 만든다. 더욱이 만약 기업들의 이익 손실이 대기업과 소기업에게 불균형적으로 발생한다면, 시장구조는 혁신을 위한 인센티브에 중요한 결정요인이 된다. 그러므로 소송을 통해 얼마나 많은 이윤이 소실되는지, 그리고 어느 발명가가 비용을 부담하는지 알아보고자 한다. 물론 우리는 얼마나 많은 이윤이 구제받지 못한 침해(unremedied infringement) 때문에 소멸되는지도 살펴보고자 한다. 그러나 이는 매우 어려운 문제이다. 우리는 기껏해야 (침해가 아니라) 소송만을 관찰할 수 있기 때문이다.

특허권 소송에 대한 가장 포괄적인 증거는 Lanjouw and Schankerman(2001, 2004)의 논문에서 비롯된다. Lanjouw and Schankerman(2001, 2004)은 소송이 제기된 특허와 소송이 제기되지 않은 특허로 구축한 자료(data set)를 통해 근본적인 질문에 대한 설명을 제공하고 있다. 이 자료들은 특허 소유권자들의 특징, 기업의 특허 포트폴리오, 그리고 개별 특허들의 특성 등에 관한 정보를 포함하고 있다. 대부분의 자료들은 미국특허청(USPTO)에 의해 제공되는 특허 데이터베이스로부터 나온다. 특허청(PTO)은 모든 특허에 해당 기술 부문으로 지정된 특허 분류 번호(patent classification number)를 부여한다. 청구항의 수, 국적과 같은 특허권 소유자의 특징, 특허 출원 연도, 그리고 이전에 인용된 특허(backward citation, 인용된 선행특허에 대한 정보)는 특허 문서로부터 직접 읽을 수 있다. 특허청(PTO)의 자료는 또한 특허출원자에게 부여된 식별번호(identifier number)를 포함하고 있어서, 데이터베이스가 특정 기업에 의해 소유된 모든 특허-즉, 기업의 특허 포트폴리오-들을 연결하는 데 사용될 수 있다. 저자들은 특허청의 자료를 전방인용(forward citation, 본 출원보다 늦게 출원된 특허 중 본 특허를 인용한 것에 대한 정보), 자기인용(self-citation), 그리고 포트폴리오 정도(주어진 기술 분류 내에서 특정 회사가 얼마나 많은 특허를 보유하는가를 나타내는 정도)를 포함하는 데이터 셋으로 구축하였다.

소송자료는 역시 특허청의 데이터베이스에 포함된다. 특허소송이 지방법원에 제기될 때, 법원의 행정서기는 이를 특허청에 보고할 의무가 있다. 연방 사법 센터에 의해 수집된 데이터와 특허청의 데이터를 비교했을 때 비록 이러한 보고가 신뢰성이 낮다 하더라도 Lanjouw and Schankerman은 체계적으로 과소 보고가 이루어진다는 가설을 기각하고 있다. Lanjouw and Schankerman은 과소보고의 문제를 해결하기 위해 데이터를 비교하고 있다. 또한 연방 사법센터(the Federal Judical Center)는 당사자들이 합의를 했는지 여부와 언제 합의를 했는지와 같은 사건의 처리에 관한 정보를 제공한다. Lanjouw and Schankerman에 의해 사용되는 세 번째 데이터 소스는 Standard and Poor의 공개적으로 거래되는 기업 데이터베이스이다. 이 데이터베이스는 기업의 규모와 같은 회사의 특징들을 알 수 있도록 해준다. 예를 들면, 이 데이터를 사용함으로써, 상장회사보다 개인들에 의해 소유된 특허의 소송 위험이 더 높은지 낮은지 여부를 알 수 있다.

특허소송은 산업별로 그리고 기업 규모별로 매우 다양한 것으로 나타나고 있으며, 높은 가치를 지닌 특허에 대해, 특히 신흥기술들에서, 자주 그리고 고비용으로 발생하고 있는 것으로 밝혀졌다. 전체 소송률은 약 100개 특허 중 2건이며, 가치가 높은 특허에 집중되어 있다. 이 소송률은 발명의 유인을 감소시킬 만큼 충분히 높은 수치이다. 1994년 Lerner의 초기 연구는 이보다 더 비관적이었다. Lerner는 생명공학 특허들이 100개 중 6개꼴로 소송을 당하는 것으로 추정했다.

그러나, Lanjouw and Schankerman(2001, 2004)의 연구가 진행된 1978~1999년 기간 동안 특허소송의 수는 증가했지만, 소송을 하려는 근본적인 경향(propensity to litigate)은 증가하지 않았다. 증가된 특허소송에는 특허 구성요소의 변화와 전반적인 특허의 증가가 원인이 되었다. 1978년부터 1995년까지 특허 승인이 71% 증가했다. 특허 소송 증가는 대부분 제약, 생명공학, 컴퓨터와 다른 전자 공학 분야에서, 발생하고 있으며, 이 분야는 항상 소송이 많이 제기되고 전체 특허 승인의 비중이 증가하고 있는 분야이다.

이러한 현상은 소규모 발명가들에게도 바람직하지 않다. 다른 조건들이 모두 같다면, 대기업이 소유하고 있는 특허는 중소기업이 소유한 특허보다 소송에 걸릴 가능성이 더 적다. 이전의 연구는 중소기업이 가진 또 다른 단점을 제기하고 있다. Lerner(1995)는 중소기업들이 소송이 빈번한 기술분야를 회피하려 한다고 결론을 내렸고, Lanjouw and Lerner(2001)는 소송 절차 자체에서 법원의 예비 금지명령

(preliminary injunction)이 대기업들에 의해 전략적으로 중소기업을 상대로 사용된다는 것을 보이고 있다.

시장구조의 문제와 직결되는 것은 집중된 시장(concentrated market, 오직 소수의 기업들에 의해서만 특허출원이 주로 이루어지는 시장)의 기업에 의해 소유된 특허들이 소송에 걸릴 가능성이 낮다는 것이다. 다른 조건이 같다면 큰 특허 포트폴리오는 이를 구성하는 특허의 소송 가능성을 낮추는 것으로 나타나고 있다. 이러한 경향은 중소기업에게 훨씬 더 중요하지만, 다른 한편으로 중소기업들은 큰 특허 포트폴리오를 가지고 있을 가능성이 적다.

Lanjouw and Schankerman(2001,2004)의 다른 구체적인 발견(finding)들은 다음과 같다.

- 전체 소송률은 1000개의 특허 중에서 약 19개의 특허가 소송이 제기된다. 가장 낮은 소송률은 화학분야(약 12개), 전자공학(약 15개), 기계분야(약 17개)이다. 제약분야는 평균보다 약간 높고, 컴퓨터분야와 생명공학분야는 평균보다 훨씬 더 높다.
- 기업에 속한 특허들은 개인이 소유한 특허보다 특허 소송에 연루될 가능성이 적다.
- 소송에 걸린 특허들은 평균보다 많은 청구항을 가지고 있고, 더 많은 전방인용(forward citation)과 더 적은 후방인용(backward citation)들을 갖고 있다. 이는 더 새로운 기술 분야에서 더 가치 있는 특허들이 소송에 걸릴 가능성이 높은 것으로 해석될 수 있다.
- 특허 소송의 95%는 재판 전에 합의된다.
- 가장 큰 특허 포트폴리오를 가진 기업들은 또한 가장 많이 인용되는(가장 가치 있는) 특허들을 가지고 있다. 그러나 그럼에도 불구하고 소송률은 매우 낮다.
- 소송 부담의 이질성(heterogeneity)은 주로 소송을 제기하는 성향(propensity to file suits)에 나타나지만, 그러나 뒤이은 재판에서의 합의나 처분율에서는 나타나지 않는다.
- 폭 넓은 특허(더 많은 특허청 기술 분류를 포함하고 있는)는 폭이 좁은 특허보다

소송이 덜 걸린다.

특허 소송의 비용과 유행을 감안할 때, 우리는 소송이 지적재산권의 수익성에 중요한 변화를 초래할 수 있으며, 이는 기업과 기술의 유형에 따라 각각 다르다는 결론을 내릴 수 있다.

이 장의 시작에서 본 예시와 같이, 소송은 또한 법원에게 지적재산권 자체를 수정할 수 있는 기회를 준다. 이는 특허 침해 사건에 대한 항소를 듣기 위해 특별행정 연방순회법원(the Court of Appeals for the Federal Circuit, 이하 연방순회법원)이 도입 되었던 1982년 이후부터 특별한 관심을 받아왔다. 해당 법원은 부분적으로 연방법원의 판사가 기술의 전문지식과 일관성이 부족하다는 특허소송 당사자들의 불만 때문에 설립되었다. 특허 분쟁들은 여전히 연방 지방 법원에서 소송이 이루어지고 있지만 그 중 대부분의 항소가 연방순회법원(Federal Circuit)까지 나아간다.

연방순회법원(Federal Circuit)이 적어도 이전에 특허문제를 처리하던 항소법원(appellate court)보다 친특허적(pro-patent)이라는 증거가 있다. 소송이 제기되고, 또 항소되는 경우가 선택적이기 때문에 이러한 증거를 정량적으로 측정하기는 어렵다. 따라서 단지 소송이 제기된 사건의 결과를 살펴봄으로써 판사의 경향을 특징짓는 것은 바람직하지 않을 수 있다. 그럼에도 불구하고 학자들은 이제까지 그렇게 해왔고, 데이터들은 흥미로운 특징들을 보여주고 있다.

Harmon([1991]1998)은 데이터에 나타난 특허항소의 세 가지 유형을 요약하여 제시하고 있다. 첫 번째 유형은, 침해 소송의 피고가 여전히 특허무효(patent invalidity)를 주장하고, 그들에게 불리한 지방법원의 판결을 뒤집기 위해 노력하는 경우이다. 따라서 항소법원은 특허를 무효화시킬 기회를 갖는다. 하지만 그렇게 하지 않는 것은 '친특허적(pro-patent)'이라고 해석될 수 있다. 두 번째 유형은 피고가 지방법원의 침해 판결을 뒤집으려고 노력하는 경우이다. 항소법원은 그들에게 무죄를 선고할 기회를 갖는다. 그렇게 하지 않는 것은 '친특허적(pro-patent)'이라고 해석될 수 있다. 세 번째 유형은 지방법원의 소송에서 패배한 원고가 항소법원에게 지방법원의 특허무효판결 또는 피고가 특허침해를 하지 않았다는 판결을 뒤집어주길 요청하는 경우이다. 그리고 항소법원이 원고의 주장대로 하는 것은 '친특허적(pro-patent)'이라고 해석될 수 있다.

앞의 처음 2개 유형에서, Harmon([1991] 1998)은 연방순회법원(Federal Circuit)

이 원고의 특허가 유효하고, 침해당했다는 지방법원의 판결 중 약 85%를 정당하다고 판단했고, 세 번째 유형에서, 지방법원의 특허 소유자 패소 판결이 부당하다고 판단하여 지방법원의 판결 중 25%를 뒤집었다고 밝히고 있다. 그러므로, 특허 소유자는 피고인 특허 침해자에 비해서 연방순회법원(Federal Circuit)에의 항소에서 승소할 확률이 더 높다고 할 수 있다. 피고인 침해자는 성공할 확률이 1/7밖에 되지 않는 반면에, 특허 소유자가 성공할 확률은 1/4이다.

1991년 연구에서 Harmon은 연방순회법원(Federal Circuit)에 앞선 항소법원(appellate courts)으로부터의 표본 데이터를 통해 항소법원은 특허 소유자에게 그다지 호의적이지 않다는 것을 발견했다. 그러나 Lunny(2004)는 이전의 항소 법원에서의 결과들을 연합순회법원(Federal Circuit)의 결과들과 비교한 결과 오히려 그 반대(항소법원이 연방순회법원(Federal Circuit)보다 특허 소유자에게 호의적)임을 발견했다. 그는 항소의 세 가지 유형을 통합(aggregate)하고 특허 소유자들이 '성공'했는지(예컨대 특허 소유자가 적어도 어느 정도의 가처분이나 손해 배상 같은 해결방안을 얻었는지) 여부에 대해 살펴보았다. 그는 특허 소유자들이 연방순회법원(Federal Circuit)에 앞선 항소법원에서는 연방순회법원(Federal Circuit)의 설립 전에는 33.5%가 성공했지만, 그 이후에는 항소의 28.3%만이 성공했다는 사실을 발견했다. 연방순회법원(Federal Circuit)의 설립 이후 특허권자의 항소 성공이 급증했지만(연방순회법원은 친특허적(pro-patent)이라는 널리 퍼져 있는 인식을 설명할 수 있는), 그 성공률은 점점 줄어들고 있었다.

더욱 흥미로운 점은 특허소유권자가 연방순회법원(Federal Circuit)에서 이전의 항소법원에서 성공한 이유와는 다른 이유들로 성공하고 있다는(혹은 실패를 피한다는) 사실이다. 연방순회법원(Federal Circuit)의 설립 이전에, 항소법원에서 특허 소유자의 패소 중 4분의 3은 특허의 몇몇 청구항이 무효화되었기 때문이었다. 이 비율은 연방순회법원(Federal Circuit)의 도입 이후 3분의 1로 하락했다. 즉 연방순회법원(Federal Circuit)은 상대적으로 더 적은 특허들을 무효화시켰다. 이 법원의 설립 이전에는 특허소유자 패소의 4분의 1이 특허침해 혐의가 있는 장치나 과정이 특허의 범위에 속하지 않기 때문이었다. 연방순회법원의 설립 이후에 이 비율은 약 3분의 2로 증가하였다. 연방순회법원은 특허의 범위를 좁히고 있는 것이다. Lunney는 이러한 자료들이 "연방순회법원(Federal Circuit)은 의도적이고 체계적으로 특허법의 본질을 변화시키고 있다는 잊을 수 없는 인상을 남긴다.…진보성 요건을 제거함으로써 연방순회법원은 정당한 특허를 획득하는 데 필요한 창의성의 수준을 상당히 낮추었다", 그리고 "연방순회법원은 특허들을 이에 상응하는 좁은 범위로 특허를 제한한다."고 결론을 내리고 있다.

7.2 | 침해에 대한 구제방법과 그 중요성

법원이 부과할 수 있는 구제방법에는 두 가지가 존재한다. 하나는 금지명령구제(injunctive relief)이고, 다른 하나는 손해배상(damages)이다. 금지명령은 침해자에게 특허침해를 통해 만든 상품의 사용이나 판매를 금지하는 명령이다. 법원이 금지명령을 내리면 판매를 재개하는 것은 단순히 권리소유자에게 돈을 지급하는 것에서 끝나는 것이 아니라 징역형의 가능성이 있는 범죄행위가 된다. 지적재산권 분쟁에서 이러한 일이 일어날 가능성은 매우 적다. 그러나 이미 언급한 바와 같이 법적 책임과 손해배상에 대한 싸움은 치열하고 비용이 많이 들 수 있다. 이는 일반적으로 기술의 가치와 손해배상에 관해 이해도가 뛰어나거나 전문적인 지식을 지닌 전문가의 증언을 포함한다.

손해배상 제도는 두 가지 목적을 수행한다: 손해배상은 특허소유권자에게 손해로 인해 피해를 입은 부분을 보상하도록 하여 특허침해의 가능성에도 불구하고 확실히 특허권 소유자의 R&D투자를 위한 사전적인 유인(Incentive)이 존재하도록 한다. 그리고 무엇보다도 특허침해를 저지하고자 한다. 특허침해로부터 얻는 이익이 미래의 손해배상으로 지불해야 하는 금액보다 적다면 특허침해가 억제 된다고 말할 수 있을 것이다. 보상(compensation)과 제지(deterrence)라고 하는 두 가지 목적은 서로 대체(alternatives)적인 성격을 지니고 있다. 만약 손해배상에 대한 예상이 침해 제지의 목적을 이룬다면 보상이 필요 없기 때문이다.

관습법에는 손해배상에 대한 두 가지 이론이 있어 왔다: 침해자는 권리소유자에게 특허침해로 인해 권리소유자가 손해를 본 이익인 일실이익(lost profit)을 지불하거나, 자신이 특허침해를 통해 획득한 부당이익(unjust enrichment)을 물어내야 한다. 미국에서는 권리소유자의 침해된 손실을 보상하도록 하는 일실이익원칙(lost profit)을 사용하고 있다. 부당이익원칙(unjust enrichment)은 침해자가 그의 잘못된 행동으로부터 이익을 취할 수 없도록 하는 것을 목표로 한다. 이상하게도 이 두 원칙들은 우리가 보게 되는 것처럼 침해를 억제시키는 효과가 있기는 하지만, 명시적으로 침해를 억제시키는 것을 목표로 하는 것은 아닌 것 같다.[4] 법원은 또한 특허 침해가 고의적이라고 간주되면 추가적인 징벌적 손해배상(punitive damanges)을 부과할 수 있고, 저작권법 하에서는 형사처벌도 가능하다.

7.2.1 구제방법: 상품특허

[그림 7-1]은 상품특허(product patent)가 침해 되었을 때 일실이익(lost profit)과 부당이익(unjust enrichment) 사이의 차이점을 보여주고 있다. 왼쪽 그래프는 침해가 없을 때 권리소유자의 기간 당 독점 이윤(monopoly profit)을 나타낸다. 오른쪽 그래프는 권리소유자가 특허침해자와 경쟁하고, 두 기업이 시장을 분점 할 때 권리소유자의 과점 이익(oligopoly profit)을 나타낸다. π_I^p, π_I^C는 각각 두 기업이 경쟁 상황에 있을 때의 이윤을 나타내며, 아래첨자 I는 침해, 위첨자 P는 권리소유자(특허소유자) 위첨자 C는 경쟁자(침해자)를 의미한다.

경쟁은 시장가격을 낮추고, 그리고 추가적으로 권리소유자는 시장점유율을 잃는다. 특허소유자(저작권자)의 일실이익(lost profit)은 $\pi^M - \pi_I^p$ 이고, 침해자의 부당이익(unjust enrichment)은 π_I^C 일 것이다. 독점이익 π^M은 항상 두 기업의 과점이익의 합 $\pi_I^p + \pi_I^C$ 보다 크므로, (그렇지 않다면 독점 기업은 더 낮은 가격을 선택할 것이다.) $\pi^M - \pi_I^p > \pi_I^C$이다. 따라서 일실이익(lost profit)이 부당이익(unjust enrichment)보다 피해에 대한 보상금이 더 크다.[5] 이는 경쟁으로 인한 가격하락에 기인한다.

이제 이러한 손해배상원칙의 목적이 특허침해를 억제하는 것이라고 가정하자.

---

4) 여기에서의 논의는 대부분 Schankerman and Scotchmenr(2001)의 연구, 특히 특허침해의 위협과 손해배상액에 의해 결정되는 균형 상태에서의 이윤(equilibrium profits)에 바탕을 두고 있다. 재산권 및 책임성(propery and liability rule)을 구분하는 주요 처리 방법에 대해서는 Calabresi and Melamed(1972)를 참조하고, 구제 수단에 대한 사법 처리가 어떻게 진화되어 왔는지에 대한 설명은 Conley(1987)을 참조하라. 이 규칙이 여러 나라에서 어떻게 발전되었는지에 대한 논의는 Heath, Henkel, Reitzig(2002)를 참조하라.

5) 어떤 이들은 종종 특허침해자의 특허에 대한 작업이 특허권소유자보다 더 효율적인 경우에는 부당이득에 의한 측정이 일실이익에 의한 측정보다 더 크다고 주장한다. 이러한 견해는 라이선싱을 고려하지 않은 것이다. 만약 특허침해자가 더 효율적이면 예상되는 효율적인 균형은 특허권 소유자가 직접 생산하기보다는 라이선싱을 주는 것일 것이다. 다음 절에서 라이선싱이 대안적인 균형점일 때 일실이익을 어떻게 측정하는지를 논의하고 있으니 참고하기 바란다.

그림 7-1 균형과 특허침해

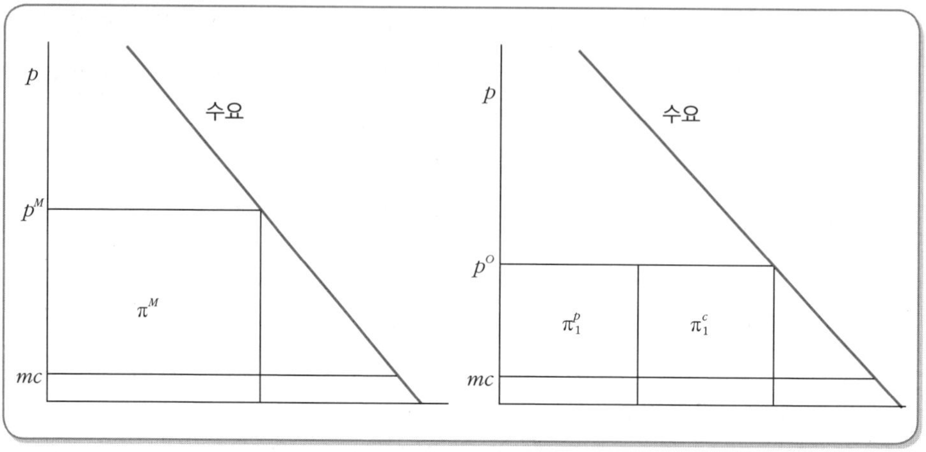

일실이익원칙(lost profit rule)은 $\pi^M-\pi_I^p>\pi_I^C$이기 때문에 이러한 목적을 달성할 수 있을 것이다. 그러나 부당이익원칙(unjust enrichment rule)도 침해를 억제할 수 있다. 침해자가 부당하게 얻은 이익 전체를 토해내게 만들기 때문에 침해자로서는 특허를 침해하나 하지 않으나 차이가 없게 되고, 특히 징벌적 손해배상 부과의 가능성이 있다면 침해가 억제될 것이라고 추정하는 것은 타당하다.

위에 설명된 상황에서는, 특허침해가 발생했을 때, 특허권소유자는 일실이익(lost profit)을 돌려받아 침해가 없을 때의 독점이익과 같아지기 때문에 일실이익(lost profit)의 원칙이 부당이익(unjust enrichment) 원칙보다 더 낫다. 부당이익(unjust enrichment) 원칙 하에서는 특허권소유자가 독점이익을 확보할 수 없다. 그러나 특허침해가 균형상태에서 억제된다면 이러한 논의는 의미가 없다. 왜냐하면 균형을 벗어난 상태에서의 특허침해는 일어나지 않을 것이고, 결과적으로 균형 밖에서 발생한 특허침해에 대해 어떤 일이 발생할지는 중요하지 않기 때문이다. 그럼에도 불구하고 두 법칙이 모두 침해를 억제한다면, 특허 침해가 발생하였을 경우 저작권자의 이익을 온전히 보전하는 선택을 하는 것이 누구에게도 해가 되지는 않을 것이다.

그러나 실제로는 일실이익(lost profit)을 계산하는 방법론상의 문제가 존재한다. [그림 7-1]의 상황에서, 전문가는 수요곡선을 추정해야 하고 특허 침해가 없을 때의 해당 제품 가격을 예측해야 한다. 법원은 왼쪽 그래프에서 균형에 관한 판단을 해야 하며, 일실이익 $\pi^M-\pi_I^p$을 계산해야 한다. 당연히 법원은 이 일을 하는 것을 주저한다.

법원은 일실이익의 개념을 좀 더 제한적으로 사용하고 싶어 한다. 즉 [그림 7-1]에서 침해가 있을 때의 가격을 p^0라고 한다면 침해가 없을 때에도 이 가격을 사용하고 싶어 한다. 그러면 일실이익(lost profit)은 그 가격에서 일실판매(lost sales)로 계산된다. [그림 7-1]에서 이러한 계산방법은 π_I^C를 손해배상으로 추정하도록 할 것이다. 이러한 방법은 침해가 없을 때 설정되었을 가격을 예측해야 하는 문제를 피할 수 있게 해주지만, 특허권소유자의 손실을 상당히 과소추정할 가능성이 존재한다. 이러한 방법은 또한 실제 손실을 과소 추정한다. 추정치는 π_I^p에 가격의 하락분 $(p^M-p^0)/p^0$를 곱한 것이다. 이러한 과소추정은 보상(compensation)과 제지(deterrence) 모두에 문제를 야기한다. 침해된 사람에게는 보상되지 않고, 침해한 자는 제지되지 않을 것이다.

만약 정확한 일실이익(lost profit)이 손해배상으로 부과될 수 있다면 라이선싱(licensing)은 이러한 이야기의 세부사항을 바꿀 뿐, 결론이 바뀌지는 않는다. 제6.1절의 모형과 같이 특허권소유자가 특허침해를 당했고, 한계비용(marginal cost)이 일정(constant)한 대신에 증가(increasing)한다고 가정해보자. 이러한 상황에서는 특허침해에 대한 4가지 가상의 경우(counterfactuals)가 가능하다. 하나의 가능성은 특허권 소유자가 시장 전체를 단일 생산시설을 이용하여 비효율적으로 공급하는 것이다. 또 다른 가능성은 특허권 소유자가 두 번째 생산시설을 건립하고 전체 시장을 효율적으로 공급하는 것이다. 세 번째 가능성은 특허권소유자가 전혀 생산을 하지 않고, 두 기업에게 라이선스를 주는 것이다. 네 번째 가능성은 특허침해가 없는 상태에서 특허권소유자가 시장수요의 일부를 생산하고, 특허 침해자에게 라이선스를 주는 것이다.

이 네 가지 가상의 상황 중 법원은 어느 것을 이용해야 하는가? 그리고 어떻게 적용해야 하는가? 한계비용이 일정한 상태(constant marginal cost) 하에서는 특허권소유자가 단일 생산시설을 가지고 시장에 공급한다고 가정하는 것이 가장 자연스러운 가정이다. 유일하게 제기되는 문제는 수요를 추정하고 이윤을 극대화하는 가격을 추정하는 것이다. 그러나 여기에서는 한계비용이 일정하지 않기 때문에 어느 시나리오를 적용하는 것이 적합한지를 판단하고 일실이익을 계산하는 것이 첫 번째 과제라고 할 수 있다. 가상의 시나리오 중 어떤 경우는 라이선싱을 포함하고 있고, 어떤 경우는 그렇지 않다. 어떤 시나리오는 효율적인 생산을 포함하고, 어떤 경우는 그렇지 않다. 가상의 시나리오에 따른 일실이익은 판매수입 손실(lost sales revenue)과 라이선스 수입 손실(lost licensing revenue)을 포함할 것이다.

앞으로 다룰 Schankerman and Scotchmer(2001)의 견해는 일실이익(lost profit)이 '일어났어야 했던' 균형 상태를 참고하여 계산되어야 한다는 것이다. 이러한 관점은 위의 가상 상황들을 비교하고 판단하는데 존재하는 복잡성을 감소시키는 데 상당한 도움이 된다.

균형점은 최소한 효율적이어야 한다. 우리는 단일 생산 시설로 비효율적 생산을 하는 첫 번째 가상 상황을 제거할 수 있는데, 이는 권리 소유자에게 이윤을 극대화하지 않기 때문이다. 특허권소유자는 두 번째의 공장을 짓거나 라이선스(License)를 허가할 것이다.

다른 세 가지의 가상 상황 중에서, 우리는 라이선스를 주는 특허권 소유자가 만약 로열티(royalties)와 고정요금(fixed fees)을 책정할 수 있다면, 두 기업에게 라이선스를 줌으로써 자신이 두 개의 생산시설을 이용해 직접 시장에 공급함으로써 얻는 이윤과 같은 이윤을 얻을 수 있다는 것을 제 6장의 6.1절에서 살펴보았다. 라이선스의 허가조건이 충분하다면 특허권소유자는 한 기업에게 라이선스를 주고 시장수요의 일부를 자신이 직접 공급함으로써 이를 달성할 수도 있다. 따라서 우리는 이 세 가지의 효율적인 가상논리들 사이에서 특허권소유자가 어떤 것을 사용할지를 고려하지 않고도 이 최대 이윤을 기준점(reference point)으로 삼을 수 있다. 물론 최대 이윤은 온전히 특허사용료(licensing fee)로부터 얻을 수도 있고, 온전히 비용을 뺀 판매수입으로 얻을 수도 있으며, 판매와 라이선스 요금을 통해 얻을 수도 있다. 이 모든 방법은 권리소유자에게 같은 이윤을 줄 것이다.

이제 특허침해가 없을 때 특허 소유자는 π^J의 이윤을 얻을 수 있다고 가정하자. 제6.1절의 표기법에 따르면 $\pi^J = q^* \cdot p(q^*) - 2\int_0^{q^*/2} \gamma(\hat{q})d\hat{q}$ 이며, π^J는 특허권 소유자가 하나의 생산시설을 가지고 독점자로서 얻을 수 있는 이윤보다 크다. 이전과 마찬가지로 π_I^P와 π_I^C는 각각 특허권소유자와 경쟁자(침해자)의 특허침해가 있을 때의 이윤을 나타낸다. $\pi^J > \pi_I^P + \pi_I^C$이기 때문에, 특허권자의 일실이익($\pi^J - \pi_I^P$)은 침해자의 이익인 π_I^C보다 크다. 따라서 일실이익(lost profit)은 특허침해를 억제시킬 것이다.

이러한 논리로, 우리는 일실이익(lost profit)을 판매의 순이익 손실(lost sales net of costs)과 라이선스 수입 손실(lost licensing revenue)로 구분하지 않아도 된다. 그러나 바로 이 부분이 실용적인 측면에서 어려움을 겪는 부분이다. 비록 법률상으로는 일실이익(lost profit)이 합리적 로열티(reasonable royalty) 하에서 로열티의 손실부분(lost royalty)이 될 수 있다 하더라도, 이를 계산하는 데 대한 명확한 가이드라인은 없다. 추정되는 균형점(침해가 없을 때 균형점)은 일어나지 않았기 때문에 법원은 π^{l}의 기초가 되는 라이선싱 계약이나 판매 수입을 참고할 수 없으며, 어느 경우에든지 법원이 참고할 수 없는 다양한 라이선싱 계약이 존재한다. 여기에는 라이선스를 전혀 안 주는 것도 포함된다. 따라서 법원은 근거 없는 추측의 정도를 줄이기 위해 손실된 판매이윤만을 기초로 손해배상을 추정하는 방법 또는 손실된 로열티만을 기초로 하여 손해배상을 추정하는 방법 중 하나를 선택해야 한다는 제약을 느낄 수 있다.

따라서 비록 일실이익(lost profit) 원칙이 징벌적 손해배상금이 없이도 침해를 방지하기에 충분한 페널티를 준다고 하더라도, 기준(benchmark)이 되는 이윤을 계산하는 것은 어렵다. 다행이 비록 일실이익(lost profit)이 낮게 추정되더라도 특허침해는 억제될 수 있을 것이다. 이는 상품특허의 경우 특허 침해는 권리 소유자의 이익을 포함하여 특허 침해자의 이익까지 모두 소멸시키기 때문이다. 이익의 소실은 그 자체로 징벌적이기 때문에, 침해를 억제하기 위한 최소한의 손해배상액은 일실이익(lost profit)보다 낮다. 만약 일실이익(lost profit)이 정확히 측정되어 손해배상으로 청구된다면 특허침해는 필요 이상으로 '과도하게 방지(overdeterred)' 된다. 그러나 이러한 단순한 이야기는 연구방법(research tool) 특허와 같이 특허소유자(Licensor)와 실시권 사용자들(Licensees)이 서로 시장에서의 경쟁자가 아닐 때 달라질 수 있다.

7.2.2 구제: 라이선스를 획득한 연구방법

위에서 강조한 바와 같이, 일실이익의 계산이 어려운 이유는 일어나야 했지만 일어나지 않은 가상의 균형(즉, 침해가 없을 때 일어나는 균형)을 알아야 일실이익을 계산할 수 있기 때문이다. 이익은 균형상의 개념이기 때문에, 일실이익(lost profit) 역시 균형상의 개념이다. 그러나 라이선싱(licensing)이 있을 때 일어나야 했던 균형(침해가 없을 때)을 계산하는 것은 다층적이고 복잡한 문제이다. 왜냐하면 '라이선스를 획득해야 했던' 침해자가 지불하는 특허 사용료(license fee) 역시 발생하지 않은 균형의 일부분이기 때문이다. 이 문제는 특허를 획득한 상품의 경우 라이선싱을 포함하든 포함하지 않든 상관없이 다양한 방법으로 달성될 수 있는 표준적인 이익(benchmark level of profit)을 살펴보는 것으로 대체되어왔다. 그러나 이러한 대안들은 아래에 나오는 경우들에서는 불가능할 것이다.

여기서의 논의는 주로 연구방법(research tools)에 관한 것이다. 연구방법은 특히 생명과학(biotechnology) 분야에서 중요시되는데, 이 분야는 신약품이나 다른 제품을 개발하는 과정에서 (1) 박테리아, 담배식물, 또는 (농작물을 위한) 생식질(세포질)과 같은 적합한 숙주, (2) 외부 유전자를 숙주에 삽입하는 기술, (3) 원하는 특성이나 단백질을 위한 염기서열, (4) 다른 유전자의 억제나 표현과 같은 지시를 숙주에게 내리는 염기서열, 그리고 (5) 숙주를 죽이지 않고 상품을 추출하는 기술들을 요구한다. 생명공학적 제품의 개발자는 일반적으로 이 5가지 기술들을 사용할 수 있는 지적재산권을 소유하고 있지 않기 때문에 라이선스를 받아야만 한다.

이런 상황에서, 일실이익(lost profit)의 원칙은 라이선스 요금에 대한 불확정성(indeterminancy)을 유발하여 연구방법(research tools)에 대한 투자 유인을 약화시킬 것이다. 이는 손실된 로열티(lost royalty)에 대한 정의에 존재하는 순환성(circularity) 때문이다.

라이선스 요금(license fee)을 L이라고 가정하고, 일실이익원칙(lost profit doctrine) 하에서 침해로 인한 손해배상액을 d라고 가정하자. 일실이익원칙(lost profit doctrine)하에서 손해배상액에 대한 법원의 계산을 보면, 손해배상액은 $d=L$을 충족시켜야 한다. 잠재적인 라이선스 실시권자(licensee)가 라이선스를 위해 지불할 용의가 있는 최대 금액은 자신이 라이선스를 받지 않아서 나중에 배상해야 하는 손해배상액인 d일 것이다. 더구나 특허권소유자(licensor)가 부과하는 최소 금액 역시 d일 것이다. 특허권소유자는 나중에 법정에서 d만큼을 보상받을 수 있기 때문이다. 그러므로 $L=d$이라는 식이 성립한다. 그러나 어떤 요소가 d와 L의 상호 가치를 결정하는가? 여기서 둘 간의 상호 가치는 라이선스 실시권자(licensee)의 지불용의금액(Willingness to Pay, 이하 WTP)보다 낮아야 한다는 것을 제외하면 확실한 것은 없다. 라이선스 사용자는 그 정의 상, 자신의 지불용의금액보다 더 많이 지불하려 하지 않을 것이고, 따라서 이는 일실이익(Lost profit)이 될 수 없다.

결국 이러한 논리는 순환논리에 빠지게 되고, 따라서 별로 만족스럽지 못한 결과를 초래한다. 이는 결국 라이선스를 받는 혁신의 수익성은 불확정적이며, 혁신

그림 7-2 라이선스 시장

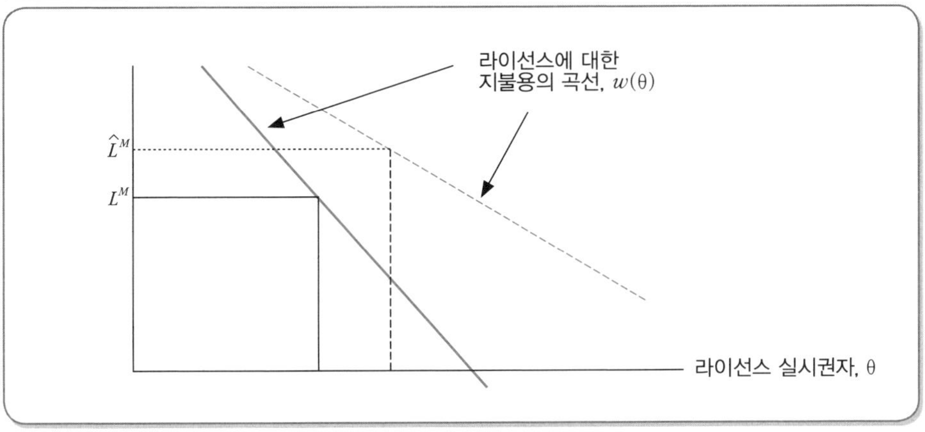

에 대한 낮은 보상의 가능성이 혁신을 저하시킬 수 있음을 의미한다.

이러한 주장을 좀 더 자세히 살펴보기 위해, 연구방법(research tool)을 위한 시장은 특허권 소유자(licensor)가 라이선스 실시권자(licensee)에게 사용자의 지불용의금액(WTP)에 따라 가격을 차별할 수 없다는 면에서 익명성을 띤다고 가정하자. 라이선스에 대한 시장 수요는 [그림 7-2]에 나타난 것과 같다. 예를 들어 [그림 7-2]는 PCR 라이선스에 관한 시장을 묘사한다고 가정해보자. PCR은 실험에 사용되는 DNA를 쉽게 복제할 수 있는 기술로, 생의학 분야에서의 연구에 매우 유용하게 사용되는 화학적인 공정이다. 이러한 연구도구에 관해서 각 PCR 사용자들의 지불용의금액(WTP)은 PCR을 선택하지 않았을 때 차선의 대안을 사용하였을 때 얻는 편리성이나, PCR로 인해 실행 가능한 연구 프로그램의 가치에 의해 결정된다.

원래의 수요곡선 혹은 지불용의금액곡선([그림 7-2]에서 실선)에서, 특허권소유자(licensor)의 최선의 선택은 독점 가격인 L^M을 부과하는 것이다. 이 가격은 다른 조건이 변하지 않는다면 계속 유지(self-sustaining)되어야 한다. 특허침해자는 손해배상으로 $d=L^M$을 지불해야한다. 왜냐하면 L^M이 시장에서 통용되는 가격이고, 침해가 발생했을 때의 일실이익(Lost profit)이기 때문이다.

그러나 [그림 7-2]에서 수요곡선이 점선으로 이동한다고 가정해보자. 이 때 특허권 소유자가 부과하고 싶어 하는 독점 가격은 $\hat{L}^M$이다. 가격이 오르는 것이 가능할까?

손해배상액과 라이선스 요금(licensing fee)의 자기구속적인 특성(self-reinforcing

nature) 때문에 한 번 확립된 가격이 올라가는 것은 어려울 것이며, 그 결과 통용되는 가격은 다소 임의(arbitrary)적일 수 있다. 만일 특허권 소유자가 갑자기 새로운 라이선스 실시권자(licensee)에게 $\hat{L}^M$의 가격을 요구한다면, 라이선스 실시권자는 허가를 받는 것보다 특허를 침해하는 것이 더 나은 선택이 될 것이다. 왜냐하면 법원은 손해배상액을 계산할 때 시장에서 관측되는 일반적인 가격으로 일실이익을 계산하는데, 이 때 시장에서 관측되는 가격은 L^M이므로 법원은 손해배상액을 $d=L^M$으로 부과할 것이기 때문이다. 따라서 특허권 소유자가 모든 라이선스 실시권자들의 가격을 동시에 바꿀 수 있는 방법을 찾을 수 없는 한, 가격을 조정하는 것은 어려울 것이다.

수요곡선의 이동을 고려하지 않고도 동일한 주장을 할 수 있다. 만약 어떤 이유로든 특허권 소유자가 자신의 수익을 극대화하는 가격보다 낮은 가격으로 라이선스 사용료를 부과하고 있다는 것을 알게 된다면, 특허권 소유자는 가격을 조정하려고 할 것이다. 그러나 특허권 소유자는 손해배상액과 라이선스 요금의 자기구속적 특성 때문에 이를 조정하는 데 어려움을 겪을 것이다. 그러므로 균형 라이선스 요금(licensing fee)과 손해배상액을 고정 할 수 있는 방법은 없으며, 그 가격들은 어느 정도 임의적일 수 있다. 특허권 소유자(licensor)는 자신의 수익을 극대화하는 가격보다 낮은 가격을 책정하는 균형에 고착될(locked) 수 있다.

7.3 | 기술적 수단에 의한 저작권의 보호

지적재산권은 본질적으로 공공재적인 성격을 지닌 정보에 독점적인 권리를 부여하는 것이기 때문에 실행되기 어렵다. 일단 정보가 노출되게 되면 이는 자유롭게 복사되고 사용될 수 있기 때문이다. 제조업 공산품의 경우에는 침해의 위협이 제한적이다. 왜냐하면 침해가 개인적으로 이루어지지 않고 기업 수준에서 이루어지기 때문이다. 공산품에 대한 침해는 생산과 배급 설비를 필요로 하는데, 이런 경우 특허 침해는 쉽게 발견될 수 있다.

지적재산에 관한 법은 발명가들로 하여금 발명가의 승인 없이 자신들의 발명품을 사용하지 못하도록 하는 법적 수단(legal means)을 제공한다. 한편, 암호화나 복제 방지 기술 등과 같은 기술적 수단(technical means)도 존재한다. 기술적 수단이 법적 수단의 필요성을 없앨 수는 있지만 두 가지 수단이 동등한 것은 아니다.

만일 독점을 제공하는 법적 수단—즉 저작권이나 다른 지적재산권－이 실행력을 잃으면(즉 강제력을 잃는다면), 기술적 보호수단은 특히 중요해질 것이다. 기술적 보호는 특허의 영역보다 저작권의 영역에서 더 널리 활용되어 왔다. 그러나 특허의 영역에서도 기술적 보호가 침해를 막는 중요한 수단이었음을 보여주는 사례가 있다. 몬산토(Monsanto)에 의해 개발된 '터미네이터 유전자(terminator gene)'라고 불리는 유전자가 그 예이다. 이 유전자는 유전자 조작 농작물 씨앗에 삽입되면, 씨앗의 다음 세대가 발아하는 것을 막는다. 결과적으로 농부는 다음 농작물을 심기 위해 씨앗을 저장할 수 없다. 일반적으로 씨앗의 저장은 특허를 획득한 유전자 조작 농작물에 대한 라이선스에 의해 금지된다. 그러나 이러한 금지를 실질적으로 강제하는 것은 어렵다. 터미네이터 유전자는 이러한 실행력의 문제를 해결한 기술적 수단이지만, 터미네이터 유전자의 다른 씨앗에의 적용 가능성 등 다른 이유로 논란의 대상이 되고 있다.

기술적 보호는 영화, 음악, 컴퓨터 소프트웨어, 컴퓨터 게임 등과 같은 소위 디지털 콘텐츠에 널리 도입되어 왔다(Samuelson and Scotchmenr, 2002). 만약 이러한 제품들이 CD로 유통되면 이 제품들은 불법적으로 복제되기가 쉬웠다. 물론 인쇄된 책이나 테이프를 통해 유통되는 음악들도 오랫동안 복제에 취약해왔다. 그러나 이러한 복제가 과거에는 그들의 시장을 위협하지 않았다. 왜냐하면 대부분의 소비자들에게 합법적인 복제품의 가격보다 불법 복제에 따른 불편함의 비용이 더 컸기 때문이다.

그러나 기술이 발전함에 따라 저작권자에 대한 위협도 진화해왔다.[6] 1970년대에 비디오 녹화기(VCR)가 도입되었을 때, 영화 제작자들과 여타 방송 또는 케이블 컨텐츠 판매업자들은 개인들이 집에서 비디오를 녹화할 수 있는 것이 영화 수익이나 비디오 대여를 잠식하지 않을까 걱정했다. 시청자는 개인적인 목적으로 사용하기 위해 영화를 비디오 녹화할 권리가 있는가? 이 이슈는 1970년대와 1980년대에 법원에서 끊임없는 논쟁을 불러 일으켰다.

아날로그 테이프는 복사를 할 때마다 복사의 질이 떨어진다는 점에서 어느 정도 자기 제한적인 복사 잠재력을 지닌다. 따라서 복사본에 대한 무한 복사가 힘들

6) 해석을 곁들인 역사를 위해서는 Goldstein(1994)를 참고하고, 소프트웨어와 디제털 제품에서의 연속적인 개발에 관해서는 Litman(2001), Samuelson(2002), 그리고 Menell(2002)를 참고하라.

고, 이는 어느 정도 복제에 대한 위협을 제한하였다. 이에 반해 디지털 콘텐츠는 완벽한 복제가 가능하다. 1980년대 중반에 디지털 오디오 테이프(DAT)가 도입되었을 때, 콘텐츠 제공자들은 동일한 품질로 무한정 복제할 수 있는 디지털 콘텐츠의 특성이 광범위한 침해를 야기할 것을 우려했다. 1992년 콘텐츠 제공자들은 의회가 오디오 가정 녹음법(Audio Home Recording Act)에 복사-관리 해결책(copy-management solution)을 채택해줄 것을 요청했다. 이 법은 DAT와 DAT 플레이어가 기술적으로 복사의 횟수를 제한하도록 하는 순차-복사관리시스템을 반드시 포함하도록 규정하였다.

1980년대에는 시장에서 기술적 보호가 효력이 없는 것으로 드러났다. 1980년대 후반 개인 컴퓨터를 위한 소프트웨어는 한 번만 설치가 가능하도록 판매되었는데, 사용자(결과적으로 판매자)에게는 이 점이 성가신 점으로 인식되었다. 설치 중에 일어난 작은 결함이 소프트웨어를 사용하지 못하도록 만들 수 있기 때문이었다. 더구나 사용자들은 그들이 공정하다고 생각함에도 불구하고 소프트웨어의 복사본을 백업하거나, 집이나 사무실 컴퓨터에 설치할 수도 없었다.

궁극적으로, 1회 설치 기능은 시장에서 사라졌다. 어쨌든, 오늘날의 컴퓨터들은 설치 전에 1회 설치 디스크를 복사할 수 있고, 그 결과 저작권 시스템을 약화시킬 수 있다. 1회 설치 기능의 현대적인 구현은 인터넷에서 사용자의 컴퓨터로 직접 소프트웨어를 다운로드 하는 것이다. 다운로딩은 양날의 검이다. 컴퓨터 소프트웨어에 있어, 다운로드는 디스크가 유포되지 않게 한 번만 설치가 가능하도록 판매하는 편리하고 통제가 가능한 방법이다. 그러나 음악과 같은 콘텐츠에서 다운로딩은 뒤에서 다룰 Napster의 경우처럼 불법적 복사본의 유통을 용이하게 할 수 있다.

디지털 컨텐츠의 복사를 막는 또 다른 해결책에는 암호화(encrypton)와 워터마크(watermark)가 있다. 이들은 암호(code key) 없이는 디지털 컨텐츠의 해석을 불가능하게 하거나 접근이 불가능하게 만드는 방법들이다. 암호에 대한 접근은 라이선스나 판매에 의해, 종종 콘텐츠 자체의 판매와 함께 승인된다. 물론 암호에 대한 접근을 판매하는 것과 콘텐츠에 대한 접근을 판매하는 것이 무엇이 다른가에 대한 질문이 생길 수 있다. 만약 콘텐츠가 복사될 수 있다면, 암호 또한 마찬가지로 복사될 수 있다. 게다가 암호는 전형적으로 비밀번호이다. 만약 사용자가 정말로 비밀번호를 알아내기를 원한다면, 컴퓨터를 사용하여 비밀번호의 배열을 찾는 seriatum(시리얼 순서로 배열된 것을 말함)을 시도할 수 있다. 좀 더 신뢰할 수 있는 암호화 버전은 암호를 직접 받을 수 있는 콜홈(call home) 승인 방법이다. 소프트웨어를 CD로부터 다운로드하거나 설치하는 대신에, 사용자는 웹사이트에 로그인한 후 판매자에게 돈을 지불하고 소프트웨어를 이용할 수 있게 하는 승인 코드를 받는다.

디지털 워터마크는 프로그램에 삽입된 하나의 코드로 제작 회사를 나타내기 위해 편지지에 희미하게 프린트한 워터마크에서 유래하였다. 이는 두 가지 목적을 지닌다. 첫째로, 소프트웨어의 불법복제본이 유통될 때, 워터마크는 유통되고 있는 복사본의 초기 구매자 또는 라이선스 사용자를 알아낼 수 있다. 워터마크는 복사본의 초기 구매자 또는 라이선스 사용자가 법적 책임을 질 수 있는지 여부에 따라 실용적일 수도 있고 실용적이지 않을 수도 있다. 두 번째 목적은 디지털 콘텐츠를 사용하기 위해 요구되는 공인된 플렛폼 안에 내장된 코드와 더불어 작동하도록 하는 것이다. 예를 들어, 영화산업은 CSS(content scrambling system)로 불리는 기술에 의해 복사가 방지되는 DVD를 개발했다. CSS는 DVD 디스크에 구현된 암호를 DVD플레이어에 내장된 암호에 매칭이 되게 함으로써 컨텐츠에 대한 접근을 허용한다. DVD플레이어 제조업자들은 그 자체 시스템이 작동하게 하기 위해 CSS 시스템에 대한 라이선스가 있어야 한다. 음반 산업도 SDMI(Secure Digital Music Initiative)라고 불리는 이와 비슷한 시스템을 이용한다. SDMI를 통해 디지털 음반은 승인된 플레이어들만이 감지할 수 있도록 고유한 신호를 보내게 된다. 여러 가지 이유로 인해 이 시스템은 계속 이어지지는 못했다.

이러한 시스템들, 즉 플레이어에 접근 권한을 확인하는 암호를 삽입하는 기술은 법적 실행의 문제를 콘텐츠를 보호하는 것에서 콘텐츠 플레이어를 보호하는 문제로 바뀌게 했다. 이러한 시행 과정에서 극단적인 경우 콘텐츠는 전혀 보호되지 않을 수도 있다. 콘텐츠를 보호하는 데 대한 모든 부담은 플레이어에게 옮겨갈 것이다. 그러나 플레이어를 보호하는 것은 콘텐츠 보호를 위한 완벽한 대체물이 아니다. 왜냐하면 플레이어의 수익을 인기에 따라 보상하는 방식으로 콘텐츠에 분배하는 것이 어렵기 때문이다. 이 해결책이 가진 또 다른 문제(독점 금지 당국이 직면하는 문제이지만, 콘텐츠 제공자들에게는 발생하지 않을 수도 있는 문제)는 플레이어들의 승인 기술에 대한 공동 소유가 콘텐츠를 직접 보호함으로써 방지할 수 있는 콘텐츠 제공자들 사이의 암묵적 담합(implicit collusion)을 허용할 수 있다는 것이다(Scotchmenr and Park, 2004). 더구나 기술적인 시스템은 잘 작동되지 않을 수도 있다. 왜냐하면 기술적 보호 시스템이 역분해(reverse engineering)되어 콘텐츠 플레이어 시장이 라이선스를 받지 않은 시장 진입자들(entrants)에게 개방될 수 있기 때문이다.

앞선 설명이 주는 메시지는 현재까지는 콘텐츠의 불법복제를 보호하는 데 있어 기술적 보호의 효력이 제한적이라는 것이다. 아마도 허가되지 않은 사용자의 접근을 완전히 막는 방법은 존재하지 않을지도 모른다. 기껏해야 기술적 보호 수단은 콘텐츠에 접근하는 과정에서 비밀번호를 알아내거나 암호화 시스템, 또는 워터마크의 기술적 보호들을 피해야 하도록 만듦으로써 비용을 증가시킬 뿐이다. 더구나 암호화된 디지털 콘텐츠조차 복제에 취약하다. 콘텐츠를 사용하기 위해서는 어느 특정한 시점에 컴퓨터의 메모리 안에 암호화되지 않은 상태로 존재해야 한다. 이 시점에는, 비록 다른 시점은 안전하다 하더라도, 복제에 취약하다. 간단히 말해 시장이 지금까지 생산해 온 것에 따르면, 기술적 보호 시스템을 피하는 것은 단지 비용을 지불할 의사가 있는가에 관한 문제가 되었다는 것을 알 수 있다.

기술적 보호의 문제점이 인식됨에 따라, 의회는 1998년에 디지털 밀레니엄 저작권법(DMCA)을 제정하였다. 일부 예외적인 상황을 제외한 조항들에서 DMCA는 기술적 보호 시스템을 피하는 것을 법적으로 금지하였다.[7] 즉 기술적 보호에 대한 법적 보호 장치들이 만들어진 것이다.

디지털 콘텐츠에 대한 법적 보호가 효력이 없었던 것을 생각해보면, 왜 기술적 보호에 대한 법적 보호는 효력을 가질 것인가에 관한 의문이 생긴다. 한 가지 명백한 대답은 기술적 보호에 대한 법적 보호 규칙을 만든 것에 더하여, DMCA는 규칙을 위반한 것에 대해 강력한 형벌을 부과한다는 것이다. DMCA 하에서 상업적 목적을 위해 기술적 보호 장치를 우회하는 것은 범죄행위가 된다. 즉, 범죄자는 이전에 논의되던 벌금 대신에 징역형에 처해질 수 있다. 1997년 제정된 전자절도방지법 아래에서는 기술적 보호를 피하지 않거나 상업적 가치가 없는 복제에 조차도 직접적인 저작권 침해에 대한 형사책임을 지게 하는 것이 가능하다. 이 두 개의 법은 고의가 아닌 침해자들을 면제해 주는 예외조항을 가지고 있다.

비록 완전히 효과적이지는 않더라도, 기술적 보호는 아래와 같은 중요한 경제적 결과를 초래한다.

1. 모든 기술적 보호 수단은 적어도 사용자들이 자동적으로 지적재산권을 보호

7) 이러한 위협의 한계점들과 2002년까지 어떻게 이들이 적용되었는지에 관한 논의에 대해서는 Samuelson and Schotchmer(2002)를 참고하라.

해주는 이상적인 세계와 비교했을 때 필연적으로 비용의 낭비를 수반한다. 만약 사용자와 제공자가 기술적 보호 수단과 그 수단을 극복하고자 하는 대책 수단 간의 전쟁에 말려든다면 양측간 전쟁의 상승을 유발하면서 비용의 낭비는 점점 더 심해지게 된다.

2. 만약 기술적 보호 수단이 정말로 효력을 가지게 된다면, 공정한 사용자들까지도 침해자들처럼 콘텐츠에 대한 접근으로부터 배제되기 때문에, 디지털 콘텐츠에 대한 공정사용을 약화시킬 가능성이 있다. 제4장에서 언급한 것과 같이, 저작권 컨텐츠의 공정한 사용을 승인해 주는 타당한 정책적인 이유가 있다. 만약 기술적 보호수단이 정말로 효과적으로 작동하면 이러한 공정사용이 희생될 수 있다.
3. 만약 기술적 보호 수단이 정말로 효과가 있다면, 보호의 지속기간이 지적재산법의 규정과 일치할 것이라고 생각할 이유가 없다. 만약 발명자가 기술적 보호 수단을 이용하여 그의 발명품을 20년간 보호할 수 있다면, 왜 30년은 안되겠는가? 즉, 그는 발명품을 특허에 의해 법적으로 보호되는 기간보다 훨씬 더 오랫동안 영업비밀(trade secret)로서 보호할 수 있다.
4. 기술적 보호는 특허의 경우에 요구되는 기술적 공개 의무를 피할 수 있다. 경제적 결과를 측정하기 위해서는 왜 기술공개(disclosure)가 요구되는지에 대한 이론적 지식이 필요하다(제5장을 참조하라). 기술공개가 경쟁자를 도와주는 정도만큼 기술적 보호는 권리 소유자를 도와준다. 그러나 이는 전체적으로 혁신을 저해할 수 있다.

따라서 만약 권리가 법적 수단 대신에 기술적으로 보호된다면 지적재산권에 대한 제한은 사라질 수 있다. 이러한 결과는 법적 보호가 기술적 보호로 대체되어야 한다고 주장하는 사람들이 그들의 주장에 대해 다시 한 번 생각하도록 만든다. 기술적 보호가 정말로 효과적이라면, 이 책의 다른 부분에서 다루는 지적재산권의 설계에 관한 이슈는 논쟁의 여지가 있을 수 있다.

그러나 기술적 보호는 시행하는 데 비용이 많이 들고 몇몇 이용자들은 개인적인 용도를 위해 발각되지 않고도 이를 피할 수 있기 때문에, 사용자에게 오히려 더 높은 비용을 야기할 것이라고 말할 수는 없다. 이 점은 명확하지 않다. 비록 의회가 기술적 보호를 피해가는 도구나 복제품을 상업화하는 것뿐만 아니라 이를 개인적으로 피해가는 행동에도 엄격한 페널티를 주도록 법안을 제정하였더라도, 각 개인이 기술적 보호를 몰래 회피하는 것을 찾아내기란 어려운 일이다. 만약 사용자가 보호를 피하는데 드는 비용이 콘텐츠의 가격보다 낮아서 기술적 보호 시스템을 피해간다면, 기술적 보호를 피해가는 위협은 어느 정도 판매자의 가격 전략에 아래와 같이 영향을 미칠 것이다.

보호의 강함 정도를 e로서 지수화(index)하여 나타내보자. 논의를 간단히 하기 위해, e가 기술적 보호를 피해 가는데 드는 비용도 나타낸다고 가정하자. 판매자는 e보다 높은 가격에서는 제품을 판매할 수 없다. 보호의 강도 e를 선택함으로써 발명자는 선택 가능한 가격들 중 가장 높은 가격을 선택한다.

가격이 p일때의 수요를 $q(p)$라고 가정하고, 콘텐츠의 공급 단위당 한계비용은 0이라고 가정하자. 이 경우 법이 완전한 효력을 발휘했을 때의 독점가격은 $pq(p)$를 극대화하는 p^*가 된다.

[그림 7-3]에 보이는 것처럼, 보호 강도가 e인 시장에서 가능한 이윤은 아래와 같이 나타낼 수 있다.

$$\Pi(e) = \begin{cases} p^* q(p^*) & \text{if } e \geq p^* \\ eq(e) & \text{if } e < p^* \end{cases}$$

보호 시스템(e)이 보다 높은 가격을 허용할 수 있을 만큼 강하더라도, 판매자는 p^* 보다 가격을 올리지는 않을 것이다. p^*보다 가격을 올리는 것이 이윤을 증가시키지 않기 때문이다. 따라서, 이윤함수 $\Pi(e)$는 $e \geq p^*$일 때 보이는 것처럼 평평해진다. 만약 기술적 보호 회피에 대한 위협으로 인해(*i.e.*, 만약 $e<p^*$) 보호 시스템이 가격을 p^*만큼 높게 유지하지 못한다면, 판매자는 기술적 보호를 회피하려하지 않는 가격 중 가장 높은 가격을 책정할 것이다.

$K(e)$가 보호 강도(e)에 따르는 보호시스템 장착의 비용을 나타낸다고 하자. 보호 비용에는 암호나 워터마크 시스템에 대해 해커들보다 앞서기 위한 업데이트 비용 등이 포함될 것이다. [그림 7-3]에 나타난 것처럼 비용 곡선 K는 증가한다고 가정한다. 최적 보호 수준은 $\Pi(e)-K(e)$의 거리가 가장 커지는 $\hat{e}$이다. 최적 보호 수준은 독점가격을 유지할 수 있는 보호 수준 e^*보다 작다. $e^*=p^*$로부터 보호수준을 한계적으로 줄임으로써, 판매자는 보호시스템 장착에 따르는 비용을 줄이지만,

그림 7-3 최적의 기술적 보호

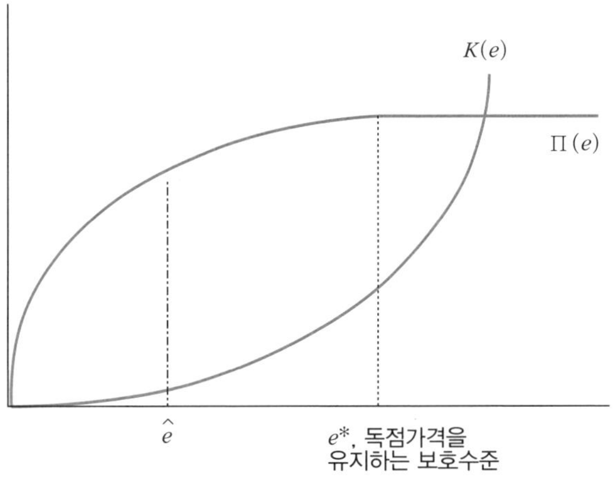

이는 이윤에 아주 작은 영향을 준다.

따라서 기술적 보호에 의존하는 것은 가격에 미약한 영향을 주고 기간 당 사중손실을 줄인다. 그러나 기간 당 사중손실의 감소분과 비교했을 때, 보호 시스템은 비용이 많이 들며 지적재산보호제도와 같이 정해진 시점에서 끝나는 것이 아니라 무기한 계속될 수 있다. 이러한 상쇄 효과를 고려할 때, 기술적 보호를 회피하려는 위협이 사회 후생을 줄이는지 여부는 불명확하다.

놀랍게도 기술적 보호에 의존하는 것은 소비자와 판매자 모두에게 이익을 줄 수도 있다. 이 내용은 할인된 이윤이 일정하게 유지될 만큼 매 기간 가격이 충분히 낮다면, 소비자는 지적재산권이 길게 보장되는 경우 더 나을 수 있다는 제 4장의 주장과 관련이 있다. 이와 같은 추론은 기술적 보호의 경우에도 적용된다. 기술적 보호 제도는 보호기간을 연장하기도 하지만 가격을 낮출 수도 있다.

인터넷 서비스 제공업체들(Internet Service Providers: ISPs) 또한 법 실행 환경에 있어 한편으로는 침해 행위를 하는 자들로서, 또 한편으로는 치열한 집행 전쟁의 동맹자들로서 중요한 행위자라고 할 수 있다. 저작권법에서 침해방조(contributory infringement)는 타인의 침해를 조장하거나 촉진하려는 고의적인 시도를 일컫는다. 이를 촉진하는 사람은 법적 책임을 져야 한다. ISP는 그들이 운영하는 사이트에 불법 복제된 콘텐츠가 포함되어 있을 위험을 감수해야만 한다. 결과적으로 ISP는 의회에 위반한 사실을 사전에 알지 못한 경우 예외를 인정해 주는 세이프하버규정(a safe harbor)을 DMCA에 추가하도록 요청하였다.

일반적인 경제 원리에 따르면, 법을 실행하기 위한 감시는 그것을 최소한의 비용으로 할 수 있는 사람에 의해 행해져야 한다. 이는 아마도 콘텐츠 제공자 또는 ISP일 것이다. 콘텐츠 제공자는 권리 위반을 구성하는 요소가 무엇인지 명백히 알고 있으며 ISP에게 이를 알릴 유인이 존재한다. 그러나 또한 특허침해를 주장하는 데 있어 공격적일 수 있고, 합법적으로 공정 사용을 하는 사용자들을 사이트에서 내쫓도록 ISP에 압력을 가할 가능성도 존재한다. 잠재적 책임성과 관련하여 ISP는 자체적으로 침해를 감시하는 데 그쳐도 되는지, 아니면 불법 복제 사실을 인지했을 때 법적 책임이 있는지에 대해 법적 판단을 내려야 하는 부담을 가지게 될 것이다.

7.4 | 제한된 범위 내에서의 저작물의 공유

디지털 콘텐츠에 대한 복사가 쉽고 정확해짐에 따라 콘텐츠 공급자들은 대규모의 불법복제에 대한 두려움을 느껴왔다. 이러한 두려움은 아시아에서의 광범위한 불법복제 사례와 현재는 사용되지 않지만 Napster와 같은 불법복제의 공유를 가능하게 하는 기술들이 미국시장을 침입하면서 심화되어 왔다. Napster는 사람들이 자신이 원하는 음악을 가지고 있는 사람을 찾을 수 있도록 도와주는 데이터베이스였다. 원하는 음악을 가지고 있는 사람을 서로 발견했을 때, 사용자는 상대방의 컴퓨터로부터 원하는 음악을 다운받을 수 있다. Napster는 저작권 침해를 방조(contributory infringement)한다는 이유로 음악 프로듀서들로부터 기소를 당했고 이후 문을 닫게 되었다. 현재에도 이와 비슷한 기능을 하는 사이트들이 있는데, 몇몇 사이트들은 음원 요금을 받고 있으며, 이들 요금 중 일부는 콘텐츠 제공자에게 전해지고 있다.

소위 '구시대의 경제(old economy)'는 생산시설을 기반으로 이루어지기 때문에 규모가 큰 침해들은 대부분 감지가 가능했다. 생산시설은 은폐하는 것이 어렵기 때문이다. 반면 디지털 콘텐츠들은 인터넷으로부터 다운로드하거나 CD를 굽는 장비만으로도 누구든지 복제할 수 있다.

이러한 특성이 정확히 무엇을 위협하는가? 아마도 Napster의 사례가 주는 가장 중요한 교훈은 디지털 콘텐츠를 복사하는 것이 쉽다는 점이 아니라 음악 산업이 Napster를 문 닫게 하는 데 성공했다는 점일 것이다. 이는 또한 저작권 침해가 감지가능할 만큼 대규모로 발생했기 때문에 가능했다고도 할 수 있다.

저작권법의 최초판매원칙(the first-sale principle)에 따르면 구매자는 합법적으로 취득한 사본을 재판매 또는 대여를 포함하여 자신이 원하는 어떤 방법으로든 이를 처분할 수 있다. 이러한 권리는 만약 복사되지 않고 원본으로 대여된다면 CD와 같은 디지털 콘텐츠들에까지 범위가 확장된다. 콘텐츠 제공자들이 느끼는 위협은 CD가 단순히 대여만 되는 것이 아니라 복제될 수 있다는 것이다. 우리들 중 대부분은 복제를 통해 불법적으로 저작물을 공유하는 사람들을 알고 있다. 그러나 복사본이 유통되고 있는 것을 쉽게 추적하지 못하는 이유는 아마 불법 복제가 공유되는 범위가 작기 때문일 것이다. 친구들 수준에서 발생하는 것과 같은 공유는 그 범위에 한계가 있다.

Bakos, Brynjolfsson, and Lichtman(1999)는 만약 공유가 제한된 범위 내에서 일어난다면 콘텐츠 제공자들은 공유를 간과한 경우보다 공유를 예상했을 때 더 많은 이윤을 창출할 수 있다고 주장했다. 콘텐츠 제공자들은 공유를 예상한 상태에서 가격을 책정할 것이다. 이를 증명하기 위해 지불의사가격(willingness to pay)이 각각 (1,1,4,5,6,7)인 6명의 소비자들이 있다고 가정하자. 만약 콘텐츠가 독점가격(monopoly price)으로 팔린다면 최대 이윤을 내는 가격은 4이며, 4보다 큰 지불의사를 가진 소비자가 총 4명이기 때문에 16의 이윤을 창출한다.

이제 2명씩 그룹을 지어 콘텐츠를 공유한다고 하자. 이 경우 각 그룹의 지불의사 가격은 하나의 값으로 정해질 수 있다. 여기서 우리는 같은 그룹 내에서 사고자 하는 것이 불일치했을 경우 이를 해결하기 위해 친구들 사이에 일종의 부수적인 지급(side payment)이 있다는 것을 가정한다. 다음은 2명으로 이루어진 그룹의 경우, 지불 의사 금액의 합계가 같도록 분배될 수 있는 두 가지 방법을 나타낸다.

(5,6,13) (6,7,11)

이렇게 나뉜 공유그룹은 다른 시장수요를 창출하고, 다른 이윤극대화 가격을 갖게 된다. 이윤을 극대화하는 가격은 각각 5와 6이다. (역주: 총 6명의 소비자들에 대해 2명으로 이루어지는 공유그룹을 형성하는 방법은 앞의 경우 (1,4), (1,5), (6,7) 이며, 뒤의 경우 (1,5), (1,6), (4,7)인 경우이다. 앞의 경우의 첫 번째 그룹은 콘텐츠 제작자가 가격 5를 책정하면 둘이 비용을 모아서 이를 구매할 것이다.) 양쪽 경우 3명 모두 콘텐츠를 구매할 것이며, 각각 15와 18의 이윤을 창출한다. 각각의 총 이윤을 비교해 보면 첫 번째 그룹은 6명의 소비자를 한 그룹으로 묶은 경우의 이윤인 16보다 작으며 두 번째 그룹은 더 큰 값을 가진다. 그러므로 사람들끼리 복사본을 공유하는 것은 그 그룹을 어떻게 형성하느냐에 따라서 총 이윤을 감소시키기도 하고 증가시키기도 한다.

그러나 이러한 방식의 사고에 대한 중요한 비판은 그룹의 형성이 외생적(exogenous)으로 주어진다는 것이다. 물론 많은 경우 공유가 기숙사에서 우연히 같은 층에서 생활하는 것처럼 여러 다른 이유로 함께 형성된 그룹 내에서 비공식적으로 이뤄지는 것이 사실이다. 그럼에도 불구하고 이러한 그룹들은 무작위(random)로 형성된 것이 아니다. 사실, 이 그룹 내에 있는 구성원들은 많은 공통점들을 가지고 있다. 이 공통점은 각 구성원이 그룹 내에서 모두가 좋아하는 잡지를 구독해야 한다거나 그들 모두가 원하는 소프트웨어를 구매해야 한다는 등의 암묵적인 공유의 규칙(protocol)에 의해 강화된다. 그룹 내에서 다른 사람들이 원하는 것을 충족시키지 못하는 사람은 그룹으로부터 곧 퇴출당할 것이다. 따라서 공유가 이루어지는 그룹은 비록 지적재산권을 공유하는 것만을 유일한 목적으로 만들어지지는 않더라도 여전히 무작위로 형성되는 것은 아니다.

이제 반대의 극단적인 상황을 생각해보자. 하나는 그룹이 소프트웨어나 콘텐츠를 공유하는 것을 주요 목적으로 형성되는 경우이며, 다른 하나는 비용을 분담하기 위해 그룹 내에 비공식적인 부가지급금(informal side payment)이 있는 경우이다. 이 중 부가지급금의 일부는 다른 구성원이 다른 콘텐츠를 구입하는 형태를 띨 수도 있다. Scotchmer(2005)에 따르면, 이러한 상황에서는 만약 불법복제에 대한 추적을 피하기 위한 최대 공유그룹의 크기가 고정되어 있다면 이윤에 있어서의 이익이나 불이익 모두 존재하지 않는다.

이를 확인하기 위해, 각각의 소비자가 CD에 가지는 지불의사가격(willingness to pay)이 a 또는 x 라고 가정하자. 이 때 $a>2x$ 이다. 유형 v_1의 소비자는 재즈 CD를 사는 데 높은 지불의사 가격을 가지고 있고 클래식을 구매하는 데 있어 낮은 지불의사 가격을 갖고 있다. 그리고 유형 v_2의 소비자는 그 반대의 성향을 갖고 있다. 이 두 유형은 모집단 내에서 같은 비중으로 존재한다. 즉, 이들의 지불의사가격은 아래와 같다.

소비자 유형	v_1	v_2
클래식 CD에 대한 WTP	x	a
재즈 CD에 대한 WTP	a	x

우선 첫 번째로 클래식과 재즈 CD에 대한 독점적인 판매자가 각각의 소비자에게 따로 CD를 판매한다고 가정하자. 두 판매자에게 생기는 문제는 동일하므로 클래식 CD 독점 판매자의 이윤만 생각하도록 한다. 이 때 독점판매자는 가격을 a와 x 사이로 부과할 이유가 없다. 가격이 $p=a$ 일 때, 소비자들 중 절반이 살 것이기 때문에 소비자 1인당 이윤은 $a/2$이다. 만약 독점자가 $p=x$ 가격에 판다면, 모두가 구매를 할 것이며 이에 따라 예상되는 소비자 1인당 이윤은 x가 된다. 하지만 $a/2>x$이기 때문에 창출되는 이윤은 절반의 소비자들이 a 가격에 구매했을 때보다 작다.

이제 독점 판매자가 CD를 서로 공유하는 소비자 쌍(pairs of buyers)에게 판매한다고 가정하자. 즉 모든 사람이 한명의 친구를 가지고 있다. 주어진 가격 하에서 소비자 쌍은 그들의 합해진 지불의사 가격이 가격보다 더 높으면 CD를 구매할 것이다. 만약 한 사람이 다른 사람보다 CD에 가치를 더 높게 매기면, 그들은 공유 그룹 내에서 보상할 수 있는 다른 방법을 찾을 것이고 결국 이들 사이의 지불의사 가격은 균등하게 된다.

세 종류의 그룹이 존재한다: 이 중 한 그룹은 v_1의 선호를 가진 두 명으로 이루어져 있고, 다른 하나는 v_2의 선호를 가진 두 명, 그리고 각각 v_1과 v_2의 선호를 가진 사람들로 이루어진 그룹이다. 선호가 다른 사람들끼리 묶어져 있는 그룹에서 각 CD(클래식과 재즈)에 대한 결합된 지불의사 가격은 $a+x$ 이다. 클래식 CD의 가격과 재즈 CD의 가격이 각각 $(p_c, p_j)=(a+x, a+x)$인 경우, 이들은 두 종류의 CD를 모두 구매할 것이다. 만약 모든 소비자들이 이와 같은 방식으로 짝을 이루고 있다면, 1인당 총 이윤은 $(a+x)/2$가 되며 이는 개별 소비자들에게 $p=a$나 $p=x$의 가격으로 팔았을 때 창출되는 이윤보다 더 높다.

이러한 결과는 Bakos, Brynjolfsson, and Lichtman(1999)에 의해 설명된 유형의 현상이다. Bakos, Brynjolfsson, and Lichtman(1999)는 만약 그룹 내 구성원들

사이에 CD에 대한 지불의사 가격이 음(−)의 상관성(negative correlation)을 지닌다면, 독점 판매자는 소비자들이 서로 복사본을 공유할 때 더 많은 이윤을 얻을 수 있음을 지적하고 있다. 왜냐하면 낮은 지불의사를 가진 소비자들이 높은 지불의사 가격을 가지고 있는 소비자들과 한 그룹이 되면 이들 사이의 결합된 지불의사 가격(joint willingness to pay)은 CD를 구매할 정도로 충분히 높아서 낮은 지불의사가격의 소비자들도 시장을 떠나지 않기 때문이다.

취향이 다른 소비자들을 한 그룹으로 묶어놓으면, 독점적 판매자의 이윤은 극대화된다. 그러나 소비자들이 반드시 이렇게 그룹을 형성한다고 생각할 근거는 없다. 그 대신 소비자들이 마치 우연히 이웃이 되는 것처럼 그렇게 그룹을 형성한다고 가정하자. 이 경우 그룹의 지불의사 가격에 대한 분포는 다음과 같이 주어진다:

확률	1/4	1/2	1/4
그룹의 유형	모두 v_1	소비자1: v_1 소비자2: v_2	모두 v_2
클래식 CD 지불의사 가격	$2x$	$a+x$	$2a$
재즈 CD 지불의사 가격	$2a$	$a+x$	$2x$

가장 높은 이윤을 내는 가격은 여전히 $(p_c, p_j)=(a+x, a+x)$이다.

그러나 주어진 가격 조건 하에서 소비자들에게 합리적이지 않은 특정 방식으로 쌍이 형성된다는 것은 오히려 이상할 수 있다. 만약 가격이 $(p_c, p_j)=(a+x, a+x)$이라면 소비자들끼리 그들의 선호를 공유할 수 있도록 쌍을 형성하는 것이 가장 좋은 방법이다. v_1의 취향을 가진 소비자는 같은 v_1의 취향을 가진 다른 소비자와, 그리고 v_2의 취향을 가진 소비자 역시 그들끼리 각각 쌍을 형성한다고 가정해보자. 이 경우 가격이 $(p_c, p_j)=(a+x, a+x)$인 상태에서 v_1의 취향을 가진 소비자 쌍은 클래식 CD는 사지 않고, 재즈 CD를 구입할 것이다. 이 경우 다른 취향을 가진 사람끼리 쌍을 형성 했을 때의 소비자 잉여가 0인 것과는 달리, 이들은 양(+)의 소비자 잉여: $2a-p_j=a-x>0$를 얻는다.

사실상, 독점판매자에 의해 어떤 가격이 책정되든지, 소비자들은 자신들에게 최적이 되게 쌍을 형성할 것이다. 위의 간단한 예에서 이는 소비자들이 항상 그들의 취향 v_1 또는 v_2를 공유할 수 있는 누군가와 쌍을 형성함을 의미한다. (모든 소비자들이 서로 다른 취향을 가질 수 있는 좀 더 일반적인 모델에서, 그룹을 형성하는 최적의 방법은 가격에 달려 있을 것이다(Scotchmer, 2005). 더욱이 만약 소비자들이 주어진 가격 하에서 항상 최적으로 쌍을 구성한다면, 독점 판매자들은 개별 소비자들에게 제품을 팔았을 때와 정확히 같은 이윤을 창출하게 된다. 독점 판매자들은 더 높은 가격들에 판매를 하겠지만, 개개인이 아닌 소비자 그룹에 판매하는 것을 반영한 만큼만 높게 판매할 것이다.

위의 예에서 나타나는 중립성(neutrality)을 확인하기 위해, 가격 (p_c, p_j)를 임의로 놓고 각 유형에 대해 두 명씩 총 4명의 소비자들이 있다고 가정해보자. 두개의 혼합 그룹에서 창출되는 총소비자잉여는 두 명의 동질적인 소비자들로 구성된 두 그룹(두 명의 v_1 소비자쌍과 다른 두 명의 v_2 소비자쌍)으로부터 창출된 소비자잉여보다 작다.

클래식 CD를 생각해보자(재즈 CD의 경우에도 같다). 만약 $p_c < 2x$라면, 모든 소비자들은 그들이 누구와 그룹을 형성하는지에 관계없이 CD를 구매할 것이다. 만약 $2x < p_c < a+x < 2a$이면 혼합 그룹은 CD를 구매할 것이며 이 때 총 소비자잉여는 $2(a+x)-2p_c$가 된다. 반면 v_2 그룹은 CD를 구매하지만 v_1 그룹은 CD를 구매하지 않을 것이다. 동일한 취향을 가진 사람들끼리 형성된 쌍의 총 소비자 잉여는 $2a-p_c$로, 이는 혼합된 취향을 가진 그룹보다 더 높은 값을 가진다. 만약 $a+x < p_c < 2a$라면 혼합그룹은 CD를 구매하지 않을 것이며 클래식 CD를 구매하는데 있어서 0의 소비자 잉여를 갖게 된다. 하지만, v_2 그룹은 클래식 CD를 구매할 것이며 $2a-p_c$의 소비자 잉여를 얻게 된다. 이는 소비자의 취향에 따라 소비자들을 묶는 것은 소비자 잉여를 감소시키기보단 오히려 증가시킬 수 있다는 것을 보여준다. 취향이 같은 사람들끼리 형성된 그룹의 경우에 독점판매자는 각 개인에게 파는 것과 동일한 이윤을 얻는다.

참고문헌

Allison, J. R., and M. A. Lemley. 1998. "Empirical Evidence on the Validity of Litigated Patents." *AIPLA Quarterly Journal* 26:185 – 275.

American Intellectual Property Law Association. 1999. *Report of Economic Survey*. Washington, DC: American Intellectual Property Law Association.

Bakos, Y., and E. Brynjolfsson. 1999. "Bundling Information Goods: Prices, Profits and Efficiency." *Management Science* 45:1613 – 1630.

Bakos, Y., E. Brynjolfsson, and D. Lichtman. 1999. "Shared Information Goods." *Journal of Law and Economics* 42:117 – 155.

Barton, J. H. 2000. "Reforming the Patent System." *Science* 287:1933 – 1934.

Besen, S., and S. Kirby. 1989. "Private Copying, Appropriability and Optimal Copyright Royalties." *Journal of Law and Economics* 32:255 – 275.

Blair, R. D., and T. F. Cotter. 1998. "An Economic Analysis of Damages Rules in Intellectual Property Law." *William and Mary Law Review* 39:1585 – 1694.

Calabresi, G., and A. D. Melamed. 1972. "Property Rules, Liability Rules, and Inalienability: One View of the Cathedral." *Harvard Law Review* 85:1089 – 1126.

Castle Rock Entertainment v. Carol Publishing Group. 150 F.3d 132 (2nd Cir. 1998).

Computer Science and Telecommunications Board, Committee on Intellectual Property Rights and the Emerging Information Infrastructure. 2000. *The Digital Dilemma: Intellectual Property in the Information Age*. Washington, DC: National Academy Press.

Conley, D. 1987. "Economic Approach to Patent Damages." *AIPLA (American Intellectual Property Law Association) Quarterly Journal* 15:354 – 380.

Eisenberg, R. 1989. "Patents and the Progress of Science: Exclusive Rights and Experimental Use." *University of Chicago Law Review* 56:1017 – 1055.

Eolas Technologies v. Microsoft Corp. N.D. Ill., No. 99 C 626, 8/11/03.

Gilbert, R., and M. L. Katz. 2001. "When Good Value Chains Go Bad: The Economics of Indirect Liability for Copyright Infringement." *Hastings Law Journal* 52:961 – 982.

Goldstein, P. 1994. *Copyright's Highway: The Law and Lore of Copyright from Gutenberg to the Celestial Jukebox*. New York: Hill and Wang.

Graham, S., B. H. Hall, D. Harhoff, and D. Mowery. 2003. "Patent Quality Control: A Comparison of U. S. Patent Re–examinations and European Patent Oppositions." In W. Cohen and S. A. Merrill, eds., *Patents in the Knowledge-*

Based Economy, 74–119. Washington, DC: National Academies Press.

Hall, B. H., and R.-M. Ziedonis. 2001. "The Patent Paradox Revisited: An Empirical Study of Patenting in the U.S. Semiconductor Industry, 1979–1995." *RAND Journal of Economics* 32:101–128.

Harhoff, D., and M. Reitzig. "Determinants of Opposition Against EPO Patent Grants—The Case of Biotechnology and Pharmaceuticals." Discussion Paper 3645. London: Center for Economic Policy Research.

Harmon, R. L. [1991] 1998. *Patents and the Federal Circuit*. Rev. ed. Washington, DC: Bureau of National Affairs.

Heath, C., J. Henkel, and M. Reitzig. 2002. "Who Really Profits from Patent Infringements? Innovation Incentives and Disincentives from Patent Indemnification Rules." Working Paper 2002-18. Copenhagen: Center for Law, Economics and Financial Institutions, Copenhagen Business School.

Hoerner, R. J. 1995. "Innovation Markets: New Wine in Old Bottles?" *Antitrust Law Journal* 64:49–73.

Hovenkamp, H., M. Janis, and M. A. Lemley. 2003. "Anticompetitive Settlement of Intellectual Property Disputes." *Minnesota Law Review* 87:1719–1766.

Italie, H. 2002, September 20. "Harry Potter Prevails in Court." New York: CBS News. Available at www.cbsnews.com/stories/2002/09/19/print/main522563.shtml. "Jury Awards $520.6 Million against Microsoft for Infringement of Web Browser Patent." 2003. *Patent, Trademark and Copyright Journal* 66:1634–1635. Available at ipcenter.bna.com/pic2/ip.nsf/id/BNAP-5QFQ8J?OpenDocument&PrintVersion= Yes.

Kaplow, L., and S. Shavell. 1996. "Property Rules versus Liability Rules: An Economic Analysis." *Harvard Law Review* 109:715–789.

Kirkpatrick, D. D. 2001, April 1. "Harry Potter and the Court Battle over Creativity." *New York Times* (section: National Desk).

Lanjouw, J. O., and J. Lerner. 2001. "Tilting the Table? The Predatory Use of Preliminary Injunctions." *Journal of Law and Economics* 44:573–603.

Lanjouw, J. O., and M. Schankerman. 2001. "Characteristics of Patent Litigation: A Window on Competition." *RAND Journal of Economics* 32:129–151.

Lanjouw, J. O., and M. Schankerman. 2004. "Protecting Intellectual Property Rights: Are Small Firms Handicapped?" Forthcoming in *Journal of Law and Economics* 47.

Lerner, J. 1994. "The Importance of Patent Scope: An Empirical Analysis." *RAND Journal of Economics* 25:319–333.

Lerner, J. 1995. "Patenting in the Shadow of Competitors." *Journal of Law and Economics* 38:463 - 496.

Litman, J. 2001. *Digital Copyright*. New York: Prometheus Books.

Lunney, G. S., Jr. 2004. "Patent Law, the Federal Circuit and the Supreme Court: A Quiet Revolution." Forthcoming in *Supreme Court Economic Review*.

Menell, P. 2002. "Envisioning Copyright Law's Digital Future." *New York Law Review* 46:63 - 199.

Merges, R. P. 1996. "Contracting into Liability Rules: Intellectual Property Rights and Collective Rights Organizations." *UCLA Law Review* 84:1293 - 1393.

Merges, R. P. 1999. "As Many as Six Impossible Patents Before Breakfast: Property Rights for Business Concepts and Patent System Reform." *Berkeley High Technology Law Journal* 14:588 - 615.

Office of the President, University of California. 2003. "Questions and Answers about UC/Eolas patent infringement suit against Microsoft." Available at www.ucop.edu/news/archives/2003/aug11art1qanda.htm.

Priest, G., and B. Klein. 1994. "The Selection of Disputes for Litigation." *Journal of Legal Studies* 13:1 - 55.

Rohde, L. 2003, November 12. "Microsoft Gets W3C Allies in Eolas suit that prompted IE changes." *PCWorld* using IDG News Service. Available at www.pcworld.com/news/article/0,aid,113393,00.asp.

Samuelson, P. 2002. "Toward a 'New Deal' for Copyright for an Information Age." *Michigan Law Review* 100:1483 - 1505.

Samuelson, P., and S. Scotchmer 2002. "The Law and Economics of Reverse Engineering." *Yale Law Journal* 111:1575 - 1663.

Schankerman, M., and S. Scotchmer. 2001. "Damages and Injunctions in Protecting Intellectual Property." *RAND Journal of Economics* 32:199 - 220.

Scotchmer, S. 2005. "Consumption Externalities, Rental Markets and Purchase Clubs." *Economic Theory* 25:235 - 253.

Scotchmer, S., and Y. Park. 2004. "Technical Protection Measures and the Pricing of Digital Content." Mimeograph. Berkeley, CA: Department of Economics, UC Berkeley.

Shapiro, C. 2003. "Antitrust Limits to Patent Settlements." *RAND Journal of Economics* 34:391 - 411.

Somaya, D. 2003. "Strategic Decisions not to Settle Patent Litigation." *Strategic Management Journal* 24:17 - 38.

Spier, K. 1992. "The Dynamics of Pretrial Negotiation." *Review of Economic Studies*

59:93 – 108.

Stevenson, R. 2004, March 5. "Patent Central to Microsoft Case Invalidated." London: Reuters News Service. Available at www.reuters.com/newsArticle. jhtml ?type = internetNews&storyID = 4509756&section = news.

Trajtenberg, M. 1990. "A Penny for Your Quotes: Patent Citations and the Value of Innovation." *RAND Journal of Economics* 21:172 – 187.

United States Code Annotated, Title 35: *Patents*. 1984; updated 1998. St. Paul, MN: West.

Varian, H. 2000. "Buying, Renting, Sharing Information Goods." Mimeograph. Berkeley, CA: School of Information and Management Systems, UC Berkeley.

CHAPTER

08

오늘날의 혁신: 민 · 관 파트너십
(Innovation Today: A Private-Public Partnership)

with Stephen M. Maurer

INNOVATION AND INCENTIVES

08
오늘날의 혁신: 민 · 관 파트너십

발명이라는 신화 속에서 주인공은 이상한 아이디어로 주변 사람들에게 경멸을 당하고 돈도 낭비하게 되지만, 창고에서 혼자 노력하고 결국 성공을 이루는 창조적인 천재이다.

제 1장에서 언급했듯이 이 신화는 요즘 시대에는 뒤떨어져 있는 이야기이다. 물론 그 중에는 묵묵히 한 분야에 힘써온 천재들에 의해 발견된 몇몇 유명한 발명품들도 있다. 예를 들면, John Harrison의 항해시계, 스웨덴과 덴마크 사이의 Oresund지역의 섬에서 몇 년을 투자해 만든 Tycho Brahe의 천체관측, North Carolina에 Wright 형제가 직접 만든 통풍터널(비행기 등에 공기의 흐름이 미치는 영향을 시험하기 위한 터널형 인공장치), Charles Babbage의 컴퓨터 해석엔진(analytical engine), 그리고 라디오 방송의 기반이 되는 기술에 대해 deForest와 Marconi가 대서양을 두고 벌인 경쟁 등이 있다. 이들 중 몇몇은 자신만의 아이디어로 발명을 이루어 낸 진정한 독립적인 개척자이나, 이 외의 다른 이들은 누군가에 의해 지원되는 외부적인 보상을 받기 위한 발명들이었다. John Harrison은 매우 큰 상을 받기 위해 노력한 것이었고, Tycho Brahe는 덴마크의 왕에게 고용되어 있는 상태였다. 심지어 그 유명한 아르키메데스의 이야기도 이러한 점에서는 잘못 알려져 있다. 그가 욕조에 앉아서 "유레카!"를 외쳤을 때, 그는 단순히 그가 찾던 돈을 발견한 것이었다.

오늘날의 연구는 주로 잘 정의된 문제에 대한 해결책을 찾기 위해 조직화된 팀을 통해 진행된다. 비록 이들 중 많은 부분이 산업 부문에 의해 이루어지지만, 민간부문이 기술성장에 있어 유일하고 심지어 주요한 기술성장의 동력이라고 말하는 것은 잘못된 것이라 할 것이다. 혁신에 대한 최근의 역사는 공공자금으로 넘쳐나기고 있기 때문이다. 인터넷 패킷 교환 방식의 기술은 미국 국방부가 연구자금을 지원한 것이었다. 범세계통신망(worldwide web)의 프로토콜도 유럽 국가들이 공동으로 자금을 조달하고 운영하는 Swiss 물리 연구실인 CERN의 연구자들에 의해 개념화되고 개발되었다(Berners-Lee, 2000). 외부의 이질적인 유전자물질을 박테리아에 삽입하는 대부분 생명공학의 기초가 되는 기술은 캘리포니아 대학과 샌프란시스코, 스탠포드 대학의 연구자들에 의해 공동으로 개발되었다. 생명공학적 기술에 의해 최초로 개발된 인간 단백질, 인간 인슐린과 인간 성장호르몬은 UC Berkeley와 UC San Francisco의 연구자들이 발견한 기술에서 파생되었다. 디지털 컴퓨터는 주로 펜실베니아 대학에 의해 개발되었으며, 레이저는 콜롬비아 대학에서 발명되었다. 민간부문이 기술발전의 주된 동력이라는 것을 어떻게 믿을 수 있겠는가?

R&D는 산업 부문과 대학 그리고 공공기관이 협력하는 프로젝트이다. 제8.1절부터 제8.3절까지는 공공 R&D를 지원하는 기관들과 지출패턴, 그리고 그들이 어떻게 변화해 왔는지에 대해 기술한다. 그 다음으로 우리는 이러한 제도나 기관들의 존재가 합리적인지, 합리적이라면 왜 그런지에 대한 질문을 다루고자 한다.

제2장에서는 연구개발에 대한 자금지원을 받는 여러 방법들을 소개하면서, 지적재산권은 많은 인센티브 메카니즘 중의 하나에 불과하다는 것을 강조했다. 그러나 이러한 논의는 오히려 이분법적이라고 할 수 있다. 인센티브 시스템은 지적 재산 인센티브에 상응하여 투자를 하는 민간부문(private sector)에 의존하거나, 또는 일반세입(general revenue)을 통해 자금을 조달하는 공공지원(public sponsorship)의 형태를 띨 수도 있다. 이 장에서 우리는 이론과 실제 실행의 측면에서 이보다 더 폭 넓은 선택지가 있다는 것을 알게 될 것이다. 제8.4절에서 우리는 지적재산권을 받는 대가로 민간 후원자가 공공부문의 자금에 매칭(matching)을 하는 진화적인 시스템을 살펴보고자 한다. 대부분의 공공 과학은 민간 기업의 추가적인 자금 지원으로 시행되고, 민간 회사는 이에 대한 대가로 종종 지적재산권을 받는다. 이러한 방식은 타당한 것인가, 그리고 이를 합리화하는 논거는 무엇인가?

제2장에서 강조된 것 중 하나는, 혁신에 대한 포상(prize)과 여타의 보상(rewards)들은 반드시 혁신의 가치와 연계되어야 한다는 것이다. 그렇지 않으면 그

시스템은 악용되고 궁극적으로는 붕괴될 것이다. 이러한 논리에도 불구하고, 대학에서의 과학은 사후적인 보상으로서 지급되기 보다는 비용을 충당하기 위해 주로 교부금(Grants)의 형태로 미리 지원된다. 제8.5절에서 우리는 이러한 시스템이 왜 제대로 작동할 수 있는지를 물을 것이다. 제8.6절에서는 과학자들로 하여금 그들의 연구 결과물들을 공유하도록 독려하는데 있어 공공부문의 과학이 민간 부문의 과학에 비해 더 유리한지를 살펴본다.

8.1 | 자금 조달 관계의 복잡성

[그림 8-1]과 [그림 8-2]는 2000년도 미국의 종합적인 R&D 상황을 보여준다. 두 개의 원 그래프는 각각 R&D 수행과 R&D 자금 조달 상태를 보여준다. 정부는 실제 수행하는 것보다 더 많은 연구에 자금을 지원한다. 반면 기업과 대학은 그들 연구의 많은 부분을 연방정부의 교부금과 계약 하에 수행한다.

연방정부에 의해 지급된 총 R&D 비율은 2차 세계대전 후 약 2/3였고, 현재까지 꾸준히 감소해 지금은 1/3도 되지 않는다. 그러나 아직은 12~20%였던 1930년대보다는 훨씬 높은 상태이다(Mowery & Rosenberg 1998, p.27).

[그림 8-1]은 산업 부문에 의해 수행된 R&D 개발이 현재 총 3/4을 차지하고 있다는 것을 보여준다. 그럼에도 불구하고, 대학과 연방정부에 의해 수행된 R&D 연구 또한 상당한 수준이다. 그림에 나타나지 않은 것은 대부분의 산업적 R&D가 응용연구(applied research)인 반면, 대부분의 대학 R&D는 기초연구(basic research)라는 것이다. 비록 대학들은 R&D의 14% 정도만을 수행하고 있지만, 그들은 총 기초연구의 절반 정도를 수행한다. 응용연구(applied research)와 개발(development)은 기초연구로부터 나오는 지식에 매우 의존적이기 때문에, 이러한 종합적인 지출 통계는 대학의 중요성을 과소평가 할 수 있다.

[그림 8-2]는 연방정부가 전체 R&D의 26%를 지원하고 있음을 보여주고 있다. 여기에는 대학, 기업, 그리고 대학이나 기업에 의해 운영되는 연방출연 연구개발센터(FFRDCs)에 대한 교부금도 포함된다.[1] [그림 8-1]과 [그림 8-2]에 대한 비교

1) 연방정부와 주정부는 또한 과학자와 여타 근로자들을 교육하는 보조금을 지급하기도 한다. 대

그림 8-1 미국 R&D 수행부문, 2000. FFRDC에 의해 수행된 R&D는 FFRDC가 속해있는 산업 또는 대학에 포함되었음

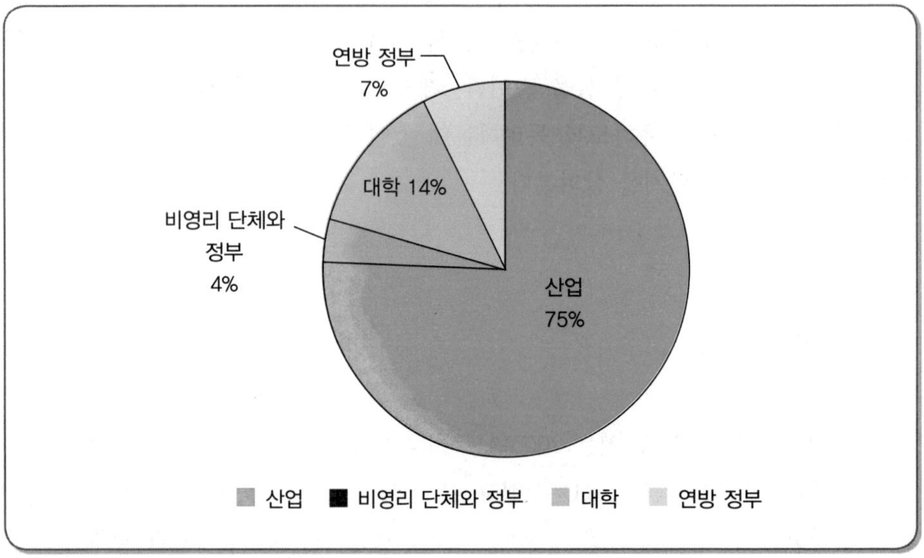

자료: 국립과학위원회, 2002, 부록 표 4-3.

그림 8-2 미국 R&D 자금의 출처, 2000

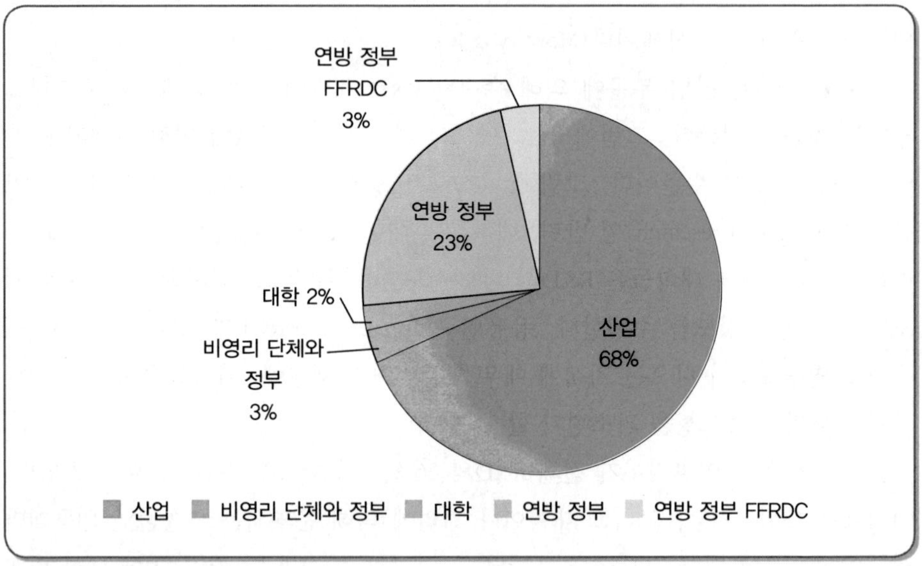

자료: 국립과학위원회, 2002, 부록 표 4-5.

를 통해 볼 수 있는 가장 주목할 만한 사실은 연방정부의 지원을 받은 연구 중 오직 약 1/4만이 정부 실험실에서 내부적(intramurally)으로 발생한다는 것이다. 비록 연방정부는 전체 R&D의 26%를 지원하지만, 정부의 고용 인력은 총 연구개발의 7% 에 불과하다. 이러한 차이는 산업 부문과 대학이 왜 그들이 자금을 지원한 것보다 더 많은 R&D를 수행하는지를 설명해주고 있다.

[그림 8-3]에서 볼 수 있듯이, 20세기 대부분의 기간 동안 연방정부는 대학보다 산업부문의 R&D에 더 많은 지원을 했다. 비록 최근 그 차이가 급격히 줄어들어 왔지만, 산업 부문은 아직도 여전히 대학이 받는 것보다 더 많은 R&D 자금을 연방정부로부터 받고 있다. 그러나 산업 부문도 자체적으로 많은 R&D 투자를 하기 때문에, 산업 부문의 예산에서 연방정부의 R&D 지원 금액이 중심을 차지하지는 않는다. 산업 부문은 연방정부로부터 자신의 R&D 예산의 10% 정도를 지원받는 데에 비해(20세기 초의 높은 지원 비율보다는 줄어듦), 대학은 60% 정도를 지원 받는다.

그림 8-3 산업과 대학에 대한 연방정부의 R&D 지원

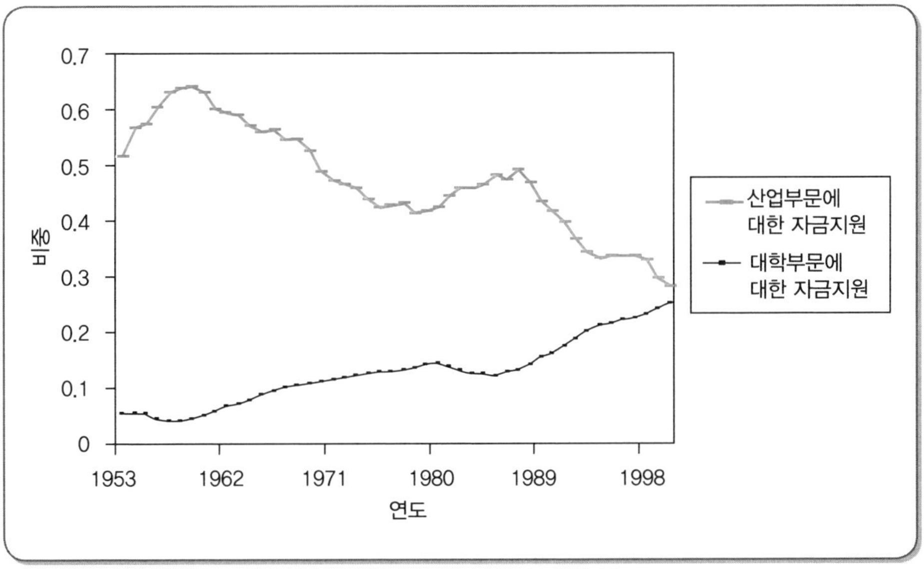

자료: 국립과학위원회, 2002, 부록 표 4-5.

학원생에 대한 연구비 지원을 제외하고는 이 거대한 보조금은 연방정부의 R&D 지출에 포함되지 않는다.

여전히 산업 부문 R&D 예산에 대한 10% 지원은 연방정부로부터의 상당히 많은 지원에 해당되며, 이는 항공우주산업 같은 몇몇 산업에서는 연구개발 자금의 막대한 비중을 차지한다.

국립 과학 재단(NSF)의 보고서(2004)에 따르면, 연방정부의 R&D는 국방(50%), 보건(23%), 우주기술과 항공학(10%), 그리고 일반과학과 기초연구(6%)에 집중되고 있는 것으로 나타나고 있다.[2] <표 8-1>에서 볼 수 있듯이 각각의 주제는 각자의 독립적인 행정체제(bureaucracy)를 갖고 있는 경향을 보인다. 미국 국방부(DOD)와 미국 항공우주국(NASA)은 우주기술과 항공학 연구에 지배적 지위를 확보하고 있고, 국가의 55억 달러 상당의 일반과학 투자 예산은 국립 과학 재단(NSF, 58%)과 미국 에너지부(DOE, 42%)로 분할 지급된다.[3] 국립보건원(NIH)은 연방정부의 의료서비스 관련 R&D 예산의 94%를 관리한다. 다른 기관들 또한 임무 수행에 전문화된 연구실을 가지고 있고, 특히 국립해양대기청(NOAA)과 국립표준기술연구소(NIST)는 미국 상무부(Department of Commerce) 산하에 있다.

농무부, 상무부, 내무부에서의 연구는 거의 조직 내에서 이루어진다. 그러나 이들은 매우 많은 연구 예산을 운용하는 기관들은 아니다. 많은 연구 예산이 있는 기관들의 경우 R&D 자금은 주로 계약(contracts)과 연구지원금(grants)의 형태로 지급된다.

연방정부에서 민간부문으로 흘러들어가는 자금 중 가장 큰 연구자금의 유입은 미국 국방부(DOD)와 미국 항공우주국(NASA)으로부터 발생한다. 연방정부에서 대학으로 가는 자금 중 가장 큰 자금은 국립과학재단(NSF)과 국립보건원(NIH)을 산하에 둔 미국 보건사회복지부(HHS)로부터 이루어진다. 과거에는 미국 국방부(DOD)와 미국 항공우주국(NASA) 또한 대학에 많은 양의 자금을 지원했으며 때로는 대학 R&D 기금의 50%에 이르기도 했었다. 현재 이들의 기여도는 금액과 비중 면에서 모두 예전에 비해 줄어들었다.

NSF와 NIH는 DOD와 NASA와는 매우 다른 방식으로 연구 자금을 지원한다. DOD와 NASA가 특정한 목표에 계약의 초점을 맞추는 반면, NSF와 NIH는 대부

---

2) 이보다는 더 작지만, 여전히 비중을 차지하는 프로그램에는 오염도 통제(2%), 보존, 자원 지도 제작, 해양학, 그리고 날씨(2%), 농업(2%), 에너지(1%) 분야 등이 있다.

3) NSF의 예산 중 가장 집중적으로 투자되는 항목은 수학과 물리학(28%), 지구 과학(18%), 생물학(15%), 기계공학(14%), 그리고 컴퓨터 과학(14%)이다. DOE의 예산 중 가장 큰 부분을 차지하는 것은 핵과 고분자물리학(37%), 인간 게놈 연구(4%), 그리고 생물학과 환경 관련 여타 유형의 연구들(15%)이다.

표 8-1 2001년도 미국 기관 R&D 예산과 지출비중

총R&D 예산 (100만 $)		연방정부 (%)	민간기업 (%)	총 FFRDC(%)	대학(%)	기타 비영리단체 (%)	주/지방 정부 (%)	해외 부분 (%)
$83,609		23.67	40.17	8.88	21.43	5.01	0.49	0.34
$36,462	국방부	23.66	69.43	2.06	4.21	0.42	0.03	0.18
$19,463	보건복지사회부	19.90	5.92	1.32	56.47	15.40	0.68	0.31
$9,966	항공우주국	25.16	48.67	13.19	7.90	3.86	0.11	1.11
$7,656	에너지부	11.38	15.32	63.05	9.43	0.78	0.04	0.01
$3,431	국립과학재단	1.78	3.91	6.73	81.26	5.63	0.20	0.50
$1,892	농림부	72.09	0.58	0.00	26.48	0.48	0.16	0.21
$1,163	재무부	69.82	16.08	0.00	10.92	2.06	1.03	0.00
$882	내무부	88.06	3.06	0.00	7.74	0.16	0.81	0.32
$672	교통부	32.77	36.96	0.68	6.92	2.04	20.52	0.11
$620	환경보호국	18.60	47.62	0.00	22.62	9.38	1.64	0.30
$1,401	기타	51.25	7.07	2.50	14.78	20.41	2.50	1.57

자료: 국립과학위원회, 2002, 부록 표 4-25.

주: 첫째 열은 연구개발(R&D)에 대한 각 기관의 지출을 나타내며, 총계는 $83,609이다; 각 금액의 첫번째 행은 연방 R&D 예산이 어떻게 지출되는지를 나타내며, 각 열의 항목을 100%로 놓은 비중을 나타낸다; 다른 행들은 각 기관의 R&D 예산이 어떻게 지출되는지를 나타내며, 역시 각 열의 항목의 합을 100%로 놓은 비중을 나타낸다.

분 연구 수혜자들의 아이디어로부터 비롯된 연구에 연구자금을 지원한다. NSF는 연구예산의 99%를 연구비 지원금(grants)의 형태로 지원하고, 80% 이상을 대학에 지원한다. NIH는 NSF보다 더 많은 예산을 분배하는데, 보조금의 4/5를 교부금(grants)의 형태로 주고, 나머지는 자체 내부의 연구실험실을 지원하는 데에 사용한다. NIH의 임무는 생체의학 연구에 초점이 맞추어져 있다. NSF는 기술자, 물리학자, 지질학자, 경제학자, 법률학자, 심리학자, 그리고 정치학자들을 포함하는 더 넓은 범위의 연구자 그룹에 자금을 지원한다.

1990년대에 들어서 NSF와 NIH의 연구자금 지원 우선 순위는 자연과학(physical sciences)에서 생명과학(life sciences)으로 이동했고, 일부는 공학 분야로 이동했다(Board on Science Technology and Economic Policy, 2001). 대학 R&D투자의 절반 이상(57%)이 생명과학과 의학 분야에 해당된다. 나머지는 대부분 공학(16%), 자연과학(4%), 화학(3%), 컴퓨터 공학(3%), 그리고 수학(1%) 분야이다.

마지막으로, 미국 R&D의 8.8%는 보통 국립연구소(national laboratories)라고 불

리는 700여 개의 FFRDC들에 의해 운용된다. 이러한 연구소들은 연방정부에 의해 소유되며 그들 연구자금의 대부분은 에너지부(Department of Energy)로부터 받지만, 이들은 대학과 대기업들과의 계약 하에 운영된다. 이들은 대학처럼 자금 지원을 신청하고 대부분 DOE와의 계약 하에 일하는 연구 조직이다. DOE 연구 예산의 대부분은 이들을 지원하기 위해 사용된다.

대부분의 국립연구소들은 핵무기와 전자공학 등의 연구와 같은 특정한 국가적 필요를 충족시키기 위해 제2차 세계대전 동안 그리고 그 이후에 만들어졌다.[4] 이는 원자력 에너지, 레이더와 같은 중요한 민간 파생제품들을 만들었고, 현재 이 연구소들은 신소재, 건전지와 연료전지, 단열재, 그리고 에너지 보존 등과 같은 연구 주제들을 다루고 있다.

역사적으로 볼때 제2차 세계 대전 시대와 그 이후에도 살아남은 몇몇 유명한 기관들의 예로는 캘리포니아 대학에 의해 운영 되어온 Lawrence Berkeley National Laboratory, Lawrence Livermore National Laboratory, 그리고 Los Alamos National Laboratory 등이 있다. 이들 연구소들은 여전히 연구 자금의 대부분을 DOE로부터 받고 있으나, 통풍터널(wind tunnel), Berkeley의 고급 광원(advanced light source)과 같은 유일하고도 대규모인 시설들에 대한 접근 및 사용을 허락함으로써 산업 부문으로부터 대가를 받기도 한다. 이러한 기관들에 있는 다수의 과학자들은 산업계에 종사하는 과학자들뿐 아니라 시설들을 관리하는 대학의 과학자들과 밀접한 관계를 가지고 있다. 그리고 그들의 성공은 그들이 받은 노벨상–특히 소립자 물리학 분야–에서 두드러진다. Lawrence Berkeley 연구소에는 노벨상 수상자로 Glenn Seaborg, Edwin McMillan, Luis Alvarez와 Owen Chamberlain가 있고, Stanford 직선형 가속기 센터에서는 Burton Richter가 있다.

따라서 산업 부문의 연구소, 대학 연구소와 국립 연구소들은 모두 공적인 자금과 사적인 자금을 모두 지원받는다. 따라서 공적인 부문과 수익에 의해 동기부여를 받는 과학 사이의 경계는 상대적으로 불분명하다고 할 수 있다.

제2장에서 공공후원에 대해 논의를 할 때, 우리는 공공부문으로부터 후원 받은 발명에 대해 무제한 사용이 가능한 경우를 염두에 두었다. 이러한 경우, 자금조달 기관과 그 기관과의 계약자가 지적재산권을 주장하지 않는다면 누가 연구를 수행

4) 흥미로운 역사적 해석에 관하여는 Mowery와 Rosenberg(1998)를 참조하라. Jaffe and Lerner(2001)도 참조하라.

하는지는 중요하지 않다. 그러나 우리가 살펴보는 것처럼, 대부분의 경우는 그렇지 않다.

이상하게도 만일 공공 영역의 과학이 잠식된다면 그것은 아마도 연방정부의 후원자들과 산업 부문의 밀접한 관계보다는 대학과 국립 연구소에 의한 지적재산권의 주장 때문일 것이다. 1980년 베이-돌(Bayh-Dole)법과 스티븐슨-와이들러(Stevenson-Wydler) 법은 연방정부에 의해 지원된 대학과 국립 연구소의 기술혁신에 대해 특허 등록을 할 수 있도록 승인했고, 그 결과 이 기관들의 특허등록 수는 기존보다 몇 배나 더 증가하게 되었다(Maurer 2002). 이 법률들은 대학 발명의 잠재적인 사용자들이 무엇이 사용가능한지 알지 못할 수 있다는 우려와 경쟁에 대한 두려움으로 인해 기술의 상업화를 포기할 수 있다는 염려에서 비롯되었다. 이러한 법률 제정의 정당성은 지식을 사용하게하기 위해서는 지식의 사용을 제한해야 한다는 역설적인 생각에 기초하고 있다. 이 부분에 대해서는 좀 더 자세히 이야기할 것이다.

8.2 | 대학의 발명

원칙적으로, 대학의 과학자들은 지식을 추구하는 것 그 자체에서 동기부여를 받는다. 그러나 그들 또한 종신 재직권(tenure)과 미래의 승진을 위해서 출판과 다른 교수들의 인정 여부들을 걱정해야 한다. 이 시스템의 장점은 과학에서의 개방성을 높이도록 돕는다는 것이다. 명성과 찬사를 얻기 위한 주요한 방법은 결과물들을 출판하는 것이다. 비록 연구에 사용된 데이터와 연구 결과가 경쟁자들에게 유용하지 않도록 하면서 연구 결과를 출판하는 것이 가능하다 할지라도, 출판의 필요성은 비밀을 통해 금전적인 보상을 받는 상업적 모델을 훨씬 뛰어 넘는 이점을 가질 수 있다.

그러나, 이윤추구에 대한 동기는 대학에 스며들어 왔다. 대학 연구의 60%는 연방정부에 의해 자금 지원을 받는다.[5] 1980년, 베이-돌 법(Bayh-Dole Act)은 대

5) 만약 달리 언급이 되지 않는다면, 이 장에서 언급된 데이터의 출처는 미국과학위원회(National Science Board, 2002)이다.

학들과 교수진이 연방 정부로부터 지원받은 연구의 결과물에 대해 특허권을 획득할 수 있도록 승인했다.[6] 이 법률은 대학들이 라이선스 사무소를 만들고 라이선스 실시권자(licensee)들을 찾도록 유도하였다. 20세기말까지 라이선스 사무소는 대학에서의 발견에 대한 특허율을 3배 이상 증가시켰다. 그러나 이상하게도 이것은 전체 자금 조달에 거의 영향을 미치지 못하였다. 예를 들어, 1999년에 캘리포니아 대학은 라이선스로 1,300만 달러의 순이익을 창출하였는데, 이것은 UC 연구자들이 연방 정부로부터 받은 15억 달러의 1%도 안되는 적은 금액이다(University of California, Technology Transfer Office, 2000)

평균적으로 대학 라이선스 사무소는 한 해 69개의 발명을 공개하고, 이 중 절반에 대한 특허를 신청한다. 그러나 대학은 일반 사기업에 비해 4배나 더 많은 R&D 지출 당 특허를 신청한다(Abramson 외, 1997). 평균적으로 라이선스 사무소들은 매년 23개의 새로운 라이선스 또는 옵션에 대해 협력관계에 있는 민간기업과 협상을 한다. 사무소들은 2000년도에 평균 660만 달러를 벌었다(대학 기술 관리 협회, 2002). 이 수치는 자칫 오해를 불러올 수 있는데, 왜냐하면 여기에는 스탠포드와 버클리의 사무소들과 같이 매우 성공적인 소수의 기관들을 포함하고 있기 때문이다. 아직 자체적인 비용을 감당하지 못하는 대학 라이선스 사무소들이 더 많은 것이 보다 일반적인 경우이다. 대학의 관리자들은 비용을 감당할 수 있을 때까지 사무소가 연구 성과의 보급보다는 이윤 창출에 좀 더 관심을 갖도록 압력을 넣을 것이다.

비록 대부분의 라이선스 사무소들이 노골적으로 이윤을 극대화하려고 하지는 않지만, 그들은 종종 등록된 특허나 실행된 라이선스의 개수와 같은 측정 지표를 사용하여 성공여부를 측정한다(Maurer, 2002, 24). 그들은 또한 독점적인(배타적인) 라이선스(exclusive licenses)를 주는 경향이 있다(Mowery 외, 2001). 독점적인 라이선스는 라이선스 실시권자(licensee)를 경쟁으로부터 보호하며, 이로 인해 창출되는 독점 이익은 라이선스 요금(fee)을 통해 대학과 함께 나누어 갖게 된다. 일반적인 라이선스(nonexclusive licnese: 통상실시권)는 대학이 다른 선택이 없는 경우를 대비해 보통 남겨 놓는다. 예를 들어 산업 부문의 사용자들이 대학의 특허권을 우회하여 설계하거나 더 나은 기술에 도전하겠다고 위협하는 경우를 들 수 있다(Colyvas

6) 지금까지 미국 대학들은 특허권을 종신 재임 또는 승진의 참고 요소로 반영하는 것을 거절했다. 그러나, 정치인들과 전문가들로 구성된 한 일본 위원회는 후원 단체들과 정부의 각 부처들이 연구자들을 평가할 때 출간과 특허, 지적재산권을 동등하게 중요한 요소로 간주하도록 요구하였다("Japanese Push", 2003).

외, 2002). Jensen and Thursby(2001)에 따르면, 대학 라이선스 사무소의 74%는 '거의 항상' 후원자들에게 독점적 라이선스를 협상할 수 있는 권리를 부여한다.[7]

정부기관들은 연구자금을 지원받은 연구자들의 라이선스 행위를 거의 규제하지 않지만, 연구방법(research tools)에 대해서는 예외를 두고 있다. NIH의 연구자금을 받은 사람들은 라이선스 협상의 오랜 지연과 복잡한 사용자 제한 규정들, 그리고 높은 로열티율에 대해 반복적으로 불만을 표해왔다. 라이선스 요금은 종종 연구자금을 받은 어느 한 연구자로부터 다른 연구자에게 지급된다. 이러한 요금은 기껏해야 NIH의 연구자금 수령자들 간에서 발생되며, 최악의 경우 수령자들의 연구 자금을 소모하는 요소가 된다. 왜냐하면 라이선스 요금은 연구소 예산으로부터 연구자금을 수령한 연구진의 라이선스 사무소 일반예산으로 새어나가고 있는 것이기 때문이다. NIH(1999)는 무차별적 특허 발행에 대해 분명한 경고를 보내고, 독점적 라이선스가 대학 간의 정보 확산에 있어 "유일한 방법이 아닐 뿐만 아니라 어떤 경우에는 적절하지 않은 시행방법" 이라고 지적했다.

대학들은 점점 더 기업의 후원금에 의존하고 있다. Bekelman, Li, and Gross(2003, 456)는 연구에서 "23%~28%에 달하는 생의학 분야 연구책임자들이 기업으로부터 연구 자금을 제공받으며 43%가 연구와 관련된 보상을 받는다… 그리고 약 1/3이 … 산업부문의 후원자들과 개인적으로 금전적인 관련이 있다." 라고 발표했다. 이전의 연구들은 국립과학아카데미(NSA)에 속한 연구책임자 중 37%가 대학과 회사에 이중소속을 가지고 있다는 것을 보여주고 있다. 그리고 의학 저널에 수록된 1992개 논문들에 대한 분석 결과는 표본의 1/3에 해당하는 주저자(lead authors)들이 특허, 주식, 이사회의 이사와 같은 그들의 일 관련 분야에서의 재정적 이해관계와 관련이 있음을 보여주고 있다. 더구나 모든 공학과 생명공학 교수진의 거의 반 정도가 상당히 많은 컨설팅을 수행했거나 기업의 자문위원 지위

7) 독점적 라이선스와 비독점적 라이선스의 구분은 어느 정도는 인위적인 측면이 있다. 왜냐하면, 독점적 라이선싱에 따른 이윤 창출의 이점이 종종 비독점적 라이선스와 높은 로열티에 의해 달성될 수 있기 때문이다. 높은 로열티는 비록 라이선스 실시권자(licensee)가 많이 존재하더라도 높은 가격을 유지하도록 할 수 있다. 연구방법(research tools)의 경우, 동일한 결론을 도출할 수 있지만 그 메커니즘은 약간 다르다. 로열티는 해당 연구방법을 이용해 개발된 제품으로부터 나오는 로열티(pass-through royalties)이기 때문이다. 경쟁적인 사용을 유도하는 비독점적 라이선스(통상실시권)는 시장에서의 경쟁 대신에 특허경주(patent race)를 유도할 수 있다. 그러나 원특허권자에게 이전되는 로열티(pass-through royalties)는 특허경주에서의 승리에 대한 이윤 정도(profitability)를 낮출 것이기 때문에 특허경주에의 진입은 제한적일 것이다. 제5장을 참조하라.

를 가지고 있다(Abramson 외, 1997). 1980년대에 생명공학 회사들 중 46%에 달하는 기업들이 대학연구를 후원했다(Blumenthal 외, 1986). 사실상 컨설팅 계약에 의해 발생하는 모든 지적재산은 민간 후원자에게 귀속(assign)되었다.

베이-돌 법(Bayh-Dole Act)은 종종 연구자들이 대학 내 연구팀을 만들어서 생명공학, 마이크로일렉트로닉스, 제조, 재료과학, 그리고 인공지능과 같은 신기술에서 발견된 결과물에 대한 지적재산권을 이전해 줄 것을 약속하고 상업적인 기금들을 유치하고 받아들이도록 유도하였다.[8] 대학들은 1984년에 있었던 Hoechest와 하버드의 7,000만 달러 계약과 같은 거대한 연구계약에 서명함으로써 생명과학의 호황에 따른 이익을 누렸다. 이러한 대부분의 거래에서 기업들은 최소한 부분적으로 연방정부의 후원을 받은 지적재산권에 대해 관대한 약속을 받았다. 이에 대해 관련자들은 이러한 추세들이 생물학을 더 비밀스럽고 특허를 의식하게 만드는 경향이 있다고 비난했다.

비록 규범마다 기준이 다양하지만, 민간 기업들은 보통 정부 기관들이 연구 결과의 사용에 가하는 제한들보다 더 많은 제한을 가한다. 과학의 개방성은 대체로 기업의 목적에 반하기 때문이다. 기업의 목적은 일반적으로 이윤을 얻기 위해 특정한 문제의 해결에 후원금을 연동함으로써 대학 내 연구자들의 전문지식을 활용하는 것이다. 후원금의 대가로 민간 후원자들은 결과물로 도출된 특허에 대해 일정부분 독점적인 라이선스(exclusive license)와 연구결과, 세미나, 교수진, 그리고 학생 연구원들에 대한 접근을 보장받는다. 이러한 현상은 특히 생물학 분야에서 많이 나타난다.

최소한 민간 후원자들은 일반적으로 지적 재산권을 확보할 때까지 발표를 미루거나 출판물을 검열할 수 있는 권리를 얻는다. 그들은 또한 연구자금 수령자가 동료들과 의사소통을 하는 것을 제한하거나, 다른 회사에 컨설팅을 제공하는 것을 금지한다(Thursby and Thursby 2002.). 담배 회사와 같은 일부 후원자들은 연구자들에게 편향된 정보를 제시하도록 하거나 후원자의 경제적 이익과 충돌하는 의견을 숨기라고 압력을 가할 가능성도 있다. 염려가 되는 점은 이러한 행위들이 보고되는 결과에 영향을 미칠 수 있고, 과학을 손상시킬 수 있다는 것이다. Bekelman,

8) 조직된 연구팀(organized research unit)의 총 숫자는 1980년과 1985년 사이에 30% 증가하였다. 1990년까지 대부분의 학술적인 연구자들은 ORU에서 일을 하고 있었다. 이들 중 1/4은 사용처에 대한 규제가 없는 자금(soft money)에 의해 지원을 받았다(Geiger, 1993). 제10장을 참조하라.

Li, and Gross(2003)는 민간 기업의 후원을 받은 연구가 후원자의 이익에 부합하는 결론을 내릴 가능성이 많다는 증거를 제시하고 있다.

민간기금 그리고 공공기금들이 종종 같은 대학 실험실에 지원되어 함께 사용되는 경우도 발생한다. 따라서 민간 기업에게 양도되는 지적 재산은 부분적으로 공공기금의 지원을 받은 것이다. 이러한 경우는 특히 공공기금이 '국내'로부터 비롯된 것이고 민간 기금이 외국일 때 특히 논란이 된다. 1992년에 스위스 제약사 Sandoz는 샌디에고에 있는 스크립스 연구소(Scripps Research Institute)에 연구 결과물에 대한 100%의 지적 재산권을 얻는 댓가로 300백만 달러를 제공하였다. 스크립스 연구소는 민간 비영리 단체로 주로 NIH로부터 연구자금을 지원 받는다. 의회와 NIH는 결국 그들의 후원금 수준과 지적재산권의 비율을 축소하도록 강제했고, 이 정책은 이후 NIH에 법적 구속력이 없는 가이드라인으로 제도화되었다.[9] 그러나 이것이 해결책인지는 명확하지 않다. 제9장에서 살펴보겠지만, 특허가치는 한 쪽으로 매우 치우쳐져(highly skewed) 분포되어 있다. 만약 민간 후원자가 가장 가치 있는 특허를 선별할 수 있다면, 50%에 해당하는 특허권의 가치가 실질적으로는 전체 특허의 가치와 같을 것이다.

아마도 대학에서 민간 부분으로의 기술 이전에 있어 가장 극적인 방법은 창업기업(start-up companies)의 형성일 것이다. 유명한 예로는 캘리포니아 대학의 교수진에 의해 설립된 Genentech와 Chiron과 같은 생명공학 혁신에 기반을 둔 기업들을 들 수 있다. 신생 기업들에게 지적 재산권을 부여하는 것에 대한 보상으로서 라이선싱 사무소들은 지분을 받는다. 이것은 그들이 일반적으로 금전적 로열티를 지불하는 기존 회사와의 거래들과는 상반되는 특성을 지닌다. 비판가들은 대학이 특허의 체결에 대해 너무 적은 대가를 받는다고 불만을 표시한다. 신생 기업들은 전형적으로 다른 자산을 갖고 있지 않으며, 후에 대학 연구실에 다시 후원할 기금도 없다. 더 나아가 새로운 벤처 사업에서 대규모의 재무적인 이익은 연구자가 교수의 지위를 유지함에도 불구하고, 소유자의 로열티로 이동할 수 있으며, 이에 따라 과학의 개방성을 약화시킬 수 있다.[10] 라이선싱 사무소들은 신생기업들의 절반

---

9) 미국국립보건원(1994)를 참고하라. 이 문서는 각 기관들에게 후원자가 받을 수 있는 지적재산권 정도를 제한하라고 촉구하고 있다.

10) 이것은 Nature지가 유명한 연구중심 대학교에 재직하는 한 교수의 편지를 출판하기로 한 계기가 되었다. 이 교수는 대학들과 신생기업들의 일방적 관계를 상호호혜적인 관계에 있는 대학과 기존기업(established firms)의 관계와 비교하고 있다. 후자의 경우와 관련하여 해당 편지의 저자

에 가까운 지분을 인수했지만 지분을 현금화 할 경우 사무소 소득의 15%밖에 얻지 못한다(대학기술관리자협회, 2002).

연방정부와 대학의 직접적이고도 단순한 관계에 비하여, 산업과 대학의 관계는 복잡하고 불명확한 인센티브를 창출한다. 비록 산업부문이 대학 R&D자금의 7%밖에 지원하지 않았음에도 불구하고, 이 자금들은 과학의 수행에 큰 영향을 미칠 수 있다.[11]

지난 몇 십년간 발전해온 대학과 산업 부문의 관계에 비추어 볼 때, 공공부문의 과학에서 이윤을 창출하는 것이 새로운 발상이라고 결론을 내릴 수도 있을 것이다. 하지만 그렇지 않다. 학술적인 과학으로부터 이윤을 창출하려는 의도는 제1장에서 논의했던 것과 같이 1914년 Research Corporation으로부터 시작되어 거의 한 세기 동안 우리와 함께해왔고, 여전히 존재하며, 특허의 개발에 있어 매우 공격적이었다. 그러나 비록 지난 한 세기 동안 연구 예산들이 연구자들이 발견한 특허권을 통해 보충되어왔음에도 불구하고, 산업 부문의 후원자들이 자문위원회에서 교수진과 학장의 옆에 앉고, 연구 의제를 설정하기도 전에 지적재산권의 귀속이 결정되어지는, 산업 후원자들과 대학 연구소와의 긴밀한 관계는 상대적으로 새로운 현상이다.

대학과 산업 부문의 연계는 연구의 방향과 확산에 대한 많은 미해결 문제들을 남긴다. 현재에도 그리고 과거에도, 대학 연구의 약 70%가 NSF로부터 기초연구로 분류되었으나 산업부문은 이와 엇비슷한 수준으로 반대의 상황에 있다. 이윤 창출에 대한 유혹이 대학의 사명을 기초 연구로부터 멀리하게 만드는가? 산업 부문이 교수의 전문성을 활용하고 지적재산권을 이용하려는 욕구가 대학 내 그리고 대학 간의 소통을 방해하는가? 산업 부문의 후원이 공공부문의 후원을 밀어내 과학의 개방성을 해치는가? 산업부문의 지원과 공공부문의 지원이 혼재되고, 산업 부문이 혁신의 결과에 대해 지적 재산권을 행사하는 하이브리드 시스템은 정당한 것인가? 우리는 국립 연구소를 논의 한 이후 이러한 질문들을 살펴볼 것이다.

는 "현재 운영되고 있는 원칙은 대학의 연구가 아닌 개별 교수들의 재정적 이익만을 가져올 뿐" 이라고 주장했다. 그는 편향적인 출판물들, 신고 되지 않은 이해관계의 충돌, 대학 지적 재산권의 신고하지 않은 이전, 그리고 다른 불미스러운 관행들에 대해 이야기하고 있다. 그는 유일한 '해결방법'은 "대학들이 그들의 학교 직원들이 회사의 지분을 동시에 가질 수 없도록 금지하는" 것이라고 말하고 있다(Koehn 2001).

11) 이 비중은 공공 자금이 가장 많았을 때였던 1960년대의 3% 미만으로부터 계속 증가해왔다.

8.3 | 정부의 혁신

연방기금의 범위와 본질은 지난 세기 동안 크게 변화되어 왔다. 제2차 세계 대전 이전에 연방 정부에 의한 R&D 기금은 총 R&D의 작은 비중만을 차지했고, 대부분 조직 내부(intramural)에서 사용되었다. 그러나 전쟁 기간 동안 그리고 그 이후에 연방 정부는 R&D 자금의 주요 원천이 되었으며, 내부기금조달방식(intramural funding)에서 보조금수여방식(grant process)으로의 변화가 발생했다. 이와 동시에 많은 국립연구소들이 설립 되었다.

정부 기금에 의한 발명은 전혀 다른 방식으로 작동하는 두 가지의 규칙 하에서 사용자들이 이용 가능하도록 만들었다. 우리는 이 두 가지의 규칙을 상업화 모형(commercialization model)과 자유접근모형(free-access model)이라고 부를 것이다. 상업화 모형은 우리가 이미 언급했던 다양한 입법기관 아래 대학 연구소와 FFRDCs(국립 연구소)에서 광범위하게 사용된다. 자유접근모형은 주로 정부의 내부 연구와 데이터 수집에 적용된다.

상업화 모형에서, 발명은 연방 기금을 받은 연구소에서 민간 기업으로 두 가지 방식에 의해 전달된다: 하나는 1980년에 스티븐슨-와이들러 법(Stevenson-Wydler Act)에 의해 승인된 지적 재산권에 대한 라이선싱 방식과, 다른 하나는 1986년 기술이전법(Technology Tranfer Act)에 의해 승인된 민간기업과의 공동연구개발계약(Cooperative Research and Development Agreements; CRADAs)을 체결하는 방식이다. 의회는 또한 기술 이전을 촉진하기 위해 각 국립 연구소에 '연구 및 기술 적용 전문 사무소(ORTA)'의 설립하도록 하는 법안을 통과시켰다. 이들은 대학의 기술 라이선스 사무소(Technology Licensing Office)와 유사한 성격을 지니고 있다. 이와 더불어 의회는 '초기 기술(precompetitive technology)'에 대한 지원과 국립연구소의 기술을 사용하는 중소기업에 대한 지원정책을 통과시켰다.[12]

이 법안 이후, 연구소들은 라이선싱을 확대하고 있다. 1990년대 초까지 연방정부 산하의 연구소들은 그들 특허의 4% 정도에 불과한 민간 부문 라이선싱을 50%

12) The American Technology Preeminence Act(1991)는 '초기 단계' 기술들에 대한 보조금 지급을, the Small Business Technology Transfer program은 소규모 기업과 대학, 실험실, 그리고 비영리단체 간 협력적 연구개발에 대한 보조금 지급을 명시하고 있다.

까지 증가시켰다. 그럼에도 불구하고 로열티는 비록 연구자 개개인에게는 강력한 인센티브로 작용할 수는 있지만, 대부분 연구소 예산 대비 1% 미만의 기여를 한다(Rood 2000). 우리는 라이선스의 확대가 반드시 '성공'으로 해석되어서는 안 된다는 점에 유의를 해야 한다. 사용자들은 어떤 상황에서도 이러한 기술들을 이용할 수 있기 때문이다.

국립연구소에서 산업 부문으로 기술을 이전하는 주요 방법은 공동연구 벤처회사(research joint venture)를 설립하는 방식인 CRADAs(공동연구개발계약)를 통해 하는 것이다. CRADA에서 산업 파트너는 지적 재산권을 획득하는 대가로 공동 연구 개발 프로그램을 후원한다. 양쪽 당사자 모두 전문 기술, 근로자 그리고 장비를 지원한다. 1990년대 중반까지 국립연구소들은 매년 약 1,000개의 CRADA를 체결하였다.

국립연구소는 파생된 회사(spin-off companies)들을 통해 기술을 이전하기도 한다. 수십 개의 회사들이 매년 형성되었다. Sandia 국립연구소는 연구원으로의 지위를 잃지 않고 사업을 시작하기를 원하는 사람들에게 '창업휴직(entrepreneurial leave)'을 허용한다. 이와 유사하게 NASA는 저비용으로 조언과 서비스를 제공하는 벤처 기업 육성 시설을 운영하여 신규 창업 업체들을 장려한다. 마지막으로 일부 연구소들은 비영리 벤처 캐피탈 펀드와 연관되어 있다. ARCH(시카고 대학/Argonne 국립연구소)와 기술벤처사업(Lockheed Martin/Sandia)를 예로 들 수 있다.

일부 사람들은 CRADA와 라이선싱이 프로그램을 기초연구로부터 멀어지게 만들었다고 주장한다. 독점적 라이선스와 높은 로열티를 이용해 연구의 확산을 억제할 수 있다는 것이다. Rood(2002)는 사례 연구를 통해서 국립 연구소의 과학자들이 1980년대에 비해 광범위한 연구와 대학과의 합작, 학술지에의 출판에 더 적은 관심을 갖는 것으로 나타났다고 밝히고 있다. 그 대신 이들 과학자들은 그들의 관심을 산업, 특허권 그리고 그들의 CRADA 파트너의 기술 증진에 관심을 돌리고 있는 것으로 나타났다.

연방 정부는 국립기술표준원(NIST) 산하에 있는 연구소와 같이 자체적으로 연구소를 운영한다. 국립연구소와는 달리, 그들은 대부분 그들의 혁신활동 결과를 정부가 특허권이나 저작권을 요구하지 않는 자유접근모형(free-access model)을 통해 배포한다. 또한 특허 소유에 따른 가격 책정이 아닌 한계 재생산 비용보다 낮은 금액을 받고 정보를 배포한다.

경제적인 관점에서 볼 때 자유접근모형은 제2장에서 공적 후원을 받은 연구가 무제한적으로 사용될 수 있도록 공공영역에 놓이게 된다는 것을 가정한 것과 같다. 연방정부는 정부 데이터와 기타 정보들이 확산에 드는 비용만으로 배포될 수 있도록 하는 행정 명령 A-130을 포함하여 이 모델에 대한 다양한 법적 근거들을 갖고 있다.

자유접근모형은 거대한 경제적 파생(spin-offs)을 유발했고, 지식의 확산이라는 목표에 실질적으로 기여하였다. 예를 들어 1990년대에 민간 부분의 사업가들은 NOAA(미국 해양대기관리처)의 공공 날씨 데이터를 연간 5억 달러의 산업으로 탈바꿈 시켰다(Weiss, 2003). 현재 부가가치 상품과 서비스들에는 날씨 채널, 날씨 기반 금융 상품 그리고 항공과 기타 전문적인 사용이 필요한 사람들의 요구에 맞춘 날씨 정보들이 포함되어 있다.

어떤 경우에는 정부 공급자들이 자유접근모형과 상용화모형 사이의 경계를 모호하게 하면서 민간 협력사들에게 비용을 분담할 것을 요구하기도 한다. 흥미로운 사례로는 NASA의 Sea WIFS 바다 감시 위성을 들 수 있다. 산업 협력체들은 프로젝트의 전 생애에 투입되는 비용 중 60%~70%를 부담하는 데 동의했다. 이에 대한 보상으로 산업 협력체들은 수산업 종사자와 관련된 사람들에게 유용한 데이터를 NASA로부터 독점적으로 그리고 실시간으로 받는다. NASA의 경우, 14일 동안 해당 정보를 공개하지 않으며, 그 이후 데이터가 과학자들에게 공개된다(Maurer, 2002).

현재까지는 공공부문의 후원자들이 어떤 방식으로 그들의 연구 의제를 선택해야하는가에 대한 명확한 설명이 없다. 실제로 상업은 공공후원에 우선하는 경향이 있다 - 민간 기업이 연구 또는 개발의 노력을 기꺼이 부담하려는 경우, 공공 기관들은 일반적으로 옆으로 물러나있다. 예외가 있다면 게놈 프로젝트처럼 정부기관이 이미 후원하고 있는 연구 분야에 민간 부분이 진입하려 하는 경우이다. 1980년대 후반에 NIH는 인간 게놈을 염기서열화하는 프로젝트에 착수했다. 프로젝트의 산출물은 모든 사람들에게 이용에 드는 최소한의 비용만으로 이용할 수 있도록 배포되었다. 그러나 1990년대 후반에 민간 투자자들은 대규모의 노력을 병행하여 인간 DNA, 쥐 및 벼의 DNA에 대한 염기서열을 특허화하고, 이 발견이 의약 개발이나 다른 상업적으로 가치 있는 제품에 활용될 것을 기대하였다. NIH는 투자자들이 지적재산권을 소유하기 전에 '염기서열'이 공유될 수 있도록 더 많은 노력을 기울였다. 알려지지 않은 기능을 포함하고 있는 '염기서열'은 결국 특허청(PTO)에 의해 특허를 받을 수 없는 것으로 판정되었다. 그러나 생물학적으로 유용한 기능들로 분류될 수 있는 많은 단일염기다형성들(single-nucleotide polymorphisms: SNPs)은 특허를 받을 수 있는 것으로 여겨졌다. 이러한 특허들의 법적 지위는 여전히 해결되지 않은 상황이다.

8.4 | 민·관 혼합 인센티브

위의 두 절의 메세지는 하나의 혁신이 두 가지 방법: 일반세입을 재원으로 하는 공공 부문에 의한 지원과 지적재산체제 하에서 특허를 소유한 소유주의 가격을 통한 지원에 의해 후원을 받을 수 있다는 것이다. 지적재산에 의한 인센티브와 다른 자금 지원에 의한 인센티브의 혼용은 대학과 다른 국립연구소를 넘어서 확장되었다. 예를 들면, 미국 방위고등연구계획국(DARPA)은 로봇지상자동차 경주(Grand Challenge(대회명))의 승자에게 상금으로 100만달러를 지급했다(미국 방위고등연구계획국, 2003). 참가자들은 상당한 상금을 획득하기 위해 경쟁할 뿐만 아니라, 그 결과로 인한 지적재산권 또한 소유하게 될 것이다.

베이-돌 법(Bayh-Dole Act)에 관해서는 찬성하는 측과 반대하는 측이 존재한다. 주요 문제는 지적재산권이 제2장에서 언급했던 공공부문의 후원에 대한 정당성을 무너뜨린다는 것이다. 즉 정부 지원과 학술정보의 개방은 사용에 있어서의 독점(exclusion)을 피할 수 있다. 납세자들은 다소 다른 이의- 왜 납세자들이 발명에 대해 두 번 지불해야 하는가?- 를 제기한다.

그러나 옹호자들은 베이-돌 법(Bayh-Dole Act)이 "연방 정부에 의해 지원되는 연구나 개발로부터 창출된 발명의 활용을 미래의 연구와 발견에 부당한 방해를 끼치지 않는 범위 내에서 활성화한다."(§200)는 애초의 제정 목적을 달성하고 있다고 반박한다. 이 목적만을 읽었을 때, 혹자는 이 법률의 나머지 부분에서 특허의 등록을 제한하고 있을 것이라고 추측할 수도 있다. 왜냐하면 특허의 등록은 사용을 제한할 수 있는 권리를 부여하기 때문이다. 그러나 이와는 반대로 베이-돌 법(Bayh-Dole Act)의 나머지 부분은 특허권을 인정하고 있으며, 그것이 이 법안의 목적이다.

지식을 확산시키는 것과 특허권을 부여하는 것 사이에 존재하는 상충관계를 어떻게 해결하는가에 대해서는 두 가지 가능성이 제기되어 왔다. 하나는 특허권이 대학에게 라이선스를 얻으려는 사람들(licensees)을 찾을 인센티브를 제공하도록 하는 것이고, 다른 하나는 특허권이 사용자에게 발명을 상업화하기 위한 부가적인 투자(collateral investment)를 하도록 인센티브를 제공하는 것이다. 두 가지 모두 완전하게 설득력이 있지는 않다. 자유로운 접근이 허가되었을 때 새로운 지식 또는 다른 경제적 재화의 잠재적 사용자들이 그 재화를 찾지 못할 수도 있다는 가정은 이상하다. 일반적으로 과학자(연구자)들은 연구 결과물을 출간하기 때문에 대학 연구는 특별히 찾기 쉬워야 하기 때문이다. 사실 지적재산권에 대한 기대는 후원자들이 종종 지적 재산권을 확보할 때까지 출간을 금지시키기도 한다는 점에서 잘못된 방향으로 작동하기도 한다.

추가적인 투자에 관하여 우리는 제5장에서 초기 발명을 이룬 투자자들이 전형적으로 별도의 특허권들에 의해 보호된다는 점을 이야기하였다. 예를 들어, 대학의 발명이 연구방법(research tools)에 관한 것이라고 가정하자. 해당 연구방법이 사용될 수 있는 제약이나 다른 발명품들은 각각 그들 자신의 지적 재산을 인정받아야만 한다. 그리고 특허 시스템이 바르게 설계되어 있다면 그것으로 충분할 것이다. 사용된 연구방법이 특허를 받은 상태인가 혹은 일반 대중에 공유된 상태인가가 의약품의 특허가능성에 문제가 되어서는 안된다. 물론, 의약품 제조업자나 다른 후발 발명가들은 경쟁을 피하기 위해 해당 발명에 대한 독점적인 권리를 갖기를 선호할 것이지만, 그러한 충동을 관리하기 위해 만들어진 일련의 독점금지법이 존재한다.

제5장에 언급되었던, 단일클론항체의 경우를 기억해보자. 특허권과 과학의 개방성에 대한 철학적 논쟁과 과학기술이 특허를 얻지 못할 수도 있다는 실용주의적 우려들 속에서, 영국의 연구 자금 지원 기관은 Milstein과 Kohler의 발견에 대하여 특허 인정을 하지 않기로 결정하였다. 과학의 개방성에 우호적인 이 결정은, 2002년까지 미국특허청(USPTO)으로부터 3,600개의 파생 상품들에 대한 특허를 창출하고 학술 저널에 14,000번이 넘는 인용(citation)을 이끌었다(Oliver and Liebeskin 2003). 특허권을 부여하는 것이 넓고 빠른 지식의 확산을 촉진하는가? 몇몇 영국 정책 입안자들은 현재 단일클론항체 기술에 대해 특허권을 인정하지 않은 것을 실수로 보고 있다. 하지만 이것은 국제적인 기술이전(international transfers, 제11장 참

고)에 해당되는 것일 수 있다. 사용자들 중 다수는 영국인이 아니었기 때문이다.

특허권의 설계가 좋지 못하여, 몇몇 유형의 후발 상품과 상업적인 사용자들의 추가적인 투자가 보호되지 않을 가능성도 존재한다. 만약 그런 경우라면, 가장 간단한 해결책은 잘 작동하는 과학의 개방성(open science)을 수정하는 것보다는, 그것의 망가진 부분, 즉 특허법의 체계를 고치는 것일 것이다.

많은 민관 벤처기업들은 민간부문과 공공부문 모두 자체적으로 '연구자금 충당'이 불가능한 '거대 과학' 프로젝트에 관여된다. 자주 인용되는 예로는 융합에너지 연구와 우주에 대한 저비용 진입 프로젝트를 들 수 있다. 그러나 비용 측면의 주장은 그리 설득력이 있지 않다. 왜냐하면 비록 자금을 빌릴 수 밖에 없다 하더라도, 상당한 수준의 이익은 대규모 투자를 유인할 수 있기 때문이다. 1980년대 이후로 저비용 우주진입에 대한 최소 몇몇의 사적인 투자는 있어왔다. 어떤 경우에도 연방 정부보다 자금을 더 잘 모으는 조직은 없다.

우리가 여기에서 제기하는 자금지원의 이중시스템(dual system of funding)에 대한 주장은 베이-돌 법(Bayh-Dole Act)에 함축되어 있는 논리는 아니다. 이것은 자금모집의 어려움이나 사후적인 확산에 초점을 맞춘 것이 아니라 후원자들에게 피해를 주는 다른 문제들을 제기한다. 거대과학(big science)과 관련하여 산업 부문은 발명이 상업적 가치를 지니더라도, 현존하는 지식재산법 하에서의 상업적 가치는 비용을 충당하기에 충분하지 않을 수 있다는 문제를 지니고 있을 수 있다. 이러한 문제는 발명자가 전유(appropriate)할 수 없는 사회적 편익이 존재하는 투자나 지적재산권이 너무 좁게 인정되어 발명의 편익이 경쟁자들에 의해 잠식당할 수 있는 경우에 특히 그렇다. 공공부문은 이러한 프로젝트에 간단히 자금을 지원할 수 있으나, 이 경우 좀 더 과실이 많을 것 같은 과제를 선정하는 문제나, 지원한 연구 자금이 확실히 의도한대로 사용되도록 하는 문제에 직면하게 된다. 이는 특히 전문지식이 대부분 민간 부문에 의존하고 있는 경우에는 더욱 그렇다.

다음 절에서 우리는 소규모의 빈번하게 발생하는 발명(small, frequent innovations)에 대해 발명자가 충분한 발명 또는 높은 가치의 발명을 수반하지 않을 때, 후원자가 단순히 후원금의 지원 과정에서 발명자를 제외하겠다는 위협을 가함으로써 어떻게 이러한 문제들을 극복할 수 있는지를 보여주고자 한다. 그러나 거대과학은 그것이 얼마나 가치가 있는 것인가에 상관없이 소규모의 빈번한 발명들을 수반하지 않는다. 사실 핵융합 에너지 같은 많은 거대과학 프로젝트들의 실제

연구의 질을 나타내는 지표는 성공의 가능성일 뿐이고, 심지어 최고의 프로젝트들도 실패할 수 있다. 따라서 공공 지원은 올바른 투자를 가려내고, 연구자들이 확실하게 지시된 대로 투자하도록 하기 위한 메카니즘을 필요로 한다.

정부의 보조금에 산업부문이 자금을 매칭하는 매칭펀드시스템(Matching Fund System)은 지적재산권과 함께 산업의 비용 충당에 관한 문제와 공공부문의 잘못된 투자 방지라는 이중적 문제를 완화시킬 수 있다.

우리는 제2장에서 소개된 '아이디어' 모형을 사용하고자 한다. 아이디어는 기간 당 사회적 가치와 비용을 나타내는 조합 (v, c)로 나타낸다. 변수 v는 경쟁적인 공급 하에서의 기간 당 소비자 잉여를 나타낸다. 만일 발명의 사회적 가치가 영원히 지속되고 무료로 공공영역에 의해 공유된다면, 할인된 사회적 가치는 $(1/r)v$이다. 만약 발명이 독점기업에 의해 상품화 된다면, 우리는 기간 당 이윤을 πv로 가정할 것이다. 여기서 π는 1보다 작다. 이 경우 할인된 기간(discounted length) T만큼 지속되는 특허권 하에서 획득 가능한 독점 이익은 πvT이다.

[그림 8-4]에서 각각의 점은 사회적 가치 v와 비용 c를 가진 아이디어(v, c)를 나타낸다. 우리는 산업부문이 투자에 있어 최고의 정보처이기 때문에, 아이디어의 가치와 비용 (v, c)는 산업 부문에게는 잘 알려져 있으나 정부의 후원자는 알 수 없다고 가정한다. 정부 후원자의 목표는 $(1/r)v-c>0$인 아이디어들에 투자하는 것이나, 어떤 아이디어가 이를 충족하는지는 알 수 없다. 민간 기업이 자체적으로 투자를 할 경우에 얻을 수 있는 지적 재산의 가치는 πvT이고, 정부의 보조금이 없는 경우 민간 기업은 $\pi vT-c>0$인 경우에 투자를 할 것이다. [그림 8-4]에서 πvT라고 표시된 사선의 아래 부분은 지적재산에 대한 사적인 투자 유인이 충분히 높은 아이디어들을 나타낸다.

한편 지적재산권의 가치보다 비용이 더 크지만(πvT 선의 윗부분) 여전히 수행할 만한 가치가 있는 아이디어들($(1/r)v>c>\pi vT$)이 있다고 가정하자. 정부는 이러한 아이디어들에 후원하고자 할 것이다.

정부가 단순히 보조금 s를 지급한다고 가정하자. 이 경우, 더 높은 위치에 있는 사선 $\pi vT+s$아래에 있는 모든 아이디어 (v, c) 조합은 수용될 것이다. 보조금은 연구를 활성화시키지만 무차별적으로 연구를 활성화시킨다. 특히, 보조금(s)의 지급이 돈을 낭비하는 격인, [그림 8-4]의 원점을 향하는, 낮은 가치(*low v*)를 지닌 아이디어가 많을 가능성이 크다. 가치 없는 발명에 대해 끊임없이 보조금을 요구하

그림 8-4 혼합기금: 민간기업의 매칭과 지적재산(IP)을 포함하는 보조금

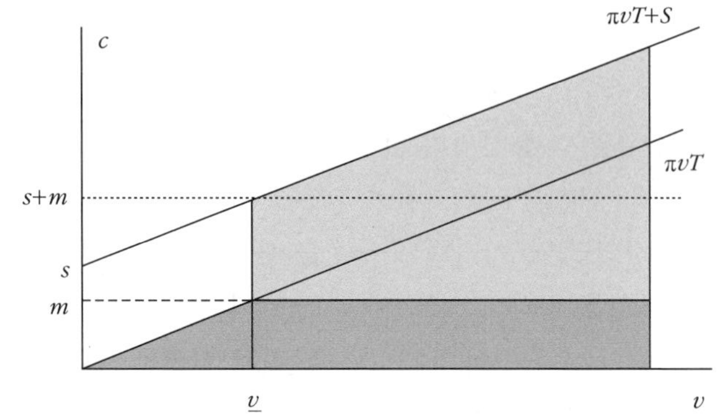

는 상황을 상상하기란 그리 어렵지 않을 것이다.

정부는 청구인으로 하여금 기금의 일부에 해당하는 부담인 m을 매칭하도록 함으로써 이 문제를 해결 할 수 있다. 이 경우 보조금을 요청하기 위해, 후원자와 청구인은 연구 예산에서 각각 s와 m을 부담하여 청구인에 의해 제시된 아이디어에 투자하게 된다. 만약 청구인이 $c>s+m$인 아이디어(v, c)를 제안하면, 청구인은 필요한 부족분을 보충해야 한다. 이 경우에 산업 파트너는 m이 아닌 $c-s$에 해당하는 금액을 지불한다. 만약 청구인이 $c<s+m$인 아이디어(v, c)조합을 제시하면, 남는 부분은 졸업생에 대한 지원이나 다른 연구 기업에게 갈 것이다. 비록 실제로는 정부 후원자가 더 넓은 사회적 목적을 위해 지적재산권을 감축할 것을 요구하겠지만, 논의를 간단하게하기 위해 우리는 [그림 8-4]에서 청구인이 보조금을 받은 혁신에 대해 πvT 만큼의 지적재산을 받는다고 가정한다. 예를 들어, 미국국립보건원(NIH)은 NIH의 다른 연구기금 수령자들을 보호하기 위해, 연구방법(research tools)들에 대한 다른 학술 연구자들의 자유로운 사용이 가능해야 한다는 가이드라인을 도입했다.

이제 우리는 이러한 인센티브 메카니즘 하에서 어떤 일이 일어나는지 살펴볼 수 있다.

먼저, $c<m$을 만족하는 아이디어(v, c) 조합은 보조금을 받지 못할 것이다. 산업 파트너는 보조금을 받지 못하더라도 지적재산권을 얻을 수 있으며, m보다 더 적은 비용인 c에 의해 이러한 지적재산권을 획득하는 것이 더 이익이다. 따라서 사

선 πvT 아래와 수평선 m 아래에 있는 어둡게 표시된 구역은 보조금 요청 여부와 상관없이 산업 부문이 투자할 아이디어를 나타낸다.

산업 파트너가 보조금을 요청하는 아이디어는 $\pi vT > m$을 만족하는 아이디어 (v, c) 조합뿐이다. 이런 아이디어들은 모두 [그림 8-4]의 $\underline{v}$의 오른쪽에 있다. 이 것이 '도덕적 해이(moral hazard)' 문제를 해결하는 요소이다. 파트너들은 그들에게 m만큼의 자금을 의무적으로 매칭하게 하므로, 가치없는 발명에 대해 보조금을 받으려 노력하지 않을 것이다.

더욱이 우리는 [그림 8-4]의 상단 어두운 구역에 속하는 아이디어(v, c) 조합이 산업 파트너가 보조금 후원을 수용하는 영역임을 알 수 있다. 이 아이디어들은 $\underline{v}$의 오른쪽, 수평선 m 위쪽, 그리고 $\pi vT+s$선 아래쪽에 존재한다. $c > \pi vT+s$인 아이디어들은 파트너가 $c-s$만큼 과다 지불해야 하기 때문에 산업 파트너들에게 매력적이지 못할 것이다.

따라서 우리는 의무적인 매칭펀드 방식을 지닌 파트너십을 통해, 공공부문이 가치 없는 발명에 대한 보조금의 낭비 없이, 보조금이 없었더라면 투자를 이끌어 내지 못했을 아이디어들(사선 $\pi vT+s$와 πvT 사이, $\underline{v}$ 오른쪽)에 보조금을 지급할 수 있도록 함을 알 수 있다.

8.5 I 정부의 연구비 지원과정

이미 논의한 바와 같이 미국 연방 정부는 세 가지 방식: 자체연구(intramural research), 계약 또는 조달(contracts or other procurement), 그리고 연구비 지원(grants)으로 연구자금을 지원한다. 이 세 가지 자금조달 형태는 항상 사용되어 왔으나, 20세기 동안의 진전이라고 할 수 있는 것은 연구자금 지원 과정을 제도화하였다는 것이다.

지적재산권에 대해 종종 언급되는 정당성은 연구자들의 근면성이 자기강화적(self-enforcing)인 성격을 지녔다는 점 때문이다. 만일 연구자들이 그들의 에너지를 유용한 목표에 쏟지 않는다면, 그들은 보상을 받지 못할 것이다. 포상(prizes) 또한 같은 특성을 지닌다. 반면 연구비 지원(Grants)은 반대의 성격을 지니고 있다. 연구비의 주요 목적은 연구자들의 연구비용이 발생하기 이전에 비용을 되돌려주는(reimburse) 것이기 때문에, 연구비는 미리 지급된다. 적어도 기본적으로 연구비는 성공에 대한 보수가 아니다. 그럼에도 불구하고, 연구자들에 대한 직접적인 감독이 거의 없이, NSF(국립과학연구재단)예산의 대부분과 NIH(미국 국립보건원)예산의 절반 정도가 연구비로 지급된다.

연구비 지원(grants) 시스템은 비교적 새로운 방식이다. 우리가 제 1장에서 살펴보았듯이, 조직 내 기금방식(in-house funding)이 대부분의 역사에서 가장 일반적인 방식이었다. 유럽의 군주들은 그들의 궁중에 Leonhard Euler와 Joseph-Louis Lagrange와 같이 재능 있는 수학자들을 초빙하여 연구를 지원했다. 그 이전에 이집트의 Alexandria 도서관은 아르키메데스처럼 같은 도서관에 소속된 학자들을 지원했다. 대학들도 예를 들면 Galileo와 Isaac Newton 등의 대학 내 연구들을 오랫동안 지원해왔다.

기술 개발에 대한 비용이 점점 더 증가한 19세기에, 발명가들이 독자성에 기반(sui generis basis)을 둔 연구나 개발을 제안하고 종종 그것에 대한 권리를 보유하는 방식으로 연구비 수여 방식이 진화되었다. 독자성(sui generis)에 기반한 연구비 수여 방식은 특히 거대과학 분야에 여전히 존재하고, 여전히 정부에서 우호적인 후원자를 찾음으로써 지원된다. 그러나 현대의 미국 연구비 지급 과정은 훨씬 더 일상적이다.[13] 의회는 NSF와 NIF의 총 예산을 승인하고, 두 기관은 연구자들이 어떻게 연구비를 쓸 것인지 기술한 제안서를 받아들인다. 비록 연구제안자는 관련분야의 동료로 이루어진 패널들에게 어떤 흥미롭거나 유용한 결과물이 나올 것이라는 확신을 주어야 하지만, 호기심 기반 연구(Curiosity driven research)의 경우는 채택되도록 요청을 해야만 한다. 만약 그렇지 않으면, 미래의 연구비 경쟁에서 성공하지 못할 것이기 때문이다.

제2장은 아이디어가 희귀할 때, 목표를 설정하는 연구는 올바르지 않은 개념임을 강조했다. 즉, 아직 무엇을 발견할지 인지되지도 않은 연구에 대해 목표로 정한 포상을 제공할 수는 없는 것이다. NSF와 NIH의 연구비 지원 체제는 연구진행 이후가 아닌 이전에 지급된다는 점을 제외하면, 블루스카이 포상제도(blue-sky prize system)와 매우 유사하게 운영된다. 연구비 지급의 목적은 연구자의 아이디어가 시

13) 여기서 논의의 초점은 미국 제도에 있다. 연구비 지원 시스템은 지적재산권법과 같은 인센티브 시스템의 다른 측면들보다 더 국제적으로 차이가 있기 때문이다. 예를 들면, 프랑스의 제도는 여기에서 묘사하고 있는 연구에 대한 연구비 지급 방식보다 공공 부문의 고용자들에게 더 의존하고 있다.

행될 만한 가치가 있다는 것을 확인한 후에 연구원들의 비용을 충당하는 데에 있다. 그러나 이 경우 두 가지 문제점이 발생한다: 연구자들은 자신들이 제안한 아이디어를 잘 실행 할 수 있는지 여부를 호도할 수 있고, 약속했던 투자 대신에 자금을 가지고 도주를 할 수도 있다. 이 절에서 우리의 목적은 어떻게 연구비 지원 체제가 이러한 문제점들을 피해갈 수 있는지를 보여주는 것이다. 비록 연구비 수여자가 연구비 수령자를 감시하거나 실패했을 경우에 연구비 지급을 철회할 수는 없으며 과거 기록을 살펴보는 능력이 제한되어 있다 하더라도, 이 시스템은 최고의 연구원들을 선택하고 그들의 연구수행을 보장하는 데 있어 훌륭한 기능을 수행한다. 그러나 우리가 이제 곧 보게 되듯이, 이 시스템은 만약 이러한 문제들이 존재하지 않는다면 더 큰 비용이 들게 된다.

연구비 지급기관의 주요 강제 방법은 지원 자금의 규모를 축소하는 것이다. 이러한 점이 연구원을 직접 고용하는 방식과 다른 점이다. 고용된 연구원을 해고하는 것은 연구비 지급 제안을 거절하는 것보다 훨씬 더 어렵다.

연구비를 지원하는 기관은 여러 아이디어(제안)들을 평가하지만, 비록 아이디어가 좋거나 연구원이 과거에 연구를 수행한 적이 있다 하더라도, 오직 하나의 아이디어에만 후원금을 지급할 것이다. 이 시스템 내에 있기 위해서, 연구원들은 연구비를 위한 그들의 아이디어에 솔직해야만 하고, -그렇지 않으면 그들은 성공하기 어렵다- 실제로 아이디어를 실행하기 위해 비용을 발생시켜야만 한다. 연구비 지원 기관은 아마도 가장 창의성이 뛰어난 연구원들, 즉 가장 자주 또는 가장 가치 있는 아이디어를 내는 연구원들에게 보상을 해주기를 원할 것이다. 우리는 비록 연구비 지원 기관이 연구원의 실제 생산성을 관찰하거나 연구자가 얼마나 많은 혁신을 이루었는지 추적할 수 없어도 이를 달성할 수 있음을 보이고자 한다.

이 시스템은 자기선택(self-selection)에 의해 작동한다. 부족한 생산성(less fertile minds)을 지닌 연구자들은 그들이 실행할 수 없는 아이디어들을 제안하거나 돈을 소진해버리는 아이디어를 제안할 유인이 존재하기는 하여도, 이 행동을 단 한 번 밖에 할 수 없다.

논의를 단순화하기 위해 우리는 모든 아이디어가 같은 가치와 비용 조합 (v, c)를 가지고 있다고 가정할 것이다. 그러나 연구원들은 연간 $\lambda \geq 0$인 수준에서 각각 다른 비율로 아이디어를 얻는다. 여기에서 λ는 연구원들의 창의성(생산성)을 나타낸다. 연구비 지원 기관의 목적은 높은 λ를 지닌 연구자들을 지원하는 것이다.

연구자는 후원자에게 연구비 지원 제안서를 제출하고, 후원자는 연구자에게 연구비를 지원할지 여부를 결정한다. 창의성 λ를 지닌 연구원에 대해 주어진 날짜 t 시점에 인지된 모든 아이디어들에 투자하는 것에 대한 할인된 기대값(the expected present discount value)은 다음과 같다. 여기서 r은 할인율(discount rate)을 나타내고, ρ는 아이디어 당 연구비의 양을 나타낸다.

$$\frac{\lambda}{(1+r)^t}(\rho-c)$$

이제 연구자가 ρ 크기만큼의 연구비를 지원 받는다고 가정하자. 연구자는 연구를 수행할지 아니면 연구비를 가지고 해변으로 가서 여가를 즐길지를 결정해야 한다. 만일 연구자가 연구를 수행하지 않는다면 해당 연구자의 순이익(net gain)은 절감된 비용 c이다. 연구자에게 미래의 연구비를 잃는 것으로부터 초래되는 순손실(net loss)은

$$\sum_{t=1}^{\infty}\frac{\lambda}{(1+r)^t}(\rho-c)=\lambda(\rho-c)\sum_{t=1}^{\infty}\frac{1}{(1+r)^t}=\frac{\lambda}{r}(\rho-c)$$

이다. 따라서 연구자는 만일

$$c\leq\frac{\lambda}{r}(\rho-c)$$

이거나,

$$c\leq\frac{\lambda}{\lambda+\gamma}\cdot\rho \qquad (8.1)$$

이라면, 연구비를 횡령하는 대신 연구를 수행할 것이다.

고정된 연구비 ρ의 경우, 우리는 오직 많은 연구 아이디어(높은 λ)를 가지고 있다고 기대되는 연구자들만 미래의 연구자금 수령에 대한 기대를 갖고 연구를 수행할 것임을 알 수 있다. 만일 부등식 (8.1)이 모든 λ에 대해 성립된다면, 더 높은 λ 값을 가진 연구자들에 대해서도 성립할 것이다. 또한 고정된 비율의 연구 아이디어 λ에 대해, 보상 ρ가 충분히 높을 때에만 연구를 수행할 것임을 알 수 있다. 당연히 연구자들은 보상 ρ가 비용 c 보다 작다면 연구를 수행하지 않을 것이다.

H를 연구자 모집단에 대한 λ의 누적분포(the cumulative distribution)라고 하자.

이 경우 $1-H(\lambda)$는 λ보다 큰 값을 지닌 연구자의 비율이다. 고정된 연구자금 규모 ρ에 대해, $\hat{\lambda}(\rho)$는 식 (8.1)을 성립하는 최소한의 λ – 즉, 식 (8.1)을 같게 만드는 값 – 라고 하자. 함수 $\hat{\lambda}$은 ρ에 대해 감소함수이다: 즉, 연구비의 규모가 크면 클수록 심지어 덜 창의적인 연구자들조차도 미래의 연구비에 대한 기대로 연구를 수행할 것이다. 이 경우 연구비를 지원 받은 연구자의 수 $1-H(\hat{\lambda}(\rho))$는 연구비 지원 규모 ρ에 비례하여 증가한다. 단위 시간당 후원자의 총예산은

$$B(\rho)=\rho\int_{\hat{\lambda}(\rho)}^{\infty}\lambda dH(\lambda)$$

이다.

연구비를 계속해서 신청하는 연구자들은 창의력 값이 $\hat{\lambda}(\rho)$보다 큰 사람들이며, 그들 모두는 지원을 받는다. 연구의 양(연구자의 수)을 늘리는 유일한 방법은 모든 연구자들을 위한 연구비 규모 ρ를 증가시키는 것이다. 이는 새로운 연구자들에게 지급되는 지원금보다 더 많은 예산의 증가가 필요하다는 것을 의미한다.

우리는 지금까지 후원자가 과거의 연구 성공률에 따라 연구비 규모에 대한 조건을 설정할 수는 없다고 가정해왔다. 그러나 이는 주어진 발명(혁신)의 양을 지원하기 위해 요구되는 총예산을 줄일 수 있다.

후원자가 연구자들의 창의성(생산성) λ를 관찰할 수 있다고 가정하자. 이 경우 후원자는 다른 연구자들에게 각기 다른 규모의 연구비을 지급할 수 있다. 즉 아이디어 당 연구비 지원 규모인 ρ는 λ의 함수이다. 각각의 λ에 대해 (8.1)식의 양쪽이 같아지는 수준에서 지원금 $\rho(\lambda)$를 선택할 것이다. 이 경우 함수 ρ는 λ의 감소함수(decreasing function)이다. 즉, 더 생산적인 연구자들이 연구비를 지원 받는 아이디어 당 더 적은 지원금을 받게 된다. 이러한 상황에도 불구하고, 우리는 식 (8.1)에서 $c(\lambda+r)=\rho(\lambda)\lambda$ 이기 때문에, 더 창의성 있는 연구자들(높은 λ의 사람들)은 단위 시간당 더 많은 연구비 $\lambda\rho(\lambda)$를 받게 됨을 알 수 있다.

그러나 수여자가 λ를 관찰 할 수 없다면, 수여자는 λ를 추정하지 않는 것이 바람직하다. 만약 수여자가 연구자의 과거 성공 확률을 통해 λ를 추정한다면, 연구자들은 아이디어 당 낮은 후원금을 받을 위험을 감수하는 대신, 아이디어를 제시하지 않으려는 인센티브를 가질 것이다. 이것은 연구비 지원의 목적을 약화시킨다.

그러므로, 연구비 수여 절차는 연구자들이 의도했던 대로 연구에 대한 투자를

하도록 하는 것과 가장 생산적인 연구원들을 가려내는, 두 가지 목적을 수행한다. 더 생산적인 연구원들만이 이 시스템에 남을 것이며, 이 시스템에 남기 위해 연구를 수행해야 한다. 자체연구(intramural research)는 조직 내에 소속된 연구자들에게 같은 인센티브를 제공할 수 있으나, 연구를 수행하지 않을 때 그들을 해고하는 것은 훨씬 더 어렵다. 대부분의 고용 계약에서 연구자들이 명백한 속임수 때문에 해고될 수는 있으나, 보통 창의성 부족 때문에 해고될 수는 없기 때문이다.

우리는 학문에서의 우연성(serendipity)을 언급하며 이 절을 마치고자 한다. 연구자들의 의도하지 않은 발견들이 얼마나 자주 이루어지는가를 안다면 놀랄 것이다. 만약 발견이 연구자가 사전에 발견의 가능성을 기대하지 않거나, 발견을 위한 노력을 설정하지 않은 상태에서 이루어졌다면, 이 경우 인센티브가 어떤 역할을 했다거나 또는 할 수 있었다고 말하기는 어려울 것이다. 이 책에서 우리는 과학의 우연성에 대한 개념을 설정하고, 인센티브 시스템과의 조화를 시도했다. 아이디어 모형은 '우연성'이라고 하는 아이디어가 생겨나는 외생적 과정을 상정하고 있다. 연구자가 아이디어에 투자할 유인이 존재하는지 여부는 - 인센티브가 역할을 하는 - 시장가치(market value)와 비용(cost)에 달려있다.

아마도 가장 유명한 '우연한(뜻밖의) 발견'의 예로는 페니실린을 들 수 있을 것이다. 페니실린은 인플루엔자 연구를 위해 박테리아를 배양하는 과정에서 우연히 발견되었다(Roberts, 1989). 플레밍(Alexander Fleming)은 페니실린을 생성하는 곰팡이의 일부가 떨어진 곳에 박테리아가 자라나지 않는다는 것을 발견했다. 이 사례를 통해 강조하고 싶은 두 가지 측면이 있다. 첫째, 만일 플레밍이 페트리 접시에 박테리아를 키우는 과정을 포함하고 있는 연구에 참여하지 않았다면 페니실린의 발견은 일어나지 않았을 것이다. 둘째, 이 아이디어는 상당히 많은 부가적인 시간과 자금을 투입하지 않았다면 결실을 맺지 못했을 것이다: 즉 아이디어(idea)와 혁신(innovation) 간에는 명백한 차이가 존재한다.

'뜻밖의 발견'에 관한 두 번째로 유명한 사례는 베크렐(Antoine-Henri Becquerel)의 방사능(radioactivity)에 관한 발견이다(Pais, 1986). 베크렐은 인광물질(phosphorescent materials)이 사진판에서 X-rays 같이 작동한다고 생각했다. 인광은 햇빛에 의해 강화되기 때문에, 흐린 날에는 실험을 할 수가 없었다. 파리의 날씨가 좋아지기를 기다리면서, 그는 사진판을 우라늄염(Uranium Salt)으로 추정되는 인광물질과 근접한 벽장에 보관하였다. 그는 나중에 사진판을 아무 생각없이 현상하였고, 정말 놀랍게도 햇빛에 노출되지 않은 우라늄염이 사진판을 감광시키는 것을 발견하였다. 인광은 햇빛에 의존하기 때문에, 해당 노출은 우라늄염으로부터 발생했음이 틀림없었다. 베크렐은 방사능을 발견했다.

방사능의 발견에 대해 말하고자 하는 것은 페니실린에서 했던 바와 같다. 방사능에 대한 아이디어는 만일 베크렐이 연관된 실험에 참여하지 않았더라면 그에게 일어나지 않았을 것이다. 그러나 해당 아이디어의 개발은 또한 추가적인 노력을 요구했다.

연구비 지원 모형(grant model)은 비록 아이디어들이 외생적으로 발생한다 하더라도 관련된 연구에 의해 촉진될 수 있다는 인식과 관련이 있다. 비록 연구비 지원 절차(grant process)가 특정한 제안들에 초점을 두고 있다 하더라도, 창의적인 생각들이 일반적인 과학 과정에서 아이디어들을 창출할 수 있으며, 그 또한 과정의 일부라는 무언의 인식이 있다. 연구자들이 아이디어를 내는 비율인 λ는 외생적인 것이며, 연구비를 지원하는 과정에서 선택된 것이다. 이는 아이디어를 실현해 내는 과정에서 실수가 있을 수 있음을 나타낸다. 만약 잠재적으로 높은 아이디어 생성 능력을 지닌 연구자가 초기에 기회를 얻지 못하거나 운이 나빴다면, 창의적인 생각들은 결코 시작되지 못할 것이다. 이러한 초기 선택과정은 연구비 지원절차(grant process)나 이에 관한 우리의 모형으로도 잘 해결되지 않는다.

8.6 | 개방 과학의 장점들

'개방적인 과학(open science)'은 보통 과학자들이 발견한 것을 출판하고 공개해야만 한다는 것을 의미한다(David 2003). 이는 일반적으로 연구자들이 지적 재산권이 보장하는 기간까지 연구 결과를 소유함으로써 이익을 얻을 수 있는 상업적인 과학(commercial science)과는 대비되는 개념이다.

이 절에서 우리는 아이디어의 형성 비율이 연구비 지원 기관의 공개 원칙에 의해 영향을 받는지 또는 어떻게 영향을 받는지에 대해 살펴본다. 이전 절에서 우리는 아이디어의 형성 비율이 각각의 연구자들마다 고정되어 있다고 가정했다. 그러나 제 5장에서 논의된 바와 같이, 연구가 누적적(cumulative)으로 진행된다면, 발전의 속도는 해당 과학자가 수행하는 연구에 적용되는 개방성의 규범(the norms of openness)에 달려 있다. 만약 과학자들이 어떤 것이 이미 발명되었는지를 알지 못한다면, 과학자들은 더 발전된 아이디어를 가질 수 없다.

두 명의 연구자들이 기간 당 같은 비율 λ로 아이디어들을 생성하고, 아이디어는 포아송 분포 (Poisson distribution)에 따라 각 연구자들에게 분배된다고 가정하자. 이러한 가정은 이 장의 끝부분 부록(Technical note)에 더 자세히 기술되어 있지만, 개념은 복잡하지 않다. 포아송 분포는 연구자가 언제 그의 최신 아이디어를 가지고 있었는지에 상관없이, 현재로부터 시작되는 시간상의 각 시점에 아이디어가 발생할 확률은 같으며, 연구자들이 그 다음 아이디어를 얻을 때까지 걸리는 시간 x는 λ 값을 지닌 지수분포(exponential distribution)를 따른다(부록에 설명되어 있다.). 다음 아이디어가 도래할 때까지 걸리는 시간은 기대값 $1/\lambda$이다.

이제 두 명의 연구자가 다음 단계로 발전하기를 원한다고 가정해보자. 이 경우 아이디어들은 한 명의 연구자가 있을 때에 비해 총 2배의 비율-단위 시간 당 2λ 아이디어-로 발생할 것이고, 두 명의 연구자 중 한 명으로부터 새로운 아이디어가 등장하기까지 걸리는 평균 시간은 $1/2\lambda$이다. 따라서 연구자들이 자신들의 아이디어를 서로 공유하여 연구자 각각의 그 다음 단계 아이디어가 두 명이 이루어 낸 발전을 합한 것 중 가장 높은 수준의 발전을 기반으로 생겨날 수 있다면, 총합적인 발전은 단위 시간 당 2λ의 비율로 진행된다.

이러한 구조는 오직 한 명의 연구자가 투자하도록 하는 것보다 더 좋다. 왜냐하면 목표를 이루는 발전 속도가 2배 빨라지며, 비록 총비용이 시간 상 앞당겨서 지급되기는 하지만, 아이디어 당 총비용은 같기 때문이다.

우리는 이제 어떻게 공유(sharing)가 발전을 가속화하는지를 알 수 있다. 평균적으로 단위 시간당 2λ 단계의 발전 속도를 얻기 위해서 연구자들은 자신들의 아이디어를 공유해야 한다. 한 가지 방법은 연구자들의 아이디어들을 출판하는 것이다. 연구자금의 후원자가 이를 요구하지 않아 연구자들이 출판을 하지 않는다고 가정해보자. 좀 더 구체적으로, 후원자가 관리상의 비용을 절감하기 위해 하나의 단계가 아닌 두 개의 단계마다 발명에 필요한 자금을 후원하고, 그 중간 단계에서는 출판을 요구하지 않는다고 가정하자. 만일 연구자들이 연구 결과를 공공 지식 수준보다 두 단계 더 높아질 때까지 공개하지 않는다면, 한 명의 연구자가(아직 출판되지 않은) 발전을 이루었을 때, 다른 사람은 뒤쳐져 있을 것이다. 자신이 뒤떨어져 있다고 생각하는 연구자는 단순히 연구를 그만두어 진행을 지연시킬 수도 있으며, 이미 이루어졌으나 공개되지 않은 연구를 중복해서 수행할 가능성이 있다. 두 결과 모두 연구자가 비효율적으로 일하는 결과를 가져온다. 이 장의 뒤편에 있는 부록(technical note)에서는 연구결과를 공개하지 않았을 때 발전 단계별로 걸리는 평균 시간이 1/2λ가 아닌 5/8λ 임을 보이고 있다.

우리가 살펴본 모형에서 아이디어는 일정한 비율로 등장하지만, 아이디어 그 자체는 미리 알려져 있지 않는 것으로 가정되었다. 아이디어는 어느 특정한 시간에 한 연구자에게 떠오른다는 점에서 희귀(scarce)하다고 할 수 있다. 이는 많은 연구들에 대한 현실적인 설명이며, 여기에는 제2장에서 다루었던 Fabrique Lyonnaise의 경우도 포함된다. Fabrique Lyonnaise의 경우 발명가는 직물 직조 분야에서 이룬 기술적인 진보에 대해 관련 지식을 적극적으로 확산시키는 노력을 한다는 조건하에 포상을 받거나 보상금을 받았다.

지식이 누적적(cumulative)인 거의 모든 다른 분야에서도 개방성(openness)은 이와 유사한 장점을 지닌다. 누적적인 노력에 대한 또 다른 모형은 어느 정도의 발전 단계가 필요한지 미리 알 수 있으나 그것을 이루어 내는 데에 요구되는 시간이 무작위(random)인 경우의 모형이다(예를 들어, Scotchmer and Green 1990). 이 경우 신약물질을 찾아내는 과정에서 후보가 되는 화학물질 중 필요 없는 화학물질을 연속적으로 제거하는 과정을 수반하는 연구를 예로 들 수 있다. 이 경우 만약 각 연구자가 다른 연구자들이 후보물질에서 무엇을 제거했는지를 안다면 노력을 중복적으로 들일 필요가 없기 때문에 도움이 될 것이다.

그러나 공적으로 후원 받은 연구자들이 민간 기업보다 중간과정 결과물을 공유함에 있어 더 관대할 것이라고 오해해서는 안된다. 양쪽 모두 최종 단계에 대한 보상이 중간 단계의 보상보다 큰 경우 중간 단계의 발전을 공개하지 않을 유인이 존재한다. 상업적인 관점에서 최종 단계에 대한 보상은 지적 재산권일 수 있다. 학술적인 관점에서의 보상은 종신지위(tenure)와 찬사일 수 있으며, 심지어 노벨상일 수도 있다. 그러나 이상하게도 상업(commerce)은 개방적인 공공과학(open, public-domain science) 하에서는 불가능한, 개방성을 촉진할 수 있는 도구를 가지고 있다. 만약 발전의 중간 단계들에 대해 특허를 획득할 수 있다면, 기업들은 특허를 획득하고 공개할 유인을 가지게 된다. 학술적인 연구자들에게 이와 유사한 것으로는 논문게재를 들 수 있다. 그러나 논문의 게재는 연구자에게 특허가 부여하는 것과 같은 독점적인 권한을 주지 않는다.

학자들이 비밀을 유지할 유인이 있다는 것이 기록된 문서가 밝혀졌다. 미국 메사추세츠 종합병원과 연관된 연구자 그룹은 데이터 저장 문제에 대해 유전학자들을 대상으로 설문조사를 진행했다. 그들이 발견한 것들은 다음과 같다:

> 다른 교수에게 추가적인 정보를 요청했던 유전학자들 중 47%는 … 지난 3년 동안에 그들이 요청한 것 중 최소 한 번 이상 거절당한 적이 있다고 대답했다. 논문게재 후 요청된 모든 정보 요청 중 10%가 … 거절되었다. 12%는 지난 3년 동안에 그들이 다른 학자의 요청을 거절한 적이 있다고 말했다. 의도적으로 데이터를 감추고 있었다고 대답한 유전학자들 중 80%는 요구를 들어주는 것이 너무 많은 노력을 필요로 했다고 밝혔고, 64%는 대학원생과 박사 과정 이후의 동료들 또는 젊은 교수들의 논문 게재 가능성을 보호하고자 했다고 밝혔으며, 53%는 그들 자신의 논문 게재 가능성을 보호하고자 했다고 밝혔다(Campbell 외, 2002, 473).

따라서 이윤 창출을 하고자 하는 것과 같이, 논문게재를 하고자 하는 의도는 지식의 공유를 방해할 수 있다. 하나의 해결책은 연구비 지원 기관들과 학술지들이 공개를 조건으로 한 경우에만 후원금 지급과 논문 게재를 하도록 하는 것이다. 유명한 버뮤다 의정서(Bermuda Protocols)는 기초 유전자염기서열분석 연구에 이를 시행했다.

8.7 부록: 공개와 발견의 기대 시간

만약 아이디어가 λ의 비율로 도래한다면, 아이디어 발생 간의 시간 x는 지수밀도함수(exponential density fuction) $\lambda e^{-x\lambda}$의 확률분포(probability distribution)를 따르며, 이 때 아이디어 도래에 대한 아이디어 당 기대 시간은

$$\frac{1}{\lambda} = \int_0^\infty \lambda x e^{-x\lambda} dx$$

이다.

이와 유사하게 만일 아이디어가 기존의 2배인 2λ의 비율로 발생하고 각각의 아이디어가 그것을 접한 사람들 사이에서 공유된다면, 각 아이디어 당 기대 시간은 $1/2\lambda$ 이다.

이제 x가 하나가 아닌 두개의 아이디어가 발생하는 데까지 걸리는 시간을 나타낸다고 가정해보자. 이 경우 x는 밀도 함수 $\lambda^2 xe^{-\lambda x}$를 지닌 감마분포(gamma distribution)를 따를 것이다. 그리고 함수 F로 표시되는 누적 분포는

$$F(x)=\int_0^x \lambda^2 \hat{x}e^{-\lambda\hat{x}}d\hat{x}=\int_0^{\lambda x}\hat{x}e^{-\hat{x}}d\hat{x}=(1-(1+\lambda x)e^{-\lambda x})$$

를 만족한다.

이제 x_1과 x_2를 연구자 1과 연구자 2가 각각 개별적으로 두 개의 아이디어를 얻을 때까지 걸리는 무작위한 시간(random lengths of time)이라고 해보자. 여기서 우리는 첫 번째 아이디어가 다른 연구자와 공유되지 않는다는 것을 가정한다. 우리의 목적은 한 명의 연구자에게 두 아이디어가 도래하는 데 걸리는 기대시간이 둘 중 누구에게서 발생하든 도래한 첫 번째 아이디어가 공유되었을 때의 기대시간 $1/\lambda$보다 더 길다는 것을 보이는 것이다.

둘 중 한 명의 연구자가 두 개의 아이디어를 연속적으로 창출할 때까지의 최소 시간은

$$x=min[x_1,x_2]$$

이다. 최소값의 밀도는

$$2\lambda^2xe^{-\lambda x}(1-F(x))=2\lambda^2xe^{-\lambda x}(1+\lambda x)e^{-\lambda x}=2\lambda^2xe^{-2\lambda x}+2\lambda^3x^2e^{-2\lambda x})$$

이다. 그리고 x의 기대값은

$$2\int_0^\infty \lambda^2x^2e^{-2\lambda x}dx+2\int_0^\infty \lambda^3x^3e^{-2\lambda x}dx=\frac{1}{2\lambda}+\frac{3}{4\lambda}=\frac{5}{4\lambda}>\frac{1}{\lambda}$$

이다.

참고문헌

Abramson, H. N., J. Encarnacao, P. P. Reid, and U. Schmoch, eds. 1997. Technology Transfer Systems in the United States and Germany: Lessons and Perspectives. Washington, DC: National Academy of Engineering, National Academies Press.

Association of University Technology Managers. 2002. "AUTM Licensing Survey: FY 2000." Available at www.autm.net/surveys/2000/summarynoe.pdf.

Bekelman, J. E., Y. Li, and G. P. Gross. 2003. "Scope and Impact of Financial Conflicts of Interest in Biomedical Research: A Systematic Review."Journal of the American Medical Association, 289:454-464.

Berners-Lee, T. 2000. Weaving the Web. New York: Harpers Business.

Blumenthal, D., M. Gluck, K. S. Louis, and D. Wise. 1986. "Industrial Support of University Research in Biotechnology." Science 231:242-246.

Board on Science Technology and Economic Policy. 2001. "Trends in Federal Support of Research and Graduate Education." Washington, DC: National Research Council, The National Academies. Available at www.nap.edu/catalog/10162.html.

Campbell, E., B. Clarridge, M. Gokhale, L. Birenbaum, S. Hilgartner, N. Holtzman, and D. Blumenthal. 2002. "Data Withholding in Academic Genetics: Evidence from a National Survey."Journal of the American Medical Association 287:473.

Cohen, W., R. Nelson, and J. Walsh. 2000. "Protecting Their Intellectual Assets: Appropriability Conditions and Why U.S. Manufacturing Firms Patent (Or Not)." Working Paper 7552. Cambridge, MA: National Bureau of Economic Research.

Colyvas, J., M. Crow, A. Gelijins, R. Mazzoleni, R. Nelson, N. Rosenberg, and B. Sampat. 2002. "How Do University Inventions Get into Practice?" Management Science 48:61-72.

Dasgupta, P., and P. David, 1994. "Toward a New Economics of Science." Research Policy 23:487-521.

David, P. 2003. "The Economic Logic of 'Open Science' and the Balance between Private Property Rights and the Public Domain in Scientific Data and Information: A Primer." In National Research Council, The Role of the Public Domain in Scientific and Technical Data and Information, 19-34. Washington, DC: National Academies Press.

Defense Advanced Research Projects Agency. 2003. DARPA Grand Challenge. Available at www.darpa.mil/grandchallenge/.

Geiger, R. L. 1993. Research and Relevant Knowledge: American Research Universities Since World War II. New York: Oxford University Press.

Jaffe, A., and J. Lerner. 2001. "Reinventing Public R&D: Patent Policy and the Commercialization of National Laboratory Technologies." RAND Journal of Economics 32:167 – 198.

"Japanese Push for Patents 'Sidelines Basic Research.'" 2003, July 17. Nature (News in Brief) 424:244.

Jensen, R., and M. Thursby, M. 2001. "Proofs and Prototypes for Sale: The Licensing of University Inventions." American Economic Review 91:240 – 259.

Kenney, M. 1986. Biotechnology: The University–Industrial Complex. New Haven, CT: Yale University Press.

Koehn, R. 2001, March 20. "Faculty Start–Ups Offer Temptation to Breach Academic Rules . . ." Nature (correspondence) 410:513.

Mansfield, E. 1986. "Patents and Innovation: An Empirical Study." Management Science 32:173 – 181.

Marshall, E. 1997. "A Bitter Battle over Insulin Gene." Science 277:1028 – 1030.

Maurer, S. 2002. "Promoting and Disseminating Knowledge: The Public/Private Interface." Washington, DC: National Academies of Science. Available at www7.national academies.org/biso/Maurer background paper.html.

Maurer, S. 2003, November 24 – 25. "New Institutions for Doing Science: From Databases to Open Source Biology." Paper presented at the conference "Copyright and Database Protection, Patents and Research Tools, and Other Challenges to the Intellectual Property System," organized by the Network on European Policy for Intellectual Property at Maastricht Economic Research Institute on Innovation and Technology. Available at www.merit.unimaas.nl/epip/programme.htm.

Morgan, R., C. Kruybosch, and C. Kannankutty. 2001. "Patenting and Invention Activity of U.S. Scientists and Engineers in the Academic Sector: Comparisons with Industry." Journal of Technology Transfer 26:173 – 183.

Mowery, D., and N. Rosenberg. 1998. Paths of Innovation. New York: Cambridge University Press.

Mowery, D., R. Nelson, B. N. Sampat, and A. A. Ziedonis. 2001. "The Growth of Patenting and Licensing by U.S. Universities: An assessment of the Effects of the Bayh–Dole Act of 1980." Research Policy 30:99 – 119.

National Institutes of Health. 1994, November 8. "Developing Sponsored Research Agreements: Considerations for Recipients of NIH Research Grants and Contracts." Federal Register 59:55673.

National Institutes of Health. 1999. "Principles and Guidelines for Recipients of NIH Research Grants and Contracts on Obtaining and Disseminating Biomedical Research Resources." Federal Register 64:72090.

National Science Board. 2002. Science and Engineering Indicators—2002.

Arlington, VA: National Science Foundation (NSB 02–1). Available at www.nsf.gov/sbe/srs/seind02/start.htm.

National Science Foundation, Division of Science Resources Studies. 2004.

Federal Funds for Research and Development: Fiscal Years 2001, 2002, and 2003 (NSF 04–310). Available at www.nsf.gov/sbe/srs/nsf04310/.

Nelson, R. 1993. National Innovation Systems: A Comparative Analysis. New York: Oxford University Press.

Oliver, A. L., and J. P. Liebeskin. 2003. "Public Research and Intellectual Property Rights: A Tale of Two Inventions." Mimeograph. Los Angeles: Marshall School of Business, University of Southern California.

Pais, A. 1986. Inward Bound: Of Matter and Forces in the Physical World. Oxford: Oxford University Press.

Roberts, R. M. 1989. Serendipity: Accidental Discoveries in Science. New York: Wiley.

Rood, S. A. 2000. Government Laboratory Technology Transfer: Process and Impact. Burlington, VT: Ashgate.

Ruttan, V. W. 2001. Technology, Growth and Development: An Induced Innovation Perspective. Oxford: Oxford University Press.

Scotchmer, S., and J. Green. 1990. "Novelty and Disclosure in Patent Law." RAND Journal of Economics 21:131 – 146.

Stephan, S. 2001. "Educational Implications of University–Industry Technology Transfer." Journal of Technology Transfer 26:199 – 205.

Taylor, M., E. W. Rubin, and D. A. Hounshell. 2003. "Effect of Government Actions on Technological Innovation for SO2 Control." Environmental Science & Technology 37: 4527 – 4534.

Thursby, J., and M. Thursby. 2002. "Who Is Selling the Ivory Tower? Sources of Growth in University Licensing." Management Science 48:90 – 104.

University of California, Technology Transfer Office. 2000. Annual Report. Available at www.ucop.edu/ott/ars/ann00/ar00.pdf.

Weiss, P. 2003. "Conflicting International Public Sector Information Policies and Their Effects on the Public Domain and the Economy." In J. Esanu and P. Uhlir, eds., The Role of Scientific and Technical Data and Information in the Public

Domain, 129–132. Washington, DC: National Academies Press. Available at www7.nationalacademies.org/biso/.

CHAPTER

09

연구개발(R&D)과 특허의 가치

(The Value of R&D and Patents)

INNOVATION AND INCENTIVES

09
연구개발(R&D)과 특허의 가치

이전의 장들에서는 경제적 유인(incentive)을 설계하는 방법들을 다뤄왔지만, 그것들이 실제로 작동되는지 여부에 대한 증거를 제시하지는 않았다. 우리는 경제적 유인이 R&D를 유도할 것이고, R&D는 혁신을 이끌며, 혁신은 소비 후생의 증가 또는 경제적인 성장을 이끌 것이라고 믿어왔다. 이번 장은 어느 것이든 위의 것들이 측정 가능한지를 다뤄보고자 한다. 2000년에 GDP의 2.6%가 R&D에 쓰였다는 사실 하에서(이는 다른 연도들과 비슷한 수준이다.), 우리는 연구자금이 제대로 쓰였는지를 알고자 한다. 과연 R&D는 경제 성장을 이끄는가?

이 책이 경제적 유인에 관한 책이라는 점에서 우리는 단순히 경제적 유인 그 자체가 아닌 그 이상의 내용을 알기를 원한다. 어떠한 경제적 유인(인센티브) 구조가 제대로 작동하는가? 심지어 미국 지식재산권협회의 회원들 역시 오직 특허나 저작권에만 의존하기보다는 더 큰 범주의 방법들에 의존하고 있다. Cockburn and Henderson이 이들에게 실시한 연구 조사(2003)에 따르면, 지식재산권협회의 오직 2/3에 해당하는 회원들만이 만약 특허권이 없다면 그들의 경쟁력이 금방 사라질 것이라고 답하였다. 저작권의 경우 이러한 비율은 특허보다 훨씬 적은 1/3 수준이었고, 영업 비밀의 경우 4/5로 특허보다 상대적으로 높은 것으로 나타났다.

어떤 사람은 기업에 대한 더 많은 표본을 추출할 경우, 기업들은 지적재산권에 덜 의존적인 것으로 나타날지도 모른다고 추측할 것이다. Cohen, Nelson and Walsh(2000)는 대기업에 대해 무작위로 표본을 수집하여 각 기업에게 기업의 혁신을 보호하는데 각 유형의 보호가 어느 정도로 효과적인지를 답하도록 하였다. 이 설문조사에 포함된 5가지 유형의 보호는 〈표 9-1〉의 윗부분에 나열되어 있다. 놀랄만한 결과는 상대적으로 특허의 중요성이 그리 높지 않다는 것이다.

특허가 영업비밀(secrecy)이나 경쟁자보다 기술적으로 앞서 나가는 시간(lead time)보다 더 효과적이라고 대답한 산업 부문은 거의 없었다. 표의 제일 아랫 행에 나타나 있는 종합적인 응답률에 따르면, 특허는 나머지 범주에 속한 '기타 법'을 제외하고는 가장 낮은 순위를 차지하고 있다. 보호 유형 중 가장 중요한 것은 비공식적인 방법인데, 전통적인 기업이 선택한 전략은 기술적으로 앞서는 것(lead time)과 영업비밀(secrecy)이었다. 따라서 제3장에서 특허가 지적재산 보호의 황금률(gold standard)이라고 말했던 것은 어떤 의미에서 잘못된 것이라고 할 수 있다. 만

표 9-1 제품혁신(product innovation)에 대한 전유성 구조의 효과성

선발 산업 (Selected industries)	표본 크기 (Sample Size)	영업 비밀 (Secrecy)	특허 (Patents)	기타 법 (Other legal)	리드 타임 (Lead time)	보조 판매 서비스 (Comple mentary sales service)	보조 생산 (Comple mentary manu facturing)
식품(Food)	89	58.54	18.26	21.18	53.37	39.83	51.18
석유(Petroleum)	15	62.00	33.33	6.33	48.67	40.33	35.67
기초화학 (Basic Chemicals)	35	48.00	38.86	11.57	38.29	45.86	44.71
의약품(Drugs)	49	53.57	50.20	20.82	50.10	33.37	49.39
공작기계 (Machine Tools)	10	61.50	36.00	3.00	61.00	43.00	34.50
컴퓨터(Computers)	25	44.20	41.00	27.20	61.40	40.20	38.00
전기 설비 (Electrical equipment)	22	39.09	34.55	15.00	33.41	32.27	31.82
반도체 관련 (Semiconductors and related)	18	60.00	26.67	22.50	53.33	42.22	47.50
의학 장비 (Medical equipment)	67	50.97	54.70	29.03	58.06	52.31	49.25
자동차(Autoparts)	30	50.83	44.35	15.65	64.35	44..84	53.06
합계(All)	1118	51.00	34.83	20.71	52.76	42.74	45.61

출처: Cohen, Nelson, And Walsh(2000), table 1.

주: 각각의 숫자는 응답에 대한 평균값으로, 각 행(row)의 산업 내에서 각 열(column)의 보호수단이 실제로 얼마나 '제품혁신(product innovation)'에 대해 효과적인 보호 수단이라고 생각하는지에 대한 비중을 나타낸다. 응답 항목은 <10%, 10%-40%, 41-60%, 61-90%, >90% 등이다.

약 특허가 다른 공식적인 법적 보호 수단들과 비교되었을 때는 이러한 주장이 사실일 수도 있지만, 영업비밀과 리드타임과 같은 기업의 비공식적인 보호전략이 특허보다 더 강력하게 지적재산권을 보호할 수 도 있다는 많은 사례들이 존재한다.

지적재산권에 대한 공식적인 보호의 비효과성(ineffectiveness)은 설계(design)에 달려있다. 제4장과 제5장에서 강조했듯이, 더 강력한 지적재산권이 항상 더 나은 것은 아니다. 지적재산은 발명가를 위한 보호, 소비자를 위한 보호, 그리고 다른 경쟁자들의 경쟁력을 향상시킬 수 있는 기회가 적절한 균형을 이룰 수 있도록 설계되어야 한다.

이 장의 후반부에는 특허의 가치와 특허 보호에 대해 더 많은 이야기를 다룰 것이다. 첫 번째 과제는 경제성장에 있어서 총 R&D 지출의 효과를 측정할 수 있는지를 살펴보는 것이다. 거시적인 접근법(aggregate approach)은 특허나 저작권과 같이 개별적인 방식들 대신에 인센티브 체계의 효과를 전체적으로 살펴볼 수 있다.

[그림 9-1]은 지난 20세기의 후반세기 동안 총 R&D가 실질가치(1996년 가격기준, 단위: 10억달러)를 기준으로 어떻게 증가했는지를 나타낸다. R&D 지출은 실질단위로 측정하여도 상당히 증가하였다. 그러나 [그림 9-1]에서 가장 놀라운 것은 R&D에 투자하는 주체의 변화에 있다. 1980년 이전에는 연방정부가 민간기업체보다 거의 2배가 넘는 수준으로 더 많은 기금을 투자했으나, 2000년대 이후에는 이러한 양상이 정반대로 바뀌었음을 알 수 있다. 오히려 민간 부문이 정부 부문보다 2배 이상 R&D에 투자를 하였다. 이러한 양상은 1장과 8장에서 논의되었던 공공, 민간 R&D 부문 관계의 복잡한 변화를 반영한다.

실질 R&D 투자는 상당히 성장해온 반면, R&D의 수준은 국내총생산(GDP)에 비례하여 증가하고 있다. [그림 9-2]는 최근 10여년 동안 GDP에 대한 R&D 지출 비중이 크게 변화하지 않았다는 것을 보여준다. 7개의 모든 국가에서 GDP의 1~3%정도가 R&D에 지출되었다. 국방비를 포함한다 하더라도, 미국 R&D 지출의 1/6이 국방과 연관되어있기 때문에 R&D 투자에 대한 GDP의 비중은 여전히 3% 이하라고 볼 수 있다.

그림 9-1 미국 R&D 자금의 주체

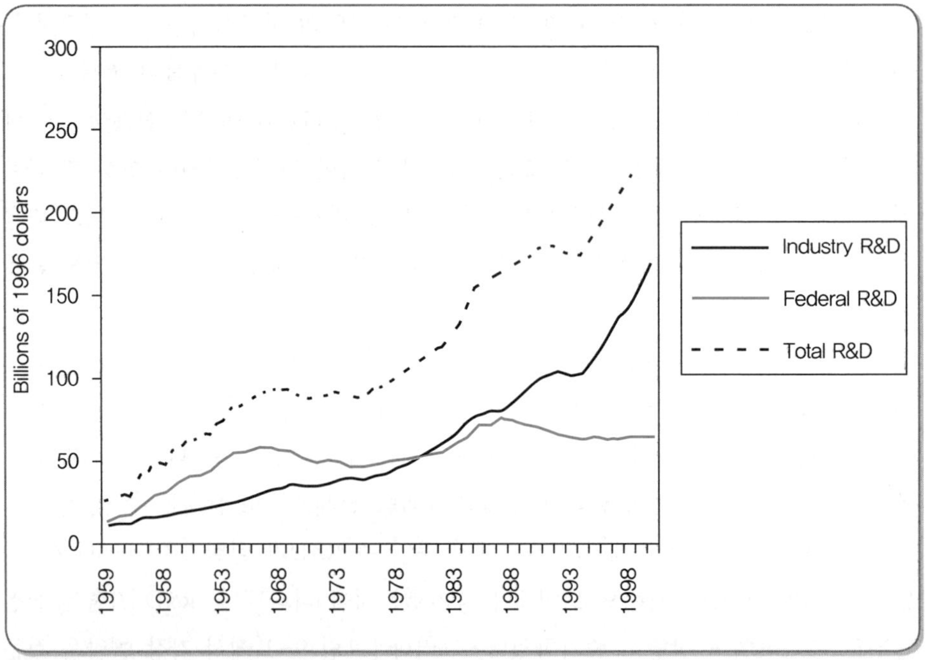

자료: 국립과학위원회, 2002, 부록 표 4-19.

9.1 | R&D와 생산성 증가

GDP 성장률은 R&D 지출의 성공 여부를 측정하는 가장 일반적인 척도이다. 그러나 소비자 후생의 측정 도구로서 GDP는 심각한 결점이 있는 추정변수이다. 그렇지만 GDP를 사용하는 가장 주된 이유는 다른 실증 연구자들처럼 경제학자들이 '가로등 밑을 보는' 것과 같은 확실한 것에만 집착하기 때문이다. 우리는 누군가(미국 상무부) GDP를 측정하고 있기 때문에 GDP를 연구한다.

만약 모든 시장들이 완전경쟁시장이고, 기업의 이윤이 0이라면 GDP는 투입요소의 가치(the value of inputs)를 측정한다. 벌어들인 돈은 모두 소비되기 때문에, GDP는 최종 재화시장에서 벌어들인 총수입(revenue)을 측정하는 것이기도 하다. 이런 의미에서 GDP는 경제활동의 유용한 지표이라고 할 수 있다. 또한, 비용이 소비자잉여와 관련이 되는 정도만큼, GDP는 어느 정도 소비자잉여의 지표로써 사용될 수 있다.

그림 9-2 GDP 대비 R&D 지출 비중(국방관련 지출 제외)

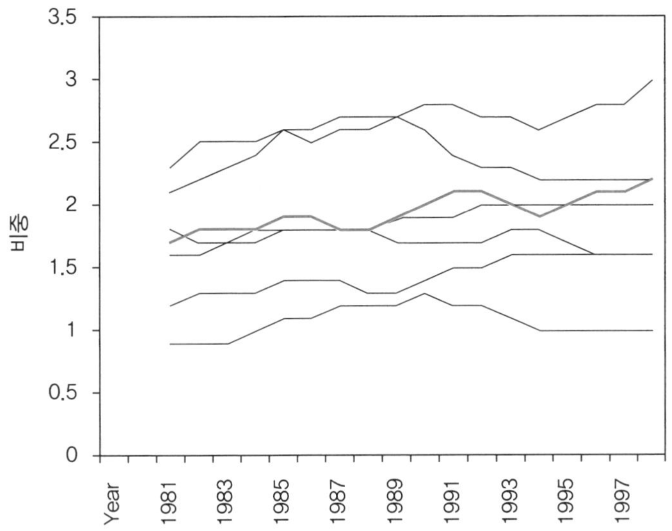

자료: 국립과학위원회, 2002, 부록 표 4-41.

만약 산업부문이 완전하게 경쟁적이지 않다면, 기업들은 경제적 이윤과 회계적 이윤을 얻을 것이다. 이 경우 GDP는 투입 비용뿐만 아니라 이윤도 포함하게 된다. 이 경우는 만약 경쟁적인 시장에서 담합이 이루어지면, 소비자 잉여가 줄어듦에도 불구하고 GDP는 상승하는 이상한 결과를 보인다. 물론, 혁신과 관련하여 담합은 기업들이 시장 경쟁력을 얻는 전형적인 방법은 아니다. 기업들은 지적재산권에 의해 보호받는 신제품을 출시함으로써 시장지배력을 획득한다.

그러나 여기에 또 다른 문제점이 발생한다. 소유권이 있는, 즉 특허를 받은 독점적인 재화(proprietary goods)의 경우는 GDP에서 측정된 투입요소와 이윤의 합 대비 소비자 잉여의 비율에 있어서, 경쟁적으로 공급되는 재화에 비하여 다른 결과를 보여준다. 이러한 이유로 시간이 지나면서 특허를 획득한 재화와 일반 경쟁적인 재화들의 조합이 변화하는 경우 GDP 성장률에 대한 해석은 모호해진다.

정부지출 역시 R&D가 어떻게 GDP에 반영되는지를 이해하는 데 혼동을 초래한다. 만약 정부지출로 인해 발생한 발명이 공유되어 많은 경쟁 기업들에 의해 사용된다면, 그 혜택은 주로 기업보다는 소비자들에게 발생할 것이다. 예를 들면, 낮은 가격을 통해서 말이다. GDP에 반영되는 것은 R&D로부터 나온 산출물의 가치가 아니라 과학자들에게 지급되는 봉급과 같은 R&D 투입요소(input)의 가치이다. 실제로 만약 공적인 연구주제가 재화나 서비스의 생산 비용을 낮춘다면, R&D는 사실상 GDP를 감소시킬 수도 있다. R&D 지출이 GDP에 미치는 기대효과는 정부지원을 받는 R&D의 비율과 정부지원을 받는 연구가 분포되어 있는 상태에 의존한다. 제8장에서 논의한 바와 같이, 정부 지원은 현재 점점 감소하고 있으며 정부지원을 받는 연구 중 점점 더 많은 비중이 지적재산으로 이동하고 있다.

이 장의 뒷부분에서 참조된 논문들(그리고 Hall(1996)에 의해 논의된 다른 논문들)은 예상한 바와 같이, 공공 R&D 지출이 민간부문의 시장가치(private indicators of value)에 영향을 미친 정도가 민간 부문의 R&D 지출에 의한 영향보다 작음을 보이고 있다. 사실 많은 연구들은 공공 R&D 지출이 전혀 영향을 미치지 못하고 있음을 보이고 있다. 유일한 예외가 Hall and Mairesse(1995)의 연구인데, 이들은 프랑스의 경우 공공 R&D가 기업 R&D 지출의 최소 20%를 보조하는 경우 기업의 시장가치를 증가시킴을 보이고 있다. 이 효과는 보조금을 지급받은 연구의 산출물이 협상된 가격으로 공공부문에 다시 되팔린 데 기인한 것일 수 있다.

국민 후생의 측정치로써 GDP의 결함에도 불구하고, GDP는 '가로등 아래' 처럼 가장 명확한 측정지표이며, 따라서 경제학 문헌들은 마치 GDP 증가가 목표인 것처럼 성장의 원천을 탐구한다.[1] 대부분의 연구들은 단일 국가, 일반적으로 미국의 R&D 지출과 GDP의 관계에 대해 연구의 초점을 맞추어왔다. 추후에 수정된 것을 제외하고는, R&D 지출이 재화와 서비스의 상대가격(relative prices)에 영향을 미치지 않는다는 암묵적인 가정이 있었다. 이는 만약 R&D 지출의 편익이 산업 전반에 골고루 퍼져나간다면 사실일 수도 있다. 만약 상대가격이 변하지 않는다면, 명목 GDP를 특정 연도의 물가수준을 반영하여 실질 GDP로 바꾸는데 문제가 발생한다. 예를 들어, 기준년도로 1990년을 선택했다면, 1990년의 물가수준이 2000년의 물가수준의 80%이므로 2000년의 명목 GDP에는 0.8이 곱해져야 한다.[2]

1) 이런 종류의 질문은 대부분 Zvi Griliches를 필두로 하는 미국경제연구소(National Bureau of Economic Research)의 생산성 그룹에 의해 다루어져왔다. 이 책에서 논의되는 아이디어와 사실들은 주로 위에 소개한 그룹의 연구결과로부터 도출되었으며, 참고문헌에 인용되어 있다. 여기에서의 인용은 논점을 흐리는 것을 막기 위해 간략하게 소개한 것이다.

2) 물가 디플레이터(price deflator)는 미국 상무부 경제분석국(the Department of Commerce, Bureau of

경제의 '생산성(productivity)'은 주로 총생산을 총노동으로 나눈 Q/L로 정의된다. 이 때 Q는 불변가격(constant dollars) 하의 GDP로 측정되고, L은 1인당 노동시간이다. 생산성에 관한 좀 더 일반적인 접근은 아래와 같은 총요소생산성모형(total factor productivity model)이다.

총요소생산성모형은 총생산량 Q가 자본스톡 C, 노동 L, 지식 K, 그리고 '보이지 않는 기술변화' T에 의존한다고 본다. 만약 우리가 총생산함수 F를 알고 있다면, 총생산량 Q는 $Q=F(C, L, K, T)$로 나타낼 수 있다. 각각의 생산요소들은 시간이 지남에 따라 증가한다. 노동 공급은 인구의 증가에 따라 증가하고 자본은 투자가 감가상각을 초과할 때 증가한다. 지식의 경우 R&D에 지속적인 투자가 있기 때문에 성장한다. 비록 지식은 곧 낡은 것이 되지만 이는 더 발전된 기술과 다른 지식으로 대체되기 때문이다. 지식은 감가상각을 고려하여 과거 R&D 투자들의 합계로 측정될 수 있다.

이들 각각의 변수에 대해서 우리는 $t-1$년에서 t년까지의 성장률을 정의할 수 있다. 성장률 $\Delta C_t/C_t$, $\Delta L_t/L_t$, 그리고 $\Delta K_t/K_t$는 아래의 자본 스톡의 예와 유사하게 정의 될 수 있다.

$$\frac{\Delta C_t}{C_t} = \frac{C_t - C_{t-1}}{C_t}$$

만약 우리가 정확도에 대해 너무 까다롭지만 않다면 이러한 성장률들은 모두 측정될 수 있다.

어려운 부분은 생산함수 F를 추정하는 것이다. 만약에 우리가 생산함수 F를 안다면, 시간이 지남에 따라 발생하는 투입요소의 변화와 이에 따른 산출물의 변화를 계산할 수 있을 것이다. 그러나 우리는 생산함수 F를 알지 못한다. 단지 우리는 산출물 Q와 투입요소 인 C, L 그리고 K가 시간에 따라 어떻게 증가해 왔는지만 관찰할 수 있다. 핵심은 생산함수 F에 관해 알아내서 무엇이 산출물 Q의 성장을 이끌었는지를 찾아내는 것이다. 예를 들면, 우리는 지식이 고정되어 있고 자본과 노동이 증가할 때 산출물이 동일한 비율로 증가하는지를 알길 원한다. 만약 그렇다면 우리는 R&D 지출이 경제성장에 거의 영향을 미치지 못한다고 결론을 내릴 수 있을 것이다.

Economic analysis) 웹사이트 www.bea.doc.gov/bea/dn/nipaweb/index.asp에서 찾을 수 있다.

이 문제를 해결하기 위한 방법은 우리가 경제를 통해 확인할 수 있는 것, 즉 균형상태에서 존재하는 다른 어떤 것을 이용하는 것이다(Solow, 1957). 우리는 생산함수 F를 알지 못하지만, 각 생산요소의 한계생산성(the marginal productivity of each factor of production)이 투입가격(input price)과 동일해야 한다는 사실을 알고 있다. 좀 더 구체적으로, 균형상태에서 임금률은 노동의 한계 생산성과 같고 자본의 수익률은 자본의 한계 생산성과 같다. 자본의 한계생산성과 노동의 한계 생산성을 각각 F_C, F_L이라 하고, 각각 자본수익률 및 임금률과 같다고 가정한다. 이와 유사하게 지식 축적의 한계생산성을 F_K, 그리고 다른 기술 변화의 한계생산성을 F_T로 쓸 수 있다.

근본적으로 정의 상 아래의 관계는 매시점마다 성립된다.[3]

$$\Delta Q = F_C \Delta C + F_L \Delta L + F_K \Delta K + F_T \Delta T$$

즉, 산출물의 증가 $\Delta Q = Q_t - Q_{t-1}$는 투입요소의 증가로 인한 것이라 할 수 있다. 정의에 따라 각 투입요소의 효과는 각각의 한계생산성에 의존한다. 이러한 관계는 아래와 같이 다시 쓰여질 수 있다.

$$\frac{\Delta Q}{Q} = \frac{CF_C}{Q}\frac{\Delta C}{C} + \frac{LF_L}{Q}\frac{\Delta L}{L} + F_K\frac{\Delta K}{Q} + F_T\frac{\Delta T}{Q}$$

이제 우리는 우리가 균형에 대해서 알고 있는 지식을 사용할 수 있다. 한 경제의 총임금은 총노동에 임금을 곱한 것으로, $L \cdot F_L$이 된다. 따라서 GDP에서 노동의 기여율은 LF_L/Q가 되고, β로 나타낸다($\beta < 1$). 자본의 경우 이와 똑같이 자본의 기여율은 α로 ($\alpha < 1$)로 나타내고, 다음과 같이 쓸 수 있다.

$$\frac{\Delta Q}{Q} - \alpha\frac{\Delta C}{C} - \beta\frac{\Delta L}{L} = F_K\frac{\Delta K}{Q} + F_T\frac{\Delta T}{Q}$$

---

3) 이는 미적분을 사용하면 더 명확하다. 투입요소를 시간의 함수로 나타내고, 총생산함수를 $Q(t) = F(C(t), L(t), K(t), T(t))$로 나타내라. 생산함수 F를 전미분하고, 시간에 대한 미분을 나타내기 위해 '점'을 표시하면(예: $\dot{Q} \equiv dQ(t)/dt$),

$$\dot{Q} = F_C(\cdot)\dot{C} + F_L(\cdot)\dot{L} + F_K(\cdot)\dot{K} + F_T(\cdot)\dot{T}$$

$$\frac{\dot{Q}}{Q} = \frac{CF_C(\cdot)}{Q}\frac{\dot{C}}{C} + \frac{LF_L(\cdot)}{Q}\frac{\dot{L}}{L} + F_K(\cdot)\frac{\dot{K}}{Q} + F_T(\cdot)\frac{\dot{T}}{Q}$$ 이다.

성장률 $\Delta Q/Q$, $\Delta C/C$, $\Delta L/L$과, 가능하다면 $\Delta K/K$, 그리고 GDP에 대한 자본과 노동의 비중인 α와 β 도 회계자료를 통해 파악할 수 있다. 따라서 회계자료는 일단 노동과 자본이 설명되면 순성장률(net growth)을 나타내는 우변의 값을 구할 수 있도록 충분한 정보를 제공해 준다. 즉,

$$\frac{\Delta Q}{Q} - \alpha\frac{\Delta C}{C} - \beta\frac{\Delta L}{L} \tag{9.1}$$

이 값은 각 연도마다 계산될 수 있고 시계열 데이터(time series)의 형태를 띤다.[4] 시계열 데이터의 요소들은 성장에 있어서 '설명되지 않는' 잔차항(unexplained residuals)이거나, 좀 더 정확하게는 노동 또는 자본의 성장률로 설명이 되지 않는 잔차항이다. 만약 잔차항이 작은 값을 가진다면, 우리는 대부분의 성장이 자본과 노동의 성장률에 의해 설명될 수 있고, 특히 연구개발 지출(R&D spending)은 중요하지 않음을 알 수 있다. 만약 잔차항이 크고 변동성이 크다면 성장을 유발하는 설명되지 않은 요인이 존재하는 것이고, 이는 아마도 연구개발 지출과 연관되어 있을 것이다.

20세기 상반기는 단위 노동당 산출물이 거의 2배가 증가한 주목할 만한 성장의 시기였다. 이 기간 동안 산출물의 변화율, (9.1)의 첫 번째 항은 2.75%였는데, 이는 1인당 생산 증가율이 25년에 두 배가 되는 것을 의미한다. 성장은 1950~1970 사이에 더 높았으며, 그 후 생산성 증가율은 눈에 띄게 약화 되었다. 이는 때때로 '생산성 저하(productivity slowdown)'로 불린다. 20세기 상반기 성장의 절반만이 자본과 노동의 성장에 의하여 설명 될 수 있다.[5] GDP에서 자본과 노동은 각각 35%와 65%의 비중을 차지하고 있었으며, 자본과 노동의 성장률은 1%와 1.75%였다. 이를 종합해보면, (9.1)식의 잔차의 값은 연간 약 1.49%이다. 따라서 상반기에 노동과 자본에 의해 설명되지 않는 성장의 비중은 1.49/1.75이거나 절반보다 약간 더 높다. 이는 우리에게 성장에 관한 더 나은 설명이 존재함을 확인시켜준다. 20세기 GDP의 성장은 단지 자본과 노동의 성장만으로는 설명될 수 없다. 그러나 각 부문별(sectoral level)로 비슷한 방법론을 적용하여 전후 경제성장의 대부분이 자본과

---

4) 이는 Solow(1956, 1957)에서 비롯된 일반적인 방법의 한 예이다. 여기에서 논의되는 것보다 더 깊은 논의를 위해서는 Griliches(1988)와 그곳에 첨부된 참고문헌들을 참조하라.

5) Solow에 따르면, 이 계산의 세세한 부분은 Nicholson(1995, p.336)에서 찾을 수 있다.

노동의 증가에 의해 설명될 수 있다고 결론내린 연구들도 있다(Jorgenson 1995 a, b; Jorgenson, Gollop, and Fraumeni, 1987). 하지만 이들도 기술 향상이 이러한 다른 변수들의 질(qualities)에 녹아들어 있음을 인식하고 있다.

한편으로 경제학자들은 1970대의 생산성 저하에 자극을 받아서, 성장의 잔차(residual)가 R&D 지출과 연관되어 있는지를 조사하였다. 1인당 산출물이 빠르게 증가한 1950년대 이전의 R&D지출에 대한 어떠한 체계적인 데이터도 존재하지 않는다. 그러나 그림 9.1에서 볼 수 있듯이, R&D 지출은 1953년부터 1968년까지 매년 8%씩 매우 빠른 속도로 증가하였고 그 이후 1975년까지 매년 2%씩 감소하였다. 1975년 이후에 이는 다시 성장세로 돌아섰다. 이미 언급한 바와 같이, 생산성은 1970년까지 빠르게 증가하였고, 1990년대에 다시 빠르게 성장하였으나, 1970년대와 1980년대에는 둔화되었다. 성장이 R&D 지출을 따라가는 것처럼 보이기 때문에 이 기간 동안 R&D지출의 감소가 생산성 증가의 둔화를 가져왔는지 의문을 갖는 것은 당연하다고 할 수 있다.

R&D지출은 지식변수(knowledge variable) K와 같지 않다. 왜냐하면 R&D는 유량변수(flow variable)인 반면, 지식(knowledge)은 저량변수(stock variable)이기 때문이다. 생산성에는 단지 현재의 R&D 지출뿐만 아니라 현재의 지출을 포함한 전체 R&D 지출의 역사 또한 영향을 미친다. 따라서 실증적인 연구를 위하여 지식변수 K는 일반적으로 과거 R&D 지출의 가중합으로 구성되며, 노후화로 인한 감가상각이 발생한다. 이렇게 생성된 변수는 식 (9.1)의 시계열 잔차를 위한 설명 변수로 사용된다. 직관적으로 우리가 던지는 질문은 식 (9.1)의 잔차가 주로 R&D지출인 $\Delta K/Q$가 클 때 큰 값을 갖는가 하는 것이다. 시계열 (9.1)을 $\Delta K/Q$에 대하여 회귀분석 함으로써 우리는 이 둘을 이어주는 상관계수(coefficient)를 추정할 수 있다. 도출된 상관계수는 성장에 대한 지식의 한계기여율(the marginal contribution of knowledge to growth)을 나타낸다. 아마도 이 상관계수가 우리의 주된 관심사일 것이다. 왜냐하면 이 상관계수가 우리의 기술혁신 정책이 산출물의 성장을 촉진시키는데 있어 어느 정도로 효과적인지를 말해주기 때문이다.

Griliches(1988)는 비록 R&D지출이 성장에 대해 측정 가능한 효과가 있다하더라도, R&D지출의 감소가 1970년대 산출물 감소의 많은 부분을 설명하지는 못한다고 결론을 내리고 있다. 그럼에도 불구하고, R&D의 영향을 추정하는 것은 흥미로운 일이다: 어느 정도의 본전을 뽑을 수 있을까? Griliches(1988)는 방대한 양의 연구를 요약하여, 축적된 R&D 자본(accumulated stock of R&D capital)에 추가로 달러를 투자했을 때 GDP에 대한 한계 기여도는 20~50%라고 결론을 내리고 있다. Hall(2000, 1999)은 다양한 환경 하에서 사적 수익률(private rates of return)을 추정한 결과, 사적수익률이 7~43%이며, 사회적 수익률(social rates of return)은 100%를 훨씬 넘는다고 요약하고 있다. 각각의 추정치는 산출물이 산업 부문에서 총 GDP(aggregate GDP)로 측정되었는지, 또는 기업 수준에서 측정되었는지에 따라 다르게 나타난다. 추정치는 또한 어떤 R&D가 포함되었는지에도 달려있다. 앞서 언급했듯이, 민간 부문의 R&D(private R&D) 지출은 공공부문의 R&D 지출보다 GDP에 더 큰 영향을 미친다.

지식의 한계생산성에 대한 추정치들은 다른 자본 투자들의 한계생산성보다 약간 높지만, 그리 크게 높지는 않다. 실질 주식시장 수익률은 지난 몇 년 동안 평균적으로 거의 10%도 되지 않았다. 그러나 우리는 이 우연의 일치를 해석하는 데 주의해야 한다. R&D 지출의 사적 수익률이 다른 투자들의 수익률과 정확히 같다고 가정해보자. 이것이 우리에게 가장 즉각적으로 그리고 아마도 유일하게 말하는 것은 기업이 합리적으로 행동한다는 것이다. 만약 두 종류의 투자에 대해 수익률이 다르다면, 이익을 극대화하는 기업은 수익률이 높은 쪽으로 투자를 옮길 것이다.

효율성에 관해서는 두 가지의 수익률을 어떻게 해석하는지에 따라서 중요한 차이점이 존재한다. 기계와 같은 일반적인 자본 투자의 경우 만약(시장이 경쟁적이라는 가정 하에) 한계상태에서의 수익률(the rate of return at the margin)이 할인율(the rate of discount)과 같으면 효율적이다. 그러나 R&D에 대한 투자의 경우, 일반적인 자본과는 달리, 한계투자의 사회적 가치는 사적 가치와 같지 않다. 예를 들어 특허경주(patent race)에서의 승리에 대한 보상은 매우 수익성이 좋은 특허라고 가정하자. R&D로 투자를 옮기는 것은 소모적인 특허경주에 참여하는 것을 의미할 수 있다. 비록 이러한 결정이 기업의 관점에서는 옳은 결정이라 하더라도 특허경주에서 비용의 중복은 사회적 관점에서는 낭비일 수 있다. 이 경우, R&D 지출은 비록 사적으로는 최적이라 할지라도 사회적으로는 비효율적으로 높을 수 있다.

다른 한편, R&D 투자는 사회적으로 너무 낮을 수도 있다. 지식의 비경합적(nonrival)인 특성 때문에, 기업은 자신들의 투자에 대한 성과를 전유(appropriate)할 수 없을 가능성이 존재한다. 지식은 경쟁자들에게 확산(spillover)될 수도 있다. 확산으로 인해 투자회사는 투자로 인한 이익을 전유할 수 없게 되고, 결국 투자를 하지 않을 수도 있다. 이러한 현상은 Jaffe(1986)와 Jaffe, Trajtenberg, and Henderson(1993) 등에 의해 연구되었다.

기술 변화의 가치를 추정하기 위해 GDP를 사용하는 것이 지니는 가장 큰 결점은 아마도 R&D가 상대 가격들을 변화 시킨다는 점일 것이다. 모든 산업에 걸쳐 똑같은 수준으로 경제 활동을 촉진하는 혁신은 거의 존재하지 않는다. 그 대신 어떤 혁신은 새로운 시장을 만들고, 다른 혁신은 생산가격을 낮춤으로써 특정 소비자 제품들의 가격들을 하락시킨다.

만약 전반적인 물가 수준과 더불어 상대적 가격들이 변한다면, GDP와 같이 총액(aggregates)을 고려하여 생산성 변화를 연구하는 쉬운 방법은 존재하지 않는다. 만약 R&D의 효과가 가격뿐만 아니라 공급량도 변화시키는 것이라면, 그러나 우리는 오로지 수입(pq)의 변화만을 관찰한다면, 우리는 창출된 사회적 가치에 대해 아는 것이 거의 없다고 할 수 있다. 매출은 가격이 하락하고 산출물이 증가하거나, 산출물이 감소하고 가격이 상승한 경우 동일하게 유지될 수 있다. 첫 번째의 경우 R&D는 생산성(산출물의 증가)과 소비자(가격의 하락)에 긍정적인 영향을 미친다. 그러나 두 번째의 경우 어느 쪽에도 긍정적인 영향이 없다. 단지 매출을 관찰하는 것만으로는 우리는 이 두 경우를 분별할 수 없다.

미국 상무성(2000)에 의해 구축된 데이터는 가격 효과가 컴퓨터 산업에서 놀라울 정도로 나타나고 있음을 보여주고 있다. 1999년에 메모리의 메가바이트당 가격은 1988년의 1/500 수준에 불과하다. 이 기간(1988~1999)은 전반적인 물가수준이 상승하고 있던 기간이었다. 이와 유사하게 품질이 조정된 컴퓨터의 가격은 동일 수준 컴퓨터의 1987년 가격의 1/10보다 낮았다. 품질이 조정된 컴퓨터 생산량은 1990년대 초반에 매년 12%씩 성장하였으며, 그 후 매년 40%씩 증가하였다. 만약 컴퓨터의 매출액(sales)을 컴퓨터 가격이 소비자물가지수(consumer price index)를 따르는 것으로 가정하고 GDP에 포함한다면, 컴퓨터 생산량의 증가는 어마어마하게 과소평가 되고, 추정된 R&D의 컴퓨터 생산량의 증가에 대한 영향은 지나치게 낮을 것이다.

Griliches(1994), Hall and Mairesse(1995), 그리고 Hall(1996)은 이러한 가격 변화들을 특정 산업 또는 특정 기업 R&D의 영향을 받은 생산량에 주목함으로써 밝혀냈다. 이들은 수입의 변화가 아닌 생산량의 변화를 확실히 측정하기 위해 다른 산업 또는 기업에 다른 가격 디플레이터(price deflator)를 적용하였다. 데이터를 각 산업별 수준으로 분해함으로써, Griliches(1994)는 단위 산출물에 대한 수익률을 컴퓨터 산업이 포함되는 경우 30%로 추정하였으며, 컴퓨터 산업을 제외했을 경우에는 12%로 추정하였다.

이와 유사하게, 산업 수준이 아닌 기업 수준의 데이터를 이용하여 Hall and Mairesse(1995)와 Hall(2000)은 컴퓨터 기업을 포함하였을 때 단위 산출물 당 수익률이 10%인 것으로, 제외했을 경우에는 약 1%인 것으로 추정하였다. 따라서 컴퓨터 산업의 R&D는 큰 효과를 지니고 있는 것이다. 이러한 효과는 상대가격의 변화가 고려되지 않았다면 측정될 수 없었을 것이다. 컴퓨터에 특화된 가격 디플레이터를 사용하지 않은 상태에서 수입 또는 매출액으로 측정한 R&D 수익률은 약 2.5%에 불과한 것으로 나타난다. 이와는 대조적으로, 생산량으로 측정한 수익률은 11%이다.

이 논문들은 총액에 초점을 둔 거시경제적인 관점으로부터 특정 산업에서의 수요분석과 소비자 잉여에 초점을 둔 미시적인 관점으로 연구의 초점을 옮기게 한다. 만약 가격에 대한 데이터가 이용가능하다면, 그리고 수요곡선에 대해 알려진 것이 있다면, 비용-편익분석(cost-benefit analysis)에서 행해지는 것처럼 소비자 잉여의 변화와 기업 이윤의 변화의 합으로 R&D 편익을 측정할 수 있다. 이는 R&D가 새로운 시장을 형성하는 경우에 특히 중요하다. 신제품의 경우처럼 만약 산출물이 이전에 0이었다면 산출물의 증가(growth in output)를 살펴보는 것은 타당하지 않다. Trajtenberg(1990a, 1993)는 로짓모형(logit model)을 이용하여 신제품의 특성에 의해 신제품의 가치를 측정하는 기법을 소개하고, 이를 CT scanners에 적용하고 있다. Bresnahan(1986)은 금융 분야에서의 컴퓨터 서비스에 대한 수요(derived demand)를 이용하여 컴퓨터 혁명의 가치를 추정하고 있다.

9.2 | 특허 데이터와 연구개발 지출의 사적 가치

R&D 지출은 지식재산을 이끌어 내므로 R&D 지출과 지식재산은 어느 정도 동일한 것을 측정할 것이다. 다른 한편으로 R&D 지출은 발명을 위한 투입요소의 측정인 반면, 특허와 다른 지식재산은 발명에 대한 결과물의 측정이다. 무익한 R&D

벤처에 돈을 낭비하긴 쉽지만, 쓸모없는 발명품에 대해 특허를 부여하도록 특허청을 설득하는 것은 어려운 일이다.[6] 이러한 이유로 우리는 특허가 R&D 지출보다 생산성 향상에 대해 더 많은 부분을 설명할 것으로 예상할 수 있다.

이상적으로 R&D 지출에 의한 결과물의 측정은 모든 지식재산을 포함해야 한다. 그러나 우리는 특허에 대한 체계적인 자료밖에 없다. 그 이유는 자료들을 조사하고 출판하는 행정 절차들 때문이다. 저작권에는 이에 준하는 요구사항이 없다. GDP와 마찬가지로 특허는 어디에서나 찾아볼 수 있다. 특허의 개수는 기업과 산업 수준에서 관찰될 수 있고, 특허 문서에는 발명이 속한 기술 분류의 숫자와 인용수(citations) 등과 같이 발명의 가치를 나타내는 지표를 포함한다.

경제학자들은 오랫동안 특허 행위를 연구함으로써 혁신을 이해하려고 노력해왔다. 이는 적어도 1950년대와 1960년대의 Jacob Schmookler부터 시작해서, F. Michael Scherer, Edwin Mansfield, Zvi Griliches와 전미경제연구소 생산성 그룹(NBER Productivity Group)까지 이어졌다. 기업들은 쉽게 특허정보에 전자적으로 접근할 수 있게 되어 인용과 같은 상세한 정보를 쉽게 추출할 수 있게 되면서 다시 활력을 얻게 되었다(Hall, Jaffe, and Trajtenberg 2002, 2004; Jaffe and Trajtenberg 2002 참조).

Griliches(1990)가 말하듯이, 이 일에 관하여 계속 제기되는 질문은, “특허 통계는 무엇을 위해 사용될 수 있는가?”이다.[7] 특허 자료는 명확히 눈에 보이기 때문에 무언가에는 도움이 될 것이라는 강한 직감이 있다. 이 장과 관련된 질문은 R&D 지출이 성장과 소비자후생에 미치는 영향을 평가하는 데 있어 특허 데이터가 도움이 될 수 있는지 여부이다.

R&D 지출과 특허 수여의 상관관계에 대해서는 [그림 9-3]을 봄으로써, 그리고 R&D 지출과 GDP가 지난 20세기 후반에 상당히 상관성을 지니고 있다는 것(이는 [그림 9-2]에 내포되어 있다.)을 기억함으로써 개략적으로나마 살펴볼 수 있다. [그림 9-3]은 국내 R&D 지출과 국내 특허 수를 그래프로 나타내고 있다. 여기

6) 이것은 논란의 여지가 있다. 특허청은 널리 알려진 물리학 법칙을 위반하는 특허를 자주 승인하는 것으로 비판을 받는다. 미국 물리 학회의 Robert Park은 정기적으로 이런 논문들을 출판한다. www.aps.org/WN/을 참조하라. 또한 Ord-Hume(1977)을 참조하라. Merges(1999)와 Allison and Lemley(2002)는 좀 더 법적 제도에 기반을 둔 논의를 제공한다.

7) 이 논의는 최근의 인용 기반 접근 방식에 대한 논의를 첨부하는 것을 제외하고는, Griliches(1989, 1990)의 자세한 논의와 설문조사 내용과 다를 것이 없다.

그림 9-3 R&D 지출과 국내 특허 수여(patent grants)

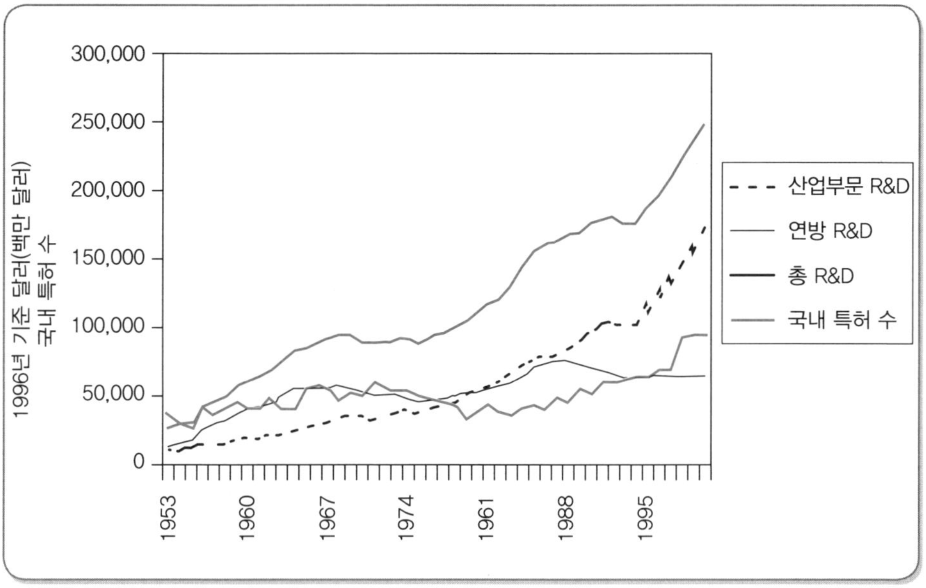

자료: 미국특허청 기술평가 및 예측 보고서, 국립과학위원회, 2002.

서 주목할 것은 특허청에 의해 발급된 외국인 특허 수여의 비율이 1963년 18%에서 2002년 48%로 상승했다는 점이다.

미국내 특허 수여는 1990년대의 상승을 제외하고 20세기의 대부분은 R&D와 GDP 대비 모두 하락했다(Kortum and Lerner 1999). 1970년대엔 총 R&D 지출의 침체에 상응하여 특허의 침체가 있었다. 그러나 1980년대에 특허는 R&D 지출의 상승에 비례하여 증가하지는 않았다.

R&D가 특허에 어떠한 영향을 미치는지를 정식으로 살펴보기 전에, 우리는 R&D 지출과 특허수를 비교함으로써 특허의 비용에 대해 무엇을 추론할 수 있는지 잠시 살펴보고자 한다. [그림 9-3]은 지난 몇 십년간, 민간부문은 특허 당 100만 달러에서 200만 달러를 지출함을 보이고 있다.[8] 물론 이는 매우 부정확한 측정 방법이다. 예를 들어, R&D 지출과 특허 수 사이에는, 그리고 특허출원 날짜와 특허를 수여한 날짜 사이에는 시간차(lags)가 존재한다. 1960년대에는 출원 특허의

8) [그림 9-3]에서 외국인 특허 수(foreign patent grants)는 제외되었다. 1963년 이전의 데이터는 내국인과 외국인 특허를 분리하지 않고 있기 때문에, 1963년과 동일하게 외국인 특허 수는 18%로 가정되었다.

40% 이상이 3년 이상 지연되었다. 시간차는 1970년대에 줄어들었고(약 20%는 3년을 초과하는 지연이 있었다), 1980년대에는 증가했으며, 1990년대 초반에는 하락했으며, 최근에는 다시 증가했다. 또 다른 문제는 특허가 기술 그룹으로 분류되는 방식 때문에 특허와 산업을 연관시키기 어렵다는 것이며, 더 근본적인 문제는 공공부문의 지출도 포함되어야 하는지 여부에 관한 것이다.

Griliches(1989)의 1957, 1976, 그리고 1985년도 산업 수준 데이터를 이용한 연구결과에서 보여진 것처럼, 특허 비용은 산업에 따라 상당히 차이가 있다. 의약품 특허는 상대적으로 비용이 많이 들며, 항공기 특허는 더욱 비용이 많이 든다. 다른 한편으로, 화학 및 통신 장비 산업은 달러당 특허가 상당히 많이 존재하며, 따라서 특허의 비용이 상대적으로 낮다. 전반적으로 민간부문은 100만 달러(1976년도 달러)당 약 1.4개의 특허가 있었고, 이는 특허 당 약 70만 달러, 또는 1996년도 달러로 약 160만 달러를 나타낸다. 이것은 [그림 9-3]과 일관된 모습을 보인다. 그러나, Hall, Jaffe, and Trajtenberg(2000)는 이후 더 큰 표본을 이용하여 특허 당 R&D 비용이 1980년도 달러 기준으로 160만 달러, 또는 1996년도 달러 기준으로 280만 달러로 다소 높음을 보이고 있다. Griliches의 연구와 비슷하게 Lanjouw and Schankerman(2004)은 1980년~1993년 사이의 기간 동안 평균 특허 비용의 변화를 보이고 있는데, 의약품 특허당 비용은 거의 400만 달러(1998년도 달러), 건강, 화학 물질, 기계에 관한 특허 비용은 200만 달러 이하, 그리고 전자부문의 특허는 200만 달러 이상임을 보이고 있다. 이들 논문의 요점은 '특허 생산성'의 명백한 감소를 제기하는 것, 또는 역으로 특허 당 R&D 달러 지출의 증가를 제기하는 것이다. 이들은 이와 같은 시간에 따른 변화가 일부 산업에서는 (청구항의 수, 특허 인용수, 해당 특허가 인용하는 다른 특허의 수, 그리고 특허가 발행되는 특허 관할 구역의 수 등에 의해 측정되는) 특허 품질의 증가에 의해 설명될 수 있음을 보여준다.

경제학자들은 또한 산업과 기업을 연구함으로써 R&D 지출과 특허 사이의 진정한 관계를 밝히기 위해 노력해왔다. 만약 우리가 특허의 수 P를 (음이 아닌) R&D 지출 r의 함수로, 즉 $P(r)$로 가정한다면 R&D 지출에 대한 특허탄력성을 아래와 같이 정의할 수 있다:

$$\frac{\Delta P(r)}{\Delta r} \cdot \frac{r}{P}$$

자연스럽게 드는 의문점은 특허를 획득하는 기술혁신을 생산하는데 있어 R&D 지출의 효과성(effectiveness)이 R&D가 증가함에 따라 감소하는지 여부이다. 즉 $P(\cdot)$ 함수가 오목(concave)한지 여부이다. 만약 이 함수가 강오목(strictly concave)하다면 $P(r)/r$은 감소한다. 더구나 강한 오목성은 $dP(r)/dr < P/r$ 임을 암시하므로 탄력성은 1보다 작다. 따라서 탄력성이 1보다 작은지 여부는 실증분석의 문제이다.

혹자는 이 질문이 함수 P(•)에 대한 직접적인 조사일 것이라 생각할 수 있다. 사실, 이 질문은 간단하지 않다. 다음은 실증적인 연구에서 제기된 여러 문제들이다: 우리는 높은 R&D 회사들과 낮은 R&D 회사들을 같은 기간 동안 비교하는 것에 관심이 있는가, 아니면 낮은 R&D 회사가 R&D 지출을 증가시킬 경우 특허에 대한 전망을 알고 싶은가? 우리는 발명의 유형 또는 기업의 유형에 관하여 어떻게 데이터를 분류해야 하는가? R&D 지출과 특허 사이에 설정되어야 할 올바른 시간차(lag)는 무엇인가?

이러한 이슈들은 예를 들어, 횡단면(cross-section, 같은 기간의 다른 기업들)을 연구한 Bound et al.(1984)과 시계열(time series, 시간 흐름에 따라 같은 회사들을 연구하는 것) 자료를 연구한 Hausan, Hall, and Griliches(1984)에 의해 이전부터 제기되어왔다. 횡단면 분석에서는 양(+)의 R&D 지출을 하는 기업들 중 200만 달러(1976 달러 기준) 미만의 R&D 지출을 하는 기업들이 이보다 더 많은 R&D 지출을 하는 기업들보다 더 높은 R&D 달러 당 특허를 획득한다. 그러나 더 높은 R&D 지출을 하는 기업들에 있어 특허는 R&D 지출과 거의 비례하여 증가한다. 이는 대규모 기업들에게 있어 특허와 R&D 지출 간에 존재하는 규모 수익(returns to scale)은 어느 정도 일정함을 의미한다.

횡단면에서의 특허-R&D 관계에 대한 규모수익불변(constant returns)은 시계열을 이용한 연구와 일관된 결과를 보이지 않는다. 시계열 상에서 탄력성에 대한 최선의 추정치는 1이 아닌, 약 0.5 내외인 것으로 나타난다. 이는 기업의 R&D 지출 증가는 규모수익체감(diminishing returns)을 보이고 있음을 의미한다. 특히 1보다 작은 탄력성을 보이고 있는 Hausman, Hall, and Griliches(1984)의 연구를 참조하라. 이러한 추정치들은 데이터에 존재하는 잡다한 특성(noisiness)으로 인해 주의깊게 해석되어야 한다. 추정된 상관계수가 기업들의 R&D 지출의 증가에 따른 순효과를 나타내는지는 명확하지 않다. 왜냐하면 발명 환경과 관련된 여러 조건들이 변하고 있기 때문이다. 이러한 관점은 특허와 R&D 모두 다른 요인들에 의해 내생적인(endogenous)으로 결정되는 것으로 바라보는 Nagaoka(2003) 연구의 핵심이다.

여기서 우리는 잠시 멈춰 서서 우리 자신에게 맴도는 질문을 상기할 필요가 있다: 특허 데이터는 무엇에 좋은가? 확실히 R&D 지출과 특허의 관계는 우리의 궁극적인 관심사가 아니다. 우리의 궁극적인 질문은 R&D 지출로 인해 발생한 소비자 가치를 어떻게 측정하는가에 있다. 특허는 우리가 이를 측정하는 걸 도와줄 경우 주된 관심사가 될 수 있다. R&D와 특허의 관계를 조사함으로써, 우리는 아마 특허의 비용 측면에 관한 무언가를 이해할 수 있을 것이다. 그러나 우리는 여전히 특허의 가치에 대해 모르는 것이 많다. 다음 절에서는 가치 평가에 관해 다루고자 한다.

9.3 | 특허 가치의 비대칭적 분포

이 절의 목적은 특허권의 사적 가치에 대해서 알아내는 것이다. 그러나 우리는 두 가지의 한계점을 지니고 시작해야 한다. 첫 번째는 GDP와 같은 것이다: 사적 가치는 이윤(profit)을 반영한다. 그러나 소비자 잉여 혹은 기술의 확산으로부터 발생하는 추가적인 사회적 가치를 측정하지는 못한다.

두 번째는 특허권의 사적 가치는 발명의 사적 가치와는 다르다는 것이다. 이 장의 시작 부분에 소개된 데이터를 생각해 보면, 영업 비밀과 같은 보호의 다른 형식들은 특허권만큼, 혹은 그 이상으로 혁신을 보호할 수 있음을 나타내고 있다. 특허 획득의 사적 가치는 상반적인 상황(counterfactual), 즉 특허권이 없을 경우 발명자가 무엇을 잃는지에 달려있다. 상반적인 상황은 (1) 발명이 전혀 이루어지지 않은 경우, (2) 발명은 이루어졌으나, 경쟁자가 특허권을 가진 경우, (3) 발명이 이루어지고, 발명이 무상으로 일반에게 공유되는 경우, 또는 (4) 발명자가 독점판매자로 남아 있지만 기술을 특허 대신 비밀로 간직하고 있는 경우 등일 수 있다. 특허권의 가치를 측정하는 다른 방법들은 암묵적으로 각각 다른 상반적인 상황을 설정하고 있으며, 따라서 추정치는 다소 비교하기가 어렵다. 좀 더 정확한 논의를 위해서는 Harhoff et al.(1999)를 참고하라.

이러한 차이점들에도 불구하고, 방법론들은 모두 다음의 일반적인 주제들을 다루고 있다: (1) 특허권의 가치는 매우 분산(dispersed)되어 있다. (2) 가치의 분포는 매우 비대칭적(skewed)이다. 그리고 대부분의 가치는 소수의 고수익 특허에 의해 이루어진다. (3) 특허권의 평균적인 가치는 혁신을 위한 평균 R&D 비용보다 훨씬 낮다.

예를 들면 Scherer and Harhoff(2000) 보고서의 〈표 9-2〉는 특허의 가치에 관하여 서로 다른 방법론들에 근거한 여러 조사 결과들을 나타내고 있다.[9] 특허의 가치를 보고하는 대신에, 저자들은 상위 10%의 고수익 특허들에 의해 설명되는 특허 가치의 비중을 보이고 있다. 모든 방법론들은 거의 대부분의 가치가 최고수익의 특허에 집중되어 있다는 결론을 도출하고 있다. 처음 두 개의 행(row)은 1977년에 독일 특허청에 의해 미국인에게 수여된 222개의 특허들에 관한, 별도로 연구된 설문을 바탕으로 하고 있다. 각각의 응답자는 특허의 자산 가치에 대해 기억을 통해 추정하도록 하고, 특허가 발행된 직후에 만약 응답자가 그 당시 특허로 인해 발생할 이윤을 알았다면 특허를 팔 때 받고자 하는 최소가격을 답하도록 요청받았다.

그 다음 몇 개의 행은, 대학 특허의 가치에 대해 보여주고 있으며, 로열티 자료를 기반으로 하고 있다. 그 다음 세 개의 행은 자산 평가 혹은 주식 가치를 기반으로 한 스타트업 기업들의 가치를 나타낸다. 마지막 두 개의 행은 매출액 데이터를 기반으로 한 의약품 특허의 수익성이 표시되어 있다.[10]

서베이를 이용하는 것 이외에도 경제학자들은 특허갱신 데이터(patent-renewal data)를 이용하여 특허의 가치를 추정하려 노력했다. 다른 지적재산권과는 다르게,

---

9) 이들 몇몇 연구들에 대해 더 자세히 쓴 Scherer(1998)의 논문도 참고하기 바란다. Scherer의 가장 도발적인 주장은 특허 가치의 분포가 매우 비대칭적(skewed)이어서 분포의 평균이 유한한 값을 갖지 않을 수도 있다는 것이다. 이는 이미 추출된 표본의 평균이 무엇이든지 간에, 어떤 추가적인 데이터도 평균을 눈에 띄게 크게 만들 수 있다는 것을 의미한다.

10) 특허 가치 분포의 비대칭성(skewedness)을 고려했을 때, 혹자는 얼마나 많은 특허가 사용되고, 특정 산업 또는 기술에서 특허의 평균 가치(mean value)가 얼마나 특허 가치의 중위값(median value)으로부터 벗어나 있는지 궁금할 수 있다. 이 질문은 Rossman and Sanders(1957)와 Sanders, Rossman, and Harris(1958)에 의해 매우 일찍부터 제기되었으며, 이들은 1938년, 1948년, 그리고 1952년에 특허를 획득한 특허권자의 2%에 대해 설문조사를 수행하였다. 응답자의 55% 이상이 그들의 특허가 사용되고 있다고 응답했다. 또한 사용되고 있는 특허 중에서 특허 가치의 평균값은 약 50만 달러인 것으로, 그러나 중위값은 단지 25,000달러에 불과하였다. 만약 모든 특허를 포함한다면, 특허 가치의 평균값은 $112,000이고, 이는 1988년 달러 기준으로 $473,000이다. 더 자세한 논의는 Griliches(1990, 1679)을 참조하기 바란다.

표 9-2 상위 10퍼센트의 고수익 특허들에 의해 실현된 특허 가치의 비중

데이터	관찰치	상위 10%의 가치가 차지하는 비중
독일 특허	772	84
미국 특허	222	81 - 85
하버드대학 특허	118	84
6개 대학의 특허 1991년 로열티	350	93
1992년 로열티	408	92
1993년 로열티	466	91.5
1994년 로열티	411	92
Venture economics 스타트업	383	62
Horseley-Keogh 스타트업	670	59
최초기업공개(IPOs)-1995년 주식가치	110	62
Grabowski-Vernon 1970년대 의약품	98	55
1980년대 의약품	66	48

자료: Scherer and Harhoff 2000, 표 1.

특허권은 갱신되어야 하며, 그렇지 않은 경우 효력을 상실하여 공공에 의해 무료로 사용될 수 있다. 비록 갱신을 위해 지불되어야 하는 요금은 그리 크지 않지만, 유럽의 데이타는 그럼에도 불구하고 갱신료가 충분히 높아서 10년 후에 오직 50%의 특허만이 갱신되고 있음을 보이고 있다. 소규모 특허 출원자(entities)를 제외하고, 미국의 특허료는 2003년에 등록(issuance), 3년 반, 7년 반, 그리고 11년 반을 위해 각각 $1,300, $890, $2,050, 그리고 $3,150을 지불해야 한다. 유럽의 특허료 또한 그 규모에 있어 비슷하다.[11]

미국의 갱신 시스템이 1980년대 초반부터 효력이 있었기 때문에, 대부분의 특허 갱신에 관한 연구는 유럽의 데이터를 이용했다. 최초의 연구는 Pakes and Schankerman(1984)에 의한 연구인데, 이들은 독일, 프랑스, 그리고 영국의 데이터를 조합하여 사용했다. 좀 더 최근의 연구는 다른 유럽 데이터를 이용했다(Schankerman, Pakes, 1986; Lanjouw, 1998; Schankerman, 1998).

11) 물론 특허에 있어 가장 중요한 비용은 특허료가 아니다. 대부분의 비용은 특허출원을 준비하고 발행하는 데 요구되는 변리사 비용이다. 미국 특허를 출원하는 데 필요한 총비용은 $5,000에서 $100,000 사이이다. 대부분의 비용은 이 구간의 아랫부분($5,000)에 몰려있다. 유럽특허청에의 출원은 추가적인 $30,000가 필요하다. 다른 저자를 인용하고 있는 Graham et al.(2003)을 참고하길 바란다. 이 비용은 무엇보다도 무엇에 대해 특허를 획득할지에 관해 영향을 미친다.

이 연구는 지적재산권이 시간이 지날수록 가치가 하락된다는 가정에 전제를 두고 있다. 만약 기간 당 요금이 하락하지 않으면(nondecreasing), 특허권자는 다음 갱신 요금이 특허의 효력을 유지함으로써 얻는 이윤보다 큰 경우, 특허권 갱신을 멈출 것임을 의미한다. 이는 [그림 9-4]에 나타나 있다. $C(t)$는 t 시점에서의 갱신 요금(renewal fees)을 나타내며, $R(t)$는 t 시점에서 특허에 의해 창출되는 수입을 나타낸다. 그림은 갱신이 연속적으로 이루어지는 것을 가정하여 그려졌으므로, 특허 소유자는 두 곡선이 교차하는 날짜에 갱신을 멈출 것이다. 높은 수입 곡선을 지닌 발명의 특허소유자는 나중에 갱신을 멈출 것이다. 실제로는 갱신 요금이 간격을 두고 발생하고 이는 갱신 행위에 대한 설명을 좀 더 어렵게 만든다.

우리의 목적은 갱신 데이터를 이용하여 특허 가치의 분포를 추정하는 것이다. 추정 기법은 [그림 9-4]를 참고함으로써 이해할 수 있다. 세 개의 특허가 있다. 각 특허에 대하여 데이터는 검은 점으로 나타내는 $C(\cdot)$와의 교차점에 의해 얼마나 오랫동안 각 특허가 갱신되는지를 나타내고 있다. 그러나 갱신 데이터 하나로는 이윤이 초기에 높고(높은 $R(0)$) 빨리 감소하는지(세 개의 실선), 아니면 초기 이윤이 낮고 천천히 감소하는지(3개의 점선)에 대한 정보를 제공하지 못한다.[12]

두 그룹의 곡선들은 $C(\cdot)$와 같은 곳에서 만남으로써 같은 갱신 날짜를 예측하고 있음을 알 수 있다. 그러나 특허의 가치 하락율과 초기 가치의 값은 두 곡선 그룹 간에 차이를 보인다. 저자들은 동일한 출원 날짜를 가진 특허 그룹과 모든 산업에 [그림 9-4]와 같은 추세가 있다는 사실과 비용 $C(\cdot)$가 그들이 조사한 기간 동안 변해 왔다는 사실을 이용하여 데이타에 가장 잘 부합하는 곡선 그룹을 찾는다.

데이터는 4 가지의 기술 분류-의약(pharmaceuticals), 화학(chemicals), 기계발명(mechanical inventions), 전기발명(electronic inventions)-에 속한 특허 중 오직 절반 정도만이 10년 후에 갱신됨을 보여주고 있다.

Schankerman(1998)은 특허가치의 하락률을 연간 5~15%로 추정하고 있다. 기계와 전기 부문의 발명이 높은 하락율과 높은 초기가치를 지니는 반면, 의약산업

12) 제5장에서 기술한 것처럼 경쟁자는 특허 기술을 더 나은 기술로 대체할 수 있으며, 감소(decay)라는 단어는 따라서 특허의 가치가 시간이 지남에 따라 감소함을 의미한다. 갱신 시스템에 대한 또 다른 해석은 갱신 시스템이 다른 가치를 지닌 혁신에 대해 다르게 보상하는 선택 메카니즘이라는 것이다. 정보를 노출하는 전략으로써 갱신이 어떻게 다루어지는지에 대해서는 Scotchmer(1999), Cornelli and Schankerman(1999), 그리고 Crampes and Langinier(1998)를 참조하기 바란다.

그림 9-4 세 특허에 대한 시간에 따른 두 가지 경우의 특허수입

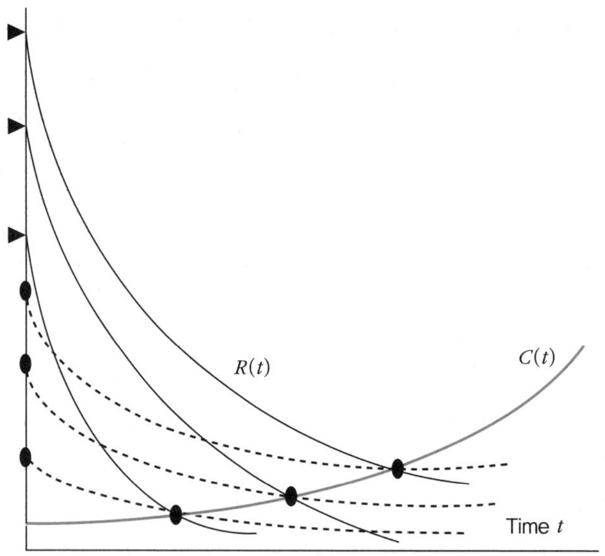

과 화학산업은 낮은 하락율과 낮은 초기가치를 가지는 것으로 나타났다.

저자들은 하락률(decay rates)뿐만 아니라 특허가치의 분포 또한 추정하고 있다. 이를 위해 저자들은 초기가치($R(0)$)의 분포에 대해 함수의 형태를 가정하고(사실, 데이터가 함수의 형태에 대해 가이드라인을 제공하고 있다.), 초기가치와 하락률에 '최적'인 함수를 찾아낸다. 이러한 최적의 함수를 찾는 것은 초기 가치에 대한 평균과 분산의 추정이 포함되며 이를 통해 분포의 끝부분에 위치한 혁신의 가치를 포함한 특허가치의 전체 분포를 이해할 수 있다.[13]

이 기법은 적어도 평균적으로 특허권의 가치를 현저하게 낮게 추정한다. 가장 높은 가치를 가지는 것은 전자적 발명으로, 1980년 달러로 평균 $68,502를 나타냈다. 이것은 앞에서 언급되었던 특허의 평균비용보다 – 예를 들면, Hall, Jaffe, and Trajtenberg(2000)에 의해 추정되었던 특허 당 1.6백만 달러의 비용보다 – 훨씬 낮

13) Pakes(1986)는 수익흐름(earning stream)이 불확실하고 특허가 다음 갱신기간의 기대이익이 갱신비용보다 적더라도 특허의 옵션가치 때문에 갱신될 수도 있는 경우에 대해 이 기법의 변형된 모형을 사용하고 있다. Lanjouw(1998)는 발명의 가치를 보호하기 위해 특허소송을 하는 경우를 고려할 수 있도록 갱신기법을 보완하였다.

은 수준이며, 또한 제 7장에서 인용되었던 소송비용의 추정치 보다 낮은 수준이라는 것에 주목할 필요가 있다.

중위 특허(median patent)의 가치는 평균보다 훨씬 더 낮다. 이는 특허 가치의 분포가 매우 비대칭적(skewed)으로 분포되어 있음을 나타낸다. 상위 5%의 특허들은 의약산업의 총 가치의 34%, 화학산업의 38%, 기계 발명의 50%, 전기 발명의 55%를 차지한다. 이와 유사하게 Schankerman and Pakes(1986)는 특허권의 추정된 가치의 절반이 모든 특허 중 5~10%의 특허에서 발생하고 있음을 보이고 있다. 이 숫자들은 [그림 9-2]에서 보았던 비대칭성에 대한 추정을 재확인시킨다.

추정된 특허의 가치와 국가의 R&D 지출을 조합하면 총 R&D 비용이 특허 수입에 의해 회수된 비율을 계산할 수 있다. 이렇게 회수된 비율은 현저히 낮아서 특허보호가 발명의 사적가치에 대한 주요 원천이 아니라는 [그림 9-1]의 요지를 확인시켜주고 있다. 이에 대한 하나의 예시로, Schankerman(1998)은 공공부문의 지출이 포함되는 경우 특허는 불과 R&D지출의 15%만을 만회하고 민간 부문 지출의 24%만을 회수하는 것으로 계산하였다. Lanjouw(1998)는 독일 자료를 사용한 조사에서 10%로 심지어 더 낮은 추정치를 제시한다.

특허권의 사적가치를 알기 위한 마지막 방법은 특허가 기업의 자본 가치에 미치는 효과를 살펴보는 것이다. 갱신자료와 설문조사 자료들과는 달리, 이 기법은 우리에게 특허가치의 분포를 알려주진 않을 것이다. 그 대신 이 기법은 기업 가치에 대한 한계특허(marginal patent)의 효과를 측정함으로써 추가적인 특허에 대한 기대가치를 추정할 수 있다.

우리는 기업의 유형자산(tangible assets)이나 자본 A와 회사의 '지적자본(knowledge capital)' 스톡 K를 기업의 시장가치 V와 연계하는 회계적인 관계로부터 시작한다.

$$V = q(A + gK) = qA\left(1 + \frac{gK}{A}\right)$$

변수 q는 자본의 대체비용(replacement cost of capital)에 대한 주식가치의 시장 프리미엄이다. 이는 이상적인 상황에서는 1의 값을 갖는다. 변수 g는 지식자산의 잠재가격(shadow price)이며, 시장가치를 생성하는 데 있어서 얼마나 많은 자본 A가 한 단위의 지식스톡 K와 동일한 가치를 지니는지를 나타낸다. 우리의 관심사는 잠재가격 g에 있다. 회계적 관계는 다음과 같이 나타낼 수 있다.

$$\ln\left(\frac{V}{A}\right)=\ln q+\ln\left(1+\frac{gK}{A}\right)\cong\ln q+g\frac{K}{A}$$

만약 두 번째 항이 작다면, $\ln(1+(gK/A))$은 gK/A로 수렴함을 알 수 있다. 만약 q가 부분적으로 무작위 과정(random process)과 부분적으로 체계적인 조건(systematic term)에서 생성된다고 생각한다면, 우리는 다음과 같이 나타낼 수 있다.

$$\ln\left(\frac{V}{A}\right)=a+g\frac{K}{A}+u \tag{9.2}$$

여기에서 a는 상수이고 u는 확률 변수(random variable)이다. 이 식은 $\ln(V/A)$를 횡단면상에서의 서로 다른 기업들 또는 시계열상에서의 같은 기업들에 의해 관찰되는 각각의 K/A에 대해 회귀분석을 함으로써 측정될 수 있다.

시장가치에 관한 식 (9.2)의 직관적 의미는 (로그를 취한)가치-자산 비율은 지식에 대한 잠재가격 g와 지식-자산 비율 K/A에 의존한다는 것이다. 실제로 V가 K에 따라 변한다는 가정 하에 전미분(total derivative)을 하면 식 (9.2)의 의미를 더 쉽게 이해할 수 있다.

$$\frac{dV}{V}=g\frac{dK}{A}$$

또는

$$\frac{dV}{dK}=g\frac{V}{A} \tag{9.3}$$

이는 잠재 가격 g가 지식 스톡 K의 변화가 어떻게 자본 가치 V에 영향을 미치는지를 결정하는 변수라는 것을 의미한다. 목표는 잠재 가격 g를 추정하는 것이다. 추정된 잠재 가격은 관찰 가능한 V/A 비율에 의해 정규화(normalized) 되어야 한다. 예를 들면 우리는 표본의 평균 V를 평균 A로 나눈 값을 사용할 수 있다.

만약 지식 스톡 K가 시간에 따른 R&D 지출의 누적량(the accumulation of R&D spending)으로 측정된다면, 아마도 노후화로 인해 감가상각이 될 것이고, 이 경우 $g(V/A)$는 R&D 지출의 상승에 기인한 기업의 자본화된 가치의 상승을 나타낸다. 만약 지식 스톡 K가 특허 수로 측정된다면, $g(V/A)$는 추가적 특허에 기인한 상승을 나타낸다.

Cockburn and Griliches(1988)는 식 (9.2) 같은 하나의 변수를 고려하는 대신 R&D 스톡과 특허 수라는 두 가지 변수를 고려하여 회귀분석 식을 추정하였다. 이들은 만약 특허 수만 회귀분석식에 포함된다면 특허 하나가 기업의 가치에 기여하는 정도는 1980년 달러 기준으로 약 500,000달러임을 보였다. 그러나 R&D가 회귀분석식에 두 번째 지식 변수로 포함되면 상당수의 가치가 R&D로 빠져나가고, 특허의 한계가치는 이전 가치의 4분의 1로 감소하였다. 따라서 특허 수가 기업 가치에 영향을 미치더라도 그것이 전부는 아니며, 심지어 중요한 부분은 아님을 알 수 있다.

더 최근에 이루어진 연구는 특허 문서(명세서) 자체에 포함되어 있는 더 풍부한 자료, 특히 인용수(citation counts)를 이용한다. 특허는 관련성 있는 '선행기술(prior art)'을 반드시 인용해야 하며, 동일한 기술 분야에 있는 미래에 나올 특허에 '선행기술'로써 인용될 것이다. 이러한 인용들은 각각 후방인용(backward citation)과 전방인용(forward citation)으로 불린다. 인용들이 특허의 가치와 어떤 상관관계를 지니고 있는지는 선험적으로 명확하게 나타나진 않는다. 하나의 가능성은 인용들은 같은 기술계열에 경쟁자들이 있음을 나타내 준다는 것이며, 이는 특허의 가치를 하락시킨다. 대신 Harhoff et al.(1999)은 독일 특허에 대한 서베이를 기반으로, 후방인용과 전방인용이 특허의 가치와 긍정적인 상관관계를 가지고 있음을 보이고 있다.

인용이 특허의 가치에 대한 예측력을 지니고 있는 변수이기 때문에, 인용은 R&D가 어떻게 기업 가치에 영향을 주는지에 관해, 가령 R&D 지출이나 특허 수보다 더 좋은 예측 변수가 될 수 있다. 이 가설은 Hall, Jeffe and Trajtenberg(2004)에 의해 연구되었다. 그들은 특허 수, 특허 인용횟수, 그리고 R&D 지출에 의해 설명될 수 있는 기업가치의 변화 정도를 추정하였다. 이들은 비록 인용횟수가 가치에 대한 부가적인 설명력을 지니고 있고 특허 수보다는 더 나은 예측변수이기는 하지만, R&D 지출이 특허의 수나 인용횟수보다 기업가치의 변화를 더 잘 설명하는 변수인 것으로 나타났다고 밝히고 있다. R&D 지출의 중요성은 기업들이 지적재산이 아닌 다른 여러 방법으로 그들의 R&D 노력에 따른 성과를 보호한다는 〈표 9-1〉의 결과를 재확인시켜준다.

이러한 방법론을 이용하는 논문들은 기업들이 한계 R&D 투자(marginal R&D

investment)가 자본 투자(capital investment)와 같은 가치를 지니는 수준까지 R&D투자를 증가시킨다는 결론을 재확인시켜준다.

특허에 대한 풍부한 자료들은 다양한 궁금증과 연구 방향을 제공하고 있다. 예를 들어, Putnam(1996)은 동일한 발명이 특허를 받은 관할 구역의 숫자-소위 패밀리특허 규모(family size)-가 특허의 가치와 높은 상관관계를 가짐을 보이고 있다.

9.4 | 요 약

R&D에 관한 민간부문의 지출(private spending on R&D)은 데이터에서 사적가치인 것처럼 나타난다. 더구나 R&D 지출에 대한 사적 한계 수익(the marginal private return)은 일반적인 자본재에 대한 투자의 한계수익과 유사하다. 그러나 이러한 사실은 "R&D 지출의 규모가 사회적 관점에서 최적인가"라고 하는 질문에 해답이 되지 못한다. 민간부문의 R&D 지출은 지나치게 매력적인 R&D 인센티브 때문에 과도할 수도, 확산(spillovers)으로 인해 부족할 수도 있다.

반면, R&D에 관한 공공부문의 지출에 대한 가치는 데이터에서 찾기가 어렵다. 분명히 기업들은 이 가치를 거의 포착하지 못한다. 제2장의 논리를 따르면 이는 당연하다: 지식은 공공재이며, 만약 납세자들에 의해 제공된다면 이는 모든 사람에게 무료로 공유재산(public domain)으로써 제공되어야 한다. 비록 이는 사중손실을 피할 수는 있지만, 또한 편익이 이윤(profit)으로서 나타나는 것을 방해하기도 한다. 공공부문의 지출이 올바른 길로 가고 있는지 여부를 보여주는 지표는 없다. 공공부문의 지출에 따른 산출물이 어떻게 점점 더 민영화(privatized)되고 있는지에 대한 제 8장에서의 논의에도 불구하고 민영화는 여전히 갈 길이 멀다.

여러 관련 증거는 R&D 지출 중 현저히 작은 비중만이 특허 수여로 인해 발생하는 이윤으로서 회수되고 있음을 보이고 있다. 이는 부분적으로는 발명가들이 처분할 수 있는 많은 도구를 가지고 있기 때문이다. 따라서 우리는 발명의 사적인 가치와 특허의 가치를 명확히 구분할 필요가 있다. 발명의 가치는 일반적으로 해당 발명에 대해 특허를 등록함으로써 발생하는 가치의 증분(incremental value)보다 더 크다.

우리는 또한 특허의 가치가 매우 분산(dispersed)되어 있으며, 총가치의 대부분이 매우 성공적인 소수의 발명(작은 비중)에 의해 이루어지고 있음을 보았다. 비대칭성(skewness)은 고이윤 특허의 수익성과 이러한 특허들을 얻기 위한 비용간의 불일치가 관찰되는 것이 타당할 수 있음을 암묵적으로 보여주고 있다. 인센티브를 위해 중요한 것은 R&D 투자에 대한 기대 수익이다. 만약 R&D 투자의 실패 확률이 높다면, 연구를 위한 인센티브를 제공하기 위해 성공한 경우에 후한 보상을 지불해야만 한다.

참고문헌

Abramovitz, M. 1956a. "Catching Up, Forging Ahead, and Falling Behind." *Journal of Economic History* 46:385–406.

Abramovitz, M. 1956b. "Resources and Output Trends in the U.S. Since 1870." *American Economics Associations Papers and Proceedings* 46:5–23.

Adams, J. 1990. "Fundamental Stocks of Knowledge and Productivity Growth." *Journal of Political Economy* 98:673–702.

Allison, J. R., and M. A. Lemley. 2002. "The Growing Complexity of the United States Patent System." *Boston University Law Review* 82:77–145.

Bound, J., C. Cummins, Z. Griliches, B. H. Hall, and A. B. Jaffe. 1984. "Who Does R&D and Who Patents?" In Z. Griliches, ed., *R&D, Patents and Productivity*, 21–54. Chicago: University of Chicago Press.

Bresnahan, T. F. 1986. "Measuring Spillovers from Technical Advance: Mainframe Computers in Financial Services." *American Economic Review* 76:741–755.

Cockburn, I., and Z. Griliches. 1988. "Industry Effects and Appropriability Measures in the Stock Market's Valuation of R&D and Patents." *American Economic Review* 78:419–423.

Cockburn, I., and R. Henderson. 2003. "Survey Results from the 2003 Intellectual Property Owners Association Survey on Strategic Management of Intellectual Property." Mimeograph. Boston, MA: Department of Economics, Boston University, and Cambridge, MA: Department of Economics, MIT.

Cohen, W. M., R. R. Nelson, and J. P. Walsh. 2000. "Protecting Their Intellectual Assets: Appropriability Conditions and Why U.S. Manufacturing Firms Patent (or Not)." Working Paper 7552. Cambridge, MA: National Bureau of Economic Research.

Cornelli, F., and M. Schankerman. 1999. "Patent Renewals and R&D Incentives." *RAND Journal of Economics* 30:197–213.

Crampes, C., and C. Langinier. 1998. "Information Disclosure in the Renewal of Patents." *Annales d'Economie et de Statistique* 49/50:262–288.

Dernburg, T., and N. Gharrity. 1962. "A Statistical Analysis of Patent Renewal Data for Three Countries." *Patent, Trademark and Copyright Journal* 5:340–361.

Giummo, J. M. 2003. "An Empirical Examination of the Value of Patented Inventions Using German Employee Inventors' Compensation Records." Unpublished doctoral dissertation, Department of Economics, UC Berkeley.

Gollop, F. M., B. M. Fraumeni, and D. W. Jorgenson. 1999. *Productivity and U.S.*

Economic Growth. Cambridge, MA: MIT Press.

Grabowski, H., and J. Vernon. 1990. "A New Look at the Returns and Risks to Pharmaceutical R&D." *Management Science* 36:804 - 821.

Grabowski, H., and J. Vernon. 1996. "Returns on New Drug Introductions in the 1980s." *Journal of Health Economics* 13:383 - 406.

Graham, S., B. H. Hall, D. Harhoff, and D. Mowery. 2003. "Patent Quality Control: A Comparison of U.S. Patent Re-examinations and European Patent Oppositions." In W. Cohen and S. A. Merrill, eds., *Patents in the Knowledge-Based Economy*, 74 - 119. Washington, DC: National Academies Press.

Griliches, Z. 1988. "Productivity Puzzles and R&D: Another Nonexplanation." *Journal of Economic Perspectives* 2:9 - 21.

Griliches, Z. 1989. "Patents: Recent Trends and Puzzles." Brookings Papers on Economic *Activity, Microeconomics*. Washington, DC: Brookings Institution.

Griliches, Z. 1990. "Patent Statistics as Economic Indicators: A Survey." *Journal of Economic Literature* 28:1661 - 1707.

Griliches. 1994. "Productivity, R&D, and the Data Constraint." *American Economic Review* 84:1 - 23.

Griliches, Z., B. H. Hall, and A. Pakes. 1987. "The Value of Patents as Indicators of Inventive Activity." In P. Dasgupta and P. Stoneman, eds., *Economic Policy and Technological Performance*, 97 - 124. Cambridge: Cambridge University Press.

Hall, B. H. 1986. "Fishing out or Crowding Out: An Analysis of the Recent Decline in U.S. Patenting." Mimeograph. Berkeley, CA: Department of Economics, UC, Berkeley. Available at emlab.berkeley.edu/users/bhhall/bhpapers.html#value.

Hall, B. H. 1996. "The Private and Social Returns to Research and Development: What Have We Learned?" In B. L. R. Smith and C. E. Barfield, eds., *Technology, R&D, and the Economy*, 140 - 183. Washington, DC: The Brookings Institution and American Enterprise Institute.

Hall, B. 1999. "Private and Social Returns to R&D." Remarks before the British Treasury. Powerpoint slides. Available at emlab.berkeley.edu/users/bhhall/bhpapers.html#value.

Hall, B. H. 2000. "Innovation and Market Value." In R. Barrell, G. Mason and M. O'Mahoney, eds., *Productivity, Innovation and Economic Performance*, 177 - 198. New York: Cambridge University Press.

Hall, B. H., A. B. Jaffe, and M. Trajtenberg. 2002. "The NBER Patent Citations Data File: Lessons, Insights and Methodological Tools." Cambridge, MA: MIT Press.

Hall, B. H., A. B. Jaffe, and M. Trajtenberg. 2004. "Market Value and Patent

Citations." Forthcoming in RAND *Journal of Economics*.

Hall, B. H., and J. Mairesse. 1995. "Exploring the Relationship between R&D and Productivity in French Manufacturing Firms." *Journal of Econometrics* 65:263–298.

Harhoff, D., F. Narin, F. M. Scherer, and K. Vopel. 1999. "Citation frequency and value of patented inventions." *Review of Economics and Statistics* 81:511–515.

Harhoff, D., F. M. Scherer, and K. Vopel. 2003. "Citations, Family Size, Opposition and the Value of Patent Rights: Evidence from Germany." *Research Policy* 32:1343–1363.

Hausman, J., B. H. Hall, and Z. Griliches. 1984. "Econometric Models for Count Data with an Application to the Patents–R&D Relationship." *Econometrica* 52:909–938.

Jaffe, A. B. 1986. "Technological Opportunity and Spillovers of R&D." *American Economic Review* 76:984–1001.

Jaffe, A. B., and M. Trajtenberg. 2002. *Patents, Citations, and Innovations: A Window on the Knowledge Economy*. Cambridge, MA: MIT Press.

Jaffe, A. B., M. Trajtenberg, and R. Henderson. 1993. "Geographic Localization of Knowledge Spillovers as Evidenced by Patent Citations." *Quarterly Journal of Economics* 108:577–598.

Jorgenson, D. W. 1995a. *Productivity, Vol. 1: Postwar U.S. Economic Growth*. Cambridge, MA: MIT Press.

Jorgenson, D. W. 1995b. Productivity, Vol. 2: *International Comparisons of Economic Growth*. Cambridge, MA: MIT Press.

Jorgenson, D., F. Gollop, and B. Fraumeni. 1987. *Productivity and U.S. Economic Growth*, Cambridge, MA: Harvard University Press.

Kortum, S., and J. Lerner. 1999. "What Is Behind the Recent Surge in Patenting." *Research Policy* 28:1–22.

Lanjouw, J. O. 1998. "Patent Protection in the Shadow of Infringement: Simulation Estimations of Patent Value." *Review of Economic Studies* 65: 671–710.

Lanjouw, J. O., and M. Schankerman. 2004. "Patent Quality and Research Productivity: Measurement with Multiple Indicators." *Economic Journal* 114:441–465.

Lerner, J. 1994. "The Importance of Patent Scope: An Empirical Analysis." *RAND Journal of Economics* 25:319–333.

Mansfield, E., J. Rapoport, A. Romeo, S. Wagner, and G. Beardsley. 1977.
"Social and Private Rates of Return from Industrial Innovations." *Quarterly Journal*

of Economics 91:221 - 240.
Merges, R. 1999. "As Many as Six Impossible Patents Before Breakfast: Property Rights for Business Concepts and Patent System Reform." *Berkeley High Technology Law Journal* 14:577 - 615.
Nagaoka, S. 2003. "Determinants of R&D and Its Productivity: Identifying Demand and Supply Channels." Working Paper #03-12. Tokyo: Institute of Innovation Research, Hitotsubashi University.
Nagaoka, S. 2004a. "Evaluating the R&D Management of Firms by Patent Citation." Mimeograph (preliminary draft). Tokyo: Institute of Innovation Research, Hitotsubashi University.
Nagaoka, S. 2004b. "R&D and Market Value: Appropriability vs. Preemption." Working Paper #04-03. Tokyo: Institute of Innovation Research, Hitotsubashi University.
National Science Board. 2002. *Science and Engineering Indicators*—2002. Arlington, VA: National Science Foundation, 2002 (NSB-02-01).
Nicholson, W. 1995. *Microeconomic Theory: Basic Principles and Extensions*, 6th ed. New York: Dryden Press.
Ord-Hume, A. W. J. G. 1977. *Perpetual Motion: The History of an Obsession*. New York: St. Martin's Press.
Pakes, A. 1985. "On Patents, R&D and the Stock Market Rates of Return." *Journal of Political Economy* 93:390 - 409.
Pakes, A. 1986. "Patents as Options: Some Estimates of the Value of Holding European Patent Stocks." *Econometrica* 54:755 - 784.
Pakes, A., and M. Schankerman. 1984. "The Rate of Obsolescence of Patents, Research Gestation Lags, and the Private Rate of Return to Research Resources."
In Z. Griliches, ed., *R&D, Patents, and Productivity*, 164 - 190. Chicago: University of Chicago Press.
Putnam, J. 1996. "The Value of International Patent Rights." Unpublished doctoral dissertation, Department of Economics, Yale University.
Rossman, J., and B. S. Sanders. 1957. "The Patent Utilization Study." *Patent, Trademark and Copyright Journal* 1:74 - 111.
Sanders, B. S., J. Rossman, and L. J. Harris. 1958. "The Economic Impact of Patents." *Patent, Trademark and Copyright Journal* 2:340 - 362.
Schankerman, M. 1998. "How Valuable Is Patent Protection? Estimates by Technology Field." *RAND Journal of Economics* 29:77 - 107.
Schankerman, M., and A. Pakes. 1986. "Estimates of the Value of Patent Rights in

European Countries during the Post–1950 Period." *Economic Journal* 97:1052–1076.

Scherer, F. M. 1965a. "Corporate Inventive Output, Profits and Growth." *Journal of Political Economy* 73:290–297.

Scherer, F. M. 1965b. "Firm Size, Market Structure, Opportunity and the Output of Patented Inventions." *American Economic Review* 55:1097–1125.

Scherer, F. M. 1983. "The Propensity to Patent." *International Journal of Industrial Organization* 1:107–128.

Scherer, F. M. 1984a. *Innovation and Growth: Schumpeterian Perspectives*. Cambridge, MA: MIT Press.

Scherer, F. M. 1984b. "Using Linked Patent and R&D Data to Measure Interindustry Technology Flows." In Griliches, ed., *R&D, Patents and Productivity*, 417–464. Chicago: University of Chicago Press.

Scherer, F. M. 1998. "The Size Distribution of Profits from Innovation." *Annales d'Economie et de Statistique* 49/50:495–516.

Scherer, F. M., and D. Harhoff. 2000. "Technology Policy for a World of Skew–Distributed Outcomes." *Research Policy* 29:559–566.

Schmookler, J. 1966. *Invention and Economic Growth*. Cambridge, MA: Harvard University Press.

Scotchmer, S. 1999. "On the Optimality of the Patent Renewal System." *RAND Journal of Economics* 30:181–196.

Solow, R. M. 1956. "A Contribution to the Theory of Economic Growth." *Quarterly Journal of Economics* 70:65–94.

Solow, R. M. 1957. "Technical Change and the Aggregate Production Function." *Review of Economics and Statistics* 39:312–320.

Stern, S., M. E. Porter, and J. L. Furman. 2002. "The Determinants of National Innovative Capacity." Working Paper 7876. Cambridge, MA: National Bureau of Economic Research.

Stigler, G. J. 1947. *Trends in Output and Employment*. New York: National Bureau of Economic Research.

Trajtenberg, M. 1990a. *Economic Analysis of Product Innovation: The Case of CT Scanners*. Cambridge, MA: Harvard University Press.

Trajtenberg, M. 1990b. "A Penny for Your Quotes: Patent Citations and the Value of Innovations." *RAND Journal of Economics* 21:172–187.

Trajtenberg, M. 1993. "The Welfare Analysis of Product Innovations, with an Application to Computed Tomography Scanners." *Journal of Political Economy*

97:444-479.
U.S. Department of Commerce. 2000. "Digital Economy 2000." Available at www.esa.doc.gov/pdf/DIGITAL.pdf.
The World Bank Group. 2004. "Data and Statistics." Available at www.worldbank.org/data/databytopic/GDP.pdf.

CHAPTER

10

네트워크와 네트워크 효과

(Networks and Network Effects)

10
네트워크와 네트워크 효과

제5장에서 우리는 지적 재산권의 테두리 내에서 기술의 창조적 파괴(creative destruction) 과정이 어떻게 발전되는지를 살펴보았다. 지적 재산은 시장에서 연속적으로 존재하는 기존 사업자(incumbents)들 사이의 경쟁, 기존 사업자들의 시장 내 평균 존속 기간, 그리고–시장의 개선에 대한 인센티브를 통해–발전의 속도에 영향을 미친다. 한 제품이 다른 제품을 대체하는 시장의 동태적 관계는 비디오 게임, 문서 편집 소프트웨어, 인터넷 브라우저, 스프레드시트 그리고 운영체제와 같은 디지털 기술 분야에서 특히 분명하게 나타난다.

이 장에서는 독점 판매 제품(proprietary products)에 네트워크 효과(network effects)가 존재할 때 나타나는 시장전환(market turnover) 현상과 시장침투(market entrenchment) 현상에 대해 다시 한 번 살펴본다. 네트워크란 동일한 상품이나 호환 가능한 상품을 소비하는 소비자 그룹을 의미한다. 만약 네트워크에 속한 각 개인의 효용이 네트워크의 총 이용자 수가 증가함에 따라 증가한다면 네트워크가 네트워크 편익(network benefits)을 제공한다고 할 수 있다. 네트워크 편익을 제공하는 제품의 예로는 문서 편집 소프트웨어를 들 수 있다. 만약 동일한 문서 편집 소프트웨어를 이용하여 다른 사용자와 파일을 공유할 수 있다면 각 사용자의 효용은 더 높을 것이다. 예를 들어, 학생들은 이메일을 통해 교수에게 자신의 과제를 보낼 수 있으며, 동료와 동일한 문서 파일에서 교대로 작업할 수 있고, 편집자는 변경 사항을 저자의 문서에 직접 삽입 할 수 있다. 네트워크 제품은 공통적인 표준에 의해서도 만들어 질 수 있다. 예를 들어, 자동차 산업에서는 자동차의 왼쪽 페달에는 브레이크 페달을 설치하고 오른쪽 페달에는 가속페달을 설치하는 공통적인 표준을 가지고 있다. 이러한 표준의 적용으로 인해 운전자는 여러 자동차를 운전 할 수 있다.

이러한 사례들은 다른 이용자의 수가 한 이용자의 효용함수에 직접 영향을 미친다는 점에서 '직접' 네트워크 효용을 보여주는 예들이다. 반면 '간접' 네트워크 효과(indirect network effect)는 직접 네트워크 효과와는 달리 이용자들이 네트워크 이용자의 수에 관심을 갖기보다는 커다란 네트워크 안에서 제품의 성능이 향상될 수 있는 특성에 관심을 가질 때 발생한다. 예를 들면 한 운영체제에서 개발된 응용프로그램의 숫자와 같은 것이 이에 해당된다.

네트워크 효과, 지적 재산권 그리고 혁신 사이의 상호작용은 1998년 미국 법무부(department of justice: DOJ)에 의해 이루어진 미국 정부와 Microsoft 사이의 소송에서 핵심 이슈로 부각되었다. 지금까지 유럽과 각 미국 주정부에 의해 제기된 이러한 소송들은 경쟁 정책이 네트워크 효과와 관련된 주요 사례들이라고 할 수 있다. 비록 1998년의 사례는 네트워크 효과가 시장의 성과, 특히 혁신에서 지적 재산권과 관련하여 중요한 영향을 미친다는 사실을 드러냈지만, 궁극적으로는 상대적으로 매우 좁은 범위의 사실관계에 관한 문제들을 다룬 판결로 끝이 났다. 따라서 이 판결은 아직 해결되지 않은 그리고 다시 발생할 수도 있는 많은 정책적인 과제들을 남겨 놓았다.

DOJ는 Microsoft가 불법적으로 Intel 기반의 운영체제와 브라우저에 대한 시장을 독점하려는 시도를 했다고 고소했다.[1] 1심 법원은 이 사실에 동의하여 Microsoft의 분할을 명령했고 Microsoft는 이에 대해 항소법원(D.C. Circuit)에 항소를 제기하였다.

항소법원은 "네트워크 효과를 지닌 기술적으로 역동적인 시장에서의 경쟁을 위해 현재의 독점정책을 수정해야 하는지, 그리고 어느 정도로 수정해야 하는지에 대해 전문가들의 합의가 존재하지 않는다."는 불만 속에서 분석을 시작하였다. 이 장에서는 법원의 판결문 속에 숨겨진 여러 가지 경제학적 복잡성에 대해 살펴보고자 한다.

1) 셔먼 법 제2조에 의거한 이 두 가지 소송 이외에, 사법부는 제1조에 따라 독점적인 거래 및 결속 협의를 제기했다. 이들은 항소법원에서 각각 기각되었고 추가 심의를 위해 소환되었다. 이러한 주장과 관련된 경제학적 논의는 Gilbert and Katz(2001)을 참조하라.

법원이 고민하는 딜레마의 핵심은 셔먼 법(Sherman Act) 하에서 기업이 단지 독점적 지위에 있지 않더라도 기업의 독점적 지위를 획득하거나 유지하려는 시도는 불법이라는 점이다. 이러한 구분은 지적재산권이 이미 '합법적인 독점권'을 부여하고 있기 때문에 지적재산권이 존재하는 시장에서는 특히 중요하다. 제5장에서 지적한 바와 같이 잘 설계된 지적재산권은 제품의 개선을 위한 건전한 경쟁을 창출하고 순차적인 시장 지배(sequential market dominance)로 이어질 수 있다. 순차적 시장 지배 상황 하에서는 시장에서의 기회를 빠르게 포착한 기업이 높은 시장점유율을 얻겠지만, 이러한 시장지배력은 오래 지속되지 못할 것이다. 이것이 Intel 기반 데스크톱 운영체제 시장점유율의 95%를 Microsoft가 보유하고 있다는 지방법원의 판결에 대한 Microsoft의 답변 중 하나였다.

Microsoft의 또 다른 답변은 운영체제 시장이 동일한 '미들웨어(middleware)'를 작동시키는 모든 운영체제를 포함하도록 정의되어야 한다는 것과, 이러한 정의를 따르면 Microsoft는 95%의 시장점유율을 갖고 있지 않다는 것이었다. 미들웨어는 운영체제와 응용프로그램 중간에 있는 Netscape 또는 Java와 같은 소프트웨어이며 응용프로그램을 운영체제 내에서 작동 가능하게 해준다. Netscape는 Windows Internet Explorer와 마찬가지로 사용자가 웹(web)에 접근할 수 있게 도와준다. Java는 응용프로그램이 플랫폼 간 호환 가능하도록 만들기 위해 개발된 개발도구이다. 만약 시장이 동일한 미들웨어를 실행하는 모든 운영체제가 포함되도록 정의될 경우 Windows 운영 체제는 95%의 점유율을 가지고 있지 않다.

법원은 이 주장을 기각했다. 그 대신 법원은 미들웨어가 아직 모든 운영체제로 확장되는 통합시장을 창출하지 못하고 있고, Microsoft는 Java와 Netscape의 상호 플랫폼호환 기능을 억제하면서 미들웨어가 통합시장을 형성하지 못하도록 하고 있다고 생각했다.

이러한 플랫폼호환 기능을 없애기 위해 Microsoft는 독점 금지법에 따라 법적 책임이 따르는 다양한 '나쁜 행위'를 시도했다. 이러한 나쁜 행위 중 하나는 Netscape를 구매자에게 배포하지 못하도록 판매자에게 압력을 가하는 것이었다. 또한 Microsoft는 기존의 Java보다 Windows에서 더 빠르게 실행되는 Java를 만들었지만 다른 플랫폼과 호환되지 않았다. 이는 소위 오염된 Java(Polluted Java)라고 불린다. 법원은 Microsoft가 오염된 자바가 여전히 플랫폼호환 기능을 제공한다고 개발자들에게 속인 점만 제외한다면 오염된 Java를 합법적 기술 선택으로서 인정했을 수도 있었다.

되돌아보면, Microsoft는 법원이 판결의 근거로 제시한 특정 행위들을 하지 않고도 동일한 결과를 얻을 수 있었을 것이다. 따라서 이 사례는 이러한 행위들이 불법적인 비즈니스 전략인지 아닌지 여부에 대한 더 깊은 답을 제시하지는 못하고 있다. 과연 네트워크 시장에서의 적절한 행동은 무엇인가? 어디까지가 합법적인 비즈니스 전략이고, 어디에서부터 불법적인 독점 시도가 시작되는가? 우리는 이 장의 후반부에서 Microsoft 사례를 다시 한 번 살펴볼 것이다.

이 장에서는 직접 및 간접 네트워크 효과에 대한 개념을 살펴보고, 어떻게 이 효과들이 시장이 하나의 제품으로 쏠리도록 만드는지를 살펴보고자 한다. 공통의 물리적 기반에 대한 필요성은 네트워크 효과가 작동하는 방식을 변화시킨다. 이는 인터넷과 휴대전화 표준의 사례를 통하여 설명하고자 한다.

지적재산은 네트워크 효과와 독점적인 응용프로그램(exclusive applications)이 존재하는 경우 시장지배력 문제를 살펴볼 수 있는 정책적 렌즈라고 할 수 있다. 보호대상이 되는 시스템은 운영체제 자체, 운영체제에서 응용프로그램을 실행할 수 있는 인터페이스, 그리고 응용프로그램이라고 하는 세 부분으로 나누어져 있다. 운영체제와 응용프로그램은 보호되어야 할 진짜 '발명품'이라고 가정하는 것이 당연하지만 인터페이스는 항상 위의 두개와 같은 범주에 있는 것은 아니다.

10.1 | 직접 네트워크 편익

전통적인 미시경제학에서 소비자의 제품에 대한 수요는 다른 소비자에 의한 소비가 아닌 오직 그 제품의 상대적인 가격에만 영향을 받는다. 따라서 다른 소비자가 무엇을 소비할지 다른 결정을 내린다 하더라도 해당 소비자의 수요곡선은 움직이지 않는다. 고정된 수요곡선에서 소비자는 가격만을 기준으로 소비 유무를 선택한다. 해당 재화의 가격이 상승하면 각 소비자는 수요곡선을 따라 이동하면서 재화의 소비량을 줄인다. 이와는 반대로 직접 네트워크 혜택이 존재하는 시장에서는 각 소비자의 재화에 대한 지불 의사가 다른 이용자의 수(the number of other users)에 의존한다. 이러한 이유로 이 장에서 기술되는 소비자 수요는 제2장과 제4장과는 다르다.

그림 10-1 네트워크시장에서의 가격책정

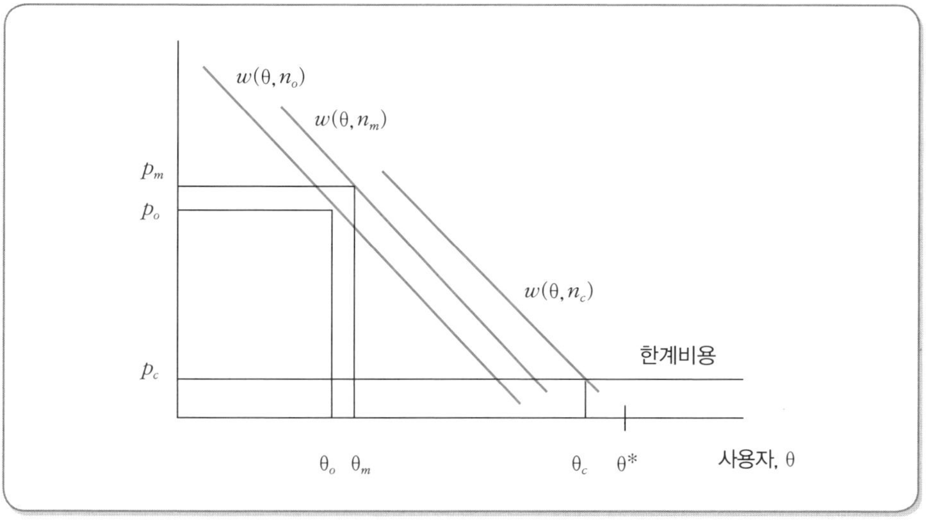

2장과 4장에서 수요함수를 가격에 따른 수요량(또는 소비자 수)으로 표현하는 것과는 달리 이 장에서는 지불용의 함수(Willingness to pay function)를 이용하여 수요를 표현할 것이다. 지불용의 함수를 정의하기 위해 소비자를 가로축에 정렬하고 각 θ는 서로 다른 소비자를 나타낸다. θ에서 지불용의 함수의 높이는 소비자가 상품에 대해 지불 할 수 있는 최대 금액이며 상품을 소비하지 않는 것보다 더 나은 상태를 나타낸다. 두 명의 소비자 θ와 θ'가 있을 때, 만약 $\theta<\theta'$ 이면 소비자 θ는 소비자 θ'보다 더 높은 지불용의(Willingness to pay)를 가진다. 따라서 지불용의함수는 우하향하는 기울기를 갖는다.

[그림 10-1]은 세 가지 유형의 지불용의 함수 $w(\cdot, n)$를 보여주고 있다. 변수 n은 네트워크 크기를 의미한다. 네트워크 크기(n)를 지불용의 함수의 변수에 포함시킴으로써 각 소비자의 지불용의가 네트워크의 크기에 의존하는 것을 알 수 있다. 이는 앞서 말한 문서 편집기의 예시와 같이, 각 소비자의 상품에 대한 지불용의가 다른 소비자들이 얼마나 그 상품을 사용하고 있는지에 달려있음을 보여준다. [그림 10-1]에서 네트워크 크기는 $n_o<n_m<n_c$이다.

소비자 θ_o를 살펴보자. θ_o 위의 두 직선을 수직적으로 보면 네트워크 크기 n_o보다 n_m에서 소비자의 지불용의가 더 큰 것을 확인할 수 있다. 즉 $w(\theta_o, n_o)<w(\theta_o, n_m)$로 나타낼 수 있다. 지불용의 곡선이 각 θ에서 $w(\theta, n_o)<w(\theta, n_m)<w(\theta,$

n_c)를 만족하기 때문에 각 소비자의 지불용의는 네트워크 크기와 함께 증가한다는 것을 알 수 있다.

전통적인 미시 경제학의 수요곡선에 나타나는 것처럼 각 수요자는 지불용의가 가격보다 클 때 상품을 구매한다. 네트워크 효과에서도 동일한 원칙이 적용되지만, 어떤 수요함수를 고려해야 하는지를 먼저 알아보아야 한다. 네트워크 효과를 가지고 있는 수요곡선은 가격이 변할 때마다 바뀐다. 왜냐하면 가격이 변화하면 소비자의 수가 변하고 각 이용자들의 지불용의는 소비자의 수에 영향을 받기 때문이다.[2]

[그림 10-1]에서는 각각 적어도 θ_o, θ_m, θ_c만큼의 지불용의를 가지는 소비자들의 수를 n_o, n_m, n_c로 표기하였다. 따라서 가격이 p_o로 주어졌을 때 상품을 구매하는 $\theta<\theta_o$인 n_o명의 소비자가 존재한다. 수요곡선 $w(\cdot, n_m)$에서 가격이 p_o로 주어졌을 때 소비자의 수를 읽는 것은 맞지 않는다. 왜냐하면 $\theta\leq\theta_o$를 만족하는 소비자의 수는 n_m이 아닌 n_o명만 존재하기 때문이다.

따라서 [그림 10-1]은 독점상황에서 $p_o=w(\theta_o, n_o)$, $p_m=w(\theta_m, n_m)$, $p_c=w(\theta_c, n_c)$와 같이 독점 판매자가 서로 다른 가격으로 판매할 수 있는 세 가지 경우를 나타낸다.

위의 가격 하에서 가격이나 수입은 어느 것도 네트워크 크기에 대해 단조성(monotonicity)을 가지지 못한다는 점을 주목하라. 비록 $\theta_o<\theta_m<\theta_c$ 가 $n_o<n_m<n_c$를 만족시키더라도 가격은 $p_o>p_m>p_c$ 와 같이 형성되지 않는다(네트워크 효용이 없는 시장이라면 형성될 수 있다). 그 대신 $p_m>p_o>p_c$ 와 같이 나타난다.

독점 기업은 (p_o, n_o)보다 (p_m, n_m)에서 더 많은 이윤을 얻고, (p_c, n_c)에서 0의 이윤을 얻는다. 왜냐하면 가격 p_c는 한계비용과 같기 때문이다. 소규모 네트워크 n_o는 네트워크가 너무 작아 높은 지불용의를 지닌 소비자들을 지원할 수 없기 때문에 높은 가격을 유지할 수 없다. 반면 아주 큰 네트워크 n_c도 높은 가격을 유지하지 못할 수도 있다. 왜냐하면 네트워크를 그만큼 확대하기 위해서는 더 낮은 지불용의를 가지는 소비자들을 포함시켜야만 하기 때문이다. 가격은 한계 소비자(marginal consumer)의 지불용의와 같아진다. 네트워크가 확장됨에 따라 네트워크 효용이 증가하지만 한계 소비자의 감소하는 지불용의를 초과하지 못할 수도 있다.

2) 이에 대한 개념과 이 장에서 소개되는 되는 다른 개념들 그리고 어떻게 네트워크의 크기에 대한 기대가 형성되는지는 Farrell and klemperer(2001)을 참조하라.

만약 그렇다면, 적당한 중간 규모의 네트워크가 수익을 극대화시키는 네트워크가 될 것이다. [그림 10-1]에서 가장 이윤이 높은 네트워크 크기는 n_m이다.

[그림 10-1]을 통해 우리는 세 가지 관점에서 네트워크 크기를 살펴볼 수 있다. 첫 번째 사회적으로 효율적인 규모, 두 번째 독점공급자가 선호하는 규모, 마지막으로 경쟁시장에서 나타날 수 있는 규모이다. 위의 구분은 부록(technical note) 10.5.1에서 확인할 수 있다. [그림 10-1]은 사회적 최적 크기의 네트워크가 전체 잠재적인 이용자의 크기보다 작을 수 있으며, 경쟁 시장과 독점 기업이 생산하는 네트워크가 비효율적으로 작을 수도 있음을 보여준다. 그러나 네트워크 효과가 충분히 크다면 ([그림 10-1]에는 표시되지 않음) 독점 판매자와 경쟁시장 모두 잠재적인 이용자 전체를 포함하게 될 것이며 이는 사회적 최적 규모일 것이다.

이 네트워크 시장을 정의하는 표준 기술이 독점적(proprietary)인 경우 - 예를 들면, 문서 편집 소프트웨어 또는 운영 체제-판매자는 가격을 선택할 수 있다. 표준기술이 소유권이 없는 '개방형(open)' 표준기술인 경우, 기업들은 양(+)의 이윤을 예상하여 시장에 진입하고, 가격 p_c를 한계비용 수준까지 낮출 것이다. 브레이크 및 페달의 위치는 개방형 표준의 사례이다. 모든 자동차 제조업체는 표준을 고수하지만, 어떤 이유로든 이것이 소유권이 있는 독점판매 기술이라면(특허법이 아직 이것까지는 다루고 있지 않다.) 제조업체는 이러한 표준에 따라 페달을 배치하기 위해 돈을 지불할 수도 있었다고 생각할 수 있다. 표준에 대한 경쟁이 전개될 수도 있을 것이다.

경쟁시장에서 개방형 표준은 [그림 10-1]의 p_c와 같이 가격이 한계비용과 같아지도록 유도할 것이다. 그러나 한계비용과 같아지는 가격 책정조차도 비효율적으로 작은 네트워크를 초래할 수 있다. 최적의 사용은 [그림 10-1]의 θ^*와 같이 한계소비자에 의해 나타낼 수 있다. 이는 네트워크의 효용이 보상되지 않는 외부효과(uncompensated externality)이기 때문이다. n_c를 초과하여 사용량이 증가하면 네트워크의 다른 구성원에게 효용이 발생한다. 한계소비자들은 외부효과에 따른 효용을 고려하지 않기 때문에, 한계비용가격에서 네트워크에 참여할지 여부를 결정하는 것은 사회적으로 너무 보수적일 수 있다. 네트워크의 다른 참여자들은 네트워크에 한계진입자를 참여시키기 위해 추가적인 비용을 지불할 의사가 있지만, 이를 위한 제도적인 방법이 존재하지 않기 때문이다.

독점판매자는 심지어 더 작은 네트워크(예 :(p_m, n_m))를 선호할 것이다. 이는 이윤을 극대화하기 위해 독점 판매자가 비효율적으로 사용을 제한하는 독점시장에서 발생하는 일반적인 문제이다. 그러나 네트워크 시장에서 독점 판매자에게는 또 다른 문제가 존재한다. 바로 (p_m, n_m)과 같은 가격과 네트워크의 조합이 보장될 수 있도록 하는 것이다. 이것은 결코 쉬운 문제가 아니며, 독점 판매자가 어디에서부터 시작하는지에 달려 있다. 예를 들어, 독점 판매자가 새로운 표준을 도입하려는 참가자인 경우 아무것도 없는 상황에서 시장을 건설해야 하며, 다른 네트워크로부터 고객들을 빼앗아 끌어들여야 할 것이다.

〈표 5-1〉은 혁신자(innovator)가 제품 개선을 이루어냄으로써 소프트웨어 제품이 어떻게 기존 제품을 몰아내고 시장에 순차적으로 침투하는지를 보여준다. 한 제품에서 다음 제품으로 넘어가는 시장의 쏠림(the market tipping)도 또한 (아마도 특히) 네트워크 시장의 특징이라고 할 수 있다. 네트워크 효과에 의해 생성된 관성(inertia)은 두 가지 방향: 기존 시장의 유지를 강화하거나 새로운 제품을 급격히 받아들이도록 하는 방향으로 작용할 수 있다.

네트워크 시장에서의 기술 수용(adoption) 여부는 가격에 대한 사용자들의 예상, 다른 사용자들의 수용 정도 그리고 시장에 새 제품이 들어 올 가능성 등에 의해 결정된다. 시장진입자의 가격 정책은 이를 고려해야만 한다. 네트워크를 구축하려면 독점 판매자는 남들보다 빨리 새로운 기술을 받아들이는 선행수용자(early adopter)를 필요로 한다. 새로운 네트워크 제품의 선행수용자들은 다른 사람들이 다른 네트워크를 선택할 경우 홀로 남겨지는 것을 걱정할 수 있다. 이로 인해 네트워크가 생성되기도 전에 네트워크가 소멸될 수도 있다. 초기에 수용자들을 유치하기 위해 네트워크 소유자는 예를 들면 가격 인하와 같은 추가적인 인센티브의 제공을 통해 그들에게 네트워크가 성공적일 것이라는 믿음을 주어야 한다.

[그림 10-1]을 다시 참조하여, 독점판매자는 행운 또는 제품의 출시(introductory offer)를 통해 [그림 10-1]에서의 n_o와 같이 소규모의 사용자를 기반으로 시장에 진입한다고 가정하자. 다른 잠재적인 사용자는 경쟁 제품을 사용하고 있거나 대체 제품을 전혀 사용하지 않고 있을 수 있다. 단순히 가격을 p_m으로 올리는 것은 의도한 것과 정반대의 효과(고객을 끌어들이는 것이 아닌 네트워크에서 더 멀게 하는)를 낼 수 있다. 잠재적인 고객을 유치하기 위해서 네트워크 소유자는 많은 사람들이 동시에 네트워크에 참여하여 각 사용자의 네트워크 가치를 높일 수 있도록 공동의 조직화된 행동을 기획해야 한다. 이를 위해 가장 쉬운 방법은 비록 궁극

적으로는 가격을 올리길 원할지라도 초기에는 가격을 낮추는 것이다.

시장 진입자가 유인하는 고객은 두 가지 유형(이전 네트워크를 이용하는 현재의 사용자와 시장에 처음으로 진입하는 새로운 사용자)으로 구분할 수 있다. 비록 성공에 대해 높은 기대를 갖고 있다 하더라도 다른 기존 네트워크의 고객을 유인하는 것은 어려울 수 있다. 소비자들은 이미 이전의 네트워크 상품을 사용하는 데 값을 지불하였으며 소프트웨어와 같은 상품들은 추가적인 지불 없이 계속하여 사용할 수 있다. 새로운 제품을 사용하는 방법을 배우기 위해서는 사용자가 전환 비용(switching costs)을 부담해야한다는 점도 이러한 이점을 강화시킨다.[3] 기존의 네트워크를 보유하고 있던 기존사업자(incumbent)는 이러한 이점을 인식하고 예를 들어 타 기업의 개선된 신제품이 그들의 제품과 호환되지 않도록 함으로써 자신의 이점을 극대화하려고 시도 할 수 있다. Borland가 1980년대 후반에 향상된 스프레드시트로 Lotus 1-2-3 시장에 진입하려 할 때, Borland는 Lotus 1-2-3과의 호환성을 갖추려고 노력했다. 그러나 Lotus 1-2-3은 그들이 가지고 있는 전환에 있어서의 이점(switiching advantage)을 유지하기 위해서 저작권 침해를 주장하는 소송을 제기했다.

따라서 기존 사업자의 고객이 개선된 제품으로 전환하려고 하는 경우조차도 네트워크 시장의 신규 진입자는 제품 개선이 주는 가치보다 훨씬 큰 이점을 제공할 수 있어야 한다. 이러한 시장의 동태적 모습은 전환비용(switching costs)과 네트워크 효용(network benefits) 때문에 개선된 신제품이 기존 제품을 몰아내는 것을 더 어렵게 한다는 점에서 제5장에서 설명한 것과 약간의 차이가 있다. 그럼에도 불구하고 충분한 제품 개선이 이루어질 수 있다. 즉, 기존 사업자는 경쟁사보다 개선에 대한 더 큰 경제적 유인을 가질 수 있다. 왜냐하면 이러한 개선은 시장지배력을 더욱 크게 만들어 경쟁사의 시장 진입을 어렵게 만들기 때문이다.

이러한 점들은 네트워크 시장에서 기존 사업자의 시장점유율이 반독점(antitrust) 목적 하에서의 시장지배력을 측정하는 타당한 지표인지에 대해 의문을 제기한다.[4] 한쪽으로의 쏠림 현상이 존재하는 시장(tippy market)에서는 단기적으로 지배적인 시장점유율을 가지는 기업을 쉽게 찾아볼 수 있다. 그러나 각 순차적 독점 기업들이 부과하는 가격이 높다면 이는 단지 경쟁 정책의 문제일 뿐이다. 앞에서 언급한 바와 같이 가격은 초기에 네트워크 기업이 기존 사업자의 제품을 사

---

3) 더 자세한 논의는 Farrell and Klemperer(2001)을 참조하라.

4) 이 점에 대한 더 자세한 설명은 Evans and Schmalensee(2002)를 참조하라.

용하는 고객들을 유인하기 위해서 낮은 수준으로 제한되며 이후에는 고객들이 새로운 타 제품으로 옮길 가능성에 두려움을 느끼게 되어 제한된다. 이러한 두려움은 기존 사업자로 하여금 혁신 활동을 지속하도록 할 것이다.

높은 가격은 네트워크 시장에서 유일하게 비효율성을 유발하는 요인이다. 신규진입자는 비록 우수한 제품을 가지고 있다 하더라도, 초기에 폭발적으로 구매자들을 유인하지 못할 경우 시장에 진입하는 것이 어려울 수 있다. 시장진입의 용이성은 다른 사람들의 수용에 대한 소비자들의 예상에 달려있다. 결과적으로 시장은 잘못된 표준 하에서 작동하거나 더 나은 새로운 표준으로 전환되지 못할 수도 있다.[5] 이러한 효과는 표준이 개방된 곳에서 더욱 크게 나타날 수 있다. 개방형 표준 하에서는 전환을 시도함으로써 이익을 낼 수 있는 독점판매자가 없기 때문이다.[6]

네트워크 시장에는 다른 혁신적인 상황에서와 같이 혁신을 위한 인센티브와 높은 가격으로부터 소비자들을 보호하는 것 사이에 상충관계(trade off)가 존재한다. 일단 네트워크 제품이 존재하면, 개방적이거나 독점판매가 아닌(소유권을 가지지 않는) 표준이 소비자들에게 더 유리하다. 왜냐하면 경쟁으로 인하여 기업의 이윤을 0으로 유도하기 때문이다. 이것은 소비자에게 좋을 수 있지만, 다른 한편으로 네트워크 제품을 향상시킬 유인을 훼손할 수도 있다. 향상된 제품을 개발하는 개발자는 자신의 혁신 비용을 회수하기 위해 경쟁으로부터 보호를 받아야 한다. 이는 다른 상황처럼 지적 재산권을 옹호하는 측의 주장과 같다.

마지막으로 우리는 무엇이 네트워크를 독점적으로 유지되게 하는지 살펴보고자 한다. 지금까지 우리는 독점판매자가 네트워크의 이점을 취하는 상품을 통해 경쟁자가 진입하는 것을 막을 수 있다고 가정했다. 그러나 실제로 많은 네트워크 표준이 공개되어 있고 네트워크 상품들은 경쟁적으로 공급되고 있다. 공개된 표준의 예로는 대회를 후원하는 클럽에 의해서 제공되는 표준화된 테니스 공과 골프공

---

5) Farrell and Saloner(1986a, 1986b, 1987); Farrell and Klemperer(2001)을 참조하라.

6) 네트워크 효용으로 인해 열위에 있는 표준이나 제품이 확고한 자리를 잡은 사례에 대해서는 Katz and Shapiro(1994)를 참조하라. Liebowitz and Margolis(1999)는 이것이 이론적으로는 가능하지만 실제로는 드물다는 증거를 제시하고 있다. 이들은 동시대의 제품들에 대한 연구를 통해 네트워크 상에서 다른 제품을 이긴 많은 주목할 만한 예들은 경쟁에서 이긴 제품이 경쟁제품에 비해 품질이 더 좋았기 때문이었다고 주장한다. 이러한 사례로는 Lotus 1-2-3 및 Quattro를 이긴 Excel 스프레드 시트, 가정용 비디오 레코딩 분야에서 Beta를 이긴 VHS를 들 수 있다. Evans, Nichols and Reddy(1999); David(2000)도 참조하길 바란다.

같은 스포츠 제품과 자동차에서 가속페달과 브레이크 페달의 표준적인 위치를 들 수 있다. 독점판매 네트워크 제품의 예로는 문서 편집 소프트웨어와 컴퓨터 게임이 있다. 네트워크 제품 자체 이외에도, 콘솔상의 게임이나 운영 체제의 소프트웨어와 같이 특정 하드웨어에서 소프트웨어를 실행하는 인터페이스는 특허권, 저작권 또는 영업 비밀로 보호 될 수 있다. 이는 다음 절에서 살펴볼 것이다.

아마도 개방형 표준의 가장 중요한 예는 인터넷 프로토콜일 것이다. TCP/IP는 서버 간 데이터 전송을 제어하며 HTTP/HTML은 모든 브라우저에서 읽힐 수 있는 웹 사이트를 작성하는 공통 표준이다. 이러한 표준의 개방성은 독점력 없이 네트워크 효용을 창출한다. 만약 이 프로토콜에 독점판매권이 주어진다면, 각기 다른 표준을 갖고 있는 경쟁 기업들은 시장지배력을 얻기를 바랄 것이고, 사용자들에게 인터넷에 접근하는 요금을 부과할 것이다. 이 표준 경쟁(standards war)은 발생하지 않았다. 한 가지 이유는 이러한 프로토콜의 개발이 공공 부문의 지원을 많이 받았다는 점이다. 만약 개발이 민간 부문에 맡겨졌다면 프로토콜에 독점판매권이 인정됐을 가능성이 높다. 이는 발명자들에게 보상을 주었을지도 모르겠지만 높은 가격과 호환성 문제를 유발하여 인터넷 혁명을 지연시켰을 수도 있다.

우리는 지금까지 호환되지 않는 독점 상품이 제품에 대한 변환을 통해 호환될 수 있는 가능성을 고려하지 않았다(Farrell and Saloner(1992) 참조). 예를 들어 Microsoft Word 및 WordPerfect 문서 편집기는 호환되지 않는 시장 경쟁자로 시작되었지만, 현재 버전에서는 두 문서 편집기 사용자 모두 다른 편집기에서 읽을 수 있는 형태로 파일을 저장할 수 있다. 마찬가지로 Apple 운영 체제용으로 작성된 소프트웨어 파일은 Windows 운영 체제에서 읽을 수 있도록 변환될 수 있다. 이 두 가지 예에서 변환된 사용자 파일은 독점판매자의 소프트웨어에서 실행된다.

변환에 라이선스가 필요한지 여부는 지적 재산의 특성에 따라 다르다. 만약 변환에 라이선스가 필요하지 않거나 특정 유형의 역분해(reverse engineering)로 촉진될 수 있다면, 마치 네트워크 상품이 보호되지 않는 것과 같이 네트워크에서 수익을 얻을 수 있는 권리 보유자의 능력을 훼손할 것이다. 만약 변환에 라이선스가 필요하다면, 독점판매자는 높은 로열티로 라이선스를 제공함으로써 네트워크 독점을 유지할 수 있다. 결과적으로 시장 가격은 한계 비용까지 떨어지지 않는다.

10.2 | 시스템 경쟁과 독점적 인터페이스

직접 네트워크 효과와 달리 간접 네트워크 효과는 응용 프로그램 개발과 수요 사이의 피드백 때문에 발생한다. 전형적인 유형(stylization)은 게임 콘솔, 컴퓨터 운영체제와 같은 '플랫폼'과 해당 플랫폼에서만 이용 가능한 게임이나 문서 편집 소프트웨어 같은 '응용프로그램'이 존재하는 것이다. 일반적으로 응용 프로그램을 해당 플랫폼과 호환 가능(또는 불가능)하게 만드는 인터페이스도 존재한다. 응용 프로그램이 여러 플랫폼에서 호환가능한지 혹은 하나의 플랫폼에서만 이용 가능한지 여부는 시장구조에 있어 중요한 부분이다.

간접적 네트워크 효과는 응용프로그램 개발자들이 더 보편적인 플랫폼에 상품을 제공하기를 원하고 소비자는 더 많은 응용프로그램을 이용할 수 있는 플랫폼을 원하기 때문에 발생한다. 따라서 많은 이용자를 가진 네트워크에 속한 소비자에게 직접적인 효용이 발생하지 않더라도 인기(popularity)는 자체적으로 성장시킨다. 결과적으로 플랫폼의 독점판매자는 더 많은 독점적 응용프로그램을 제공함으로써 시장이 자신의 플랫폼으로 쏠리도록 노력할 수 있다. 그렇게 된다면 경쟁사들은 이와 대적할만한 다양한 응용프로그램 메뉴없이 시장에 진입하는 것이 매우 어려워진다.

다음은 왜 독점소유(판매)권을 가진 표준(proprietary standards)이 시장을 쏠리게 만들어 독점적 시장구조를 만드는지를 보이는 간단한 경제학적 모형이다. 플랫폼 소유자는 호환가능하지 않는 소프트웨어로 구성된 시스템을 판매한다고 가정해보자. 만약 두 개의 시스템이 존재한다면 소비자들은 본능적으로 둘 중 하나의 상품을 선호할 것이다. 그러나 그 선호도는 더 높은 품질(더 많은 응용프로그램) 또는 낮은 가격에 의해서 변할 수 있다. 결과적으로 하나의 시스템이 다른 시스템을 시장 밖으로 몰아낼 것이다.

서로 경쟁하는 두 개의 플랫폼이 존재하고 각 소비자들은 하나의 플랫폼을 선택해야만 하거나 아니면 어느 플랫폼도 선택하지 않는다고 가정해보자. 각 소비자는 선호도를 나타내는 패러미터 θ를 가지며 이는 각 소비자가 플랫폼 1에 대해 플랫폼 2보다 얼마나 더 많은(만약 음수라면 더 적은) 지불용의를 가지는지 나타낸다. 만약 플랫폼 1이 a_1개의 응용프로그램을 가지고 p_1의 가격 수준에서 판매를 한다면, 선호도 θ를 지닌 소비자가 얻게 되는 효용은 $\theta+(a_1-p_1)$이라 가정한다. 이와 마찬가지로 플랫폼 2의 소비자가 얻게 되는 효용은 a_2-p_2 로 표현할 수 있다. 아래와 같은 조건일 경우 소비자는 플랫폼 2가 아닌 플랫폼 1을 선택할 것이다.

$$\theta+(a_1-p_1) \geq (a_2-p_2)$$

이 관계는 총 잠재적 이용자 중 각 플랫폼을 이용하는 소비자의 수는 그들의 상대적 이익(advantage) (a_1-p_1)과 (a_2-p_2)에 달려있음을 명확히 보여주고 있다. 만약 $(a_1-p_1) > (a_2-p_2)$이면, 플랫폼 2에 강한 선호(음(−)의 θ)를 가지는 이용자들만이 플랫폼 2를 구입할 것이다. 이러한 사실과 θ의 분포로부터 우리는 플랫폼의 이용자 수를 도출 할 수 있다. 왜냐하면 이는 가격과 응용프로그램의 수에 달려 있기 때문이다. 이러한 수요곡선은 [그림 10−2]의 $n_1(p_1;\ p_2,\ a_1,\ a_2)$와 $n_2(p_2;\ p_1,\ a_1,\ a_2)$을 통해 확인 할 수 있다. 위의 수요곡선은 부록(Technical note) 10.5.2.에 좀 더 공식적으로 도출되어 있다.

[그림 10−2]는 $a_1 > a_2$인 경우, 두 플랫폼의 소비자 수요를 보여준다. 각 플랫폼의 수요는 다른 플랫폼의 가격뿐만 아니라 응용프로그램의 수에도 영향을 받는다. 응용프로그램의 수 $(a_1,\ a_2)$가 고정되어 있다고 가정하면, 각 기업의 수요 $n_1(p_1;\ \hat{p}_2,\ a_1,\ a_2)$과 $n_2(p_2;\ \hat{p}_1,\ a_1,\ a_2)$는 다른 플랫폼의 가격이 고정된 상태에서 도출된다.

그림 10−2 통합된 시스템의 수요

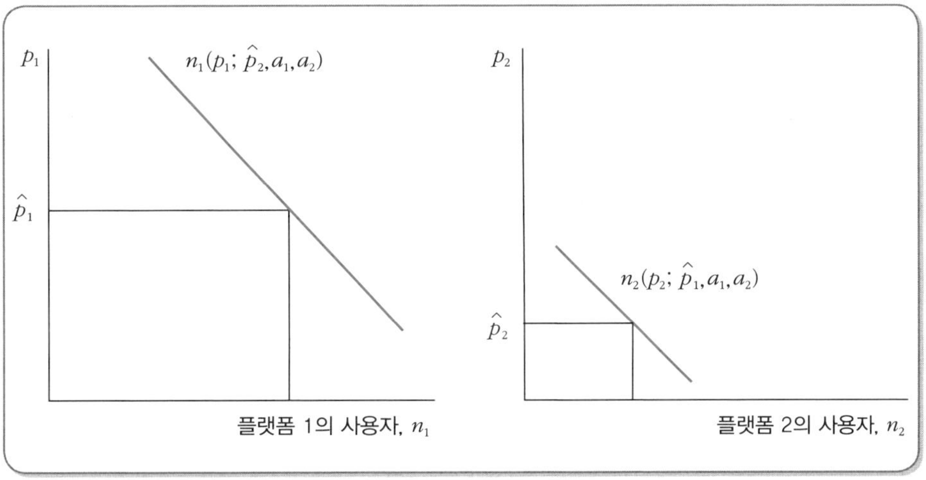

플랫폼 1의 독점소유주가 자신의 플랫폼 가격 또는 응용 프로그램 수 변화에 반응하는 수요곡선을 고려할 경우, 독점소유주는 플랫폼 2의 가격이 $\hat{p}_2$로 일정하다고 가정할 것이고 이는 플랫폼 2의 독점 소유자에게도 같다.

이제 우리는 플랫폼 소유자가 부과할 가격과, 수요를 증가시키기 위해서 플랫폼 소유자들이 응용프로그램의 수를 늘릴 유인을 가지고 있는지 여부를 살펴보고자 한다. 즉 어떤 요인이 $\hat{p}_1$과 $\hat{p}_2$을 결정하는지 살펴볼 것이다. 실제로 이러한 유인(incentives)은 앞서 직접 네트워크 효용의 예에서 논의 한 것과 같이 시장의 동태성(market dynamics)에 달려 있을 것이다. 그러나 이 문제는 기업들이 우선 자신들의 응용프로그램 (a_1, a_2)에 대한 확약(commitment)을 하고, 그 다음 가격 (p_1, p_2)을 설정하는 정태적 유형에 대한 분석을 통해 이해할 수 있다.

[그림 10-2]는 기업 1이 기업 2보다 더 많은 응용프로그램을 제공하는 비대칭적(asymmetric)인 상황을 보여준다. 이 그림은 초기 응용프로그램의 이점이 다른 기업을 시장에서 몰아낼 수 있을 정도로 자체 플랫폼을 성장시킬 수 있음을 보여준다. 위의 두 그래프에서 균형가격은 ($\hat{p}_1$, $\hat{p}_2$)이다. 이 가격들은 이미 시장에 존재하는 응용프로그램의 수 (a_1, a_2)에 의해 영향을 받는다. 만약 응용프로그램의 수가 (a_1, a_2) 수준에서 고정되어 있다면 기업 1의 균형가격 $\hat{p}_1$은 기업 2의 가격이 주어졌을 때 최적이고 그 반대로도 마찬가지이다. 기업 1의 최적 가격 $\hat{p}_1$은 아래 문제의 해로 구해진다.

$$\max_{p_1} \; p_1 n_1(p_1; \hat{p}_2, a_1, a_2) \tag{10.1}$$

기업 2에 대해서도 대칭적으로 표현이 가능하다.

가격의 특성을 규정짓는 데 있어, 우리는 응용프로그램과 플랫폼 개발비용을 매몰비용(sunk cost)으로 가정하고, 논의를 단순화하기 위해 추가적인 고객에게 플랫폼에의 접근을 제공하는 한계비용이 0이라고 가정한다. 얼마나 가격을 높게 설정해야할지-다시 말하면 위의 문제 (10.1)의 해-를 구할 때 기업 1은 기업 2의 가격 $\hat{p}_2$와 응용프로그램 수의 관점에서 바라 본 두 기업의 매력도(앞에서 언급한 바와 같이 이는 고정되어 있다고 가정한다.)를 고려한다.

[그림 10-2]에 나타난 가격 $\hat{p}_1$과 $\hat{p}_2$은 문제 (10.1)의 해인 균형가격이며, 이는 기업 2에 대해서도 대칭적으로 도출 가능하다. 부록(Technical note) 10.5.2에서 위

의 문제는 수학적으로 풀이되어 있다. 가격을 변화시킬 유인은 [그림 10-2]를 통해서 직관적으로 확인 될 수 있다. 가격을 설정할 때 기업 1은(기업 2도 대칭적으로) $(\hat{p}_2, a_1, a_2)$를 주어진 것으로 고정시키므로, 자신의 수요곡선도 고정된다.

만약 기업 1이 자신의 가격을 바꾼다면 수요는 수요곡선을 따라 움직일 것이다. 한계가격의 증가는 소비자의 수를 줄임으로써 수입을 감소시킬 것이다. 그러나 이는 또한 남아있는 수요자들에게서 더 많은 이윤을 얻음으로써 수입을 증가시킬 수도 있다. 이러한 두 가지 효과가 상쇄될 때 그 기업은 더 이상 가격을 올리거나 낮출 유인을 지니지 않는다. 그러므로 최적 가격은 각 기업이 한계 수입과 한계 비용이 같은 지점에서 가격을 설정한다는 점에서 독점시장의 특징과 매우 유사하다. 이것은 앞서 살펴본 바와 같이 더 많은 응용프로그램(더 높은 수요)을 가진 기업은 더 높은 가격을 부과할 것임을 암시한다. 이것이 기업들이 초기에 그들의 응용프로그램을 선택할 때 예상하는 가격 책정 방법이다.

이제 우리는 어느 기업도 더 이상 응용프로그램의 수를 늘리거나 줄일 유인이 없는 안정적인 응용프로그램 수의 조합 (a_1, a_2)이 무엇인지를 살펴볼 수 있다. 이때 기업들은 응용프로그램수의 변화가 두 기업의 가격들에 영향을 미침을 알고 있다. [그림 10-3]은 응용프로그램의 수와 이용자의 수요가 서로에게 어떠한 영향을 미치는지 보여준다. [그림 10-3]에서 더 높은 수요곡선은 응용프로그램이 추가

그림 10-3 더 많은 응용프로그램으로 얻게 되는 수익의 변화

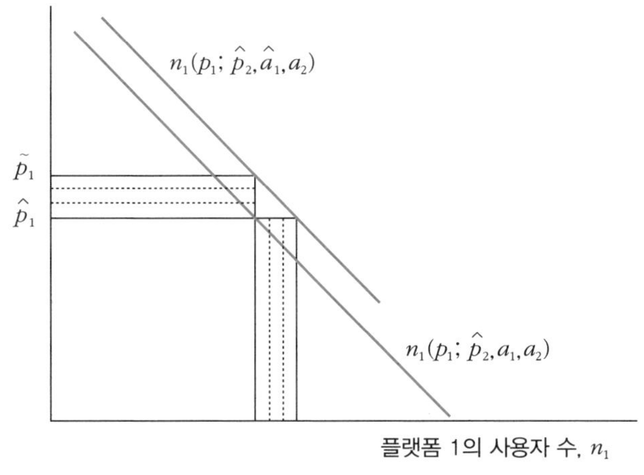

되었을 때 즉 a_1이 $\hat{a}_1$로 변할 때 플랫폼 1에 대한 증가된 수요를 나타낸다. 만약 기업 1이 플랫폼의 순 매력도(net attractiveness)를 유지할 정도로 가격을 올린다면(가격은 $\tilde{p}_1$으로 증가) 각 플랫폼에 참여하는 이용자의 수는 일정하게 유지되고 기업 1은 수평으로 빗금이 쳐져있는 부분만큼 더 많은 수입을 얻는다. 이와는 달리 기업 1은 가격을 일정한 수준으로 유지하고 다른 플랫폼으로부터 소비자들을 뺏어올 수도 있다. 이는 수직으로 빗금 친 부분만큼 기업의 이윤을 증가시킬 것이다. 마지막으로 기업 1은 위의 두 극단적인 경우 사이에서 가격을 설정하여, 각 이용자로부터 더 많은 수입을 얻고 다른 플랫폼의 고객들도 유인할 수 있다.

지금부터는 기업 2에게 가능한(아직 보여지지 않은) 이윤기회들을 비교해보자. 기업 2는 더 적은 응용프로그램과 더 낮은 가격으로 시작한다. 만약 기업 2가 또 다른 응용프로그램을 추가한다면, 얻게 되는 이윤의 기회는 [그림 10-3]과 비슷하지만 더 낮은 수요곡선으로, 따라서 더 낮은 이윤기회로 나타날 것이다. 이것은 더 많은 응용프로그램을 가지고 있는 기업은 다른 플랫폼이 결과적으로 시장에서 퇴출될 때까지 그들의 응용프로그램을 더 많이 증가시킬 더 큰 유인을 가지고 있음을 나타낸다.

물론 이러한 이야기는 다른 어느 한 기업의 응용프로그램 수 변화에 따라서 두 기업 모두 그들의 가격을 변화시킨다는 사실을 고려하지는 않는다. 그럼에도 불구하고 [그림 10-2]에서 보여주고 있는 비대칭적인 상황은 균형이 아니라는 점을 확실하게 보여준다. 여기서 묘사한 균형은 부록(technical note) 10.5.2에서 풀이를 제시하고 있다. 균형은 오직 두 가지 유형으로 존재한다. 하나는 기업들이 시장을 균등하게 나누어 가지거나, 또는 한 기업이 시장에서 완전히 퇴출되는 경우이다. 그러나 균등한 시장점유율을 가지는 균형은 [그림 10-3]에서 보여준 이유와 같이 동태적으로 불안정하다. 사실 이러한 주장은 왜 Microsoft가 Netscape와 Java의 플랫폼호환 기능을 줄이기 위해서 노력했는지를 설명해준다. 일단 시장 지배적 지위를 획득하게 되면, Microsoft의 독점적인 응용프로그램과 기능들을 만들어 내면서 그 지위를 확고하게 만들 수 있기 때문이다.

독점력을 지닌 폐쇄적인 표준(closed standards)이 시장을 하나의 단일 플랫폼으로 쏠리게 하고 결과적으로 Microsoft의 사례와 같이 하나의 독점소유주가 '응용프로그램 진입장벽'을 가지게 된다는 사실은 논의의 시작에 불과하다. 적어도 아래와 같은 세 가지 이상의 부가적인 질문을 제기할 수 있다. (1) 사회적 관점에서 하나의 표준으로 쏠리는 것이 반드시 나쁜 결과인가? (2) 비즈니스 관점에서 기업은 언제 폐쇄적 인터페이스(closed interface)를 선호하고 언제 개방형 인터페이스(open interface)를 선호하는가? (3) 사회적 관점에서 개방형 인터페이스가 최선일 때 이를 달성하기 위해 어떠한 정책적 도구를 이용할 수 있는가?

첫 번째 질문의 경우, 독점소유권이 인정되는 표준을 가지고 있는 독점기업은 상당한 효율성 이점(efficiency advantage)을 제공한다. 모든 응용프로그램은 모든 사용자에게 이용가능하다. 더구나 다른 플랫폼을 위해 유사한 응용프로그램을 개발하는 등의 중복비용이 발생하지 않는다. 이러한 두 가지 이유로 더 많은 응용프로그램이 개발되고 각 이용자들에 의해 사용될 것이다. 이는 부록(technical note) 10.5.2에서 확인할 수 있다. 이와는 반대로 호환이 불가능한 시스템간의 경쟁은 비용의 중복(duplicated costs)을 야기하고 각 시스템은 독점의 경우보다 더 적은 응용프로그램을 가질 것이다. 그러나 경쟁에 긍정적인 측면도 있다. 복점(duopoly)은 가격을 낮추고 소비자가 원하는 플랫폼의 다양성을 제공한다. 일반적으로 경제학적 모형은 만약 시장의 결과가 비효율적이라면 이것은, 비록 이용자들의 다양성에 대한 선호를 고려한다 하더라도 대게 충분한 표준화가 이루어지지 않았기 때문이라는 것을 나타내고 있다 (Chou and Shy, 1990; Church and Gandal, 1992a, 1992b; Farrell and Saloner, 1986b). 그러나 시장의 결과는 표준이 개방형일 때 응용프로그램이 플랫폼 간 호환가능한지, 그리고 플랫폼과 응용프로그램 모두 독점소유권이 인정되는지에 따라 민감하게 달라진다.

이러한 상충관계(trade-off) 하에서 개방형 표준은 모든 가능한 경우 중에서 최선이 될 수 있다. 응용프로그램은 개방 인터페이스 하에서 플랫폼 소유자의 통제하에 있을 필요가 없다. 그 대신 플랫폼과 응용프로그램은 각각 별도로 가격이 책정되고 판매될 수 있다. 각 시스템의 개당 가격은 네트워크 효과에 기인한 지배적 표준의 시장 장악에 의해서가 아닌, 지적재산권의 범위에 의해 결정될 것이다. 물론 가격은 여전히 네트워크의 편익과 상관성이 있다. 만약 하나의 응용프로그램을 사용하는 데 네트워크 편익이 크다면 개방성은 단지 시장지배력을 플랫폼 소유주로부터 응용프로그램 소유주로 이전할 뿐이다. 이 응용프로그램은 모든 플랫폼에서 사용될 것이다. 주요 단점은 실용성에 있다. 만약 인터페이스에 지적재산권이 인정된다면 개방형 표준은 달성하기 어려울 수 있다(그러나 적어도 Lotus v. Borland(1995)의 사례에서, 법원은 인터페이스의 저작권을 인정하지 않았다).

두 번째 질문으로 넘어가서, 표준이 개방적인지 폐쇄적인지 여부는 일반적으로 정책적 선택이라기보다는 경영 상의 결정이라고 할 수 있다. 최선의 경영 전략은 무엇인가? 독점소유권자는 항상 폐쇄형 인터페이스를 선택하는가? Microsoft 사례에서 Netscape와 Java가 만든 플랫폼호환 기능은 개방형 표준으로서의 역할을 수행했다. 왜냐하면 이들은 똑같은 응용프로그램이 윈도우나 다른 플랫폼에서 모두 실행가능하게 했기 때문이다. 그러나 Microsoft는 플랫폼호환 기능이 좋은 생각인지에 여부에 대해 입장이 변한 것처럼 보인다. Microsoft의 응용 프로그래밍 인터페이스(APIs)가 공개적이지 않았기 때문에 Microsoft는 어느 시점에서 Netscape와 Java가 윈도우 환경에서도 호환 가능하도록 하는 데 동의를 해야만 했다. 한편 1998년의 사례는 주로 이러한 Microsoft의 호환성을 제거하기 위한 추후 시도에 관한 문제였다. 신생 시장 진입자에서 시장의 지배적인 기업이 되어가는 과정에서 Microsoft의 경영전략은 분명히 변경된 것으로 보인다.

최선의 경영전략에 대한 모호성은 1992년 Sega와 Accolade의 사례에서도 찾아볼 수 있다. Sega는 게임 콘솔과 게임을 모두 판매하는 통합적 기업인 반면에 Accolade는 IBM 플랫폼에 게임을 납품하는 게임 개발사였다. Accolade는 IBM에 납품하던 게임이 Sega의 콘솔에서도 호환가능하도록 Sega의 인터페이스를 역분해(reverse engineered)하였다. 이는 소비자들에게 추가적으로 게임들을 제공하여 플랫폼을 더욱더 가치 있게 만들기 때문에 Sega가 Accolade의 행동을 환영할 것이라고 생각했을 수도 있다. 그러나 Sega는 Accolade를 인터페이스의 저작권 침해로 고소하였다. 우리는 이러한 명백한 모순을 어떻게 이해해야 하는가?

Sega는 더 적은 게임을 가지고 있는 것이 더 낫다고 생각했기 때문에 소송을 제기한 것은 아니었다. 오히려 Sega는 그들의 인터페이스를 통제할 수 있기를 원했다. 만약 Accolade가 Sega의 콘솔에 대한 라이선스를 필요로 했다면 Sega는 콘솔의 독점적 사용(exclusivity)을 요구했을 것이다. IBM 게임을 Sega에서도 실행가능하게 한다면 경쟁업체인 IBM이 가지는 이점을 약화시킬 수는 있지만 Sega에만 할 수 있는 독점적인 게임을 만드는 것이 Sega의 시장 우위(market advantage)를 더욱 향상시킬 수 있기 때문이다.

비디오게임 시장의 구조는 불안정한 상태가 지속되어 왔다. 이는 시장 전체를 놓고 경쟁할 유인이 있다는 것을 나타낸다. 그러나 이는 또한 양면시장(플랫폼과 응용프로그램)에서 시장이 어느 한 쪽 측면에서만 운영되어야 한다고 생각할 이유가 없음을 나타내기도 한다. 1980년대 말과 1990년대 초에는 게임 콘솔이 통합형 판매자들에 의해서 판매되었으며, 이 때문에 콘솔 간에 게임이 호환되는 경우는 드물었다. 콘솔에 대한 수요는 호환 가능한 게임에 대한 수요에 의해 결정되었다. 더욱이 최근에는 콘솔보다 게임이 중심이 되고 있다. 오늘날 콘솔은 게임 개발자들의 기호를 위해서 경쟁해야만 한다. 이러한 환경에서 개발자들은 모든 콘솔에서 호환 가능하도록 게임을 만들고 게임과 콘솔을 따로 판매하는 것을 선호할 것이다.

지금까지 어떻게 지배적 기업이 표준을 처리하는지 살펴보았다. 그렇다면 시장 진입자(entrant)는 어떨까? 최초로 상업용 데스크탑 컴퓨터의 성공을 이끈 Apple 컴퓨터는 1980년대 초에 도입되었다. Apple 컴퓨터는 독점소유권을 지닌 인터페이스와 독점소유권을 지닌 응용프로그램을 갖춘 통합 시스템이었다. DOS 운영체제 기반의 IBM의 개인 컴퓨터(PC)는 애플이 시장에 나온 직후에 소개되었다. IBM은 데스크탑 컴퓨터 시장에 진입하는데 매우 어려움을 겪었다. 따라서 IBM은 그들의 인터페이스를 개방하여 제3의 판매자들이 풍부한 응용프로그램을 공급할 수 있도록 하였고, 이는 IBM의 컴퓨터가 Apple과 경쟁할 수 있도록 만들었다.

이 전략은 또한 제 3의 컴퓨터 판매자들이 시장에 진입하도록 독려했고, 이를 통해 소비자들에게 만약 IBM의 PC가 성공한다면 가격이 오르지 않고 만약 성공하지 못한다면 지원이 끊길 것이라는 생각을 갖게 했다. IBM의 전략은 매우 성공적이었고 그 이듬해 IBM과 Apple의 시장점유율은 역전되었다. 그러나 컴퓨터 가격은 급락하였고 이는 소비자들에게는 희소식이었지만 IBM에게는 그러지 못했다. 응용프로그램과 함께 개방형 표준은 많은 복제품들이 컴퓨터 하드웨어 시장에 진입하도록 하였고, IBM과 직접적으로 경쟁하도록 하였다. Compaq과 Dell은 IBM과 호환 가능한 데스크탑 컴퓨터를 제조하기 시작한 기업들 중 하나였다.

이와 비슷한 전략은 비디오카세트 시장에서도 사용되었다. 비디오 카세트 시장에는 비디오테이프가 특정 플레이어에서 재생되도록 하는 특정 규약(protocols)으로 불리는 표준들이 있었다. 1980년대 초에는 Sony의 Betamax와 JVC의 VHS라고 하는 두 개의 표준들이 경쟁하고 있었다. VHS는 후발주자였고 시장점유율을 늘리기 위한 전략이 필요했다. JVC는 표준을 개방함으로써 이를 달성하였다. 그러나 IBM의 사례와 같이 이러한 성공은 경쟁 유발이라고 하는 대가를 지불하게 했다.[7]

따라서 비록 사회 전체에 대한 최적의 시스템은 플랫폼(하드웨어) 그리고 응용

7) 좀 더 깊은 논의를 위해서는 Katz and Shapiro(1994)를 참조하기 바란다.

프로그램(소프트웨어)가 적절한 지적재산권을 가지는 개방형 인터페이스이라 하더라도, 앞선 사례들은 기업들이 종종 인터페이스를 영업비밀이나 지적재산권 보호의 형태로 독점적으로 소유할 수 있음을 보여준다. 더구나 만약 기업들이 시장을 자신의 제품 쪽으로 쏠리게 할 수 있다면 더욱 그럴 유인이 존재한다. 그럼에도 한 가지 희망은 경쟁사가 시장에 진입하기 위한 최상의 전략으로 개방형 인터페이스를 선택할 수도 있다는 점이다. 만약 시장진입자가 성공한다면, 시장진입자는 시장구조를 폐쇄형 인터페이스나 표준에서 개방형 인터페이스 또는 표준으로 변화시킬 것이다.

마지막으로 인터페이스를 개방형으로 유지하려는 정책적 도구는 가능성이 낮고 믿을 수 없어 보인다. Samuelson and Scotchmer(2002)에서 논의된 바와 같이 이것들을 역분해(reverse engineering)할 권리는 부분적인 해결책이지만 Microsoft의 윈도우 APIs와 같이 복잡한 인터페이스에서는 별로 믿을만한 방법이 아니다. 또한 이러한 방법은 특허권이 부여된 인터페이스에서는 사용할 수 없다. 법원은 때때로 인터페이스를 공개할 것을 요구할 수도 있지만 이는 심각한 반독점 위반이 있는 경우에만 적용 가능하다. 연방지방법원은 Microsoft 사례에서 발견된 '나쁜 행위'(bad acts)가 이러한 정도까지는 올라가지 않았음을 밝히고 있다. 일반적으로 네트워크 시장에서 지배적인 기업은 꽤나 합법적으로 시장 지배력을 획득할 수 있다. 이러한 상황에서 법원이 할 수 있는 최선의 방법은 시장에 진입하기 위해 개방형 표준이나 인터페이스를 약속한 회사가 시장진입 이후에 이들의 마음을 바꾸지 않도록 하는 것이다.

10.3 | 물리적 네트워크: 인터넷

인터넷은 누구의 소유인가? 각각 자신들의 고유의 방식으로 정보 패킷을 보내는 광섬유 회선의 가격은 누가 정하는가? 우리는 어떻게 이에 대한 가격을 지불하는가? 우리는 어떻게 이에 대한 가격을 지불해야 하는가?

인터넷에서 놀라운 점은 인터넷이 물리적 네트워크로써 최종소비자에게 보이지 않는다는 것이다. 철도와 장거리 전화 서비스가 주목할 만한 사업이었을 당시, 인터넷은 단순히 이제 막 등장한 신생사업 정도였다. 인터넷은 HTML와 관련 언어로 구현된 웹 페이지를 읽고 쓰는 공통 프로토콜을 TCP/IP라 불리는 데이터 전송에 관한 공통의 프로토콜과 worldwide web에 의해 결합시킨 가상의 네트워크이다. 여기서 우리는 인터넷의 물리적 측면을 살펴보고자 한다. 대개 인터넷은 라우터(router)와 여타 하드웨어로 연결된, 데이터 패킷을 전송하는 광섬유 회선의 모음이다. 사실 이는 표준 프로토콜을 사용하여 데이터를 전송할 수 있는 지역 네트워크의 모음이다.

인터넷은 1960년대와 1970년대의 ARPANET에 기원을 두고 있다. ARPANET은 현재는 고등방위연구기획국(Defense Advanced Research Projects Agency) 혹은 DARPA로 알려져 있는 미국 국방부의 고등연구기획국에서 만든 컴퓨터 네트워크였다. DARPA의 가장 오래된 혁신은 인터넷을 가능하게 한 TCP/IP 방식의 데이터 전송 프로토콜이다. 1980년대 인터넷은 대학 및 기타 연구 기관으로 데이터 전송 능력을 확장하고자 하는 National Science Foundation에 의해 인수되었다. NSF는 궁극적으로 그들의 관심을 민간 영역으로 돌렸고 NSFNET은 인터넷으로 성장하였다.

정확하게 ARPANET의 데이터 전송기능이 전세계적으로 네트워크화된 세계를 창출한 이유는 무엇인가? 부분적으로는 단지 그것이 극도로 좋은 아이디어였기 때문이다. 이것은 정부와 대학의 연구자들에 의해 매우 적극적으로 받아들여졌다. 또한 NSF가 인터넷의 상업적 사용에 대한 제한을 해제하자 민간 기업은 인터넷을 상호 연결하고 확장하기 시작했다.

인터넷은 전력망 산업과 같은 자연독점(natural monopoly)과 많은 공통점을 가지고 있다. 그러나 중요한 차이점이 존재한다. 인터넷은 물리적인 네트워크인 동시에, 파일을 전송하기 위해 동일한 데이터 전송 프로토콜을 사용하는 이용자들의 가상 네트워크이기도 하다. 전력망을 서로 다른 이용자에 따라 두 개로 구분하는 것은 각 이용자가 연결되어 있고 각 부분이 충분한 발전기를 보유하고 공급과 수요가 안정된 이용자를 보유하고 있다면 효율성에는 크게 영향을 미치지 못한다. 그러나 만약 누군가 인터넷을 물리적이든 혹은 가상적이든 둘로 나눈다면 공유(sharing)로 인한 직접 네트워크의 편익은 줄어들 것이다.

이는 전화 시스템에서도 마찬가지이다. 만약 물리적 네트워크가 나뉜다면 모든 사용자 쌍(pair)들이 연결되지는 못하고, 통합된 네트워크로부터 발생하는 직접 네트워크 편익은 감소한다. 인터넷과 전화의 경우 통합된 네트워크는 전력망의 사례처럼 서비스를 제공하는 비용의 최소화 관점에서 효율적일 뿐만 아니라 모든 사용자들끼리 서로 연락할 수 있도록 함으로써 이용자들의 가치를 높여준다. 즉 통합된 네트워크는 직접 네트워크의 편익을 제공하고 이러한 네트워크 편익은 독점의 자연성(naturalness)을 강화시킨다.

이와 관련하여 인터넷의 프로토콜에 대한 표준 경쟁(standard war)이 없었던 것을 지적할 필요가 있다. 인터넷 프로토콜과 월드와이드 웹은 공공부문의 지출로 개발되어 누구나 사용할 수 있는 공공의 영역에 속하게 되었다. 현재의 결과를 고려한다면 이는 아마도 산업 역사에서 가장 행운이 따른 사건 중 하나일 것이다. 서로 다른 호환 불가능한 독점적인 표준을 가지고 서로 다른 네트워크에 고객들을 유치하기 위해서 경쟁하는 판매자들이 있다고 상상해보라. 이 문제는 서로 상충되는 기술의 표준화를 위해 각 기업이 지적재산권을 사용했던 3세대 휴대전화 기술을 보면 그 중요성이 더욱 명확해진다.

10.1절에서 우리는 개방형 표준이 네트워크 시장에서 가격을 한계비용수준까지 낮추고, 이는 사회적으로 볼 때 독점보다 그리고 여러 개의 독점 네트워크들을 가질 때보다 더 낫다는 것을 강조하였다. 그러나 표준이 물리적 네트워크와 결합되어서만 사용될 수 있을 때 한계비용 수준의 가격 책정에 대한 기대는 자연독점(natural monopoly)에 의해 약화될 수 있다. 비록 개방형 표준이 표준전쟁을 일으키지는 않는다 하더라도 규제는 여전히 필요할 것이다.

물론 대부분의 사람들은 인터넷을 전혀 독점시장으로 생각하지 않는다. 이는 자연스러운 것이다. 그 대신 우리는 인터넷을 서로의 의사에 의해 붙었다 떨어졌다 하는, 조직화되지 않고 분권화된 기업가들의 집합으로 인식한다. 정보 고속도로(information highway)에는 서로 다른 회사가 소유한 서로 다른 차선들이 있다. 그리고 그 정보 고속도로를 질주하도록 정보의 패킷을 내던지는 수많은 네트워크의 종착점들이 있으며, 언제든 편리하게, 가능하면 빨리 도착할 수 있게끔 차선을 변경한다. 이것이 독점처럼 보이지는 않는다.

그렇다면 이 모든 것에 대한 비용은 어떻게 지불되어야 하는가? 누가 가격들을 설정하고, 그들은 경쟁적인 것으로 이해될 수 있을까?

자연독점의 중요한 특징은 기존의 기반시설이 생산능력의 한계(capacity)에 도달하게 되면 곧 자연독점은 중단되고 수요를 충족시키기 위해서 복제되어야 한다는 점이다. 물론 경쟁을 불러일으키기 위해서 각 이용자가 두 개 혹은 그 이상의 잠재적인 공급자를 가지고 이들이 독립적으로 가격을 책정할 수 있도록 복제되어야 한다. 만약 각 사용자가 여전히 하나의 공급업체에 의해서 구속될 경우 독점력은 지속된다. 예를 들어 두 개의 전력망을 만들고 이용자들을 두 전력회사에 구분하여 배분한다면 독점력이 제거되지는 않는다. 만약 두 번째 회사가 첫 번째 회사의 도관에 송전선로를 설치하는 것이 허용되어 동일한 사용자에게 도달할 수 있도록 한다면 상황은 달라질 수도 있다. 그러나 첫 번째 회사는 경쟁사에게 새로 땅을 파도록 함으로써 이를 허용하지 않을 것이다. 이러한 경우를 고려한다면 자연독점기업을 규제하는 것이 아마도 더 현명할 수도 있다.

인터넷의 경우 생산능력(capacity)을 증가시킨다는 것은 일반적으로 더 많은 광섬유 케이블을 배치하는 것을 의미한다. 중복(duplication)은 전력망의 경우에서 땅을 파는 것처럼 많은 비용이 들어간다. 그러나 상호연결이 주는 네트워크 편익 때문에 인터넷에서 경쟁을 유도하는 것은 전력망의 경우보다 더 어려운 것 같다. 심지어 다른 기업들에 의해 소유되고 모든 이용자들에게 도달하는 생산능력(capacity)을 갖추고 있다 하더라도 중복적인 기반시설을 갖고 있는 소유자들은 서로 연결되어야 한다. 인터넷 기업들은 서로의 트래픽을 전송해줄 때 수익에 도움이 되므로 기업들은 사용자를 더 많이 확보하기 위해 적극적으로 경쟁하지 못할 수도 있다. 경쟁은 기반시설 제공자가 서로의 트래픽을 전송해 주면서 이윤을 얻을 수 있다는 사실 때문에 약화될 수 있다.

상호연결의 문제는 보다 일반적으로 통신에 피해를 초래한다. 1996년 미국은 새로운 통신 법안을 통과시켰다. 이 법안은 부분적으로 지역 통신시장에서 경쟁을 촉진시키도록 고안되었으며 이를 통해 자체적으로 그들을 규제할 수 있도록 만들었다. 그러나 이 통신 법안은 단지 시장에 존재하던 기존 기업이 경쟁사와 상호연결되도록 하였다고 해서 경쟁이 유발될 것이라고는 생각하지 않았다. 그 대신에 이 법안은 합리적인 상호연결 요금을 위해 비용에 기초한 가이드라인(cost-based guideline)을 정하였다. (더 자세한 논의는 Benjamin, Lichman, and Shelanski(2001) 또는 Laffont and Tirole (2000)을 참조하라.)

통신서비스의 가격책정과 규제에 관한 방법, 그리고 그로 인한 경제적인 영향을 밝히는 것은 우리의 목적이 아니다. 여기에서 우리의 목적은 개방형 표준이 지닌 네트워크 편익을 달성하기 위해 통합된 물리적 네트워크가 필요할 때, 독점가격의 책정을 피하기 위해서 항상 경쟁에 의존할 수 있는 것은 아니라는 점을 지적하는 것이다. 그럼에도 불구하고 우리는 어떻게 인터넷 서비스의 가격이 책정되는

지에 대한 간략한 개요와 함께 이 논의를 마무리하고자 한다.

인프라 시설에 대한 기존의 공공투자는 적어도 초기에 인터넷을 출범시키고 자금조달 문제를 피할 수 있을 정도의 지원을 제공했다. 기존의 기반시설이 민영화된 이후 MCI와 Sprint같은 통신 회사들은 인터넷 트래픽을 위한 장거리 광섬유 통신회선을 만들었다. 그 이후 지역 사용자 네트워크들이 이러한 백본 인프라에 연결되기 시작하였고 인터넷 서비스 제공 업체는 백본 인프라 제공 업체에 비용을 지불하고 사용자들에게 접근 권한 부여에 대한 비용을 청구하였다. 백본 인프라 제공 업체들은 서로에게 연결 가능한 상호 '피어링(peering)' 권한을 부여하여 무료로 비슷한 양의 인터넷 트래픽을 교환한다.

논의를 더욱 단순화하면, 이용자들은 서비스 제공자에게 비용을 제공하며, 서비스 제공자는 백본 인프라 제공자에게 돈을 지불한다. 백본 인프라 제공자는 서로 트래픽 양을 교환한다(종종 서비스 제공자는 백본 제공자에게 비용을 지불하는 소형 네트워크 제공자에게 돈을 지불하기도 한다). 고객을 유치하기 위한 서비스 제공업체 간의 경쟁은 분명히 존재한다. 그러나 그들이 제안하는 가격은 계층 구조상에서 그들이 다음 단계에 지불하는 것에 의해 제한된다. 만약 계층 구조의 최상위 수준이 독점이라면 계층 구조의 밑에 존재하는 경쟁은 그다지 도움이 되질 못할 것이다. 맨 위에 존재하는 백본 인프라 제공 업체는 '피어링'보다는 트래픽 양에 기초한 요금(traffic based fees)의 부과를 점차적으로 늘려나간다(Telegeography, 2000). 한 가지 희망은 보통 인터넷은 한 지점에서 다른 지점으로 가기 위한 여러 가지 경로를 제공하기 때문에 백본 공급자들이(요금을 지불하는) 사용자들을 위한 경쟁을 할 수 있다는 점이다. 그럼에도 불구하고 이러한 행위들의 경제적인 결과는 분명하지 않다. 근본적으로 이러한 시스템은 상호연결에 요금이 부과되어야 하는 텔레커뮤니케이션과 동일한 문제를 지닌다. 만약 잠재적 경쟁자들이 함께 가격을 책정할 수 있는 부분이 존재한다면, 독점 가격이 전체 시스템을 감염시킬 수 있다. 이것은 여전히 유동적이다.

정리하자면, 만약 네트워크가 물리적 네트워크뿐만 아니라 가상 네트워크의 속성을 지니고 있다면 개방형 표준은 한계비용가격(marginal cost pricing)을 이끌어내지는 못할 것이다. 개방형 표준은 여전히 표준 전쟁이나 네트워크 경쟁을 억제하는 장점을 가지고 있지만 10.1절에서 다룬 모든 장점을 갖고 있지는 못할 것이다. 표준 경쟁을 피하는 것의 중요성을 강조하기 위해서 지금부터는 표준에 대한 지적 재산권이 시장을 정의하는 물리적 네트워크에 대하여 살펴보고자 한다.

10.4 | 물리적 네트워크: 휴대폰

직접 네트워크 효과, 물리적 네트워크, 그리고 지적 재산권을 연결하는 예로는 휴대전화의 표준 문제를 들 수 있다.

휴대전화는 사용자로부터 정보를 받아 지역 통신 교환소로 연결되는 휴대전화 기지국(cell tower)으로 정보를 전달한다. 지역 통신 교환소는 유선(landline)으로 정보를 전송한다. 휴대전화와 기지국 사이의 정보전달은 두 하드웨어의 정보 송수신 방식이 동일한 경우에만 가능하다. 이 하드웨어들은 반드시 동일한 전송 표준(전파상에서 정보를 코딩하는 방식)과 동일한 무선 주파수를 사용하여야 한다. 만약 기업들이 동일 전송기술과 동일 무선 주파수를 사용하면 어느 한 기업의 고객이 다른 기업의 기지국(cell towers)을 사용할 수 있도록 하기 위해서는 로밍(roaming) 계약을 맺을 수 있을 뿐이다.

미국 이외의 지역에서 주로 사용된 2세대 표준을 GSM이라고 한다. 이 표준은 장비 제조업자들 사이에서 광범위하게 교차라이선스(cross license)가 체결되어있다. 미국의 휴대전화들은 각기 다양한 전송 표준을 내장하고 있기 때문에 종종 서로 호환되지 않거나 GSM과도 호환 되지 않는다. 따라서 미국의 기업들은 다수의 일본, 유럽 그리고 심지어는 미국의 몇몇 다른 기업들과도 로밍 계약을 체결을 할 수가 없다.

혹자는 현재 개발된 3G(3세대)라 불리는 개선된 전송 기술에 의해 로밍 문제가 해결되기를 바랐을 수도 있다. 주어진 대역폭에서 전송되는 정보를 극대화시킬 수 있다는 점에서 기술적으로 가장 효율적인 표준은 미국 Qualcomm사에서 개발한 CDMA2000이며, 많은 특허를 보유하고 있다.

미국의 독점적인 표준에 잠식당하기를 원치 않았던 유럽은 CDMA와는 약간 다른 버전의 W-CDMA라 불리는 전송 기술을 개발하였다. W-CDMA는 Qualcomm의 몇몇 특허를 라이선스를 받아 사용하였지만, 자체적으로 변형시킨 특허 기술을 추가하였다. 만약 W-CDMA가 채택이 되었다면 W-CDMA의 독점적 성격은 Qualcomm의 강력한 특허권에 대항하여 균형을 만들어 낼 수 있었을 것이다.

W-CDMA는 유럽의 초기 GSM 표준을 갖춘 기지국과 역으로도 호환이 가능하다는 장점을 가지고 있었다. W-CDMA는 더 나은 전송 기술인 CDMA2000을 넘어서 유럽의 장비 제조업자들에 의해 홍보되었다. 역호환성(backward compatibility) 때문에 유럽인들은 이것이 효율적이라고 말하고 미국인들은 이것을 전략적이라고 주장한다.

이 글을 쓰고 있는 중에도 독점적 소유권자들은 모든 단계에서 치열하게 표준 경쟁을 벌이고 있다(Cowhey, Aronson, and Richards(2008)을 참조하라). 호환성은 공통의 전송 주파수를 필요로 하기 때문에 이러한 전쟁에는 국제표준설정기관, 고위급 정부 대표 그리고 주파수 대역을 할당하는 기관이 포함된다. 문제의 핵심은 거대산업과 보호주의이다. 유럽은 미국의 특허에 시장 지배력을 잃고 싶지 않은 거대하고 성공한 장비 제조업체들을 보유하고 있다. 미국의 장비 제조업체들은 수익성이 좋은 세계 시장에 접근하기를 원한다. 미국 이외 지역의 2세대 공급업자들은 이미 설치되어 있는 그들의 GSM 기지국과 호환 가능한 표준을 지지할 유인을 가지고 있다. 그러나 3세대 시장 진입자는 더 나은 기술인 CMDA2000을 지지함으로써 2세대 기존사업자로부터 벗어날 수 있다. 이러한 이유로 경쟁과 갈등은 국경을 넘나들며 발생하였다.

만약 미국과 아시아의 기업들이 다양하게 CDMA2000과 W-CDMA를 채택하고 유럽의 기업은 W-CDMA를, 중국은 변형된 제3의 표준 TD-SCDMA를 채택한다면, 유럽 이외의 지역에서 네트워크의 잠재적인 편익은 제한될 가능성이 높다. 이럴 경우는 로밍이 불가능하거나 아니면 휴대전화가 여러 가지 표준과 다양한 주파수 대역을 이용할 수 있도록 설계되어야 한다. 만약 쏠림이 발생한다면 시장이 어떻게 한쪽으로 쏠릴지는 아직 명확하지 않다. 통신업체가 특정한 표준들을 채용할 때 마다 큰 언론 발표가 있었다. Sprint와 Verizon은 CDMA2000을 채택하였고, AT&T Wireless는 W-CDMA를 채택하였다. 중국의 다른 공급자들은 지금까지는 서로 다른 표준들을 선택하였다. 일본의 경우, 시장지배력을 보유하고 있는 통신업체 DoCoMo는 W-CDMA를 선택하였고, 경쟁 신규 진입기업은 CDMA2000에 배팅을 하고 있다.

휴대전화 사례는 직접네트워크 편익이 통합된 물리적 네트워크 안에서의 회원제에 의해 제공될 수 있다는 것을, 그리고 이러한 네트워크는 공통의 표준을 준수해야 한다는 중요한 사실을 보여주고 있다. 만약 표준이 개방된다면 경쟁사는 표준과 호환되는 장비들을 공급할 수 있고 사용자들은 로밍이 허락되는 완전히 통합된 네트워크와 경쟁적인 공급이라고 하는 이중의 편익을 얻게 될 것이다. 이것이 근본적으로 유럽이 2세대 GSM 표준을 통해서 미국 이외의 지역에서 성취한 것이다. 3세대에서 일어난 일들을 고려하면, 그 성취는 점점 더 기적적으로 보인다.

표준 경쟁은 표준이 독점소유권을 갖는 상황에서 더욱 발생하기 쉽다. 만약 표준이 단지 비용이 들지 않고 임의로 선택하는 것이라면, 표준에 대해 독점소유권을 인정할 필요가 없다. 그러나 CDMA2000은 실제 비용을 들여 획득한 실제 발명품이다. 특허 보호가 없었다면 개발자는 투자를 중단했을 수도 있다. 그러나 그 이후 독점소유권을 인정한 표준이 통합된 네트워크의 개발을 방해할 수 있다.

한 가지 추가적으로 복잡한 점은 효율적인 채택 경로가 분명하지 않다는 점이다. W-CDMA와 TD-SCDMA는 이미 설치된 전송 기지국을 사용하는 장점을 가지고 있지만 CDMA2000은 더 많은 인프라를 필요로 한다. 다른 한편으로 만약 보다 효율적인 전송 표준인 CDMA2000의 궁극적인 채택이 필연적이라면, 왜 더 빨리 채택하지 않는 것일까? 표준 경쟁은 마치 모든 장비와 통신 네트워크가 상호연결을 위해 호환가능한 것처럼, 로밍(roaming)을 위해 장비와 네트워크가 호환 가능하도록 하는 교차라이선스(cross licensing)를 통해 궁극적으로 해결될 수 있을 것이다(Gandal, Salant, and Waverman(2003)을 참조하라). 그러나 상호연결에 호환 가능한 결과가 도래하는 데에도 오랜 시간이 걸려왔다.

10.5 | 부 록

10.5.1 직접 네트워크 효과

각 단위 간격마다 존재하는 한 그룹의 소비자를 $\theta \in [0, \infty]$로 지수화(index)하여 표시하고, n명의 소비자가 존재하는 네트워크에서 각 소비자가 얻게 되는 외부편익(External benefits)의 양을 $f(n)$이라 가정하자. 이 때 네트워크에 존재하는 소비자의 수는 $\int_0^n d\theta = n$이다. 각 소비자에게 서비스를 제공할 때의 한계비용을 c라고 가정하면 θ에 의해 지수화된 소비자의 지불용의(willingness to pay)는 아래와 같다.

$$w(\theta,\ n) = \frac{1}{\theta} + f(n) \tag{10.2}$$

따라서 소비자는 그들의 지불용의의 역순으로 정렬된다. 어떤 주어진 가격 하에서 θ보다 작은 소비자들은 네트워크에 참여할 것이다. 왜냐하면 그들은 가장 높은 지불용의를 가지고 있기 때문이다.

네트워크 상품이 제공될 것이라는 것을 확실히 하기 위해서 $n>0$, $w(n,\ n)>c$라고 가정해보자. 크기가 n인 네트워크의 사회적 편익은 아래와 같다.

$$S(n) = \int_0^n (w(\theta,\ n) - c)\,d\theta$$

그리고 최적의 n^*는 $n^* < \infty$ 와

$$\left.\frac{d^2S(n)}{dn^2}\right|_{n=n^*} \leq 0$$

$$\left.\frac{dS(n)}{dn}\right|_{n=n^*} = \frac{1}{n^*} + f(n^*) - c + n^* f'(n^*) = 0 \tag{10.3}$$

을 만족하거나, 그렇지 않으면 모두를 네트워크에 포함시키는($n^* = \infty$) 것이 최적이다.

이제 독점기업의 가격책정 행위를 살펴보자. 독점기업이 네트워크의 크기를 직접적으로 조절하지 않기 때문에(독점기업은 오직 가격만 조절한다), 복수의 균형(multiple equilibria)이 존재할 수 있다. 그러나 독점기업이 네트워크 크기를 선택할 수 있는 마케팅 전략을 이용한다고 가정하고 아래의 가격을 부과하여 네트워크 크기를 n으로 유지시킬 수 있다고 가정해보자.

$$p(n) = w(n, n) = \frac{1}{n} + f(n)$$

즉, 독점기업은 네트워크에 존재하는 이용자들 중 가장 낮은 지불용의 수준을 가진 이용자의 지불용의 수준과 가격을 동일하게 책정할 것이다. 네트워크 크기가 n일 때 독점기업의 이윤은 다음과 같다.

$$\Pi(n) = n[p(n) - c]$$

독점기업의 최적 선택은 모든 사람을 네트워크에 참여하게 하고 가격을 $\lim_{n\to\infty}f(n)$과 동일하게 책정하거나, 다음을 만족하는 크기 $\hat{n}$의 네트워크를 선택하는 것이다.

$$\left.\frac{d^2\Pi(n)}{dn^2}\right|_{n=\hat{n}} \le 0$$

$$\left.\frac{d\Pi(n)}{dn}\right|_{n=\hat{n}} = \frac{1}{\hat{n}} + f(\hat{n}) - c + \hat{n}\left[\frac{-1}{\hat{n}^2} + f'(\hat{n})\right] = 0 \quad if\ \hat{n} < \infty \qquad (10.4)$$

마지막으로 독점적인 권한이 없는(nonproprietary) 표준이 존재하는 경쟁시장에서는 어떻게 되는지 살펴보자. 0(zero)의 이윤은 가격이 반드시 $p=c$를 만족해야 함을 암시한다. 만약 $\lim_{n\to\infty} w(n,\ n) > c$라면, 모든 이용자가 경쟁적인 네트워크에 존재하는 것으로 가정한다. 그렇지 않다면 n^c의 네트워크 크기를 가지는 네트워크는 다음을 만족한다.

$$\left.\frac{dw(n,n)}{dn}\right|_{n=n^c} \le 0$$

$$w(n^c, n^c) = \frac{1}{n^c} + f(n^c) = c \qquad (10.5)$$

이제 우리는 네트워크의 크기를 비교할 수 있다. 예를 들어, 만약 $f(\cdot)$으로 표현되는 네트워크 편익이 모든 소비자들에게서 큰 지불용의를 이끌어 낸다면, 어떤 지불용의 함수 w에 대해서, 최적 네트워크, 독점적 네트워크, 그리고 경쟁적 네트워크들은 전체 소비자 기반(whole customer base)을 포함한다. 이 경우 비록 소비자들이 네트워크의 독점 기업에게 지불하는 금액이 개방형 표준을 사용하는 경쟁 기업에게 지불하는 금액보다 더 높다하더라도 독점시장과 경쟁시장은 똑같이 효율적이다.

네트워크가 확대됨에 따라, 한계 이용자의 지불용의가 네트워크 편익의 증가보다 더 빠르게 감소하는 경우, 네트워크의 선호(preference)를 살펴보는 것은 더욱 흥미롭다. 이러한 상황에서는 경쟁적 네트워크, 최적 네트워크 그리고 독점적 네트워크 사이의 불일치성이 나타난다.

만약 $f(n) = 1 - \frac{1}{2n^2}$ 라고 가정하면,

$$w(n,n)=\frac{1}{n}+(1-\frac{1}{2n^2})$$

$$\frac{dS(n)}{dn}=\frac{1}{n}+1+\frac{1}{2n^2}-c=0$$

$$\frac{d\Pi(n)}{dn}=1+\frac{1}{2n^2}-c=0$$

$$\frac{dS(n)}{dn}=\frac{d\Pi(n)}{dn}+\frac{1}{n}$$

최적 네트워크 크기 n^*는 독점기업의 네트워크 크기 $\hat{n}$보다 크다. 더구나 경쟁적 네트워크는 아래의 식을 만족한다.

$$w(n^c,n^c)=\frac{1}{n^c}+1-\frac{1}{2}\frac{1}{(n^c)^2}=c$$

따라서 아래의 식이 성립함을 알 수 있다.

$$\left.\frac{d\Pi(n)}{dn}\right|_{n=n^c}<0$$

$$\left.\frac{dS(n)}{dn}\right|_{n=n^c}>0$$

따라서 독점기업은 경쟁적 네트워크보다 더 작은 네트워크를 선호할 것이다. 그리고 사회적으로 최적인 네트워크는 경쟁적 네트워크보다 크다.

독점기업은 경쟁적인 가격보다 더 높은 가격을 부과함으로써 상대적으로 더 작은 네트워크를 형성할 것이다. 따라서 $w(n,n)$이 n에 대해서 감소할 때, $\hat{n}<n^c<n^*$를 만족한다.

$n^c<n^*$인 이유는 n^c에서 확대된 네트워크가 경쟁적 기업들에 의해 포획되지 않은 네트워크 내의 소비자(inframarginal members)에게 편익을 창출하기 때문이다. 실제로 기업들은 새로운 고객을 유치하기 위해서 c보다 더 낮은 수준으로 가격을 책정할 것이다. 사회적 관점에서 보면 이는 좋은 거래라고 할 수 있다. 왜냐하면 한계 소비자의 지불용의와 그들에게 서비스를 제공하는 한계비용의 차이는 작은 반면, 네트워크 내의 소비자(infaramaginal memebers)들이 편익을 얻기 때문이다. 그러나 기업들은 네트워크 내의 소비자들(inframarginal members)에게 발생한 편익을 가져갈 수 없으므로 네트워크를 확장하지는 않을 것이다.

10.5.2 시스템 경쟁에서의 복수 균형

수요함수를 도출하기 위해서 θ가 $[-1, 1]$ 사이에서 균일하게 분포되어 있다고 가정해보자. 소비자는 시장을 나가고 0의 효용을 얻을 수 있기 때문에 $(a_2-p_2) \geq 0$의 조건을 만족해야 한다. 따라서 플랫폼 1을 구매하는 것의 대안은 플랫폼 2를 구매하는 것이고 플랫폼 2의 구매는 시장에서 나가는 것보다는 더 나쁘지 않다. [그림 10-2]에 나타난 플랫폼의 수요는 아래와 같다.

$$n_1(p_1; p_2, a_1, a_2) = \begin{cases} 0 & \text{if } 1-(a_2-p_2)+(a_1-p_1)<0 \\ 1-(a_2-p_2) & \text{if } 0<1-(a_2-p_2)+(a_1-p_1)<2 \\ \quad +(a_1-p_1) & \\ 2 & \text{if } 2<1-(a_2-p_2)+(a_1-p_1) \end{cases}$$

$$n_2(p_1; p_2, a_1, a_2) = \begin{cases} 0 & \text{if } 1+(a_2-p_2)-(a_1-p_1)<0 \\ 1+(a_2-p_2) & \text{if } 0<1+(a_2-p_2)-(a_1-p_1)<2 \\ \quad -(a_1-p_1) & \\ 2 & \text{if } 2<1+(a_2-p_2)-(a_1-p_1) \end{cases}$$

균형은 2단계의 과정을 통해 구해질 수 있다. 첫째, 주어진 (a_1, a_2) 하에서 기업 1이 (10.1)을 최대화하기 위해 가격을 선택하는 순차적 내쉬균형(기업 2에 대해서도 대칭적으로 도출 가능)에서의 가격 $\hat{p}_1(a_1, a_2)$, $\hat{p}_2(a_1, a_2)$을 도출한다. 내쉬균형 가격은 $\hat{p}_2(a_1, a_2) \leq a_2$와 $\hat{p}_1(a_1, a_2) \leq 1+a_1-(a_2-\hat{p}_2(a_1, a_2))$, 그리고 아래의 식을 만족한다.

$$-2\hat{p}_1(a_1,a_2)+1+a_1+(\hat{p}_2(a_1,a_2)-a_2)\begin{cases} \leq 0 & \text{if } \hat{p}_1(a_1, a_2)=0 \\ =0 & \text{if } 0<\hat{p}_1(a_1,a_2) \leq 1+a_1-(a_2-\hat{p}_2(a_1,a_2)) \end{cases}$$

$$-2\hat{p}_2(a_1, a_2)+1+a_2+(\hat{p}_1(a_1, a_2)-a_1)\begin{cases} \leq 0 & \text{if } \hat{p}_2(a_1, a_2)=0 \\ =0 & \text{if } 0<\hat{p}_1(a_1, a_2) \leq a_2 \end{cases}$$

위의 두 방정식을 풀면, 우리는 균형가격을 사전에 설정한 응용프로그램 수 (a_1, a_2)의 함수로 표현할 수 있다. 이는 아래와 같다.

$$\hat{p}_1(a_1, a_2) = \begin{cases} (1/3)(3+(a_1-a_2)) & \text{if} \quad 3 \geq (a_1-a_2) \geq -3 \\ (1/2)(1+(a_1-a_2)) & \text{if} \quad (a_1-a_2) > 3 \\ 0 & \text{if} \quad (a_1-a_2) < -3 \end{cases}$$

$$\hat{p}_2(a_1, a_2) = \begin{cases} (1/3)(3-(a_1-a_2)) & \text{if} \quad 3 \geq (a_1-a_2) \geq -3 \\ (1/2)(1+(a_1-a_2)) & \text{if} \quad (a_1-a_2) < -3 \\ 0 & \text{if} \quad (a_1-a_2) > 3 \end{cases}$$

따라서 만약 $3 \geq (a_1-a_2) \geq -3$이고, 기업 1의 소비자 수가 $n_1(p_1; p_2, a_1, a_2) = 1+(a_1-a_2)-(\hat{p}_1(a_1, a_2)-\hat{p}_2(a_1, a_2)) = 1+(1/3)(a_1-a_2)$이라면 $\hat{p}_1(a_1, a_2)-\hat{p}_2(a_1, a_2) = (2/3)(a_1-a_2)$이다. 만약 $a_1-a_2>3$이면, 기업 1은 모든 소비자, 즉 두 그룹의 합을 가지게 된다.

이제 우리는 기업의 이윤함수를 (a_1, a_2)의 함수로 정의할 수 있다. 서로 다른 재능과 효율성을 가지고 있는 응용프로그램 개발자 집단이 존재하여 응용프로그램을 제공하는 데 드는 한계비용은 증가한다고 가정하자. 또한 기업들 사이에 응용프로그램이 어떻게 나뉘는지에 상관없이 a개의 응용프로그램을 제공하는 총 비용이 $a^2/6$이라 가정하자. 각 기업은 응용프로그램 개발의 총 비용을 자신들이 보유하는 응용프로그램의 비중과 비례하여 지불한다고 가정한다. 예를 들면, 기업 1은 다음과 같이 지불을 할 것이다.

$$(1/6)(a_1+a_2)^2 \frac{a_1}{a_1+a_2} = (1/6)a_1(a_1+a_2)$$

따라서

$$\Pi^1(a_1;a_2) = \begin{cases} 2(1/2)(1+a_1-a_2)-(1/6)(a_1+a_2)a_1 & \text{if} \quad a_1 > a_2+3 \\ -(1/6)(a_1+a_2)a_1 & \text{if} \quad a_1 \leq a_2-3 \\ (1/9)(3+a_1-a_2)^2-(1/6)(a_1+a_2)a_1 & \text{if} \quad a_2+3 \geq a_1 \geq a_2-3 \end{cases}$$

기업 2의 이윤함수는 첨자만 바뀔 뿐 동일하다.

응용프로그램의 수에 관해서는 두 개의 내쉬균형이 존재한다. 두 기업이 시장에 $a_1 = a_2 = 4/3$개의 응용프로그램을 제공하는 대칭적인 균형(symmetric equlibrium)과, 한 기업이 독점적 산출 $a_1 = 3$을 제공하고 다른 기업은 $a_2 = 0$을 제공(역으로도 가능)하는 균형이다. 이는 이윤함수를 통해서 직접 확인할 수 있다.

위의 단순한 모형에서 단일 공급자에게 쏠림(tipping)이 발생하는 것이 효율적이라는 것은 확실하다. 이는 단일 공급자가 응용프로그램의 개발에 드는 중복비용을 절약할 수 있고, 응용프로그램을 모든 소비자에게 판매하여 더 많은 양을 제공할 수 있기 때문이다. 복점(duopoly)은 더 낮은 가격이라는 효용을 가지지만, 이 모형에서는 (모든 소비자가 시장에 참여하고 있기 때문에) 시장 확장으로 인한 추가적인 소비자 증가(extensive margin)는 존재하지 않고, 낮은 가격이 각 기업의 네트워크 배타성(exclusion)으로 인해 발생하는 사중손실(deadweight loss)을 피하도록 하지는 못한다.

참고문헌

Benjamin, S. M., D. G. Lichtman, and H. A. Shelanski. 2001. Telecommunications Law and Policy. Durham, NC: Carolina Academic Press.

Chou, C., and O. Shy. 1990. "Network Effects without Network Externalities." International Journal of Industrial Organization 8:259 – 270.

Church, J., and N. Gandal. 1992a. "Integration, Complementary Products and Variety." Journal of Economics and Management Strategy 1:651 – 675.

Church, J., and N. Gandal. 1992b. "Network Effects, Software Provision and Standardization." Journal of Industrial Economics 40:85 – 104.

Cowhey, P. F., J. D. Aronson, and J. E. Richards. 2008. "The Peculiar Evolution of 3G Wireless Networks: Institutional Logic, Politics, and Property Rights." In W. Drake and E. Wilson, eds., Governing Global Electronic Networks. Cambridge, MA: MIT Press.

David, P. 1985. "Clio and the Economics of QWERTY." American Economic Review 75:332 – 337.

David, P. 2000. "Path Dependence, Its Critics and the Quest for 'Historical Economics.'" In P. Garrouste and S. Ionnides, eds., Evolution and Path Dependence in Economic Ideas: Past and Present. Cheltenham, UK: Elgar Publishing.

Economides, N. 1988. "Desirability of Compatibility in the Absence of Network Externalities." American Economic Review 79:1165 – 1181.

Evans, D., A. Nichols, and B. Reddy. 1999. "The Rise and Fall of Leaders in Personal Computer Software." Cambridge, MA: National Economic Research Associates. Available at www.nera.com.

Evans, D., and R. Schmalensee. 2002. "Some Economic Aspects of Antitrust Analysis in Dynamically Competitive Industries." Innovation Policy and the Economy 2:1 – 50.

Farrell, J., and M. Katz. 1998. "The Effects of Antitrust and Intellectual Property Law on Compatibility and Innovation." Antitrust Bulletin 48:609 – 650.

Farrell, J., and P. Klemperer. 2001. "Coordination and Lock-in: Competition with Switching Costs and Network Effects." Oxford: Nuffield College, Oxford University. Available at www.paulklemperer.org. Forthcoming in M. Armstrong, and R. H. Porter, eds., Handbook of Industrial Organization, vol. 3. Amsterdam: North-Holland.

Farrell, J., and G. Saloner. 1986a. "Installed Base and Compatibility: Innovation,

Product Preannouncements and Predation." American Economic Review 76:940-955.
Farrell, J., and G. Saloner. 1986b. "Standardization and Variety." Economics Letters 20:71-74.
Farrell, J., and G. Saloner. 1987. "Competition, Compatibility and Standards: The Economics of Horses, Penguins and Lemmings." In H. Gabel, ed., Product Compatibility as a Competitive Strategy, 1-21. Amsterdam: North-Holland.
Farrell, J., and G. Saloner. 1992. "Converters, Compatibility and the Control of Interfaces." Journal of Industrial Economics 40:9-36.
Gilbert, R., and M. Katz. 2001. "An Economist's Guide to U.S. v. Microsoft." Journal of Economic Perspectives 15:25-44.
Gandal, N. 1994. "Hedonic Price Indexes for Spreadsheets and an Empirical Test for Network Externalities." RAND Journal of Economics 15:160-170.
Gandal, N., M. Kende, and R. Rob. 2000. "The Dynamics of Technological Adoption in Hardware/Software Systems: The Case of Compact Disc Players." RAND Journal of Economics 31:43-61.
Gandal, N., S. Salant, and L. Waverman. 2003. "Standards in Wireless Telephone Networks." Telecommunications Policy 27:325-332. 317 Networks and Network Effects
Greenstein, S. 1993. "Did Installed Base Give an Incumbent Any (Measurable) Advantages in Federal Computer Procurement." RAND Journal of Economics 24:19-39.
Katz, M., and C. Shapiro. 1985. "Network Externalities, Competition and Compatibility." American Economic Review 75:424-440.
Katz, M., and C. Shapiro. 1986a. "Product Compatibility Choice in a Market with Technological Progress." Oxford Economic Papers 38:146-165.
Katz, M., and C. Shapiro. 1986b. "Technology Adoption in the Presence of Network Externalities." Journal of Political Economy 94:822-841.
Katz, M., and C. Shapiro. 1992. "Product Introduction with Network Externalities." Journal of Industrial Economics 40:55-84.
Katz, M., and C. Shapiro. 1994. "Systems Competition and Network Effects." Journal of Economic Perspectives 8:93-115.
Kindleberger, C. 1983. "Standards as Public, Collective and Private Good." Kyklos 36:377-396.
Klein, B. 2001. "The Microsoft Case: What Can a Dominant Firm Do to Defend Its Market Position?" Journal of Economic Perspectives 15:45-62.

Klimenko, M. M. 2003. "Compatibility Standards and Trade Policies for Industries with Network Externalities." Mimeograph. San Diego, CA: Department of Economics, UC San Diego.

Laffont, J.-J., and J. Tirole. 2000. Competition in Telecommunications. Cambridge, MA: MIT Press.

Liebowitz, S. J., and S. E. Margolis. 1999. Winners, Losers and Microsoft: Competition and Antitrust in High Technology. Oakland, CA: Independent Institute. Lotus Development Corporation v. Borland International, Inc. 49 F.3d 807 (1st Cir. 1995).

Matutes, C., and P. Regibeau. 1992. "Mix and Match: Product Compatibility without Network Externalities." RAND Journal of Economics 19:221-234.

Saloner, G., and A. Shepard. 1995. "Adoption of Technologies with Network Externalities: An Empirical Examination of the Adoption of Automated Teller Machines." RAND Journal of Economics 26:479-501.

Samuelson, P., and S. Scotchmer. 2002. "The Law and Economics of Reverse Engineering." Yale Law Journal 111:1575-1663. Sega v. Accolade. 977 F.2d 1510 (9th Cir. 1992).

Telegeography. 2000. "Global Internet Primer: Finance." In Hubs and Spokes: A Telegeography Internet Reader. Washington, DC: Telegeography. Available at www.telegeography.com/. United States v. Microsoft Corp., 253 F.3d 34 (D.C. Cir. 2001).

CHAPTER

11

세계 경제에서의 혁신
(Innovation in the Global Economy)

INNOVATION AND INCENTIVES

11
세계 경제에서의 혁신

대부분의 사람들에게는 미국 특허의 절반 이상이 외국인에게 수여되어 있다는 사실이 놀라울 것이다. 이 장에서는 왜 이런 현상이 발생하는지, 그리고 우리가 얻는 것은 무엇인지에 대해 살펴보기로 한다. 외국인에게 특허권을 주는 나라는 미국만 있는 것은 아니다. 모든 주요 국가의 특허청이 이런 방침을 취하고 있으며, 특허권만 주는 것도 아니다. 자국민이 가질 수 있는 거의 모든 지적재산권은 외국인 발명가에게도 주어질 수 있다. 이는 대부분의 나라에서 그렇다.

특허와 관련된 주요국에는 일본, 유럽 연합, 미국이 있는데, 이들 국가의 특허청은 각각 JPO, EPO, USPTO라고 불린다. 이 세 지역의 인구를 합치면 세계 인구의 약 13%에 불과하며, 세계 GDP의 절반 미만을 차지한다.[1] 이들 지역 출신 발명가들을 고려한 총 특허의 비율을 보면 불균형은 더욱 심하다. 세계 전 지역의 혁신 역량이 균등하다는 가정을 하고 보면 13%, 많아도 50% 정도를 예상하겠지만, 2002년 이들 세 지역 출신 발명가들은 JPO, EPO, USPTO에서 각각 97%, 94%, 그리고 88%를 출원하였다(EPO, JPO, and USPTO, 2002).

1) 구매력평가(purchasing-power parity)의 문제로 인해, 산업화된 세계에서의 GDP를 그 이외 지역의 GDP와 비교하는 것은 어렵다. 구매력 평가를 고려한 GDP 추정치를 위해서는 Heston, Summers, and Aten(2002)를 참고하기 바란다. 일본과 유럽 연합(2002년의 15개국을 포함), 그리고 미국의 상대적인 GDP 비율은 약 18:36:46 이다. 상대적인 인구 비율은 약 16:47:36 이다(유럽연합과 미국, 2003).

비록 모든 발명가가 국적에 관계없이 동일한 특허권을 가지지만, 이들 세 지역의 특허청이 GDP나 인구에 비례하여 특허를 발급하지는 않는다. 즉 이들 특허청은 각 지역의 인구 비율인 16%, 47%, 37%의 비율로 특허를 발급하지 않는다. 두 가지 기준에서 이러한 편차가 발생한다: 자국 편향성(home bias), 그리고 불균형적으로 높은 일본 발명가 특허의 비율이다. 2002년에 USPTO에서는 미국 발명가에게 52%의 특허를 발급해 주었고, 48%의 특허를 외국인에게 발급하였는데, 외국인 중 일본인의 비율이 불균형적으로 높았다. JPO의 자국 편향성은 더 심하다. JPO는 특허의 90%를 일본인에게, 5%를 미국인에게, 4%를 유럽인에게 발급했다. EPO는 5%를 유럽인에게, 25%를 미국인에게, 17%를 일본인에게 발급하였다(EPO, JPO, and USPTO, 2002).

이러한 자국 편향성의 한 이유로는 각 나라에서 이루어지는 발명들이 해당 국가의 내수 시장을 목표로 했기 때문일 수 있다. 여기에 더하여, 일본인 편향성은 특허시스템의 역사적인 차이에 기인한 것일 수 있다. 미국과 유럽의 특허에는 많은 청구항이 존재할 수 있다는 점을 상기해 보자. 일본 특허 체계는 1988년의 제도 개혁이 이루어지기 이전까지는 그렇지 않았다. 그 전까지는 특허 건당 하나의 청구항만 존재할 수 있었다. 개혁이 이루어진 이후 일본의 특허 건당 청구항 수는 기술 분야에 따라 4배까지 증가하였다(Branstetter and Sakakibara (2001).

저작권(copyrights)의 경우, 특허처럼 이용가능한 행정상의 데이터가 존재하지 않아서 국제적인 수준의 저작권 현황을 추적하는 것이 어렵다. 그 이유는 저작권에는 출원(application)이나 심사 과정(examination process)이 없기 때문이다. 심지어는 © 기호로 신고하는 것조차 더는 필요치 않다. 국제적으로 거의 대부분의 저작권은 시행되지는 않더라도 자동적으로 부여된다.

이 장에서는 세계화된 시스템이 어떻게 형성되었는지, 왜 세계화(globalization)가 타당한지 혹은 타당하지 않는지, 그리고 세계화가 어느 정도로 국가들로 하여금 공공후원방식(public sponsorship) 대신에 지식재산권 인센티브에 의존하도록 만드는지에 대해 살펴보고자 한다.

11.1 | 무역정책과 조약

지식재산권의 상호 교환은 조약(treaties)에 의거해서 이루어진다. 최초의 대규모 지식재산권 조약은 특허와 기타 산업 재산권에 대해 다룬 1883년의 파리 조약(Paris Convention)과, 문학 및 예술 작품에 대한 1886년의 베른 조약(Berne Convention)이었다. 이들 조약은 초기에는 소수의 회원국들로만 시작되었다. 그 후로 다양한 개정이 이루어지는 동안 이들 회원국은 그 이후로 계속 지위를 유지했고, 현재는 100개가 훌쩍 넘는 회원국을 가지고 있다. 두 조약은 모두 '외국인 발명가에 대한 내국인 대우(national treatment of foreign inventors)' 원칙을 도입했다. 내국인 대우란 국가의 지식재산권이 외국인 발명가에게도 제공되어야 한다는 개념이다. 각 회원국 내에서 외국인 발명가들은 자국민과 동등한 권리를 인정받는다.

베른 조약과 파리 조약의 뒤를 잇는 현대의 가장 중요한 조약으로는 1994년의 무역관련 지식재산권에 관한 협정(Trade Related Aspects of Intellectual Property Rights, TRIPS)을 들 수 있다. 이 협정에는 140개 이상의 회원국이 속해 있다. TRIPS 회원국이 되기 위해서는 세계무역기구(World Trade Organization)의 회원이어야 한다. 무역량의 97%를 관장하는 WTO는 회원국들에게 무역 이익을 제공하고, 무역 장벽에 관해 회원국에게 특정한 제한을 가하며, 특정 지식재산권을 제공할 의무를 강제한다. 이 조약에 아직 참여하지 않는 주요 국가가 몇몇 있는데, 과거의 소비에트 국가가 여기에 해당되었다.

내국인 대우의 원칙은 보호 대상이 될 특정 주제를 명시하고 있지는 않지만, 자국 발명가에게 제공되는 보호 조치가 무엇이든 간에 동일한 조치가 다른 회원국 출신 발명가에게도 확장되어야 한다는 점을 명시하고 있다. TRIPS는 또한 내국인 대우의 원칙을 넘어서서 각 회원국이 반드시 제공해야 할 최소한의 권리에 대해 명시하고 있다. TRIPS 협정이 맺어지기 전까지는 보호 대상에 현저한 차이가 있었다. 예를 들면, 많은 나라들이 제약 분야는 보호해 주지 않았다.

(앞에 언급한) 3극 시장(trilateral market)은 이들 시장의 규모가 크기 때문에 지식재산권을 받는 데 있어서도 중요한 시장이다. 예를 들어 한국의 발명가 입장에서는 적어도 전 세계에서 유용하게 쓰일 수 있는 발명일 경우에, 자국 내에서 지식재산권을 보호받는 것에 비해서 3개국 중 어느 한 군데 또는 3개국 모두에서 권리

를 인정받는 것이 더 이익이 될 것이다. 사실 만약 한국과 같은 작은 나라의 발명가가 미국, 유럽, 일본에서 보호받을 수 있다면, 규모가 작은 국내 지식재산권을 발급받아야 할 이유를 찾기 어렵다. 정부는 자국 소비자에게 독점판매권에 따른 가격을 부과하지 않으면서도 자국의 발명가에게 보상을 하기 위해 3개국의 큰 시장을 활용하지 않을 이유가 있는가? 그러한 큰 시장을 가진 나라의 발명가와 소비자들은 자연스럽게 무임승차에 대해 어렴풋이나마 이런 견해를 가지게 되어 있고, TRIPS는 이런 무임승차를 금하고 있다.

무임승차에 대한 미국의 입장은 미국의 경제 환경에 따라 변해 왔다. 미국이 소규모 저개발국이었을 때, 미국은 초창기 자국의 출판 산업계가 영국의 서적을 로열티 지불 없이 복제할 수 있도록 허용하였다. 인쇄업자들은 심지어 미국 헌법이 연방 정부에게 지식재산권 부여 권한을 주었던 1789년 이후에도 이 특권을 포기하지 않았다. 1790년 제정된 연방 저작권 법령은 미국 작가들, 특히 노어 웹스터(Noah Webster)의 로비에 의해 도입되었는데, 이 법에서는 외국인 작가는 보호하지 않았다.

다음 세기에, 미국은 모든 회원국에 상호 호혜적 저작권을 부여하는 베른조약(Bern Convention)의 참여를 거부했다. 가입 거부의 공식적인 이유는 미국의 저작권 등록과 고지 절차는 다른 나라와 차이가 있다는 것이었고, 세계의 관행에 따르고 싶지 않다는 것이었다. 하지만 여기에는 다른 계산도 있었다. 의심의 눈초리로 바라보는 사람들은 이 경우 미국의 독자들이 계속해서 외국 작품에 대한 로열티 제공을 피할 수 있다는 것을 알 수 있을 것이다.

미국인 작가들이 해외에서 유명해지고 나서야 미국은 상호 저작권 특혜를 위해 잉글랜드와의 합의에 호의적이기 시작했다. 이러한 합의는 1890년에 수익창출의 기회를 포착한 출판사들이 그들의 노력을 보태기 시작한 후에야 이루어졌다. 비록 미국은 1989년까지 베른 조약에 가입하지 않았으나, 먼저 있었던 저작권 조약의 당사국 중 하나이기도 했다(Beldon and Sampliner, 1996-1997; Ryan, 1998, 52).

디지털 시대에 들어와서는 국제적인 저작권 침해 문제가 더욱 심각해졌고, 미국의 입장은 거꾸로 되었다. 여전히 선진국과 개발도상국 사이에 저작권 갈등이 존재하고 있지만, 이제 미국은 자국의 이익을 보호하고자 하는 선진국이다. 오늘날, 저작권 침해는 대체로 소프트웨어, 영화, 음반, 그리고 교과서 분야에까지 이른다. 유명한 해리 포터(Harry Potter) 영화를 개봉했을 당시, 대다수 영국과 미국

영화관에서 개봉하지도 않은 영화의 불법 복제본이 베이징의 거리에서 반복적으로 판매되었다. 이런 침해 행위들은 외국인 저자의 보호를 거부했던 것과 같은 공식적인 정부의 방침은 아니지만, 동일한 효과를 나타낸다.

지식재산권의 세계화는 좀 더 일반적으로 무역정책(trade policy)과 묶여 있다. 미국의 경우 무역정책은 1974년 통상법(Trade Act)의 지배를 받는다. 무엇보다도 통상법은 미국 무역 대표부(U.S. Trade Representative: USTR)에 불공정 거래 행위를 조사할 수 있는 권한과 가해를 저지른 대상에 대해 무역 제재를 가할 수 있는 권한을 부여한다. 1984년에 개정된 미 통상법 301조에서는 지식재산권을 보호하지 않는 것을 불공정 행위로 간주했다. 이 조항은 조약을 집행하는 국제기구에 번거롭게 호소하지 않고도 외국 정부에 더 강력한 지식재산권 보호 압력을 행사할 수 있는 무기로 작용하여, 미국의 저작권법과 특허 로비를 강화시켜주었다.

1988년의 2차 개정 또한 이와 마찬가지로 중요하다. 이 개정된 조항은 USTR로 하여금 침해 행위에 대해 연례 평가를 수행하고, 특정 국가를 목표로 하는 통상 외교의 우선순위 대상 목록을 만들어 발표하도록 요구한다. 이러한 절차는 USTR이 공공의 의견을 수용하도록 요구하고 있으며, 이에 따라 지식재산권을 다루는 로비 단체에게 자동적인 플랫폼을 부여하고 있다. 이들은 정기적으로 USTR이 의무적으로 읽고 고려해야 하는 '백서'를 발간한다.

저작권 문제에 관한 통솔기구(Umbrella lobby organization, 상부 단체)는 국제 지식재산권 연맹(International Intellectual Property Alliance: IIPA)으로, 영화, 음악, 소프트웨어 제작자를 대변하는 다양한 회원 단체를 대표한다. 1980년대에 이들은 정책 입안자들에게 저작권 침해 행위로 인한 손실이 13억 달러에 이른다는 추정치를 발표함으로써 정책입안자들에게 충격을 주었고, 몇몇 특정 대상국, 특히 한국 및 중국과의 맹렬한 협상을 촉발시켰다(Ryan, 1998, 제4장). 좀 더 최근에 비즈니스 소프트웨어 연합(Business Software Alliance, 2001)은 세계에서 사용되는 전체 상용 소프트웨어의 37%가 해적판이며, 특히 중국과 같은 특정 국가에서는 이 비율이 94%에 이른다고 보고했다. 이와 유사하게, 음악 저작권 침해에 대한 자료를 수집하는 로비단체 중 하나인 국제 음반 산업 협회(International Federation of the Phonographic Industry: IFPI)는 해적판으로 인해 합법적인 CD의 판매가 22.7% 감소한다고 추정하고 있다.

이러한 수치들, 특히 달러 손실로 환산된 수치들은 강한 인상을 주기 위해 준비된 것이다. 하지만 해적판이 없었더라면 정품이 각각 하나씩 정가에 팔렸을 것이라고 가정하고 손실분을 예측하는 것은 너무 순진한 것이다. 비록 해적판이 일부 매출을 감소시키긴 했겠지만, 이렇게 감소시킨 비율이 1대 1은 아닐 것이다. 사실 Hui and Png(2003)은 상품 가격이 고정되어 있다고 가정했을 때 전 세계적으로 해적판이 감소시키는 수입은 단 6.6%에 불과하다고 밝히고 있다. 물론 이 또한 상당한 수치이긴 하지만 산업계에서 계산한 손실 추정치에 비해서는 훨씬 적은 것이다.

아마도 저작권과 특허 로비의 가장 큰 승리는, 1990년대 초반 무역 및 관세에 관한 일반 협정(General Agreement on Trade and Tariffs: GATT)의 협상에 지식재산권 조항을 포함시킨 일일 것이다.[2] 바로 이것이 TRIPS의 기원이다. 앞서 확립된 내국인 대우 규칙에서 한 걸음 더 나아가, TRIPS는 모든 회원국이 반드시 지켜야 할 보호 기준을 확립하였으며, 여기에는 보호의 기간과 반드시 보호되어야 할 특정 대상에 대한 필요조건 등이 포함되어 있다. 이런 노력은 통칭 '일치화(harmonization)'라고 부른다. 예를 들어, TRIPS에서는 제약, 일부 생체공학 제품, 컴퓨터 칩, 컴퓨터 소프트웨어 분야에 대한 보호를 강제한다. 이 조약의 회원국들이 순순히 승낙할 것인지 여부에 대한 분쟁은 세계무역기구(World Trade Organization)에 회부될 수 있다. 세계무역기구는 GATT를 계승한 것이며 TRIPS에서 협상되는 규칙에 대해 일어나는 분쟁의 처리기구이기도 하다.[3]

TRIPS, 그리고 외국인 발명가에 대한 대우와 지식재산권법의 내용을 다루는 기타 조약들 외에도, 지식재산권 시스템을 운용하는 데 있어서 행정적 측면을 조정하는 조약들이 존재한다. 발명가에게는 전 세계적으로 지식재산권을 행사하는 것이 비용을 많이 수반하는 일일 수 있다. 특허의 경우, 개별 특허 출원은 각 나라당 수천 달러의 법률 비용과 번역 비용이 들 수도 있다. 이런 일을 방지하기 위해 많은 나라들이 각국의 특허 신청 절차를 통일했다. 1970년의 특허협력조약(Patent Cooperation Treaty:PCT, 1979년과 1984년 개정)은 115개국에서 통일된 특허 출원 절차를 제공하며, 신청자는 선택적으로 예비심사를 통해 각국이 특허를 승인할 것인지에 대한 확신을 가질 수 있다. PCT의 심사가 끝나면 신청자는 신청서를 각 회원

2) GATT는 20세기 중반으로 거슬러 올라가는 다자무역협정이다. GATT의 설립 목적은 각 국가들이 자신의 제조업자들을 보호하기 위해 행할지도 모르는 상호 파괴적인 보호무역과 관세를 회피하는 것이다. 무역 협정은 협상을 통해 변하며, 가장 최근의 무역협정은 우루과이 라운드이다.

3) 분쟁 조정과 이에 관한 정책적 이슈의 역사에 관해서는 Samuelson(1999)를 참조하라.

국에 보내고, 각국의 법에 따라 특허가 발급된다.

1973년 유럽특허협약(European Patent Convention)을 통해 유럽 국가들은 더 심도 있는 협력을 위해 유럽 특허청(European Patent Office: EPO)을 설립하였다. EPO는 심사를 수행하고, 20개 회원국(대체로 유럽 연합 회원국과 겹침) 각국의 법에 맞도록 해석된 특허를 발급한다. 유럽에서만 보호받길 원하는 발명가는 직접 EPO에 신청을 할 수도 있고, PCT에 특허를 출원할 수도 있다. PCT 특허는 이후 EPO에 전달된다.

이 장의 목적은 지식재산권 조약의 결과와 그 배후에 있는 경제적 힘에 대해 살펴보는 것이다. 이미 앞에서 언급했듯이, 외국인 발명가에 대한 내국인 대우는 무임승차의 기회를 창출한다. 보호 제도를 서로 비슷하게 조정함으로써 이 문제를 어느 정도 해결할 순 있지만, 많은 비평가들은 TRIPs의 제도 일치화(the harmonizations of TRIPs) 정도가 도를 넘었다고 생각한다.

미국에서의 지식재산권 로비단체의 힘을 고려할 때(Ryan, 1998), 일부 비평가들은 USTR이 TRIPS 협상에서 이들 로비단체의 '포로가 되었으며', 결국 이들 로비단체를 대변하여 협상을 진행하게 되었다고 생각한다. 그러나 모든 국내의 이해관계가 이들 로비단체의 이익과 부합하는 것은 아니다. 일반적으로 연구 도서관 협회(Association of Research Libraries)와 같은 사용자 그룹은 보호받는 지식재산이 국내 판매자의 것인지 외국인의 것인지에 상관없이 낮은 가격과 무료 사용을 선호한다.

이렇게 상충되는 이해관계를 감안하면, 어떤 형태의 지식재산권 정책이 가장 최적일까? 이는 다음 절의 주제이다. 저작권과 특허에 관한 로비가 선진국들의 이익 전체를 뒤엎었다고 추론할 근거는 있는가? 최소 공통 보호조치에 관해 협상하는 TRIPS 회원국들의 일치화를 위한 노력은 어떤 결과를 초래할 것인가? 이렇게 일치화된 보호(harmonized protections)는 각국이 독립적으로 자국의 보호 정책을 선택할 경우보다 더 강력하다고 예상할 수 있는가?

11.2 | 내국인 대우와 효율적인 보호

내국인 대우에 대해서 좀 더 논의하기 전에 이 장의 나머지 부분에서 이용되는 단순한 모형에 대해 소개하고자 한다. 이 단순 모형은 제품 혁신에 초점을 맞추고 있으며, 우리는 혁신을 지원하면서도 국제적인 사중손실(global deadweight loss)을 완화시키는 정책들을 연구하기 위해 이 모델을 사용한다. 그 다음으로 일치화를 위한 노력(harmonization efforts)이 있는 경우와 없는 경우, 국가들 간의 균형 상태에서 발생할 수 있는 정책들에 대해 살펴보고자 한다.

a와 w라는 두 나라가 있다고 가정해보자. 우리는 논의의 초점을 a국에 둘 것이며, w는 '나머지 국가'라고 해석될 수 있다. 각각의 $i=a$, w에 대해서, 편의상 각 나라 안에서 새로운 상품을 위한 시장은 같고, 상품들이 경쟁가격(competitive price)으로 판매될 때 발생되는 소비자 잉여는 v^a, v^w라고 하자. 만약 w국이 a국보다 더 크다면, v^w가 v^a보다 크다고 가정하는 것은 당연하다. 컴퓨터 소프트웨어의 경우처럼 신제품을 생산하기 위한 한계 비용은 0이라고 가정한다.

만약 발명품이 독점기업에 의해 판매된다면, 우리는 v^a가(v^w도 마찬가지) 세 부분으로 나누어 질 수 있다는 것을 알 수 있다: 독점 하에서 획득 가능한 소비자 잉여는 mv^a, 이윤은 πv^a, 사중손실은 lv^a ([그림 2-2]를 볼 것)이며, $m+\pi+l=1$이다. 이윤과 소비자 잉여는 혁신이 국내 기업에 의한 것이든 외국 기업에 의한 것이든 내국민 대우 하에서는 같다고 가정한다.

만약 a국의 발명가가 자신의 발명품에 대해 a국뿐 아니라 w국에서도 보호받는 것이 가능하다면, 기간 당 이윤은 πv^a 가 아니라 $\pi(v^a+v^w)$가 된다. 사실 쌍방보호가 이루어지면 각 국의 발명가들은 모두 $\pi(v^a+v^w)$만큼의 이윤을 얻는다. 이를 통해 우린 한 가지 중요한 사실을 알 수 있다: 내국민 대우를 허가해주는 상황일 때, 발명가의 발명하고자 하는 인센티브는 그들이 거주하는 장소에 상관이 없다는 것이다. 지식재산권 법의 차이에 상관없이 두 국가의 발명가들은 $\pi(v^a+v^w)$만큼의 이윤을 얻는다. 이러한 이유로 다른 제도를 가진 여러 나라에서 성공한 발명가들을 단순 비교함으로써 지식재산 보호의 효과를 연구하는 것은 좋은 연구 방법이 아니다. 비록 지식재산권의 보호 정도에 이질성이 존재하더라도, 기업들의 인센티브에는 이질성이 없다.

양쪽 나라의 발명가들은 외국 특허권을 보장 받든 아니든, 외국 국가의 소비자들에 대한 외부효과(externalities)를 발생시킨다. 비록 외부효과의 양에는 차이가 있지만 말이다. 만약 a국에서의 발명품이 w국에서 보장을 받지 못한다면, 기간 당 소비자잉여를 v^w만큼 발생시키면서 w국에서 경쟁적(competitively)으로 공급되게 된다. 이것이 우리가 이전에 무임승차(free-riding)라고 불렀던 것이다. 만약 w

국에서 발명품이 보호된다면, 소비자잉여의 일부는 기간 당 이윤 πv^w로서 a국으로 송금이 된다. w국에 대한 기간 당 외부편익(external benefit)은 이윤의 유출과 사중손실을 반영하면서 v^w가 아닌 mv^w가 된다.

a국의 관점에서 보았을 때 w국에서 보호를 받는 것은 분명히 바람직한 것이다. 보호가 발명가들에 의해 발생한 외부편익의 일정 부분을 a국이 받을 수 있도록 해주기 때문이다. w국 거주자들에게 손해가 발생한다는 사실은 a국 정책결정자의 관심사가 아니다. 그러나 비록 a국이 w국의 보호를 원하는 것이 너무나 명백하지만, 이를 그냥 얻을 수 있는 것은 아니다. 무슨 이유로 w국의 정책결정자들이 a국의 발명가들에게 내국민 대우를 해주겠는가? 무임승차를 하는 것이 더 이득이 되지 않겠는가?

실제로 그럴 수 있다. 몇몇 비평가들은 미국이 자국 작가들을 보호하는 대신, 외국 작가들은 보호하지 않기로 결정했을 때, 이미 건국할 때부터 이런 입장을 가졌을 것으로 생각하고 있다. 최근의 더 많은 논쟁들을 통해 Ryan(1993, 80-81)은 무임승차에 대한 갈망이 얼마나 분명했었는지를 묘사하고 있다. 특히 중국은 서구 작품들에 대한 현지에서의 인쇄(local printing)와 복제(reproduction)가 손쉽게 지식을 얻을 수 있도록 할 뿐만 아니라 일자리도 제공한다고 주장해왔고, 따라서 개발에 도움이 된다고 주장해왔다. 서양의 협상가들은 개발도상국에선 이 방법이 더 효율적인 까닭에 어찌되었건 이러한 현지 인쇄와 복제가 일어날 것이며, 저작권의 소유자들은 서양에서 책정하는 로열티 수준과 같이 높은 로열티를 책정하지 않을 것이라고 반박해왔다. 이는 사실일지도 모르지만, 여전히 로열티를 피하는 데 따른 이점이 존재한다.

만약 규모가 작은 국가나 후진국들이 큰 시장에서 보호받고자 하는 발명품들을 갖고 있지 못한 경우엔, 규모가 크고 혁신적인 국가들이 소규모 국가나 후진국의 무임승차를 극복할 수단이 거의 없다. GATT 협상에서는 TRIPS 회원자격에 무역 특권을 연결함으로써 무임승차의 유인을 극복했었다.

우리는 내국인 대우와 일치화를 위한 노력 하에서 일어날 수 있는 지식재산권 제도의 효율성 특성(efficiency properties)을 이해하고자 한다. 먼저 총사중손실(aggregate deadweight loss)이 어떻게 양 국가의 보장 기간에 의존하는지를 살펴보는 것부터 시작한다. 여기에서 우리는 보장의 지리적 규모(the geographic extent of protection)와 보호 기간(length of protection)이라는 두 가지 정책 변수들을 함께 고려할 것이다. 물론 저작권 소유자들이나 다른 종류의 권한을 가진 사람들은 권한의 지리적 확장을 요구하면서 동시에 자발적으로 보호기간의 축소를 요청하진 않는다. 논의의 핵심은 국제적 효율성의 관점으로 판단하는 것이다. 정책의 주요 목적이 발명을 위한 인센티브(이윤)를 고정된 상태로 유지하는 것이라고 해보자. 광대한 지역에서 상대적으로 짧은 기간 동안 권리를 부여하는 것과, 좁은 지역에서 더 긴 기간 동안 권리를 부여하는 것 중 어느 것이 더 나을 것인가?

놀랍게도, 만약 보호기간이 발명을 위한 인센티브로 작용할 만큼 설정된 경우라면 지리적 보호의 정도는 사중손실의 총계(aggregate deadweight loss)에는 영향을 주지 못한다. 이러한 결론은 시장의 상대적 크기와는 상관없이 사중손실에 대한 이윤의 비율이 두 시장에서 같다는 가정에만 의존한다. 이것은 4장에 나왔던 비율 검증(ratio test)의 또 다른 응용 사례이다.

T_a, T_w가 각각 a와 w국에서의 (할인된) 특허보호기간이라고 하자. 독점소유권을 지닌 제품을 양 국가 a와 w에 판매함으로써 발명가에게 발생한 총이윤은 $\pi(v^aT_a+v^wT_w)=\Pi$가 된다. 이에 따라 수반되는 사중손실은 $l(v^aT_a+v^wT_w)$이다. 따라서 동일한 총이윤 Π를 발생시키는 모든 조합 (T_a, T_w)는 또한 동일한 총사중손실, $l\Pi/\pi$를 발생시킨다.

결과적으로 국제적으로 어떻게 지적재산권을 보호할 것인가에 대한 논쟁은 주로 형평성 또는 공정성에 관한 것이고, 총사중손실의 관점에서 볼 때 효율성에 관한 것은 아닌 것임을 알 수 있다. 다음에 나오는 3가지 제도들은 만약 발명가들의 이윤을 항상 같게 하기 위해 특허 기간이 조정될 수 있다면, 동일한 총사중손실을 발생시킨다는 점에서 동등하게 효율적이다:

1. 발명가들은 오로지 그들의 국가 내에서만 보호를 받는다.(자급자족경제, autarky)
2. 발명가들은 그들의 거주지와 상관없이 모든 국가에서 보호를 받는다.
3. 세계 모든 지역의 발명가들은 한 국가에서 보호를 받게 되는데, 대부분의 경우 자신의 국가가 아니다.

자급자족경제(autarky)는 각 나라들이 자국의 발명가들만 보호하고 다른 나라의 발명가들은 보호하지 않는 것을 의미한다. 이는 파리와 베른조약 이전의 상황을 나타낸다. 자급자족경제 하에서 각 국가의 발명품은 다른 나라에서 경쟁적인 공급(competitive supply)에 의해 이용가능하다. 따라서 혁신적인 국가로부터 외국인들에게 거대한 외부성이 발생한다.

여기에 어떤 문제점이 있는가? 한 가지 발생 가능한 문제는 규모가 작거나 국내 시장인 경우 얻을 수 있는 이윤의 크기에 한계가 있다는 것이다. a 시장에서의 최대 이윤은 $(1/r)\pi v^a$인데, 이것은 이윤의 흐름인 πv^a가 영원히 지속되는 경우 할인된 이윤의 합이다. 만약 v^a가 작다면 작은 이윤이 혁신의 비용을 감당할 수 없을 것이다. 따라서 만약 세계가 많은 소규모 국가들로 구성되어 있다면, 국내 특허권에 대한 자급자족경제 시스템(autarkic system)은 혁신을 충분히 지원하지 못할 것이다. 그러나 사실 우리가 아는 것처럼 세계는 일본, 미국, 유럽처럼 큰 사법권역을 가지고 있다. 이런 나라들에서는 자급자족경제 시스템이 혁신을 덜 억압할 것이다.

자급자족적인 보호는 적어도 지역 시장들의 규모가 비슷하다면 국제적인 형평성/효율성의 문제에 있어 자연스러운 해결책이 될 수 있다. 자급자족적인 보호 제도 아래에서 국가 간의 외부성(externality)들은 거의 비례적으로 상응하며, 어떤 국가도 다른 나라들보다 덜 우호적으로 대우받는다고 느끼지 않을 것이다. 미국의 발명가들은 일본의 사용자들이 자신들의 발명품(그 역도 마찬가지로)에 대한 비용을 충당하는 데 별로 도움이 되지 않는다고 불평할지도 모른다. 그러나 미국의 소비자들 또한 일본의 발명품들을 경쟁적인 가격에(그 역도 마찬가지로) 받을 수 있다는 사실에 감사해야 한다. 외부성의 균형이 맞추어지는 것이다.

그러나 신기하게도 이 상호 외부성의 시스템은 정확히 내국인 대우의 원칙에 의해 배제된 것이다. 내국인 대우 제도 하에선 국내 발명가들을 위해 보호되는 발명은 외국 발명가들을 위해서도 보호가 되어야 한다. 자급자족 보호제도 하에서는 이것이 불가능하다.

현재의 관행은 TRIPS의 범위에 들어가는 발명품들을 위해 위의 3가지 옵션 중 두 번째를 따르고 있다. 그러나 미국처럼 높은 수준의 보호를 해주는 소수의 나라들에서만 보호되는 특정 발명에 대해서는 세 번째 옵션을 따르기도 한다.

세 번째 옵션은 심지어 다른 선진국도 보장을 해주지 않던 몇몇 지식 유형들을 보호하기로 결정했을 때부터 있었던 개념이다. 사실상 TRIPS 이전부터 널리 존재했던 것이라 할 수 있다. 예를 들어 컴퓨터 소프트웨어는 미국에서 저작권에 의해 보호를 받았고, 특허청이 특허를 주기 시작했다. 그러나 이런 컴퓨터 소프트웨어에 대한 보호는 다른 곳에서는 제공되지 않았고, 심지어 오늘날까지도 논쟁 중이다. 많은 특허 관할권에선 컴퓨터 칩(chip)에 대한 보호가 없다. 제약 산업의 경우 많은 국가들이 강제적 라이선스(compulsory license)로 인해 보호 정도가 약화되었거나 아예 없다. 생체공학적 유기물(bioengineered organisms)들의 지위도 이와 비슷하게 비대칭적이다. 1980년부터 생체공학적 유기물들은 미국에선 보호가 가능했지만 대부분의 외국관할권에선 그렇지 못했다.

따라서 내국인 대우 하에서 개발자들이 자국인이든 외국인이든 상관없이 컴퓨터 소프트웨어나 컴퓨터 칩, 그리고 생체공학적 유기물들을 개발하는 비용은 주로 미국 사용자들이나 다른 수준 높은 보장을 해주는 관할권의 사용자들에 의해 부담되었다. 보장 정도가 낮은 관할권의 소비자들이나 사용자들은 혁신에 대한 대가를 지불하지 않고도 경쟁적인 공급의 편익을 누릴 수 있었다. TRIPS에서의 일치화(harmonization)가 이를 바꾸었다. 예를 들어, TRIPS는 비록 하버드의 실험용 생쥐(Havard oncomouse)처럼 큰 유기물에 대한 보호 요청은 하지 않았지만, 생물학적으로 변형된 미생물들에 대한 보호 범위를 확장하였다.

이 사실에 기초해서 혹자는 '일치화(harmonization)'가 보장 수준이 높은 관할권에 있는 소비자들이 부담하던 개발 비용을 세계 곳곳으로 분산함으로써 혜택을 줄 것이라고 생각할 수도 있을 것이다. 그러나 보호기간이 짧다면 국내의 소비자들은 최소한 단기간(short run) 동안만 혜택을 얻을 수 있을 것이다. 이것은 논의의 대상이 된 적이 없다. 그 대신 특허와 저작권의 이해관계자들은 권리 존속 기간의 단축 없이 지리적 확장을 추구했다.

효율성의 관점에서 혁신이 증가된다는 사실은 권리의 확장을 정당화 시킬 수도 있을 것이다. 실제로 저작권이나 특허와 관련된 로비단체들은 순전히 공정성만을 바탕으로 자신들의 논쟁을 전개하지는 않았다. 그들은 또한 광범위한 저작권 침해가 R&D에 대한 인센티브를 약화시킨다고 주장했다. 이것은 당연히 사실이지만 더 많은 인센티브가 반드시 더 좋다는 것을 의미하지는 않는다. 제4장에서 본 것처럼 높은 이윤은 낭비적인 지대(wasteful rent)만 유도할 뿐이다.

11.3 | 국가 수준의 최적 보호

내국인 대우 환경에서 지식재산권은 더 이상 단지 자국 내 발명을 독려하는 방법만으로 쓰이지는 않는다. 지식재산권은 그 자체가 국가 간의 이윤 흐름(profit flows)에 영향을 주기 위한 전략적 수단이 되고 있다. 자국의 이윤 흐름에 유리한 영향을 주기 위해서 각 국가들은 외국에서 가장 강력한 보호를 받되, 자국 시장의 외국인들에겐 가능한 가장 약한 수준의 보호만 해주길 원한다. 총이윤 $\pi(v^a T_a + v^w T_w)$이 고정되어 있으면, 적어도 w국이 혁신을 충분히 지원할 수 있는 수준만큼 큰 경우, a국은 $T_a=0$과 매우 큰 T_w를 선호할 것이다. a국에서의 소비자들에 대한 사중손실은 $lv^a T_a$인데 이는 T_a와 더불어 증가한다. 이와 비슷하게 w국에서의 사중손실은 T_w와 더불어서 커지게 된다.

이 책의 앞 장에서는 생산자와 소비자의 비용 및 편익을 통합하여 하나로 측정하면서 효율성(efficiency)을 논의했다. 이 때 그 둘 사이에 발생할 수 있는 이해의 상충관계는 무시했다. 이런 접근 방식은 심지어 국내 경제에서조차도 전적으로 받아들여지지는 않는다. 이에 대한 최선의 정당화는 소비자와 주주들이 주로 같은 사람들이라는 것이다. 평균적으로 봤을 때 높은 수준의 소비자잉여와 이윤은 모두에게 이익일 것이다.

비용과 편익을 통합하여 분석해야 한다는 주장은 국제경제 상황에선 훨씬 더 약해진다. 이런 이유로 우리는 전제 조건을 수정하여, 국내 정책 결정자들이 오직 국내의 소비자잉여와 이윤, 그리고 순 국내 R&D 비용만을 신경 쓴다고 가정한다. 또한 국경을 넘어서 외국과는 이해 상충관계가 존재하더라도, 국내에서는 해결 불가능한 이해 상충관계가 존재하지 않는다고 가정한다.

오직 최적성(optimality)의 관점에서만 생각하는 것 대신에, 이제 균형(equilibrium)의 관점에서 생각해보도록 하자. 균형 상태에서 각 나라는 다른 나라들의 선택을 고려하여 국내 소비자와 생산자들을 위한 최적의 지적 재산권 정책을 선택한다. 우리는 먼저 각 나라들이 독립적으로 선택하는 보호기간(the length of protection)에 대해 살펴보고, 그 다음으로 양 국가에 부과될 수 있을 경우 각 나라가 옹호할 일치화된 보호기간(the length of harmonized protection)에 대해서 살펴본다.

독립적인 선택 (T_a, T_w)로 인한 균형은 T_w가 w 국의 최적이라는 전제하에 T_a가 a국 입장에서 최적의 선택이라는 특성을 가진다. 물론 그 반대의 경우도 같다.

이 균형을 살펴보기 위해 먼저 예비적인 관찰을 해보도록 하자. 우선 모든 혁신에 같은 R&D 비용 c만큼이 필요하다고 가정해보자. 만약 T_w가 혁신의 비용을 감당할 수 있을 만큼 충분히 길다면, 즉 $\pi v^w T_w \geq c$이라면, a국은 전혀 지적 재산권을 인정하지 않을 것이다. 즉 $T_a = 0$ 이다. a국의 입장에서는 w국의 보호에 의존하면서 자국의 소비자들에게는 독점판매보다 경쟁적인 공급을 통한 편익을 허용하는 것이 더 낫다. 다른 한편으로, 만약 외국의 보호 정도가 혁신의 비용을 감당할 수준이 아닌 경우, 즉 $\pi v^w T_w < c$이면, a국은 비용을 감당하기 위해 상호 보완적인 특허 기간(the complementary patent life)을 제공할 것이다. 즉, a국은 $\pi(v^w T_w + v^a T_a) = c$인 T_a를 제공한다. 그러나 그 이상의 기간을 제공하지는 않는다.

$(T_a,\ T_w)$의 어떤 조합이라도 $\pi(v^w T_w + v^a T_a) = c$를 만족시키면 균형인 것을 주목할 필요가 있다. 만약 역사적인 이유로 w국이 강하고 긴 보호를 한다면, a국은 낮은 수준의 보호를 하는 방법으로 이를 부당하게 이용할 수 있다. 물론 각 나라는 다른 나라들에 전적으로 의존하는 경우에 최적의 상태에 있게 된다. 이런 특정한 보호 조합은 쉽게 역사적 우연에 의해 형성될 수 있고, 이런 우연이 불평등을 영구화시킬 수 있다.

우리는 이제 일률(one-size-fits-all)적인 지적재산권을 소개함으로써 논의를 확장하고자 한다. 각 국가들은 다른 지식에 대해 다른 특허권 기간 또는 저작권 기간을 설정할 수 없다. 특허는 균일화된 기간을 가지며 이는 개발 비용이 얼마나 들었든 상관없다. 이러한 측면은 각 국가들이 모든 잠재적인 혁신에 투자하는 것은 비용 대비 효율적이지 않도록 보호 길이를 설정하는 것이 최적임을 의미한다.

국내시장과 관련하여 제4장에서 논의된 Nordhaus의 상충관계(trade off)는 증가한 혁신의 가치가 비록 더 짧은 지적재산권 하에서 발생할 수 있는 것이라 할지라도 혁신에서의 사중손실 보다 크다면 지적재산권 보호의 길이를 늘이는 것이 최적임을 보이고 있다. 상충관계는 혁신에서의 한계 이익과 혁신에서의 사중손실로 인해 발생하는 내부 손실(inframarginal losses) 사이에 존재한다.

그러나 국제적인 환경에서는 또 다른 고려사항이 존재한다. 한 국가가 지적재산권의 길이를 늘리면, 이는 외국 발명자에게 이윤의 유출을 발생시킨다. 새롭게 발생한 혁신뿐만 아니라 어떤 경우라도 발생가능한 모든 혁신에서, 혁신의 증가는 국내 사중손실의 증가와 이익의 유출에 대해 균형을 잡아야 한다. 그 결과, 국가들은 글로벌 소비자 후생의 총합을 최대화시키는 길이보다 짧은 보호기간을 선택할 것이며, (우리가 다음에서 볼 것처럼) 일치화(harmonization)를 이루기 위해 선택하는 길이보다 짧은 보호 길이를 선택할 것이다. 이러한 선택은 이익의 유출을 막기 위해 행해지는 것이다.

우리는 이제 왜 국가들이 매우 짧은 보장을 선택하는지를 좀 더 정식으로 살펴보고자 한다. $\hat{c}(T_a, T_w)$은 전 세계적인 지적재산권 (T_a, T_w)에 의해 충당될 수 있는 최대 혁신 비용이라고 하자. 즉, 아래와 같다.

$$\hat{c}(T_a, T_w) = v^a \pi T_a + v^w \pi T_w \tag{11.1}$$

국가 a가 보호 길이 T_a를 증가시키면, 늘어난 보호기간은 혁신의 수를 증가시킨다. 왜냐하면 $\hat{c}(T_a, T_w)$보다 혁신 비용이 더 큰 혁신이 일어날 것이기 때문이다. 혁신의 증가는 단지 국가 a뿐만 아니라, 국가 w로부터도 발생한다.

이전과 같이, 우리는 각각의 혁신은 개별 국가에서 v^a, v^w로 기술된 같은 시장을 가지고 있지만, 서로 다른 비용 c를 가지고 있다고 가정한다. 우리는 국가 a 에서의 잠재적 혁신 비용 c는, 함수 F에 따라 분포하며, c 보다 작거나 같은 비용을 지닌 잠재적인 혁신 $F(c)$가 존재한다고 가정한다. 따라서 지적재산권에 의해 충당될 수 있는 가장 높은 비용은 $\hat{c}(T_a, T_w)$이며, 국가 a 에는 $F(\hat{c}(T_a, T_w))$ 만큼의 혁신이 있을 것이다. 국가 w의 잠재적인 혁신 비용도 같은 방식으로 분포되어 있고, 단지 상수 γ에 의해 규모가 달라진다고 가정하자. 만약 지적재산에 의해 충당될 수 있는 가장 높은 비용을 c 라 하면, 국가 w에는 $\gamma F(c)$만큼의 혁신이 있을 것이다. 따라서 국가 w 는 $\gamma > 1$인지, 또는 $\gamma < 1$인지에 따라서 국가 a보다 더 혁신적이거나 덜 혁신적이다. 정책 (T_a, T_w)가 시행된다면, 국가 a 와 w 에는 $(1+\gamma)F(\hat{c}(T_a, T_w))$만큼의 혁신이 있을 것이다. 즉, $c \le \hat{c}(T_a, T_w) = \pi(v^a T_a + v^w T_w)$ 인 모든 혁신이 양쪽 국가 모두에서 발생할 것이다.

혁신의 총 수를 나타내는 것처럼, 각 국가들의 혁신에 대한 총비용을 나타내는 표기법을 갖고 있는 것도 유용하다. (T_a, T_w) 정책 하에서, 한계 혁신에 대한 비용은 $\hat{c}(T_a, T_w)$이다. 그러나 이 때의 총비용은 내적인 혁신들(inframarginal innovations)도 포함한다. $Y(c)$를 혁신국가 a의 비용 c 보다 작거나 같은 모든 잠재적 혁신에 대한 총비용이라고 하자.[4] 이 총비용은 각 c에 대해 $Y(c) < cF(c)$를 만

4) 비용에 대한 누적분포 F는 밀도 f를 갖고 있다고 가정하자. 이 경우 비용이 $\hat{c}$보다 작은 혁신의

족시킬 것이다. 왜냐하면 한계치에 있는 혁신을 제외하고는 모든 혁신의 비용이 c 보다 작기 때문이다. 이와 유사하게 w 국에서 발생하는 c 보다 작은 비용이 드는 모든 잠재적 혁신 비용의 총합은 $\gamma Y(c)$이다.

$S(\cdot)$는 $(T_a,\ T_w)$의 함수로서 총사회후생(aggregate social welfare)을 나타낸다고 하자:

$$S(T_a,\ T_w)=(1+\gamma)F(\hat{c})\sum_{i=a,w}v^i\left[\frac{1}{r}-lT_i\right]-(1+\gamma)Y(\hat{c})$$

여기서, $\hat{c}$는 식 (11.1)에 의해 주어진다.

첫 번째 항은 두 국가의 혁신으로부터 발생한 할인된 소비자잉여이다. 발명가들이 비용이 $\hat{c}(T_a,\ T_w)$보다 적은 모든 잠재적 혁신을 개발하기 때문에, $(1+\gamma)F(\hat{c})$의 혁신이 존재한다. 어느 국가가 혁신을 창조해내었는지에 상관없이, 혁신은 두 국가에 소비자잉여와 이익을 총 $\sum_{i=a,w}v^i((1/r)-lT_i)$만큼 창출한다. 어느 혁신에서나 국가 a의 총 소비자잉여와 이윤의 합은 $v^a((1/r)-lT_a)$이다. 즉, 경쟁적인 공급하의 할인된 소비자잉여 v^a/r에서 특허기간 동안의 사중손실 $v^a lT_a$를 뺀 것이다.[5] 이와 마찬가지로 w국의 총 소비자잉여와 이윤의 합은 $v^w((1/r)-lT_w)$이다. $S(\cdot)$의 마지막 항은 양쪽 국가에서의 혁신에 대한 총비용을 나타낸다.

그러나 두 나라 중 어느 나라도 총 사회후생 $S(\cdot)$을 극대화 시키는 정책을 선택하지 않을 것이다. 두 국가의 선택을 살펴보기 위해, 국가 a에 초점을 맞추도록 한다. 국가 w의 선택은 대칭적으로 a와 w를 뒤바꾸고, w국의 혁신의 숫자와 비용은 a국의 비용과 혁신 숫자에 γ를 곱함으로써 얻을 수 있다. a지역의 목적함수(objective function) W^a는 다음과 같다.

$$W^a(T_a,\ T_w)=F(\hat{c})v^a\left[\frac{1}{r}-lT_a\right]+\gamma F(\hat{c})v^a\left[\frac{1}{r}-(l+\pi)T_a\right]+F(\hat{c})v^w\pi T_w-Y(\hat{c}) \qquad (11.2)$$

여기서, $\hat{c}$는 식 (11.1)에 의해 주어진다. 첫 번째 항은 a국의 혁신으로부터 발

숫자는 $F(\hat{c})=\int_0^{\hat{c}}f(z)dz$이고, 이 혁신들은 $Y(\hat{c})=\int_0^{\hat{c}}zf(z)dz<\hat{c}\int_0^{\hat{c}}f(z)dz=\hat{c}F(\hat{c})$의 총비용을 갖는다.

5) $v^a(1/r-lT_a)$는 $l=1-m-\pi$이므로 $v_a(1/r-T_a)+v^a mT_a+v^a\pi T_a$임을 주목하라. 첫 번째 항은 특허가 만료되었을 때 발생하는 소비자잉여이다. 두 번째 항은 지적재산이 보호되는 동안의 독점판매가격 하에서 발생하는 소비자잉여이며, 세 번째 항은 이윤(profit)을 나타낸다.

생된 a국 소비자와 생산자의 편익이다. 두 번째 항은 w국의 혁신으로부터 발생하는 a국 소비자의 편익이다. 세 번째 항은 a국이 w국으로부터 획득할 수 있는 이윤이다. 네 번째 항은 a국의 혁신들에 대한 비용이다.

외국 혁신의 이익 ((11.2)에서의 두 번째 항)은 a국에서 w국으로 흘러나가는 이윤(profit)을 포함하지 않는다. 그러나 세 번째 항은 w국에서 인정받은 a국 혁신가들의 지적재산권으로 인해, w국에서 a국으로 가는 반대의 이익 흐름을 나타낸다.

a국이 보호기간 T_a의 길이를 늘리려한다고 가정하자. 세계는 전체적으로 무엇이 이익이며, a국의 이익은 무엇일까? 우선, 내국민 대우로 인해 두 국가 모두에서 더 많은 혁신이 일어나게 된다. T_a가 더 클수록, 한계 혁신의 비용 $\hat{c}(T_a, T_w)$이 커지기 때문에 더 많은 혁신이 생긴다. 사회 후생 함수 $S(\cdot)$에서 $(1+\gamma)F(\hat{c})$이 증가하므로 더 많은 총 혁신이 생겨나고, 이러한 혁신들은 a국과 w국 모두의 소비자들에게 이익을 창출한다.

그러나 a국은 오직 국내에서 발생한 이윤과 비용만을 중요하게 생각한다. 이는 w국의 소비자와 혁신가들에게 발생한 편익을 고려하지 않음으로써 국제적인 편익을 매우 과소평가하는 결과를 초래한다. 사실, w국의 혁신가들에게 발생하는 부가적인 이윤은 부분적으로 a국의 소비자에 의해 지불되기 때문에, a국의 국내 이익에 직접적으로 부담을 준다. 증가된 이윤의 유출은 더 긴 보호로 인해 초래된 (비용 $\hat{c}(T_a, T_w)$을 지닌) 한계혁신(marginal innovations)뿐만 아니라, 더 짧은 보호에서도 착수되는 (더 낮은 비용 $c<\hat{c}(T_a, T_w)$을 지닌) 많은 혁신들에서도 발생한다. T_a의 증가는 T_a의 증가로 인해 늘어난 혁신뿐만 아니라 모든 혁신으로부터 w국으로의 이윤 유출을 발생시킨다.

이러한 주장은 a국뿐만 아니라, w국에게도 역시 똑같이 성립된다. a와 w국 모두 통합된 국제 후생 $S(\cdot)$의 극대화를 위해 필요한 정도까지 혁신을 지원할 인센티브는 없을 것이다. 국내의 정책 입안자가 외국인을 위한 편익 창출에 가치를 두지 않기 때문이다. 국가들이 완전히 대칭적이라도 결과는 동일하다. 외부성이 국경을 넘어 균형을 이루기 때문이다. 즉, 혁신적인 정도가 같고 $(\gamma=1)$, 시장이 같고 $(v^a=v^w)$, 두 국가가 같은 보호수준 $T_a=T_w$으로부터 시작하더라도 이는 성립한다.

이는 많은 경제적 환경에서 발생하는 불행한 균형(misfortune of equilibrium)의 경우를 보여준다. 만약 어느 한 행위자가 사회적으로 최선인 정책을 선택하면, 다른 행위자는 상대방의 비용으로 자신의 이익을 취함으로써, 상대방이 최선의 전략을 선택한다는 사실을 종종 악용할 수 있다. 결과적으로 균형상태는 그들이 합의를 이룬 어떤 결과보다 더 모두에게 나쁜 상태일 수 있다. 최선의 지적재산정책은 $S(\cdot)$를 극대화하는 (T_a^*, T_w^*)이다. 그러나 최적의 (T_a^*, T_w^*)로부터 시작하면, 다른 국가의 정책이 고정된 채 유지 될 것이라 가정한 상태에서, 각 국가는 그 보호기간을 단축할 유인을 갖게 된다.

이 문제들은 해결될 수 있을까? TRIPS의 주요 성과중 하나는 특허의 경우 20년이라는 최소 보호기간을 설정한 것이다. T^*를 모든 T에 대해서 $S(T^*, T^*) \geq S(T, T)$를 만족하는 값이라고 하자. 즉, 이는 세계 전체적으로 볼 때 모든 국가를 위해서 최적으로 만들어진 공통의 특허 수명을 나타낸다. 만약 각 국가들이 T^*년 동안 특허를 보호하기 위한 조약에 사인하면, 어느 누구도 특허보호를 짧게 하고 싶을지라도 보호 기간을 줄일 수 없다. 이러한 방식으로 스스로 확약(commitment)을 함으로써, 그들은 각자 자유롭게 자신들의 정책을 바꾸는 것보다 더 나아진다.

각 국가가 서로 똑같을 때, 각 국가는 최적의 협정에 동의하기 때문에 일치화(harmonization)의 문제는 쉬워진다. 그들의 이윤 흐름은 상쇄되고 그들의 혁신은 동등하고도 호혜적인 편익을 창출한다. 한 쪽에게 좋은 정책은 다른 쪽에게도 좋다. 그러나 각 국가가 규모 혹은 혁신성의 정도에서 차이가 있다면, 그들은 협정에 동의하지 않을 가능성이 있다. 심지어 보호 길이 (T_a^*, T_w^*)가 $S(\cdot)$를 극대화하여도, 사회적 편익은 두 국가에 똑같이 배분되지 않을 것이다. 국경 간 이윤의 흐름과 국경 간 확산(spillover)도 비대칭적(asymmetric) 이다.

예를 들어, a국이 w국보다 더 큰 시장을 가지고 있다고 가정하자, $v^a > v^w$. 단, 그들은 같은 혁신역량, $\gamma = 1$을 가지고 있다. 우리는 일치화를 이룬 보호기간(harmonized protection) T를 선정하는 데 있어 a국이 w국의 선호 기간보다 더 길거나 짧은 기간을 선호한다고 예상할 수 있는가?

이 실험은 우리가 위에서 물었던 질문 – 즉 만약 각 나라가 보호 기간을 독립적으로 선택할 수 있다면 각 나라는 어느 정도로 보호기간을 선택할 것인가 – 과는 다른 문제임을 주목할 필요가 있다. 여기서 국가들은 협정의 동의를 이루어야만 한다. 우리는 각 국가가 무엇을 '선택'할 것인지 특징짓기보다는 (선택이 완전히 자신들의 통제 아래에 있지 않기 때문에), 만약 협상에서 이겨서 두 나라 모두 각각의 선호를 반영할 수 있다고 믿는다면, 각 국가는 무엇을 '옹호(advocate)'할지를 파악하고자 한다. 다음의 상황에서 a국은 w국보다 더 긴 합의된 보호를 선호한다.

• 각 국가들은 동등하게 혁신적이지만, a국이 더 작은 시장을 갖고 있다.
• 각 국가들은 같은 규모의 시장을 가졌지만, a국이 더 혁신적이다.

a국이 자신의 국내 이익에 가장 최선인 공통의 보호기간 T를 시도하는 경우, 국가 a는 어떤 수준의 보호기간 T가 $W^a(T, T)$를 극대화하는지를 분석한다. 이와 마찬가지로 w국 역시 $W^w(T, T)$를 극대화하는 보호기간 T가 무엇인지를 분석한다. 식 (11.2)를 검토하고 일치화를 이룬 결과물인 $T_a = T_w = T$를 부과함으로써, 우리는 T의 증가가 두 가지 효과를 가져 온다는 것을 알 수 있다. 첫 번째, 국내와 외국의 발명품을 모두 소비하는 국내 소비자들에 대해 사중손실의 증가라고 하는 직접효과(direct effect)가 발생한다. a국의 국내 소비자에게 부과되는 사중손실은 $v^a lTF(\hat{c})(1+\gamma)$이고, w국은 $v^w lTF(\hat{c})(1+\gamma)$이다. 사중손실은 작은 지역에서 더 작다. 즉, $v^a < v^w$라면 a 지역에서 사중손실이 더 작다. 이 점이 위의 첫 번째 상황 (각 국가들은 동등하게 혁신적이지만, a국이 더 작은 시장을 갖고 있는 상황)을 나타낸다.

두 번째, 합의된 보호 길이 T의 증가는 a국에 대한 이익의 순흐름, $F(\hat{c})v^w\pi T - \gamma F(\hat{c})v^a\pi T$을 변화시킬 것이며, 이는 음(−)이 될 수도 양(+)이 될 수도 있다. 두 국가의 순흐름의 합은 0이고, 따라서 한 나라가 이익을 보면 다른 나라는 손해를 본다. 만약 두 국가가 동등하게 혁신적이라면, a국이 w국보다 작은 경우에만, 합의된 보호기간 T의 증가는 a국으로 이윤의 순흐름을 증가시킬 것이다. 이는 역시 위의 첫 번째 상황을 나타낸다. 그러나 만약 시장의 크기가 같다면 ($v_a = v_w$), 합의된 보호기간 T의 증가는 a국이 w국보다 더 혁신적일 경우에만, 즉 $\gamma < 1$인 경우에만, a국으로 이윤의 순흐름을 증가시킨다. 이는 위의 두 번째 상황을 나타낸다.

따라서 일치화(harmonization)는 모든 의견 차이를 해결하지 못한다. 국가들은 여전히 비대칭적인 외부 효과를 반영하는 방식에 있어 최선의 일치화된 보호 수준(the best harmonized protection)에 동의하지 않을 것이다.

우리는 $S(\cdot)$를 극대화시키는 T^*로의 일치화에 대한 각국의 선호를 비교함으로써 이 절을 마치고자 한다. 만약 각 나라들이 독립적인 선택을 한다면, 그들은 너무 짧은 보호 기간을 선택할 것이라는 것을 상기하기 바란다. 이 문제점이 그들이 일치화를 이루기 위해 협상할 때에도 남아 있을까?

사실, 우리는 이 점에 대해 이미 살펴보았다. 대칭적인 상황에서는 각 국가들이 $S(\cdot)$를 극대화시키는 효율적인 보호 수준에서 일치화를 이루는 것에 동의할 것이다. 그렇지 않은 상황에서는 더 큰 나라들은 최적 보호 기간보다 더 짧은 것을 선호하는 반면에, 더 작거나 혹은 더 혁신적인 국가들은 최적의 보호 기간보다 더 긴 기간을 선호한다.

TRIPS 협상에서 미국과 같이 산업화된 부유한 나라들은 지적 재산권의 강화를 밀어 붙이는 것에 열중한다. 산업화된 부유한 나라들은 높은 혁신 역량과 큰 시장 모두를 가지고 있다. 이 전의 논의들은 크고 발전된 나라가 지적 재산에 대한 강한 옹호를 주장하도록 하는 것은 시장의 크기가 아니라 혁신 역량이라는 것을 제안하고 있다. 시장의 규모는 다른 방식으로 작동한다. 앞서 말한 논의에 따르면, 작고 매우 혁신적인 국가는 세계 지적 재산권을 강화하는 것에 대하여 가장 열광적이어야만 한다. 예를 들어 스위스는 강한 옹호자였다.

11.4 | 국가자치와 보호대상들

비록 TRIPS가 지적재산권의 최소 보호 기간을 설정했고, 다양한 유형의 지식에 대한 보호를 강제하고 있지만, 국가의 자율성에 대한 여지도 또한 남겨두고 있다. 예를 들어 비록 TRIPS가 컴퓨터 소프트웨어의 보호를 요구하더라도, 이는 소프트웨어에 대한 미국 스타일의 특허를 요구하거나, 보호되어야 할 경영 방식(business method)을 요구하는 것은 아니다.

국가들은 어떤 보호대상을 보호하는 데 있어 자치권을 행사하기 때문에, 보호 대상을 선정하는 것은 보호에 대한 공통기간(common length)을 피할 수 있는 또 다른 방법이다. a국은 해당 보호대상을 전혀 보호하지 않음으로써 효과적으로 $T_a=0$을 선택할 수 있다. 언제 이런 일을 할 유인이 존재할까? 보호 대상에 대한 일치화(harmonization)는 어떤 모습일까?[6]

우리는 보호의 범위에 대해 질문했을 때처럼 보호 대상에 관해 똑같은 질문을 할 수 있다: 만약 국가들이 TRIPS 이전에 했던 것처럼, 어떤 보호 대상을 보호할 것인지에 대해 독립적으로 선택한다면, 이들 국가들은 너무 많이 보호할까? 아니면 너무 적게 보호할까? 외부성은 어떤 흐름을 보일까? 일치화를 위한 노력은 어떤

---

6) 이에 관한 보다 상세한 논의는 Scotchmer (forthcoming)를 참조하라.

결과를 가져올까?

우리는 이에 대해 보호기간에 대한 조화를 분석했던 틀 안에서 답할 수 있다. 특허에 의해 보호되는 모든 보호대상은 20년 동안 보호되고, 저작권과 같은 다른 일반적인 목적을 가진 대상도 이와 유사하게 보호된다. 이 틀 안에서 독립적 선택으로 인해 발생되는 문제는 또 다시 무임승차(free riding)의 문제이다. 무임승차에 대한 두려움은 1980년대 초 미국 컴퓨터 칩 제조업자들이 컴퓨터 칩을 보호해달라고 의회를 상대로 로비를 했을 때 일어난 일을 통해 설명할 수 있다. 인텔과 같은 미국의 컴퓨터 칩 개발자들은 반도체 칩에 대한 저작권 보호에 관해 법원을 설득하는 데 실패했고, 특허를 받을 수 있을지 없을지 불확실했다. 따라서 이들은 반도체 칩을 복제하는 행위를 막고 그들을 보호하는 특별법 제정을 위해 의회에 로비를 하였고, 이는 반도체 보호법(the Semiconductor Chip Protection Act: SCPA)으로 이어졌다. 복제(cloning)는 자동적으로 행해졌고, 새로운 칩을 디자인하는 비용보다 훨씬 저렴했다. 따라서 잠재적 경쟁은 새로운 칩을 개발하려는 기회를 위협하고 있었다.

그러나 국내 미국 시장에 대한 보호는 외국에서 미국 반도체를 제조하고 외국에서 판매하는 외국 제조업자들로부터 미국의 반도체 칩 개발자를 보호하지 못한다. 내국인 대우 하에서 외국(foreign jurisdictions)은 모든 곳에서 최선의 상태에 있게 된다. 즉, 큰 미국 시장에서 각 국의 외국 혁신가들은 보호를 받으나 자신의 시장에서는 칩의 경쟁적인 공급이 이루어진다.

의회는 SCPA(반도체 보호법)에 상호주의 요건(reciprocity requirement)을 포함함으로써 이 위협을 제기했다. 미국 반도체 제조업자에 대한 상호적인 보호를 제공하지 않는 관할국에 속한 어떤 반도체 개발자도 미국 시장에서 보호받지 못하게 되었다. 비록 SCPA가 파리조약과 베른 조약에서 다루는 특허와 저작권 체계의 일부분은 아니었지만, 호혜적 관계에 관한 규정은 논쟁을 불러일으켰다. 왜냐하면 이는 잘 확립되어 있는 내국인 대우의 원칙을 배척하는 것이었기 때문이다. (1996년에 유럽연합은 회원국들에게 데이터베이스에 대한 충분한 보호를 촉구하는 지침을 통해 이에 보복을 가했다. 유럽연합은 미국과 같은 비회원국에 관할권에 소재한 데이터베이스 제공업자는 비회원국이 유럽연합과 유사한 데이터베이스 보호를 제공하지 않는 한 보호받지 못한다는 규정을 포함했다.)

특허나 저작권의 보호 대상에 관한 파리조약과 베른조약 하에서는 내국인과 외국인 발명가에게 대칭적으로 서로 동일한 보호가 제공되지 않는 한, TRIPS에 의해 요구되는 것보다 더 강한 보호를 제공하는 것이 불가능하다. 이 예를 통해 알 수 있는 것처럼, 이러한 사실들이 관할국의 행위에 제약을 가한다. 한편으로 발명가는 비용의 충당을 위해 보호가 필요할 수 있다. 그러나 다른 한편으로 관할국은 지식재산의 보호를 일률적으로 제공하길 원치 않는다. 만약 어떤 관할국이 일률적으로 보호를 제공한다면, 다른 관할국은 무임승차를 할 유인을 갖는다.

이제 이러한 주장을 좀 더 정식으로 살펴보고자 한다. 이전과 같이, 각 혁신은 a국에서 시장규모 v^a를, w국에서 시장규모 v^w를 갖고 있다고 가정하자. 일치화를 이룬 지적재산권의 보호기간은 T이다.

이제 보호대상을 비용 c의 관점에서 그룹 짓고자 한다: 일부는 개발비용이 적게 들고, 일부는 많이 든다. 논의를 단순하게하기 위해, $v^a < v^w$를 가정하고(a와 w는 다른 경우를 위해 역으로 바뀔 수도 있다.), 네 가지 유형의 보호 대상을 고려한다. 각 그룹의 비용 c에 따른 조건에 의한 유형은 다음과 같다:

사례 I: $c \le \pi v^a T < \pi v^w T$

사례 II: $\pi v^a T < c \le \pi v^w T$

사례 III: $\pi v^a T < \pi v^w T < c \le \pi T(v^a + v^w)$

사례 IV: $\pi T(v^a + v^w) < c$

첫 번째 사례의 경우는 각 관할국 어느 한 쪽에서의 보호가 비용을 충당하기에 충분한 경우이다. 독립적으로 선택할 수 있다면, 두 개의 균형이 존재한다: 하나는 소규모 시장인 a에서 보호를 받는 것이고, 이는 효율적(efficient)이다. 다른 하나는 보호 대상이 w국에서 보호되는 것이다. 이는 더 큰 사중손실을 발생시킨다.

사례 II에서 유일한 균형은 보호 대상이 시장 w에서 보호되는 것이고, 이는 효율적이다.

사례 III에서는 두 개의 균형이 존재한다. 하나는 어느 국가에서도 보호받지 못하는 것이다. w국에서 보호받지 못하는 것을 안다는 조건 하에서, a국이 보호를 제공할 이유가 없다. 왜냐하면 보호가 효과적이지 않기 때문이다. 반대도 이와 같다. 또 다른 하나의 균형은 보호 대상이 두 나라 모두에서 보호 받는 것이다.

사례 IV의 경우, 보호가 비록 쌍방향적으로 이루어지더라도 효과가 없다.

사례 III은 발생할 수 있는 협조의 문제(coordination problem)를 설명해준다. 만일 쌍방향적인 보호가 비용을 충당하기 위해 필요하다면, 독립적인 선택은 전혀 보호를 유도하지 못할 수 있다. w국이 보호대상을 보호하지 못하는 상황에서, a국은 보호대상을 보호할 이유가 없다. 왜냐하면 어느 한쪽만의 보호는 어떤 경우에도 효과가 없기 때문이다. 보호 규정에 대한 일치화(harmonization)는 이런 협조의 문제를 해결할 수 있다. 만약 각 국가가 협상 테이블에 앉는다면, 그들은 아마 쌍방향적인 보호를 하는 것이 양쪽 모두 보호를 하지 않는 것보다 낫다는 데 동의할 것이다.

또한 일치화는 사례 I과 사례 II의 경우처럼 어느 한 시장에서 보호되는 결과가 도출될 때 발생될 수 있는 형평성(equity)의 문제를 해결할 수 있다. 물론 무임승차를 하고자 하는 관할국은 일치화를 이루는 것에 반대할 것이다. 일치화를 이룬 쌍방보호 하에서 형평성 문제를 해결하는 것은 차선책(second best solution)이다. 왜냐하면, 이는 두 관할국에서 높은 가격과 사중손실을 유발하기 때문이다. 두 가지 다른 해결책이 있다. 첫 번째는 내국민 대우의 원칙을 완화하고, 각 관할국으로 하여금 자신의 나라의 발명가만을 보호하도록 하는 것이다(그러면 국가들은 상대방 국가에게 대칭적으로 외부성을 주게 된다). 두 번째는 비용을 반영한 기간 동안 서로 다른 보호 대상들이 보호되도록 허용하는 것이다(낮은 비용의 보호 대상에게는 관련된 부등식이 첫 번째, 두 번째 대신에 세 번째가 되기 때문에 보호의 기간이 짧아질 것이다. 그리고 이 경우 쌍방향적 보호는 한쪽에서의 보호만큼 효율적이다).

그러나 어떤 해결책도 제시될 수 없는 것처럼 보인다. 내국인 대우 원칙은 단단히 자리 잡았다. 그리고 보호 기간을 각 케이스별로 비용에 맞게 조절하는 것은 근본적으로 불가능하다. 비용에 대한 입증이 불가능하기 때문이다 (제2장 참조). 특별히 평균적으로 낮은 비용을 지닌 것으로 알려진 특정 보호대상을 분리하는 것은 가능할 수도 있을 것이다. 그러나 이는 특허와 저작권 전체에 통용되는 일률적인(one-size-fits-all) 것이 아닌, 그 특성에 맞는 독특한(sui generis) 형태의 보호를 필요로 할 것이다.

11.5 | 지적 재산과 공공영역

앞에서의 주장들은 효과적인 지적재산권이 존재하지 않을 때, 혁신은 일어나지 않을 것이라는 것을 가정한다. 그와 같은 가정은 R&D 지출에 있어 중요한 역할을 맡고 있는 공공부문을 고려하지 않은 것이다. 제8장에서 지적했듯이, 공공지출은 대부분의 산업화된 세계에서 연구개발 지출의 1/4~1/2을 차지하고 있으며, 대부분 1/2에 더 가깝다. 우리는 이제 만약 효과적인 지적재산의 보호에 대한 대안이 공공부문의 후원(public sponsorship)이라면 앞서 논의된 사항들이 어떻게 수정되어야 하는지 살펴보고자 한다.

제2장에서 강조된 바와 같이, 공공부문의 후원은 지적재산권이라는 인센티브에 비해 근본적인 장점을 지니고 있다. 공공부문의 후원은 정부의 일반 세입에서 R&D에 자금을 지원할 수 있으며, 따라서 그 지식의 결과를 공공영역(public domain)에 두어 누구나 무료로 사용하도록 할 수 있다. 이는 사중손실을 줄인다. 만약 우리가 지적재산권이 더 나은 인센티브 시스템이라 생각한다면, 그 이유는 발명품에 가격을 지불하는 모든 사람들이 자발적으로 그렇게 한다거나, 또는 공공부문의 후원이 사중손실의 초래보다 더 나쁜 다른 종류의 비효율성을 초래한다는 사실에 중점을 두기 때문이다.

국제적인 관점에서 보면, 지적재산권이라고 하는 사적인센티브(private incentives)는 지역 납세자에게 또 다른 이점을 줄 수 있다. 공공부문의 후원자들은 R&D 투자의 편익이 주로 국경 밖에서 발생하는 R&D 투자를 위해 공공기금을 지원하려 하지 않을 것이다. 반면에, 해외 지적재산권은 투자자들의 해외 이익을 자신의 이익으로 되찾을 수 있게 한다. 결과적으로 공공부문의 후원자들은 민간부문이 후원하고자 하는 혁신을 후원하지 않을 수도 있다. 비록 공공부문이 사중손실을 피하는 데 있어 훨씬 더 효율적이라 하더라도 말이다.

만약 어느 한 발명이 공공영역(public domain)에 있어서 누구나 무료로 사용할 수 있다면, 해당 발명이 국가 a에서 초래하는 기간 당 편익은 v^a이다. 공공부문의 후원자는 오직 비용보다 큰 $(1/r)v^a$의 편익을 초래하는 프로젝트만 공공영역에 둘 목적으로 후원한다고 가정한다. 이는 또한 외국에 $(1/r)v^w$의 편익을 창출한다. 하지만 이는 a국가 정책 당국자의 관심사는 아니다. 만약 혁신이 양쪽 국가 모두에서 보호된다면, 이윤은 $\pi(v^aT_a+v^wT_w)$이다. 비용 c인 어떤 혁신에 대해서 $(v^aT_a+$

$v^w T_w)\pi > c > (1/r)v^a$는 쉽게 발생한다. 비록 발명에 드는 비용이 $(1/r)v^a$보다 커서 공공부문은 이 혁신에 투자를 하지 않더라도, 민간부문은 이윤의 획득을 위해 투자를 할 것이다.

공공 부문의 후원을 받을 가능성이 높은 혁신의 경우, 공공 부문의 후원 가능성은 어떤 대상이 지적재산권에 의해 보호를 받아야 하는지에 대한 우리의 개념을 바꿀 것이다. 만약 발명이 보호 수단이 없어서 발명이 이루어지지 않기보다는, 오히려 공적으로 후원을 받을 것이라면 지적재산권을 옹호하는 주장은 설득력이 떨어진다. 그러나 이러한 수정된 분석틀 안에서도, 이전의 결과들은 여전히 유효하다. 각 국가들은 그들이 독립적으로 선택한다면 너무 적은 보호를 선택할 것이고, 만약 일치화를 이룰 기회가 있다면 보호를 강화할 것이며, 일반적으로 합의에 실패할 것이다. 한 국가는 너무 강한 보호를 선호할 것이고, 다른 한 국가는 너무 약한 보호를 선호할 것이다.

공공 부문의 통상적인 관점에 따라, 공공 부문의 지원을 받는 연구는 민간 연구보다 비용이 더 많이 든다고 가정하자. 따라서 만일 개발 노력에 대한 민간 비용을 c라고 하면, 공공 부문의 비용은 kc, $k>1$라고 할 수 있다. 이제 우리는 F를 주어진 보호대상에 대한 비용의 분포를 나타내는 것으로 해석하고자 한다.

다음과 같은 의문이 들 수 있다. (1) 국제적인 사중손실이 공공부문이 지니고 있는 비용불이익보다 작은 경우 이를 효율적이라고 본다면, 언제 지적재산권이 공공부문의 후원보다 더 효율적인가? (2) 보호 대상에 대한 독립적인 선택은 우리가 효율적이라고 보는 것과 일치하는가? (3) 일치화를 위한 노력은 어떤 결과를 초래하는가?

a국이 보호대상을 보호하기를 원하는 조건을 살펴보도록 하자. 그렇지 않다면 공공부문의 후원이 개입한다고 가정하자. 조건 (11.3)과 (11.4)는 독립적으로 선택할 경우에 발생하는 상황을 이해하는 데 유용하다. 조건(11.5)는 각 국가가 일치화를 이룰 유인(incentives to harmonize)을 이해하는 데 유용하다. 다시 (11.1)에 정의된 $\hat{c}(T, T)$이 두 시장에서 획득 가능한 이윤에 의해 회수될 수 있는 R&D 비용의 최대치를 나타낸다고 하자. 여기서 T는 일치화된 보호기간이다. 다음의 세 가지 조건들은 w국의 정책에 대한 세 가지 다른 가정 하에 적용된다.

w국이 보호대상을 보호하지 않는다는 가정 하에, a국은 만약 (11.3)의 조건을 만족시키면 보호대상을 보호할 것이다.

$$v^a lT(1+\gamma)F(v^a\pi T)+v^a\pi T\gamma F(v^a\pi T)<(k-1)Y(v^a\pi T) \qquad (11.3)$$

w국이 보호대상을 보호한다는 가정 하에, a국은 만약 (11.4)의 조건을 만족시키면 보호대상을 보호할 것이다.

$$v^a lT(1+\gamma)F(\hat{c})+v^a\pi T\gamma F(\hat{c})-v^w\pi TF(\hat{c})+v^w\pi TF(v^w\pi T)$$
$$<(k-1)(Y(\hat{c})-Y(v^w\pi T)) \qquad (11.4)$$

마지막으로, 일치화를 이룬 기간 T동안 쌍방향적인 보호를 하는 것과, 양쪽 모두 아무 보호 조치를 하지 않는 것 사이의 선택을 해야 하는 경우, a국은 만약 (11.5)의 조건을 만족시키면 쌍방향적인 보호를 선호할 것이다.

$$v^a lT(1+\gamma)F(\hat{c})+v^a\pi T\gamma F(\hat{c})-v^w\pi TF(\hat{c})<(k-1)Y(\hat{c}) \qquad (11.5)$$

각 부등식에서 오른편은 a국에서 공공부문의 후원 대신에 보호대상을 보호함으로써 절약되는 R&D비용을 나타내며, 왼쪽 편은 사중손실과 이윤의 순손실을 나타낸다. 만약 비용의 절약이 사중손실과 이윤의 순손실을 능가하여, 부등식이 유지된다면, 국가는 보호대상을 보호할 것이다.

비록 민간부문이 공공부문에 비해 비용의 우위가 없는 $k=1$일 때조차도 부등식 (11.4)와 (11.5)는 유지될 수 있다. 완전히 국내만을 고려하면, $k=1$인 경우는 명백히 공공부문의 후원을 위한 경우일 것이다. 왜냐하면 공공부문의 후원은 사중손실을 피할 수 있기 때문이다. 그러나 국제적인 경우에는 사중손실이 존재함에도 불구하고 이윤의 흐름이 지적재산을 매력적인 국내 정책이 되게 만든다.

식 (11.4)와 (11.5)를 비교함으로써 가장 중요하게 관찰되는 점은 일치화 노력이 각 국이 독립적인 선택을 하는 경우에 비해 상대적으로 공공영역(public domain)을 제한할 수 있다는 것이다. 식 (11.4)가 충족되는 경우에는 언제나 식 (11.5)도 충족된다. 그러나 이에 대한 역은 성립하지 않는다. 이는 각 국들이 만약 (각각 독립적인 결정을 하기보다) 상호주의(reciprocity)에 따른다면 더 강한 보호(더 많은 보호 대상)를 옹호할 것임을 의미한다. 국가들은 '일치화된 보호'에 동의할 것이다. 비록 폐기할 권리가 주어진다면 어느 한 국가가 이를 폐기할 것이기는 하지만 말이다.

a국이 일방적으로 보호대상을 없앰으로써 얻게 되는 이익을 고려해보자. 일방적인 폐기를 통해 a국은 w국의 발명가에게 가는 이윤의 흐름을 막는다. 쌍방적인 보호수준의 감소 또한 a국이 w국으로부터 얻는 이윤을 빼앗을 것이고, 이것이 차이점이다. 만약 둘이 동시에 발생해야만 한다면, a국은 보호를 유지하는데 더 열심일 것이다.

물론 이러한 논쟁들은 보호대상에 대한 보호정책이 국제적으로 효율적이라거나 효율적이지 않다는 것을 알려주지는 못하지만, 독립적인 선택이 발명의 결과를 공공영역에 놓을 가능성이 더 높다는 것을 나타낸다. 쌍방보호가 효율적인 조건은 아래와 같다. 여기에서 효율적이라 함은 R&D 비용을 뺀 국제 사중손실을 최소화한다는 것을 의미한다.

$$lT\left[\sum_{i=a,\,w} v^i\right](1+\gamma)F(\hat{c}) \le (k-1)(1+\gamma)Y(\hat{c}) \tag{11.6}$$

(11.3)부터 (11.5)까지와는 다르게, 위의 비교는 사중손실과 비용 비효율성을 비교하는 데 있어 이윤의 흐름을 포함하지 않는다.

독립적인 선택을 하는 경우의 효율적인 결과를 비교하기 위해, 식 (11.6)의 부등식이 성립하는 경우인 한계적인 상황을 고려해보자. 독립적인 선택을 하는 경우, 기껏해야 한 국가만이 보호대상을 보호할 것이고, 심지어 아무도 보호대상을 보호하지 않는 것도 가능하다. 예를 들면, $v^a = v^w$, $\gamma = 1$ 인 대칭적인 상황에서, 만약 식 (11.6)의 등식이 성립하면, 식 (11.3)과 식 (11.4)의 어느 것도 성립하지 않는다. 결과적으로 독립적인 선택 하에서의 균형은 비록 보호가 효율적이라 하더라도 어느 국가도 보호대상을 보호하지 않는 것이다.

이제 두 국가가 일치화(harmonization)를 이루는 경우를 살펴보자. 우리가 만약 부등식 (11.5)을 첨가하고, 위첨자 a와 w를 바꿈으로써 국가 w에 똑같은 것을 적용한다면, 그리고 w국의 비용과 혁신의 수는 a국의 것에 γ를 곱한 것임을 인지하고 있으면, 우리는 정확히 식 (11.6)의 부등식을 얻게 된다. 만약 식(11.6)의 등식이 성립하면, 식 (11.5)가 성립하거나 위첨자를 w로 대체한 똑같은 식이 성립한다. 양쪽이 모두 합의하는 완전히 대칭적인 상황을 제외하면, 한 국가는 일치화된 쌍방보호를 선호할 것이고, 다른 한 국가는 이를 반대할 것이다. 비록 일반적으로 국가들은 합의를 이루는 데 실패하지만, 그들의 선호는 효율적인 경우를 담고 있다. 또한 우리는 식 (11.5)로부터 합의의 실패가 다음의 형태를 띨 것임을 알 수 있다.

- 만약 국가들이 같은 시장규모를 갖고 있지만, 국가 w가 국가 a보다 더 혁신적이라면, 즉 $\gamma>1$이라면, w국은 a국이 보호대상에 대한 쌍방보호에 우호적인 한 언제든 쌍방보호에 대해 우호적일 것이다. 그러나 그 역은 성립하지 않는다.
- 만약 국가들이 동일하게 혁신적이지만, 즉 $\gamma=1$이지만, 국가 w가 국가 a보다 더 작은 시장 ($v^a>v^w$)을 갖고 있다면, 국가 w는 국가 a가 쌍방보호에 우호적인 한 언제든 쌍방보호에 우호적일 것이다. 그러나 그 역은 성립하지 않는다.

11.6 | 국가의 자치권과 무역규칙

이전의 세 절에서 논의된 것처럼, 지적재산권이 시장에서 판매되는 제품을 보호할 경우, 어떤 승인되지 않은 사용도 지적재산의 침해에 해당되며 사용을 중지시킬 수 있다. 승인되지 않은 수입(parallel imports, 병행 수입)은 국경에서 수입이 중지될 수 있다. 결과적으로 지적재산은 일부 국가에서는 보호될 수 있지만, 모든 국가에서 보호될 수 있지는 않다. 적어도 TRIPS의 영향이 미치지 않는 곳이라면 보호에 있어서 국가의 자치권을 위한 많은 수단들이 존재한다.

그러나 이는 소비재 이외의 다른 발명들을 보호하는 지적재산에도 반드시 해당되는 것은 아니다. 국가 규칙들 간의 차이는 때때로 차익을 노릴 수 있어 국가의 자치권을 침해한다(Samuelson, 2004). 몇 가지 사례를 들면 아래와 같다.

첫 번째 예시는 연구방법(research tools)에 관한 것이다. 연구방법은, 아마도 기구나 화학적 구조의 형태를 띠고 있는, 연구자가 더 나은 지식을 얻을 수 있도록 도와주는 지식이다. 그러나 그것은 한 번 개발되거나 상품을 제조하는 과정에 있으면 더 이상 추가적인 제품에 구현되지는 않는다. 생물학 분야에서 연구방법은 박테리아의 유전학적 구조를 결합시킴으로써 유용한 단백질을 얻는 기술일 수 있다. 일단 박테리아균이 존재하면, 연구방법은 더 이상 필요하지 않으며 그것이 박테리아에 사용되었다는 증거 역시 없다. 컴퓨터 프로그래밍에서, 연구 또는 개발 방법은 일상적인 작동을 위해 필요한 상용화된 코드를 만드는 자동화 방식일 수 있다. 일단 코드가 존재하면, 그것은 특정 개발방법에 의해 만들어졌다는 증거가 존재하지 않을 것이다.

연구방법들은 몇 가지 이유로 인해 심지어 국내 영역에서도 문제점을 지니고 있다. 그 중 하나는 철학적인 문제이다. 연구방법들은 아마도 대부분 투자에 있어 논쟁의 여지가 없고, 그 편익이 널리 퍼지는 지식들일 것이다. 제2장의 주장을 이용하면, 연구방법들은 따라서 공공부문에 의해 후원을 받고 공공영역에 둘 훌륭한 후보자들이다.

또 다른 문제는 집행(enforcement)과 관련이 있다. 심지어 국내에서 조차도 단백질을 생산하는 박테리아가 연구방법을 무단으로 사용하여 개발되었다는 것을 증명하는 것은 어렵다. 만약 침해를 발견해 내지 못하면 지적재산권 역시 집행될 수 없다.

이러한 실행의 문제는 국제적인 영역에서 파생제품을 금지하는 무역 규칙의 애매모호함으로 인해 더 심각해진다. 무역 규칙은 독점판매 제품(proprietary products)의 수입과 독점적인 생산 공정에 의해 생산된 제품들을 독점적인 연구방법에 의해 개발된 제품들과 다르게 취급한다. 제품의 경우, 승인되지 않은 판매나 사용이 침해에 해당되므로, 출처는 중요하지 않다. 특허법에 제271조 g항을 추가한 1988년의 생산공정에 관한 수정특허법(Process patent Amendments Act) 이전에는, 해외에서 특허를 침해한 생산 공정을 이용하여 생산한 제품을 수입하는 것을 금지하는 법이 없었다. 그 결과 제조업자들이 제품이 수입되었을 때 로열티를 지불하는 것을 피하기 위해 해외에서 생산할 유인을 제공하였기 때문에, 이를 용인하기 어려운 상황이었다. 제271조 g항은 생산공정특허(process patent)에 관한 규정을 통해 이 문제를 해결하였으나, 연구방법에 관하여는 아무런 언급을 하고 있지 않다. 연구방법이 제품을 제조하는 것을 필요로 하고 있지 않기 때문에—개발과 제조는 다른 것이다—제271조 g항이 적용된다고 추정할 수 없다.

만약 어떤 특정한 연구방법이 보호되지 않는 관할국(jurisdictions)이 존재한다면, 연구방법의 사용은 해외(offshore)로 밀려 나갈 수 있다. 설상가상으로, 연구방법에 의해 개발된 제품은, 명확하고 실행력 있는 무역 규칙이 없는 상태에서, 해당 제품이 보호받는 모든 관할국에서 연구방법을 개발한 사람에게 로열티를 지불하지도 않고 독점판매자(proprietary)가 될 수도 있다. 극단적인 경우 이는 연구방법이 발명된 국가에서조차 연구방법이 지닌 상업적 가치를 잃게 할 것이며, 전혀 보호받지 못한 상황과 구별하기 어려운 상황을 초래할 것이다.

두 번째 예시는 가격차별(price discrimination)이 가능하도록 하는 노력과 관련이 있다. 제2장에서 지적한 바와 같이, 가격차별화는 소비자와 생산자 모두의 이익에 부합할 수 있다. 가격차별의 어려움은, 비슷한 지불용의를 지니고 있는 소비자들이 군집(cluster)을 이루고 있는 하위시장(submarket)을 찾아내고 낮은 가격을 책정한 부분에서 높은 가격을 책정한 부분으로 재판매(resale)가 이루어지는 것을 금지하는 데에 있다.

국제적으로 시장은 지불용의가 문화와 소득에 의해 결정되는 정도만큼 자동적으로 분할되어 있다. 영화산업은 DVD 플레이어와 DVD 영화들에 각 나라의 코드를 부과함으로써 이러한 시장의 분할을 영리하게 이용하였다. 영화는 국가 코드가 일치하는 경우에만 DVD 플레이어에서 작동할 수 있다. 이는 아시아 시장에서 가격이 책정된 영화들이 미국의 기계에서 작동되고 재판매되는 것을 막는다.

국가별 코드들은 암호의 형태로 되어 있으며, 이 코드들은 회피할 수 있다. 미국에서 이러한 회피는 DCMA 하에서 불법이다(제7장 참조). 그러나 이에 대한 합법성은 다른 곳에서는 여전히 논쟁중이다. 만약 국가 코드를 역분해하는 것이, 예를 들어 핀란드에서는, 불법이 아니라면, 영리한 기술자들이 그렇게 함으로써 콘텐츠 제공자의 가격차별화 시도를 훼손할 수 있을 것이고, 저가시장과 고가시장 간의 차익을 취할 수 있을 것이다. 이는 만약 그렇지 않은 경우 콘텐츠 제공자가 낮은 가격을 책정할 시장에서 가격에 대한 상승압력을 초래할 것이다. 이러한 국제적 차익의 기회들은 지적재산 보호가 자동적으로 일치화 되도록 하는－보통 최소한의 보호 체제로 향하는－결과를 초래한다. 국가의 자치권은 의미 있게 유지되는 것이 어려울 것이다.

11.7 | 외부성과 국제적인 협력

공공부문은 공공영역에 놓인 혁신들로 인해 발생하는 국경 간 외부 편익을 회수할 수 있는 방법이 없으므로, 공공부문에 의한 많은 양의 연구는 아마도 놀라운 일일 수도 있다. 대규모 공공 연구 프로그램들은 주로 명성을 위해 경쟁하는 큰 산업화된 국가들에 의해 수행된다. 그럼에도 불구하고, 명성은 공공R&D 프로그램이 그 정당성을 위해 매달리고자하는 얇은 실에 불과할 수 있다.

외부성을 극복하기 위한 자연스러운 방법은 공동자금(joint funding)을 마련하는 것이다. 사실 몇몇 인상적인 사례들이 있다. 이들은 대부분 거대과학(big science) 분야에서 발생하였으며, 국가들로 이루어진 그룹들은 서로의 이익을 위해 그들의 연구비를 협의해왔다. 몇몇 유럽국가들은 CERN이라고 불리는 스위스에 위치한 입자가속기에 관해 서로 공동작업을 수행하였다. 이는 유럽의 물리학자들에게는 중요한 핵 연구시설이며, 미국의 연구자들도 이용한다. 이와 같은 또 다른 연구시설의 예로는 국제우주정거장을 들 수 있다. 이는 대부분 미국에 의해 연구자금이 지원되었지만, 러시아와 다른 국가들도 주요한 기여를 하였다. 마지막으로 하와이에 위치한 캐나다–프랑스–하와이 전파망원경은 어떻게 국제적인 협력이 심지어 상대적으로 작은 규모의 시설에까지도 확장될 수 있는지를 보여준다.

협동은 또한 암묵적으로 그리고 공통의 시설이 없이도 나타날 수 있다. 1945년 이후, 각국 정부는 현재의 화석연료와 핵에너지 기술들이 무한한 전력을 요구하는 사회적 수요를 충족시킬 수 없음을 깨달아왔다. 이와는 대조적으로, 한 융합기술은 성공적일 경우 바닷물에서 발견되는 동위원소, 듀테륨(deuterium)으로부터 근본적으로 무제한적인 에너지를 만들어낼 수 있다는 것이 알려져 있다. 미국, 유럽, 러시아, 그리고 일본정부는 이 문제의 해결을 위해 많은 투자를 했다. 흥미롭게도 각 나라들은 각기 다른 기술적 전략을 추구하는 경향을 보인다(Maurer and Scotchmer 2004). 이는 아마도 중복투자를 방지하고 어느 한 나라 단독으로는 불가능한 총투자 규모를 증가시켰을 것이다.

이러한 국제적 협력의 성공에도 불구하고, 가장 높은 보상을 가져다 줄 협력분야인 제약 산업은 여전히 사적인 영역으로 확고하게 남아있다.

11.8 | 결 론

최상의 인센티브 구조라고 하는 개념은 국제적인 맥락에서 재해석되어야만 한다. 국내 영역에서는, 최적의 인센티브 메카니즘이 소비자와 혁신자에게 발생하는 편익에 대한 합을 극대화하는 것으로 정의되는 것이 당연하다. 혁신가는 새로운 지식을 발견하기 위해 편익을 받아야만 한다. 국제적인 영역에서는 국내 정책이 이윤의 흐름에 의해 영향을 받는다. 자국에서의 더 강한 보호는 외국인에게로의 이윤 흐름을 증가시키고, 외국의 더 강한 보호는 국내 혁신가로의 이윤 흐름을 증가시킨다.

세계 전체의 관점에서 보면 이윤의 흐름은 단순한 이전(transfer)에 불과하지만, 그럼에도 불구하고 이들은 국내의 정책 형성에 중요한 영향을 미친다. 최적화 정책을 위한 국내 영역에서의 산출은 세계적인 편익의 총합을 극대화하는 최적 정책과 부합하지 않을 것이다. 우리는 각 국이 외국인 발명가에게 내국인 대우를 제공해야 하지만, 보호의 기간이나 대상에 대해 독립적인 결정을 할 경우, 각 국의 국내 이익은 세계적인 관점에서 최적인 수준보다 더 짧게 또는 더 적은 대상을 보호할 경우에 가장 잘 달성된다고 결론을 내렸다. 이는 직접적으로 이윤의 흐름 때문이다. 일치화(harmonization)는 일반적으로 보호를 강화한다.

이윤의 흐름은 국내 시장의 상대적 크기와 각 국의 혁신 역량의 상대적 크기에 의해 영향을 받는다. 우리는 국제적 협상에서 국가들의 일치화에 대한 협상 전략은 이 두 측면을 반영하는 것을 보였다. 상대적으로 더 작은 시장을 갖고 있는 국가들은 더 강력한 혁신 역량을 갖고 있는 국가들처럼, 강한 보호를 선호할 것이다. 이는 TRIPS 협상에서 대체적으로 사실인 것으로 나타난다.

이 책의 상당 부분은 지적재산권 제도 하에서 R&D에 대한 민간부문의 지원과 공공부문의 자금 지원 사이의 적절한 균형에 관심을 두어왔다. 국제적인 영역은 민영화(privatization) 쪽으로 균형을 기울게 한다. 왜냐하면 지적재산 보호는 기술확산의 일부분이 다시 혁신적인 국가에게 돌아기도록 하기 때문이다. 국내의 편익이 비용보다 크지 않다면 국내 공공부문의 후원자가 프로젝트에 공공기금을 투자하는 이유를 찾기 어렵다. 그러나 국내 편익이, 특히 소규모 국가에서, 비용을 능가하지 않더라도, 세계적인 편익이 비용을 능가하는 많은 가치있는 프로젝트들이 존재한다. 지적재산 인센티브들은 종종 이 문제를 극복하도록 한다. 상호 내국인 대우 원칙 하에서, 보호된 혁신을 이용하는 외국인 이용자들은 독점적 판매가격을 지불함으로써 편익이 줄어들 것이며, 그 결과 외국에서 발생한 이익의 일부분이 부분적으로 본국으로 회수될 수 있다.

이러한 일련의 추론이 제안하는 것처럼, 만약 전 세계의 혁신 정책들이 공공부문의 후원으로부터 비효율적으로 민간부문으로 옮겨 갔다면, 범인은 아마도 R&D에 대한 공공부문의 지출을 약속하고 협력하고자 하는 국제적인 노력의 부족이라고 할 수 있을 것이다. 지적재산권에 대한 TRIPS 협상에 비견될 만한, 공공부문의 R&D 지출을 위한 국제기구는 존재하지 않는다.

참고문헌

Alston, J. 2002. "Spillovers." *Australian Journal of Agricultural and Resource Economics* 46:315 - 346.

Aoki, R., and T. J. Prusa. 1993. "International Standards for Intellectual Property Rights and R&D Incentives." *Journal of International Economics* 35:251 - 273.

Bagwell, K., and R. W. Staiger. 1999. "An Economic Theory of GATT."*American Economic Review* 89:215 - 248.

Bender, T., and D. Sampliner. 1996 - 1997. "Poets, Pirates and the Creation of American Literature." *NYU Journal of International Law and Politics* 29:255 - 270.

Boettiger, S., E. VanDusen, G. D. Graff, P. G. Pardey, and B. D. Wright. Forthcoming. "Intellectual Property Rights for Plant Biotechnology: International Aspects." In P. Christou and H. Klee, eds., *Handbook of Plant Biotechnology*. New York: Wiley.

Branstetter, L., and M. Sakakibara. 2001. "Do Stronger Patents Induce More Innovation? Evidence from the 1988 Japanese Patent Law Reforms." *RAND Journal of Economics* 32:77 - 100.

Bromberg, J. L. 1983. *Fusion: Science, Politics, and the Invention of a New Energy Source*. Cambridge: MIT Press.

Business Software Alliance. 2001. "Sixth Annual Global Piracy Study." Available at www.bsa.org/usa/press/newsreleases//2001–05–21.566.phtml and at www.bsa.org/resources/2001–05–21.55.pdf.

Chin, J., and G. Grossman. 1990. "Intellectual Property Rights and North–South Trade." In R. W. Jones and A. O. Krueger, eds., *The Political Economy of International Trade: Essays in Honor Robert E. Baldwin*, 90 - 107. Cambridge, MA: Basil Blackwell.

Deardorff, A. 1992. "Welfare Effects of Global Patent Protection." *Economica* 59:35 - 51.

Dixit, A., G. Grossman, and E. Helpman. 1997. "Common Agency and Coordination:

General Theory and Application to Government Policy Making." *Journal of Political Economy* 105:752 - 769.

European Patent Office. 2002a. "Facts and figures 2002." Available at www.european–patent–office.org/epo/facts_figures/facts2001/pdf/facts_figures_01.

pdf.

European Patent Office. 2002b. "Trilateral Statistical Reports 2001." Available at www.european-patent-office.org/tws/tsr_2001/index.php.

European Patent Office, Japanese Patent Office, and United States Patent Office. 2002. "Trilateral Statistical Report 2002 edition." Available at www. european-patent-office.org/tws/tsr_2002/.

European Union in the U.S. 2003. "European Union and World Trade. Basic Statistics on European Union Trade for Years 2001 and 2002. Comparison with the United States, Japan and Regional Trading Areas." Available at www.eurunion.org/profile/EUUSStats.pdf.

Grossman, G., and E. Lai. 2001. "International Protection of Intellectual Property." Mimeograph. Princeton, NJ: Princeton University.

Helpman, E. 1993. "Innovation, Imitation and Intellectual Property Rights." *Econometrica* 30:27-47.

Heston, A., R. Summers, and B. Aten. 2002. *Penn World Table Version 6.1*. Philadelphia: Center for International Comparisons at the University of Pennsylvania (CICUP). Available at pwt.econ.upenn.edu/aboutpwt.html.

Hui, K.-L., and I. Png. 2003. "Piracy and the Legitimate Demand for Recorded Music." *Contributions to Economic Analysis and Policy* 2:Article 11.

Lanjouw, J. O., and I. M. Cockburn. 2001. "New Pills for Poor People? Evidence after GATT." *World Development* 29:265-289.

Maskus, K. 1998. "The International Regulation of Intellectual Property." *Weltwirtschaftliches Archiv* 134:186-208.

Maskus, K. 2000. *Intellectual Property Rights in the Global Economy*. Washington, DC: Institute for International Economics.

Maskus, K. 2001. "Canadian Patent Policy in the North American Context." Paper presented at the conference "Intellectual Property and Innovation in the Knowledge Based Economy," Industry Canada and University of Toronto Law School, Toronto.

Maurer, S., and S. Scotchmer. 2004. "Procuring Knowledge." In G. Libecap, ed., *Advances in the Study of Entrepreneurship, Innovation and Growth*, 1-31. Amsterdam: JAI Press.

McCalman, P. 2001. "Reaping What You Sow: An Empirical Analysis of International Patent Harmonization." *Journal of International Economics* 55: 161-185.

Moschini, G. 2003. "Intellectual Property Rights and the World Trade Organization: Retrospect and Prospects." Paper presented at the conference "Agricultural

Policy Reform and the STO: Where Are We Heading?," Iowa State University, Department Agricultural Economics.

National Fusion Science Energy. 1998. "Fusion Innovations: A Report from ICC98." Available at www.fusionscience.org/ICC98/ICC98_Sum.pdf.

Reichman, J. H. 1997. "From Free Riders to Fair Folowers: Global Competition under the Trips Agreement." *International Law and Politics* 29:11-93.

Ryan, M. P. 1998. *Knowledge Diplomacy*. Washington, DC: Brookings Institution Press.

Samuelson, P. 1999. "Challenges for the World Intellectual Property Organization and the Trade-Related Aspects of Intellectual Property Rights Council in Regulating Intellectual Property Rights in the Information Age." *European Intellectual Property Review* 11:578-591.

Samuelson, P. 2004. "Intellectual Property Arbitrage: How Foreign Rules Affect Domestic Protections." *University of Chicago Law Review* 71:223-339.

Scotchmer, S. 2004. "The Political Economy of Intellectual Property Treaties." *Journal of Law, Economics and Organizations* 20:415-437.

Stern, S., M. E. Porter, and J. L. Furman. 2002. "The Determinants of National Innovative Capacity." Working Paper 7876. Cambridge, MA: National Bureau of Economic Research.

Watal, J. 1998. "The Trips Agreement and Developing Countries-Strong, Weak or Balanced Protection." *Journal of World Intellectual Property* 1:281-307.

World Intellectual Property Organization. 2002. "Basic Facts about the Patent Cooperation Treaty." WIPO Publication Number 433(E). Available at www.wipo.org/pct/en.

World Trade Organization. 2002a. *Agreement on Trade-Related Aspects of Intellectual Property Rights*. Available at www.wto.org/english/tratop_e/ trips_e/_agm0_e.htm.

World Trade Organization. 2002b. "In Brief." Available at www.wto.org/ english/thewto_e/whatis_e/inbrief_e/inbr02_e.htm.

찾아보기

INNOVATION AND INCENTIVES

[ㅇ]

[ㅈ]

[ㅊ]

[ㅋ]

■ 역자 소개

오준병 교수는 연세대학교 경영학과와 동 대학교 행정대학원을 졸업하고, 미국 텍사스 주립대(Texas A&M University)에 유학하여 경제학박사 학위를 취득하였다. 귀국 후 산업연구원(KIET) 연구위원을 거쳐 인하대학교 경제학과에 부임하여 현재에 이르고 있다. 2012년과 2016년에는 미국 캘리포니아 주립대(UC Berkeley)를 방문교수(visiting scholar)의 자격으로 방문하여 다양한 학자들과 공동연구와 학술교류를 수행하였다. 주요 전공분야는 산업조직론, 기술혁신경제론, 계량경제학이며, 지적재산권, 정부의 연구개발 정책, 기업의 혁신전략 등 기술혁신과 관련된 다양한 경제학적 이슈에 관심을 갖고 있다. 현재 한국지식재산학회 이사, 한국경제학회 학술지 「한국경제포럼」의 편집위원, 산업조직학회 학술지 「산업조직연구」의 편집위원을 맡고 있다.

혁신과 유인(Innovation and Incentives)

2018년 6월 15일 초판 인쇄
2018년 6월 20일 초판 1쇄 발행

저 자 Suzanne Scotchmer
역 자 오 준 병
발행인 배 효 선

발행처 도서출판 法 文 社

주 소 10881 경기도 파주시 회동길 37-29
등 록 1957년 12월 12일 / 제2-76호(윤)
전 화 (031)955-6500~6 Fax (031)955-6525
e-mail(영업): bms@bobmunsa.co.kr
(편집): edit66@bobmunsa.co.kr
홈페이지 http : //www.bobmunsa.co.kr

조 판 (주) 성 지 이 디 피

정가 29,000원 ISBN 978-89-18-10256-6